모든 직장인을 위한 인공지능

디지털 전환시대의 AI 병법

한세억

박영사

모든 직장인을 위한 인공지능

디지털 전환시대의 AI 병법

한세억

박영사

머리말

어느 골드우먼이 여름휴가를 맞이하여 요트여행 중 사고로 인해 조난당했다. 한참 동안 표류한 후 … 눈을 떠보니 무인도였다. 모래사장에 큰 글씨로 SOS를 쓰면서 구조요청을 보냈다. 하지만 아무런 반응이 없었다. 생각 끝에 모래사장에 다시 큰 글씨를 썼다. 그러자 이윽고 지나던 항공기가 구조하러 왔다. 과연 무엇이라 썼을까?

“I know AI”

그렇다. 지금은 인공지능 전문인재가 절실한 시대다. 기업마다 국가마다 인공지능 인재를 구하기 위한 경쟁이 치열하다. 동시에 개인, 기업, 국가 모두가 인공지능(AI)에 적응하는 체질로 전환하고 있다. 장차 AI를 활용하여 경쟁력을 높일 수 있는 능력을 갖춘 인재가 기업은 물론 국가발전의 핵심이 될 것이다. 이미 기업들은 AI로 대체 불가능한 인재를 원한다. 근로자 역시 AI시대에 살아남을 수 있는 회사에서 AI로 대체할 수 없는 직원으로 일하기 원할 것이다.

최근 몇 년 사이 기업과 학계 모두 AI에 대한 관심이 높다. 기술진보와 대중의 관심에 이끌려 인공지능은 전례 없는 혁명적 기술로 평가된다. 그러나 현 단계에서 직장인들은 AI를 어떻게 대응하고 활용할지 경험적 조언을 거의 받지 못하고 있다. 하지만 인공지능은 삶과 일, 모든 영역에 걸쳐 커다란 영향력을 미치고 있다. 인공지능은 그동안 경험해 보지 못한 세상으로 이끌 것이다. 산업영역을 넘어 고령화 사회의 건강, 독거노인 복지, 홀로 사는 여성 안전, 범죄예방 등 공공문제까지 해결해 낼 것이다. 실례로 지난 2019년 5월 새벽 3시 40분 혈압 증세로 쓰러진 어르신이 인공지능 스피커에 ‘살려줘’라고 소리쳤다. 그 외침은 인공지능에 의해 위급신호로 인식, 119로 연결됐고 어르신은 목숨을 구할 수 있었다. 유사 사례가 이미 여러 건이다. 인공지능 스피커의 역할이다. 이미 재난위험으로부터 지킴이 역할을 톡톡히 해내고 있다. 어쩌면 국민의 생명과 재산을 보호하는 역할을 담당하는 국가의 역할도 인공지능에 의해 대체되는 날이 머지않을 것이다.

이미 알려졌듯 COVID-19 대유행 기간 동안 인공지능기반 자동화기술은 급진전하고 있다. 데이터증가, Computing Power 향상 및 알고리즘 혁신으로 AI 활용이 확대될 것이다. 이른바 디지털 전환을 넘어 인공지능 전환의 본격적 도래를 의미한다. 아직 논의가 진행 중이지만 AI가 직원교육과 재충전, 비즈니스 향상, 사회적 난제와 미래가치 창출 등을 위한 해결책이 될 수 있다. 개인, 조직, 국가수준의 AI Literacy 함양은 기본, 분야와 영역에 맞는 AI 역량강화가 필요하다. 특히, 개인은 AI기반 Reskilling and Upskilling에 초점을 맞추면서 AI가 흉내 낼 수 없는 전문성과 인간적 역량 강화를 위해 끊임없는 자기계발과 경력관리에 힘써야 한다.

평생직장의 시대는 끝났다. 평생직종의 시대에서 평생교육이 필수적이다. 근로자의 기술에 대한 상세한 평가와 미래 노동시장 요구에 대한 데이터중심 분석을 결합하여 잠재적 미래 일자리를 식별해야 한다. 그리고 필요한 skill을 확보하고 자격을 갖추어야 한다. 인공지능 전환의 길목에서 어떤 길을 갈 것인가?

2022년 2월

한 세 억

차례

차례

Prologue

첫 직장은 삼성전자에서 시작했다. 마치 기계의 부속물처럼 일했다. 몇 년 후 어떤 위치에 있을지 미래모습이 뚜렷했다. 흡사 다람쥐같이 직장생활하다 급기야 해외투자영문계약서 문구의 전치사를 둘러싸고 상사와의 갈등 끝에 마침내 쳇바퀴에서 벗어났다. 이어 공공기관에 입문하였다. 다행히 조직발전과 자기계발을 병행할 수 있었다. 그러다 1997년 발생한 IMF 상황극복을 위한 공공기관 구조조정으로 안전빵 무풍지대에서 벗어나 표류하다 학교에 닻을 내리고 자신과 싸워왔다. 이제 그 닻을 올리고 새로운 항해를 시작하려 한다. 인공지능에 방향타를 맞추고 AI 바람이 부는 방향으로 돛대를 세웠다.

누구든 맞이해야 할 전환의 가속화시대, 어떻게 맞이할 것인가? 원래 삶과 비즈니스는 선택의 연속이다. 현재 무엇을 택하고 어느 길을 가든 지금은 디지털과 인공지능으로 향하는 듯하다. AI로 전환해야 할 최적의 시점이다. 바로 지금, 인공지능에 비즈니스를 허(許)해야 할 순간이다. 그 까닭은 모든 것이 달라지고 있기 때문이다. 대공황 이후 가장 어려운 경제위기터널이라고 한다. 포스트코로나시대에서 번영을 위해 유연하고 상상력 풍부한 사고와 혁신적 관리능력이 요구된다.

디지털 전환의 폭과 속도가 한층 확장 및 가속화될 것이다. 혁신의 고삐를 늦추거나 신제품 개발을 미루는 것이 당장은 편할 수 있다. 하지만 최선이 아니다. 불확실성 시간도 기회의 시간이다. 비즈니스에 인공지능을 허(許)해야 할 지점이다. 조직운영을 업그레이드하든 혁신전략을 수립하든 신제품을 개발하거나 상상하든…… 지금이 바로 AI와 함께 나아갈 최고의 시기다. 비즈니스에 인공지능을 허(許)하라!

혹자는 인공지능이 일자리의 일부를 없앨 것이라 우려한다. 하지만 세 차례의 산업혁명에서 경험했듯 보다 많은 일자리 창출이 예상된다. 기술발전에 따라 새로운 Startup, 수많은 비즈니스애플리케이션이 등장하면서 소비자경험(UX)뿐만 아니라 일자리 이동과 새로운 일자리 등이 생겨날 것이다. 인공지능으로 사라질 것보다 많은 부와 가치가 창출될 것이다. 다만, 불공평과 불공정한 분배를 경계해야 한다. 막연한 환상도 지나친 공포도 금물이다. 장밋빛이든 잿빛이든 미래세상의 중심은 인공지능이 아닐까.

인공지능 전환시대에 직무·직종전환이 요구된다. 당장 사라질 일자리는 반복성에 의존하는 직종과 직업(운전기사, 계산원, 공장노동자 등)이다. 독성화학물질이나 폭탄처리 등 유해하거나 위험에 노출된 직업도 마찬가지다. 하지만 인공지능 덕분에 일을 위한 일은 줄어들면서 업의 본질에 집중할 수 있다. 높은 수준의 인지능력, 독특한 사고력, 경험으로 체화된 암묵적 지식과 창의성이 필요한 일자리는 영향이 덜할 것이다.

인공지능이라는 새로운 기술을 기꺼이 수용하는 근로자에게 새로운 기회가 제공될 것이다. 많은 영역에서 AI관리자 또는 감독자로의 역할 전환도 요구된다. 제아무리 인공지능기술이 똑똑해진들 만능이 될 수 없다. 가령 고객서비스에서 인간은 인공지능이 답할 수 없는 질문에 답해야 한다. 과학으로서 인공지능의 현상과 원리를 정확하게 기술, 이해, 설명하면서 예측, 비판, 통제능력을 갖추는 게 현명한 직장인의 마음가짐과 대응자세다. 직장인과 인공지능이 새롭게 구성하는 앙상블(ensemble) 일터 만들기나 인공지능을 통한 나만의 비즈니스 만들기가 디지털 전환시대에 바람직한 모습이 아닐까.

"인지과학과 AI에서 진보는 항상 Business Intelligence 기술(Data Mining, 질의방법 등)의 진보보다 한 발짝 앞서왔다."

-Barry Grushkin(2000), Intelligent Enterprise Magazine-

언제, 어디에나 존재하는 인공지능(AI)

어디에나 존재하는 문명의 이기(利器), 마치 불과 전기처럼. 인공지능은 인간이 하는 모든 일에 영향을 미치고 있다. 하지만 잘 쓰면 약이지만 잘 못 쓰면 독이 될 수 있다. 이미 일상생활에서 제품을 주문하고 집을 관리하며 정보를 수집 · 공유 · 활용 · 관리하는 방법까지 바꾸고 있다. 이처럼 강력한 힘을 가진 도구로써 인공지능에 대해 긍정과 함께 부정도 고려해야 한다. 긍정론자는 일하는 방식을 개선하고 창조성을 자극하며 만족감을 높여줄 수 있으리라 믿는다. 하지만 인공지능이 일자리를 빼앗거나 인간미를 없애고 인간을 통제할 것이라며 비관되기도 한다. 어쨌거나 인공지능은 인간지능을 Simulation할 수 있는 로봇알고리즘과 기계, 그 이상도 이하도 아니다. 다양한 SW와 Agent들은 데이터를 기반으로 배우며 규칙을 활용하여 추론한다. 심지어 스스로 실수도 교정할 수 있다. 직장 내 Chatbot에서 지능형 음성인식 시스템까지 어디에나 존재하는 인공지능, 불과 전기가 인류문명을 변화시켰듯 AI에 의해 야기될 변화에 순응과 대응을 넘어 기회창출을 위한 전환이 요구된다.

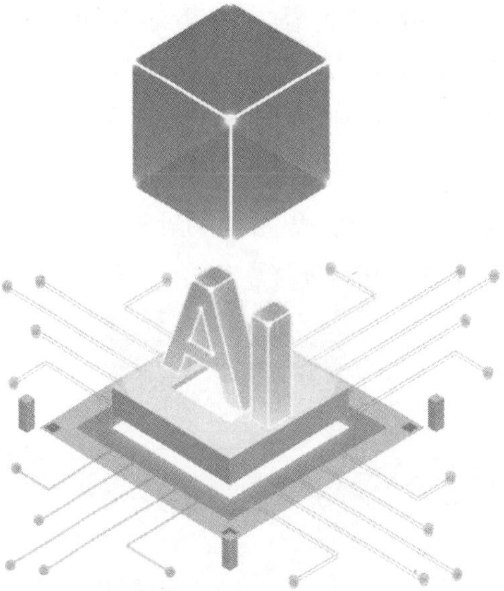

모든 직장인을 위한 인공지능(AI)

디지털 전환시대의 최종병기

CHAPTER

01

AI Transformation 시대

1 모든 것이 인공지능으로 통한다: AI First 시대

2 인공지능의 중요성과 편익: AI의 가을을 누리자!

3 직장, 일과 인공지능: AI의 효과

4 Good Morning, AI

CHAPTER 01 AI Transformation 시대

1 모든 것이 인공지능으로 통한다: AI First 시대

제4차 산업혁명시대의 생존전략으로서 디지털 전환이란? 디지털 기술을 비즈니스의 모든 측면에 통합하는 과정이다. 기술, 문화, 운영, 가치제공에서 본질적 변화가 필요하다. 새로운 기술과 서비스가 삶 속으로 빠르게 확장되는 추세에 능동적으로 대응하고 활용의 최대화를 위해 프로세스와 모델을 근본적으로 전환해야 한다. 공·사적 비즈니스의 체질개선이 요구된다. 가령 불투명한 목표, 경직된 조직구조, 번잡한 업무과정과 절차, 획일적 조직문화에서 벗어나 명확한 비전제시와 목표수립, 전략설정과 실행에서 바람직한 가치를 선택, 집중하는 조직으로의 형질적 변화를 의미한다. 이미 시장에서는 디지털 전환에 부적응한 기업들이 도태되는 상황이다.

https://www.diabetessa.org.za/word-transformation/

전환(Transformation)은 혁신, 창조성, 변화, 개선, 전략, 성장 등을 포함하는 다의적 용어다. 모든 전환에 변화가 필수적이다. 하지만 모든 변화가 전환을 의미하지 않는다.

WHO LED THE DIGITAL TRANSFORMATION OF YOUR COMPANY ?
A)
B)
C)
THE CEO
THE CTO
COVID-19
BUSINESSILLUSTRATOR.COM

https://www.businessillustrator.com/what-is-digital-transformation-cartoon-infographic/#iLightbox[gallery11423]/0

그러면 디지털 전환과 함께 AI 확산을 촉진시킨 일등공신은 무엇일까? CEO일까 아니면 CTO일까. 많은 사람들은 코로나바이러스를 꼽고 있다. COVID－19 대유행은 원격의료, 의료진단, 역학조사, 환자 임상관리 등 응용분야에서 AI의 채택과 활용을 재촉하였다. 특히, 기업조직 내에서 디지털 변혁의 진정한 동인으로 이야기된다. 가령 디지털 협업 툴(Zoom, Slack, Teams, Yammer 등)의 채택 및 확산은 놀라울 정도다. 동시에 인공지능과 데이터 공유에 대한 태도도 변화하였다. 바이러스 전염병 위기는 직장 및 사업장에서 로봇의 수용과 바이러스 확산 감시를 위한 데이터 공유로 이어졌다. 즉 기업 간, 그리고 기업과 정부 간 데이터 공유의 장벽에 대한 극복을 가능하게 한 셈이다.

코로나 확산을 방지하기 위한 조치로서 폐쇄는 교육, 사업, 행정, 연구, 사회적 상호작용을 위한 온라인 활동의 엄청난 증가를 초래했다. 일종의 디지털 전환의 도약이랄까. 그래서 전염병은 기업, 행정, 학교의 디지털 전환에 힘을 실어주었다. 수년간 질질 끌었던 계획들이 기술적, 조직적, 문화적 격차와 장벽을 극복하고 짧은 시간에 실행되어야 했다. 또 다른 긍정적인 발전으로 재택근무는 잠재적인 사회적, 환경적 편익과 함께 정상적 업무방식으로 폭넓게 받아들여졌다. 물론 이러한 변화가 얼마나 영구적인지, 그리고 COVID 이후 기간 동안 온라인상의 여가, 교육, 일의 어떤 비율이 계속 발생할지에 대해 신중한 태도를 보이기도 한다.

또한 COVID-19 위기는 사회적, 윤리적 그리고 정책적 도전을 야기하였다. 이들 중 일부는 감금기간 중 디지털 도구의 사용 증가뿐만 아니라 AI, App, 그리고 데이터 사용과 연결된다. 데이터를 어떻게 수집하고, 누가, 어떤 목적으로, 어떻게 접근·공유·재사용하는 것이 핵심문제로 다루어졌다. 물론 부작용에 대한 염려의 소리도 컸다. 가령 연락처 추적이나 동선(動線) 파악 등이 바이러스 확산 감시 이외의 목적으로 개인 데이터가 오·남용될 수 있다는 우려에서 비롯된다. 그래서 책임감과 투명성 유지가 한층 강조되었다.

AI 전환은 디지털 전환이후의 단계다. 달리 말해 AI중심의 디지털 전환은 세계적인 경향이다. 기업의 경우, 디지털프로세스 채택 이후 프로세스의 지능개선을 추구한다. 자동화뿐만 아니라 프로세스 효율성을 도모하기 위함이다. 자동화, 디지털 전환, AI 기술간 관계는 아래 <그림 1-1>과 같이 나타낼 수 있다. 자동화는 기술과 메커니즘 형태에서 변화를 의미한다. 디지털 전환(Digital Transformation)은 Digitization과 Digitalization의 개념을 모두 포함하면서 비즈니스 모델의 변화까지 함축하는 광의의 개념이다. 디지털 전환 과정에서 인공지능은 제품 및 서비스의 지능화를 도모한다.

〈그림 1-1〉 자동화, 디지털 전환, AI 기술 간 관계

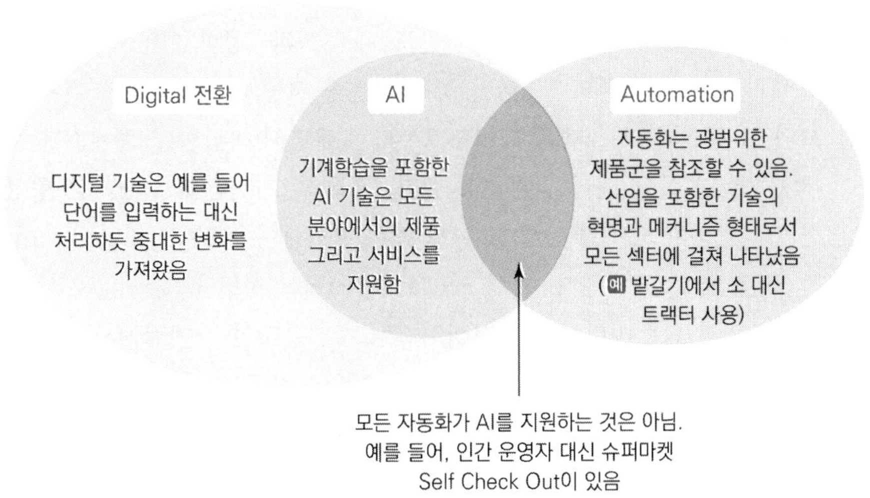

디지털 기술은 개인용 컴퓨터의 기존 스프레드시트나 계산기에서 네트워크에 이르기까지 작업수행을 위해 바이너리 코드를 사용하는 모든 형태의 HW와 SW를 말한다. 컴퓨터시스템은 데이터 분석에 기초하여 결정을 내릴 수 있도록 하는 시스템 및 고급 알고리즘이다. 넓은 의미에서 자동화는 인간을 기계, 로봇 또는 컴퓨터 시스템으로 대체하는 것이다. 다양한 기기들, 산업혁명과 조립라인 제조업에서 나타난 변화들, 그리고 Computing과 로봇공학, 인공지능분야에서 자동화를 가능하게 하는 AI 기술이 인간업무를 대체할 것으로 예상된다.

AI 전환은 상업 및 운영활동을 포함하여 기업의 모든 측면을 다룬다. 대기업에서는 AI를 생산 공정과 제품에 통합하고 있다. AI 전환은 조직의 핵심역량을 키우고 체질 개선을 도모하는 데 있다. 체질은 체격과 체력을 넘어 영·혼·육간 조화와 균형 상태를 의미한다. 조직에서도 규모와 경쟁력을 넘어 사회적 가치와 조화를 이루어야 좋은 기업을 넘어 위대한 기업의 모습을 드러낼 수 있다. IT giant인 Google은 회사강령을 '사악해지지 말자(Don't be evil)'에서 '올바른 일을 하라(Do the right thing)'로 바꾸면서 스스로 AI First(우선) 조직이라고 불렀다. 또한 업종을 막론하고 생산성, 효율성, 품질개선 등을 통한 경쟁력 제고를 위해 인공지능 기반 체질개선을 가속화하고 있다. 이에 따라 인공지능의 채택 및 활용기업의 증가가 예상된다. IDC는 거대 기술기업 외에도 2025년까지 최소한 기업의 90%가 AI 기술을 자사 공정과 제품에 도입할 것으로 추산하고 있다. 이에 따라 AI 채택이 경쟁우위의 핵심요소가 될 전망이다.

주지하듯 인공지능은 인간지능 관련 업무를 수행하는 기술이다. 1955년에 John McCarthy는 "지능형 기계를 만드는 과학과 공학"이라고 정의했다. Machine Learning은 컴퓨터시스템이 특정 업무를 지능적으로 수행할 수 있도록 하는 AI의 한 분야다. 시스템은 데이터로부터 배우면서 복잡한 프로세스를 수행한다. 최근 몇 년 동안 데이터 가용성 증가, 고급 알고리즘 및 연산기능 향상으로 머신러닝 성능이 크게 발전했다. 이제 많은 사람들이 매일 Machine Learning 기반 시스템과 상호 작용한다. 가령 Social Media에서 사진을 tagging하고, 이미지인식 시스템에서는 미디어와 가상어시스턴트가 온라인 소매점에서 추천시스템 등이 작동한다. 이처럼 인공지능 기술은 100년 전 전기와 마찬가지로 모든 산업을 변화시킬 것으로 전망된다. 이에 따라 장차 2030년까지 13조 달러의 GDP 성장이 예상된다. 이미 Google, Microsoft, Facebook 및 Baidu 등 선도적 기술회사들은 엄청난 가치를 창출했다. 이러한 흐름은 S/W 분야를 넘어설 것이다.

인공지능의 채택과 관련하여 보면 <그림 1−2>에서 보듯 초기 채택 또는 수용자와 비채택 미수용자 사이의 성능 차이가 어떻게 확대될 수 있는지 보여준다. McKinsey는 AI 전환이 빨라진 기업은 현금흐름이 배가되는 반면, 지연기업은 현금흐름의 20%가 감소될 것으로 예상했다.

〈그림 1-2〉 인공지능 채택에 따른 차이

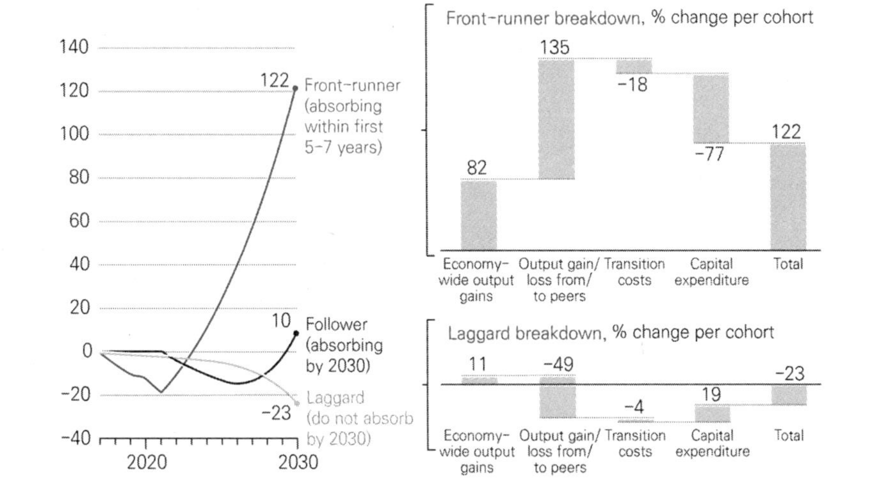

출처: research.aimultiple.com/ai-transformation.

Machine Learning은 컴퓨터시스템이 특정 기능의 지능적 수행을 학습한다. 그러나 머신러닝의 역량은 사람들에 의해 입증된 광범위한 역량과 일치하지 않는다. 인간수준의 지능, 즉 General(일반) AI는 커다란 관심을 받았다. 하지만 아직 구현과 전달되기까지 많은 시간이 소요될 것이며 언제 가능할지 불확실하다.[1] 하지만 구현과정에서 일의 미래는 두 가지 강력한 힘에 의해 형성되고 있다. 직장에서 인공지능의 채택이 증가하면서 인력확충 및 일터, 노동력, 그리고

1 https://www.thebritishacademy.ac.uk/documents/280/AI−and−work−evidence−synthesis.pdf.

일의 성격 자체에 커다란 변화가 예상된다.

어느 조직이든 인재채용, 유지 및 역량 강화가 중요하다. 더구나 노동력은 여러 세대를 걸치며 각 그룹마다 고유한 동기, 가치, 그리고 작업 스타일을 가지고 있다. 노동자들은 직장에서 보다 많은 참여와 권한, 영감을 얻기를 원한다. 그리고 매일 감정적으로 많은 투자를 하고 가치창출에 집중한다. 근로자는 보다 생산적이고 반응할 수 있도록 수단과 환경, 문화를 갖춘 회사를 찾고 있다. 여기서 AI는 인재의 채용, 유지를 위한 프로세스의 효율성을 제고하면서 보다 나은 근로경험의 제공에 기여할 것이다. 심지어 AI는 교육 및 수강생들의 개인학습 스타일과 수요자에 맞는 Interactive Test와 평가결과를 제공할 수 있다. 나아가 직원 개인에게 최적화된 맞춤형 정보 및 서비스를 제공하면서 몰입수준을 높여줄 것이다.

인공지능 기술의 급속한 발전은 많은 잠재적 이점을 내포한다. 경제, 사회, 공동체, 그리고 개인의 잠재력 실현을 광범위하고 신속하며 순조롭게 이행되도록 돕는다. 전 분야에 걸쳐 AI 기술은 생산성 향상과 창출의 가능성을 제시한다. 뿐만 아니라 새로운 제품 및 서비스분야에 적용되고 있다. 이를테면 소매, 제조, 오락과 함께 제약, 교육, 운송에서 많이 활용되고 있다.

이처럼 인공지능은 다양한 산업영역에서 가치를 높이는 디지털 전환의 핵심기술이다. <그림 1-3>에서 보듯 앞으로 수많은 분야에서 다양하고 새로운 산업 시장 및 직업 창출이 가능하다. 그러므로 AI를 통해 최고의 결과를 얻기 위해 사용할 데이터와 알고리즘을 모색해야 한다. 이러한 과정에서 데이터 엔지니어 및 소프트웨어 개발자와 협력이 필요하다. 또한 결과를 애플리케이션으로 현실화하는 등 기업이윤 창출과 수익모델 개발과 실행이 요구된다.

이에 따라 AI 및 머신러닝 프로젝트를 운영·관리하는 시스템 개발자로서 AI Architect도 유망직종이다. 다만, 총체적 DevOps기술과 함께 이를 바탕으로 Agile 개발의 이해와 프로세스와 데이터에 대한 감각이 요구된다. 특히 자체적으로 AI나 ML기반구조의 구축과정에서 AI Architect는 핵심적 역할을 수행한다. 방대한 종류와 규모의 Data Mining과 분석임무를 맡는 AI 데이터 엔지니어도 매우 중요한 직업이다. 또한 데이터의 구조화와 유용한 가치를 지닌 데이터 생성을 위해 데이터제조 Architect도 필수적이다. 이 경우 AI, ML은 물론 자연어처리, 정보검색 등 다양한 지식과 경험을 겸비해야 한다. AI 프로젝트에서는 전통

〈그림 1-3〉 인공지능(AI)가 만드는 새로운 시장들

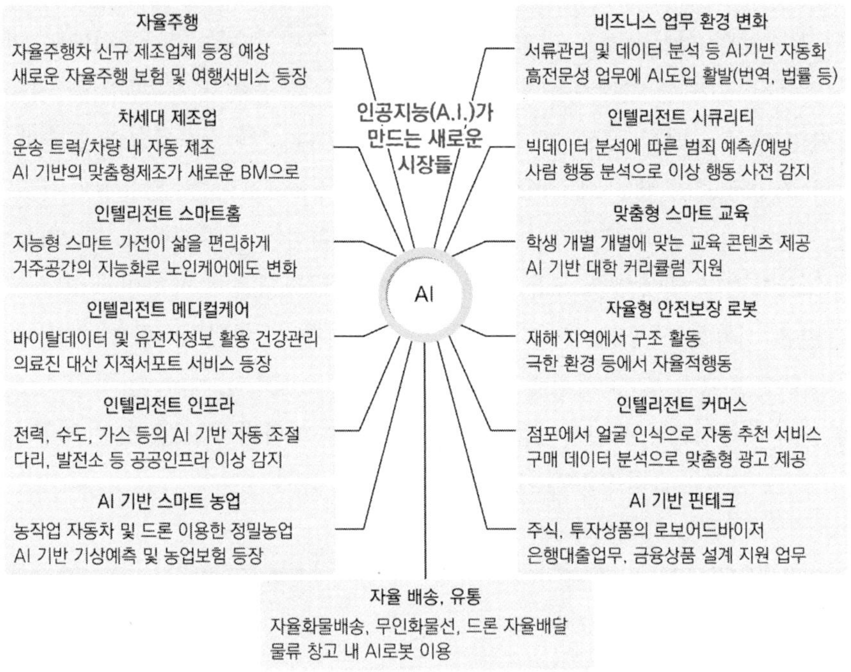
자율주행
자율주행차 신규 제조업체 등장 예상
새로운 자율주행 보험 및 여행서비스 등장
차세대 제조업
운송 트럭/차량 내 자동 제조
AI 기반의 맞춤형제조가 새로운 BM으로
인텔리전트 스마트홈
지능형 스마트 가전이 삶을 편리하게
거주공간의 지능화로 노인케어에도 변화
인텔리전트 메디컬케어
바이탈데이터 및 유전자정보 활용 건강관리
의료진 대신 지적서포트 서비스 등장
인텔리전트 인프라
전력, 수도, 가스 등의 AI 기반 자동 조절
다리, 발전소 등 공공인프라 이상 감지
AI 기반 스마트 농업
농작업 자동차 및 드론 이용한 정밀농업
AI 기반 기상예측 및 농업보험 등장
인공지능(A.I.)가 만드는 새로운 시장들
AI
비즈니스 업무 환경 변화
서류관리 및 데이터 분석 등 AI기반 자동화
高전문성 업무에 AI도입 활발(번역, 법률 등)
인텔리전트 시큐리티
빅데이터 분석에 따른 범죄 예측/예방
사람 행동 분석으로 이상 행동 사전 감지
맞춤형 스마트 교육
학생 개별 개별에 맞는 교육 콘텐츠 제공
AI 기반 대학 커리큘럼 지원
자율형 안전보장 로봇
재해 지역에서 구조 활동
극한 환경 등에서 자율적행동
인텔리전트 커머스
점포에서 얼굴 인식으로 자동 추천 서비스
구매 데이터 분석으로 맞춤형 광고 제공
AI 기반 핀테크
주식, 투자상품의 로보어드바이저
은행대출업무, 금융상품 설계 지원 업무
자율 배송, 유통
자율화물배송, 무인화물선, 드론 자율배달
물류 창고 내 AI로봇 이용

출처: KT경제경영연구소(2016), 인공지능, 완생이 되다.

적 개념의 SW품질을 검증하되 잘못된 알고리즘이나 편향된 데이터의 식별능력도 중요하다. 이러한 역할을 담당하는 AI 품질관리자 역시 <AI First>시대의 핵심 직종이다.

국내 IT전문가들도 지적했듯 청년실업 문제가 갈수록 심화되고 있다. 이런 상황에서 10~20년 앞을 내다보는 직업선택이 중요하다. 중·장기적으로 AI전문가와 같은 직종에 주목할 필요가 있다(애플경제, 2020년 11월 5일자).[2] 또한 스마트오피스의 핵심 요소는 인공지능의 통합에 있다. 통합과정에서 Digital Literacy의 수준과 수요의 파악과 함께 머신러닝과 분석을 통해 직원행동, 작업스타일, 일정 등에 대한 데이터를 수집해 최적의 공간 활용과 전략적 의사결정을 지원해야 한다. 예를 들어 사무실 의자바닥에 Sensor를 설치해 하루 몇 시간씩 의자가 활용되는지, 일주일 중 며칠 활용되는지 등을 파악할 수 있다. 이러한 조사결과를 AI

2 http://www.apple-economy.com/news/articleView.html?idxno=61682.

기반 분석플랫폼에 통합함으로써 조직은 작업의 수행과정과 성과, 사무비용 제어 및 공간 활용정도의 개선 등 다양한 기회를 보다 총체적으로 파악할 수 있다.

AI 시스템의 설계방법은 다양하다. 시스템이 강력할수록 인간개입에의 의존도가 낮아진다. 또한 인공지능 도구는 반복적 업무를 줄이고 직원몰입을 지원함으로써 미래의 일터를 긍정적으로 변화시킬 수 있다. 흔히 AI 기술의 형태로 대표적인 기술과 솔루션은 예시하면 다음과 같다. ① 기계학습: 컴퓨터가 프로그래밍 지원이나 사람의 개입 없이 작동하도록 장려하는 솔루션이다. ② 자동화: 로봇 프로그래밍 자동화 도구는 반복 가능한 대량작업을 수행하면서 인간에게 보다 많은 시간을 제공할 것이다. ③ 자연어처리과정: 인간언어를 식별하여 데이터수집 프로세스 및 고객서비스를 지원하는 프로세스다. 이러한 기술과 솔루션의 분기와 융합, 혁신으로 인공지능 전환이 가속화되면서 모든 것이 인공지능으로 통하는 시대가 가속화될 것이다.

직장인의 Digital Literacy

인공지능을 비롯한 4차 산업혁명기술을 직무에 활용하는 직장인이 10명 중 1명으로 나타났다. 30대 이하의 젊고 고학력 정규직 남성일수록 기술 활용이 높았다. 지난 2018년 1월 31일 한국고용정보원이 23개 직종 직장인(1,012명)을 대상으로 4차 산업혁명 8개 핵심기술의 업무활용도를 조사한 결과, 응답자의 9.3%가 업무에 활용하는 것으로 집계되었다. 제4차 산업혁명 핵심기술 8개는 AI · 빅 데이터 · 클라우드 · 사물인터넷(IoT) · 자동화로봇 · 가상현실(VR) · 3D 프린터 · 드론 등이다. 8개 기술 중 가장 많이 활용되고 있는 것은 클라우드(20.8%)였고, 가장 낮은 것은 드론(1.3%)이었다. 이어 AI(16.6%) · 빅 데이터(14.1%) · 사물인터넷(11.9%) 등은 10%를 웃돌았다. 반면 자동화 로봇(4.9%) · 가상현실(2.2%) · 3D 프린터(2.6%)는 업무활용도가 5% 미만이었다.

성 · 연령 · 학력 · 계약형태별 상대적 활용도는 30대 이하 · 남성 · 정규직 · 대졸이상이 높았고, 40대 이상 · 여성 · 비정규직 · 고졸 이하가 낮았다. 직종에 따라 핵심기술 사용정도도 달랐다. 기계관련직은 스마트 팩토리 · 로봇의 도입 확대로 자동화 로봇 · 인공지능 활용이 높았다. 특히 조립업무 · 안전교육에 가상현실기술을 활용하는 것으로 추정됐다. 정보통신관련직은 인공지능 · 빅 데이터 · 클라우드의 활용이 높았다. 전기 · 전자관련직은 반도체와 같은 정밀부품 생산 시 자동화로봇

연령별 4차 산업혁명의 핵심 기술 활용정도

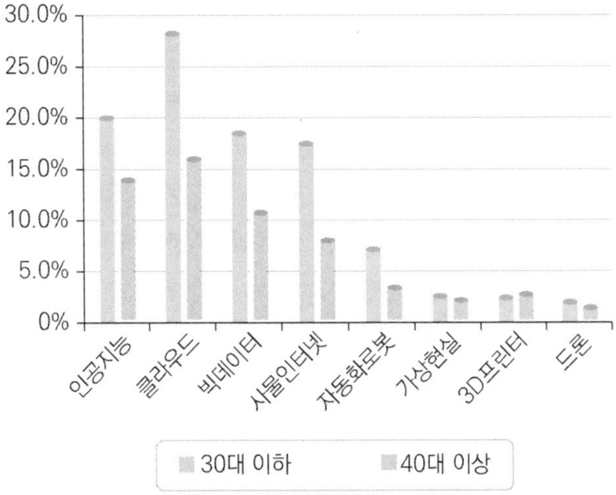

자료: 한국고용정보원.

을 자주 활용했고, 드론과 빅 데이터 등 다른 핵심기술도 사용했다. 자산관리나 투자조언을 하는 금융 · 보험직은 빅 데이터와 인공지능 활용도가 높았다. 관리직은 클라우드와 빅 데이터를 많이 활용했다. 영업 · 판매직은 소비자욕구 파악을 위해 빅 데이터를 분석해서 마케팅을 수행하는 사례가 많았다(아주경제, 2018년 1월 31일자).

❷ 인공지능의 중요성과 편익: AI의 가을을 누리자!

인공지능이 오늘에 이르기까지 순탄치 않았다. 우여곡절의 역사다. 인공지능 발달과정을 계절에 비유한다면 지금은 어떤 시절일까? 많은 사람들은 가을로 비유한다. 하지만 현재의 인공지능이 있기까지 2차례의 혹독한 겨울(Winter)을 견뎌냈다. 물론 한창인 AI 여름도 보냈다. 지난 10년은 다양한 분야에서 수많은 Startup이 소생한 게 마치 봄을 연상케 한다. 다양한 영역에서 끊임없는 연구와 실험, 그리고 기술 구현을 위한 활발한 토론과 무성한 담론은 여름과 흡사했다. 일각에서 일부 전문가들은 AI의 특정 역량이 과대평가되었을 수도 있다고 우려한다. 그러면서 새로운 재평가가 필요할 때라고 경계한다. 그럼에도 아직 AI의 열기가 이어지고 다양한 분야에서 그 성과가 열매 맺고 있다는 점에서 AI 가을이라고 부르는게 어떨까.

사실 현재 인공지능의 생태는 가을을 맞이하고 있다. 부분적으로 인공지능은 전략게임, 의료, 바둑 등에서 인간을 능가한다. 진짜 전문가를 흉내낼 정확도로 질병을 진단하거나 예측하고 초현실적인 이미지와 비디오를 만들며 대화로 대답하는 것 등을 들 수 있다. 하지만 AI가 더 많은 성과를 낼 것으로 기대할 때마다 기술적 난관과 한계에 부딪힐 수밖에 없다. 가령 자율주행자동차는 오염된 도로 표지에 쉽게 속는다. 그래서 자칫 Machine Learning 시스템은 새로운 과업을 완수하기 위해 교육을 받을 때 발생하는 '파국적 망각'에 시달릴 수 있다. 더구나 AI는 인과관계를 이해하지 못하기 때문에 상식, 원칙, 기본을 통해 학습하기보다 새로운 과제를 수행할 때마다 하나하나에 대해 고된 학습이 요구된다.

AI는 하나의 혁신이 수천 개는 아니더라도 수백 개의 문제에 대한 해결책을 열 수 있는 활성화 기술이다. 이러한 돌파구는 빈번하게 혹은 규칙적으로 일어나지 않는다. 시간이 걸릴 수 있고 많은 다른 칩에 의존해야 한다. AI 솔루션의 시의성도 필요하다. 즉 시장, 산업 및 환경에 대한 혁신의 시의성과 적절성을 살펴야 한다. 보다 완벽을 요하는 기술은 AI뿐만이 아니다. AI의 돌파구가 더 높은 타율에서 일어나기 위해 알고리즘과 모델에 더 많은 초점이 맞춰져야 한다.[3] 그래서 AI 과대광고는 자칫 AI 전역(全域)을 위축시킬 수 있다. 앞으로 남은 것은 Machine Learning을 중요한 문제에 접목한 인간중심의 기술 작업에 대한 풍성한 수확이다.

실제 인간과 사회문제를 해결하기 위해 Machine Learning을 개발, 적용할 수 있는 사람들의 역할이 중요해질 것이다. 그리고 사용이 간편한 라이브러리에서 강력한 Machine Learning이 점점 많이 포착되고 있다. 여기에서 앞서 나가려면 HCI(Human Computer Interaction) 커리큘럼에서 인간이 가르치는 기술도 필요하다. 언젠가 진정 지능이 높은 AI를 발전시키겠다는 희망을 품고 겨울 내내 싸우는 것이 목표라면, 딥 러닝과 실용적 응용의 교란에서 벗어나 용감하게 매진해야 한다. 만약 개인이나 조직의 목표가 수확의 보상을 얻는 것이라면, Human Computer Interaction을 탐구해야 한다. 또한 소비자, 언론, 대중들이 현재의 머신러닝 기술의 능력을 넘어서는 것들을 기대하는 사람들과 회사들을 위해 실용적 AI가 부상할 수 있다.

Forbes에 따르면, 지난 2017년의 경우, 기상천외한 상승기를 기록했다. AI와 머신러닝이 몇 년간 빠르게 발전해 왔다. 이러한 출현 동기는 무엇일까? 먼저 머신러닝의 데이터비용 감소를 들 수 있다. 디지털 전환에서 중요한 역할로 작용한다. 가령 하드웨어, Hadoop과 같은 오픈소스 기술의 보급, Cloud의 성장 등이 가능인자로 작용하였다. 데이터저장이 매우 저렴하여 빅 데이터가 증가하고 대부분 데이터가 학습자에게 제공되었다. 가령 ImageNet 및 data.gov과 같은 리소스에서 쉽게 사용할 수 있도록 패키지화되었다. 과거에는 ML시스템의 훈련이 계산적으로 너무 비쌌다. 다행히 CPU, GPU 및 Cloud 컴퓨팅이 개선되고 연산처리를 위한 전력비용이 대폭 인하되었다. 또한 수학적 발전은 신경네트워크의 훈련을 쉽고 효과적으로 만들었다. 그리고 대학, 기업, 정부 등 민·관 생태계도 Machine Learning 분야의 빠른 발전을 독려했다. 이러한 흐름의 결합으로 머신러닝의 성장을 위한 최적의 환경이 조성된 셈이다.

하지만 혁신적 기술에 대한 접근성 향상에도 불구하고, 많은 기업(조직)들은

3 https://ai-med.io/clinicians/we-may-be-in-an-ai-autumn-at-the-moment.

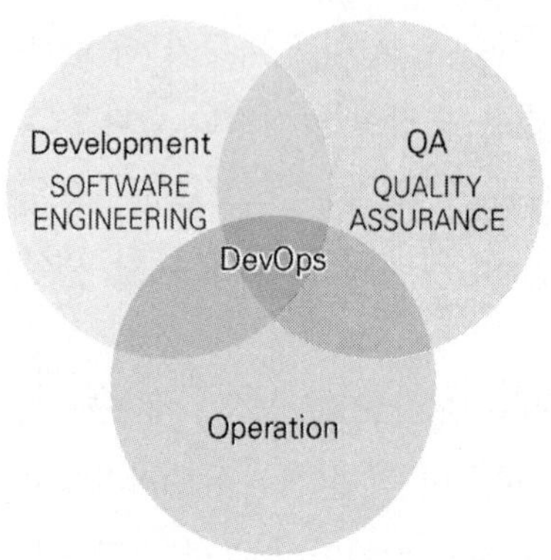

자료: 위키백과.

경쟁에서 앞서 나갈 수 있는 잠재력의 활용에 실패하였거나 혼란을 수용하지 못했다. 그중 상당수는 무수한 팀과 운영 중인 IT시스템이 목표달성을 위한 협업 환경의 조성 미흡에서 비롯된다.

디지털 전환이라는 기나긴 여정을 위해 기반구조의 자동화와 잘 구축된 팀 협업이 갖추어져야 한다. 인공지능 시장의 중요 트렌드로서 머신러닝은 한 번에 끝내고 적용하는 것이 아니다. 지속적 학습을 통해 기업이나 조직, 제품에 완전히 스며들어 열매 맺게 하는 것이다. 이른바 데브옵스(DevOps)라는 용어로 일컬어진다. 달리 Active Learning 또는 Continual Learning이라고도 불린다. 즉 DevOps[4] 사고방식과 채택이 필요하다. 조직은 본질적으로 품질, 안정성 및 생산성을 저하시키지 않고 새로운 가치창출로 전환하기 위해 DevOps 관행을 통합해야 한다. 가령 상품추천시스템 개발기업은 초기에 협업필터링이나 딥 러닝 등을 활용하여 어떤 상품을 고객이 선택할 것인지에 관한 예측시스템을 개발할 수 있다. 일단 개발하면, 딥 러닝이 추천한 고객이 선택할 가능성이 높은 상품들 가운데 한층 기업목표(예 매출, 이익, 고객만족 등)의 최적화에 기여하는 상품선택에 강화학습을 적용할 수 있다. 기업이 하나의 사이클을 개발(Development)한 후 이를 운영(Operation)체계를 통해 지속적으로 학습(Continual Learning)하는 이른바 DevOps 과정이 구축되어야 한다.

디지털 전환 및 개발운영에서 DevOps는 비즈니스의 문화적 사고방식에 패러다임 전환을 촉발하고 조직 간 장벽(Silo)을 허물고 지속적인 변화와 신속한 실험을 추진함으로써 디지털 전환의 성공에 기여해야 한다. DevOps를 디지털 전환전략과 병합하면 다양한 이점이 있다. 첫째, IT와 비즈니스운영 간 칸막이를 해체하여 일관된 수준의 생산성, 효율성 및 서비스 제공을 보장한다. 이는 기업의 시장진출 시간에 직접적 영향을 미친다. 둘째, Tool 체인의 자동화로 버그

4 애플리케이션과 서비스를 빠른 속도로 제공할 수 있도록 조직의 역량을 향상시키는 문화, 철학, 방식 및 도구의 조합이다.

수정이 훨씬 용이하다. 셋째, DevOps가 도입하는 자동화는 개발자의 역량을 개선한다. 가령 버그 수정과 문제해결의 사이클에 휘말리기보다 혁신에 집중할 수 있는 IT 생산성을 중시한다.

DevOps가 디지털 전환에 기여함에도 불구하고 기술부족과 올바른 도구세트의 미흡으로 인해 업계에서 채택은 여전히 더디다. 하지만 완전한 자동화는 여전히 이해하거나 실행하기 어렵다. 보통 DevOps는 2단계의 기술 환경의 조성이 필요하다. 하나는 DevOps와의 완전한 통합이며, 다른 하나는 사용자들이 전체 프로세스에서 긴밀하게 통합하는 방법에 대한 고민이다. DevOps의 운영 복잡성을 완화하여 조직이 보다 빠른 속도로의 혁신을 지원할 수 있어야 다음과 같은 편익을 얻을 수 있다.[5]

첫째, 자동화의 개선이다. AI와 ML기반 기술로 수작업 공정을 줄일 수 있으며 데이터 분석에 큰 영향을 미친다. 조직은 강력한 AI 데이터 매핑 기술을 사용하여 데이터 변환 프로세스를 쉽고 빠르게 자동화할 수 있다. 또한 예측능력을 활용하여 공정을 가속화할 수 있고, 정확도를 높일 수 있다. 이렇게 변형된 데이터는 다른 솔루션 AI로 손쉽게 통합할 수 있어 사용자가 비즈니스 정보 및 지식 추출 및 의사결정 효율화를 위한 데이터 작업의 용이성을 도와준다. 이 모든 과정을 완료하는 데 단 몇 분밖에 걸리지 않는다. 게다가 수동개입의 필요성이 줄어들면서 이전에 변환 작업을 처리하는 데 골몰했던 개발자들은 Governance, 통제, 자원 계획과 같이 보다 전략적 업무에 집중할 수 있다.

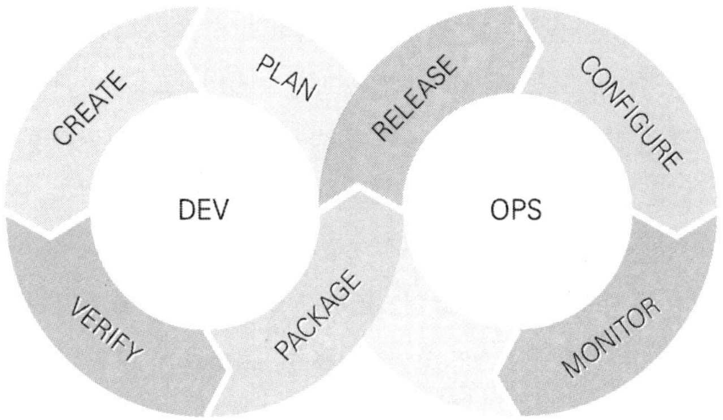

출처: 위키백과(https://ko.wikipedia.org.wiki).

5 https://devops.com.

둘째, 이상 징후에 대한 지능적 탐지 기반 보안향상이다. AI와 ML로 구동되는 기술은 매우 정밀한 기능으로 시스템 보안을 강화하여 보다 나은 성능을 제공한다. 중앙 집중식 로깅 아키텍처를 통해 사용자는 네트워크에서 의심스러운 활동을 기록하고 근절할 수 있다. DevOps를 사용한 기술은 위협과 해커 공격의 영향을 완화하여 기업들이 디지털 전환 이니셔티브의 추진에 기여할 수 있다.

셋째, 팀 협업 개선이다. 어느 조직이든 두 팀이 병행하여 기능한다. 그것은 빠른 코드의 책임이 있는 개발자 팀과 업무의 지속가능성을 보장하는 운영 팀이다. 두 팀 간 균형을 유지하는 것은 쉬운 일이 아니다. 하지만 AI와 ML과 같은 혁신기술은 팀 간 비즈니스 생태계 전반에 걸쳐 시스템 문제에 대한 단일의 통일된 시각을 가질 수 있도록 도와줌으로써 협업을 개선할 수 있다.

넷째, 고객경험의 향상이다. AI 기반 기술은 조직의 생산성과 성능에 직접적 영향을 미칠 수 있다. 가령 낮은 TCO(Total Cost of Ownership)로 더 빨리 제품을 개발하고 출시할 수 있다. 또한 DevOps에서 영감을 받은 서비스 팀은 더 높은 수준의 서비스를 제공할 수 있으므로 고객 만족도를 향상시킬 수 있다. 이에 따라 인공지능 기반기술은 DevOps 성능을 향상시키면서 궁극적으로 디지털 전환 이니셔티브의 추진에 기여할 것이다. AI의 주입은 자동화를 통해 개발 및 배치 주기의 단축뿐만 아니라 협업 및 핵심 이슈의 개선과 해결이 가능해 기업의 디지털 전환가치 창출에 이바지할 것이다. 이러한 목표 달성을 위해 현업에 적용 가능한 인공지능 방법론을 적절히 선택·개발하고 운영체계를 갖추면서 지속적으로 목표지향 모델로 교체해 나가는 성과기반의 운영체제 구축이 요구된다.

사실 대부분의 사람들은 웹브라우저와 인터넷이 일상생활을 어떻게 바꿀지 꿈에도 생각지 못했다. 오늘의 AI 혜택도 마찬가지다. 그 편익과 효용은 어디에나 있다. AI를 개인 또는 조직의 차별화 전략으로 인식, 조직변화를 이끄는 것이 성숙한 능력이다. 장차 직업세계를 둘러싼 불확실성에도 불구하고, 산업혁명을 포함한 이전의 기술변화 흐름에서 나온 증거, 즉 정책향상이나 통찰력을 제공할 수 있다. 또한 연구영역 전반에 걸쳐, 로봇공학에서 인류학까지 사회에서 기술의 역할을 형성하는 행위자, 그리고 제도들을 포함해서 다양한 세력의 역할에 대해 생각할 수 있다.

AI와 일에 대한 공개적 논쟁의 상당 부분이 직업의 종말에 대한 두려움과 전반적으로 고용측면에서 거의 변하지 않을 것이라는 확신 사이에서 흔들리는 경향이 있다. 하지만, 학계와 연구논문의 증거는 어느 쪽도 일방적으로 기울어지지 않는다. 비록 극단적 상황일 가능성이 높을 수도 있다. 하지만 일부 일자리가 없어지면서 다른 일자리가 생겨나고, 다른 일자리가 바뀌는 등 AI가 업무에 상당한 지장을 줄 것이라는 학문적 공감대가 형성돼 있다.

세계적인 컨설팅업체들은 AI가 글로벌 경제에 부가할 수 있는 가치를 2030년까지 13조~18조 달러로 늘어날 것으로 예측한다. 구글 CEO Sundar Pichai는 'AI가 불이나 전기의 발견보다 중요한 기술'이라며 기대감을 키워왔다. 딥 러닝 기술의 주창자인 Geoffrey Hinton 교수(토론토대학)는 "앞으로 영상의학과 의사들도 수련을 중지해야 한다."고 주장했다. 또한 자율주행차량 기술을 개발하는 개발자들도 로봇택시가 모빌리티(이동) 혁명을 일으킬 것이라고 이야기했다. 이미 알려졌듯 코로나19 시대에서 AI 역할은 두드러졌다. BlueDot 등의 AI 기술은 코로나19를 중국 병원에서 공식 보고하기 전인 2019년 12월 이미 새로운 바이러스출현의 신호까지 감지했다.

이미 AI는 플랫폼, 빅 데이터와 함께 디지털 경제를 떠받치는 3대 축으로 인식돼왔다. 플랫폼 경제의 최강자 아마존의 성공비결 중 하나다. 한국에선 프로바둑기사 이세돌과 알파고의 대결을 통해 AI의 잠재력이 잘 알려졌다. 지난 수십 년간 AI가 성취한 속도에 비해 최근 몇 년간 큰 발전을 이루었다. AI의 활용도 역시 크게 높아진 게 사실이다. 하지만 아직 해결하지 못한 많은 과제와 함께 직면한 한계도 피할 수 없다. AI 성과에 대한 흥분은 역사적으로 처음이 아니다. 1950년대 중반 적어도 20년 내에 AI가 인간 수준 지능에 도달할 것으로 기대했다. 하지만 그 기대는 1970년대 들어서면서 무너졌다. 1980년대 시작된 두 번째 붐도 얼마 가지 않아 사그라졌다. 이렇듯 지나친 기대가 거품처럼 무너질 때 <AI의 겨울>이 찾아와 연구자금이 말라붙고 평판도 나빠졌다. 물론 현재 AI 기술의 성과는 과거에 비해 훨씬 성공적이다. 전 세계 수십억의 사람들이 매일 AI 기술의 혜택을 입고 있는 현실이 실증한다.

그러나 지나치게 낙관적인 예측들은 당장 현실화되기엔 요원해 보인다. 그 하나가 자율주행기술이다. 분명 과거보다 크게 발전한 것은 사실이다. 하지만 주요 거리에서 일상적으로 운행되는 것을 경험하려면 아직 멀어 보인다. AI가 탑재된 영상의학 기기가 늘고 있지만, 당장 영상의학과 의사들이 일자리를 잃을 것 같지도 않다. 하지만 모든 현상에 빛이 있으면 어둠이 있듯 비관적 견해도 존재한다. 미래의학의 구루 Eric Topol은 AI 관련 소문이 현재 AI가 과학적으로 이룬 것을 한참 상회한다고 지적했다. 심지어 낙관론을 설파했던 컨설팅업계에서조차 비관론이 나온다. Gartner의 Svetlana Sicular는 2020년을 AI의 하강이 시작된 해라고 진단했다. 벤처캐피탈 펀드인 MMC는 유럽의 AI Startup들을 조사한 뒤 이 중 40%가 아예 AI 기술을 쓰지 않는 것 같다고 발표했다.

Cognilytica는 AI 프로젝트를 진행하면서 80% 정도의 시간은 데이터를 확보하는데 소요된다고 밝혔다. 일단 데이터가 있어도 수많은 데이터에 적절한 라벨(label)을 붙이는 작업이 필요하다. 큰 회사들은 이 작업들을 내부에서 소화하지만, 일반 기업들은 아웃소싱 한다. 이러한 데이터 준비시장규모가 2019년 15억 달러에서 2024년 35억 달러 규모에 이를 것으로 예측된다. 물론 데이터 자체에도 함정이 많다. 머신러닝은 결국, 입력과 출력 값을 연결지우면서 학습하지만, 폭넓은 맥락을 이해하는 것이 아니다. 그래서 일부 데이터가 우연치 않게 비슷하게 연관을 짓게 되는 경우, 완전히 잘못된 판정을 내릴 수 있다. 실패하는 가장 확실한 방법은 기대를 지나치게 높이는 것이다. 과거 AI 붐을 이끌었던 사례들을 보면 지나치게 과장된 기대가 무너지는 순간 AI의 겨울이 엄습했다.

요즘 AI에 대한 열광의 정도는 어느 때보다 높다. 그래서 일부 연구자들은 걱정한다. AI의 한계가 보다 명확해질수록 거품이 터질 가능성도 높아진다. 2018년 매장(賣場) 자동화 Startup인 Excel Robotics의 한 연구자는 "현재의 딥러닝에 대한 기대가 과거 주식시장에서 닷컴 버블의 붕괴 직전 같다."고 언급했다. 언제 터질지 정확히 단언할 수 없지만, 조만간 터질 것이 확실하다는 의미다(정지훈, 2020).[6] 하지만 지나친 우려나 환상은 바람직하지 않다. 인공지능이 과학의 한 영역이라는 점에서 현상에 대한 정확한 인식의 바탕에서 냉철한 접근과 열린 자세가 필요하다.

과도한 기대가 언제나 역풍을 불러왔다는 사실을 기억해야 한다. 하지만 역사적으로 세 번째인 AI 여름은 과거와 달리 이미 많은 사용처와 검증된 기술들이 보급되었다. 그래서 당장은 과거와 같은 혹독한 겨울이 도래하지는 않을 것이다. 그렇지만, 현재의 AI 기술이 해결해야 할 여러 가지 문제들과 한계를 명확

6 2020년 6월 이코노미스트의 기술계간지(TQ)에 AI(인공지능) 기술의 현재 상황과 그 한계에 대한 특집 기사 <Artificial intelligence and its limits>가 실렸다. 이 기사는 결론 부분에서 'AI의 가을이 다가오고 있다'(Autumn is coming)고 말했다(https://firenzedt.com/?p=8005).

히 이해하고 알려서 산들바람이 느껴지는 가을을 준비하는 게 AI 기술의 긍정적 발전에 중요하다.

주지하듯 데이터는 인공지능 비즈니스의 생명선이다. 의사결정, 프로세스개선, 고객과 파트너 및 비즈니스에 대한 보다 심층적 이해의 제공과 통찰력을 높이고 보다 나은 결과를 얻을 수 있도록 지원한다. AI와 ML을 통해 데이터로부터 배우고, 패턴을 파악하며, 현명한 결정을 내린다. 결국, 인간능력을 향상시키고 강화한다. 그러므로 새로운 방법을 갖춘 조직으로 고객과 수익을 증대, 유치, 유지하면서 운영 효율성을 향상시켜야 한다. 이처럼 인공지능의 성과와 혜택으로서 그 결실을 누리기 위해 AI와 ML 작업의 자동화를 바탕으로 미개척 지역에서 통찰력의 가속화를 위한 지원노력이 확충되어야 한다.

3 직장, 일과 인공지능: AI의 효과

어떤 곳이 이상적인 직장일까? 분명한 것은 생존만을 위해 일의 가치를 돈으로 정량화하는 곳은 결코 아니다. 삶과 균형 잡힌 Work and Life Balance를 이루는 일터(Work Place)가 바람직한 직장이다. 이러한 일터는 생활을 위한 경제적 여건을 마련해줄 뿐만 아니라 삶의 의미도 가치 있도록 만들어 준다. 나아가 동료와 경쟁을 넘어선 협력적 관계를 형성해 준다. 디지털 전환의 가속화로 고도화될 초연결적 자동화시대에서 인간과 기술 간 상호적응의 지능적 자율화가 일의 실존적 의미와 가치는 물론 공공성의 가치도 복원할 수 있다.

기업에서 디지털 전환을 완전히 이해하고 적절하게 우선순위를 정하기란 쉽지 않다. 왜 그럴까? 아직까지 큰 그림의 맥락에 이르지 못했기 때문이다. 급격한 변화흐름을 겪고 있는 대부분 기업들은 추세 따라잡기에 급급하다. AI주도의 디지털 전환은 5년 걸릴 변화를 5개월로 단축시킬 수 있다. 이러한 상황에서 조직의 운영모델이 고객가치의 전달을 위해 positioning을 정의하는 경우, AI 우선의 운영모델을 보유한 기업은 AI를 우선적으로 활용할 것이다. 그리고 기업의 제품, 프로세스 및 경험에 더 많은 지능과 자동화를 접목할 것이다.

AI 우선으로의 디지털 전환을 성공적으로 추진하는 조직들 사이에 공통적인

특성이 확인된다. 디지털 리더가 AI 전환을 시작, 가속화 또는 수정하기 위해 취할 수 있는 일련의 스마트한 단계들이다.[7] 첫째, AI에 대한 이해의 표준화이다. AI에 대한 이해의 공식화를 위한 전략적 접근이 필요하다. 구성원들이 상황이나 맥락에서 문제를 해결함으로써 학습할 수 있도록 돕는 사업 중심적 접근방식이다. 각 사업과 시장에서 해결해야 할 문제를 파악한 뒤 AI와 사용자중심의 개념을 적용해야 한다. 가령 AI 기술(예 학습유형과 모델종류)과 비즈니스 문제 등을 축으로 활용한 Matrix로 틀을 짤 수 있다. 이후 각 기술의 가능성을 설명하고, 기존 비즈니스 문제의 해결을 위한 활용사례를 바탕으로 반복적 이해 노력이 요구된다.

둘째, AI가 어떻게 결과를 뒷받침하고 보다 많은 성공방법을 만들 것인가? 이러한 질문은 장소와 방법에 관한 것으로 간단히 효과적 전략으로 답할 수 있다. AI 우선 기업들은 AI를 활용해 개인화된 경험을 전달하거나 기하급수적으로 확장 가능한 역량을 창출하는 데 많은 승부수를 띄운다. AI와 비즈니스 결과 간 관계의 명확화는 바이인(buy-in)의 달성에 중요하다. 구체적으로 기업은 AI 이니셔티브가 고객가치 제안(예 고객이 구매하는 이유의 충족), 수익 공식(예 이윤을 달성하는 방법), 핵심 리소스/프로세스(예 가치창출 및 제공방법) 등 비즈니스 모델의 모든 측면에 어떤 영향을 미칠지 정확하게 정의해야 한다.

셋째, AI 전환을 제약할 수 있는 디지털기반의 균열을 식별해야 한다. AI 주도의 비즈니스 성과에 대한 약속은 경영자들에게 매력적이다. 하지만 기술적, 조직적, 문화적 경직성이 전사적 혁신과정에 존재한다. 리더는 디지털기반을 강화하는 동시에 신속한 성공의 견인을 위해 투자를 포함한 종합적 로드맵을 만들

---

7 https://www.cio.com/article/3575542/ai-first-or-nothing.html.

어야 한다. 이 과정에서 균열요소로서 경직성의 타파와 부서중심의 운영모델을 제거해야 한다. 가령 대기업은 다양한 기능에 의해 정의된 부서중심으로 운영된다. 이러한 의식은 가령 "우리 대 그들"의 사고방식을 야기할 수 있음을 경계해야 한다. 그리고 데이터를 중앙 집중화하고 표준화하여 고객을 전체적으로 파악해야 한다.

넷째, AI 활용사례 파악 및 Pilot 수행에 자원을 투입해야 한다. AI 활용사례를 파악함에 있어 AI가 제품, 프로세스 또는 경험을 보다 지능적이거나 효율적이면서 확장 가능한 시나리오에 집중할 것을 각 팀에게 권고해야 한다. 가령 Healthcare에서 적절한 결과를 도출하기 위해 적절한 시기에 문맥(文脈)화된 데이터를 제공해야 한다. 그래서 의사와 환자들 간 상호작용 방식의 향상을 위해서 작용하는 AI를 찾아야 한다. 흔히 "인간+기계"라고 불리는 공식은 인간의 상호작용이 최적의 경험을 전달하는 데 중요하게 적용된다.

다섯째, 결과를 개선하고 지속적인 학습을 시작하는 MVP(minimum viable product: 최소의 실행 가능한 제품)를 확장해야 한다. 가치를 포착하고 확장 가능성을 보여주는 MVP는 정형화된 전달 프로그램으로 확대되어야 한다. MVP가 더 많은 기능과 고객 부문으로 확장됨에 따라 보다 많은 데이터가 파이프라인으로 유입될 것이다. 이는 조직이 알고리즘을 개선할 수 있는 더 많은 수단을 갖게 된다는 것을 의미한다. 보다 나은 알고리즘은 더 나은 경험으로 이어질 수 있고, 궁극적으로 보다 많은 사용으로 이어지면서 선순환되도록 해야 한다.

인공지능 활용을 위한 일률적 전략은 없다. 솔루션 구현방법은 비즈니스에서 가장 많은 지원이 필요한 부분에 따라 달라진다. 효과적인 AI 전략은 직원의 고충을 정의한 후 역방향으로 작업할 때도 나타난다. 인공지능은 데이터 분석부터 고객 경험 개선까지 모든 것을 처리할 수 있다. 가령 Walmart와 같은 거대 조직

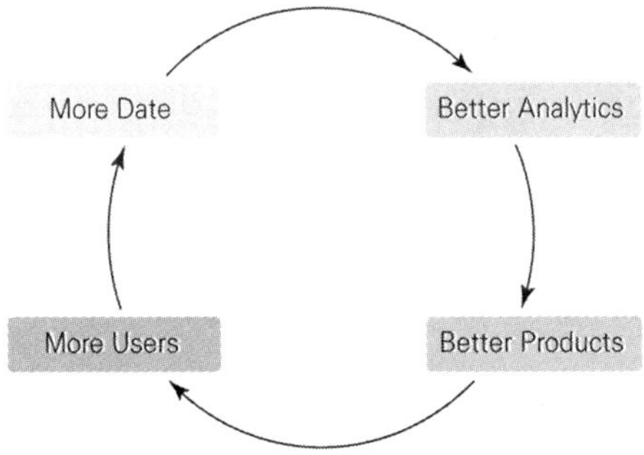

은 이미 인공지능을 사용하여 데이터 분석과 같은 문제를 해결하고 데이터 및 정보기반의 결정을 내리고 있다.[8]

디지털 전환시대에 맞춰 직업을 선택하거나 대비할 필요가 있다. 특히 AI는 모든 IT 관련 기술의 핵심이다. 이른바 AI First는 개인은 물론 기업경영과 사무, 생산, 제작, 설비시스템을 거쳐 필수적 문명의 이기로 작용하고 있다. 이러한 흐름은 직장에도 확산되고 있다. 기업용 AI 사용량은 지난 4년간 270% 이상 성장하였다. 직원채용부터 소비자 통찰력, 마케팅까지 사업 전 분야에 걸쳐 AI가 스며들고 있다. AI드라이브의 가장 큰 이유는 직원생산성 향상과 함께 엄청난 잠재력에 있다. 그렇다고 AI가 곧 성공이라는 등식은 아직 곤란하다. AI가 매력적이지만 AI의 생산적 이득과 최대한의 효과를 누리려면 부작용이나 역기능을 염두에 두어야 한다. 비생산적 작업자동화, 일자리 대체, 보안 등 예상치 못한 일들이 존재하기 때문이다. AI와 직장과 관련한 이슈 가운데 고용안정의 위협과 두려움이 커다란 관심사항이다. AI가 가져올 자동화로 인해 2033년까지 전체 일자리의 절반에 달하는 일자리가 중복될 것으로 예상된다. 하지만 자동화는 작업 대체보다 역할 내에서 특정 작업, 특히 저 가치로 간주된 반복 작업을 Target으로 삼을 가능성이 훨씬 높다.

AI는 인간이 의미 있는 일에 집중할 수 있도록 해주는 핵심도구다. 마치 제3차 산업혁명시대의 최종사용자 컴퓨팅(end-user computing)에서 PC가 필수도구였다면 이제는 최종사용자 인공지능(end-user AI)의 시대로 가고 있다. AI 도구를 엑셀 다루듯 사용해 자신의 업무와 사업모델에 적용하는 것을 의미한다. 실제로 AI는 기업 내 보안침입의 탐지와 방지를 위해 가장 많이 사용된다. 이에 따라 IT보안전문가 업무를 중복으로 만들기보다 점점 복잡해지는 해킹과 공격에 직면하여 인간능력을 향상시키기 위해 사용되고 있다. 일부 일자리는 확실히 AI로 대체될 가능성이 높지만, 단기적으로 특정분야에 국한될 것으로 예상된다.

AI의 초인적 계산력은 생산적 절약에 활용된다. 특히 AI는 복잡한 계산, 일상적인 작업, 패턴인식 등 인간보다 우월하다. 이러한 강점을 수용함으로써 AI는 인간이 수행하던 일의 유형을 근본적으로 바꿀 것이다. 실제로 많은 기업들이 생산성 향상을 위한 AI를 개발, 활용하고 있다. 가령 법률AI프로그램이 복잡한

8 https://www.ringcentral.co.uk/blog/future-of-work.

법률문서를 스캔하고 관련 정보를 추출하는 AI를 만들었다. 기존의 검색에 낭비 시간을 줄여 계약협상의 속도를 높이고 간소화함으로써, 종사자들이 비즈니스에 가치를 더하고 보다 중요한 업무에 집중할 수 있게 한다.

주요 직업 로봇 · 인공지능 대체지수

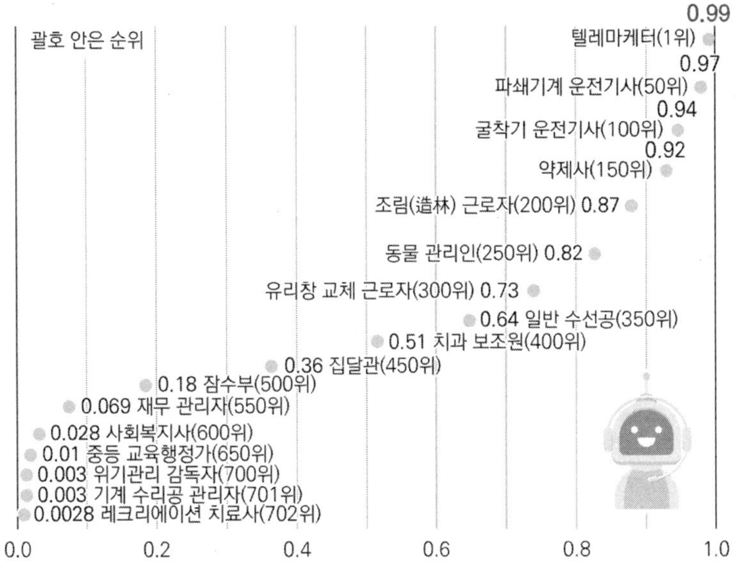

자료: 시사저널(2016), 20년내 지금 직업의 절반이 사라진다; 옥스퍼드대 연구팀.

국내·외 전문기관들은 AI와 관련된 7~8개가량의 전문 직종을 유망 직업으로 꼽는다. AI나 머신러닝 관련 CAO(Chief AI Officer)나 디지털경영자는 말할 것도 없다. 데이터 코딩과정의 AI전문가나, AI Analyst, AI품질관리 전문가 등과 실무적인 AI직종들도 각광받을 것으로 예상된다. 물론 AI매트릭스에 밝은 수리 전문가나 머신러닝 전문가 등은 최고의 대우를 받게 될 직업군임엔 분명하다. 다만, 기술은 물론 비즈니스 매트릭스에 대한 해박한 지식을 바탕으로 기업이나 조직에 커다란 부가가치를 창출하는 게 주요 임무다. 보다 구체적으로 AI윤리경영자가 꼽힌다. 컴퓨터 공학이나 데이터 과학과 다른 윤리적 시각이 필요한 직종이다. 그래서 심리학, 사회학, 철학, HCI(인간-컴퓨터 상호작용) 등 인문학적 배경을 갖추고 있어야 한다.

AI 윤리경영자는 "이 분야에 왜 AI를 적용해야 하는가?"라든가, "AI를 적용하는 것이 바람직한가?" 등의 질문을 전제로 비즈니스에 임한다. 그래서 이미 해외에선 '인간 요소 공학 석사'나 '응용심리학 학사' 학위를 보유하고 있는 전문가들이 이러한 직종에 종사하고 있다. 실제로 AI를 배치할 때 윤리에 집중하는 기업들은 더욱 안전하고 공정하면서 오히려 기업이윤 등에 있어서 나은 비즈니스 성과로 이어질 수 있다. 또한 각종 AI 규제와 법적, 제도적 환경에도 잘 적응할 수 있다. 그리고 데이터 통계나 Data Mining은 물론, AI가 적용되는 모든 Engineering이나 비즈니스 기술에 정통한 책임자가 필요하다. 이러한 책무에 걸맞은 AI 데이터 과학책임자 역시 최고의 미래 유망직종으로 떠오르고 있다.

그러면 인공지능을 사용하는 것이 일의 미래에 어떠한 긍정적 영향을 줄 수 있을까?

첫째, 비용절감이다. 기술 및 비즈니스 리더의 80%는 AI가 생산성을 향상시킨다고 생각한다. 직원의 생산성이 높아지면 고객서비스도 개선되고 수익도 개선된다. 또한 직원들의 시간과 관리자들의 비용 낭비와 반복적인 일을 없앨 수 있다. 작업을 단순한 하위 작업으로 나눌 수 있다면, 대부분의 작업을 자동화할 수 있다. 예를 들어, 기계는 의심스러운 활동의 특정 지표를 찾기 위해 보안영상을 검토할 수 있다. 이 도구들은 공급 망에서 자동으로 재료를 갱신하고 요청할 수도 있다. 컴퓨터가 직장에서 지루하고 반복적 업무를 처리할 때, 인간은 더 창의적인 직업에 초점을 맞추고 진정한 잠재력을 발굴할 수 있는 자유를 갖게 한다.

둘째, 효율성 향상이다. 미래의 일터에서 음성도우미는 누구의 일도 대신하지 않는다. 대신, 팀 내에서 이미 고용된 사람들에게 더 많은 가치를 더하기 위해 존재한다. 예를 들어 사무실 협업도구의 가상 Assistant는 작업을 자동으로 관리하고, 일정을 조정하며, 미팅을 설정하는 등의 작업을 수행할 수 있다. 직원들이 자신에게 가장 중요한 프로젝트에 더 많은 시간을 할애할 수 있다.

셋째, 고객서비스 개선이다. 고객경험은 모든 비즈니스에서 가장 중요한 차별화 요인이다. 고객들은 제품가격이나 제공된 서비스의 범위에 따라 회사를 판단한다. 뿐만 아니라 고객들은 어떤 플랫폼에서든 필요한 경험을 제공할 수 있는지 알고 싶어 한다. 물론 모든 규모의 회사들이 문자 메시지, 인스턴트 메시징, 전화 통화 등에서 고객을 추적하는 것은 유쾌한 일이 아니다.

향후 5년 기간 동안 작업(일)에 미치는 영향으로 조직적 측면에 다수가 기술(Skill) 상황의 변화가 필요하다고 인식하였으며 조직생산성 향상과 작업자의 기

향후, 5년 기간 동안 인공지능이 작업(일)에 미치는 영향

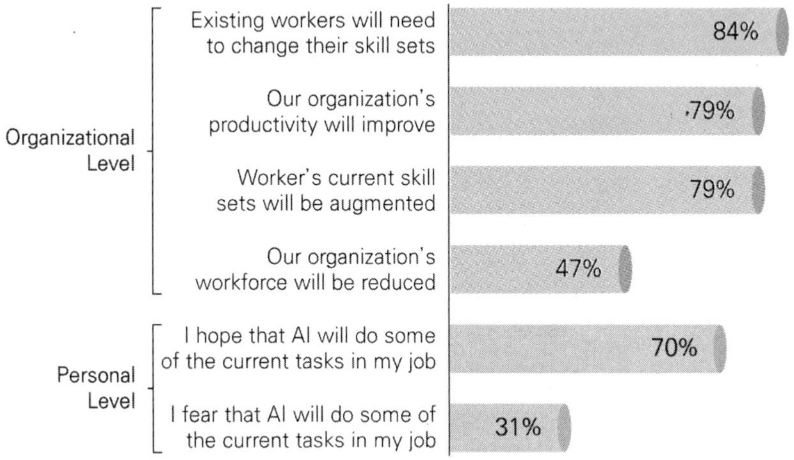

자료: jobmarketmonitor.com/2017/09/07/the-future-of-work-artificial-intelligence-ai-wont-replace-most-jobs-but-people-using-it-are-starting-to-replace-people-who-dont.

술상황의 증강을 예상했다. 인적 측면에서는 과업에 긍정적 영향을 줄 것이라는 반응이 부정적 반응보다 큰 것으로 나타났다. 그래선지 머신러닝은 제조, 의료 유틸리티, 소매업 및 기타 여러 분야 전반에 걸쳐 거의 무한히 사용된다. IoT Sensor에서 쏟아져 들어오는 빅 데이터를 신속하게 분석하고 이해를 끌어내는 기능으로 직관적 네트워크를 통해 트렌드와 이상 징후를 파악할 수 있다. 디지털트윈스 활용 등 기술진화는 물론 성숙에도 AI가 중요한 역할을 한다. 하지만 분야별로 디지털 전환의 실질적 부분을 차지하는 것은 머신러닝이다. 기계학습, AI와 디지털트윈스가 물리적 자산, 프로세스 또는 시스템의 디지털복제 Version의 생성과정에서 어떻게 교차하는지 보여준다. 이를테면 모니터링, 테스트 및 데이터분석을 통한 결과의 변경이나 개선 가능한 조치를 통해 자동화되고 지속적인 학습을 가능하게 한다.

더욱이 머신러닝이 빅 데이터의 동향이나 이상 징후를 파악할 수 있는 능력은 의료 및 임상연구에서 컴플라이언스 및 보안으로 수많은 산업을 변화시키고 있다. 머신러닝은 진화된 고객서비스, 사용자 경험, 상황별 마케팅을 주도하는 엔진이다. 수많은 고객대면산업은 챗봇 소프트웨어 내의 머신러닝 알고리즘을

사용하여 고객 문의에 대한 예측과 대응을 매회 접점으로 정확하게 대응할 수 있는 능력을 습득하고 연마하고 있다. 그 결과, 고객대기시간이 단축되고 콜 센터 Agent가 보다 복잡한 Query를 처리할 수 있다.

인공지능이 적시에 올바른 반응을 수집하여 보다 나은 고객경험을 제공할 수 있다. 지능형 챗봇과 IVR(Interactive Voice Response) 솔루션은 간단한 고객질문에 답하고 스마트 Routing을 사용하여 정확한 에이전트에 복잡한 Query를 보낼 수 있다. 그 결과, 고객들은 보다 행복하고 직원들의 스트레스도 감소시킬 수 있다.

한편, 취업포털 인크루트와 비대면 알바면접 알바콜의 <AI와 일자리인식조사: 2020년>에 대한 인식조사(응답자 782명 가운데 직장인 614명) 결과, AI가 본인 업무를 대신할 수 있다고 응답한 비율은 전체 중 67.9%에 달했다. 반면에 대신할 수 없다고 응답한 비율은 32.1%에 불과했다. 2016년의 집계(64.0%)에 비할 때 소폭 증가했다. 직업·직종별 분석결과, AI에 대체될 가능성이 가장 높다고 느끼는 업종은 바로 운송·운수업(71.4%)이었다. 자율주행과 관련한 투자 및 개발이 지속적으로 늘고 있기 때문으로 분석된다. 이어 IT·정보통신(69.6%), 금융·보험(64.3%)분야 순으로 대체될 수 있다고 답했다. 특히 재계에서 RPA(로봇 프로세스 자동화)의 도입에 따라 기존의 단순 업무처리뿐만 아니라 방대한 양의 금융 및 통신 빅 데이터 처리까지 업무 자동화 시도가 이뤄지고 있다.

이처럼 AI가 업무를 대체할 것으로 보는 이유로는 '인간보다 일처리 속도가 빠르기 때문에'(40.9%)이라는 답변이 지배적이었다. 다음으로 '업무정확성이 뛰어날 것 같아서(36.3%)', '노동시간에 상관없이 일하기 때문에(20.8%)' 등이 꼽혔다. 반면 AI가 인간의 업무를 대체할 수 없다고 보는 이유의 1위로 '타인과 커뮤니케이션이 필요한데 AI는 처리 못할 것 같기 때문에'(32.5%)가 꼽혔다. 이어 '위기상황발생 시 대처능력이 없기 때문에(26.3%)', '정해진 업무 이외 다른 일을 수행하기 어렵기 때문에(23.2%)', '업무변화에 따라 개발·유지·보수 비용발생이 만만치 않을 것(15.4%)' 등의 순이었다(조선일보, 2020년 10월 21일자).

인공지능은 인간과 같은 지능을 전달하는 학습에 치중하는 반면, 머신러닝은 인간의 개입이 있든 없든 데이터 해석을 통해 과제를 완수하고 개선하는 데 초점을 맞추고 있다. 기업이 기술보다 주력해야 할 것은 디지털 전환이 비즈니스 전환으로 귀결되는 변화에 대한 총체적 접근방식을 수용하는 데 있다. 디지털 전환은 Cloud, Mobile, IoT, Analytics, 머신러닝/AI의 시대에 비즈니스를 재설계하고 재구축하여 프로세스, 고객 경험 및 의사결정의 결과를 개선하는 것이다. 머신러닝이 사람과 기업이 혁신할 수 있도록 시간이 많이 소요되는 작업을 자동화할 수 있기 때문에 디지털 전환과 관련되고 있는 이유를 보여준다.[9]

AI가 직무에 미치는 영향과 관련하여 기술발전에 따른 기존 일자리의 자동화를 피할 수 없다. 하지만 새로운 현상이 아니다. AI만의 전유물도 아니다. AI는 생산성을 높일 수 있으며, 지치지 않고, 사람의 실수를 제거해 위험을 낮추고, 일부 인간의 직업이 기계로 대체되면서 비용을 절감한다. 그러나 AI를 옹호하는 사람들은 AI를 사용하여 낮은 수준의 특정 작업을 자동화함으로써 인간 근로자들이 더 흥미롭고 부가가치를 창출하는 활동에 집중할 수 있게 할 수 있다고 주장한다. 실제로, McKinsey Global Institute에 의해 수행된 연구는 대부분의 산업이 자동화할 수 있는 데이터 수집과 처리와 같은 업무를 가지고 있지만, 관리 및 인터페이스와 같은 다른 업무도 가지고 있다는 것을 보여준다. 전체 업무가 아닌 특정 업무만 기계에 넘기는 경우가 많다는 의미다.

AI는 자동화 구현이나 감시 등 인적 요소의 개입감소 외에 신규 비즈니스 채널의 장기적 발전을 통해 새로운 일자리를 창출할 수 있다. 하지만 머신러닝 작동을 위해 수동적이고 부담스러운 tagging과 훈련이 필요하다. 이것은 이미 기계, 업 워크, 프리랜서와 같은 서비스를 통해 고용과 소득기회를 창출하는 결과를 가져왔다. 마치 10년 전에 아무도 iPhone의 필요성을 몰랐지만, 애플 매출의 약 65%를 차지하고 있다. 애플인력의 경우, 2008년 3만 2,000명에서 2018년 13만 2,000명으로 네 배 이상으로 불어났으며 AI 등 핵심부문은 증가추세다. 장기적으로 미처 생각하지 못한 상품과 산업이 새로운 일자리를 창출했다는 증거다.

디지털 전환은 종종 오해를 받는다. 소셜 미디어, 온라인 애플리케이션, 모바일 기기, Cloud Computing, AI 등 데이터를 생성, 저장, 처리하는 디지털 기술에 의해 구동된다는 인식이다. 하지만, 근본적으로 새로운 프로세스 구현으로 생성된 데이터의 관리 및 활성화가 필요하다. 또한 비즈니스, 운영 및 새로운 기술의 통합을 위해 지속적이고 반복적인 접근방식을 통한 디지털 제품과 서비스가 제공되어야 한다. 이를 위해 사고방식의 변화와 실행을 위한 조직변화와 강

9 https://www.exsquared.com/blog/machine-learning-or-ai-what-is-more-relevant-for-digital-transformation.

력한 리더십이 필요하다.

디지털 전환프로그램에서 성공한 기업들은 직원들 간 조직 차원의 협업 문화를 조성하였다. 또한 빠르게 실패하면서 창조성 발휘를 장려하였다. 디지털 전환은 단순히 비용절감을 넘어 신제품 창출과 생산성 향상을 통한 수익 증대에 맞추었다. 이러한 과정에서 기업의 운영방식을 새롭게 정의하는 프로세스와 혁신프로그램의 구현을 위해 새로운 기술이 필요하다. 아울러 비용과 리더십에 집중함으로써 사업전략에서 방어적 기업들은 실제로 새로운 비즈니스 모델 구축과 신제품 라인개발로 자원을 유도함으로써 보다 나은 서비스를 제공할 있어야 한다. <그림 1-4>에서 알 수 있듯 성공적인 디지털 전환에는 업무 간 원활하고 직관적으로 전환할 수 있는 유연한 인력이 필요하다. 이러한 바탕에서 네트워크, 보안, Cloud, 분석 및 협업과 같은 B2B영역에서 비즈니스 성과를 얻도록 전체적 관점에서 AI-ML에 접근할 수 있어야 한다. 즉 광범위한 데이터 가시성의 바탕에서 보안기반 구축은 기본이다. 네트워크의 재창조, 전력소비량의 대폭 절감 등을 필요로 한다. 또한 AI와 ML의 힘을 활용할 수 있는 멀티 Cloud 환경, 데이터의 힘을 확보하고 고객에게 의미 있는 새로운 경험창출이 필요하다.[10] 물론 적절한 기술과 잘 훈련된 인적 자원의 조합은 필수적 요소이다. 단순히 기술

〈그림 1-4〉 성공적 디지털 전환의 요소

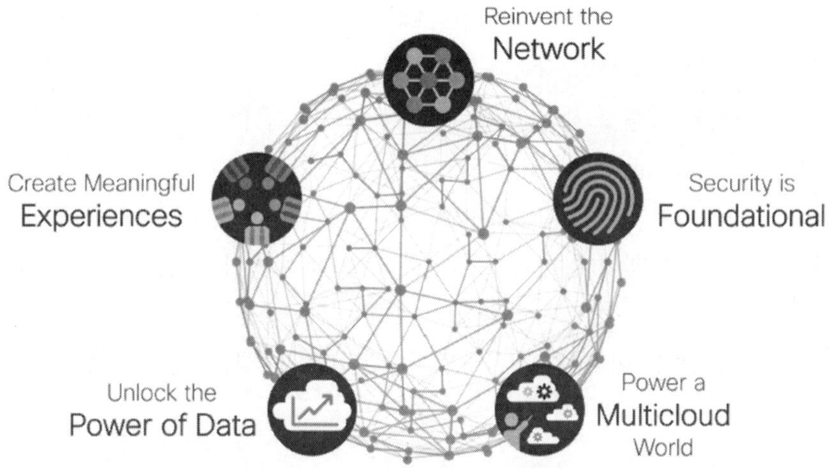

10 https://www.cisco.com/c/dam/en/us/solutions/collateral/digital-transformation/ai-whitepaper.pdf ıit
epaper.pdf.

간 융합을 넘어 개체, 집단 사이를 능동적으로 중개하는 연결망을 통해 인간의 삶이 개선될 수 있도록 기술 및 조직문화가 조화를 이루어야 한다.

4 Good Morning, AI

아침인사, Good Morning은 안녕을 묻는 인사말이다. 오늘처럼 전환시대를 살아가는 직장인이나 기업에게 절절하게 와닿는다. 이른바 초연결의 가속화와 함께 경계가 사라지면서 불확실성, 불안정성, 불연속성이 심화하고 있기 때문이다. 업종, 영역, 기술, 사업 간 경계가 허물어지면서 한치 앞을 예측하기 어렵다. 게다가 디지털 전환이 가속화되면서 불안감을 더하고 있다. 모든 것은 인공지능을 가리키고 있는 상황에서 원하든 원치 않던 개인, 기업은 물론 국가수준에서 생존과 발전을 위해 인공지능 전략을 모색해야 한다.

만일 인공지능에 대하여 자연스럽게 느낄 수 있다면, 즉 인공지능이 두려운 대상이 아니라 나를 위해 도움이 되는 존재로 인식된다면 AI는 편하게 느껴질 것이다. Good Morning AI에는 인공지능을 통해 확실성과 안전성을 연속성을 도모하려는 바람이 담겨있다. 사실 인공지능도 불완전하기에 여러 가지 문제를 야기하고 있다. 인공지능업체나 개발자 입장에서는 자신의 인공지능이 오류나 실수가 없기를 희망하고 정부도 인공지능의 육성과 지원 및 활용을 소망한다.

디지털 전환의 불안과 위협으로부터 자유로우려면 어떻게 해야 할까? 무엇보다 디지털역량을 갖추어야 한다. 기업의 경우도 마찬가지다. 소용돌이 환경일수록 행동이전에 정보수집－가공－공유－활용이 필수적이다. 오늘날 개인 및 조직, 국가에서 분석(analytics)의 중요성이 커지고 있다. 문제 해결이나 신제품을 만들거나 정책이나 캠페인을 성공적으로 집행하고자 할 때 데이터 없는 작업수행은 곤란하다. 가령 Social 분석 툴은 해당 데이터를 발굴하여 브랜드에 적용할 수

있는 지능형 통찰력으로 전환된다.

또한 AI 및 이미지 인식기술은 완벽하고 정확한 통찰력의 보장을 위해 많은 구성 요소들을 활용한다. 가령 감성분석은 주제데이터에 대한 맥락(context)을 제공한다. 가령 ① 어떤 주제가 고객의 가장 큰 관심사인가? ② 어디에서 보다 나은 개인화를 위한 통찰이 제공되는가? ③ 어디에서 스펙트럼의 양·음 양단 모두에 최대의 노력을 집중시킬 수 있는가? ④ 어떠한 특정 대화가 입소문을 타고 브랜드 건강성에 영향을 미칠 수 있는가? ⑤ 어떤 경쟁업체가 가장 큰 위협 요소 또는 가장 쉽게 극복할 수 있는가? 등 다양한 의문들은 하나의 특징으로 나타난다. 이미지분석 도구는 이미지에 동일한 맥락(context)을 적용하여 감정분석을 향상시킨다.

AI 가운데 딥 러닝은 방대한 데이터를 수집해 감정을 학습할 수 있다. 가령 대화형 AI회사들은 고객서비스, 운전자 보조기술, 무인자동차, 고객경험 및 판매 등에 초점을 맞추면서 정서분석과 감정인식이 가능한 디지털 비서를 개발 중이다. 감성지능은 충분히 개발될 수 있다. 또한 Web상 브랜드나 경쟁사로고의 추적이나 심지어 제품사용위치, 제품사용방법 및 사용 후기까지 밝힐 수 있다. 나아가 AI와 머신러닝기술은 이미지 분석을 다른 영역으로 가져가면서 표현인식(이미지 속 인물의 웃고 웃는 등), 객체인식, 장면인식 등을 도입할 수 있다. 이러한 기술 및 툴을 통해 브랜드를 더욱 정밀하게 분석할 수 있다. 어떤 trend를 따를지, 어떤 influencer에 접근할지, 어떤 경쟁업체를 추적할지 등을 결정할 때 활용할 수 있다. 통찰력이 정확할수록 결과예측이 정확하다.

지난 1959년 미국의 우정공사 사장이었던 Arthur Summerfield는 미래의 우편은 유도미사일에 실려 배달될 것이라 확신했다. 경제성장 덕분에 우편물이 증가해 우편업계의 미래가 밝아보였던 때였다. 하지만 일시적 현상이었다. 당시 이메일, 문자메시지, 휴대전화망 기술은 개발 중이거나 초기 단계였다. 하지만 Summerfield는 우편이 더 이상 종이에 작성되지 않는 미래를 상상하지 못했다. 이렇듯 오늘날 디지털 전환시대를 살아가는 직장인들도 AI에 대해 같은 실수를

저지르는 것은 아닐까.[11]

디지털 전환은 시장, 기업, 개인에게 새로운 환경변화를 경험하게 한다. 그래서 전환은 불안하고 불확실하다. 디지털 전환은 보다 빠르며 강력하고 더 똑똑하며 통합되고 더 효율적이며, 더 민첩하고, 더 수익성이 높은 방향으로의 탈바꿈을 돕는다. 이러한 디지털 특성과 가능성의 극대화는 기업의 기본 목표이자 개인의 생존전략이다. 하지만 디지털 전환을 완전히 수용하는 조직이나 사람은 거의 없다. 수용정도와 역량에 따라 가진 자와 못 가진 자 사이에 격차가 벌어진다. 이러한 과정에서 창조적 파괴의 시대로 접어들고 있다.

AI는 어떻게 다가올 것인가? AI의 최종용도는 상당 부분 시장이 결정할 것이다. 기업과 소비자는 AI를 실용적 목적으로 활용할 것이다. 특히, 인공지능은 다양한 방식에서 기업을 변화시킬 것이다. 첫째, 언어장벽을 없애 줄 것이다. 한국 기업인이 스페인어를 사용하는 상대방에게 전화를 걸어 즉석 브레인스토밍을 통해 글로벌한 제휴관계를 추진할 수 있다. 여러 나라 출신들이 섞여 일하는 사무실에서도 소통 효율성이 높아지고 모국어가 다른 직원들 간 협업이 원활해질 것이다. 영어만 사용하도록 하는 기업의 현실에서, 실시간 통역기술의 일상화는 비(非)영어권 직원들도 모국어를 사용하며 자신의 문화적 특성을 유지할 수 있도록 도움을 줄 것이다.

둘째, 상대방 마음을 쉽게 읽을 수 있도록 한다. MIT가 개발한 비침해적(Noninvasive) Wearable기기 AlterEgo는 사용자가 입을 열기 전 필요로 하는 것을 알아챈다. 사용자가 아무런 움직임을 보이지 않아도 많은 질문에 초 단위로 응답한다. 메시지를 전송하고, 사용자가 나중에 확인할 수 있도록 정보흐름을 내부에 저장할 수 있다. 인간이 머릿속으로 단어나 문장을 떠올릴 때 발생하는 턱의 전기 자극을 해석해 인간과 기계 간 말 없는 소통을 손쉽게 실현한다. 아직 데이터를 수집하고 시스템을 훈련시키는 단계지만, AlterEgo는 항공모함 비행갑판이나 공장 내부 같은 소음 많은 환경 속 통신 수단으로 활용되거나 언어장애를 겪는 사람들에게 도움을 줄 수 있다. 장차 문서 작성, 계획, 통신처리 속도를 급진적으로 개선할 수 있다.

셋째, 인력채용이 스마트해진다. 채용과정은 결코 단순하지 않다. 채용 담당

11 http://www.fortunekorea.co.kr/news/articleView.html?idxno=10758.

자는 성(姓), 출신대학, 심지어 이력서의 글자 크기에도 무심코 좌우될 수 있다. AI 벤처기업 Pymetrics은 스마트 폰 게임을 통해 인지·정서를 검사한다. 게임의 알고리즘은 인종·성별 및 기타 편견을 배제하도록 설계되어 있다. 나아가 소프트웨어가 선정한 최상위 지원자들에게 HireVue에 동영상 업로드를 요청한다. 동영상 주제는 업무 중 발생하는 다양한 상황에 대한 대처법이다. 지원자의 발언내용은 물론, 답변 속도, 표정에 드러난 감정적 단서까지 검토해 지원자를 선별하는 알고리즘도 있다. 이러한 절차를 통과한 지원자만이 실제 사람과의 면접 기회를 갖게 된다.

넷째, 설계·디자인의 효율성을 향상시킨다. 소프트웨어 개발사 Autodesk는 Dreamcatcher라는 R&D프로젝트의 상업화에 성공했다. Dreamcatcher의 AI는 인간설계자의 창작활동을 보조한다. Airbus, Under Armour, Stanley Black & Decker 등이 이미 사용하고 있는 SW로서 생성적 디자인(generative design)의 좋은 사례다. 생성적 디자인은 요구사항이나 한계, 심지어 총 재료비 같은 각종 목표치를 프로그램에 입력하면서 시작된다. 소프트웨어가 수백~수천 가지의 옵션을 제시하면, 인간 디자이너가 선별한다. 이후 소프트웨어는 선호도를 감안해 보다 나은 옵션을 만들어 낸다. 항공기제조사 Airbus는 소프트웨어를 통해 A320의 내부 파티션을 재설계했고, 그 결과 무게가 기존 설계 대비 45%(약 29.9kg)나 가벼워졌다.

다섯째, 근로자를 배려(Care)한다. 인간은 자신의 한계를 잘 알지 못한다. 너무 많이 먹고, 너무 적게 자고, 일정 기간 내 자신이 할 수 있는 업무량을 과대평가한다. 가령 장거리 트럭이나 중장비 운전사의 오판은 위험과 함께 천문학적 비용을 야기할 수 있다. 기업들은 고위험 직업군의 수호천사기능의 AI를 도입하고 있다. 기업용 소프트웨어 전문기업 SAP는 수백 시간 분량의 Sensor 데이터를 통해 훈련된 시스템은 심장박동, 체온, 피로도, 긴장 관련 지표 등 작업자의 몸 상태를 실시간으로 확인할 수 있다(SAP의 Connected Worker Safety SW). 그리고 휴식이나 휴가가 필요하다고 판단되면 신호를 보낸다. 자동차제조사 대다수와 협업하고 있는 AI 전문기업 Nuance Communications에서는 피로를 감지하는 음성 및 안면인식 기술이 신형모델의 표준으로 자리 잡을 것으로 예상된다.

여섯째, 고객서비스를 향상한다. 머신러닝과 자연어처리 덕분에 챗봇과 향상된 전화지원 서비스(enhanced phone support), 셀프서비스 인터페이스가 인간상담원의 역할을 대부분 대체할 것이다. 상담원 일부는 봇이 처리할 수 없는 업무(격분한 고객의 진정업무 등)를 맡을 것이다. 자동고객서비스의 활용기업들은 인간실수 축소, 데이터 처리속도의 향상, 고객서비스 대응과정에서 편견예방 등을 장점으로 꼽았다. 물론 봇이 전부는 아니다. 스위스투자은행(UBS)과 뉴질랜드 AI벤처기업(FaceMe)은 UBS의 수석경제학자 Daniel Kalt를 디지털 복제해 고객 상담업무에 투입하고자 공동 연구를 진행 중이다. Kalt의 Avatar는 IBM AI Watson을 기반으로 만들었으며, 직접 훈련시켰다. 인간과 디지털의 능력을 결합해 제공하려는 노력의 일환이다.

인공지능이 갈수록 똑똑해지고 있다. 가령 거실에서 "Good Morning!"이라고 짧은 인사말을 외치자 전등과 텔레비전 화면이 동시에 켜지면서 경쾌한 음악이 기분 좋은 아침을 열어준다. 다시 "Going Out"이라고 외치자 집 안의 전등이 꺼지고, 차고에 있던 자동차의 시동이 걸리면서 에어컨이 가동된다.[12] 물론 초기에 사용자가 스스로 지정해 주어야 하지만, 점차 데이터가 쌓이면 스스로 이용습관을 파악하고 작동하는 방향으로 발전할 전망이다. 어느 방송에서 아내를 떠나보내고, 아들과 단둘이 살고 있는 아버지가 완벽한 인생플랜을 짜놓고 철저히 미래에 대비했지만 예기치 못한 병으로 시한부 선고를 받고 계획이 완전히 무너져 버린다. 홀로 남을 아들에게 사실을 말할 수 없어 고민하던 끝에 홀로 남겨질 아들을 위해 AI가 되기로 한다. 인생까지 보관하여 재생할 수 있다. 죽은 사람까지 인공지능이 대신할 셈이다.

만일 며칠 동안 기침이 당신을 괴롭히고 있다고 상상해 보자. 기침관련 진단 및 발견을 위해 병원서비스에 예약해야 한다. 병원에 도착하면 의사는 오랜 경험을 바탕으로 증상들을 판단할 것이다. 이젠 AI 기반 컴퓨터로 해결할 수 있다. 추론 엔진에 의해 수천억 개의 위험 요소, 증상 및 질병 조합을 단 몇 초 내에 분석, 개연성 있는 진단에 도달할 수 있다. 가공할 기계 학습 시스템의 집합이다. 이러한 시나리오는 공상과학 영화에서 추출된 것처럼 보였을지 모른다. 하지만 곧 일반화될 것이다.

실제로 인공지능(AI)기반의 머신러닝 시스템(기계학습 시스템)은 이미 헬스케어를 변화시키면서 의료분야에서 강력한 도구로 떠올랐다. 의학에서 ML 기법은 구조

12 지난 2018년 7일 미국 샌프란시스코 모스콘센터에서 공개된 Galaxy Home의 기능이다.

화된 데이터, 즉 진단 영상, 유전자 데이터, 전기생리학 데이터처럼 특성에 따라 조직된 데이터를 분석하기 위해 사용된다. 예를 들어 환자의 특성을 Clustering 하여 진단 또는 처방할 약물에 대한 개인화된 권장사항을 제시하는 데 사용할 수 있다. 이와 대조적으로 NLP 방법은 컴퓨터가 일상적인 인간의 언어를 이해하고 사용할 수 있도록 인간의 언어 또는 조직되지 않은 텍스트와 같은 비정형 데이터로부터 정보를 추출한다. AI 기술이 의학 연구에서 상당한 관심을 끌고 흥분을 불러일으키고 있지만, 실제 구현 과정에서 적지 않은 장애물에 직면해 있다.[13]

그럼에도 불구하고, AI가 삶의 거의 모든 측면으로 스며들고 있는 것은 피할 수 없는 현실이다. Siri와 Alexa 같은 가상 비서에게 힘을 실어주고 Netflix의 추천을 받으며 매일 수십억 건의 Google 검색을 뒷받침하는 등 이미 일상적 업무 배경에서 분주하다. AI가 건강관리에도 심오한 영향을 미치면서 AI 기술이 중요한 건강 문제를 해결하는 데 도움을 줄 수 있는 잠재력을 지녔음을 보여준다. 다만, AI가 공공의 이익에 부합되도록 충분한 규제와 사회적 성찰, 주의가 한층 요구된다.

개인이든 기업이든 AI 전환에 의한 불확실성, 불안전성으로부터 자유로우려면 AI 기술의 필요성을 깨닫고 유사한 활용사례를 빠르게 선정하고 꼼꼼하게 살펴야 한다. 나아가 AI의 잠재력에 접근하여 경쟁우위를 확고히 확보해야 한다. 인공지능 전환은 인공지능을 통해 디지털 전환을 견인하고, AI를 비즈니스의 모든 영역에 통합하며, 고객에게 가치를 전달하는 방식을 바꾸는 과정이다. AI를 채택한 기업은 보다 나은 의사결정을 내리고, 고객과 자신을 위한 결과를 효율적으로 예측하며, 더 빠른 프로세스를 통해 규모의 경제를 실현하는 데 도움이 되는 데이터와 첨단 분석을 활용할 수 있다. 이런 추세라면 2030년까지 기업의 70%가 이런저런 형태로 AI를 채택할 예정이다. 세계 경제에 최대 15조 7천억 달러까지 기여할 것이다.[14]

인공지능은 사람을 쓸모없게 만들지는 않는다. AI에 의한 변화를 주도하기 위해서 사람이 필요하다. 가치는 자동화에 의해 창출되는 것이 아니라 사람들의

13 https://cambridgemedicine.org/node/471.

14 https://provectus.com/artificial-intelligence-transformation.

창의력을 향상시킴으로써 창출된다. AI 활용 사례는 대부분 사람 중심이다. AI는 사전 작업을 하며 인간이 더 나은 결정을 내리도록 돕는다. 필립스와 사일로 AI는 MRI 영상을 분석하는 컴퓨터 비전 솔루션을 개발했다. 3D 분할을 위해 장기를 자동으로 감지한다. 이러한 솔루션은 인간이 새로운 방사선 치료 계획 목적으로 사용하는 정보를 생성할 수 있다. 따라서 반복적인 수동 작업을 줄이고 방사선 치료에서 환자 중심 관리를 지원할 수 있다.[15]

AI가 모든 산업, 특히 운송 및 고객서비스 부문에서 엄청난 수의 일자리에 영향을 미치도록 설정되어 있다는 사실을 부인할 수 없다. 예를 들어 Forester는 기업의 40% 이상과 미래의 스타트 업의 10분의 1이 인간보다 많은 디지털 작업자를 고용할 것이라고 예측했다. 그러나 AI를 둘러싼 공포분위기에 맞서 근간의 연구에서 인공지능의 문제보다 편익과 혜택이 밝혀졌다. 직장에 인공지능이 도입되는 것을 두려워하기보다 포용하려는 새로운 글로벌 운동으로 이어지고 있다.

인공지능(AI)은 자율주행자동차, 딥 러닝 등 트렌드 분야에서 가장 수요가 많은 일자리 중 일부를 중심으로 앞으로 몇 년 안에 수백만 개의 새로운 일자리를 창출할 수 있다. 또한 이러한 기술은 기존 기술 산업에도 통합되어 기술비즈니스 리더들이 Alexa기술에서부터 Humanoid 로봇에 이르기까지 모든 것을 사용하여 사내 업무를 능률화함으로써 그 과정에서 효율성과 생산성을 높여주고 있다.

Deloitte의 2017년 보고서 <The future of work: The augmented workforce>에서는 작업이 자동화되는 동안 작업에서 본질적으로 인간적인 측면이 더욱 중요해질 것이라고 밝혔다. 또한 새로운 일자리 창출, 생산성 향상, 더 높은 가치와 작업의 인간적 측면을 위해 직원의 업무량을 확보할 수 있는 AI의 능력을 추가적으로 언급했다. 이처럼 인력(Workforce)과 인공지능에 대한 보다 긍정적 전망 스마트 비즈니스의 양극화 상황에서 인공지능 대 인간지능 접근방식에서 효과적인 결합전략으로 전환될 수 있다.

디지털 혁신으로 맞춤형 AI 플랫폼이 구축되는 동안, AI 솔루션 시장은 혁신적으로 진보하고 있다. 반면 기존에 구현이 쉽고, 비용 효율적이며, ROI를 촉진

15 https://intelligentplatforms.ai/6-things-you-need-to-know-to-succeed-in-ai-transformation.

할 수 있는 서비스의 다양성이 존재한다. 혁신적 AI 소프트웨어에서 HR, 영업, 고객서비스 및 마케팅 팀을 위한 AI 기반 App을 사용하고 있다. 현재 개인 생산성, 팀 생산량 및 기업보안을 향상시키기 위해 설계된 수천 개의 다양한 AI 기반 애플리케이션이 있다. 그러면 어떻게 직장에서 인공지능을 구현할 것인가? AI를 비롯하여 스마트기술은 외양만 바꾸는 것이 아니다. 일하는 방식과 절차까지 달라져야 한다. 인공지능이 인간의 일을 침식하면서 부정적 결과도 우려된다. 하지만, 오히려 인공지능은 강력한 부가가치를 창출할 수 있다. 어떻게 기술을 올바르게 사용할 것인지 고민해야 한다.

첫째, 인간대체가 아닌 보완을 위한 AI에 집중해야 한다. 미래의 일터나 AI와 관련된 가장 큰 두려움은 인공지능기술이 사무실 내 인간의 가치를 없앨 것이라는 점이 아닐까. 하지만, 인공지능이 값비싼 노동력의 필요성을 줄일 수 있다. 그 목적은 사람들을 완전히 대체하는 것은 아니다. 여전히 고객 서비스 제공 시 인간과 대화할 수 있는 선택권이 요구된다. 심지어 Capgemini 연구에서 AI가 서비스 향상과 함께 취업기회 증가와 효율성 향상으로 이어진다는 것을 발견했다. 일상적 운영을 대체하는 것이 아니라 AI가 어떻게 보완할 수 있는지 생각해보고 다음 단계로 넘어가야 한다.

둘째, 조직구성원에 대한 지속적인 교육이다. 신기술과 혁신은 보통 지식격차와 함께 온다. 분명 Early Adapter들이 있다. 하지만, 인공지능을 시작하려면 기본교육이 필요하다. 앞으로 5년 안에 AI가 노동력에 상당한 영향을 미칠 것으로 예상되는 상황에서 어떤 도구가 필요한지 신중하게 고민해야 한다. 최신 도구는 새롭고 흥미롭기 때문에 단순히 구현 자체가 목적이 되어서는 곤란하다. 비즈니스에 측정 가능한 통찰력을 제공하는 전략을 모색해야 한다.

셋째, 전문가와 함께 협업해야 한다. 인공지능 전략을 뒷받침할 Vendor와 안내 해줄 수 있는 업체를 찾아야 한다. 그리고 선도적인 사업체들은 인공지능이 어떻게 회사의 미래에 긍정적 영향을 미칠지 필요한 훈련과 통찰력을 제공할 수 있다. 필요에 맞게 인공지능 전략을 역동적으로 조정할 수 있도록 협업파트너의 브랜드도 필요하다. 조직이 지속적으로 성장함에 따라 새로운 솔루션과 서비스를 추가할 수 있는지 확인해야 한다.[16]

16 https://www.ringcentral.co.uk/blog/future-of-work.

장차 인간과 기계가 함께 일할 수 있을까? 인공지능은 많은 기업들에게 효율성을 향상시키고 사업성과를 향상시킬 수 있는 흥미로운 기회를 제공할 것이다. 하지만, 이러한 도구들이 많은 직원들의 미래도 파괴할 것이라는 두려움이 커지고 있다는 점을 간과하기 어렵다. 인공지능이 일자리를 자동화하고 없앨 것이라는 우려가 해를 거듭할수록 커지고 있음을 인식하고 두려움에서 벗어나기 위해 노력해야 한다.

AI가 삶의 모든 영역에 스며드는 현상은 피할 수 없다. 빅스비, 시리, 알렉사 같은 가상 어시스턴트에 전원을 공급하고 쇼핑과 뉴스, 유튜브와 Netflix, Spotify의 추천을 받고 매일 정보 및 서비스를 검색하는 등 이미 일상이 되었다. AI가 건강관리에도 커다란 영향을 미치고 있다. 많은 연구는 AI 기술이 중요한 건강 문제의 해결에 기여할 수 있는 잠재력을 이야기 한다. 그러나 충분한 규제, 사회적 자기성찰, 윤리적 고려에 의한 AI의 활용으로 공공이익과 양립할 수 있어야 한다.

인공지능은 많은 것을 할 수 있다. 하지만 인간노동자를 완전히 대체하거나 흉내 낼 수는 없다. 인공지능 도구는 소모적 업무를 자동화함으로써 오히려 직원들에게 더 많은 힘을 돌려주기 위해 구현될 것이다. 더구나 인공지능은 이전에 없던 많은 분야에서 수많은 새로운 일자리를 창출하고 있다. 가령 STEM(Science, technology, engineering, and mathematics) 분야와 데이터 과학자들은 많은 관심을 받고 있다.

일부 전문가들은 언젠가 특정 반복적 일자리가 사라질 수도 있다고 전망한다. 그러나 Gartner는 인공지능이 파괴하는 것보다 많은 일자리의 창출을 예상한다. 현재로선 인간노동자와 AI의 관계가 공생관계일 가능성이 높다. 미래의 일터가 성공하기 위해서 인간과 봇이 함께 노력해서 긍정적인 결과를 이끌어내야 한다. 특이점을 걱정하기보다 기계와 사람의 협업으로 이전에 상상도 할 수 없었던 혁신을 만들어 낼 수 있음을 고민해야 한다. 특히, 자동화와 지능화 생산-소비시스템을 벗어나 개인, 조직, 공동체, 플랫폼에 협력적으로 연결하면서 창작(제작)과 사용경험의 의미와 가치를 중요시하는 성숙한 인공지능기술을 지향해야 한다. 나아가 '인간과 기술, 제작자와 이용자, 개인과 집단 사이의 연결망을 만들어 정념적인 교류와 소통이 가능해야 한다.

디지털 전환과 인공지능은 비즈니스혁신의 원동력이다. 보다 효과적으로 실행되도록 인간과 기술의 적절한 투입이 요구된다. 오늘날 AI는 협의의 AI로 여겨진다. 설계범위나 경계를 근본적으로 바꿀 수 있는 능력 없이 단일한 목적으로 구축된다. 기계지능이 완전한 능력을 갖추고 인간이 할 수 있는 모든 일을 수행할 수 있는 범용 인공지능(General Intelligence)은 아직 요원하다. 인간은 여전히 혁신자, 정책입안자, 의사 결정자, 관리자 등으로 남을 것이다. 다만, 시간이 흐르면서 일자리와 기업이 매우 다르게 보일 수 있다. 이러한 변화에 적응하기 위해 교육이 필요하다.

AI 시대에서 살아남기 위해 무엇을 해야 할까? 창의력, 설득, 리더십 기술에 집중해야 한다. 미래에 자신의 일자리를 보장하려면, AI가 모방하기 힘든 역량에 투자해야 한다. 하나의 기술을 터득하는 데 전부를 걸지(All in) 말고 신기술에 적응할 수 있는 능력을 키워야 한다. 단기적으로 특정 직무는 특정 기술을 요구할 것이다. 그리고 직무를 추구한다면 해당 기술을 학습해야 한다. 그러나 장기적으로 기술이 매우 빠른 속도로 변하고 발전한다. 따라서 디지털 전환시대의 중추기술에 대한 적응능력의 향상은 직장인이 추구해야 할 핵심역량이다.

누구든 하늘 아래서 살아가노라면 어느 한 길을 택할 수밖에 없는 상황을 맞이한다. 두 길을 한꺼번에 갈 수 없는 여행자이기에… 그게 삶이다. 조직도 그렇고 국가도 그렇다. 누구든 전환의 길목에선 결심, 결단, 결행해야 한다. 현재 진행 중인 인공지능 전환시대에 어떤 길을 갈 것인가? 미련이나 후회가 없는 방향의 길을 선택해야 하지 않을까.

「노란 숲속에 두 갈래 길 나 있어, 나는 둘 다 가지 못하고 하나의 길만 걷는 것 아쉬워 수풀 속으로 굽어 사라지는 길 하나 멀리멀리 한참 서서 바라보았지. 그러고선 똑같이 아름답지만 풀이 우거지고 인적이 없어 아마도 더 끌렸던 다른 길 택했지…. 아, 나는 한 길을 또 다른 날을 위해 남겨두었네! 하지만 길은 길로 이어지는 걸 알기에 내가 다시 오리라 믿지는 않았지. 지금부터 오래오래 후 어디에선가 나는 한숨지으며 이렇게 말하겠지. 숲속에 두 갈래 길이 나 있었다고, 그리고 나는 사람들이 덜 지나간 길 택하였고 그로 인해 모든 것이 달라졌노라고.」

(로버트 프로스트 외 · 손혜숙 옮김, 2014)

“우리의 궁극의 목표는 인간만큼 효율적으로 경험기반에서 학습하는 프로그램을 만드는 것이다. 즉 상식을 갖고 있어서, 프로그램이 이미 알고 있거나 새로 들은 것을 가지고 즉석에서 넓은 범위의 일의 순서를 스스로 연역해내는 프로그램을 말한다.”

-John McCarthy(1958)-

협업과 협력의 파트너, 인공지능

직장이 직장인을 대하는 방식이 바뀌고 있다. 직장인도 직장을 대하는 방식을 바꾸어야할 때이다. 이른바 인공지능 전환시대의 사무실에서 AI가 무엇을 의미할까? 아마도 업무나 작업이 자동화되는 동안 인간의 본질적 측면이 중요해질 것이다. 일부는 AI, Cognitive Computing 및 Robotic의 부정적 영향을 극적으로 표현한다. 하지만 강력한 도구로서 AI는 새로운 일자리를 창출하고 생산성을 높이며 인간적 측면에 작업에 집중할 수 있도록 도와줄 것이다. 자동화는 기업과 직원들이 고객 경험, 참여 및 조직문화와 같은 일에 집중할 수 있도록 하면서 공감분위기조성을 지원할 것이다. 사실 많은 직장에서 직장인들은 무의미한 행동을 무한 반복하는 삶을 영위하였다. 하지만 이제 바뀌고 있으며 바뀌어야 한다. 좋은 회사들은 직원들이 일에 의미를 불어넣도록 돕고 자기 성취와 실현을 위해 애쓴다. 이를테면 목적이 이끄는 삶, 이것이 직원의 자발성을 끌어내는 최고의 설득이 아닐까. 이러한 역할을 수행하는 AI가 작업공간을 변화시키면서 조직방향이나 방법을 더욱 인간적으로 만들어 줄 것이라는 기대가 커지고 있다.

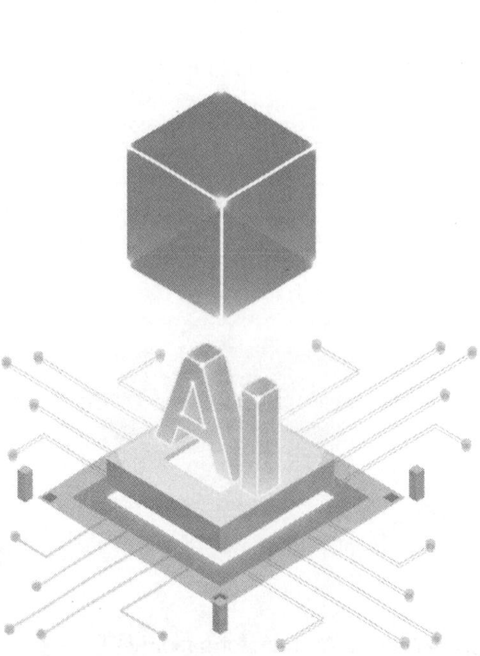

모든 직장인을 위한 인공지능(AI)

디지털 전환시대의 최종병기

CHAPTER

02

인공지능과 사무행정

1 인공지능과 일(노동, 일, 과업): 사무행정관리

2 인공지능기반 RPA: 지능적 자동화

3 인공지능과 사무(Office)

4 인공지능기반 혁신과 스마트사무행정

CHAPTER 02 인공지능과 사무행정

1 인공지능과 일(노동, 일, 과업): 사무행정관리

어느 행인이 성당 건축현장을 지나고 있었다. 마침 세 명의 벽돌공이 돌을 쌓고 있었다. 첫 번째 벽돌공에게 물었다. "무엇을 하고 계십니까?" 그러자 벽돌을 기계적으로 쌓아 올리면서 퉁명스럽게 대답했다. "보면 몰라요? 벽돌을 쌓고 있습니다." 말하기도 귀찮다는 표정에 서둘러 자리를 피했다. 이어 둘째 벽돌공을 만났다. "무엇을 하고 계십니까?" 그러자 "돈을 벌고 있습니다." 한 푼이라도 더 벌려고 서둘러 벽돌을 쌓고 있었다. 행인은 더 묻지 못하고 자리를 피하다 세 번째 벽돌공을 만났다. 그는 콧노래를 부르며 벽돌을 쌓고 있었다. "무엇을 하고 계십니까?" 그러자 "성당을 짓고 있습니다."고 답했다. 이어 물었다. "그런데 무엇이 그렇게 신나세요?", "당연히 신나죠. 내가 새로 만든 성당에서 많은 사람들이 비전을 품고 기도하는 모습을 상상해 보세요. 즐겁지 않습니까?" 셋째 벽돌공의 이야기를 들으며 행인은 완성될 건물을 상상해 보았다. 붉은 벽돌로 새로 지은 성당에서 미래의 꿈을 이루기 위해 헌신, 봉사하는 사람들… 상상만으로 멋진 풍경이 펼쳐졌다.

길을 떠나며 행인은 생각했다. 첫 번째 벽돌공은 노동만 생각하는 사람이다. 그는 자신이 쌓아 올린 담장 높이만큼 행복할 것이다. 두 번째 벽돌공은 일만 생각하는 사람이다. 자신이 번 돈만큼 행복할 것이다. 세 번째 벽돌공은 비전과 꿈, 그리고 타인을 생각하며 과업을 수행하는 사람이다. 그는 뭇 사람들이 즐거워하는 만큼 행복할 것이다. 과연 지금 독자는 어떠한 마음가짐으로 일하고 있는가? 그리고 과연 어느 벽돌공에게 인공지능이 필요한 것으로 생각하는가?

자료: https://brunch.co.kr/@eguitar97/244.

인생을 80년으로 가정했을 때, 사람이 평생 일하는 시간은 약 26년이라 한다. 오랜 세월 어떤 마음으로 일할까? 아니 어떠한 일을 하고 싶은가? 사람마다 차이가 있을 수 있다. 하지만 공통적인 점은 가장 하고 싶은 일을 하는 것 아닐까? 흔히 자신이 가장 사랑하는 일을 하라고 한다. 그런데 사랑하는 일을 한다는 것은 여간 쉽지 않다. 일의 귀천을 따지지 말고 자신의 일을 사랑하는 마음을 지녀야 한다. 만일 그렇지 않은 상태에서 현재 하고 있는 일을 피할 수 없다면 지금 하는 자신의 일을 사랑스럽게 만들어야 하지 않을까.

인공지능 전환시대를 맞이하면서 일의 성격과 의미가 달라지고 있다. 물론 마음가짐에 따라 일의 성격과 의미가 다르게 부여된다. 가령 농업에서 일하는 방식이 변화하면서 Smart Farm으로 전환되고 있다. <그림 2－1>에서 보듯 Smart Farm은 전통 경작방식의 농－축－수산업에 인공지능(AI)과 빅 데이터, 사물인터넷(IoT), 지리정보시스템(GIS) 등 IT 첨단기술을 접목해 생산성을 향상시키는 시스템이다.

하우스의 선반 안에 있는 물은 단순한 물이 아니라 영양물질이 들어가 있다. 작물의 생장 단계에 따라 영양분이 자동으로 물에 섞여 공급된다. 물과 영양분

〈그림 2-1〉

공급뿐만 아니라 온실 온도와 습도, 통풍까지 항상 최적의 생육 환경이 자동으로 유지된다. 각 Sensor에서 수집한 기상정보를 무선으로 전송을 받고, 인터넷과 연결된 스크린이나 휴대폰을 통해 데이터를 볼 수 있다. 설비를 갖춰놓으면 농경지에 직접 가지 않고도 기상 상태에 따라 언제 농업용수를 공급할지 결정할 수 있다.

일본의 어느 농가의 예를 들어보자. 가을철 수확의 계절이면 Koike Makoto의 어머니는 가족농장에서 수확한 오이를 8시간 동안 분류한다. 아들은 어머니를 위해 지루한 작업을 자동화하기로 결정했다. 비록 머신러닝 전문가가 아니었지만 구글의 인기 있는 오픈소스 머신러닝 프레임인 텐서플로를 가지고 놀아보기 시작했다. 그리고 오이를 크기, 모양 및 기타 속성별로 분류할 수 있는 딥 러닝모델을 개발해냈다. 약 75%의 정확도를 보여주는 불완전한 모델이었다. 하지만 그의 시도는 AI가 가족규모의 비즈니스조차 바꿔낼 수 있음을 보여주었다. 구글이나 아마존, 마이크로소프트, 애플, 페이스북 같은 거대 기업들이 앞다퉈 인공지능을 보다 쉽게 이용할 수 있는 기술개발에 노력한 덕분에 가능한 일들이 점점 많아지고 있다.

또한 현재의 원격 및 재택근무환경은 공공 및 민간기관들로 하여금 디지털 전환 전략을 가속화하고 기술여정에 새로운 접근법의 채택을 강요하고 있다. 이러한 가운데 인공지능은 살아가는 방식의 거의 모든 측면을 빠르게 변화시키고 있다. 직장생활도 예외가 아니다. 일하는 방식을 바꿔가고 있다. 현재 기술회사에서 일하지 않는 직장인들조차(모든 회사가 기술회사가·되는 방향으로 나아가면서 점점 소수가 될 것임) 하루를 보내면서 AI 기술과 지원도구가 증가하고 있다. 이미 AI는 조직 전체에서 단순하면서 반복적 작업의 처리비중을 확대하고 있다. AI는 HRM, IT,

마케팅 등의 영역에서 사람들이 창의력을 발휘하고 복잡한 문제의 해결이나 가치 있는 작업수행에 집중할 수 있도록 조력하고 있다.[1]

신한은행 AI 몰리 사용빈도 높은 업무

재무제표 자동입력	수신상품 금리조회
주담대규제비율조회	금융시장 정보조회
금융거래 목적확인	전세대출 상품추천
실시간 탁상감정	온라인 등기신청
금융사기 피해접수	증명서류 즉시제출

업종을 살펴보면 국내에서는 2016년 이후 금융권을 필두로 디지털 전환이 가속화되고 있다. 가령 계약관리, 보험증권 처리, 정보조회 등 비영업부서 업무중심으로 RPA 도입이 시작됐다. 신한은행은 AI은행원(몰리)을 도입하여 업무에 활용하고 있다. 신한카드는 반복적인 국제 정산업무에 RPA를 도입했다. 정산업무의 경우, 시스템 접속과 데이터 취합 및 계산의 반복이다. 단순 업무가 70%를 차지했다. 이에 RPA를 통해 정산프로그램 실행부터 ITF파일 다운로드, 변환 및 저장과 전송까지 일련의 반복적 업무를 자동화했다. 이 외에도 금융권은 비대면 계좌개설 승인 및 거부처리 자동화, 카드발급 승인 및 거부처리 자동화, 보험 상품 설계와 내용검증에 적용하였다. 제조업에서는 인보이스 처리, 결산리포트 생성, 벤더 등록 및 입력에, 유통업에서는 월 마감 업무처리 자동화, 제품 수출입 선적서류 처리, POS 기기 정산관리 등의 업무에 RPA봇을 도입하였다.

한편, 기업의 채용업무에서 On boarding방법, 실무훈련, 자기개발, 그리고 기술과 경험의 전달방법에 이르기까지 AI 기술은 역할이 중요해지고 있다. 그렇다면 AI가 채용프로세스를 어떻게 변화시킬 것인가? 개방형직위를 채우는 것은 종종 시간과 비용이 많이 소요되는데, AI가 이미 큰 영향을 미치고 있는 영역이다. HR 부서, 채용담당자 및 채용 관리자는 다양한 유형의 AI 기반 도구를 활용한 채용프로세스를 개선하고 있다. 기존의 채용공고와 다른 회사의 유사한 공고에서 수집한 데이터를 사용하여 구직자로부터 많은 응용프로그램과 관심을 유발할 수 있는 문구, 서식 및 콘텐츠 변경을 제안한다. 또한 지원자가 필요한 모든 사람과의 인터뷰일정을 잡을 수 있도록 한다. AI를 통해 채용담당자는 보다 중요한 작업에 집중할 수 있고, 지원자는 자신에게 가장 적합한 시간을 찾고 필요

1 https://www.atspoke.com/blog/support/how－ai－is－transforming－workplace.

입사 1년 만에 슈퍼 행원된 신한은행 'AI 몰리'

개요	업무용 AI 종합상담플랫폼
플랫폼	업무용 PC, 모바일
활용 연인원	3만 9,400명
업무절감	4만 4,000시간
누적 검색	58만 6,000건
누적 업무지원	24만 600건

※ 2019년 11월 21일~2020년 11월 19일 기준

출처: 신한은행

2019년 11월 신한은행이 금융권 최초로 도입한 AI 채팅형 지식관리시스템(KMS). 도입 당시 〈AI 행원〉으로 이목을 끌었고, '88881520'이라는 행원 번호도 받았다. 신한은행 지점에선 이제 직원들이 대출 상담을 앞두고 보조 자료를 출력하는 일이 없어졌다. 숙지하지 못한 업무를 소비자와 상담하며 진땀을 흘리는 사례도 줄었다. 도입 1년이 된 AI 몰리가 은행원의 단순 반복 업무를 도와주면서 자가 학습을 통해 점차 기능을 고도화하고 있기 때문이다. 몰리는 채팅형 커뮤니케이션 플랫폼의 일종이다. PC 화면을 켜면 한쪽에 휴대폰의 모바일 App과 같은 AI 몰리가 자리 잡는다. 처리할 수 있는 업무량은 상당하다. 실시간으로 금리와 환율 등을 알려주고, 소비자별 실명확인 서류를 조회한다. 대출 심사에 필요한 서류를 찾아주거나 최적의 전세대출 상품도 추천해준다. 기업 신용평가를 할 땐 재무제표를 자동으로 입력해준다. 메뉴는 개인별로 자유롭게 설정할 수 있다. 가장 많이 물어보는 업무 위주로 사전에 추천 검색어 기능도 제공된다. 지금처럼 대출 규제가 촘촘해졌을 때 위력을 발휘한다. AI 몰리의 주택담보대출 조회 메뉴에 들어가 부동산 주소만 입력하면 지역별 담보 인정비율(LTV), 총부채원리금상환비율(DSR) 규제 등에 적용되는지를 판별한다. '탁상감정'도 자주 이용되는 기능이다. 서류상으로 부동산에 대한 대략적 감정 결과를 보여주는 업무다. AI 몰리가 5000만 건의 전국 부동산에 대한 예상 감정가를 실시간으로 적용해 업무를 도와준다. AI 몰리의 도입 초기, 13가지 업무를 지원했지만, 기능이 점차 개선돼 지원 업무가 32개로 늘었다. 신한은행은 은행원 개인의 실수를 없애고, 전반적인 업무시간을 줄이는 효과를 거두고 있다. 신한은행 직원 1만 3,000여 명 중 금융 소비자들과 창구에서 대면하는 직원 수는 약 1만 명에 달한다. 신한은행은 몰리가 1년여간 4만 4,000여 시간에 해당하는 업무를 줄였다고 보고 있다. 1년간 직원 20명 이상의 업무량을 소화한 셈이다(한국경제신문, 2020년 11월 24일자).

한 경우, 인터뷰일정을 조정할 수 있다.

AI는 어떻게 반복적 관리업무를 제거할까? 근로자들은 가치가 빈약한 작업에 시간을 소모하는 경우가 많다. 예를 들어, 회의진행 이전에 결정에 대한 합의를 얻기 위해 회의를 예약하지만 회의참석대상에게 회의 앞뒤로 이메일을 보내거나 모든 사람의 Calender에 열린 슬롯을 찾는 데 많은 시간을 허비하기 십상이다. 많은 경우, 회사에서 보내는 의미 없는 시간일 수 있다. 이러한 경우, AI는 회의일정 조정, 일정변경 및 취소 등 관리업무를 수행하면서 개인비서 역할을 수행한다. 뿐만 아니라 회의록 및 배포처럼 소모적 업무 해소에 도움이 된다.

AI는 어떻게 소통(Communication) 및 지원업무 혁신을 도와줄까? 지원업무를 담당하는 팀의 직원도 다른 책임을 맡고 있다. 가령 HR팀은 일하기 좋은 직장을 만들기 위해 노력한다. IT담당자는 네트워크를 유지하고 데이터를 안전하게 유지하며, 사무실 관리자는 대규모행사를 자주 운영한다. 하지만 많은 경우, 일상적 질문에 응답하느라 분주하기 때문에 팀의 고유 업무에 집중하기 어려운 경우가 많다. 이러한 경우, AI서비스데스크(atSpoke)를 통해 지원팀은 반복적 기능을 수행함으로써 서비스약속과 다른 중요한 책임과 균형을 맞출 수 있다. 즉 직원은 Slack, 이메일, SMS 및 웹을 통해 필요한 업무에 즉각적 응답을 수행할 수 있다. 뿐만 아니라 직장인들의 업무채널로 사용되는 이메일과 온라인 채팅은 더 이상 사적인 것이 아니다. 새로운 AI 기반 툴은 구성원의 Slack 의사소통 데이터를 능동적으로 Mining할 수 있는 기회를 포착하여 사기를 분석할 수 있다. 또한 AI는 서로 다른 언어를 사용하는 직원의 실시간 대화에서 상호이해를 촉진함으로써 직장커뮤니케이션을 혁신하고 있다. 가령 Skype Translator의 AI는 회의통화에서 당사자를 자동으로 번역해준다. 기업들은 IVR시스템과 챗봇뿐만 아니라 인간언어에 대응할 수 있는 음성기반 보조기구를 활용하고 있다. 대화형 AI를 통해 기업은 소비자와의 상호작용을 개선하여 고객에게 향상된 경험을 전달하는 동시에 직원들의 스트레스를 어느 정도 해소할 수 있다.

AI는 마케팅, 영업 및 고객서비스를 혁신할 것인가? AI 기반 챗봇은 외부 지원활동에 도움을 준다. 내부 지원도구(atSpoke)와 마찬가지로 챗봇은 실제 마케터, 영업 담당자 및 고객서비스 담당자로부터 배우면서 궁극적으로 지식이 풍부한 사람만큼 정확하게 질문에 답할 수 있다. 가령 메신저용 챗봇은 고객의 휴가계획 수립에 도움을 준다. 가령 항공편, 호텔, 자동차를 예약하고 목적지와 명소를 강조 · 표시하며 "얼마의 비용으로 어디로 갈 수 있는지?"와 같은 질문에 응답할 수 있다. 또한 AI(GrowthBot)는 회사 및 공개데이터를 채굴하여 모든 종류의 마케팅 관련 질문에 신속한 답변을 제공한다. 예를 들어 인기 있는 블로그 게시물이 무엇인지 알고 싶다면 AI에게 문의하여 Google Analytics 보고서를 스캔하지 않고 답변을 얻을 수 있다. 가령 CRM에서 특정유형의 고객을 찾고 싶은 경우, 문의하면 필요한 목록을 정확하게 제공한다.

AI는 On boarding 및 교육을 어떻게 개선할 수 있을까? AI Coaching 도구는 다양한 직원이 특정 작업을 수행하는 방식을 관찰하여 학습한다. 이어 신입직원에게 작업완료방법을 안내하거나 기존 직원에게 보다 효율적으로 작업수행 방식을 지도할 수 있다. 가령 AI(Chrous)는 영업전화가 발생하는 동안 영업담당자가 회의주기를 관리 · 분석하고 가장 효과적인 메시지 사용에 유용한 팁을 제공한다. 또한 모든 영업통화를 기록하고 각 영업 담당자에 대한 통계를 수집하여 모든 사람에게 많은 거래를 성사시키고 보다 효과적 통화를 수행하는 데 필요한 도구를 제공한다. 또 다른 AI(Cogito)는 고객서비스 직원에게 전화지원을 제공할 수 있도록 AI와 행동과학을 결합한 서비스를 제공한다. 아울러 음성신호에 대한 통화를 모니터링 하여 대화의 개선방법에 대한 실시간 제안을 담당자에게 제공한다.

AI는 비즈니스 데이터 및 분석을 어떻게 혁신할 것인가? 오늘날 데이터 없이 경쟁력 있는 비즈니스를 운영하기 어렵다. 데이터를 통찰력으로 변환할 방법이 없으면 방대한 양의 데이터라도 쓸모없다. 그렇기 때문에 데이터과학자를 고용하고 싶지만 실행하기 어렵다. 이러한 경우, AI는 기업이 데이터과학자 없이 데이터를 사용할 수 있도록 지원한다. 가령 AI(Domo)는 모든 회사데이터를 Cloud에 중앙 집중화한다. 다양한 Source의 데이터를 통합하여 모든 사람이 검색 가능한 중앙 Source에서 사용할 수 있도록 도와준다. AI 기능을 통해 데이터의 중요한 변화와 패턴을 식별하고 주요 비즈니스지표를 예측할 수 있다. 뿐만 아니라 AI(Thought Spot)를 사용하여 데이터 과학자처럼 데이터를 스캔하고 중요한 통찰력을 추출한다. 기술에 익숙하지 않은 사용자도 몇 번의 클릭만으로 추세분석과 데이터분류 및 이상발견에 관한 보고서를 작성할 수 있도록 지원한다.

그러면 AI는 어떻게 보안을 혁신할 것인가? 많은 기업들이 사이버범죄와의 전쟁에서 고전하고 있다. 사기감지는 패턴인식능력에 좌우된다. 기계는 행동과 응용

프로그램 사용추세를 감지할 수 있다. 기업들은 머신러닝 기법을 활용해 의심스러운 활동을 파악할 수 있는 솔루션을 개발하고 있다. 또한 누군가 한 번쯤은 신용(직불)카드의 사기사용 확인을 위한 전화를 받은 적이 있을 것이다. 대부분의 경우, 은행은 어떤 형태의 AI를 사용하여 사기거래를 감지하고 거부한다. 동일한 기술을 작업장에 적용하면 보안위험을 식별하고 고객, 직원 및 회사데이터를 안전하게 유지할 수 있다. AI 기반 소프트웨어는 인간이 분석 및 해석할 수 없는 수천 또는 수백만 개의 신호 사이에서 위협을 자동으로 감지하고 해결할 수 있다. 기업이 사이버범죄에 대응할 수 있도록 사이버보안 솔루션을 완벽하게 갖추려면 시간이 걸리지만, 도구는 한층 강력해지고 있다. 심지어 어떤 AI는 사람의 목소리에 있는 특정한 뉘앙스를 감지하거나 사기예방을 위해 생체인식 표지를 사용할 수도 있다.

AI는 어떻게 문제 해결과 혁신을 가능하게 할까? AI는 단순히 직장인의 업무 공간을 변화시키는 것이 아니다. 모든 종류의 산업과 직업에 걸쳐 혁신의 편익을 제공한다. 가장 좋은 예가 IBM의 Watson이다. 교육부문에서 Watson은 교사가 각 학생의 학습스타일과 선호도를 식별하여 개인화된 학습계획을 수립하도록 돕는다. 의료분야에서 Watson은 종양전문의에게 암 환자를 치료하는 동안 사용가능한 도구를 제공한다. 여러 가지 이질적인 시스템에서 대량의 암 치료데이터를 처리하여 의사에게 환자별 맞춤형 치료 아이디어와 권장 사항을 제공한다.

AI는 어떻게 생산성을 변화시킬 수 있을까? AI는 모든 산업에서 다양한 방식으로 업무공간을 변화시키고 있다. 무엇보다 생산성에 커다란 영향을 미치고 있다. 열린 회의 시간을 찾기 위해 일정표를 스크롤 할 필요가 없다. 통찰력을 찾기 위해 스프레드시트로 보고서를 작성하거나 동일한 질문에 반복해서 대답하는 데 하루를 보낼 필요도 없다. 이처럼 잡무를 대신하면서 생산성을 향상시킬 수 있다. 작업자는 중복되고 무의미한 작업에서 해방되어 보다 중요한 작업을 수행하고 문제를 해결하며 창의력을 발휘하는 데 많은 시간을 제공할 수 있을 것이다. 일부 도구는 AI를 사용하여 생산성을 모니터링하고 향상시킨다. 예를 들면, Deloitte의 LaborWise는 회사 경영층과 관리자에게 인건비가 높은 영역, 인력개발을 저해하는 장애물, 추가인력이 필요한 부서 등을 식별하는 데 유용한 분석 기능을 제공한다.

2 인공지능기반 RPA: 지능적 자동화

한국의 노동생산성이 급격히 둔화되고 있다. 2017년 기준 노동생산성은 경제협력개발기구(OECD) 꼴찌권이다. 노동시간이 길고 노동생산성은 낮은 것으로 평가된다. 2019년 기준 한국의 노동생산성 수준은 OECD 36개국 중에서도 30위로 하위권에 속했으며 노동 유연성 점수도 크게 뒤쳐졌다. 2021년에는 OECD 37개국 중 35위로 나타났다(한국경제연구원, 2021년 4월 29일자).[2] 보다 많은 사람들이 효율적으로 일할 수 있게 노동 유연성 확보와 인적 역량 강화를 통한 노동생산성 증대가 시급하다. 이러한 상황에서 RPA(Robotic Process Automation)는 같은 시간 보다 많은 일을 효율적으로 하도록 돕는다. 궁극적으로 GDP성장에도 기여할 것으로 인식된다.

OECD 주요국 시간당 노동생산성 현황

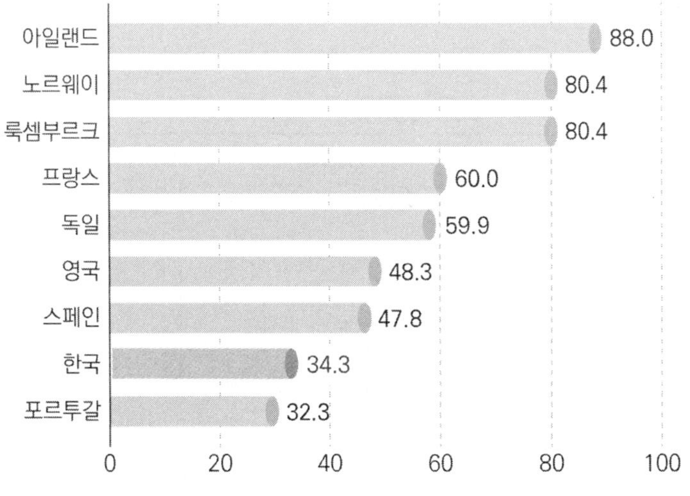

※ 단위: 달러, 2017 기준
출처: 경제협력개발기구(OECD).

바야흐로 작업역량의 증강(Augmentation)이 확대되고 있다. 직장에서 인공지능이라는 주제가 사람들을 불편하게 만드는 이유 중 하나는 인공지능이 인간을

2 한국경제연구원(2021), 적게 일하고 많이 버는 나라들.

대체하고 실직으로 이어질 것이라는 생각 때문이다. 그러나 AI 통합과 관련하여 키워드는 증강이다. AI가 사람을 대체하는 것이 아니라 작업을 보다 효율적으로 수행하는 데 도움이 될 것이다. 핵심 아이디어는 AI가 인간역할의 평범한 측면을 흡수하고 인간이 가장 잘하는 일, 즉 창의성과 인간 간 상호작용이 필요한 작업을 진작할 것이다.

직원들이 이메일 및 Messaging App과 같은 도구에 익숙해지듯 AI가 제공하는 도구는 일상 업무환경에서 큰 역할을 할 것이다. 이러한 도구는 워크플로와 프로세스를 모니터링하고 작업을 보다 효과적이고 효율적으로 수행할 수 있는 방법으로서 로봇 프로세스 자동화(RPA)라고 한다. 가령 회의준비 또는 일기관리와 같은 반복적 작업의 수행방법을 학습한다. 또한 직원이 어려움을 겪거나 특정 문제에 오래 소모하는 상황을 인식하고 도움을 준다. 봇이 스스로 할 수 있는 일을 넘어서는 경우, 인간에 도움을 요청한다.

RPA는 <그림 2-2>에서 보듯 다양한 업종과 직무에 적용되고 있다. 도입을 위해 반복성, 정형성 등이 고려되어야 한다. 물론 RPA도입은 불편함을 느끼

〈그림 2-2〉

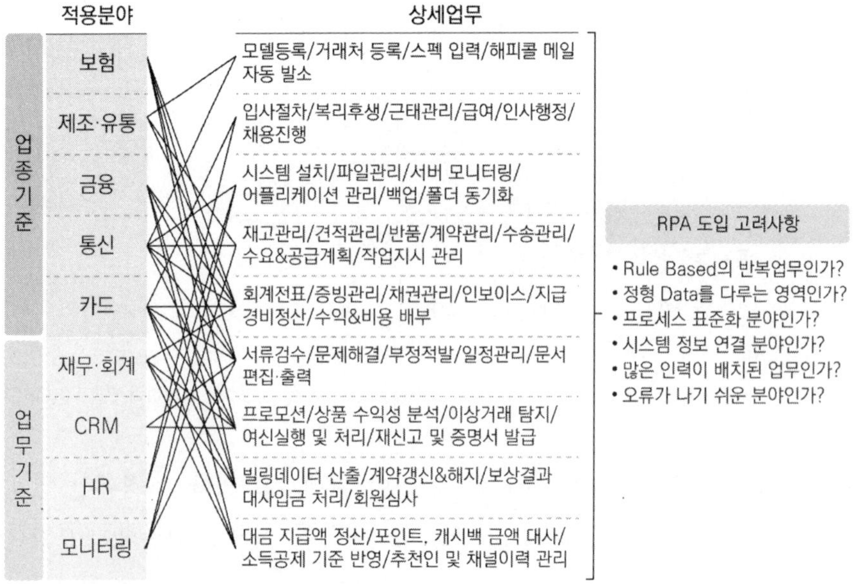

출처: 트랜스코리스모스코리아 블로그.

게 한다. AI의 일자리 대체로 인한 어두운 면 때문이다. Gartner의 설문조사에 따르면, 매출액이 7억 5천만 달러를 넘는 기업의 50% 이상이 디지털 데이터 수집도구를 사용하여 직원활동과 성과를 모니터링 한다. 여기에 직원 만족도와 참여수준을 결정하기 위해 이메일 내용을 분석하는 것이 포함된다. 일부 회사는 추적 장치를 사용하여 화장실 사용빈도를 모니터링하거나 오디오 분석을 사용하여 직원이 사무실에서 서로 이야기할 때 목소리로 스트레스 수준을 확인하기도 한다.[3]

고용주가 직원의 수면 및 운동습관을 추적할 수 있는 기술도 있다. 가령 비디오게임사(Blizzard Activision)는 Fitbit기기 및 기타 전문 App을 통해 건강상태를 추적할 수 있는 직원에게 인센티브 제공계획을 발표했다. 동 아이디어는 집계된 익명데이터를 사용하여 전체 인력의 건강을 개선할 수 있는 영역을 식별한다. 직원의 상호작용에 대한 데이터 수집을 위해 마이크가 장착된 명찰과 함께 직원 이메일 및 Instant Messaging Data를 사용한다. 그러나 모니터링이 구성원에게 부담과 감시로 느껴질 수 있다. 혹자는 잠재적으로 사생활 침해라고 생각할 수 있다. 하지만 회사는 직장에서 직원에 대한 괴롭힘이나 성희롱예방 및 보호에 도움이 될 수 있다는 입장이다.

로봇 프로세스 자동화와 인공지능은 비즈니스 세계에서 디지털화의 두 중추로서 업무절차를 보다 효율적으로 처리, 개선하는 데 기여하면서 지능형 자동화로 통합되고 있다. 이른바 지능형 자동화(IA: Intelligent Automation)란? 로봇 프로세스 자동화와 인공지능의 조합이다. RPA의 실행을 받아 ML의 학습과 AI의 생각을 결합하여 자동화 기능과 가능성을 확장할 수 있다.

지능형 자동화는 컴퓨터비전, NLP 및 기계학습과 같은 기술을 RPA에 적용하여 규칙기반 구조가 없는 프로세스를 자동화할 수 있다. 디지털 작업자를 사용하면 비정형 데이터를 처리하고 주관적 확률을 기반으로 답변을 제공할 수 있다. 그 결과, 송장처리와 같은 반 구조화에서 조직의 전자메일 심사와 같은 비구조화로 자동화할 수 있는 프로세스의 수를 확장할 수 있다. 전체적인 조율(Orchestration)과 인간의 지시를 요구하지 않고 생각할 수 있는 능력으로 확장된

3 https://www.forbes.com/sites/bernardmarr/2019/05/29/artificial－intelligence－in－the－workp lace －how－ai－is－transforming－your－employee－experience.

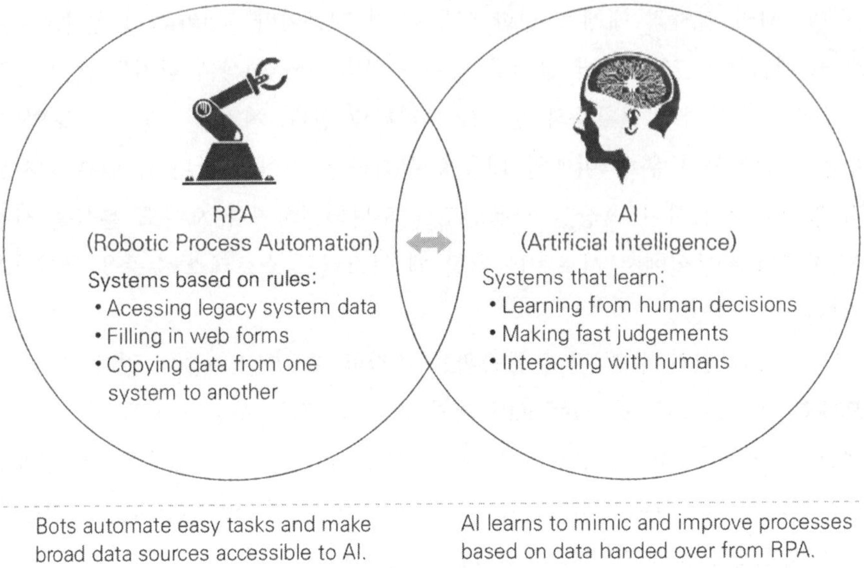

RPA
(Robotic Process Automation)
Systems based on rules:
• Acessing legacy system data
• Filling in web forms
• Copying data from one system to another
AI
(Artificial Intelligence)
Systems that learn:
• Learning from human decisions
• Making fast judgements
• Interacting with humans
Bots automate easy tasks and make broad data sources accessible to AI.
AI learns to mimic and improve processes based on data handed over from RPA.

자료: tutorials.one/artificial-intelligence.

다. 지능적 자동화는 조직에 새로운 효율성과 생산성을 제공하고 궁극적으로 신뢰할 수 있는 새로운 디지털 인력을 제공한다.

RPA는 기계학습이나 딥 러닝 등의 인공지능 기술과 결합하여 다양한 프로세스의 자동화에 활용되고 있다(IRPA, 2015). 이에 따라, RPA가 활용될 수 있는 업무영역이 빠르게 확장되면서 시장규모도 급성장 추세다. 인공지능 분야의 광범위성과 다양한 정의로 인해 혼란과 모호함이 발생할 수 있지만 제조, 유틸리티, 에너지, 재무, 건강관리 및 통신과 같은 산업 분야에서 확산되고 있다.

인공지능 영역에서의 접근성의 확대 및 기술진보에 따라 자동화 수준의 향상뿐만 아니라 Work Flow 및 프로세스에 지능 및 인지적 이해를 적용할 수 있는 기회가 창출되고 있다. 이처럼 프로세스 자동화에서 기술발전의 영역이 RPA다. 그러나 챗봇 기술 및 대화 형 AI의 개발은 조직이 비즈니스 프로세스 자동화에 접근하는 방식을 파괴(disrupt)하도록 설정될 수 있다. 이러한 두 가지 주제에 대한 정확한 이해와 활용이 중요하다.[4]

RPA는 사람의 일을 돕기 위한 플랫폼이다. 기존에 사람이 하던 지루하고 비생산적인 일을 로봇 소프트웨어가 대신해 주고, 사람은 보다 생산적이고 고차원

4 https://tutorials.one/artificial-intelligence.

적인 업무에 집중할 수 있게 돕는 수단이다. 단순히 서류작업만 자동화하는 것을 넘어 재무, 영업 등 기업 내 모든 데이터와 자료에 접속해 연결된 플랫폼을 만들 수 있다. 가령 유인(attended) RPA를 통해 숙련된 직원들이 가진 노하우와 경험의 디지털 전환을 촉진할 수 있다. 기존 숙련직원들이 디지털 기업에 기여할 뿐만 아니라 Millennial(1980~2000년대 초반 출생자)세대 직원들이 선배들의 노하우에 접근할 수 있도록 지원할 수 있다. 물론 일에 대한 마음가짐과 자세에 따라 적용범위나 효과가 달라질 수 있다.

3 인공지능과 사무(Office)

성공적인 비즈니스 디지털 전환의 핵심요소는 사람, 프로세스 및 기술의 조합에 의해 구성된다. 여기서 프로세스는 모든 비즈니스 운영의 핵심요소다. 사람과 기술에 지능적으로 작업을 할당하면 지루하고 반복적인 작업에서 벗어날 수 있다. 구성원이 흥미롭고 가치 있는 직업을 수행할 때 보다 행복해지고 많은 동기부여를 받으며 그 결과를 최대한 활용할 수 있다.

또한 작업흐름의 전환을 통하여 구성원으로 하여금 문제 해결, 고객서비스 및 높은 가치에 중점을 둔 고난도의 비정형적 문제를 처리하면서 고객에게 직접적인 도움을 제공할 수 있다. 이는 회사, 고객 및 직원에게 유용한 노력이다. 실제로 스마트한 사무혁신을 통해 직원 만족도를 제고할 수 있다. RPA나 AI 활용과 확산에 따른 두려움(우려)과 달리 서비스 제공업체와 수혜자들에게 새로운 가치와 일자리를 제공할 수 있다. 혁신적 기술의 지속적으로 개발, 채택과 함께 미래지향적 사고와 비즈니스 개선노력의 지속이 중요하다.

기업에서 이루어지는 사무(Office)는 <그림 2-3>에서 보듯 업무의 성격과 고객과의 접촉에 따라 후방 또는 지원업무(Back Office), 전방 또는 고객업무(Front Office), 중간(Middle Office) 업무, 세 가지로 구분된다. Back Office 및 Front Office는 회사의 Back End 또는 Front End와 동일한 의미를 지닌다. 가령 금융서비스조직은 Front, Middle 및 Back Office의 3섹션으로 나눌 수 있다. Front Office는 영업사원처럼 고객대면 직원으로 구성되며, Middle Office는 위험관리,

〈그림 2-3〉 비즈니스의 디지털 전환

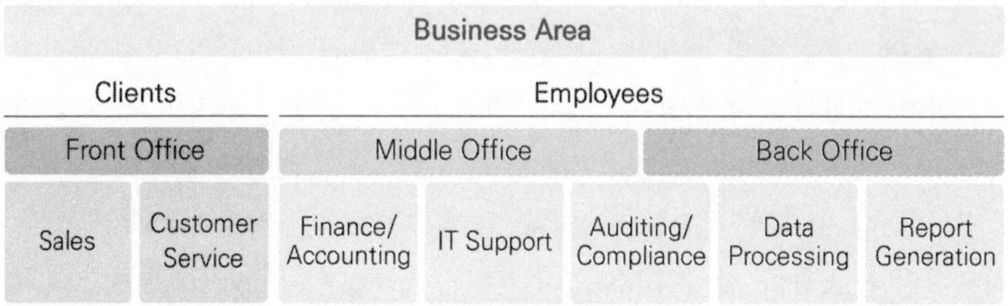

자료: amalabdreamz.wixsite.com/rpatraininginchennai/post/killing-the-front-office-middle-office-back-office-model.

정보 자원의 유지·관리하는 위험 관리자와 정보 기술 관리자로 구성된다.

첫째, Back Office는 조직 후방에서 일하는 부서로서 Back Office 근무자들은 고객이나 외부사람을 거의 만나지 않는다. Back Office는 지원, 관리 및 지불 서비스를 제공하는 인사부서, 사무실 관리자 및 고객관리 담당자로 구성된다. 일반적으로 Back Office 및 Middle Office에는 Risk관리와 관련된 비수익 창출 작업과 거래의 적절한 실행 보장이 포함된다. Back Office 근무자는 관리, IT 및 지원 작업을 수행한다. IT는 정보기술로서 투자은행 및 기타 금융기관에서 일하는 사람들이 알아야 할 일반적 용어다. 흔히 Back Office영역이 자동화 가능한 분야로 간주되지만 실제 명확하게 드러나지 않는다.

보다 구체적으로 살펴보면 <그림 2-4>와 같이 사무(Office)의 구분이 가능하다. 먼저 Back Office기능에는 IT(데이터베이스 관리, 지원 서비스), 회계, HR도 포함된다. 판매, 구매, 재고 및 잔액, 보관 등에 대한 통계 및 분석, 회계 등 모든 것이 Back Office의 권한 내에 있을 수 있다. 은행의 경우, Back Office업무에는 청산 작업, 결제 및 현금서비스 등이 포함된다. 또한 합의, Compliance, 회계, IT 및 기타 기술과 같은 회사운영과 관련된 기능을 담당하는 업무영역이다. 모든 회사의 필수 요소이며 직책은 종종 작업으로 분류된다. 가령 투자은행에서, Back Office는 합의, 규제 준수 및 포지션 청산과 같은 거래와 관련된 관리업무와 관련된다.

Front Office는 고객(외부인)이 만나는 부서와 사람들로 구성된다. 예를 들어 마케팅부서는 Front Office의 일부다. 직원이 서비스 및 내부 비즈니스 기능을

〈그림 2-4〉 사무(Office)의 구분

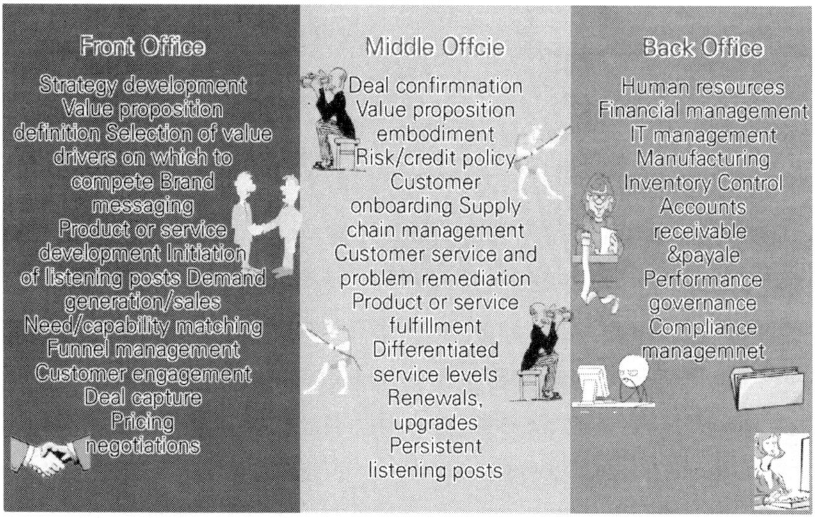

자료: marketbusinessnews.com/financial-glossary/back-office-definition-meaning.

수행하는 것보다 고객 또는 고객과 함께 일할 가능성이 더 높은 회사의 부서를 말한다. 서비스 지원, 위험 관리, 불만 접수 및 기타 일반적인 운영 프로세스와 같은 사소한 작업을 수행하기보다 고객 및 고객을 위한 작업을 포함하는 회사의 구조적 단위이다.

Middle Office는 기업에서 상업이 이루어지는 곳이다. 초기 계약부터 수익 및 상업관계 관리를 통해 발생하는 모든 것을 포함하면서 기업의 Front Office와 CRM 시스템과 Back Office ERP 시스템 간 격차를 해소한다. Middle Office는 Back Office와 Front Office를 연결한다. 여기서 수익창출 역할을 하는 Front Office를 지원한다. Middle Office는 경계가 명확하지 않으며, 일부 투자은행들은 Back Office와 Middle Office를 동일하게 인식한다. Middle Office의 신봉자들은 전략관리와 위험관리로 구성되어 있다고 강조하면서 기업재무도 포함하고 있다.

Middle Office는 외부 세계와의 상호 작용이 거의 없다는 점에서 Front Office와 구분된다. 주요 고객은 Front Office거래자 및 팀이며, Front Office내 팀 간 상호 작용의 대부분은 거래 플랫폼을 통해 이루어진다(거래 플랫폼은 두 오피스 사이의 경계 인터페이스처럼 작동함). Middle Office는 금융 서비스 조직 및 투자 은행에서 많은 역할을 수행한다. 금융 거래 중 협상된 거래가 처리, 예약 및 이행되도록 한다. 작업자는 비즈니스 트랜잭션, 위험 관리 및 손익과 관련된 글로벌 계약을 관리한다. 계약에 따라 문서가 완성되도록 하며, 정보 기술 중개사무소는 거래 전략을 지원하는 소프트웨어를 설계한다. Middle Office는 시장 및 마케팅 정보를 모니터링 및 Capture하여 Back Office 및 Front Office를 지원한다.[5] 즉 Front Office의 협상/거래를 검토하거나 Back Office의 거래를 성사시키는 방법을 검사한다. Middle Office는 위험, 손익을 추적한다. 일부 대기업의 경우 Middle Office은 새로운 계약의 적법성을 검증하는 법적 지원을 제공한다. Intelligent Middle Office는 기업에게 가장 중요한 수익 및 관계 관리 프로세스를 자동화하고 최적화하도록 설계된 완벽하고 포괄적인 특수 목적의 플랫폼이다. 조직이 상업적 우수성을 달성하려면 제품 및 거래구성, 가격책정, 견적, 계약수명주기 관리, 디지털 상거래, 주문 관리, 청구, 갱신 및 공급업체관계 관리 기능 등을 제공하는 단일 데이터 모델기반의 통합된 자동화된 Middle Office 플랫폼이 필요하다.

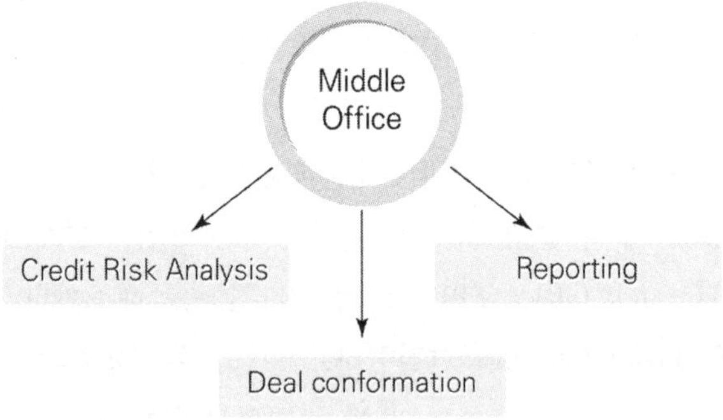

5 https://en.wikipedia.org/wiki/Middle_office.

4 인공지능기반 혁신과 스마트사무행정

장차 인공지능은 직장에서 어떻게 활용될 수 있을까? 기술의 전개양상을 정확히 예측하기 어렵지만 반복적 업무는 물론 직관적 작업까지 인공지능이 훨씬 쉽게 처리할 것이다. 달리 말해 로봇이 일상생활은 물론 업무영역에서 매우 유용하게 쓰일 것이다. 가령 AI는 자율주행자동차처럼 운전자 없이 불가능하다고 여겨졌던 것을 가능하게 만들고 있다. 훈련 데이터와 알고리즘, 빠른 GPU에 대한 접근성 때문에 가능해진 현실이다. 이처럼 인간의 사고 및 행동영역에서 AI 기반 자율솔루션이 폭넓게 활용될 수 있다.

머지않아 인공지능은 마치 Excel(Spreadsheet)처럼 사용될 것이다. 1970년대 말 미국에서 40만 명의 회계사와 경리들이 활동하고 있었다. Spreadsheet는 그들의 주 업무였던 계산을 불필요한 것으로 만들었다. 그렇지만 경리업무가 사라지지 않았다. Code화된 Spreadsheet에 제대로 된 질문을 던질 수 있는 사람은 Spreadsheet 등장 이전 열심히 답을 계산하던 사람들이었다. 오히려 계산업무에 빼앗겼던 시간을 분석업무로 돌리면서 보다 중요한 의사결정에 영향을 미치는

지능적 자동화기반 비즈니스생태계의 혁신

인공지능(AI)과 로봇이 제조 · 유통 · 서비스 등 모든 산업 분야로 확산되고 있다. 그러나 여전히 문서작성, Social 미디어 통계수집 등 단순 · 반복적 업무가 사무실에 넘쳐나고 있다. IBM 조사결과, 기업근로자들은 전체 업무시간 중 33%를 데이터 수집과 분류에, 30%를 전문 인력과 상호작용 및 전문지식 적용에 쓰고 있는 것으로 나타났다. 제4차 산업혁명 이전부터 자동화된 공장은 존재했지만 유독 사무직 생산성은 1980년대 등장한 전사적 자원관리(ERP: Enterprise Resource Planning)와 2000년대 이후 본격화된 BPM(Business Process Management), BPO(Business Process Outsourcing) 이후로 답보 상태였다. 하지만 수년 전부터 로보틱 프로세스 자동화(RPA: Robotic Process Automation)가 전 세계로 확산되며 상황은 달라지고 있다. RPA는 로봇 소프트웨어(SW)를 통해 단순 반복적 업무를 자동화하고 있으며, 인공지능과 결합하여 보다 복잡한 기능도 자동화하면서 비즈니스생태계의 혁신을 촉진하고 있다.

권한을 부여받았다.

학습을 일상 및 업무활동에 체화시켜야 한다. 직장근로자들은 지속적으로 기술역량을 성장시키고 미래의 노동력요구를 충족시킬 수 있도록 역량을 확장시키면서 직무상 문제의 해결과 직무가치의 창출활동에 학습을 포함시켜야 한다. 또한 AI알고리즘에 의해 직장인들이 개인의 필요에 맞는 학습과 성과개선 활동을 위한 ＜Micro learning(마이크로러닝)＞이 필요하다.

가. AI 기반 인적자원관리(HRM)

인공지능은 다양한 방식으로 조직과 개인의 삶을 변화시키고 있다. 반복작업의 자동화에서 인간기능 향상에 이르기까지 인공지능은 삶과 일하는 방식을 근본적으로 변화시킬 수 있는 잠재력을 지니고 있다. 특히, 인적자원관리(HRM)의 경우 기회일 뿐만 아니라 적응하고 채택해야 하는 시급성을 의미한다. 이미 인적자원관리에서 인공지능을 활용한 회사는 채용 및 선택 효율성, 편견 없는 의사결정 및 개선된 경험을 얻고 있다. 인공지능기술이 채용 전 과정에 활용될 수 있기에 금융권을 중심으로 인공지능 채용바람이 불고 있다.

AI는 의심할 여지없이 강력한 도구이다. 경제적 가치는 크게 증가하고 제조, 금융, 헬스케어 및 자동차 등 수많은 산업을 변화시키고 있다. 특히, 금융 및 마케팅 분야의 근로자는 AI 기술을 사용하여 많은 성공을 거두었다.

HR 관리자는 AI를 보다 효과적으로 활용하기 위해 다음 사항에 집중해야 한다. 첫째, HR 관리자는 디지털 시대와 AI 기술에 모두 적합한 HR 프로세스를

AI 채용 늘리는 금융권

자료: 각 은행

은행	AI 채용 적용 여부 및 내용
신한	서류 합격자 대상 AI 역량평가
국민	지원서 접수한 뒤 AI 역량평가
하나	하반기부터 자기소개서 AI 평가
우리	하반기 면접대상자에 AI 평가
농협	6월부터 인턴 채용에 적용

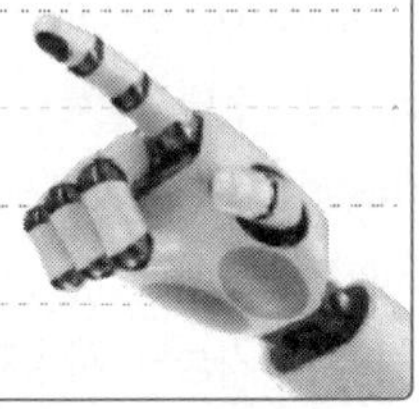

출처: 한국경제신문(2020년 8월 22일자).

만들어야 한다. 현재 AI 기술은 채용 및 인재확보, 급여 관리 및 Self 서비스 거래 등과 별개다. HR 관행에서 전체 AI 프로세스를 지원할 수 있는 데이터 생성 메커니즘이 부족하다. 모든 기준은 데이터 수집을 비롯하여 빅 데이터 모델 및 AI 프로세스 개발이 용이한 방향에서 평가되어야 한다. HR 프로세스를 개선하기 위해 AI를 사용하는 주요 가치는 인간의 지능과 함께 관계(지원 및 후보자)의 경험을 향상시킬 수 있다. 즉, HR 운영에서 인공지능을 구현하는 과제는 명확하다. AI는 많은 데이터를 적절하게 저장하고 관리해야 하므로 투명성과 적절한 Governance 지침은 AI 솔루션을 고려할 때 항상 고려되어야 한다. 그 핵심은 AI를 사용하여 관리자의 행동을 지시하지 않는 것이다. 분석 결과를 공유하고 의사 결정자가 여전히 관심을 지녀야 한다. 직원과 팀에 대한 지식의 공유와 공감은 최적의 결정을 내리는 데 매우 중요하다.

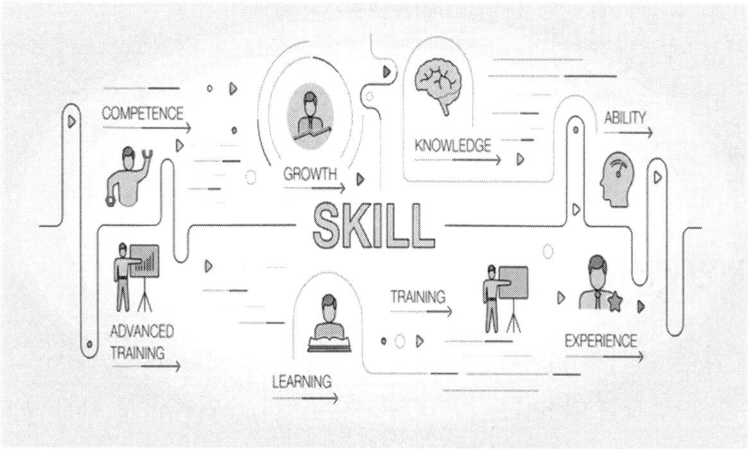

https://janzz.technology/the-potential-of-ai-in-human-resource-management/

둘째, 직원 Skill과 경험을 향상해야 한다. 높은 수준의 자동화와 환경 주변의 고객 경험에 중점을 두어 직원들은 개인화된 참여를 통해 유용하고 건설적인 경험을 제공한다. 인공지능은 채용 및 On Boarding에서 HR 서비스 제공 및 경력 경로에 이르기까지 전체 직원 라이프 사이클에 효과적으로 통합되어 맞춤형 직원 경험을 제공할 수 있다.

셋째, 데이터중심의 의사결정이다. HR 기술은 비즈니스에 이용 가능한 실시간 데이터를 지원하고 있다. 하지만, 많은 조직은 여전히 데이터에서 통찰력과 의사 결정을 위해 수동적 방법을 사용한다. 동 작업은 종종 데이터 분석가와 연계되므로 통찰력을 끌어내는 데 지연이 발생한다. 구식이거나 더 이상 사용되지 않는 정보를 활용하기도 한다. 인공지능을 통해 인적자원관리팀은 데이터에서 통찰력을 추출하고 실시간 권장사항을 제공할 수 있다. AI는 인적자원관리만큼 민감하고 중요한 기능에서 인간의 편견과 불일치를 제거한다. 따라서 인공지능이 제공하는 의사결정은 더 빨라지고 보다 많은 데이터·정보를 제공하면서 편견을 예방할 수 있다.

넷째, 지능적 자동화이다. 지능적 자동화는 인공지능과 자동화의 결합을 의미하며 기계가 자체적으로 또는 사람의 도움 없이 감지·이해하고 배우고 행동할 수 있도록 한다. 지능형 자동화는 인적자원관리에서 수동 작업의 수행뿐만 아니라 사람이 하듯 지능적 통찰과 결정을 내릴 수 있다. 이러한 기능을 통해 기계는 프로세스와 편차를 이해할 수 있다. 이 외에도 인공지능은 효율성, 생산성을 높이고 혁신을 촉진하기 위해 모든 반복적 프로세스에 참여할 수 있다. 인적자원관리를 지원하는 AI는 무한한 기회의 문을 열고 인적 자원 전문가를 위한 혁신적 가치의 창출에 기여할 수 있다.

나. AI 기반 지식관리(KM)

지식관리란? 조직의 지식과 정보를 생성, 사용 및 관리하는 프로세스로서 고객, 제품 및 작업관련 데이터를 처리한다. 지식관리 측면에서 두 가지 주요 지식 유형이 있다. 명시적 지식은 쉽게 이해되며 타인에게 쉽게 전달할 수 있는 지식 또는 기술이다. 반대로 암묵적 지식은 다른 사람에게 전달하기 어려운 지식으로 KM을 통해 조직지식이 유지·관리·개발되며 비즈니스 관련 구성원이 활용할 수 있다. 이에 따라 지식관리는 조직목표와 전략에 밀접하게 관련된다.

오늘날 공·사조직을 막론하고 산업과 제품에 관계없이 모든 조직은 비즈니스의 지속적 성장을 위해 직원과 고객으로부터 수집한 자체 데이터 시스템을 구축해야 한다. 그러나 인공지능 및 기타 자동화 서비스의 등장과 함께 디지털 혁명으로 전통적 지식관리에서 벗어나 가치창출을 위한 새로운 지식관리가 필요하다.

https://ecommercenewsforyou.com/the-importance-of-knowledge-management-in-marketing/

지식관리는 어떻게 가치를 창출할 수 있을까? 지식관리는 IT 서비스 팀 및 고객 지원 팀과 같은 회사 내의 특정 팀에 긍정적 영향을 줄 수 있다. 많은 기업들이 챗봇과 같은 자동화된 서비스를 지식관리 프로그램에 구현했다. 이 경우, 지식 관리는 기본적으로 IT 서비스 팀의 이익을 위해 사용된다. 지식 관리의 데이터는 AI 프로젝트를 역으로 지원하여 가치를 높일 수 있다. 고객 지원 팀의 경우 지식 관리를 통해 고객 문제를 해결할 수 있다. 고객이 제기한 문제에 대한 정보를 수집하며 데이터 세트를 분석하여 개별 그룹의 문제와 대규모 그룹과 관련된 문제를 모두 식별할 수 있다. 이에 따라 고객이 문제를 스스로 해결하는 데 도움이 되는 새로운 콘텐츠를 찾을 수 있다.

지식관리와 함께 자동화 및 Chatbot을 사용한 콘텐츠 구축이 가능하다. 지식관리를 사용함으로써 회사는 더 많은 고객에게 콘텐츠를 제공할 수 있다. 이러한 프로세스는 새로운 자동화 서비스 및 채팅 봇을 적용하는 방법에 관계없이 이전에 발생하는 경우, 더 많은 효율성을 제공한다. 여기에 인공지능 도구를 사용하여 콘텐츠를 작성하는 것이 바람직하다. 보다 인간적인 상호 작용을 목표로 하는 조직(회사)의 경우, 콘텐츠에 자동화가 필요하다. 특히, 대규모 고객에게 영향을 미치는 중요한 문제나 문제가 발생하는 경우, 채팅 봇을 사용할 수 있다. 상담원은 직면해야 하는 문제에 따라 채팅 봇에 콘텐츠를 제공할 수 있다.

지식관리에 인공지능을 채택함으로써 데이터를 분석하고, KM 프로세스를 모니터링 하는 인간 컨설턴트를 대체할 수 있다. 가령 인지컴퓨팅, 적응기술 및 지능형 Filtering 도구는 지식을 체계화하는 데 큰 영향을 미치고 있다. 그러나 AI

에만 의존하여 문제를 해결하는 대신 AI와 지식 관리를 모두 결합하여 마케팅 캠페인과 고객 경험을 향상시킬 수 있다. 가치 있는 콘텐츠를 구축하려면 AI와 고객의 문제 대응 방식에 대한 이해가 필요하다. 또한 프로세스 중 AI를 적용하여 서로를 지원할 경우 한층 효율적이다. 기존 요소와 첨단 요소를 유연하게 결합할 수 있다면 비즈니스는 빠르게 성장할 것이다. 그러나 한 가지 요인에만 철저히 의존하는 것은 바람직하지 않다.

지식관리는 시간이 지남에 따라 지식이 제대로 공유되지 않거나 적절하게 관리되지 않을 경우, 정보관리와 관련된 문제가 제기될 수 있다. 예를 들어, 비즈니스 내의 한 팀이 훌륭한 솔루션을 동시에 공유하지 않으면 아이디어를 전파하고 비즈니스를 확장하기 어렵다. 마찬가지로, 신입 사원이 그 지식에 대해 전혀 모른다거나 또한 숙련된 직원이 갑자기 조직을 떠난다면 시간이 지남에 따라 높은 수준의 서비스를 안정적으로 유지하기 어려울 것이다. 보다 쉬운 방법으로 지식을 공유하는 방법도 조직에게 부여된 커다란 과제이다. 고객에게 영향을 미치는 문제에 대한 정보수집도 중요하다. 솔루션을 찾는 과정을 보다 쉽고 효율적으로 만들거나 고객이 원하는 콘텐츠를 얻기 위해 협업이 한층 필요하다.[6]

다. AI 기반 문서관리(DM)

문서관리란? 문서의 접수, 작성, 시행, 분류, 보존, 폐기 등 일련의 절차를 통해 문서를 계통적으로 적정하게 관리함과 동시에 문서를 신속, 정확하게 그리고 경제적으로 처리하기 위한 관리활동을 의미한다. 예컨대, 문서 관련 조직과 제도를 정비하고, 문서작성법을 간소화하는 한편 이의 처리절차와 방법을 표준화, 간소화, 전문화, 자동화하며, 사무원의 의식과 행태를 개선하여 문서처리의 능률성과 정확성을 높이는 것이 문서관리이다.

문서관리가 필요한 이유는 ① 종이 감소–문서관리시스템을 통해 데이터를 전자 형식으로 저장할 수 있다. ② 종이 없는 사무실을 실현하는 방법으로 적절한 DMS를 사용하면 다양한 시스템과 Repository에서 문서를 빠르고 효율적으로

6 https:/ecommercenewsforyou.com/the–importance–of–knowledge–management–in–marketing.

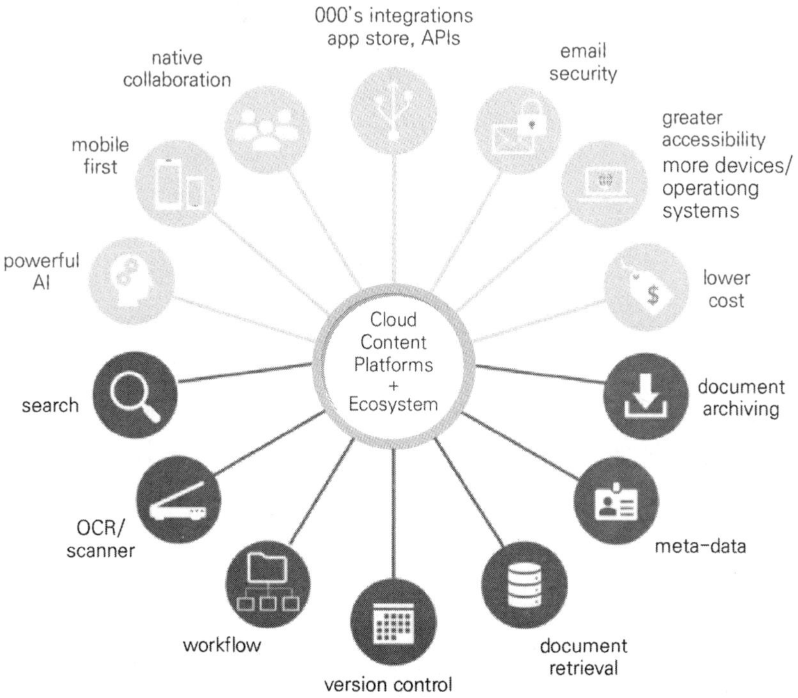

자료: medium.com/datadriveninvestor/the-future-of-work-rethinking=document=management-systems-dms-3ae31869aa2a.

찾을 수 있다. ③ 문서버전을 추적할 수 있다. 즉 모든 변경 내용을 추적하고, Content를 편집한 사람을 확인하고, 필요할 때 이전 버전으로 쉽게 Rollback할 수 있다. ④ Content에 Workflow의 추가가 가능하다. 비즈니스 프로세스를 지원하는 Work flow로 사무실 작업을 자동화하고 직원들이 더 많은 부가가치 작업에 집중할 수 있도록 한다. ⑤ 저장위치가 아닌 Content 찾기가 가능하다. M－Files 문서관리는 메타데이터 기반으로, 정보가 저장되는 위치에 대해 더 이상 걱정할 필요가 없다. ⑥ 문서보호 및 액세스 보장이 가능하다. 모든 비즈니스에서 적합한 사람과 적절한 사람만 특정 문서에 액세스할 수 있는지 확인해야 한다. 기존 폴더 기반 구조에서 사용자 및 액세스 권한을 관리하는 것은 리소스가 필요하며 특히 조직에 변경사항이 있는 경우 수동 작업이 요구된다.

조직 내 문서관리시스템은 최상의 Cloud, Content 관리 플랫폼으로 대체되고 있다. 결과적으로 정보보안, Governance 및 협업이 향상되고 비용은 절감될 수 있다. 조직이 협업, 보안 및 통합된 Cloud지원 시스템으로 이동함에 따라 조직이 디지털 비즈니스 목표의 확장이 이루어질 수 있다. 이러한 과정에서 효율적이며 창의적인 Content 관리와 함께 보다 민첩한 플랫폼 솔루션을 위해 고가의 Legacy 솔루션이 중단될 수 있다.

Legacy 솔루션은 스토리지, 버전 제어 및 조직 내 액세스를 포함한 Content 관리기능을 조직에 제공하지만 혁신적 기업이 수행하는 디지털 여정에 더 이상 연료를 공급하지 못하는 Trade Off 관계에 있다. DMS는 시장에서 보다 광범위한 ECM(Enterprise Content Management) 솔루션의 하위 집합으로 간주되는 경우가 많지만 혁신 속도만으로 기존 솔루션을 유지하는 데 불충분하다.

인공지능은 데이터 및 문서 관리 Workflow의 많은 부분에 적용할 수 있다. Legacy 시스템과 기술에 비해 AI는 Content 관리 전략에 투자된 시간과 노력 및 자금에 긍정적인 영향을 미칠 수 있다. 첫째, 분류 및 구성에서 인공지능 도구는 모든 파일을 수동으로 검토할 필요 없이 문서를 식별, 태그 및 구성할 수 있다. OCR과 결합하면 데이터 추출, 분류 등을 향상시킬 수 있다. 또한 AI는 디지털 양식을 생성하고 PII/PHI와 같은 주요 정보를 찾고 유형별 문서그룹화에 도움이 될 수 있다. 둘째, 추출 및 분석에서 OCR, RPA 및 기계 학습 도구를 사용하여 구조화되지 않은 데이터를 자동으로 수집하고 처리한다. 동시에 문서에서 데이터 집합을 들어 올리고 구조화된 형식으로 Migration하고 API통합을 통해 데이터를 시각화할 비즈니스 Intelligence 도구로 전송한다. 이를 통해 전반적으로 데이터 기반 의사결정을 지원하는 데 도움이 된다.

셋째, 적용 및 반응에서 AI는 자동화된 Workflow와 잘 어우러져 데이터 및 문서를 다른 비즈니스 운영에 전략적으로 배포할 수 있다. 특히, 시스템이 실행 가능한 정보를 감지하고 데이터를 다른 소프트웨어 프로그램 또는 프로세스로 Routing하는 경우 특정 팀 구성원에게 알릴 수 있다. 또한 새로운 정보를 기반으로 Workflow를 조정할 수 있으므로 민첩성을 유지할 수 있다.

AI 기반에서 문서관리는 효율성 향상을 기대할 수 있다. 많은 조직과 산업은 여전히 종이문서로 어려움을 겪고 있다. 회사가 생성하지 않더라도 정부 또는 비즈니스 파트너의 종이양식을 사용해야 할 수 있기 때문이다. 또한 일부 기업은 실제 종이업무로부터 벗어나고 있다. 하지만 스프레드시트나 Scan한 양식을 전자메일에 첨부하며 임의적이고 무질서한 방식으로 디스크 드라이브에 저장하여 제한된 디지털화 단계에만 머무를 수 있다. 이러한 모든 관행은 중복, 부정확, 분실 및 안전하지 않은 문서를 생성하면서 데이터 관리를 방해하거나 시간을 낭비하게 한다. 반대로 문서관리시스템에서 AI를 적절하게 사용하면 일반적인 비즈니스 관행의 Integrity(무결성)를 가속화하면서 다음과 같이 개선 효과를 기대할 수 있다.[7]

첫째, 수동 프로세스의 자동화이다. 문서를 Scan하거나 입력한 후 AI 시스템은 좋은 표준을 적용하면서 자동화할 수 있다. 예를 들어 스마트시스템을 사용하여 항목을 분류하고 Tag지정을 할 수 있다. 이러한 기능은 디지털화 노력을 가속화하면서 향후 작업에 유용하다. 직원들은 시스템을 사용하면서 효율적 검색을 위해 올바른 Tag지정 및 문서분류에 의존하지만 정보입력 시 종종 무시된 영역 중 하나이다. 시스템이 자동으로 Tag를 지정하여 분류하지 않더라도 직원이 추가 작업을 수행할 수 있도록 미리 설정된 규칙을 적용할 수 있다.

둘째, 비즈니스지능의 가속화다. 스마트시스템은 비즈니스지능을 가속화할 수 있다. 예를 들어 매우 커다란 데이터 집합에서 사람들이 할 수 있는 것보다 훨씬 빠르게 패턴을 발견할 수 있다. 가령 채용관리자는 과거에 고용되었거나 미리 설정된 규칙에 따라 성공적인 사람들과 관련된 키워드를 찾을 수 있는 지능형시스템으로 이력서를 검색할 수 있다. 다른 예로 과거 송장이나 주문에서 계절 판매 동향을 찾는 것이 포함될 수 있다.

셋째, 구조화되지 않은 데이터 구조에 적용할 수 있다. IT 인력은 형식화된 데이터베이스 또는 보고서로 구성된 데이터를 보는 데 사용된다. 통신은 종종 전자메일, 문자 메시지, 편지 또는 다른 조직의 양식의 형태로 도착한다. 과거에는 통신을 통해 정보를 인출하고 정리해야 했다. 하지만 오늘날 지능형 데이터 관리는 많은 작업의 수행을 가능하게 한다. 예를 들어 Adobe 사용사례에서 알 수 있다. 단적인 예로, 일부 기업들은 AI와 머신 러닝을 사용하여 이메일, 텍스트 및 기타 고객과의 소통을 검색하여 단어, 의미체계 및 감정을 이해하고 해당 데이터를 청구 및 서비스 기록과 연결하여 누가 어떤 제품과 서비스를 구매할지 예측한다. 이러한 모델은 구조화된 데이터만 사용하는 모델을 능가하기도 한다.

넷째, 문서준비의 간소화이다. AI는 직원들에게 다양한 문서의 형식을 올바

---

7 https://www.m-files.com/blog/5-ways-the-ai-in-document-management-will-make-your- bu siness-more-efficient.

르게 지정하는 방법을 이해할 수 있다. 그 대신 고유하고 새로운 문서에 대한 정보를 요청할 수 있다. 예를 들어, 시스템은 채용과정에서 이미 가지고 있는 직원의 이름과 기타 정보를 기반으로 신입 사원에 대한 고용 계약을 자동으로 생성할 수 있다.

다섯째, 문서보안 향상이다. AI가 정보를 보호하는 능력을 가장 큰 이점으로 입증할 수 있다. 문서관리시스템은 중요한 정보를 자동으로 검사하고 문서가 포함된 모든 문서에 플래그를 표시할 수 있다. 보다 나은 소프트웨어는 개인 데이터에 대한 비정상적 요청을 감지하고 액세스를 방지할 수 있다. Market Watch에 따르면 사이버 위협 중 상당수는 의도적이거나 의도하지 않은 내부 작업에서 비롯된다. 이러한 상황에서 AI는 데이터 보안에 대한 모든 종류의 위협에 대해 강력한 무기를 제공할 수 있다.

여섯째, 데이터 품질개선이다. 스마트 문서관리시스템은 데이터 중복을 줄이고 입력오류를 찾아내면서 파일이 잘못 배치되지 않도록 할 수 있다. 기업이 효율적인 의사결정 및 비즈니스 처리를 위해 필요한 데이터를 AI가 적시에 제공할 수 있다.

라. AI 기반 회의관리

만일 Robot들이 회의를 한다면 어떤 주제로 이야기를 할까? "단순·반복 업무에서 직원을 해방시킵시다. 업무혁신을 원하는 기업에 해결책을 줍시다." 이렇듯 구성원들이 지루한 일에서 벗어나도록 새로운 아이디어들을 내놓지 않을까? 사실 대부분의 직장인들은 무의미하고 피곤한 회의에 시달리고 있다. 회의 중 시계를 자꾸 쳐다보며 비참함이 끝나길 기도한 경험은 누구나 있을 것이다. Salary.com의 2012년 조사에 의하면 미국 직장인 중 47%는 직장에서의 시간 낭비 원인으로 "회의가 너무 많은 것"을 첫 번째로 꼽았다. 오랜 시간이 지난 오늘에 이르기까지 크게 달라지지 않은 듯하다.

대한상공회의소가 2017년 2월 26일 상장사 직원 1천명을 대상으로 실시한 실태조사와 전문가 진단을 담아 <국내기업 회의문화 실태와 개선 해법> 보고서를 발표했다. 한국기업의 상당수가 글로벌 기업으로 발돋움했지만 기업문화는 여전히 전근대적 요소가 많다고 보고, 이를 개선하기 위한 첫째 과제로 회의문

화를 선정했다.

직장인들은 주당 평균 3.7회, 매번 평균 51분씩 회의하는데, 절반인 1.8회는 불필요한 회의로 나타났다. 회의시간 중 31%(15.8분)는 잡담, 스마트폰 보기, 멍 때리기 등으로 허비하고 있어 회의의 전반적 효율성도 낮았다. 회의당 평균 참석자는 8.9명이었는데, 불필요한 참석자가 3분의 1(2.8명)에 달했다. 원격이나 재택근무 등 업무 환경 다변화 추세와 함께 효율적 협업이 강조되고 있다. 특히 화상회의 도구는 조직의 생산성 극대화에 기여하고, 비대면으로 원활하게 업무를 진행할 수 있어 진정한 원격 협업 환경을 계획할 때 가장 먼저 갖춰야 할 요소로 꼽힌다.

한편, 코로나바이러스 감염증으로 인해 선진국을 비롯한 많은 국가들이 사회적 거리 두기를 통해 이동을 제한하였다. 이에 따라 대면활동보다 비대면으로 진행하길 희망하면서 Untact 서비스가 크게 주목받았다. 특히, 기업에서는 원격근무 또는 Webinar(Web Seminar)를 장려하면서 화상회의가 크게 증가했다. 실시간으로 직관적이고 주변 환경을 이해하는 AI를 적극 활용한 화상회의 도구에 대한 수요가 증가했다. 이에 자연스러운 회의 몰입 경험, 실시간 데이터 수집을 위한 스마트 회의문화가 요구되었다.

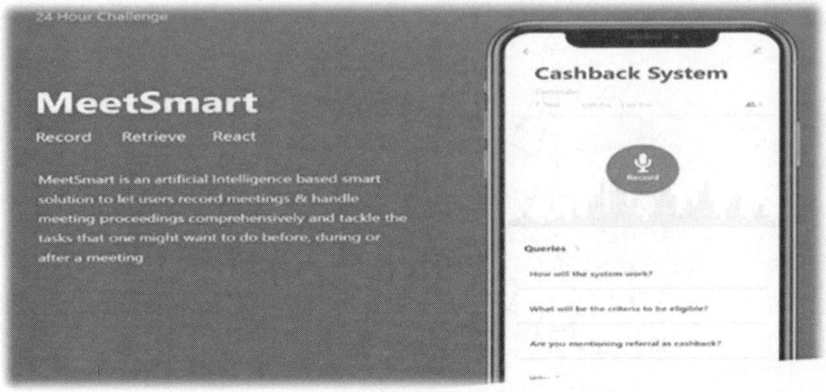

자료: https://www.behance.net/.

AI Assistant는 점점 특정 목적으로 강화되고 있다. 음성인식 Assistant는 이미 다양한 기기와 운영체제에 적용됐고, 애플리케이션의 조력자로 진화하고 있다. 특정 목적으로 설계된 AI Assistant의 가장 큰 장점은 해당 작업을 더 잘 수행할 수 있도록 집중적으로 학습시킬 수 있다는 것이다. 예를 들면 기업 회의라면 그동안 사람이 하던 노동집약적이고 비효율적인 업무 부담을 크게 덜 수 있다. AI Assistant가 회의의 일반적인 절차를 자동화해 직원이 회의 그 자체와 다른 사람과의 관계에 더 집중할 수 있도록 도울 수 있다. 실제로 MeetSmart는 사용자가 회의를 기록하고 회의 절차를 포괄적으로 처리하고 회의 전, 도중 또는 회의 후에 수행하려는 작업을 해결할 수 있도록 하는 인공지능 기반의 스마트 솔루션이다. 이 외에도 Google 등에서 다양한 솔루션이 제공되고 있다.

- Google Jamboard: 구글 플랫폼(G Suite)을 이용하고 화상회의, 구글문서(공동작성), 구글 Drawing, 클라우드 드라이브 등을 이용할 수 있다. 원격지에서 하나의 보드에 펜으로 작성하면 다른 사람들도 그 내용을 볼 수 있고 회의 내용도 바로 저장해서 보관할 수 있다.[8]
- 삼성 플립: 큰 삼성 노트 스마트폰이라는 평이 있다.[9]
- 마이크로소프트: 팀워크를 위한 Surface Hub[10] 등이 있다.

---

8 https://www.youtube.com/watch?time_continue=11&v=-RaT2sHL4aw.
9 https://goo.gl/5MZH3a.
10 https://www.microsoft.com/en-us/surface/devices/surface-hub/overview.

〈그림 2-5〉 회의업무의 프로세스

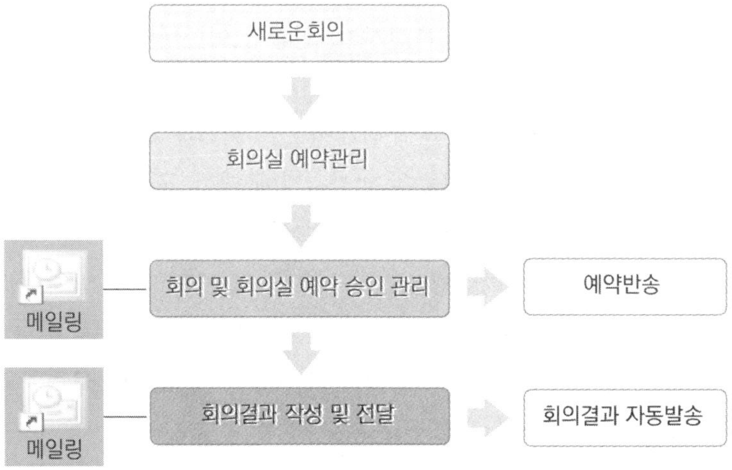

또한 회의업무의 프로세스는 <그림 2-5>와 같다.[11] 불필요한 회의를 감축하되 지시나 정보 전달위주 회의는 이메일 등으로 대체한다. 정보공유 확대로 회의 소집의 원인을 축소한다. 또한 회의 운영의 효율화를 위해 회의안건의 사전배포로 밀도 있는 회의 운영을 도모하며, 회의결과에 따른 후속조치 및 결과의 확인에 철저를 기한다.

인공지능이 업무공간에서 협업기술로 자리 잡으면서 일상적 노트필기, 스케줄링 및 기타 작업에 쏟았던 에너지 중 일부를 창의적 생산량을 끌어올리는 데 사용할 수 있다. 인공지능이 잠재적으로 창의적인 회의를 가능하게 할 수 있는 다섯 가지 방법이 있다.[12]

첫째, 자동노트를 통해 신속한 brainstorming이 가능하다. 회의 중 메모책임이 부여되거나 참가자 발언을 계속 좇아야 한다면 회의종료 후 회의내용은 고사하고 거의 기억하지 못할 가능성이 높다. 이러한 경우, 자동화된 노트필기와 정확한 회의록은 AI가 회의 참석자들이 실제로 일어나는 논의에 집중할 수 있도록 도울 수 있다. 나아가 대화록은 중요한 키워드와 아이디어를 검색할 수 있어 회

11 http://www.evertrust.co.kr/demo/pdf/emod.pdf.

12 https://technative.io/5-ways-ai-could-make-meetings-more-creative.

의 종료 후 참가자들이 각각의 세부사항과 아이디어를 충분히 흡수할 수 있다. 회의참석자 모두에게 지속적인 노트필기의 부담 없이 참여할 수 있는 능력을 주는 것은 생동감 있고 제약 없는 토론을 촉진시켜, 원활한 아이디어 흐름을 장려한다.

둘째, AI가 제공하는 실행 항목 및 의제 업데이트는 회의종료 후 특정 세부사항을 기억 및 관리하도록 한다. AI 기술은 의사결정에 대한 규칙 기반 대응으로 구축돼 특정 키워드를 인식하도록 교육할 수 있다. 진행자는 핵심 단어들을 연결할 수 있고, AI는 단어들을 인식, 반응할 수 있다. AI는 회의 중 일어난 일에 대한 기록뿐만 아니라 보다 복잡한 작업행동 항목을 제공할 수 있다. 행동항목으로 마감일 기록 및 알림서비스를 제공하거나 회의의 가장 중요한 부분을 기록하고, 참석자들과 공유와 필요한 후속 조치의 기억에 도움을 준다.

셋째, 비언어적 단서의 자동 포착은 좋은 아이디어를 떠올릴 때 알려줄 수 있다. 회의 중 아이디어가 탄생하는 순간이나 긍정적 반응의 순간들은 식별하기 어려울 수 있다. AI는 참석자가 "아하!" 모멘트를 가질 때 얼굴 표정, 끄덕임, 웃음, 오디오의 피크 등 비언어적 신호와 정확하게 포착할 수 없는 반응과 순간들을 보다 쉽게 인식, 기록할 수 있다. 이에 따라 회의 중 떠오른 의미와 가치를 온전하게 식별, 유지함으로써 아이디어의 오해나 유실을 막을 수 있다.

넷째, 전체 효율성 향상으로 창의적 에너지 소모를 방지한다. 누구나 끝없이 질질 끄는 회의를 경험하거나 빙글빙글 맴도는 모습을 경험했을 것이다. 또한 이미 논의된 식상한 주제를 다룰 때 사람들은 주의를 기울이지 않으며 메모지에 낙서를 하거나 노트북을 타이핑하는 일이 일어날 수 있다. 이러한 경우, 팀워크 활력을 잃고 회의가 허드렛일로 전략한다. 그러나 AI가 일정 수립이나 참석 등 일상적 측면을 제거하면 참석자들은 자유로운 아이디어 교류할 수 있다. brainstorming을 수반하지 않는 일상적 미팅은 효과적이고 간소화하면 회의참여와 몰입도 제고와 생산적 미팅으로 고무적인 회의로 전환시킬 수 있다.

다섯째, 일상적 미팅업무의 처리와 함께 협업에 초점을 맞추면서 보다 많은 상호작용을 촉진한다. 회의 참석자들이 내용 자체에 집중할수록, 보다 나은 아이디어와 문제에 대한 창의적 해결책을 도출할 수 있으며, 팀 간 친밀감도 형성할 수 있다. 회의참석에 따른 부담과 책임을 줄임으로써, 긴장을 풀고 솔직함을 쌓고 회의실 안팎에서 더 잘 기능하는 분위기를 조성할 수 있다. 궁극적으로 AI

는 서로 협력하는 방식을 개선할 것이다. 회의의 행정적 측면과 함께 오는 반복적이고 단조로운 업무를 감소하면 제약 없이 일할 수 있다. 장기적으로, 메모, 행동 항목, 의제, 알림 등 필요하지만 가치가 낮은 작업을 AI 보조자가 처리할 수 있도록 하는 것이 훨씬 낫다. 이런 일에 대한 걱정 없어진다면 회의의 유용성이 한층 높아질 수 있다.

마. AI 기반 재무 · 회계 관리

그동안 공·사 부문을 막론하고 <그림 2-6>에서 보듯 회계부정 및 속임수, 분식회계 등의 유혹에서 자유롭지 못했다. 이러한 문제 상황의 해결을 위해 인공지능(AI) 시스템이 빠르게 개선되고 다양한 산업에 응용·접목되면서 점점 성능이 강력해지고 있다. AI가 인간을 대신해 내놓은 결과물은 매우 정확하다. 인간은 AI가 지닌 장점을 부인할 수 없으므로 어떻게 하면 AI와 함께 일할 수 있는가를 고민하는 단계에 이르렀다. 그 결과, 회계업체들이 AI를 도입해 생산성을 최적화했다. 컨설팅업체 Accenture는 적응형 지능, 머신러닝, 미니봇 등을 재무팀의 일원으로 만들었다. 기존 사내 전문가들이 지루한 일상적 업무에서 벗어나 고도의 판단력이 필요한 업무에 집중할 수 있으므로 만족도가 높다. 재무 및 회계플랫폼이 성장하면서 AI를 빠른 속도로 적응시키고 있다. AI를 사용하여 부정행위를 적발하고 엄청난 양의 데이터를 단 몇 분 만에 폐기할 수 있다. 모든 작업은 고객의 데이터를 안전하고 정확하게 유지하는 동시에 이루어진다.

AI를 제대로 도입하면 수많은 회계상 오류를 제거할 수 있다. 회계오류는 발견하기 쉽지 않은 데다 회사의 신뢰성을 떨어뜨리기 때문에 골칫거리였다. 하지만 AI를 도입하면서 회사는 신뢰 이미지를 지킬 수 있고, 회계사들은 반복적이고 지루한 일상 업무에서 벗어나 자문 업무에 충실할 수 있다. 또한 RPA를 통해 내부회계 관리제도의 투명성과 정확도를 높여 회계 품질을 높이고 외부 감사에 선제적으로 대응할 수 있다. 더구나 2018년 11월 도입된 외부감사법으로 기업의 회계업무가 대폭 증가함에 따라 RPA서비스가 주목 받고 있다. RPA는 그 동안 사람이 해 오던 단순 반복적인 업무를 소프트웨어 로봇이 처리하게 하는 자동화 기술이다.

또한 2019년부터 자산 규모 2조 원 이상 상장회사는 내부회계 관리제도 운

〈그림 2-6〉 공 · 사조직에서 재무회계의 부정적 편린들

영과 관련해 외부감사인(회계법인)으로부터 검토가 아닌 감사를 받아야 한다. 비용뿐만 아니라 엄격해졌다. 이에 따라 그동안 자료취합, 업무비용계산 등 업무에 순차적으로 도입돼 온 RPA에 대한 수요가 증가하고 있다. 사람이 피로감을 느낄 수 있는 급여점검, 외화 환산 등 단순 업무를 기존 표본조사 방식이 아닌 전수조사 기반으로 빠르게 진행할 수 있다. 이처럼 RPA서비스가 주목을 받으면서 인공지능 챗봇을 접목하는 사례도 늘고 있다. 가령 삼성SDS의 Brity Works는 대화형 AI 기술(Brity)을 적용해 기존 RPA보다 복잡한 업무를 자동화하였다. 실제 물류 사업에 적용해 수십 명의 인력이 지역별 항공사·선사의 사이트에 매일 접속해 화물의 위치정보를 수집, 입력하여 단순 업무를 자동화한 사례도 있다.

AI가 담당하는 회계업무는 다음과 같다.[13] ① 외상매출금 및 매입금 처리: AI 기반 송장관리시스템이 도입돼 송장 처리 효율성이 대폭 개선됐다. AI 시스템은 송장처리에 필요한 모든 회계 코드를 습득할 수 있다. ② 공급업체 On Boarding: AI는 세금정보와 신용점수를 확인해 새로운 공급업체를 신중하게 검

13 http://www.aitimes.com/news/articleView.html?idxno=46850.

토할 수 있다. ③ 회계감사: 디지털화된 AI감사시스템은 보안을 강화한다. AI는 누가 언제 디지털 파일에 접근했는지 확인할 수 있다. 회계감사의 정확성과 효율성까지 향상시킬 수 있다. ④ 조달: 조달시스템을 AI로 구축하면 구조화되지 않은 데이터까지 추적이 가능하다. 또한 서로 다른 공급업체의 가격 변동 추세를 추적할 수 있다. ⑤ 경비: 관리AI가 경비를 감사하고 영수증을 읽으며 위반 행위를 한 사람에게 주의를 줄 수 있다. ⑥ AI 챗봇: 청구 만기일, 최신 계정 잔고 및 계정 상태 등 고객 질문에 효율적으로 답신할 수 있다. 일례로 뉴질랜드 소프트웨어업체 제로(XERO)는 고객들의 질문에 답하는 <Hey Xero Chatbot>을 공개했다. 챗봇은 머신 러닝 기술을 활용해 금융 정보를 통합한다. ⑦ 월별·분기별 마감: 프로세스AI는 필요한 수치를 빠르게 수집할 수 있다. 이를 통해 직원들은 전략적 판단에 필요한 시간을 충분히 확보할 수 있다.

주지하듯 RPA는 여러 산업 분야에서 비즈니스 프로세스를 자동화하는 데 사용되는 기술이다. RPA 소프트웨어에는 직원들이 전통적으로 처리하는 반복적 작업을 처리하기 위해 소프트웨어 로봇이 포함된다. 재무기능은 대체로 비용 절감, 속도 개선, 증가하는 복잡한 데이터 처리, 그리고 통찰력 있는 통찰력을 통해 비즈니스 파트너에게 새로운 가치를 제공해야 한다는 압박을 받고 있다. 규칙기반 소프트웨어 로봇은 데이터 수집, 보고, 일치 및 조정과 같은 프로세스와 기 결산과 같은 복잡한 다각적인 프로세스를 수행하는 데 사용된다. 사무업무 프로세스에서 자동화 기능은 다음과 같다. ① 운영회계 ② 일반회계 ③ 재무보고 계획 ④ 예산 및 예측재무 프로세스 등이다.

RPA기반 재무관리의 편익(효과)은 다음과 같다. 첫째, 실행 가능한 통찰력이다. RPA와 기존 IT 인프라를 기반으로 하는 인공지능은 재무와 조직의 상호 작

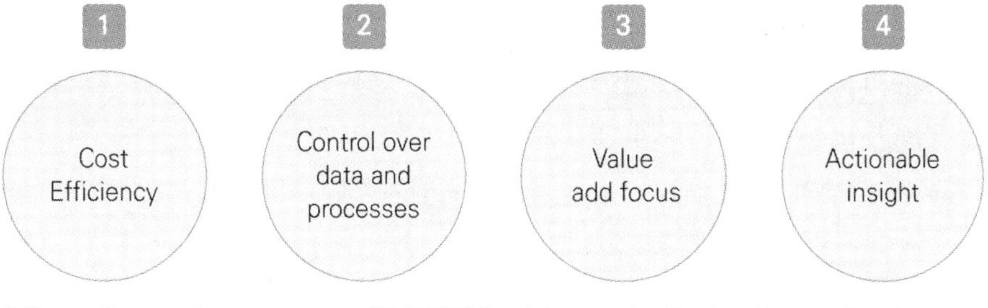

출처: en.finance.sia-partners.com/20180709/applying-rpaai-effective-finance-function-overview-opportunities-and-challenges.

용을 통해 회사의 전반적인 성과를 향상시킬 수 있는 실행 가능한 통찰력을 발견할 수 있다. 둘째, 프로세스 자동화와 관련된 이전의 영역과 달리, 자체 개선 인공지능 접근 방식이 점점 더 많은 양의 데이터를 소화하여 가격 및 마케팅 전략에서 사기 탐지에 이르기까지 다양한 결정을 내릴 수 있다. 여기에 비용절감 및 능률성을 제공하면서 가치가 증대하는 방향으로 초점을 정해줄 수 있다.

RPA/AI(Robotic Process Automation/Artificial Intelligence)는 다양한 편익과 함께 조직의 목표를 달성하는 과정에서 새로운 기회를 제공한다. RPA기술은 회사 데이터베이스에서 이미지 및 비디오에 이르기까지 다양한 소스에서 데이터를 수집할 수 있다. 이는 사용 가능한 데이터의 규모와 범위를 크게 증가시킨다. 가령 재무기능은 자동화 사용 방법에 중점을 두고 있지만, 재무가 전체 비즈니스에 미치는 영향을 증가시키기 위해 인공지능 솔루션의 범위는 한층 광범하다. 이에 따라 AI는 향후 5년 내에 재무기능 내에서 일반화 될 것으로 예상된다.[14]

바. AI 기반 조달 · 구매 관리

기업에서 돈 거래가 일어나는 곳은 여러 부서가 있다. 그중에서도 거래규모가 가장 큰 곳 중 하나를 고르라면 조달부서(Sourcing or Procurement) 아닐까. 글로벌 대기업에서 구매는 작게 사무 용품부터 시작하여 컴퓨터와 소프트웨어, 하드웨어, 경영컨설팅 용역 등 그 종류는 다양하다. 이는 곧 기업입장에서 다양한 공급자(vendor)와 다양한 형태의 (구매)계약을 맺어야 함을 의미한다.

조달부서 입장에서 요청부서 필요를 빠르게 충족시키면서 어떻게 하면 기업에게 유리하게 할 것인지 (적어도 불리한 조건은 피할 것인지) 고민해야 한다. 나아가 기업은 대부분 위험관리를 위해 조달계약서 내용에 대한 일정한 가이드라인을 가지고 있다. 새로운 조달계약을 할 때마다 가이드라인을 어떻게 적용할 것인지, 어떤 부분이 가이드라인과 마찰이 있는지, 어떤 중요 조건이 빠져있는지 꼼꼼히 검토하는 것도 중요한 업무의 일부분이다.

문제는 각각의 공급계약서 및 청구서가 공급자마다 서로 다른 형태의 용어와

14 https://en.finance.sia－partners.com/20180709/applying－rpaai－effective－finance－function－ overview－opportunities－and－challenges.

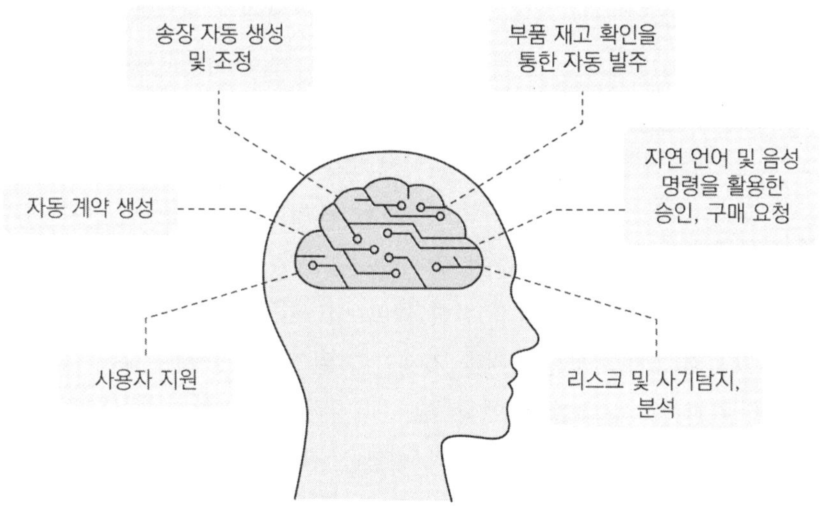

형식으로 쓰이고 있다는 점이다. 따라서 조달부서가 검토, 승인해야 하는 일의 복잡도가 매우 크다. 기업이 구매하는 것이 단순히 사무기기를 넘어 해마다 새롭게 변하는 기술과 제품에 대해 새롭게 구매계약을 한다면 그 조건은 판이하게 다를 수 있다. 이러한 계약서 리뷰는 시간과 노력이 많이 소요되는 작업이다. 자연히 금액의 규모가 큰 건에 초점을 두게 되고(Risk based review), 부피는 크지만 금액이 작은 계약들은 검토가 완벽히 이루어지지 않을 수 있다. 그러나 long tail 법칙에 따라 작은 건들의 총액을 무시할 수 없다.

이러한 상황에서 인공지능은 조달을 변화시키고 있다. AI는 많은 시간이 소요되는 작업을 자동화 또는 개선하거나 조달 전문가에게 매우 복잡하고 큰 데이터 세트를 기반으로 추가 통찰력을 제공한다. 간단히 말해 AI는 단순히 특정 작업을 해결하기 위한 소프트웨어 솔루션이다. AI는 소프트웨어일 뿐이므로 대규모 조직에서도 업무 관행을 빠르게 변경할 수 있다. 통상 AI를 생각할 때 과대광고를 넘어 새로운 유형의 소프트웨어에 대해 고민해야 한다.

조달에서 AI에 대한 정의 및 조달관점에서 자체 학습 스마트 알고리즘을 포함한 모든 소프트웨어 솔루션을 AI로 간주할 수 있다. ① 인공지능(AI): 스마트로 간주되는 행동을 나타내는 모든 알고리즘 ② ML(Machine Learning): 패턴을 감지하여 예측 또는 의사 결정에 사용하는 알고리즘 ③ NLP(Natural Language Processing): 인간 언어를 해석, 변환 및 생성할 수 있는 알고리즘 ④ 로봇 프로세스 자동화(RPA): 반복적이고 간단한 작업을 줄이기 위해 사람의 행동을 모방하는 알고리즘 등을 들 수 있으며 일반적으로 RPA는 AI 형태로 간주되지 않는다.

모든 형태의 인공지능에는 특정 문제를 해결하는 방법을 지정하는 규칙 세트인 알고리즘이 포함된다. 알고리즘은 컴퓨터 소프트웨어의 기초를 형성한다. 소프트웨어의 알고리즘 작업은 사람의 눈에는 보이지 않지만 소프트웨어 환경에서 중요한 문제를 해결하기 위해 전문가가 프로그래밍할 수 있다.

비즈니스 응용 프로그램에서 AI를 채택하는 것은 상대적으로 초기 단계이다. 하지만 조달기능 내에서 AI의 사례가 점점 늘어나고 있다. 가장 일반적인 접근법 중 일부는 다음과 같다. 즉 분류지출 기계학습 알고리즘을 사용하여 조달비용을 범주 및 하위범주로 분류한다. 예를 들어, 다양한 범주의 골판지 포장에 지출을 자동으로 분류하기 위해 수백만 개의 송장을 검토할 수 있다.

인공지능기반 조달·관리의 편익을 예시하면 다음과 같다. 첫째, 공급업체 Matching이다. 기계학습을 사용하여 송장 및 구매 주문서에 포함된 공급 업체 데이터를 공급 업체 계층에 연결한다. 예를 들어, 화물 및 불류회사의 여리 현지 자회사를 하나의 글로벌 공급 업체에 연결할 수 있다. 둘째, 공급업체 또는 시장 데이터를 획득(capture)한다. 자연어 처리와 같은 기술을 사용하여 공급업체 또는 특정 시장에서 필요한 데이터를 찾아 낼 수 있다. 예를 들어, 공급업체의 위험위치 신호에 대한 Social Media Channel을 추적할 수 있다. 셋째, 이상거래를 감지한다. 기계학습 알고리즘을 사용하여 조달과 관련된 통찰력을 자동으로 감지하고 표시한다. 예를 들면 상품 또는 특정 공급업체의 구매 가격이 예기치 않게 변경되는 사항을 포착할 수 있다.

사. AI 기반 계약관리

계약관리는 계약의 작성, 구현 및 평가를 관리하여 비즈니스 성과를 극대화하고 위험을 최소화하는 비즈니스 프로세스를 의미한다. 계약은 법적 구속력이 있으며 비즈니스 이해관계자 관계, 가격구조, 작업범위, 권리 및 의무, 프로젝트 일정, 보증 조항 등을 결정한다. 효과적인 계약관리는 조직성과를 획기적으로 향상시킬 수 있으므로 조직경쟁력과 생존을 위해 중요한 사무다. 그런데 만일 계약관리가 구조화되지 않은 경우, 비즈니스가 다양한 운영 및 재무위험으로 이어질 수 있다.

계약사무·행정관리는 비즈니스 유형에 관계없이 대부분 조직의 기능에서 중심이 되는 분야다. 매일 이루어지는 계약은 조직이 공급업체, 파트너 및 고객과 같은 이해 관계자와 가진 모든 관계의 근간을 형성한다. 더구나 비즈니스 성과에 대한 중요성을 감안할 때 효과적인 계약관리는 조직에 장기적 가치를 제공한다. 또한 강력한 이해 관계자 관계를 구축하는 데 도움을 줄 수 있다.

계약의 전체 수명 주기를 안내하는 계약 관리 프로세스는 궁극적으로 조직의 성패와 흥망을 좌우할 수 있다. 모든 ERP 및 CMS(Content Management System)와 통합하고 기존 파일 구조나 명명 규칙을 변경하지 않고도 계약을 검색, 분석 및 협업을 위한 단일 중앙 위치로 집계한다. 법률전문가는 실제 계약 검토 및 분석보다 관리 작업에 더 많은 시간을 소비할 필요가 없다. 계약 관련 Work Flow 및 관리기능을 제공하여 효율성을 개선하고 위험을 줄이며 모든 계약에 대한 가시성을 확보할 수 있다. 비즈니스 전반의 계약을 자동으로 집계하고 간소화된 승인프로세스를 생성한다. 고급 인공지능을 적용하여 법률, 계약 및 조달 팀이 비즈니스를 가속화할 수 있도록 실시간 분석을 제공하는 플랫폼이 필요하다. 계약유형은 매우 다양하여 약 230가지가 넘는 계약 유형으로 작업할 수 있다. 여기서 인공지능(AI)은 절(Clause)을 자동으로 분류하고, 레이블을 붙인 다음 손끝에 배치할 수 있다. 이를 통해 신속한 보고 및 의사 결정을 위해 즉시 사용할 수 있는 50가지가 넘는 메타 데이터 및 절에 대해 쿼리 및 검색의 실행이 가능하다.

계약주기관리(CLM)에서 인공 지능의 역할은 세 가지 핵심 범주로 나눌 수 있다. 순서에 따라 AI 채택 경로를 정의한다. ① ML을 사용하여 계약데이터 추출 ② 계약 작성 중 AI 기반 지원 ③ AI 기반 계약의무 관리 등으로 이루어진다. 머신러닝 알고리즘은 계약용어 및 조항을 상당히 높은 정확도로 추출할 수 있다. 일일이 PDF 파일을 열 필요가 없다. 용어를 읽고 Excel 파일에 저장하여 의무, 만료 날짜 등을 추적할 필요도 없다. 계약이 Scan된 이미지형식의 경우, 고급 ML 알고리즘을 사용하여 필요한 모든 정보를 자동으로 추출할 수 있다. 계약

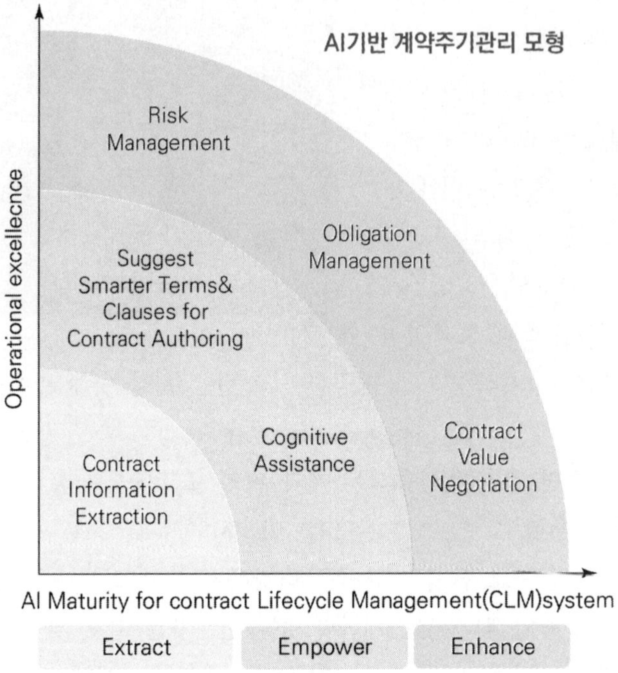

자료: aavenir.com/ai-in-clm-momentum-and-maturity-model-for-success/.

서가 종이 형식의 경우, 계약을 Scan하고 ML 알고리즘을 호출하기 전 중앙저장소에 보관하여 계약을 사전에 처리한다.[15]

이처럼 인공지능기반 계약관리 자동화는 여러 측정에서 개선을 이끌 수 있다. 가령 디지털 계약관리 솔루션은 관리 및 법률비용을 절감뿐만 아니라 기업이 공급업체 성과 및 협상 효율성을 개선할 수 있도록 도와준다. 실제로 Forrester와 Aberdeen의 애널리스트들은 계약 관련 솔루션과 관련하여 디지털화로 인해 Compliance를 55% 개선하고 계약 주기 시간을 50% 단축할 수 있는 잠재력 등을 제공하는 것으로 나타났다. 또한 계약 갱신률이 25% 향상되고 1~2%의 매출 향상이 나타났다.[16]

이 외에도 정보통신 기반구조를 중심으로 IT 업무환경, 보안, 위험관리 등에

15 https://aavenir.com/ai-in-clm-momentum-and-maturity-model-for-success.

16 https://newsroom.konicaminolta.eu/digital-contract-management-its-time-for-a-more-intelligent- approach-to-contracts.

도 인공지능기반 관리를 통하여 효율화, 자동화, 지능화를 도모할 수 있다. 이처럼 인공지능기술과 장치(Agent)가 사무행정에서 보편적으로 활용되면서 직장인과 인공지능 간 새로운 관계설정이 요구된다. 특히, 인공지능에 의한 자동화와 관련하여 프랑스의 기술철학자 Gilbert Simondon(1924-1989)의 사유에 주목할 필요가 있다. 즉 자동화를 인간 자신의 욕망이나 권력실현을 위한 '사용 가능한 수단'으로 여기지 말아야 한다. 기계를 도구 수준에서 다루는 계몽주의 시대의 휴머니즘은 더 이상 통용될 수 없다. 인간이 기계와 짝을 이뤄 '상호작용할 수 있는 여지'로 보아야 한다. 그래야 기술의 문화적 의미가 작용을 할 수 있다. 인공지능은 결여된 인간을 강화하는 보철물이 아니다. 인간의 잠재력을 현실화하는 매체로서 작동할 때 인간 사회의 새로운 구조화와 존재론적 도약이 가능하다. 이것이 직장인에게 인공지능을 협업과 협력의 파트너로서 존재의미를 지닐 수 있게 한다. 직장인과 인공지능이 새롭게 구성하는 앙상블(ensemble) 사무행정의 모습이 아닐까.

"어떤 알고리즘을 쓸지 알고 있다면 문제의 절반은 이미 해결되었다. 현재의 알고리즘으로 불가능하지만, 마스터 알고리즘 등장 이후 인간을 가사노동에서 해방시킬 Home Robot을 만들 수 있다. 또한 다양한 종류의 암세포를 제거해 암을 정복할 것이다."

-Pedro Domingos, Washington주립대 교수, 마스터 알고리즘 저자-

인공지능과 사용설명서

제아무리 좋은 도구가 있더라도 사용법을 모른다면 무용지물이다. AI 기반 혁신은 인공지능이라는 새로운 도구를 이용하는 혁신이다. 인공지능이라는 도구가 어떤 일을 할 수 있는지 알아야 한다. 그래야 효과적으로 이용이 가능하다. AI의 주요 기능은 인식, 예측, 자동화, 소통, 생성 등 다섯 가지다. 먼저 개인이든 조직이든 국가든 주어진 문제의 해결을 위해 어떤 AI 기능을 적용할지를 인식해야 한다. 그리고 어떠한 기능을 문제해결에 어떻게 사용될 수 있을지를 구체화시켜야 한다. AI 핵심기능과 구체적 알고리즘까지 선택했다면 이제 이를 어떻게 제품 및 서비스에 적용할지 구체적으로 설계해야 한다. AI 기술을 적용하는 방식은 새로운 기능 또는 제품의 창출, 기존 제품 및 서비스에 새로운 기능을 더하는 결합, 기능의 확장, 기존 기능의 대체로 구성된다. 다섯 가지 AI 기능과 네 가지의 적용 방식을 토대로 총 스무 가지의 혁신모델이 도출될 수 있는데 이 가운데 어떤 모델을 채택할지 분명히 정의 내려야 한다.*

*https://polydalai.tistory.com/entry/한권으로－끝내는－AI비즈니스－모델[책정리]

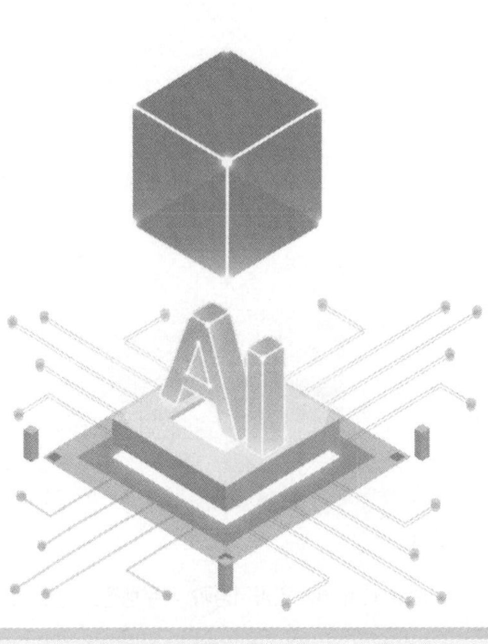

CHAPTER

03

인공지능의 알고리즘과 모델

1 인공지능의 알고리즘: 개념과 의미

2 알고리즘과 모델: 개념과 유형

3 모델과 비즈니스: 이해와 활용

CHAPTER
03
인공지능의 알고리즘과 모델

1 인공지능의 알고리즘: 개념과 의미

가. 개념과 특성

알고리즘이란? 수학적 지시사항으로 단계적 계산절차이다. 입력받은 데이터를 바탕으로 수학과 논리를 사용하여 출력을 만든다. 즉, 보다 정확하게 어떠한 행동의 실행을 위해 만들어진 명령어들의 유한집합(finite set)이다. 원래 컴퓨터 프로그램은 정교한 알고리즘들의 집합이다. 수학이나 컴퓨터과학에서 말하는 알고리즘은 반복되는 문제를 풀기 위한 진행절차(procedure)를 의미한다. 어떠한 문제를 해결하거나 가치의 창출을 위한 절차나 방법이다. 문제가 생겼을 때 여러 가지 방법으로 해결할 수 있듯 알고리즘도 다양하게 표현할 수 있다.

알고리즘은 컴퓨터 등장 이전부터 존재했다. 그때는 진화, 경험, 문화 등을 통해 인간이 지식을 얻었다. 즉, 사람이 수동으로 종이를 사용해 일정한 절차로 문제를 풀더라도 알고리즘에 해당한다. 컴퓨터 등장과 함께 알고리즘 역시 급속도로 발전하였다. 컴퓨터가 새로운 지식발견을 위한 도구가 됐다. 컴퓨터를 통해 무슨 일을 하려면 컴퓨터 프로그램을 써야 한다. 컴퓨터프로그램 작성을 위해 컴퓨터에 원하는 것을 차근차근 말해야 한다. 그런 다음 최종목표 달성을 위해 각 단계에 따라 기계적으로 프로그램을 실행한다. 컴퓨터에게 무엇을 명령하면서 그것을 어떻게 할 것인지 선택하는 과정에서 알고리즘이 나온다.

오늘날 인공지능이 모든 영역에서 커다란 영향을 미칠 수 있는 까닭은 엄청난 양의 데이터가 생산되면서 인공지능 성장을 돕고 있기 때문이다. 이처럼 많은 양의 빅 데이터를 다룰 수 있는 것은 인공지능 알고리즘의 혁신적 발전에서 비롯된다. 알고리즘은 간단한 지시만으로 컴퓨터가 스스로 학습을 가능하게 한다. 새로운 입력이 주어졌을 때 출력을 생성하기 위해 입력과 출력을 동시에 조합하면서 데이터를 학습한다. 이처럼 기계들이 데이터로부터 배우도록 만드는 과정이 머신러닝이다.

알고리즘은 심화시킬수록 (더욱 많은 변수를 고려한 알고리즘) 컴퓨터는 그만큼 상황에 맞는 판단을 더욱 정확하게 내릴 수 있다. 이에 따라 실생활에서 이용 가능하도록 더욱 똑똑한 (상황에 대한 판단을 더욱 정밀하게 하는) 컴퓨터를 만들기 위해서 최대한 많은 변수를 고려하여 알고리즘을 구성해야 한다. 하지만 이 방법은 근본적인 한계가 존재한다. 세상의 모든 경우의 수를 알고리즘에 입력하는 것은 사실상 불가능하기 때문이다. 이러한 한계를 극복하고자 한 것이 바로 머신러닝(기계학습)이다. 사실 이에 대한 본격적인 연구는 1990년대 중반부터 발달하기 시작한 인터넷과 역사를 함께 한다. 인터넷의 발달과 함께 웹페이지가 생겨나면서 이곳에 접속한 사람들이 입력하는 언어들에 대한 처리가 필요했다.

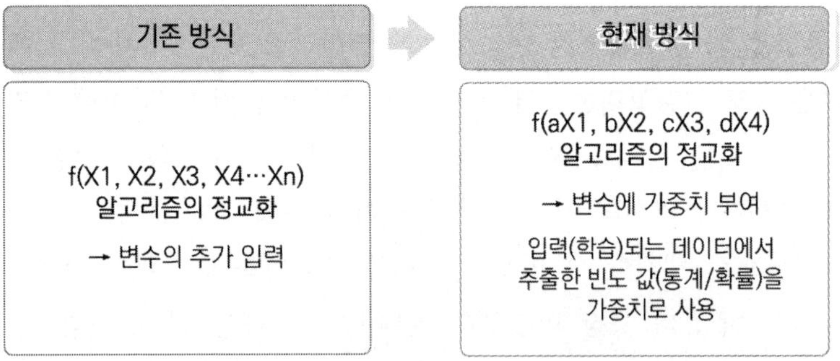

하지만 모든 단어, 문법 등을 알고리즘으로 표현해 낸다고 할지라도 일상생활에서 사용하는 비문법, 비속어 등의 모든 변수까지 입력시키는 데 한계가 존재했다. 따라서 이의 극복을 위해 모든 변수를 알고리즘으로 입력시켜왔던 기존의 방식에 근본적인 변화가 필요했는데, 이것이 기존 알고리즘에 통계/확률의 개념을 추가한 머신러닝이다.

기존 알고리즘에 통계/확률의 개념을 추가한다는 것은 쉽게 말해서 변수를 모두 입력하는 것이 아니라, 변수에 가중치(확률)를 부여하여 예상치 못한 상황들에도 대처할 수 있도록 알고리즘을 보완한다는 의미이다. 각 변수에 부여되는 가중치로 컴퓨터에 수많은 데이터를 input하여 도출된 가장 확률적으로 높은 결과 값이 사용된다. 예를 들어 신문 기사를 자동적으로 '정치/경제/사회/문화' 등의 범주로 분류하는 알고리즘을 만든다고 할 때 가장 먼저 생각해 볼 수 있는 방법은 특정 단어의 사용 빈도에 따른 분류 방식의 알고리즘이다. 여기서 '특정 단어들'이 바로 X, Y 등의 변수가 되고 '사용 빈도'가 바로 가중치가 된다.

결국, 알고리즘의 정확도는 어떤 가중치를 사용하는가에 달려 있다. 이를 프로그래머가 임의적으로 설정하는 것이 아니라 과거 수십 년의 신문기사를 컴퓨터에게 입력시키고(기계에게 학습을 시키고) 여기서 추출한 단어의 빈도 값(통계/확률)을 가중치로 사용하는 것이 바로 머신러닝의 기본 개념이다.[1]

알고리즘은 매우 다양하며 실제 문제해결에 기여하고 있다. 생활 속에서도 적용되는 실례로 일종의 루틴이라고 할 수 있다. 가령 학교에 가는 알고리즘, 그릴치즈를 만드는 알고리즘, 마트에서 필요한 물건을 찾는 알고리즘 등이 있을 수 있다. 물론 검색엔진, 쇼핑, 영화, 음악추천서비스 등에서도 알고리즘 작동원리를 따른다. 보다 복잡한 알고리즘으로 Google Hangouts은 인터넷에서 실시간 영상을 <오디오·비디오압축 알고리즘>을 통해 빠르게 전송한다. Google Maps는 서울에서 부산까지의 최단경로를 <경로 찾기 알고리즘>으로 적용하여 제공한다. Pixa는 <Rendering 알고리즘>을 사용하여 가상공간에서 캐릭터의 3D모델을 조명을 반영하여 색칠한다. NASA는 <최적화와 스케줄 알고리즘>을 통해 ISS의 태양광 패널을 어디로 언제 움직일지 알아낸다. 이렇듯 모든 알고리즘이 동일하지 않다.

그렇다면 좋은 알고리즘이란 무엇일까? 알아보기 쉽고 불필요한 동작을 하지 않게 만든 알고리즘이다. 알고리즘의 각 단계는 명확하여 애매함이 없어야 한다. 여기에 가장 중요한 두 가지는 문제 해결과 가치를 창출하면서 이를 효과적으로 실행해야 한다. 유한한 시간 안에 정확하게 수행할 수 있을 정도로 충분히 단순해야 한다. 알고리즘은 수학적 기술이다. 특정 작업, 즉 머신러닝의 예측알고리즘의 경우, 통계학자와 수학자에 의해 파생되었다. 모든 알고리즘은 그 속

---

1 http://www.thebigdata.co.kr/view.php?ud=2017121720581175975ed56eecda_23&mobile=1.

에 수학적 형태를 지녔다. 컴퓨터에서 코드형태로 구현된 경우에만 컴퓨터가 높은 계산을 쉽게 처리하면서 알고리즘의 유용성이 증가했다.

나. 알고리즘의 발달과 인공지능 수준

컴퓨터에서 알고리즘 사용은 1952년으로 거슬러간다. Alan Turing은 알고리즘을 "얼룩말에 장식된 얼룩무늬부터 식물줄기에 달린 지저분한 잎사귀까지, 심지어 세포덩어리를 유기체로 바꾸는 복잡한 봉합과 접기까지 우리가 자연에서 보는 패턴을 설명하려고 하는 일련의 방정식들"이라고 했다. Alan Turing는 생애 마지막 해, 자신의 수학적 꿈인 프로그래밍 가능한 전자 컴퓨터가 기질적으로 전선들과 튜브들의 집합체로부터 존재한다는 것을 알았다. 당시에는 마치 달팽이 걸음처럼 느리게 작동했다. 오늘날 알고리즘은 인공지능 시스템을 더 빠르고 똑똑하게 만들고 있다. 지금의 입력장치나 저장·처리 장치의 수준은 이미 인공지능을 구현하기에 부족함이 없는 수준까지 발달하여 왔다. 인공지능의 완성도(얼마나 정교한 판단을 내리는가)는 결국 알고리즘에 달려있다. 지금까지의 알고리즘 발전 단계별 인공지능 수준은 다음의 4단계로 구분할 수 있다.

① 단순 알고리즘

단순 제어기능을 갖춘 경우로서 함수로 표현하면 f(X, Y) = A와 같다. 흔히 마트에서 접할 수 있는 인공지능이 탑재된 가전기기를 떠올리면 된다. 예를 들어 공기 중에 있는 미세먼지 농도를 파악하여 자동으로 on/off가 조절되는 공기청정기를 들 수 있다. 이런 기능을 가전기기에 탑재하기 위해 관련 알고리즘(문제를 해결하기 위해 정해진 일련의 절차로서 가령 2차 방정식의 해에서 사용되는 근의 공식)을 입력시키는 작업이 필요하다. 여기에 필요한 변수는 미세먼지가 있음/없음의 두 가지 종류뿐으로 가장 기초적인 단계의 인공지능이라고 할 수 있다.

② 강화된 알고리즘

제어기능이 강화된 경우로서 함수로 표현하면 f(X, Y, Z) = A와 같다. 조금 더 다양한 변수가 추가된다. 머신러닝과 인공지능은 모두 알고리즘의 집합이다. 하지만 받는 데이터가 구조화되었는지 비정형인지에 따라 다르다. 입력으로서 데이터와 관련된다. 기계학습은 작업완료를 위해 구조화된 데이터를 제공하는 알고리즘의 집합이다. 가령 다양한 기능을 갖춘 청소기나 신용카드 사기탐지알고리즘도 기계학습의 좋은 예이다. 신용카드가 특정 국가에서 일정 금액 동안 사용되었는지를 묻는 메시지를 받은 적이 있는가? 이러한 특정 알고리즘이 수신하는 데이터는 구조화된다. 은행은 각 트랜잭션에 날짜, 위치, 금액 등이 있는 고정된 형식으로 데이터를 저장한다. 만일 위치변수값이 일반적으로 알고리즘이 수신한 값에서 갑자기 벗어날 경우, 사용자에게 경고를 보내고 트랜잭션을 중단시킨다. 이것이 기계 학습에서 정의하는 구조화된 데이터이다.

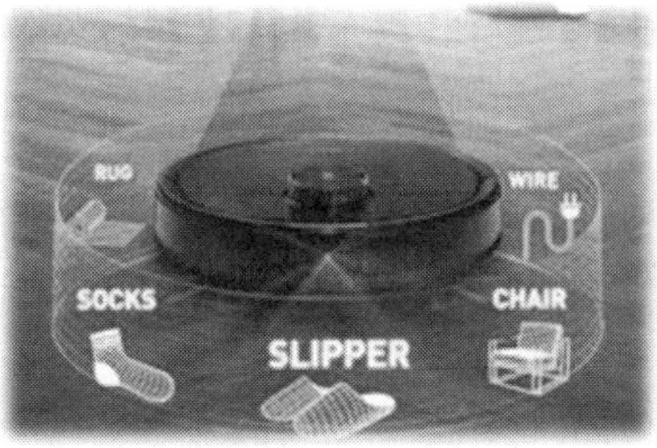

③ **알고리즘 + 통계/확률**

머신러닝을 통한 인공지능으로 함수로 표현하면 f(aX, bY, cZ) = A와 같다. 여기서 a, b, c는 변수에 대한 가중치(중요도)로 통계/확률 기법을 활용한 빅 데이터 분석을 통해 설정한다. 변수들을 하나씩 추가해 나가는 기존의 알고리즘 구성방식은 수많은 변수가 존재하는 실생활에 적용시키기에 현실적으로 무리가 있다. 세상의 모든 경우의 수를 알고리즘에 입력하는 것이 사실상 불가능하기 때문이다. 이러한 한계를 개선시키기 위해 모든 변수를 알고리즘으로 입력시켜왔던 기존의 방식에 근본적인 변화가 필요하다. 이것이 기존 알고리즘에 통계/확률의 개념을 추가한 머신러닝이다. 달리 말해 변수를 모두 입력하는 것이 아니라 변수에 가중치(중요도; 확률)를 부여하여 예상치 못한 상황들에도 대처할 수 있도록 알고리즘을 보완한 것이다. 결국, 알고리즘의 정확도는 어떤 가중치를 사용하는가에 달렸다. 이

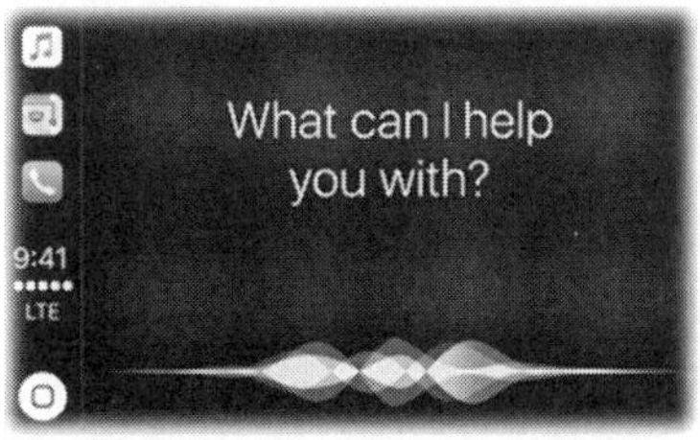

를 프로그래머가 임의적으로 설정하는 것이 아니라 과거 오랜 기간 축적된 데이터를 컴퓨터에 입력시키고(기계에게 학습을 시키고) 여기서 추출한 빈도 값(통계/확률)을 가중치로 사용하는 것이 바로 머신러닝의 기본 개념이다.

④ 스스로 상황 판단

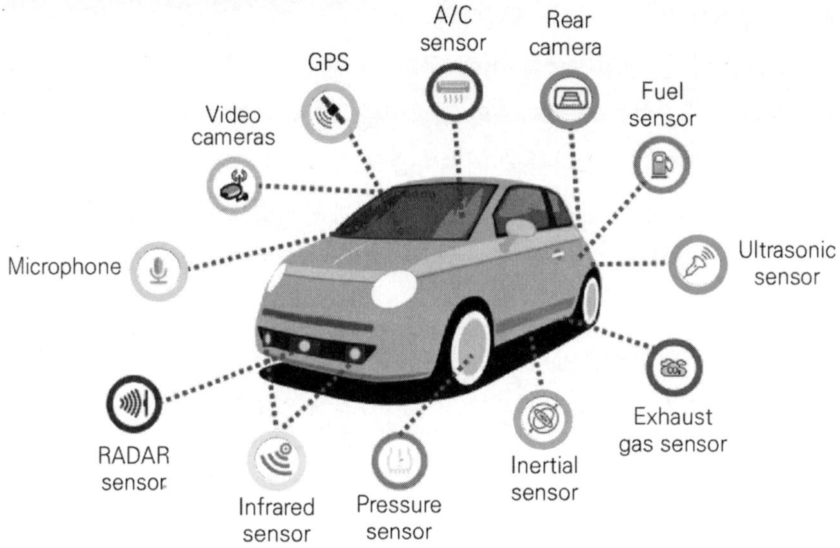

자료: Juan Guerrero-Ibáñez et al.(2018), Sensor Technologies for Intelligent Transportation Systems.

딥 러닝을 통한 인공지능으로 f(aX, bY, cZ) = A와 같은 함수식으로 표현할 수 있다. 가중치인 a, b, c를 컴퓨터 스스로 가장 적합한 해를 찾기 위해 조절한다. 수많은 데이터를 컴퓨터에 입력시키고(기계에게 학습을 시키고) 여기서 추출한 값(통계/확률)을 알고리즘에 있는 변수의 가중치로 사용한다는 점에서 기본 개념은 머신러닝과 같다. 하지만 딥 러닝이 머신러닝과 비교하여 발전된 점은 추가적으로 입력되는(학습되는) 데이터의 특징을 컴퓨터가 스스로 파악하고 최적의 해(판단)를 구할 수 있도록 알고리즘 속 변수에 대한 가중치를 스스로 조절해간다는 것이다. 가중치를 상황에 맞게 알아서 조절해 나갈 수 있다는 것은 그만큼 돌발 상황에서 가장 적합한 판단을 할 수 있는 능력이 향상되었음을 의미한다.[2]

2 http://cnews.thebigdata.co.kr/view.php?ud=BL1717315091885ed56eecda_23.

한편, 인공지능은 머신러닝을 포괄하는 용어로서 예측하지 못한 상황에 대처할 수 있는 알고리즘 집합으로 비정형 데이터를 공급받으면서 기능할 수 있다는 점에서 기계학습과 다르다. 인공지능과 머신러닝이 상호 교환하여 사용되는 이유 중 하나는 기본 데이터가 정형 데이터인지 비정형 데이터인지 쉽게 알 수 없기 때문이다. 이는 인공지능 알고리즘의 형식 및 표현방식과 관련된다. 매우 유능한 인공지능의 예로 Boston Dynamic's Atlas Robot이다. 장애물을 피하면서 물리적으로 유연하게 동작할 수 있다. 어떤 상황에 처할 수 있는지 모르지만, 정형화된 데이터 없이 훌륭하게 작동한다. 여기서 데이터는 변수를 알 수 없기 때문에 사기탐지보다 훨씬 복잡하다. 그럼에도 불구하고 알고리즘이 활성화되고 완전히 새로운 상황에 직면할 때마다 인간개입 없이 과업을 수행한다. 요약하면, 알고리즘은 자동화된 명령이며 알고리즘의 깊이에 따라 단순하거나 복잡할 수 있다.

수학방정식으로서 알고리즘은 그 자체로 선도 악도 아니다. 그러나 분명한 것은 선의와 악의를 지닌 사람들이 알고리즘을 사용해 왔다. 이제 알고리즘은 비지니스와 생활에 통합되고 있다. 시간을 자유롭게 하고 일상적 과정을 수행하기에 유용하다. 역으로 사기, 가짜뉴스, 범죄도구 등으로 악용될 수 있다. 또한 알고리즘에 대해 제기된 질문은 알고리즘에 관한 것이라기보다 데이터사용과 데이터 Privacy에 관한 사회의 구조화 방식에 관한 것이다. 현재 데이터와 알고리즘 사이에 결합이 이루어지면서 오류도 발생한다. 하지만 알고리즘은 도구일 뿐이다. 도구만 탓해서는 안 된다.

다. 알고리즘의 표현

알고리즘과 기계학습 그리고 인공지능과 같은 이러한 용어들은 상호 교환적으로 사용되므로 명확하게 구분하여 이해할 필요가 있다. 먼저 앞서 살펴보았듯 알고리즘은 어떤 형태의 자동화된 명령이다. 대부분의 알고리즘은 생각하는 것보다 간단하다. 경우에 따라 if → then 조건문장(이 단추를 누르면 해당 작업이 실행되는 방식)처럼 단순하거나 더 복잡한 수학 방정식의 순서일 수도 있다. 알고리즘의 복잡성은 알고리즘이 실행해야 하는 각 단계의 복잡성과 알고리즘의 실행단계의 수에 따라 달라진다. 알고리즘은 기계 학습과 인공지능의 구성요소다.

알고리즘은 일련의 명령어집합이다. 마치 방아쇠가 당겨질 때 실행되는 사전 설정된 견고하게 코딩된 Recipe와 같다. 반면에 AI는 무수한 AI 전문화와 부분집합을 포괄하는 매우 광범위한 용어다. 단순히 trigger로 인식하도록 설계된 입력에 의존하는 것이 아니라 학습된 입력과 데이터에 대응하여 알고리즘을 수정하고 새로운 알고리즘을 만들 수 있는 알고리즘 그룹이다. 새로운 데이터를 기반으로 변화, 적응 및 성장할 수 있는 기능으로서 지능(Intelligence)을 생성한다.

알고리즘은 일상 언어로 표현할 수도 있다. 하지만 언어의 모호성(ambiguity) 때문에 작업과정을 정확히 기술하기 어렵다. 더구나 일상 언어로 표현된 절차를 컴퓨터로 구현할 수 없는 경우가 많다. 또한 설계된 알고리즘의 수행 시간, 소요 공간을 분석하기 위해 알고리즘을 구현하는 자료 구조를 명시할 필요가 있으므로 프로그래밍 언어를 사용하는 경우가 많다.

실제 알고리즘 표현 방법은 다음 <그림 3-1>에서 보듯 4가지가 있다. 첫째, 자연어(Natrual Language)에 의한 표현이다. 일상생활에서 사용하는 국어, 영어, 일어 등과 같은 언어로 알고리즘을 기술하는 것이다. 자연어로 표현하게 되면 사용자가 사용하기 쉽고, 알아보기 쉬운 장점이 있다. 반면에 사용하는 자연어로 표현하는 방법은 서술적이며 사용자에 따라 표현이나 의미가 달라져 일관성이나 명확성을 유지하기 어렵다. 또한 용어통일을 위한 노력이 필요하다는 단점도 있다. 둘째, 순서도(Flow Chart)에 의한 도식화 표현이다. 순서도는 명령의 흐름을 명확하고 쉽게 나타내기 때문에 이해하기 쉽다. 그러나 커다란 프로그램에는 적합하지 않으며 구조적 프로그램이 어렵고 복잡한 알고리즘을 표현하는데는 한계가 있다. 셋째, 프로그래밍언어(Programming Language)에 의한 표현이

〈그림 3-1〉 알고리즘의 표현방법

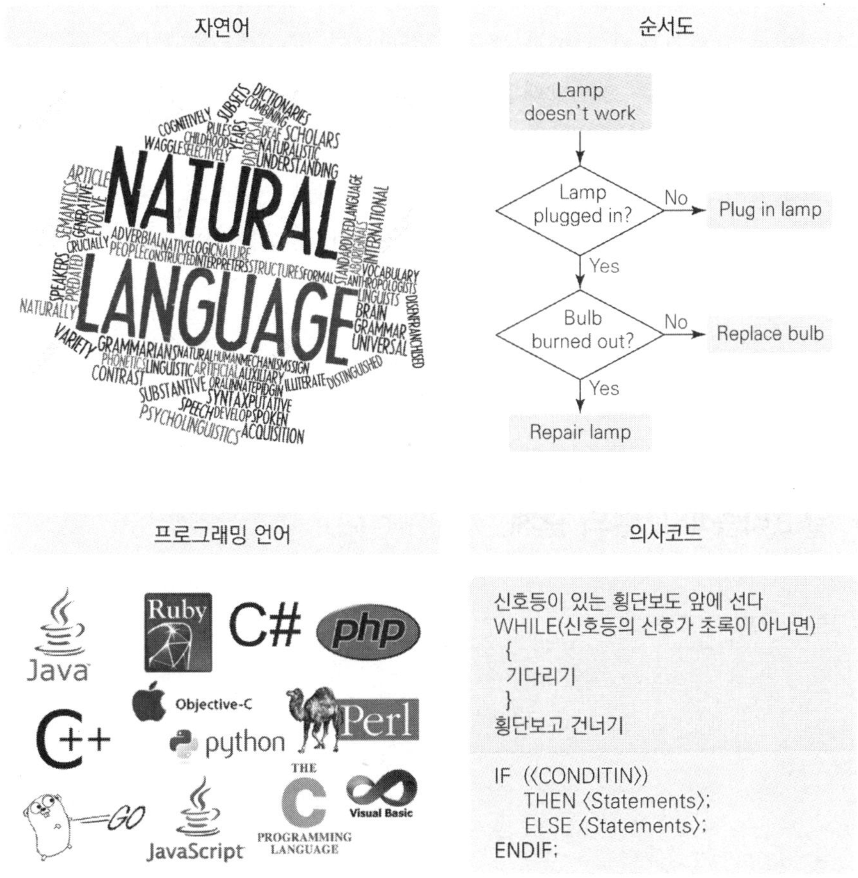

출처: http://0verc10ck.tistory.com/4 재구성.

다. 가령 C/C++, Java, Python등의 프로그래밍 언어를 이용하면 알고리즘자체가 코드가 되기 때문에 알고리즘을 구체화할 필요가 없으며 명령어의 의미도 명확하고 즉시 컴퓨터로 수행할 수 있다는 장점이 있다. 하지만 특정 프로그래밍 언어해당 언어를 알지 못하면 이해하기 어렵기에 보편성이 떨어진다. 또한 입출력과 같은 기계 관련 부분도 세밀히 알고 있어야 하며 프로그래밍 언어에서 제공하지 않는 자료구조는 사용할 수 없다는 단점이 있다. 넷째, 의사코드(Pseudo Code) 사용에 의한 표현이다. 프로그래밍 언어 표현의 단점을 보완한 방법이다. 특정 언어로 표현하였을 때 보편성이 떨어지는 문제를 해결하기 위해 완전한 프로그래밍 언어는 아니지만 언어의 형태를 갖춘 의사코드를 사용하여 알고리즘을 표현한다. 특정한 프로그래밍 언어의 특성이나 문법적 제약을 고려하지 않아도 자연어로 프로그램의 기능과 순서를 나타낸다. 즉, 자유롭고 알기 쉬운 표현이 가능하므로 특정한 프로그래밍 지식이 없어도 가능하다. 또한 모든 자료 구조를 표현할 수 있으며 실제 수행을 위해 프로그래밍 언어로 조금만 고쳐도 상당히 효율적이므로 알고리즘 언어로서 많이 사용된다. 의사코드의 경우, C^{++}문법을 알고 있다면 쉽게 프로그래밍 언어로 변형시킬 수 있다.

2 알고리즘과 모델: 개념과 유형

가. 알고리즘과 모델의 관계

〈그림 3-2〉

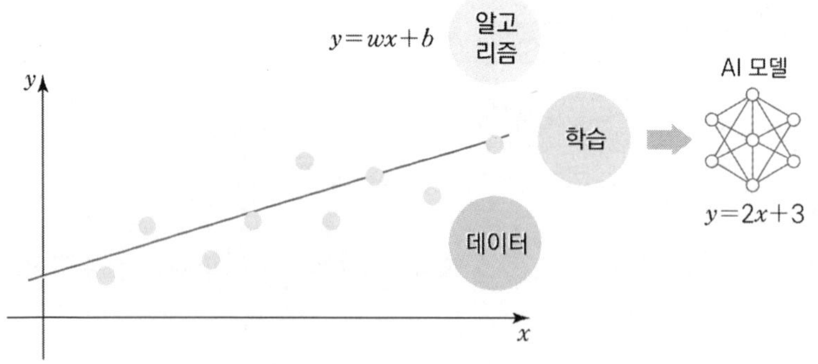

알고리즘은 어떤 문제를 풀기 위해 명확히 명시된 유한한 계산 시퀀스다. 알고리즘 방정식과 데이터를 사용하여 모델이 생성된다. 또한 알고리즘에 의해 모델이 훈련된다. 알고리즘은 허용 가능한 입력을 원하는 출력으로 안정적으로 변환시키는 방법이다. 즉 흐름과 루프 등으로 입력을 출력으로 변환하는 일반적인 단계의 시퀀스다. 모델은 entity(개념)와 관계를 표현하는 것이다. 어떤 의미에서 모델은 기계학습 알고리즘의 출력인 실행파일이다. 나중에 입력을 받고 출력(예측)을 생성하는 배포 entity로 사용된다. <그림 3-2>에서 보듯 알고리즘은 수식(y=wx+b) 그 자체이다. 달리 말해 모델은 계수가 채워진 방정식(y=2x+3)이며 데이터로 학습이 완료된 상태이다. 입력에 대해 출력이 나오고 출력을 곧바로 의사결정에 사용할 수 있다. 하지만 알고리즘만으로 의사결정을 하지 못한다.

알고리즘은 넓게 생각해서 기계학습 알고리즘과 함께 전·후처리 알고리즘, 최적화 알고리즘 등을 포함할 수 있다. 반면에 모델은 전·후처리 알고리즘에 최적화 알고리즘, 기계학습 알고리즘과 데이터를 포함한다. 알고리즘은 모델을 작동시키는 요소로서 방법이자 절차이다.

모델은 알고리즘보다 상위 개념으로 알고리즘은 특정 도구와 같고 모델은 풀어야 하는 문제 자체와 같다. 기계학습에서도 동일하게 적용된다. 많은 경우, 알고리즘이 아닌 모델이 의사결정 단계에서 사용할 수 있는 단위가 된다.

모델은 입력(돈)을 주면 일부 출력을 제공하는 자동판매기와 같다. 모델이 주어진 입력을 기반으로 하여 예상되는 출력을 제공하기 위해 취해야 하는 모든 결정이다. 예를 들어 알고리즘은 주어진 돈의 달러 가치, 선택한 제품, 돈이 충분한 지 여부, 얻을 수 있는 잔액 등을 기준으로 결정한다. 간단히 말해 알고리즘은 문제를 해결하기 위해 따라야 할 규칙들의 집합이다. 그것은 문제를 해결하기 위해 올바른 순서로 따라야 할 일련의 규칙을 갖는다. 모델은 알고리즘을 사용하여 만든다. 가령 은행에서 발급한 5,000개 이상의 대출 관련 데이터가 있다고 가정하자. 대출 기본상태 등이 포함된 데이터를 분석하여 새로운 대출신청자의 채무불이행 여부를 예측하기 위해 만들어진 것이 모델이다. 모델에 새로운 대출신청자에 대한 데이터를 모형에 전달하면 모델은 신규신청자의 채무 불이행 확률을 알려준다. 이러한 확률의 바탕에서 대출여부를 결정하거나 기존대출이 있을 경우, 어떤 이율을 부과할지 결정할 수 있다. 이러한 작업은 모델에 의해 이루어진다. 모델의 정확도는 데이터를 얼마나 잘 이해했느냐에 따라 달라진다.

알고리즘은 데이터에 대한 모형을 교육하고 모형을 만드는 데 사용한다. 가령 대출 데이터가 있다면 대부분의 경우 데이터 집합을 교육 및 테스트 집합으로 나눈다. 그런 다음 모형을 만드는 기준으로 사용할 통계 알고리즘을 선택한다. 회귀분석은 예측모델링에 가장 많이 사용되는 알고리즘 계열이다. 반면에 기본값의 유무(기본 값 또는 기본 값 없음)를 예측한다면 로지스틱 회귀 분석이 적합한 알고리즘이다. 훈련데이터에 대해 알고리즘을 실행한 결과, 데이터에 가장 적합한 변수와 계수를 갖는 로지스틱 회귀 방정식을 얻게 되는데 이것은 바로 모델이다.

모델이 준비되면 데이터 과학자는 모델과 협력하여 모델의 정확성을 테스트하고 결과를 개선하기 위해 모델을 미세 조정한다. 모델이 일단 충족되면 신용관리자들이 새로운 대출신청서 평가를 위해 은행 전체에 모델을 배치한다. 이처럼 알고리즘은 어떤 일을 하거나 문제를 해결하기 위해 따르는 방법이나 절차이다. 모델은 알고리즘의 결과로 형성된 계산식 또는 공식으로, 어떤 값을 입력으로 사용하고 어떤 값을 출력으로 생성한다. 즉 주어진 알고리즘을 사용하여 모형을 구축한다.

머신러닝 지도학습의 목적은 불확실성이 존재하는 상태에서 증거를 기반으로 예측하는 모델을 만드는 것이다. 적응하는 알고리즘으로 데이터의 패턴을 식별하기 때문에 컴퓨터는 관측 값을 통해 학습한다. 컴퓨터에 더 많은 관측 값을 제공하면 예측성능이 향상된다. 특히, 지도학습 알고리즘은 알려진 입력 데이터 세트와 이 데이터에 대해 알려진 응답 변수(출력 값)를 받아들인 후, 새 데이터에 대한 응답 변수에 대해 타당한 예측 값을 생성하도록 모델을 훈련시킨다.

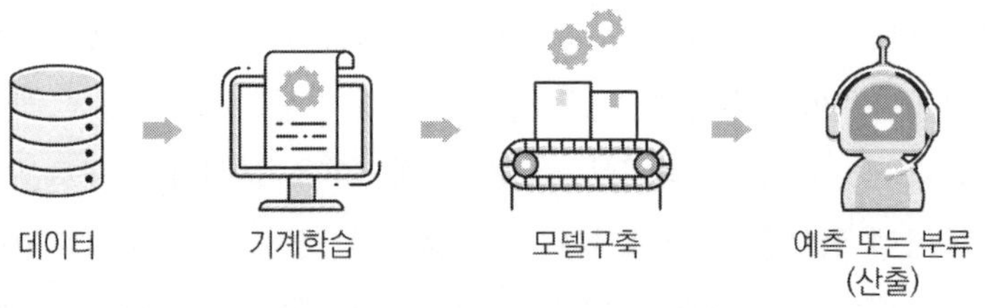

지도학습을 위해 많은 Statistics and Machine Learning Toolbox 알고리즘이 있다. 하지만 대부분 예측변수모델을 얻는 데 동일한 워크플로를 사용하며 그 단계는 ① 데이터 준비 ② 알고리즘 선택 ③ 모델 fitting ④ 검증방법 선택 ⑤ 만족할 때까지 fitting을 검토하고 업데이트 ⑥ 예측을 위해 fitting된 모델사용 등으로 나타낼 수 있다.[3] 이러한 흐름에서 알고리즘과 모델은 매우 밀접한 관계임을 알 수 있다.

3 https://kr.mathworks.com/help/stats/supervised-learning-machine-learning-workflow-and-algorithms.html.

나. 알고리즘의 분기와 통합

만일 인터넷에서 알고리즘이 빠지면 어떻게 될까? 아마 멍청한 사이버공간으로 전락할 것이다. 인터넷이라는 공간에서 보고, 듣고, 소비하고, 생산하는 모든 행위가 수많은 알고리즘을 거쳐 작동된다. 그래서 하버드 로스쿨 교수인 Lawrence Lessig는 "코드는 사이버 공간의 법"이라고 했다. 인터넷이 코드에 의해 건축되고 코드의 통제를 받으며 코드에 의해 인터넷의 일상이 규정된다는 맥락에서다. 그가 말한 코드는 엄밀한 의미에서 알고리즘이라 할 수 있다.

인공지능의 알고리즘 변화를 돌이켜보면 10년마다 강산이 변하듯 알고리즘 파워 지형도 변한 셈이다. 10년마다 인공지능 분야를 주도하는 기술은 제각각이었다. 1950년대와 60년대는 신경망, 1970년대는 다양한 상징적인 접근들(various symbolic approaches), 1980년대는 지식기반, 1990년대는 베이시안, 2000년대는 서포트 벡터 머신(support vector machines), 2010년대는 신경망이다. 즉 인공지능 열기는 딥 러닝에 의해 주도되고 있다. 딥 러닝은 통계를 사용해 데이터에서 pattern을 찾는 과정이 반복되는 구조다. 보고 듣는 것과 관련해 인간의 능력을 흉내 내는 데 대단히 강력하다는 것을 입증했다.

기호주의 신경회로망

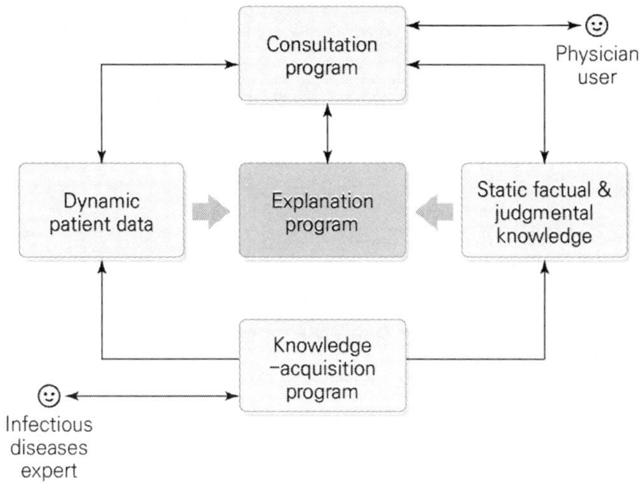

머신러닝에 대한 관점에 따라 AI 알고리즘은 다섯 가지로 구분된다. 첫째, 논리와 철학에 기반을 둔 기호주의(Symbolists)다. 1950년대부터 1980년대까지 AI 분야에서 지배적인 패러다임이다. 기호(symbol)의 표현과 처리를 통해 지능을 구현하려고 시도하였다. 모든 지능을 기호를 다루는 활동으로 귀결 짓는다. 수학자가 수식을 다른 수식으로 바꾸면서 방정식을 푸는 것과 같다. 인지란 기호로 표시된 정보를 규칙에 따라 처리한다. 또한 학습을 연역의 역순으로 보며 철학과 심리학, 논리학에서 아이디어를 얻는다. 연역을 진행하는 데 필요한 지식 중 빠진 지식이 무엇인지 파악한 후 연역을 최대한 보편적으로 만드는 역연역법(inverse deduction)이다. 기호주의는 기본적으로 데이터에서 규칙을 찾아내는 학습이다. 아무 것도 없는 곳에서는 학습을 시작할 수 없다. 데이터와 초기지식이 필요하다. 지식은 명제로 표현되고 명제 간 관계를 파악하며 추론하거나 일반화하기에 용이하다. 기호주의자는 모든 지성이 기호의 조작으로 귀결될 수 있다고 보았다. 초기에 전문가는 프로그래머들이 명시적 규칙을 충분하게 많이 만들어 지식을 다루면 인간 수준의 인공지능을 만들 수 있다고 믿었다. 1980년대 전문가 시스템expert system의 호황으로 그 인기가 절정에 다다랐다. Object, Events, Process, Meta－Knowledge와 같은 지식을 의미(semantic)네트워크, Frame, Script, 규칙 및 논리기반 등의 지식표현기법을 활용한다. 두뇌가 하는 일을 컴퓨터가 할 수 있기 위한 연구(what the brain do) 탐색, 계획 등 AI 연구의 주류를 형성하였다. 많이 쓰이는 분류기(Classifier) 중에서 규칙기반 방식에 가까운 의사결정나무(Decision Tree)가 있다. 가령 신용카드 발급을 거절할 때 이유를 설명해야 하기 때문에 복잡한 알고리즘 대신 규칙으로 설명할 수 있다. 또한 체스게임처럼 잘 정의된 논리적인 문제를 푸는 데 적합하다. 지식축적에 유용하며 과 적합(Overfitting)과 편향－분산 트레이드오프(Bias-Variance Tradeoff)가 무엇이며 왜 문제인지 이해할 수 있다. 그러나 이미지분류, 음성인식, 언어번역 등 복잡하고 불분명한 문제를 해결하기 위한 명확한 규칙을 찾는 것에 약하다.

둘째, 네트워크를 지향하는 연결주의자(Connectionists)다. 기호주의에 대한 도전으로 등장한 연결주의는 인간의 신경조직을 모형화하였다. 즉 두뇌를 분석하고 모방하며 신경과학과 물리학에서 영감을 얻었다. 학습에 의한 문제해결방식을 구축하며 어떤 연결이 오류를 일으키는지 파악해 올바르게 수정하는 것이 주요 과제다. 학습은 두뇌가 하는 활동으로 두뇌를 역 공학(reverse engineer, 완성된 제품을 분해하여 그 생산 방식과 적용 기술을 알아낸 뒤 복제하는 것)으로 알아낸다. 두뇌는 신경세포의 연결 강도를 조절하여 학습한다. 주요 문제는 어떤 연결이 오류를 일으키는지 파악하여 올바르게 수정한다. 연결주의는 딥 러닝 열풍으로 뜨거운 관심을 받고 있다. 기본 원리인 Perceptron과 Back propagation을 소개하면서 Gradient Descent와 Local Minimum 문제 등을 설명한다. 연결주의의 마스터 알고리즘은 역전파법이다. 이는 시스템의 출력을 목표 값과 비교한 후 여러 층에 걸쳐 연결된 신경세포들의 연결 상태를 계속 바꾸어 시스템의 출력이 목표 값에 더 가깝게 한다. 연결주의는 학습하지 않은 데이터에 대해 좋은 성능을 보이며 병렬처리와 오류허용이 가능하고 다중제약조건을 만족시키면서 패턴인식의 특성을 갖고 있다. 정확도에 강하지만 오류가 나왔을 때 그 이유가 무엇이고 어떻게 교정할지 찾기가 어렵다.

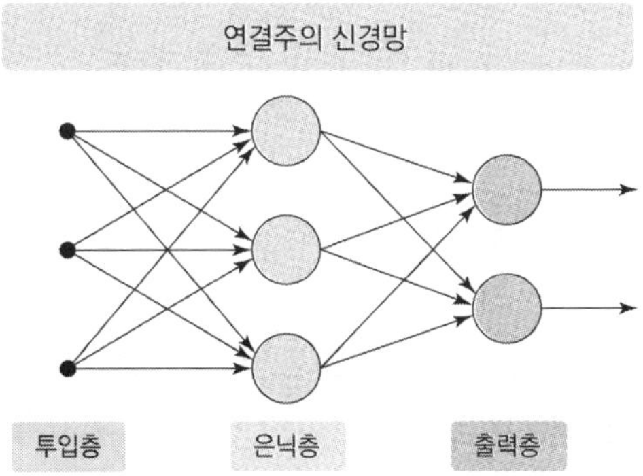

셋째, 생물학의 유전원리를 머신러닝에 적용한 진화주의자(evolutionaries)다. 다윈의 진화이론을 모방하여 컴퓨터를 진화시키는 알고리즘을 만든 진화주의는 모든 학습의 어머니는 자연선택이라고 믿는다. 진화주의자의 마스터 알고리즘은 유전자 프로그래밍(genetic programming)이며, 자연이 생명체를 짝 지우고 점진적으로 발달시키는 방식으로 프로그램을 짝 지우고 발달시킨다. 자연선택이 인간을 만들었다면 어떤 것이라도 만들 수 있기에 인간이 해야 할 일은 자연선택을 컴퓨터에서 모의 실험하는 것이 전부다. 유전학과 진화생물학에 의존하며 컴퓨터에서 진화를 모의 시험한다. 진화주의자의 머신러닝인 유전 알고리즘도 Perceptron처럼 자연을 모방한다. 진화주의자가 달성하려는 핵심 과제는 학습하는 구조물이

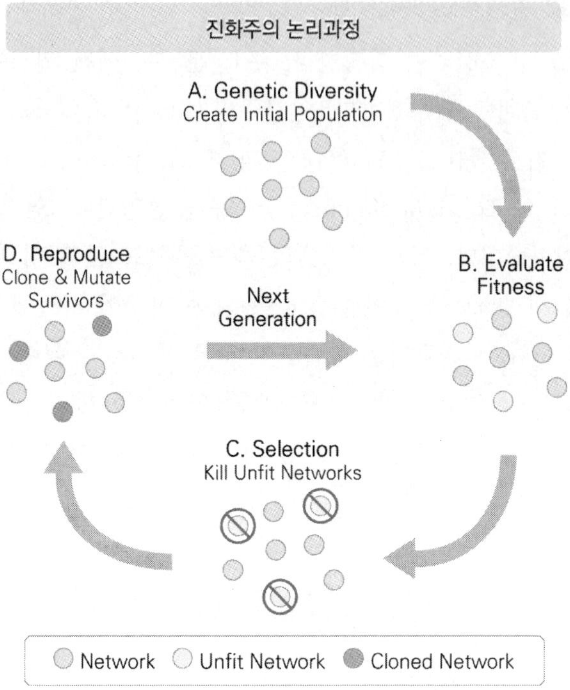

다. 역전파법처럼 변수를 조절하는 것에 더해 조절 값들을 세부 조정할 수 있는 두뇌를 창조한다. 하지만 역 전파는 신경망에 이미 정해진 구조에서 학습한다. 진화알고리즘의 작동방식은 다음과 같다. ① 초기화: 솔루션 모집단부터 시작한다. ② 선택: 최상의 결과를 얻을 수 있는 항목을 선택한다. ③ 교차: 솔루션을 혼합하여 새로운 솔루션을 만든다. ④ 돌연변이: 새로운 솔루션에 새로운 재료를 소개한다. 이 단계를 건너뛰면 최적의 솔루션을 달성하지 못한 채 너무 빨리 국지적 한계에 도달한다. ⑤ 재 선택: 신세대 솔루션 및 반복 교차 및 돌연변이 단계 중에서 가장 성능이 뛰어난 솔루션을 선택한다. ⑥ 종료: 최대 런 타임 또는 미리 정의된 성능 수준에 도달한 경우 알고리즘을 종료한다. 진화 알고리즘의 작동 방식을 설명하기 위해 다양한 세대의 솔루션에서 걸어 다니는 공룡의 예다.

넷째, 통계학에 바탕을 둔 베이즈주의자(Bayesians)로서 불확실성에 주목한다. 학습된 지식은 모두 불확실하며 학습 자체는 불확실한 추론의 형태를 띤다. 그러므로 오류가 끼어 있는 듯하고 불완전하며 서로 모순된 정보들을 흩어 버리지 않고 잘 다루는 방법을 찾는 것이 과제다. 해결책은 확률추론이며 마스터 알고리즘은 베이즈정리와 그 정리의 파생수식이다. 베이즈 정리가 새로운 증거를 믿음에 어떻게 끌어넣을지 알려 주고, 확률추론 알고리즘이 가능한 가장 효율적으로 작업을 수행한다.

Bayesians Theorem

$$P(A|B) = \frac{P(A)P(B|A)}{P(B)}$$

사전확률과 사후확률의 개념은 기본이며 단순하면서 강력한 Naive Bayes 분류기를 제시한다. 베이즈주의자에게 베이지안 네트워크는 기호주의자의 논리와 견줄 수 있는 위치다. 확률추론 등을 통해 불확실성을 제거할 수 있다. 주요 알고리즘은 베이즈 정리와 베이즈 정리의 파생수식이다. 즉 학습이 확률추론의 한 형태라고 믿으며, 통계학에 뿌리를 둔다. 일상에서 매일 접하는 메일공간에서 스팸메일을 걸러내는 기술에 머신러닝 기술의 일종인 나이브베이즈 알고리즘이 대표적으로 적용된다.

다섯째, 조건부 최적화를 원리로 하는 유추주의자(Analogizers)다. 유사성(Similarity) 판단을 근거로 추정하면서 배우며 심리학과 수학적 최적화의 영향을 받는다. 주요 핵심은 상황들 사이의 유사성을 인식해 다른 유사점들을 추론한다. 주요 알고리즘의 하나로서 Support Vector Machine은 어떤 경험을 기억할 것인가와 새로운 예측을 위해 그 경험들을 어떻게 결합할 것인가를 파악한다. 즉, 유추주의는 기존 데이터에서 유사성을 패턴인식한다. 또한 새로운 데이터에서 유

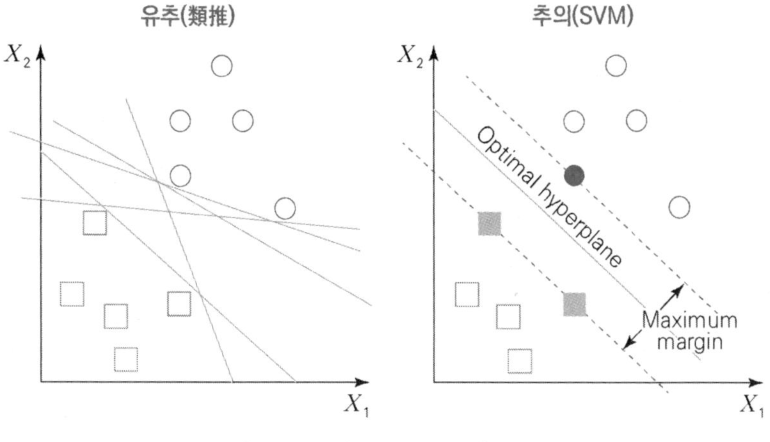

자료: notes.fringeling.com/OnTheFiveTribesOfMachineLearning/.

▼ 〈표 3-1〉 주요 알고리즘의 비교

구 분	기호주의자	연결주의자	진화주의자	베이즈 주의자	유추주의자
표 현	논리	신경망	유전자프로그래밍	그래픽모형	서포트 벡터
평 가	정확성	제곱오차	적합성	사후확률	마진
최적화	역연역법	경사 하강법	진화주의자	확률추론	조건부 최적화

사한 데이터를 기반으로 예측하며 Logistic Regression SVM(Support Vector Machine) KNN(K-Nearest Neighbor) 등이 있다. 만일 환자 둘이 비슷한 증상을 보인다면 그들은 같은 병에 걸렸을 것이다. 핵심 과제는 두 사물이 얼마나 비슷한가를 판단하는 일이다. 유추주의자의 마스터 알고리즘은 SVM(Support Vector Machine)이며 어떤 경험을 기억할 것인가와 새로운 예측을 위해 그 경험들을 어떻게 결합할 것인가를 파악한다.

이처럼 각 분야를 머신러닝 알고리즘이 자신의 모형을 표현하는 공식 언어인 표현, 모형이 얼마나 좋은지 점수를 매기는 평가, 가장 높은 점수를 내는 모형을 찾는 알고리즘인 최적화로 분류하면 <표 3-1>과 같이 정리할 수 있다. 오늘날 인공지능의 우수한 성능은 사람의 행동수준 관찰뿐 아니라 두뇌의 저수준 신경시스템을 알고리즘으로 구현해 적극적으로 발전시킨 결과이다.

장차 다섯 가지 알고리즘이 통합되면서 새로운 가능성을 열어가고 있다. 각각의 머신러닝 방식의 한계를 극복하면서 그동안 불가능하다고 여겨졌던 새로운 일을 해낼 수 있다. 인공신경망을 진화시킨 베이지안 신경망(Bayesian Neural Network)모델이 주목받고 있다. 현재의 인공지능은 다양한 수준의 데이터(數)를 입력하여 최선의 선택(의사결정)이 가능한 프로그램수준이다. 최선의 선택을 넘어 인간처럼 자아를 갖는 단계를 지향한다. 방대한 데이터에서 특정데이터(중요데이터 특성 및 臨界置) 등을 추출하여 생성된 패턴을 이용하여 미래예측 및 정확한 결과를 얻는데 목적이 있다. 또한 딥 러닝과 강화학습을 접목한 심층 강화학습이 다양한 분야에 활용 가능성을 보이며 실생활에 적용되고 있다. 딥 러닝 기반 강화학습 알고리즘은 AlphaGo와 같은 전략탐색 문제, 로봇제어, 응급실 비상대응 시스템과 같은 의료진단 등 다양한 분야에 적용되고 있다. 가령 바둑, 체스 등과 같은 지능적 사고를 필요로 하는 보드게임에서 복잡한 상태와 형세판단 사이의 상관관계를 찾기 위해 실제 프로기사들의 대국을 답습한 CNN을 설계하고, 판단한 형세를 근거 삼아 최소최대탐색을 이용해 최적의 수를 찾는 의사결정이나 형세 판단의 근거를 발전시킬 수 있다. 아울러 성능, 효율, 속도 세 조건(performance-efficiency-speed tradeoff) 사이의 균형점을 유지하는 최적의 제어 시스템을 설계할 수 있다.

나아가 다수의 인공지능 개체가 협력하는 상황에서 서로의 전략을 이용함으로 협력-경쟁 사이의 균형점을 유지할 수 있다. 심지어 Master Algorithm이 인류의 문제해결과 함께 인간 최대의 적인 암(Cancer)을 정복하는 데에도 Master Key가 될 수 있다. 이미 머신러닝을 통해 AI가 인간보다 정확하게 진료하기도 한다. 하지만 암의 경우 종류에 따라 양상이 달라 쉽지 않았다. 하지만 Master Algorithm을 통해 암 돌연변이를 해결하고 그 환자의 유전체를 데이터로 활용, 암세포 자체를 완전히 제거하는 것도 가능하다(Pedro Domingos, 2015).

다. 모델의 유형

머신러닝 모델은 학습종류에 따라 3가지로 나눌 수 있다. 레이블(label)의 유무에 따라 지도 학습과 비지도 학습으로 구분된다. 여기서 레이블이란, 학습 데이터의 속성에 대해 무엇을 분석할 지에 따라 정의되는 데이터를 뜻한다.

1) 지도 학습(Supervised Learning)

결과에 대한 사전 지식이 필요하다. 과거의 지식을 바탕으로 예측과 분류를 한다. 사람이 교사로서 각각의 입력(x)에 대해 레이블(y)을 달아놓은 데이터를 컴퓨터에 주면 컴퓨터가 그것을 학습한다. 사람이 직접 개입하므로 정확도가 높은 데이터를 사용할 수 있다는 장점이 있다. 대신에 사람이 직접 레이블을 달아야 하므로 인건비 문제라든가 구할 수 있는 데이터양도 적다는 문제가 있다. 지도학습에는 기존에 이미 분류된 학습용 데이터(labeled training data)로 구성된 입력변수와 원하는 출력변수가 수반된다. 알고리즘을 이용해 학습용 데이터를 분석함으로써 입력 변수를 출력변수와 Mapping시키는 함수를 찾는다. 이렇게 추론된 함수는 학습용 데이터로부터 일반화(generalizing)를 통해 알려지지 않은 새로운 사례들을 Mapping하고 눈에 보이지 않는 상황(unseen situations) 속에서 결과를 예측한다.

가) 선형회귀(Linear Regression)

선형회귀란? 오차가 가장 적은 선을 의미하며 선을 바탕으로 예측하면서 가장 적합한 선(Fitting Line)을 찾는다. 미래는 불확실하기에 과거와 현재의 데이터를 추세를 통해 미래를 예측할 수 있다. 이미 알고 있는 과거 데이터를 바탕으로 아직 보지 못한 상황을 예측하는 것은 인공지능도 인간과 동일하다. 2002년 손정의 회장은 Softbank에서 사업을 시작했을 때부터 "회귀분석을 하지 않는 사람의 이야기는 일절 듣지 않겠다."고 선언했다고 한다. 그로 인해 임직원 모두 철저하게 회귀분석을 할 수밖에 없었다고 한다. 봐주는 것 없이, 일관되게 그 방향으로 업무를 진행시키려는 최고경영진의 굳은 의지로 나타났다.

회귀분석은 여러 변수 간 관계를 1차 방정식($y = ax + b$) 형태로 표현한 분석방법이다. 쉽게 말해 서로 영향을 줄 수 있는 요소들 간 인과관계를 예측하는 기법이다.

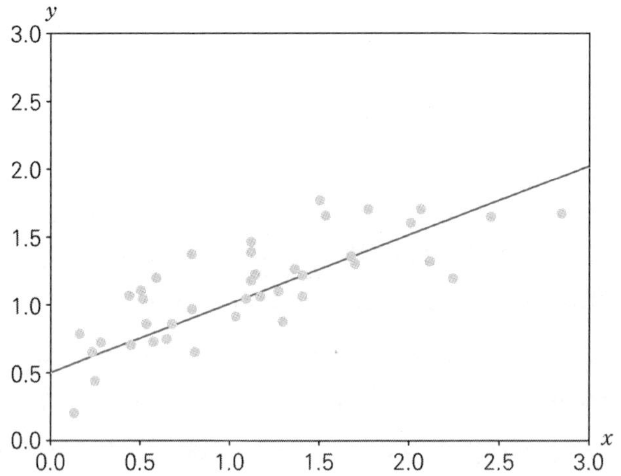

선형회귀는 가장 기본적인 머신러닝의 기법으로 데이터를 선형 상관관계로 모델링해 알고자 하는 값을 예측하는 방식이다. 가령 날씨가 더우면 아이스크림이 많이 팔릴 것 같다. 신장이 크면 몸무게가 많이 나간다. 도시인구가 늘면 세

수입이 늘어날 것이다. 이처럼 한쪽이 늘어나면 다른 한쪽도 늘어난다는 관계가 있다고 예측할 수 있다. 수학적 지식을 바탕으로 보다 정확한 예측을 시도하는 것이 회귀분석이다. 즉 Training data를 이용하여 데이터 특성과 상관관계 등을 파악하고 그 결과를 바탕으로 새로운 데이터가 주어졌을 때 연속적인 숫자 값으로 결과를 예측한다. 그러나 과거에 일어난 일들은 한결같지 않고 굴곡이 존재한다. 그래프에 흩어진 점들의 추세를 반영하는 그럴듯한 선을 그려야 한다.

〈그림 3-3〉 선형회귀에서의 오차

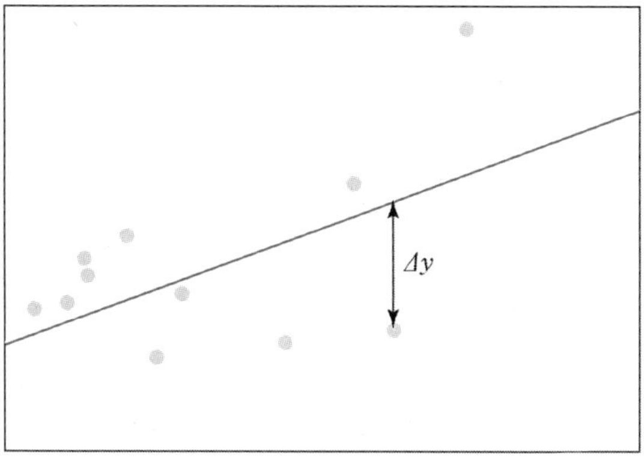

연속 값을 예측할 때 회귀문제가 된다. 레이블 y가 실수인 경우 회귀문제라고 부른다. 데이터들을 쭉 뿌려 놓고 가장 잘 설명하는 직선 혹은 이차함수 곡선 하나를 그리고 싶을 때 회귀기능을 사용한다. 사실 현실 세상의 데이터는 매우 복잡하기 때문에 수치를 완전하게 맞추고자 한다면 직선만으로 구현되지 않는다. 그러나 어느 정도의 오차를 허용하면 예측이 가능하다. 데이터와 직선 사이의 거리가 가까운 것이 좋다. <그림 3−3>의 양쪽 화살표 라인의 길이가 작은 것이 좋다. 이 길이를 Δy라고 한다.[4]

완전히 딱 맞는 직선(일차함수 y = ax + b)은 그릴 수 없다. 그래서 각각 점과 직선거리의 합이 가장 작아지도록 직선을 긋는 것을 목표로 한다. 여기서 선의 길이는 (데이터 점의 값) − (직선 값)으로 계산할 수 있다. 하지만 점이 직선 위에

4 https://doooob.tistory.com/24?category=825950.

있는지 아래에 있는지에 따라 긋는 순서가 반대로 되면서 +(플러스) 혹은 −(마이너스)가 되기도 한다. 마이너스 × 마이너스는 플러스이므로 이 방법이라면 점이 직선의 위아래 어느 쪽이든 상관없이 직선과 점의 거리가 클수록 플러스 값이 된다. 이 값이 작으면 직선과 점의 거리가 가까울 것이다. 이러한 작업을 하나의 점이 아닌 각각의 점 전부를 제곱으로 계산하여 그 합계를 알아본다. 그리고 가장 작아지도록 직선을 그릴 때 가장 알맞은 선이 될 것이다. 제곱의 값을 최소로 하는 방법을 최소제곱법이라고 한다.

$$\Sigma(\Delta y)^2 = \Sigma\{Y-(ax+b)\}^2$$

최소제곱법은 가장 표준적인 최적화 방법론으로 다양하게 사용되고 있다. 이렇게 흩어진 데이터들을 가지고 직선과의 차이가 가장 작아지도록 직선(곡선)을 계산해내는 분석방법이 회귀분석이다. 그러면 어떻게 적절한 곡선을 그릴 수 있을까? 이차함수($y = x^2$)를 직선 방정식 $y = ax + b$에 더하면 왼쪽의 직선과 중간의 이차함수를 더한 것이 오른쪽의 굵은 곡선이다. 조금 틀어진 곡선이 되었다.

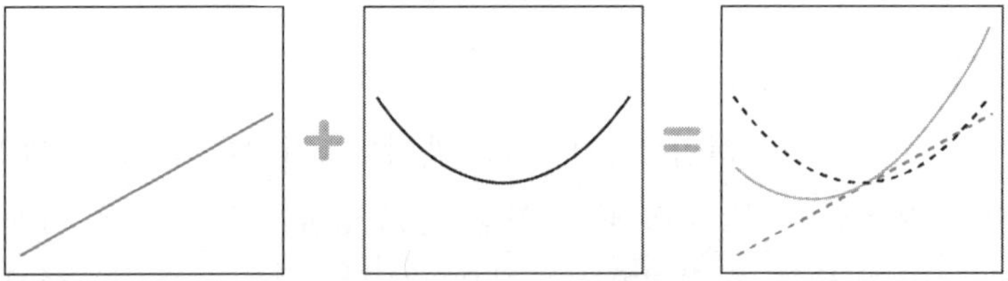

이것을 보면 그밖에도 다양한 곡선의 식을 더하여 복잡한 곡선을 표현할 수 있다. 그렇게 완성된 함수를 f라고 명명하면 이전의 오차를 합한 식이 $\Sigma\Delta y^2 = \Sigma(y-f)^2$이다. 이 곡선의 식을 사용하여 알맞은 곡선을 찾는 방법을 비선형회귀라고 한다.[5]

직선을 사용한 관찰과 결과 간 선형회귀모형 관계, 루트 평균제곱 오류 및 경사 하강(Gradient Descent)은 가능한 최상의 선을 맞추기 위해 사용된다. 달리 말해 손실의 최소화를 위해 경사하강법을 사용한다. 즉 파라미터를 임의로 정한

5 https://dooob.tistory.com/24.

다음에 조금씩 변화시켜가며 손실을 점점 줄여가는 방법으로 최적의 파라미터를 찾아간다. 물론 기울기와 절편을 계속 변경해 가면서 파라미터를 계속 조정하다보면 어느 정도 최적의 값으로 수렴(converge)한다.

〈그림 3-4〉 임의의 직선(y=ax+b)에서 최적의 가중치(a, b)를 찾는 process

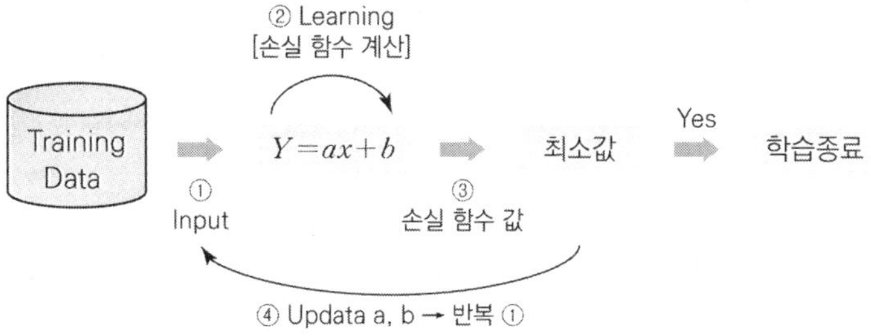

선형회귀분석의 목표는 Training Data의 특성과 분포를 가장 잘 나타내는 임의의 직선, $y = ax + b$에서의 [a, b]를 찾는 것이다. 이러한 방법론은 결과에 큰 영향을 주는 요소에 대한 통찰력을 제공한다. 가령 자동차의 색상은 자동차가 고장 날 확률과 강한 상관관계를 갖지 않을 수 있지만 제조업체/모델은 훨씬 더 강한 상관관계를 가질 수 있다. 지금까지 살펴보았듯이 임의의 직선(y=ax+b)에서 최적의 가중치(a, b)를 찾는 process를 위 <그림 3-4>과 같이 나타낼 수 있다. 즉 입력데이터를 바탕으로 손실함수를 계산하여 최소의 값을 찾으면 학습을 종료하고 그렇지 않으면 미분을 통하여 가중치(a, b)를 Update하며 처음 순서를 반복한다. 이처럼 선형회귀모델을 구성하는 함수와 Optimizer의 기법들이 선형회귀의 알고리즘이다. 독립/종속 변수, 회귀 계수, 최소자승법, 회귀방정식 등을 들 수 있다. 이러한 알고리즘의 절차는 적합한 선(fitted line)을 찾을 때까지 <그림 3-5>와 같이 단계(Step)별로 기능을 수행한다.

〈그림 3-5〉 선형회귀의 알고리즘

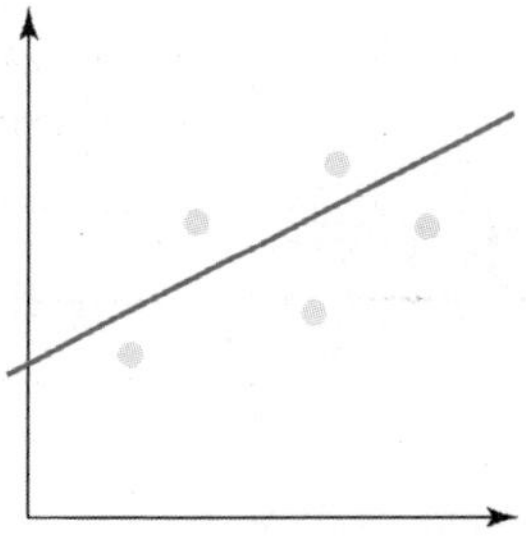

Step 1 임의의 선(Random Line)으로 시작
Step 2 큰 숫자(1,000)의 선택(반복의 숫자, epochs)
Step 3 작은 숫자(0.01)의 선택(Learning Rate)
Step 4 1,000회 반복
-임의의 점 선택
-기울기(Slope)에 대한 학습률X수직거리X수평거리
-Y절편에 대한 학습률X수직거리X수평거리
Step 5 Fitted Line 결정

* Luis Serrano(2018), An Intrduction to linear rergression

선형회귀는 연속적인 타깃을 예측하는 알고리즘이다. 가령 Scikit-learn의 경우, 머신러닝에서 가장 많이 활용되는 분류, 회귀, 랭킹, 예측 등 다양한 알고리즘이 내장된 Python 라이브러리를 이용할 수 있다. 머신러닝 알고리즘을 별도로 구현할 필요가 없게 해 준다. 또한 오픈소스로 사용 및 배포에 거의 제약이 없다. 더불어 소스코드를 통해 동작방식을 익히기에 적합하다.

나) 로지스틱 회귀분석[6]

로지스틱 회귀는 이름에서 보듯 회귀를 암시한다. 하지만 실제로 분류기법이다. 회귀를 사용하여 데이터가 어떤 범주에 속할 확률을 0에서 1 사이의 값으로 예측하고 그 확률에 따라 가능성이 더 높은 범주에 속하는 것으로 분류해주는 지도학습 알고리즘이다. 가령 성공 또는 실패, 합격 또는 불합격, Spam 또는 Ham, 악성 또는 양성과 같이 이진(1 또는 0) 응답의 확률을 추정하거나 동물, 인간 또는 자동차 등 2개 이상의 범주 값 예측을 일반화할 수 있다.

로지스틱회귀분석은 ① Trainng Data의 특성과 분포를 나타내는 최선의 직선(Linear Regression)을 찾고 ② 직선을 기준으로 데이터를 분류 또는 구분(Classification)하는 알고리즘으로 데이터간의 관계를 이해하고 결과를 예측하거나 의사결정의 개선에 도움을 준다. 예를 들어, 제조업체의 분석 팀은 통계 소프트

6 파이썬 라이브러리 Scikit-learn을 통해 모델을 생성하고 각 속성(feature)들의 계수를 구할 수 있다. 이때 각 계수(coefficients)들은 데이터를 분류함에 있어 해당 속성이 얼마나 중요한지 해석하는 데에 사용할 수 있다.

웨어 패키지의 일부로 로지스틱 회귀분석을 사용하여 기계의 부품고장 사이의 확률과 해당 부품이 재고로 유지되는 시간을 파악할 수 있다. 또한 spam메일의 분류기가 예시될 수 있다. 어떤 메일을 받았을 때 그것이 spam일 확률이 0.5 이상이면 spam으로 분류하고, 확률이 0.5보다 작은 경우 ham으로 분류한다. 이처럼 데이터가 2개의 범주 중 하나에 속하도록 결정하는 것을 2진 분류(binary classification)라고 한다.

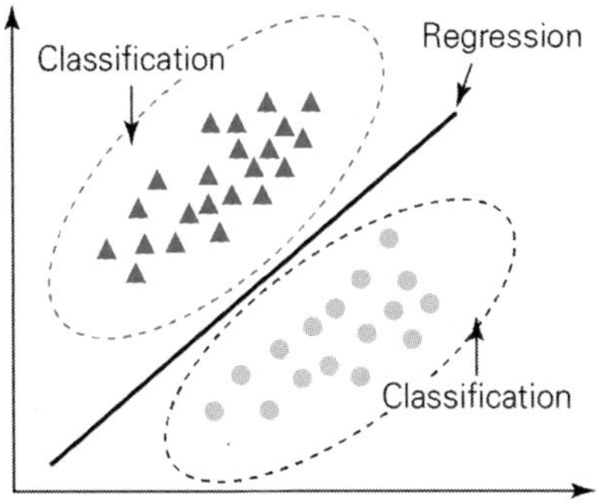

로지스틱회귀분석은 출력 값(y)이 1 또는 0 만을 가져야 하는 분류(Classification) 시스템에서 함수 값으로 0~1 사이의 값을 가지는 sigmoid함수를 사용할 수 있다. 즉, Linear regression의 출력(Wx+b)이 어떤 값을 갖더라도 Sigmoid 출력 함수를 사용하므로 Sigmoid계산 값이 0.5보다 크면 1, 0.5 미만이면 0이 나올 확률이 높다는 것이므로 분류기능을 수행할 수 있다.

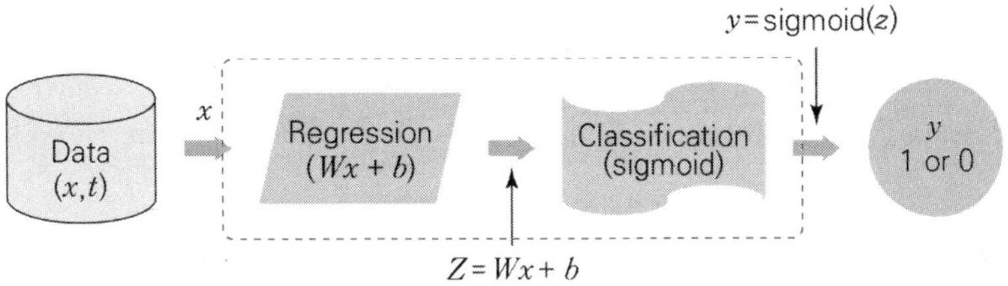

로지스틱 회귀에서는 데이터가 특정 범주에 속할 확률을 예측하기 위해 아래와 같은 단계를 거친다.[7] ① 모든 속성(feature)들의 계수(coefficient)와 절편(intercept)을 0으로 초기화한다. ② 각 속성들의 값(value)에 계수(coefficient)를 곱해서 log-odds를 구한다. 여기서 선형 회귀에서는 각 속성의 값에다가 계수(coefficient)에 각 곱하고 절편(intercept)을 더해 예측 값을 구한다. 그래서 구한 예측 값의 범위는 $-\infty$에서 $+\infty$까지다. 로지스틱 회귀에서도 마찬가지다. 마지막에 예측 값 대신 log-odds를 구해준다는 점에서 차이가 있다. log-odds를 어떻게 구하는지 알려면 일단 odds부터 계산해야 한다. odds는 아래와 같이 사건이 발생할 확률을 발생하지 않을 확률로 나눈 값이다.

$$Odds = \frac{P(event\ occuring)}{P(event\ not\ occurring}$$

그래서 만약 학생이 0.7 확률로 시험에 합격한다면, 당연히 시험에서 떨어질 확률은 0.3으로 계산할 수 있다. 그런데 로지스틱 회귀에서는 아래와 같이 여러 속성(feature)들에 계수(coefficient)를 곱하고 절편(intercept)을 더해 최종 값 log-odds를 구하기 때문에 좀 까다롭다. 여기서는(내적 혹은 점 곱이라고 부르는) dot product방식으로 log-odds를 구한다. 일단 각 속성(feature)들의 값이 포함된 행렬, 그 속성들 각각의 계수(coefficient)가 포함된 행렬을 아래와 같이 계산할 수 있다.[8]

$$z = b_0 + b_1 x_1 + \cdots + b_n x_n$$

③ log-odds를 sigmoid 함수에 넣어서 [0,1] 범위의 확률을 구한다.

7 http://hleecaster.com/ml-logistic-regression-concept.

8 연산은 Python numpy의 np.dot()으로 처리할 수 있다(log_odds=np.dot(features, coefficients)+ intercept).

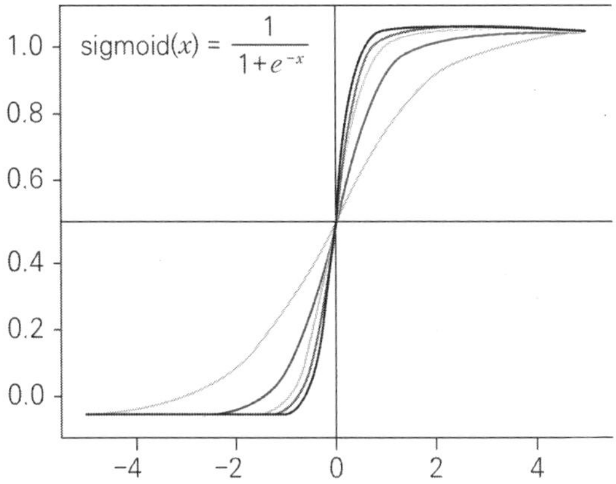

로지스틱 회귀에서는 확률을 0에서 1사이로 커브 모양으로 나타내야 하는데 Sigmoid 함수가 이를 가능하게 해준다. log−odds를 Sigmoid 함수에 넣어서 0부터 1사이의 값으로 변환해 준다. 로지스틱함수는 음의 무한대부터 양의 무한대까지의 실수 값을 0부터 1사이의 실수 값으로 1대 1 대응시키는 Sigmoid 함수로서 보통 Sigmoid 함수라고 하면 로지스틱함수를 가리킨다. 로지스틱 회귀가 확률을 제대로 예측해주는지, 즉 구해놓은 속성들의 계수(coefficients)와 절편(intercept)이 적절한지 확인하기 위해 손실(Loss)을 고려해야 한다. 모델의 적합성 평가를 위해 각 데이터 샘플의 손실(모델 예측이 얼마나 잘못되었는지)을 계산한 다음, 그것들을 평균화해야 한다. 로지스틱 회귀에 대한 손실 함수는 Log Loss(로그 손실)라고 부르며, 다음 식과 같이 구할 수 있다.

$$-\frac{1}{m}\sum_{i=1}^{m}[y^{(i)}\log(h(z^{(i)}))+(1-y^{(i)})\log(1-h(z^{(i)}))]$$

로지스틱 회귀모델의 목표는 로지스틱 함수를 구성하는 계수와 절편에 대해 Log Loss(로그 손실)을 최소화하는 값을 찾는 것이다. 그런데 로그 손실을 두 개로 나눠서 이해할 필요가 있다. 왜냐면 로지스틱 회귀는 특정 범주로 분류될 것인가, 그렇지 않을 것인가, 즉 2진 분류하기 때문이다. 여기서 데이터가 클래스에 속할지 말지 결정할 확률 컷오프를 Threshold(임계 값)이라 한다. 기본 값은 0.5이지만 데이터의 특성이나 상황에 따라 조정할 수 있다.

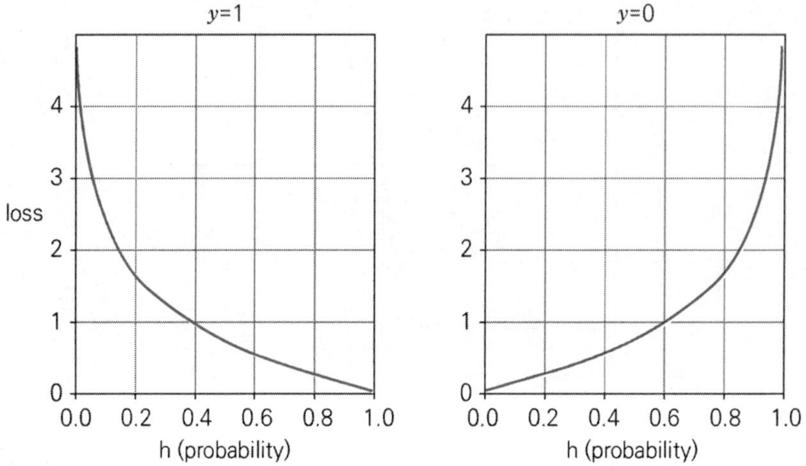

결국, 분류(레이블)가 y=1, y=0 일 때 각각의 손실함수를 그래프로 나타내면 그림과 같다. 정확한 예측은 손실이 거의 없는 반면 잘못된 예측은 거의 무한대에 가까운 큰 손실을 초래하는 꼴이다. 예측이 잘못되면서 손실이 점진적으로 증가하는 꼴을 줄이고, 올바른 예측을 하면서 손실이 작아지는 모델에 가까워지도록 하는 게 목표다. 그래서 선형회귀와 마찬가지로 경사하강법(Gradient Descent)을 사용하여 모든 데이터에서 로그 손실(Log Loss)을 최소화하는 계수를 찾을 수 있다.

로지스틱 회귀분석은 데이터를 두 개의 그룹으로 분류하는 문제에 적합한 방법이다. 회귀분석과의 차이는 회귀분석에서는 원하는 것이 예측 값(실수)이기 때문에 종속변수의 범위가 실수이지만 로지스틱 회귀분석에서는 종속변수 y값이 0 또는 1을 갖는다. 주어진 데이터를 분류할 때 0인지 1인지 예측모델을 만들어야 한다.

로지스틱 회귀(logistic regression)는 선형 또는 바이너리 분류문제를 위한 단순하면서 강력한 분류알고리즘으로 <그림 3-6>과 같이 단계(Step)별로 기능을 수행한다. 종속변수 Y의 값을 Binary형태(1, 0)으로 받아 분류한다. 분류 문제를 해결하기 위해 Sigmoid라는 함수를 가설을 사용하여 분류작업 이후 선형 회귀분석과 마찬가지로 W값을 조금 씩 수정해 가면서 Gradient descent 알고리즘으로 cost function을 최소화해 준다.

〈그림 3-6〉 Logistic 회귀 알고리즘

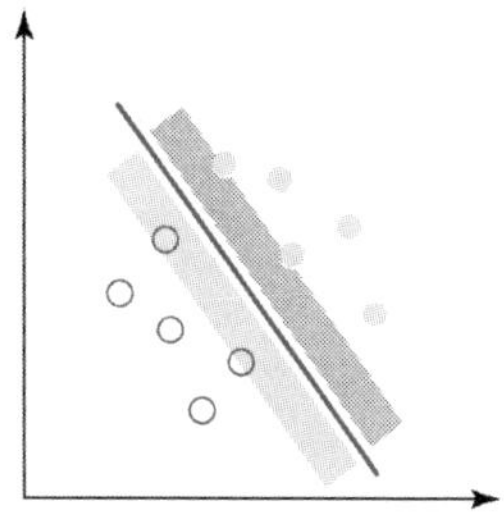

Step 1 방정식 ax+by+c=0의 임의의 선 (Random Line)으로 시작
Step 2 큰 숫자(1,000)의 선택(반복의 숫자, epochs)
Step 3 작은 숫자(0.01)의 선택(Learning Rate)
Step 4 1,000회 반복
- 임의의 점 선택
- 만일 점이 정확하게 분류되면 Do Nothing
- 만일 부정확하게 분류되면 a, b, c에 ±0.01추가, 계산
Step 5 Fitted Line 결정

* Luis Serrano(2018), An Intrduction to linear rergression

다) 의사결정나무

의사결정 트리(decision tree)는 의사결정 규칙(decision rule)을 나무구조로 도표화하여 분류를 수행하는 분석방법이다. 의사결정트리는 주어진 데이터를 분류하는 데 주로 사용된다. 또한 분류과정이 나무구조에 의한 추론규칙에 의해 표현되기 때문에 신경망, 판별분석, 회귀분석 등 다른 방법에 비하여 연구자가 그 과정을 쉽게 이해하고 설명할 수 있다. 귀납적 추론을 기반으로 데이터를 분석하여 이들 사이에 존재하는 패턴을 시각적이고 명시적인 방법으로 보여주는 지도학습 알고리즘이다. 선을 긋는 것은 아니고 분류의 정확도가 좋아지도록 분류 경곗값을 계산하여 학습시킨다. 의사결정나무는 데이터들 사이에 존재하는 패턴을 예측 가능한 규칙들의 조합으로 나타낸다. 질문을 던져서 대상을 좁혀나가는 '스무고개' 놀이와 비슷하다.

의사결정나무는 의사결정 규칙을 도표화하여 관심대상이 되는 집단을 몇 개의 소집단으로 분류(Classification)하거나 예측(Prediction)을 수행하는 계량적 분석방법이다. 분석결과는 조건 A이고 조건 B이면 결과 집단 C라는 형태의 규칙으로 표현된다. 그래서 이해가 쉽고, 분류 또는 예측을 목적으로 하는 다른 계량적 분석방법에 비해 쉽게 이해하고 활용할 수 있다는 장점이 있다.

의사결정나무의 구조는 맨 위쪽에 위치하는 마디를 가리켜서 뿌리마디(Root Node)라고 부르며 분류대상이 되는 모든 개체집단을 의미한다. 하나의 마디가 하부마디로 분화가 될 때, 특정마디 위쪽에 존재하는 마디를 부모마디(Parent Node), 특정마디 아래쪽에 존재하는 마디를 자식마디(Child Node)라 부르며 더 이

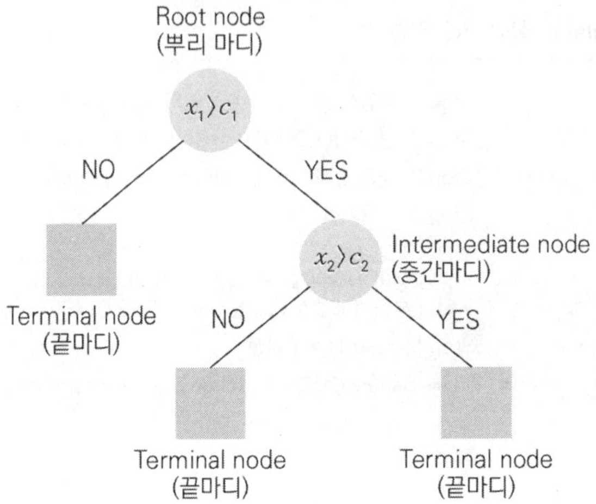

상 마디가 분화되지 않는 최종마디를 끝마디(Terminal Node)라고 한다. 이와 같은 각 마디들이 분화되이있는 모습이 나무모양을 닮았다고 하여 이를 의사결정 나무라 칭한다.

의사결정나무의 분석과정은 다음과 같다. ① 목표변수와 관계가 있는 설명변수들의 선택 ② 분석목적과 자료구조에 따라 적절한 분리기준과 정지규칙을 정하여 의사결정나무구조의 작성 ③ 부적절한 나뭇가지 제거(가지치기) ④ 이익(Gain), 위험(Risk), 비용(Cost) 등을 고려한 모형평가 ⑤ 분류(Classification) 및 예측(Prediction)을 수행한다.

의사결정나무의 정지규칙이란 더 이상 분리가 일어나지 않고 현재의 마디가 끝마디가 되도록 하는 여러 가지 규칙을 의미한다. 이러한 규칙에는 최대 나무의 깊이, 자식마디의 최소 관측치 수, 또는 카이제곱 검정통계량, 지니계수, 엔트로피 지수 등이 될 수 있다.

의사결정나무의 학습과정은 입력변수영역을 2개로 구분하는 재귀적 분기(recursive partitioning)와 자세하게 구분된 영역을 통합하는 가지치기(pruning) 두 가지 과정으로 구분된다. 재귀적 분기는 순차적으로 엔트로피를 계산한 뒤 변수를 기준으로 정렬하고 다시 같은 작업을 반복한다. 모든 경우의 수 가운데 정보획득이 가장 큰 변수와 그 지점을 택해 분기한다. 이후 동일한 작업을 반복하면서 둘째, 셋째 분기를 계속하는 과정이 의사결정나무의 학습이다.

의사결정나무모델 학습의 또 다른 축은 가지치기(pruning)다. 모든 terminal

node의 순도가 100%인 상태를 Full tree라고 한다. 이렇게 Full tree를 생성한 뒤 적절한 수준에서 terminal node를 결합해야 한다. 왜냐하면 분기가 너무 많아 학습데이터에 과 적합(overfitting)이 우려되기 때문이다. 의사결정나무의 분기 수가 증가할 때 처음에는 새로운 데이터에 대한 오분류율이 감소하지만 일정 수준 이상이 되면 오분류율이 오히려 증가하는 현상이 발생한다. 이러한 문제를 해결하기 위해 검증데이터에 대한 오분류율이 증가하는 시점에서 적절히 가지치기를 수행해야 한다. <그림 3-7>에서 보듯 마치 나뭇가지를 잘라내는 것과 같다. 가지치기는 데이터를 버리는 개념이 아니고 분기를 합치는(merge) 개념으로 이해해야 한다.

의사결정나무 분석에서 끝마디가 너무 많으면 모형이 과대 적합된 상태로 현실문제에 적용할 수 있는 적절한 규칙이 나오지 않게 된다. 따라서 분류된 관측치의 비율 또는 MSE(Mean Squared Error)등을 고려하여 적절한 수준의 가지치기 규칙을 제공하여야 한다.

의사결정나무 분석기법은 단순한 조건 분기만으로 만들어진 결정트리지만, 해석 가능성의 효율성 측면에서 유용하다. 가령 DB마케팅, CRM, 시장조사, 광고조사, 의학연구, 품질관리 등 다양한 분야에서 활용되고 있다. 구체적인 활용 사례는 DM의 응답자분석, 고객 타겟팅, 고객들의 신용점수화, 캠페인 반응분석, 고객행동예측, 고객세분화, 시장 세분화, 신상품 수용도 분석, 광고효과측정, 상표 이미지 테스트 등을 들 수 있다(나종화, 2017).[9]

〈그림 3-7〉 가지치기의 예

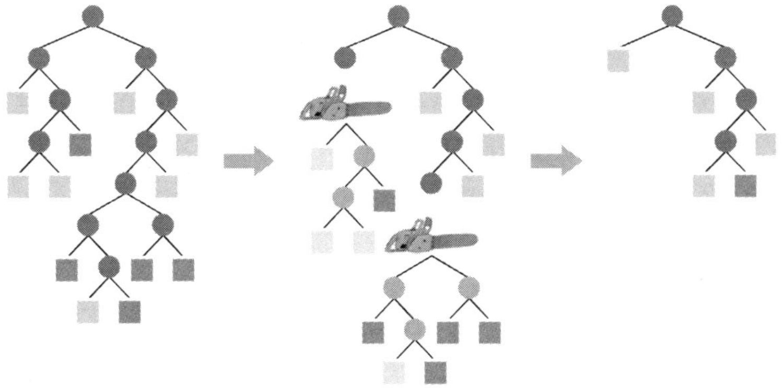

자료: ratsgo.github.io/machine%20learning/2017/03/26/tree.

9 http://contents.kocw.or.kr/document/dcoll/354.pdf.

높은 이질성 ⇔ 낮은 순수도

$$G = 1-(3/8)^2-(3/8)^2-(1/8)^2-(1/8)^2=0.69$$

낮은 이질성 ⇔ 높은 순수도

$$G = 1-(7/8)^2-(1/8)^2=0.24$$

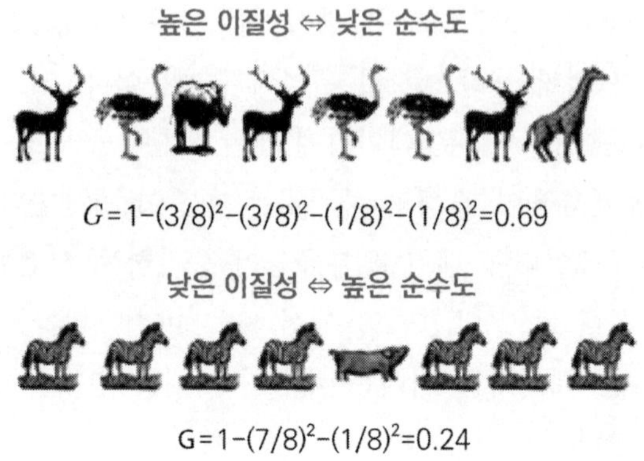

자료: 나종화(2017).

의사결정나무는 한 분기 때마다 변수영역을 두 개로 구분하는 모델이다. 그렇다면 대체 어떤 기준으로 영역을 나누는 걸까? 디켓 변수(Y)가 범주형 변수인 분류나무를 기준으로 설명하면, 분류나무는 구분 뒤 각 영역의 순도(homogeneity)가 증가, 불순도(impurity) 혹은 불확실성(uncertainty)이 최대한 감소하도록 하는 방향으로 학습을 진행한다. 순도가 증가하거나 불확실성이 감소하는 것을 정보이론에서는 정보획득(information gain)이라고 한다. 의사결정나무 알고리즘은 정보획득을 최대화하는 방향으로 학습을 진행한다.

의사결정나무는 계산복잡성 대비 높은 예측 성능을 보여준다. 아울러 변수단위로 설명력을 지닌다는 강점을 지닌다. 다만, 의사결정나무는 결정경계(decision boundary)가 데이터 축에 수직이어서 특정 데이터에만 잘 작동할 가능성이 높다. 이러한 문제를 극복하기 위해 등장한 모델이 바로 Random Forest다. 동일한 데이터에 대해 의사결정나무를 여러 개 만들어 그 결과를 종합해 예측 성능을 높이는 기법이다. 의사결정나무든 랜덤포레스트는 R이나 Python 등 주요 언어에서 모두 패키지 형태로 쉽고 간편하게 사용을 할 수 있다.

라) SVM(Support Vector Machine)

Support Vector Machine은 주어진 데이터가 어느 범주에 속할지 판단하는 이진 선형 분류모델로서 결정경계(Decision Boundary), 분류를 위한 기준선을 정의한다. 즉 분류와 회귀에 응용할 수 있는 지도학습의 일종이다. 그래서 분류되지

않은 새로운 점이 나타나면 경계의 어느 쪽에 속하는지 확인해서 분류를 수행한다. 주어진 자료를 분리하는 초평면 중에서 자료들과 가장 거리가 먼 초평면을 찾는데 사용되는 알고리즘을 제공하며 너저분한 패턴들의 분포들을 가장 잘 분류할 수 있는 기준선을 제공한다.

〈그림 3-8〉 SVM의 중요 개념

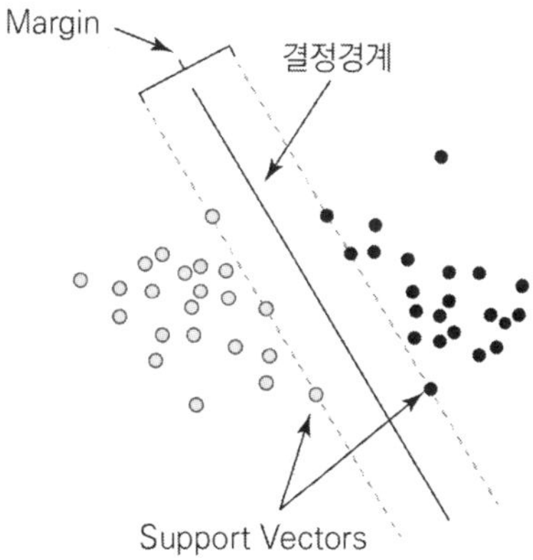

SVM에서 중요한 개념은 Support Vector, Margin이다. Support Vector Machine의 핵심인 Support Vector들은 두 클래스 사이의 경계에 위치한 데이터 포인트들 <그림 3-8>에서 점선 위에 있는 데이터들이다. 많은 데이터가 있지만 그중에 Support Vector들이 결정 경계를 만드는 데 영향을 준다. 데이터들의 위치에 따라 결정 경계의 위치도 달라진다. 즉, 데이터들이 결정 경계를 지지(support)하고 있다고 말할 수 있기 때문에 Support Vector라 불린다.[10]

SVM은 퍼셉트론의 확장이라고 할 수 있다. 퍼셉트론이 분류오차를 최소화했다면 SVM의 최적화 대상은 마진을 최대화하는 것이다. 마진이 큰 결정 경계를 원하는 이유는 일반화할 때 오차가 낮아지는 경향이 있기 때문이다. Margin은 클래스를 구분하는 결정경계와 결정경계에 가장 가까운 훈련샘플 사이의 거리다. 즉 결정경계와 Support Vector 사이의 거리를 의미한다.

10 https://bskyvision.com/163.

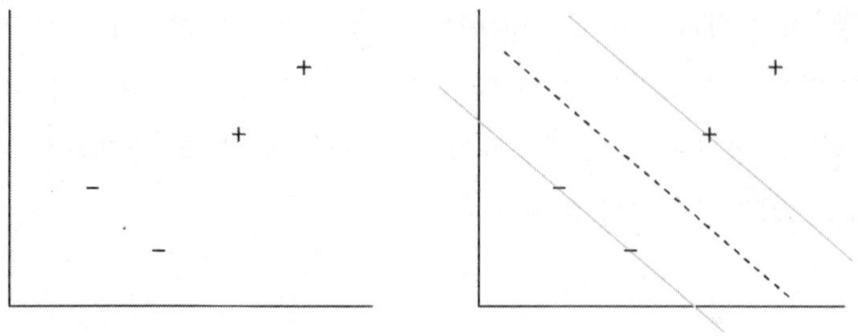

SVM에서 풀고자 하는 문제인식은 "How do we divide the space with decision boundaries?" 와 같으며 보다 구체적으로 문제를 좁힐 수 있다. ① +샘플과 −샘플을 구별하고 싶다면 어떤 식으로 나눠야 하는가? ② 만약 선을 그어 그 사이를 나눈다면 어떤 선이어야 할 것인가? 가장 쉽게 그리고 직관적으로 생각할 수 있는 답은 아마도 +와 −샘플 사이의 거리를 가장 넓게 쓰는 line으로 점선일 것이다. 어떤 결정경계가 가장 적절한가? 두 클래스(분류) 사이에서 거리가 가장 먼 것이다. 결정경계는 데이터 군으로부터 최대한 멀리 떨어지는 게 좋다. 실제로 Support Vector Machine에서 Support Vectors는 결정 경계와 가까이 있는 데이터 포인트들을 의미한다. 데이터들이 경계를 정의하는 결정적인 역할을 하는 셈이다.

대부분의 머신러닝 지도 학습 알고리즘은 학습 데이터 모두를 사용하여 모델을 학습한다. 그런데 SVM에서는 결정 경계를 정의하는 게 결국 Support Vector이기 때문에 데이터 포인트 중에서 Support Vector만 잘 골라내면 나머지 쓸 데 없는 수많은 데이터 포인트들을 무시할 수 있다. 여기서 결정경계는 선이 아닌 평면이다. 이렇게 시각적으로 인지할 수 있는 범위는 3차원까지다. 차원, 즉 속성의 개수가 늘어날수록 복잡하다. 결정경계도 단순한 평면이 아닌 고차원이 되는데 이를 초평면(hyper plane)이라고 부른다.

SVM의 과정은 ① 서로의 클래스에 가장 가까운 Support Vector 선정, ② Support Vector의 선형함수 그리기 ③ Support Vector 선형함수들을 기준으로 그 중간 거리에 하이퍼플레인의 선형함수 그리기 ④ 테스팅 ⑤ 새로운 데이터가 들어오거나 오차발생(새로운 Support Vector출현) 시, 해당 Support Vector의 선형함수를 그리고 거리계산 등을 반복한다.

〈그림 3-9〉 Support Vector Machine과 Margin

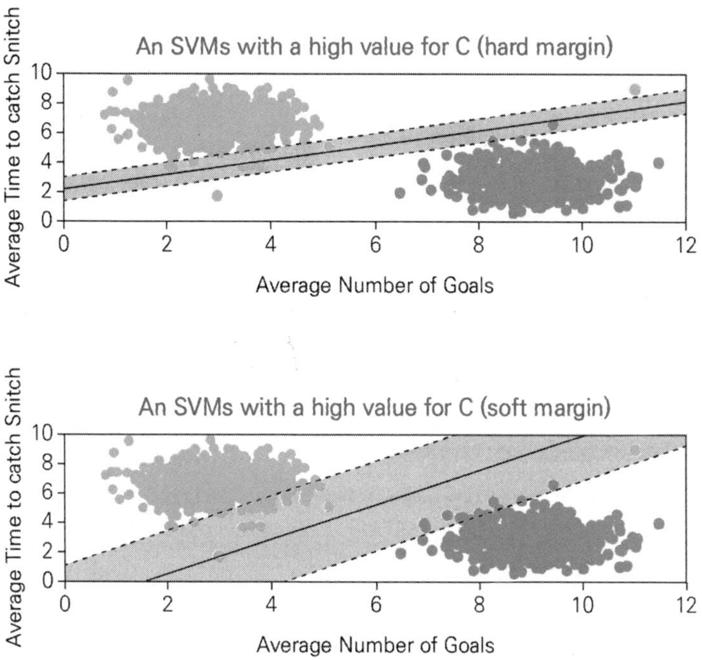

자료: https://eunsukimme.github.io/ml/2019/11/04/SVM/.

SVM은 데이터 포인트들을 올바르게 분리하면서 마진의 크기를 최대화해야 하는데, 결국 이상치(outlier)를 잘 다루는 게 중요하다. <그림 3-9>의 위 그래프를 보면 왼쪽에 혼자 튀어 있는 점과 오른쪽에 혼자 튀어 있는 점이 있는데 바로 outlier다. outlier를 허용하지 않고 기준을 까다롭게 세운 경우, hard margin이라고 부른다. 그리고 Support Vector와 결정 경계 사이의 거리가 매우 좁다. 즉, 마진이 매우 작아진다. 이렇게 개별적인 학습 데이터들을 다 놓치지 않으려고 아웃라이어를 허용하지 않는 기준으로 결정 경계를 정해버리면 overfitting 문제가 발생할 수 있다. <그림 3-9>의 아래 그래프는 outlier들이 마진 안에 정도 포함되도록 너그럽게 기준을 잡았다. 이것을 soft margin이라고 부른다. 이렇게 너그럽게 잡아 놓으면 Support Vector와 결정 경계 사이의 거리가 멀어진다. 즉, 마진이 커진다. 하지만 너무 대충대충 학습하는 꼴이라 underfitting 문제가 발생할 수 있다.[11]

SVM의 분류방식은 크게 선형분류와 비선형분류가 있다. 비선형분류의 경우 Kernel Trick, 방사기저 함수(RBF), Hyperbolic tangent, Gaussian radial basis함수, Polynomial function 등을 사용한다. Kernel 함수 중 하나인 RBF의 경우는 가우시안 분포의 확률밀도함수를 테일러급수를 이용하여 무한개의 확률밀도함수의 합으로 뻥튀기 시키는데, 이는 무한 차원의 공간에 데이터를 mapping시키는 것과 동일한 효과를 가진다. 최대 마진을 구하는 문제를 역수를 취해 최소화문제로 바꾸는 경우, 즉 n개의 선형 부등식을 가진 2차 함수의 최적화문제를 Lagrange 승수를 이용하여 해결할 수 있다. Lagrange 승수법은 제약이 있는 최적화 문제에서 목적함수로 제약을 옮김으로써 제약이 없는 문제로 변환하는 것이다. Lagrange 승수법(Lagrange multiplier method)은 제약식에 형식적인 Lagrangian 승수를 곱한 항을 최적화하려는 목적식에 더해 제약된 문제를 제약이 없는 문제로 바꾸는 기법이다.

한편, 선형 SVM으로 데이터를 제대로 분류할 수 없는 상황들이 많다. 이러한 경우를 해결하기 위해 가장 널리 활용되고 있는 것은 바로 RBF 커널 SVM이다. SVM은 선형 SVM이든 RBF 커널 SVM이든 항상 선형으로 데이터를 분류하는 것이 기본적인 전략이다. 2차원 공간에서는 도저히 선형적으로 분류할 수 없을 것 같았던 데이터 분포가 커널 기법을 사용해서 3차원 공간으로 사상되니 분류가 가능해졌다. 3차원 공간에서 분류된 것을 다시 2차원 공간으로 매핑해서 보면 다음 그림과 같이 결정 경계가 둥그렇게 보일 것이다. 커널에는 Polynomial 커널, Sigmoid 커널, 가우시안 RBF 커널 등 종류가 많다.

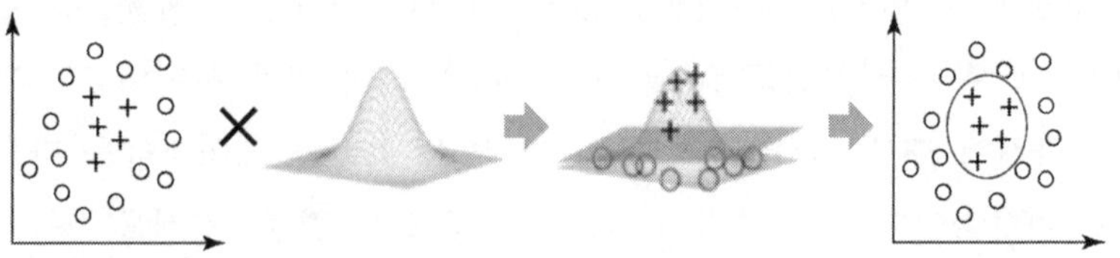

자료: bskyvision.com/163.

11 http://hleecaster.com/ml-svm-concept.

SVM 알고리즘 중에서 가장 성능이 좋고 일반적으로 널리 사용되는 것은 RBF Kernel SVM이다. 그런데 좋은 성능을 얻으려면 매개변수인 C와 gamma를 잘 조정해야 한다. C는 데이터 샘플들이 다른 클래스에 놓이는 것을 허용하는 정도를 결정하고, gamma는 결정 경계의 곡률을 결정한다. 두 값 모두 커질수록 알고리즘의 복잡도는 증가하고, 작아질수록 복잡도는 낮아진다. 일반적으로 grid search로 경험적으로 최적의 매개변수 값들을 찾아간다. SVM은 원래 이진 분류(binary classification)를 위해 개발되었으며 데이터가 높은 차원에 있는 상황에서 유용하다. 규모 면에서 SVM은 디스플레이 광고, 이미지 기반 젠더 감지, 대규모 이미지 분류 등에 활용된다. 뿐만 아니라 생물정보학(bio-informatics), 문자인식, 필기인식, 얼굴 및 물체인식 등 다양한 분야에서 활용되고 있다.

SVM은 데이터를 선형으로 분리하는 최적의 선형 결정경계를 찾는 알고리즘이다. <그림 3-10>과 같이 단계(Step)별로 기능을 수행하면서 마진을 극대화하는 최적의 Hyperplane을 선택하며, 잘못된 분류에 대한 페널티를 더함으로써 SVM 손실함수를 조정한다. 그리고 선형으로 분리되지 않는 데이터의 경우, 선형으로 쉽게 분류 가능한 고차원공간으로 데이터를 변환(Kernel Trick)한다. SVM은 이미 상용화되고 있다. 라이브러리로 제공되는 대표적인 SVM으로[12] ① SVM light(http://svmlight.joachims.org): C로 구현된 SVM머신코드(무료/Windows, Mac OS X, Linux, Cygwin, Solaris 사용 가능) ② mySVM(www-ai.cs.uni-dortmund.de/SOFTWARE/MYSVM/index. html): C로 구현된 SVM머신 코드/SVM ligh를 최적화하는 데 기반을

〈그림 3-10〉 Support Vectior Machine 알고리즘

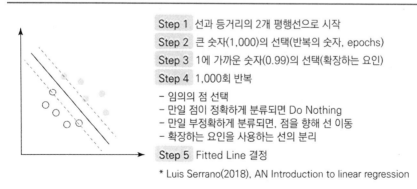

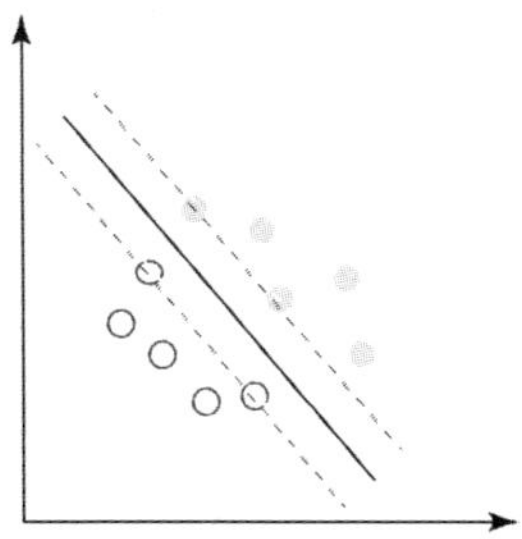

Step 1 선과 등거리의 2개 평행선으로 시작
Step 2 큰 숫자(1,000)의 선택(반복의 숫자, epochs)
Step 3 1에 가까운 숫자(0.99)의 선택(확장하는 요인)
Step 4 1,000회 반복
- 임의의 점 선택
- 만일 점이 정확하게 분류되면 Do Nothing
- 만일 부정확하게 분류되면, 점을 향해 선 이동
- 확장하는 요인을 사용하는 선의 분리

Step 5 Fitted Line 결정

* Luis Serrano(2018), AN Introduction to linear regression

12 https://eehoeskrap.tistory.com/45 [Enough is not enough].

둠(무료/Windows, Linux사용가능) ③ LIBSVM(www.csie.ntu.edu.tw/cjlin/ libsvm): SVM만을 위한 라이브러리/파이썬뿐만 아니라 다양한 언어(무료/ Windows, Mac OS X, Linux 사용 가능)가 지원되고 있다.

2) 비지도 학습(Unsupervised Learning)

사전지식 없이 데이터만을 통해 의미 있는 지식을 얻고자 할 때 사용한다. 학습 기법으로는 개체를 상호 유사한 클러스터로 그룹화하는 Clustering, 예상치 못한 결과를 식별해 처리하는 비정상 탐지, 고려대상의 변수를 줄여 나가는 차원축소가 있다.

사람의 개입 없이 컴퓨터가 스스로 레이블 되어 있지 않은 데이터에 대해 학습한다. 즉 y 없이 x만 이용해서 학습한다. 정답이 없는 문제를 푸는 것이므로 학습이 맞게 됐는지 확인할 길은 없다. 하지만 인터넷에 있는 거의 모든 데이터가 레이블이 없는 형태로 있으므로 앞으로 기계학습이 나아갈 방향이기도 하다.

가) 군집화(Clustering)

생물학을 전공하는 연구자가 탐사를 위해 무인도에 도착했다. 생물체를 분류하는 경우, ① 움직임의 유·무, ② 육직·수상, ③ 다리의 유·무 등으로 분류할 수 있다. 마치 끼리끼리 모인다는 유유상종처럼 물리적 혹은 추상적 객체들을 서로 비슷한 객체들의 집합으로 그룹화 하는 과정을 군집화 또는 Clustering이라고 한다. 하나의 클러스터에 속하는 객체들 간에는 서로 다른 클러스터 내의 객체들과는 구분되는 유사성을 갖는다. 이처럼 유사한 성격을 가진 개체를 묶어 그룹으로 구성하는 것이다. 군집화는 사전에 훈련용 데이터가 없는 비지도 학습이다. 데이터가 뿌려져 있을 때 레이블이 없다고 해도 데이터 간 거리에 따라 대충 2~3개의 군집으로 나눌 수 있다. 이렇게 x만 가지고 군집을 학습하는 것이 군집화이다. 일정 기준에 따라 유사한 데이터 사례들을 하나의 셋으로 그룹화 한다. 이 과정은 전체 데이터 셋을 여러 그룹으로 분류하는 과정이다. 사용자는 고유한 패턴을 찾기 위해 개별 그룹 차원에서 분석을 수행할 수 있다.

Clustering은 데이터분할 자체와 함께 데이터에서 지식을 발견하는 것이 목적이다. 주어진 데이터에서 구조를 찾는 만큼 사용할 수 있는 선택 범위가 넓기에 실험하기에 편리하다. 군집화를 위해서 필요한 것은 ① 그룹평균의 초기화다. 각 그룹의 평균을 초기화 한다. 초기화 방법에도 여러 가지가 있는데 가장 기본적인 방법은 Random 값을 평균으로 취한다. ② 그룹할당을 위해 모든 데이터 X_n에 대해 가장 가까운 평균에 속하게 한다. 각 데이터 포인트에 대해 각 그룹의 평균까지의 거리를 계산하고 가장 가까운 그룹으로 속하게 한다.

Clustering에서 많이 사용되는 K-Means 알고리즘은 모집단 또는 범주에 대한 사전 정보가 없는 경우 주어진 관측 값들 사이의 거리 또는 유사성(Similarity)을 이용하는 분석방법이다. 전체 데이터를 몇 개의 집단으로 그룹화 하여 각 집단의 성격을 파악함으로써 데이터 전체의 구조에 대한 이해를 돕는다. 데이터(Training Set)의 기준점(Code-Vector)을 중심으로 Euclidean 거리가 최소가 되도록 K개의 묶음으로 군집(Clustering)하여 분류하는 데이터 마이닝 기법이다. 주어진 데이터를 사전 정의된 k개의 클러스터로 묶는 알고리즘, 각 클러스터와 거리차이의 분산을 최소화하는 방식으로 동작한다. 군집(Clustering)별 중심 값에서 중심과의 거리를 기반으로 데이터를 분류하는 군집분석 기법이다. 입력 값으로 K를 취하고 군집 내 유사성은 높게, 군집 간 유사성은 낮게 되도록 N 개의 객체집합을 K개의 군집으로 구분하는 기법이다.[13]

K-Means 알고리즘의 수행절차는 다음의 <그림 3-11>과 같다. 군집의 수 K를 정의 및 초기 K개 군집의 중심(Centroid) 선택하고, 각 관측 값들을 가장 가까운 중심의 군집에 할당한다. 새로운 군집의 중심을 계산하고, 재정의 된 중심 값 기준으로 다시 거리기반의 군집 재분류, 경계가 변경되지 않으면 종료한다.

〈그림 3-11〉 K-Means 알고리즘의 수행절차

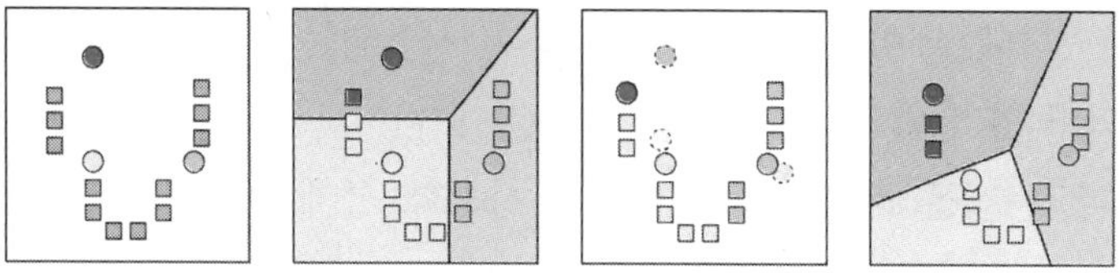

자료: needjarvis.tistory.com/140 재구성.

13 https://needjarvis.tistory.com/140.

k-means 알고리즘

Step 1. 초기에 k개의 점을 임의로 선택
(데이터 세트에서 k개의 데이터 포인트를 초기중심으로 무작위로 선택함. 단순히 각 군집의 중심이 어디인지 아직 모는 상태임).

Step 2. 선택한 점들을 각 클러스터의 centroid로 설정
while True:
for each p in V:
p로부터 가장 가까운 centroid가 포함된 클러스터에 p를 추가함.
p를 추가한 클러스터에서 centroid의 좌표를 다시 찾음.
(중심에 가장 가까운 데이터 포인트가 클러스터를 생성함. 데이터 점과 모든 중심 사이의 유클리드거리를 사용하는 경우 두 중심 사이에 직선이 그려진 다음 수직 이등분선(경계선)이 두 개의 클러스터로 나눔)

Step 3. 만약 이전 loop에서 찾은 클러스터 집합과 현재 loop에서 찾은 클러스터 집합이 같다면, 알고리즘을 종료함(중심의 새로운 가치는 클러스터의 모든 예의 평균이 될 것임. 중심이 움직이지 않을 때까지 2단계와 3단계를 계속 반복함).

군집화에서 더 나아가 데이터들이 쭉 뿌려져 있을 때 데이터들이 어떤 확률 분포에서 나온 샘플들인지 추정하는 문제를 분포 추정(Underlying Probability Density Estimation)이라 한다. 군집분석은 특성이 비슷한 데이터끼리 묶어주는 머신 러닝 기법이다. 비슷한 뉴스나 사용패턴이 유사한 사용자를 묶어 주는 것과 같은 패턴인지나 데이터 압축 등에 널리 사용되는 학습 방법이다. 여기서 Labelling되어 있지 않은 데이터를 묶어주기에 비지도 학습(Unsupervised learning)이 사용된다. 군집분석은 마케팅, 심리학, 사회학, 통계, 패턴 인식, 기계학습, 데이터마이닝 등에 다방면에 사용된다. 마케팅, CRM에 종사하는 분들은 고객세분화(cutomer segmentation)하는 데 군집분석 & 프로파일링(customer clustering & profiling) 등을 활용하고 있다.

적용 및 활용분야

Genetics

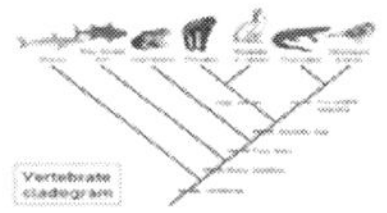

Evolutionary biology

Recommender system

Social networks

나) 주성분분석(Principal Component Analysis)

한 가족이 사진을 찍으려고 한다. <그림 3-12>에서 보듯 ①, ②, ③ 세 곳의 지점 중 어디에서 찍는 것이 가장 좋은 가족사진이 나올 수 있을까? 바로 ③ 지점에 찍어야 온 가족의 모습이 잘 나올 수 있다. 실제로 데이터를 분석할 때 많은 특성(feature)들을 지닌 데이터를 머신러닝 알고리즘을 적용해 문제를 해결하는 경우, 데이터의 차원이 크기 때문에 학습속도가 느릴 뿐만 아니라 성능 또한 좋지 않을 가능성이 크다. 이러한 상황에서 데이터의 차원을 축소하는 방법인 투영(projection)[14]과 매니폴드 학습(manifold learning)[15] 그리고 대표적인 차원축소 알고리즘인 주성분분석(PCA)을 실시한다. 이처럼 주성분분석이란? 데이터의 분산(Variance)을 최대한 보존하면서 서로 직교하는 축(기저)을 찾아 고차원 공간의 표본들을 선형 연관성이 없는 저차원의 공간으로 변환하는 기법이다.

주성분분석은 여러 변수가 있는 데이터 차원에서 가장 주요한 성분을 순서대로 추출하는 기법이다. 여러 변수의 값을 합쳐서 그보다 적은 수의 주요 성분을 새로운 변수로 하여 데이터를 표현하기 때문에 차원을 축소할 때 사용한다. 즉 고차원의 데이터는 계산과 시각화가 어려워 분석하기가 쉽지 않다. 따라서 원 데이터의 분포를 가능한 유지하면서 데이터의 차원을 줄이는 차원 축소가 필요하다. 자료의 요약이나 선형관계식을 통하여 차수(dimension)를 감소시켜 해석을

14 고차원의 데이터의 특성 중 일부 특성으로 데이터를 표현하는 방법이다.

15 다양체라고도 하며 국소적으로 유클리드 공간과 닮은 위상 공간이다. 가령 원 그림은 모든 점에 대해서 국소적으로 직선과 같은 구조를 가지는 1차원 매니폴드라 할 수 있다(https://excelsior-cjh.tistory.com/167).

〈그림 3-13〉 가장 좋은 가족사진을 찍는 포인트

용이하게(data reduction and interpretation)하는데 목적이 있다. 주성분들은 서로 상관이 없거나 또는 독립적인 새로운 변수들로서 정보의 손실이 최소화되도록 구한다. 변수들 사이의 관계를 분석하기 위해 주로 공분산행렬(covariance matrix) 또는 상관 행렬(correlation matrix)을 사용하여 고차원의 자료를 2차원 또는 3차원 주성분 공간으로 사영(projection)시켜 저차원 공간에 그래프로 나타내어 자료가 갖는 특성을 찾는다.

주성분분석은 데이터 전체의 분포를 유사한 새로운 지표로 합성하여 차원을 줄이는 방법이다. 가령 무게, 압력, 탄력, 경도, 촉감의 5가지 요소를 섞어서 푹신함과 매끈함이라는 2개의 지표로 잘 합성했다면, 5차원을 2차원으로 줄일 수 있다. 이처럼 합성된 지표를 주성분이라 한다. 주성분은 기여도에 따라 서열이

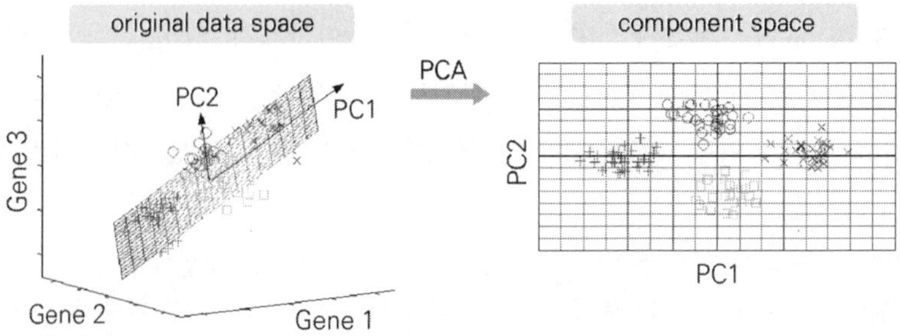

자료: nlpca.org/pca_principal_component_analysis.html.

있다. 기여도는 원래 데이터(무게, 압력, 탄성, 경도, 촉감)에 대한 상관관계의 강도를 나타내는 값이다.

예를 들면 <그림 3-13>과 같이 기여도인 경우 푹신푹신함이 제3주성분 미끌미끌 정도가 제4주성분이다. 제4주성분까지 기여도의 합계가 0.95인데 일반적으로 원본 데이터의 90% 정도로 근사(近似)하면 충분하므로 차원은 여기까지가 OK라고 판단하는 기준이 된다.

주성분분석의 목표는 변환 결과인 차원 축소의 벡터가 원래의 벡터와 가장 유사하게 되는 W값을 찾는 것이다. 입력 데이터들의 공분산행렬(covariance matrix)에 대한 고유 값 분해(eigen decomposition)라고 할 수 있다. 여기서 나오는 고유 벡터가 주성분벡터로서 데이터의 분포에서 분산이 큰 방향을 나타내고 대응되는 고유 값(eigenvalue)이 그 분산의 크기를 나타낸다.

관찰된 여러 변수들 중에서 서로 연관성이 있는 변수들끼리 선형 결합 형태로 묶어 몇 개의 잠재 변수(latent variable)로 변수를 축약하는 기법이다. 이 잠재 변수는 주성분 분석에서는 Principal Component, 요인 분석에서는 Factor, 또 구조방정식 모형(SEM, LISREL)에서는 Construct로 불리는데 개념은 동일하다.

〈그림 3-13〉 주성분과 기여도

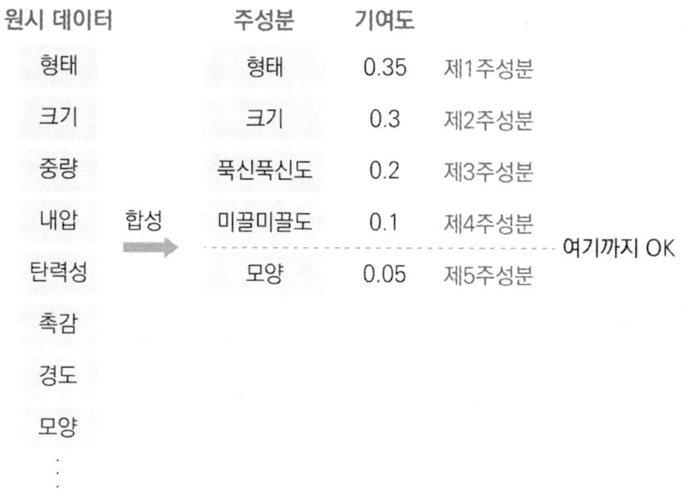

자료: https://doooob.tistory.com/135.

〈그림 3-14〉 주성분 분석의 결과

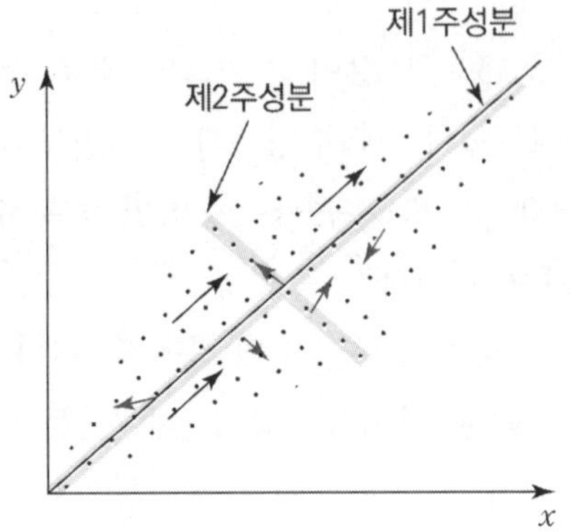

주성분 분석의 결과를 시각화하면 <그림 3-14>와 같다. 그래프에서 가장 폭 넓게 데이터를 표현할 수 있는 축은 x축도, y축도 아닌 대각선으로 그려진 점선일 것이다. 가장 폭 넓다는 것을 통계량으로 표현하자면 분산이 가장 크게 되는 축이라고 말할 수 있다. 이렇게 데이터를 가장 폭 넓게 설명할 수 있는 축을 PC1, 제1 주성분 이라고 한다. 이 축은 두 변수의 값을 조합해서 만든 새로운 축 = 새로운 변수이기 때문에 PCA를 변수 추출의 한 방법이다.

주성분 분석모형은 간단하다. 원래 관찰 가능 변수 X의 공분산에서 고유 값과 고유벡터를 구하고 그 고유벡터를 정규화(normalization, 즉 길이가 1이 되도록) 한다. 그런 다음 P행렬의 첫째, 세로 벡터에 가장 큰 고유 값에 해당하는 고유벡터를 넣고 두 번째 세로 벡터에 둘째 큰 고유 값에 해당하는 고유벡터를 집어넣는다. 그런 식으로 변수의 개수 k개까지 계속한다. 그런 다음 변수치환을 하면 새로운 변수 Y를 얻을 수 있다. 이때 새 변수 Y가 주성분이 된다. 연립방정식 형태에서 고유벡터는 세로가 아닌 가로로 보면 된다.[16]

차원 축소(Dimension Reduction)는 변수 분류 차원을 줄이는 작업이다. 대체로 원 데이터(raw data)는 분류 측면에서 다양한 차원을 갖는다. 이때 일부 특징들은 중복되거나 작업과 아무 관련이 없다. 따라서 차원 수(dimensionality)를 줄이면 잠재된 유의미한 관계를 도출하기 용이해진다. 많은 애플리케이션에서 원시

16 https://m.blog.naver.com/PostView.nhn?blogId.

데이터(raw data)는 아주 높은 차원의 특징을 지닌다. 이때 일부 특징들은 중복되거나 작업과 아무 관련이 없다. 따라서 차원 수(dimensionality)를 줄이면 잠재된 진정한 관계의 도출이 용이해진다.

3) 강화 학습(Reinforcement Learning)

머신러닝기법 중 최적화분석을 위해 가장 효과적인 모델로 강화학습이 활용된다. 강화학습은 학습데이터가 주어지지 않는 대신 보상함수(Reward Function)가 주어진다. 미래에 얻어질 보상 값들의 평균을 최대로 하는 정책함수를 찾는다. 달리 말해 미래가치 극대화를 위해 스스로 학습하는 방법이다. 직관적으로 생각했을 때 가장 인공지능다운 학습으로서 강화학습은 지도학습과 달리 Target은 성과(Reward)이고 예측 값은 정책 혹은 수행전략(Action)이다. 비즈니스 상황에 맞는 State, Reward, Environment, Action 등의 최적화된 설계가 구현에서 중요한 항목이다.

가) 강화학습의 필요성과 목적

강화학습은 컴퓨터(Agent)가 실험을 통해 프로그래머가 가르칠 수 없는 것을 스스로 알아내는 방식이다. 알고리즘이 스스로 다양한 시도를 하면서 최적의 결과를 낼 수 있는 방법을 찾아낸다. 마치 백지상태와 같이 데이터가 주어지지 않아도 단기간에 높은 성능을 발휘할 수 있다. 스스로 다양한 시도를 통하여 최적의 결과를 산출하는 방법을 스스로 찾는 알고리즘의 기반에서 일정한 규칙만 익히고 실전에 활용한다. 가령 아이에게 자전거 타는 법을 알려준다고 할 때 사전학습 없이 기본적 요령만 가르쳐주고 바로 자전거를 타게 한다. 수차례 자전거를 타고 넘어지고 하면서 안 넘어지고 잘 나아가는 방법을 몸으로 익힌다. 이렇게 실전을 통해 스스로 학습하면서 학습 양의 증가에 따라 많다 보니 실력이 빠르게 향상된다.

강화학습은 현재의 상태(State)에서 어떤 행동(Action)을 취하는 것이 최적인지를 학습한다. 행동을 취할 때마다 외부 환경에서 보상(Reward)이 주어지는데, 이러한 보상을 최대화 하는 방향으로 학습이 진행된다. 그리고 이러한 보상은 행동을 취한 즉시 주어지지 않을 수도 있다(지연된 보상). 이 때문에 문제의 난이도가 앞의 두개에 비해 대폭 상승하며, 시스템을 제대로 보상하는 것과 관련된 신뢰 할당 문제라는 난제로 인식되고 있다.

강화학습은 행동심리학에서 영감을 받았다. 어떤 환경 안에서 정의된 에이전트가 현재의 상태를 인식하여, 선택 가능한 행동들 중 보상을 최대화하는 행동 혹은 행동 순서를 선택하는 방법이다. 이러한 문제는 게임이론, 제어 이론, 운용과학, 정보 이론 시뮬레이션 기반 최적화, 다중 에이전트시스템, 떼 지능, 통계학, 유전 알고리즘 등의 분야에서도 연구되고 있다. 이처럼 강화학습은 다양한 학문의 융합에 의해 발달해 오고 있다. 컴퓨터 사이언스 분야에서 머신 러닝의 한 분야에서 사용되기도 하지만, 엔지니어 분야에서 최적의 제어를 위한 방법을 찾을 때 이러한 방식이 사용되고 있다. 뇌 과학 분야에서도 사람이 경험을 통해서 얻게 되는 보상이라는 시스템이 작용되는 방식을 설명한다.

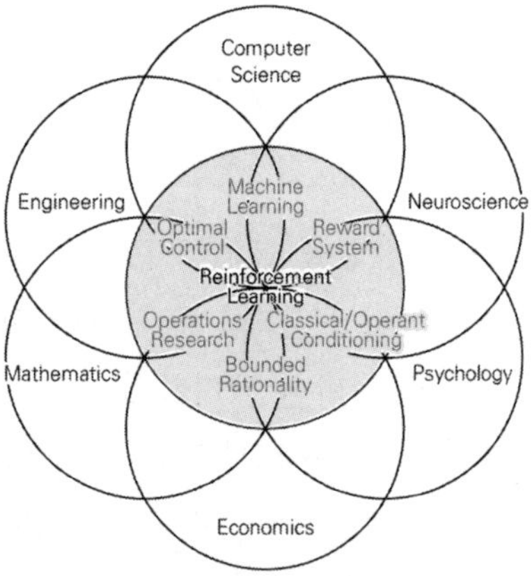

자료: brunch.co.kr/@minkh/1 재구성.

나) 강화학습의 내용

강화학습은 미래와 기대 값에 주목한다. 강화학습 문제를 풀기위해 수학적 모델인 마르코프 의사결정 과정(Marcov Decision Process, MDP)을 차용하였다. 불확실한 상황 하에서 의사결정을 하려면 확률에 기초하여 분석해야 한다. 어떤 사건이 발생할 확률 값이 시간에 따라 변화해 가는 과정을 확률적 과정(Stochastic Process)이며 확률적 과정 중에서 한 가지 특별한 경우가 Markov Process다.

Markov 과정은 어떤 상태가 일정한 간격으로 변하고, 다음 상태는 현재 상태에만 의존하며 확률적으로 변하는 경우의 상태변화를 뜻한다. 즉, 현재 상태에 대해서만 다음 상태가 결정되며, 현재 상태에 이르기까지의 과정은 전혀 고려할 필요가 없다.[17] 또한 환경이 확률적(stochastic)이라는 의미는 Action을 수행한 후 환경의 전이 상태와 보상은 Random하다는 뜻이다. 특정 상태에서 수행할 액션을 선택하는 규칙을 정책(policy)라고 부른다. 이러한 강화학습 알고리즘은 MDP(Markov Decision Process)를 이용하여 수식화 할 수 있다. 아래는 MDP 예다. MDP는 상태들의 집합 S, 액션들의 집합 A, 상태 간 전이확률 P, 보상함수 R로 구성된다. Finite MDP는 유한 상태 시퀀스로 표현할 수 있다.

$$S_0,\ A_0,\ R_1,\ \cdots,\ S_{t-1},\ A_{t-1},\ R_t, S_t,\ A_t$$

MDP에서 다음 상태와 보상은 현재 상태와 액션에만 의존성을 가진다. 위와 같은 시퀀스에서 다음에 받을 보상과 환경이 전이할 다음 상태는 아래와 같이 확률로 표현할 수 있다.

$$\Pr\{R_{t+1} = r, S_{t+1} = s' | S_0, A_0, R_1, \ldots, S_{t-1}, A_{t-1}, R_t, S_t, A_t\}$$

이처럼 다음 상태와 보상은 현재 상태와 액션에만 의존성을 가지는 경우 상태는 Markov 특성을 가진다. 강화학습의 목적은 (discounted) future reward를

A Markov decison process (MDP) is a reward process with decisions. It is an environment in which all states are Markov.

Definition

A Markov decison process is a tuple (S, A, P, R, γ)

- S is a finite set of states
- A is a finite set of actions
- P is a state transition probability matrix,
  $P^a_{ss'} = \mathrm{P}[S_{t+1} = s' \mid S_t = s, A_t = a]$
- R is a reward function, $R^a_s = \mathrm{E}[R_{t+1} \mid S_t = s, A_t = a]$
- γ is a discount factor $\gamma \in [0, 1]$.

17 https://eehoeskrap.tistory.com/154.

최대로 하는 액션선택 규칙, 즉 정책(policy)을 찾는 것이다. 참고로 Deepmind의 David Silver교수는 MDP를 아래와 같이 정의한다.

강화학습은 지도학습과 비지도 학습과 상이한 종류의 학습알고리즘이다. 지도 및 비지도 학습의 알고리즘들이 데이터(data)가 주어진 정적인 상태(static environment)에서 학습을 진행하였다면, 강화학습은 에이전트가 주어진 환경(state)에 대해 어떤 행동(action)을 취하고 이로부터 어떤 보상(reward)을 얻으면서 학습을 진행한다. 여기서 에이전트는 보상(reward)을 최대화(maximize)하도록 학습이 진행된다. 즉, 강화학습은 일종의 동적인 상태(dynamic environment)에서 데이터를 수집하는 과정까지 포함되어 있는 알고리즘이다. 강화학습의 대표적인 알고리즘은 Q-Learning이 있고, 딥 러닝과 결합하여 Deep-Q-Network(DQN) 방법으로도 사용된다.

강화학습은 환경으로부터 피드백을 기반으로 행위자(agent)의 행동을 분석하고 최적화한다. 최고의 보상을 산출하는 활동을 발견하기 위해 서로 다른 시나리오를 시도한다. 시행착오(Trial-and-error)와 지연보상(delayed reward)은 다른 기법과 구별되는 강화 학습만의 특징이다.

$$Q(s_t,a_t) \leftarrow (1-\alpha)\cdot \underbrace{Q(s_t,a_t)}_{\text{old value}} + \underbrace{\alpha}_{\substack{\text{learning}\\ \text{rate}}} \cdot \overbrace{\Big(\underbrace{r_t}_{\text{reward}} + \underbrace{\gamma}_{\substack{\text{discount}\\ \text{factor}}} \cdot \underbrace{\max_a Q(s_{t+1},a)}_{\substack{\text{estimate of optimal}\\ \text{future value}}}\Big)}^{\text{learned value}}$$

Q-Learning은 특정 상태에서 행동에 대한 미래 값(Q)을 계산하여, 최적 정책을 찾는 MDP기반 학습기법이다. 가령 Markov 의사결정에서 다음 상태의 확률은 오직 현재 상태와 행동에만 영향을 받고, 이전 상태에서 영향 받지 않는 의사결정이다. Q-Learning은 모델 없는 접근방식으로 자율작동 Agent 구축에 사용할 수 있으며 아래 식은 Q값을 업데이트하는 규칙은 Q-learning 알고리즘의 핵심이다.[18]

Q-러닝의 학습절차는 <그림 3-15>와 같다. ① value table Q를 초기화

18 https://ichi.pro/ko/robocup-rescue-simulator-yong-multiagent-reinforcement-hagseub-1612547702598.

한다. ② 정책기반 Action을 선택, 수행한다. ③ 새로운 상태 및 보상 후 관찰한다. ④ 다음상태 최대보상 업데이트한다. ⑤ 새로운 상태설정, 반복 수행한다.

〈그림 3-15〉 Q-러닝의 학습 절차

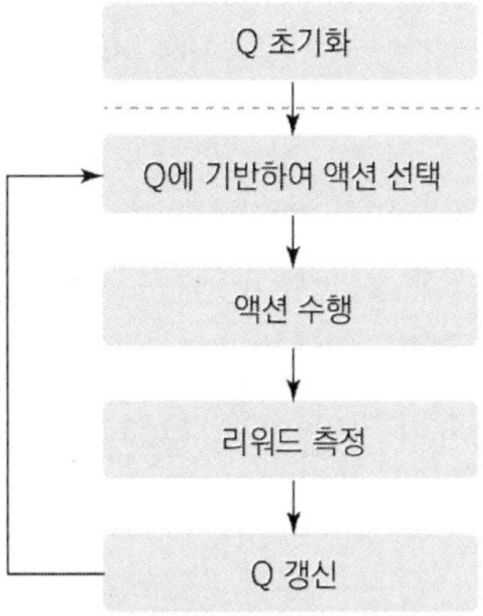

여기서 정책(policy)의 살펴보면, 앞에서 정의된 Q 함수가 있다고 가정한다. 그리고 에이전트가 어떤 상태 s에 있고, 이 상태에서 취할 수 있는 액션 a와 b가 있다고 하자. 이 중 어느 액션을 선택할지 게임이 끝났을 때 어느 경우에 최종 점수가 높은지에 따라 달려 있다. 다시 말해 가장 높은 Q함수 값을 갖는 액션들을 선택하면 된다. 그리고 각 상태 s에 대해 Q함수 값이 가장 높은 액션들을 선택하는 규칙을 정책(policy)이라고 부른다.

$$\pi(s) = \mathrm{arg}max_a Q(s,\ a)$$

Bellman equation과 관련하여, 일단 Q함수가 있다고 가정하자. Q함수가 최곳값을 가지는 액션들의 규칙, 즉 정책을 찾을 수 있다. 그리고 최적의 정책을 찾는 것이 강화학습 목적이다. 그러면 이러한 정의를 만족하는 Q함수가 존재하느냐와 어떻게 계산하느냐다. Q함수 정의는 재귀적이다. Q함수는 최적의 규칙에 따라 액션을 수행할 때 예상되는 미래 보상의 최댓값이다. 최적의 규칙, 정책을 따르면 최곳값을 가지는 Q함수가 된다. 즉 Q함수는 최적의 규칙을 정의하는 함수다. 최적의 규칙이란 Q함수가 최댓값을 가지게 되는 액션들의 집합이다. Q 함수는 아래와 같이 정의될 수 있다. Q함수는 현재 상태의 최고보상 r과 다음 상태에서의 미래 보상의 최댓값의 합이다. 이러한 정의를 Bellman equation이라 한다.

$$Q(s,\ a) = r + \gamma \max_{a'} Q(s',\ a')$$

Q−learning의 핵심은 Bellman equation을 반복적으로 사용하여 Q함수를 근사할 수 있다는 점이다. 가장 간단한 방법은 행렬 형태를 사용하는데 각 행은 상태(state)에 해당하며, 각 열은 액션(action)에 대응하며, 행렬 요소의 값은 Q함수가 가지는 값 Q(s, a)다. 이와 같은 행렬형태를 사용하는 경우 Q함수는 아래와 같이 반복적으로 계산하여 근사할 수 있다.

〈테이블 형태의 Q−learning 알고리즘〉

```
initialize Q[num_states, num_actions] arbitrarily
observe initial state s
repeat
        select and carry out an action a
        observe reward r and new state s'
        Q[s, a] = Q[s, a] + α(r + Y maxa' Q[s', a'] - Q[s, a])
        s=s'
until   terminated
```

한편, Actor−Critic 알고리즘은 Actor 네트워크와 Critic 네트워크라는 두 개의 네트워크를 사용한다. Actor는 상태가 주어졌을 때 행동을 결정하고, Critic은 상태의 가치를 평가한다. DQN과 Actor−Critic의 가장 큰 차이점은 Replay Buffer를 사용하는지 여부이다. DQN과 달리 Actor−Critic은 Replay Buffer를 사용하지 않고, 매 step마다 얻어진 상태(s), 행동(a), 보상(r), 다음 상태(s')를 이용해서 모델을 학습시킨다. DQN은 Q(s, a)값을 얻어내고 Actor−Critic은 π(s, a) 값과 V(s)값을 구한다. V(s)는 가치함수이고, π(s,a)는 어떤 상태에서 특정 행동을 취할 확률이다. Policy는 에이전트가 어떤 행동을 취할지에 대한 정책이라는 뜻이고, Gradient는 미분을 통해 Policy값을 업데이트하며 최적의 Policy를 찾아간다는 의미다. 그런데 이렇게 에이전트의 행동 확률을 직접적으로 학습하는 방법은 불안정하기 때문에 가치함수를 같이 써서 안정성을 높이는 것이 Actor–Critic의 핵심이다. Actor의 기대 출력으로 Advantage를 사용하면 Advantage Actor–Critic, A2C가 된다. Advantage는 예상했던 것[V(s)]보다 얼마나 더 좋은 값인지를 판단하는 값으로, Q(s, a)에서 V(s)를 빼준 값을 많이 사용한다. Actor–Critic 알고리즘에 영향을 받은 가장 유명한 예로는 딥 마인드의 AlphaGo가 있다. <그림 3–16>에서 보듯 actor에 해당되는 policy network와 critic에 해당되는 value network를 학습시켜서 주어진 환경(바둑판)에서 최적의 행동(착수)를 찾도록 했다.

강화학습에 딥 러닝을 성공적으로 적용한 Deepmind는 2016년 2월 DQN의 단점을 개선한 A3C를 발표하였다. A3C는 Asynchronous Advantage Actor–Critic의 약자다. Asynchronous란 비동기라는 뜻인데 한 개가 아닌 여러 개의 에이전트를 실행하며 주기적, 비동기적으로 공유 네트워크를 업데이트한다는 의미다. 다른 에이전트의 실행과 독립적으로 자기가 공유 네트워크를 업데이트하고 싶을 때 업데이트하기 때문에 비동기라는 단어가 이름에 붙었다. <그림 3–17>로 나타낸 A3C의 구조에서 각 에이전트는 서로 독립된 환경에서 탐색하며 global network와 학습결과를 주고받는다. 여러 개의 에이전트를 실행시켰을 때의 장점은 다양한 환경에서 얻을 수 있는 다양한 데이터로 학습을 시킬 수 있다. 즉 항상 최신의 데이터를 사용해서 학습하기 때문에 DQN의 단점을 가지고 있지 않기에 기업의 의사결정이나 공공부문의 정책결정을 비롯하여 광범위한 적용가능성이 기대된다.

〈그림 3-16〉 AlphaGo의 학습네트워크

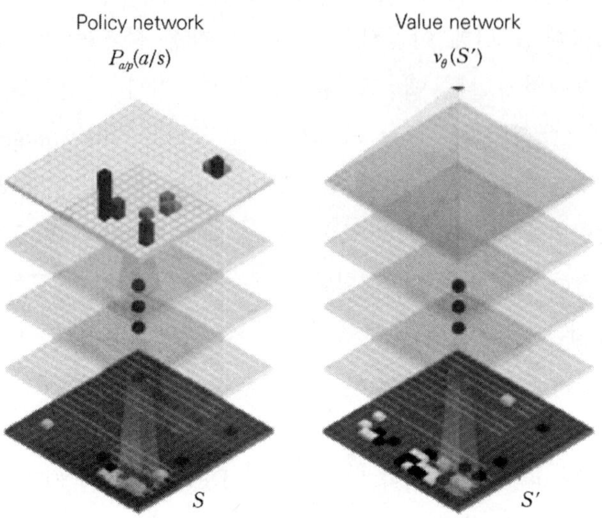

자료: greentec.github.io/reinforcement-learning-fourth/.

〈그림 3-17〉 A3C Architecture의 Diagram

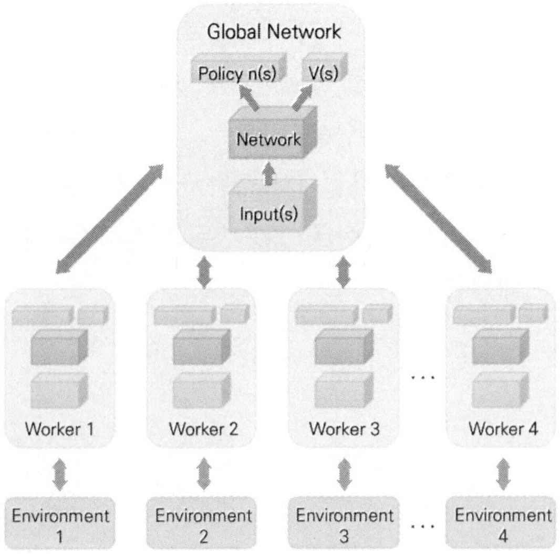

자료: medium.com/emergent-future/simple-reinforcement-learning-with-tensorflow-part-8-asynchronous-actor-critic-agents-a3c-c88f72a5e9f2.

4) 딥 러닝(Deep Learning)

기술적으로 볼 때 딥 러닝은 인공신경망(ANN, Artificial Neural Networks)에 기반을 둔 기계 학습의 집합체로 컴퓨터에게 사람의 사고방식을 가르치는 알고리즘이다. 본격적으로 2010년 이후 부흥기를 맞이하고 있다. 딥 러닝이 주목받게 된 이유는 첫째, 기존 인공신경망 모델의 단점이 극복되었다. 그러나 과 적합 문제만 해결되었다고 해서 느린 학습시간이 줄어드는 것은 아니다. 둘째, 하드웨어 발전이 기여하고 있다. 특히 강력한 GPU는 딥 러닝에서 복잡한 행렬 연산에 소요되는 시간을 크게 단축시켰다. 셋째, 빅 데이터를 들 수 있다. 대량으로 쏟아져 나오는 데이터와 수집노력 특히, SNS 사용자들에 의해 생산된 다량의 자료와 태그정보들 모두가 종합되고 분석되어 학습에 이용될 수 있다.

가) Perceptron

퍼셉트론(perceptron)은 인공신경망의 한 종류로서 1957년 Fank Rosenblatt이 고안(考案)한 알고리즘이다. 바로 신경망(딥 러닝)의 기원이 되는 알고리즘이다. Perception(무언가를 인지하는 능력)과 Neuron(감각 입력 정보를 의미 있는 정보로 바꿔주는 뇌에 있는 신경 세포), 이렇게 두 단어가 조합된 용어다. 결국, 퍼셉트론은 생물학적 뉴런이 감각정보를 받아서 문제를 해결하는 원리를 모방한 인공뉴런이다.

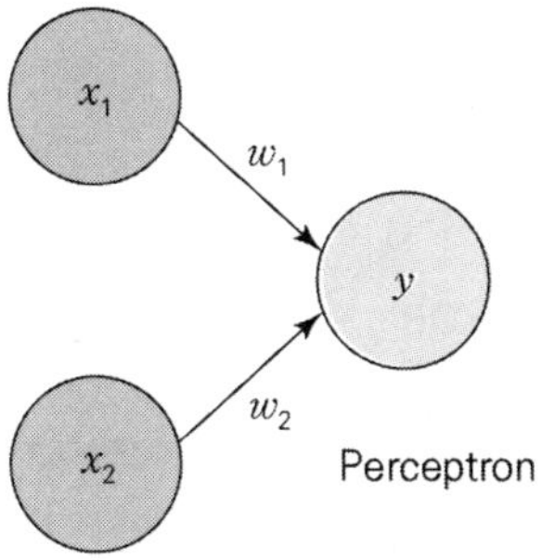

퍼셉트론은 다수의 신호(흐름이 있는)를 입력으로 받아 하나의 신호를 출력한다. 즉 신호를 입력받아 '그렇다/아니다(1 또는 0)'이라는 정보를 앞으로 전달한다. 그 출력 값은 1 또는 0(or -1)이기 때문에 선형 분류(linear classifier) 모형으로 볼 수 있다. 보통 실수형의 입력 벡터를 받아 이들의 선형조합을 계산한다. 그래서 가장 간단한 형태의 피드포워드(Feedforward) 네트워크－선형분류기－로도 볼 수 있다.

좌측 위 그림에서 보듯 x_1, x_2는 입력신호, y는 출력 신호, w_1, w_2는 가중치(weight)를 의미한다. 원을 뉴런 또는 노드라고 부른다. 입력 신호가 뉴런에 보내질 때는 각각 고유한 가중치가 곱해진다(w_1 x 1, w_2 x 2). 뉴런에서 전달 받은 신호의 총합이 임계값을 넘을 때만 출력한다. 초등학교 시절 짝꿍과 티격태격하다

책상 중간에 선을 쫙 긋고 "이 선을 넘으면 다 내 거"라고 했던 기억이 한번쯤은 있을 것이다. 선형분류는 이와 비슷하게 평면상에 선을 그어서 넘으면 A, 못 넘으면 B 이런 식으로 분류한다. 복수의 입력신호 각각에 고유한 가중치를 부여한다. 가중치는 각 신호가 결과에 주는 영향력을 조절하는 요소로 작용하며 가중치가 클수록 해당 신호가 그만큼 더 중요함을 뜻한다.[19]

신경망 학습은 매개변수의 값을 정하는 작업을 컴퓨터가 자동으로 하도록 한다. 학습이란 적절한 매개변수 값을 정하는 작업이며 사람은 퍼셉트론의 구조(모델)를 고민하고 컴퓨터에 학습할 데이터를 제공한다. 즉 처음에는 임의로 설정된 weight로 시작한다. 학습 데이터를 퍼셉트론 모형에 입력하며 분류가 잘못됐을 때 weight를 개선해 나간다. weight를 개선해 나간다는 의미는 수학문제를 잘못 풀었을 때 선생님이 다시 풀어오라고 하면 정답에 맞게 풀기 위해 다시 풀면서 정답을 찾는 것, 학습이라고 부른다. 퍼셉트론은 오류가 최소화될 수 있는 방향으로 가중치를 조금씩 조정한다. 여기서 정확도를 높이기 위해 편향(bias)를 포함시켜 미세조정을 해주면서 결국, 최적의 값을 찾는다.

〈그림 3-18〉 퍼셉트론의 기능과 한계(XOR)

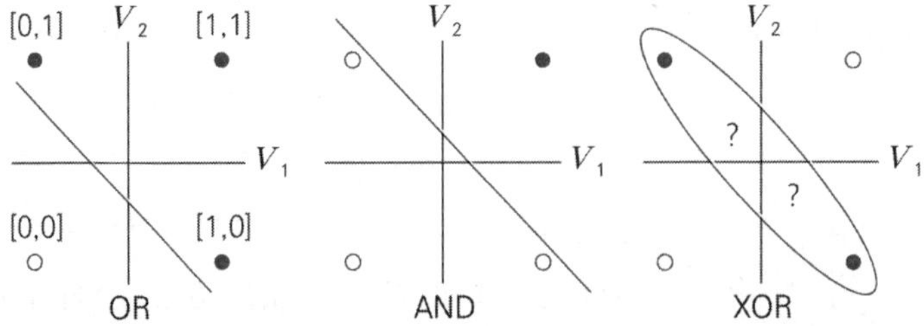

자료: ecee.colorado.edu/~ecen4831/lectures/NNet3.html.

퍼셉트론은 인공지능 분야에서 Sensation을 불러일으켰고 연구과제도 이쪽으로 몰렸다. 하지만 퍼셉트론이 지닌 한계점이 밝혀지면서 한동안 소외 받는 이론이 되었다. <그림 3-18>에서 보듯 XOR에서는 선형으로(직선 하나로) 분류가 불가능함을 알 수 있다. 간략히 말해, 직선 하나로 나눈 영역만 표현할 수 있어

19 https://excelsior-cjh.tistory.com/169; https://sacko.tistory.com/10.

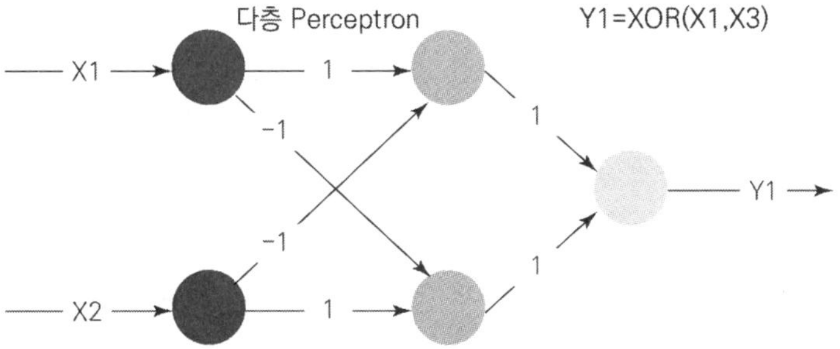

자료: commons.wikimedia.org.

XOR과 같은 데이터 형태는 분류가 불가능하다는 한계가 있다. 한편, 퍼셉트론을 제시한 Rosenblatt은 자살로 세상을 떠났다. 그리고 세월이 흐른 뒤 그의 업적이 재조명 받았다. 즉 단일 퍼셉트론으로는 XOR을 분류할 수 없지만, 다층 퍼셉트론을 만들면 이를 극복할 수 있다. 다층(multi-layer)이라는 말은 하나의 퍼셉트론에 또 다른 퍼셉트론을 덧붙인다는 의미이다. 단층 퍼셉트론이 비선형 영역을 분리할 수 없다는 것이 문제이며 다층으로 할 경우, 비선형으로 이를 해결할 수 있다.[20] 즉 이런 식으로 층을 겹겹이 쌓아나가면서 선형분류만으로는 풀지 못했던 문제를 비선형적으로 풀 수 있게 된다.

퍼셉트론은 입력 값에 대해 가중치를 적용해 계산한 후, 확인해서 결과 값을 전달한다. 가령 퍼셉트론기반의 자율주행자동차라고 하면, 왼쪽에 장애물이 있으면 오른쪽으로 핸들을 틀고 오른쪽에 장애물이 있으면 왼쪽으로 핸들을 작동하게 하는 식이다. 장애물 위치를 입력 받아서 어느 방향으로 핸들을 틀지 결정해준다. 그런데 퍼셉트론은 자신이 내린 결과를 확인해서, 미래에 보다 나은 결정을 하도록 자기 자신을 수정한다. 훗날 딥 러닝의 힘이다. 물론 현실세계는 이렇게 단순하지 않기 때문에 수많은 퍼셉트론을 묶어놓은 일종의 다발, 신경망(neural network)을 형성해서 문제를 해결해야 한다.[21]

단층 Perceptron의 알고리즘은 다음과 같다. ① 가중치와 바이어스: 가중치를 −0.5와 0.5 사이의 임의의 값으로, 바이어스 입력 값을 임의의 값으로 초기

20 https://sacko.tistory.com/10 [데이터 분석하는 문과생, 싸코].

21 http://hleecaster.com/ml−perceptron−concept.

화한다. ② 하나의 학습 벡터에 대한 출력 층 뉴런의 net 값을 계산한다. ③ 활성함수를 통해 계산된 net 값으로부터 뉴런의 실제 출력 값을 계산한다. ④-1 뉴런의 출력 값과 목표 값의 차이가 허용 오차보다 작으면 ⑤로 이동한다. ④-2 뉴런의 출력 값과 목표 값의 차이가 허용 오차보다 크면 학습을 진행한다. ⑤-1 현재 학습벡터가 마지막 학습벡터가 아니면, 현재 학습벡터를 다음 학습벡터로 설정하고 ②로 이동하여 반복한다. ⑤-2-1 현재 학습벡터가 마지막 학습벡터이고, 모든 학습벡터에 대해 출력 값과 목표 값이 허용 오차보다 작으면 알고리즘을 종료한다. ⑤-2-2 현재 학습벡터가 마지막 학습벡터이지만 출력 값과 목표 값이 허용오차보다 큰 학습벡터가 존재하면, 현재 학습벡터를 처음 학습벡터로 설정하고 ②로 이동하여 반복한다. 그런데 현실의 세상만사 모든 일이 선형을 기준으로 설정해서 쉽게 결정을 내릴 수 있다면 얼마나 좋을까. 현실 세계는 녹록치 않다. 그래서 비선형적 결정기준을 설정하기 위해 등장한 것이 신경망(Neural Networks)이다.

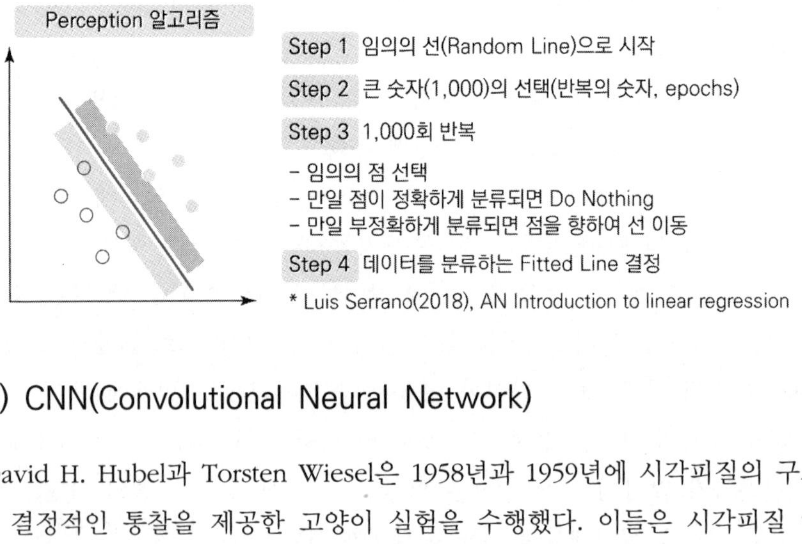

Perception 알고리즘
Step 1 임의의 선(Random Line)으로 시작
Step 2 큰 숫자(1,000)의 선택(반복의 숫자, epochs)
Step 3 1,000회 반복
- 임의의 점 선택
- 만일 점이 정확하게 분류되면 Do Nothing
- 만일 부정확하게 분류되면 점을 향하여 선 이동
Step 4 데이터를 분류하는 Fitted Line 결정
* Luis Serrano(2018), AN Introduction to linear regression

2) CNN(Convolutional Neural Network)

David H. Hubel과 Torsten Wiesel은 1958년과 1959년에 시각피질의 구조에 대한 결정적인 통찰을 제공한 고양이 실험을 수행했다. 이들은 시각피질 안의 많은 뉴런이 작은 local receptive field(국부 수용영역)을 가진다는 것을 보였다. 이것은 뉴런들이 시야의 일부 범위 안에 있는 시각자극에만 반응을 한다는 의미이다.[22] 고양이가 보는 것마다 자극 받는 뇌의 위치가 다른 것을 보고 아이디어를

22 https://excelsior-cjh.tistory.com/180 [EXCELSIOR].

얻어 CNN을 만들었다. 이러한 아이디어가 CNN으로 점차 진화되었는데 1998년 Yann Lecn et al.의 논문에서 손 글씨 숫자를 인식하는 데 사용한 LeNet-5가 소개되면서 합성곱[23] 신경망(CNN)이 등장하게 되었다.

CNN의 구조는 합성곱층(covolutional layer)[24]과 풀링층(pooling layer)으로 구성되어 있다. 합성곱층은 CNN에서 가장 중요한 구성요소다. 완전연결 계층과 달리 합성곱층은 입력데이터의 형상을 유지한다. 3차원의 이미지 그대로 입력 층에 입력받으며, 출력은 3차원 데이터로 출력하여 다음 계층(layer)으로 전달하기 때문에 CNN에서는 이미지데이터처럼 형상을 갖는 데이터의 학습가능성이 높다. 합성곱층의 뉴런은 입력이미지의 모든 픽셀에 연결되는 것이 아니라 합성곱층 뉴런의 수용영역(receptive field)안에 있는 픽셀에만 연결된다. 이 층에서 저수준 특성에 집중하고, 그 다음 합성곱 층에서 고 수준 특성으로 조합해 나가도록 해 준다.

〈그림 3-19〉 합성곱층에서 가중치 파라미터

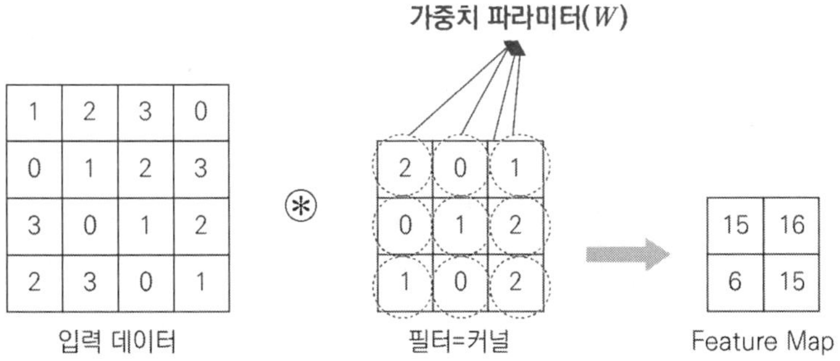

자료: excelsior-cjh.tistory.com/180 재구성.

23 하나의 함수와 또 다른 함수를 반전 이동한 값을 곱한 다음, 구간에 대해 적분하여 새로운 함수를 구하는 연산자이다(wikipedia). 합성곱연산은 푸리에 변환(Fourier transform)과 라플라스 변환(Laplace transform)에 밀접한 관계가 있으며 신호 처리 분야에서 많이 사용된다.

24 합성곱층(convolutional layer)에서는 합성곱이 아닌, 교차상관(cross-correlation)을 사용하는데, 그 이유는 합성곱 연산을 하려면, 필터(filter/kernel)를 뒤집은(반전) 다음 적용해야 한다. 그런데, CNN에서는 필터의 값을 학습하는 것이 목적이기 때문에, 합성곱을 적용하는 것이나 교차상관을 적용하는 것이나 동일하다.

수용영역(receptive field)을 합성곱 층에서 필터(filter) 또는 커널(kernel)이라고 한다. 즉, image 전체를 보는 것이 아니라 부분을 보는 것인데 부분에 해당하는 것을 filter라고 한다. <그림 3-19>처럼 필터는 바로 합성곱층에서의 가중치 파라미터에 해당하며, 학습단계에서 적절한 필터를 찾도록 학습된다. 합성곱 층에서 입력데이터에 필터를 적용하여 필터와 유사한 이미지의 영역을 강조하는 특성 맵(feature map)을 출력하여 다음 층(layer)으로 전달한다. 합성곱 신경망은 시각적 이미지를 분석하는 데 사용되는 Feed Forward 인공신경망의 한 종류이다. 딥 러닝에서 심층 신경망으로 분류되며, 시각적 이미지 분석에 가장 일반적으로 적용된다. 이미지 및 비디오 인식, 추천 시스템, 이미지 분류, 의료 이미지 분석 및 자연어 처리에 응용된다.

풀링 계층(Pooling Layer)은 합성곱 계층의 패딩과 스트라이드처럼 데이터의 공간적 크기를 축소하는 데 사용한다. 주로 합성곱 계층(Conv Layer)에서 출력데이터의 크기를 입력데이터의 크기 그대로 유지하고, Pooling계층(Pool에서만 크기를 조절한다. Pooling에는 Max-Pooling과 Average pooling이 있는데 Max-Pooling은 해당영역에서 최댓값을 찾는 방법이고, Average-Pooling은 해당영역의 평균값을 계산하는 방법이다. 이미지 인식 분야에서는 주로 Max-Pooling을 사용한다.

CNN은 뉴런 사이의 연결패턴이 동물 시각피질의 조직과 유사하다는 생물학적 과정에 의해 영감을 받았다. 개별 피질뉴런은 수용장으로 알려진 시야의 제한된 영역에서만 자극에 반응한다. 상이한 뉴런의 수용 필드는 전체 시야를 커버하도록 부분적으로 중첩된다. CNN은 다른 이미지 분류 알고리즘에 비해 상대적으로 전 처리를 거의 사용하지 않는다. 이는 네트워크가 기존 알고리즘에서 수작업으로 제작된 필터를 학습한다는 것을 의미한다. 피처 디자인에 대한 사전 지식과 인간 노력과의 독립성은 CNN의 주요한 장점이다.

다) RNN(Recurrent Neural Network)

RNN은 음악, 동영상, 에세이 등과 같이 시퀀스 데이터를 모델링하기 등장했다.

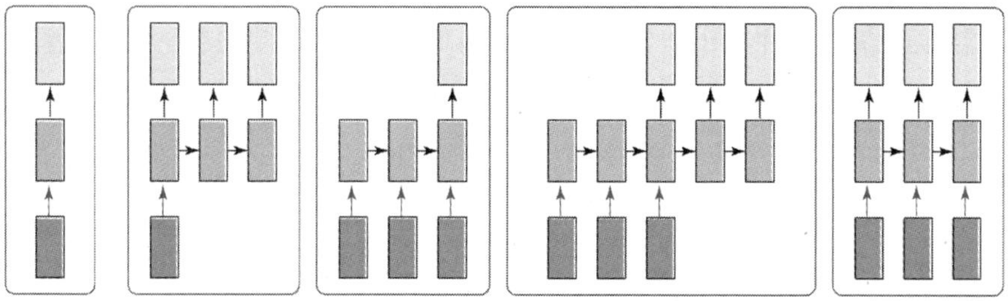

자료: discuss.pytorch.org/t/example-of-many-to-one-lstm/1728.

RNN의 구조는 입력과 출력은 네트워크에게 시키고 싶은 것이 무엇이냐에 따라 얼마든지 달라질 수 있다. 아래는 몇 가지 예시다. ① 고정크기 입력과 고정크기 출력이며, 순환부분이 없기 때문에 RNN이 아니다. ② 고정크기 입력과 시퀀스 출력형태로 이미지를 입력해서 이미지에 대한 설명을 문장으로 출력하는 이미지 캡션 생성을 들 수 있다. 즉 이미지라는 고정된 크기의 입력을 받아서 몇 단어로 표현될지 모를 가변적인 길이의 문장을 만들어낸다. ③ 시퀀스 입력과 고정크기 출력형태로서 문장을 입력해서 긍정과 부정정도를 출력하는 감성분석기를 들 수 있다. ④ 시퀀스 입력과 시퀀스 출력형태로서 Google의 번역기와 네이버의 파파고의 자동번역기는 기존 통계기반 모델의 비해 성능이 우수하다. 이러한 구조의 모델을 다른 말로 encoder-decoder 모델이라고 부른다. ⑤ 동기화된 시퀀스 입력과 출력형태로서 문장에서 다음에 나올 단어를 예측하는 언어모델을 들 수 있다.

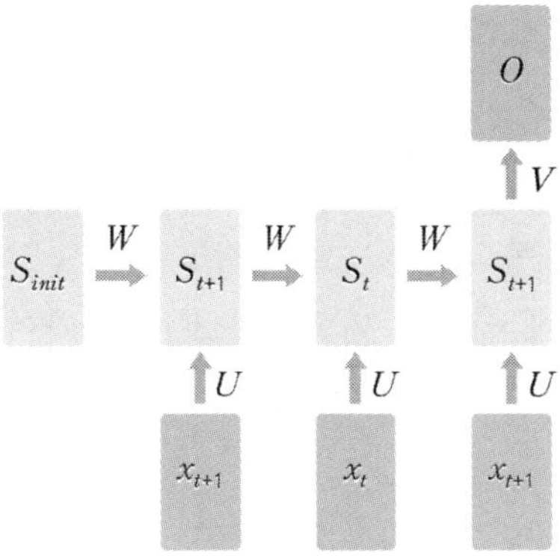

우측 다이어그램은 만들려고 하는 모델을 변수 기호와 함께 나타낸 것이다. x_t는 t 시간 스텝에서의 입력 벡터, S_t는 t시간 스텝에서 RNN의 기억을 담당하는 hidden state, O는 출력벡터이며 U, W, V는 모델의 파라미터이다. 첫 다이어그램에 없던 sinit은 hidden state의 초기 값으로, 구현을 위해 필요한 부분이다 네트워크의 기억에 해당하는 hidden state S_t는 입력 x와 과거의 기억 S_t-1을 조합하여 만들어진다. 조합방식은 파라미터 U와 W에 의해

결정된다. U는 새로운 입력이 새로운 기억에 영향을 미치는 정도를, W는 과거의 기억이 새로운 기억에 영향을 미치는 정도를 결정한다. 비선형함수로는 tanh나 ReLU가 주로 사용된다. 여기서 출력, 즉 예측 값은 마지막 hidden state로부터 계산된다. 또한 S_t와 V를 곱하는데, V는 hidden state와 출력을 연결시켜 주며 출력벡터 크기를 맞춰 주는 역할을 한다. 마지막으로 출력을 확률 값으로 변환하기 위해 softmax함수를 적용한다. softmax함수는 모든 출력 값을 0~1 사이로 변환하고, 출력 값의 합이 1이 되도록 한다.

인간은 이전 수(과거)의 체면을 중시하여 수를 두는 경향이 있다. 하지만 인공지능은 그런 요소를 완전히 무시하고 가장 강력한 수를 놓는다. RNN은 과거를 기억하고 이용하는 기술이다. 그러나 기억하는 범위가 커지면 경사(과거의 어떤 정보가 얼마나 영향을 미치는지)가 복잡해져서 전달해야 할 오차가 감소하거나(경사손실 문제), 기억한 것을 어떻게 살릴 것인지 계산량이 증가한다. 그래서 기억할 범위를 조금 전까지로 한정하고, 그 이전 것은 버린다. 하지만 현실은 좀 더 이전의 정보를 사용하지 않으면 작동하지 않는 경우가 많다. 따라서 RNN의 개량형태로 등장한 것이 LSTM(Long Short-Time Memory)이다.

RNN과 LSTM의 구조는 다음과 같이 나타낼 수 있다. 기존 MLP신경망은 은닉 층의 노드 값을 계산할 때 입력에 가중치를 곱해서 은닉 층의 노드 값(상태)값을 업데이트 한다. 그러나 순환신경망은 그와 달리 은닉 층의 노드 값을 계산할 때 이전 히든(hidden) 노드에 대한 상태 값과 입력을 모두 활용한다. 보다 구체적으로 살펴보면 LSTM은 메모리가 있다. 메모리입출력 컨트롤을 위한 소자(논리적 장치)로서 게이트(gate)라고 한다. 게이트에는 입력, 출력 그리고 망각 게이트가 있다. LSTM학습방법은 기본적으로 BPTT(Backpropagation Through Time)을 사용한다. 알고리즘은 BPTT와 유사하지만 순환신경망에서는 시계열데이터를 다루면서 은닉층이 이전 상태 값까지 고려하기에 복잡하다. 순환신경망그래프 안에 네트워크가 연결된 구조를 펼쳐(unfold) 오차에 준하는 만큼 역으로 따라가며 전파하여 가중치를 학습한다.[25]

25 ttps://tbacking.com/2017/08/18.

〈그림 3-20〉 Recurrent Neural Network가 주로 사용되는 분야

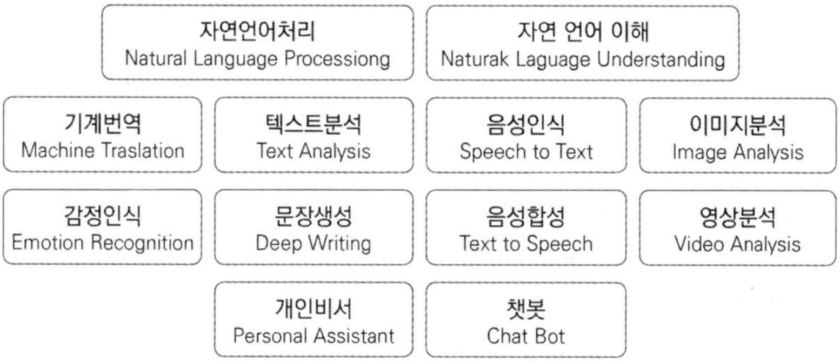

RNN이 주로 사용되는 분야는 <그림 3-20>과 같다. RNN은 입력 값과 출력 값이 시퀀스의 길이에 관계없이 받아들일 수 있는 구조이기 때문에 언어 모델링, 기계 번역, 음성 인식, 이미지 캡션 생성(이미지를 보고 텍스트로 주석 달기) 등으로 다양하게 사용이 가능하다.

라) Deep Learning 이후의 학습모델

장차 인공지능은 연산능력의 규모와 속도, 데이터 규모와 다양성, 심층신경망의 발전과 알고리즘의 고도화와 함께 주어진 환경 안에서 정의된 에이전트의 상황 인식, 선택 가능한 행동 중 보상의 최대화 방법에 따라 진화할 것이다. 딥러닝 이후 활발히 연구되고 있는 AI 학습모델의 경향은 모방을 통한 데이터 활용극대화, 인간개입 최소화, 통합화, 범용화 등으로 요약할 수 있다. 특히, 모방과 관련하여 학습모델 내부 또는 학습모델 간 경쟁을 통해 현실 데이터와 유사한 데이터를 생산하여 제한된 학습데이터의 양적 증가추세가 강화되고 있다.

① 생성적 적대 신경망(Generative Adversarial Networks)[26]

GAN은 대립하는 두 시스템이 서로 경쟁하는 방식으로 학습이 진행되는 비지도(Unsupervised) 학습모델이다. 2014년 Ian J. Goodfellow가 NIPS(Neural

26 Hinton, Yann LeCun, Andrew Ng 등은 GAN과 같은 비교사 학습모델이 딥 러닝의 미래를 이끌 것으로 전망하고 GAN을 지난 10년 동안 가장 혁신적인 알고리즘이라고 평가하였다.

Information Processing System)에 소개한 이후 학계의 관심이 증가하고 산업계 활용이 본격화되고 있다(Goodfellow et al., 2014).[27] CNN, RNN 등은 이미지와 음성을 인식하지만 새로운 이미지와 음성을 생성하지는 못하고 대부분 지도학습 기반으로 활용되고 있다는 한계가 있다. GAN의 혁신성은 기존 딥 러닝 알고리즘과 달리 비지도 학습 방식으로 스스로 이미지와 음성을 생성한다는 데 있다. 즉 현실 세계에서는 라벨링 된 데이터에 비해 라벨링되지 않은 데이터가 대부분이며 정답이 없는 데이터가 훨씬 많기 때문이다.

GAN은 생성기와 판별기로 구성된 서로 다른 주체가 적대적으로 경쟁하며 자신의 성능을 강화하는 과정을 통해 진본 데이터에 가까운 위조 데이터를 생성하는 원리다. 즉 생성기에서는 임의의 분포로부터 위조 데이터를 생성하고, 판별기는 진본 데이터와 위조 데이터를 구별하기 위해 학습을 진행한다. 이 과정에서 생성기를 판별기를 최대한 잘 속이기 위해 노력하고 판별기는 진본데이터와 위조 데이터를 최대한 구별하기 위해 경쟁적으로 학습한다. 결과적으로 GAN은 진짜와 같아지는 학습을 통해 사용자가 입력한 조건에 가장 가까운 샘플을 만들어 보다 생생한 데이터(이미지, 음성 등)를 생성할 수 있다.

생성기 G는 가지고 있는 진본데이터 x의 분포를 알아내려고 경쟁한다. 만약 G가 정확히 진본데이터 분포를 모사할 수 있다면 이로부터 추출한 샘플은 진본 데이터 분포의 샘플과 구분할 수 없다. 판별기 D는 자신이 판별하려는 샘플이 생성기 G가 만든 위조 샘플인지 혹은 진본데이터로부터 만들어진 진본 샘플인지 구별하여 각각의 경우에 대한 확률을 계산한다. 판별기 D는 진본데이터로부터 추출한 샘플 x의 $D(x)=1$이 되고, 생성기 G에 임의의 노이즈 분포로부터 추출한 z로 만들어진 샘플에 대해서는 $D(G(z))=0$가 되도록 경쟁한다. 즉, D는 실수할 확률을 낮추기(min) 위해 경쟁하고 반대로 G는 D가 실수할 확률을 높이기(max) 위해 경쟁하는 minimax 문제이다.

장차, GAN은 인공지능이 수동적 인식에서 능동적 생성으로의 활용가능성을 한 단계 끌어올리면서 지능보다 창작자로서 새로운 가능성을 제시한 것이다. 실제로 2018년 10월 19일 뉴욕크리스티 경매에서 역사상 최초로 인공지능이 그린

27 2014년 이후 지금까지 DCGAN, iGAN, StackGAN, CycleGAN, DiscoGAN, LAPGAN, BIGAN, EBGAN 등 200여 개의 GAN 변형들이 계속 발표되고 있다.

$$\min_G \max_D V(D,G) = E_{x\,P_{data(x)}}[\log D(x)] + E_{z\,P_z(z)}[1-\log D(z)]$$

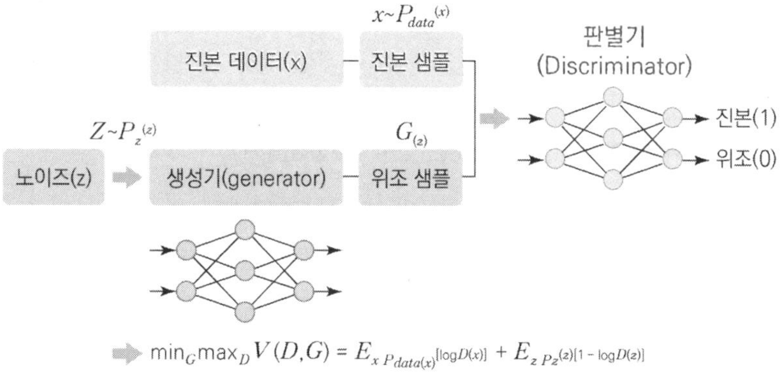

인물초상화가 43만 2,500불(약 5억 1,500만 원)에 팔렸다. 아래 그림에서 보듯 작가의 서명란에 GAN알고리즘이 명기되어 세인의 주목을 끌었다. 현재 200여 개에 달하는 GAN 변형기술은 딥 러닝이 안고 있는 비교사학습과 라벨링되지 않은 데이터 활용 문제를 해결할 수 있는 돌파구로 인식된다.

GAN은 스스로 새로운 지식과 경험을 축적할 수 있는 방향으로 진화할 수 있는 가능성을 확인시켜 주었고 산업적 활용 가능성이 매우 클 것으로 기대된다. 그러나 GAN을 이용한 Deep Fake 등 가짜 콘텐츠 생성으로 인한 심각한 사회 문제를 발생시킬 수 있다는 부작용이 우려된다. GAN은 데이터 생성이 용이하고 스스로 새로운 모형을 생성할 수 있다는 특별한 장점을 지녔지만 생성기와 판별기간 성능 불균형이 클 경우, 학습이 어렵다는 기술적 한계가 있다. GAN은 최소최대화(minimax) 문제를 기반으로 두 네트워크를 경쟁적으로 학습시켜 새로운 데이터를 생성하는 데 우수하나 최소최대화의 근본적인 문제가 존재한다. 이를

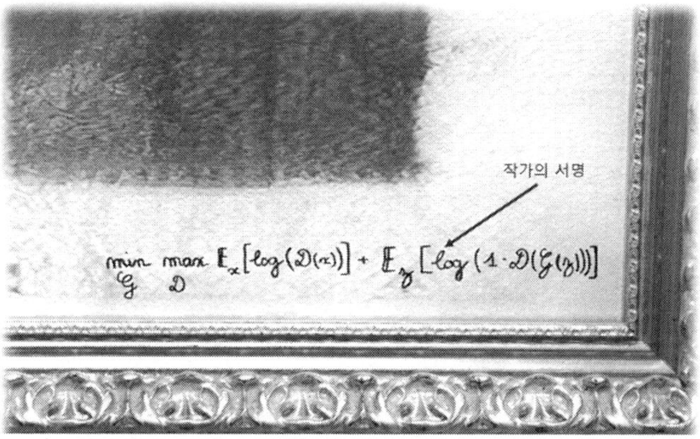

https://www.businesstimes.com.sg/life-culture/algo-art-sets-us432500-record-at-ny-auction

해결하기 위한 다양한 기법이 제시되고 있으나 아직까지 생성적 적대 문제를 완벽하게 해결할 수 있는 방안은 없으며 지속적인 연구가 필요하다(이승민, 2018).

② 심층강화학습(Deep Reinforcement Learning)

기존 강화학습은 2016년 AlphaGo와 이세돌 9단과의 바둑대결 이후 본격적인 관심을 받았으며, 2017년 MIT 10대 혁신기술 중 하나로 선정되었다. 강화학습은 특정 환경에서 정의된 에이전트가 현재 상태를 탐색하고 보상을 최대화하는 행위를 선택하며 스스로를 개선하는 학습모델이다. 반복적 시행착오를 통해 문제 해결방법을 스스로 터득한다는 점에서 기존 지도학습, 비지도학습의 정적인 학습방식과 상이하다. 반면에 심층 강화학습은 심층학습과 강화학습을 결합한 기술로서 기존 강화학습의 한계를 극복하고자 개발되었다. 단순한 게임 분야를 넘어 자율주행자동차, 로보틱스 등 잘 정의되지 않는 복잡한 분야에서 적용 가능성을 확인하는 단계이다.

DeepMind는 DQN(Deep Q-Network)이라는 심층강화학습을 개발하여 2013년 Atari Breakout 게임에 적용 이후 AlphaGo에 이르기까지 놀라운 성과를 보여주었다. Deepmind는 Breakout 게임 외에도 2015년 49종류의 게임에서 인간 수준 이상의 능력을 보인 결과를 Nature지에 발표하고 심층강화학습의 가능성을 제시하였다. 2016년 AlphaGo와 이세돌 간 바둑 대결은 DQN 심층강화학습의 응용 가능성과 기존 알고리즘의 확장 가능성을 보여준 결정적 계기를 마련하였다. AlphaGo에 적용된 DQN은 사람의 개입 없이 바둑 AI끼리의 대국을 통해 스스로데이터를 만들고 높은 점수를 획득할 수 있는 행동패턴을 스스로 학습하였다.

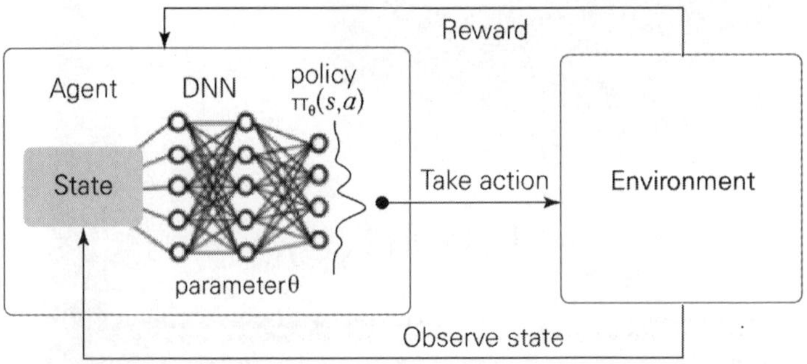

자료: ichi.pro/ko/robocup-rescue-simulator-yong-multiagent-reinforcement-hagseub-1612547702598.

심층 강화학습은 자율적 Agent가 강화학습의 시행착오 알고리즘과 누적보상 함수를 이용해 신경망 디자인을 가속화하는 방식을 일컫는다. 이러한 디자인은 지도 또는 자율 학습을 이용하는 여러 AI 애플리케이션의 동력원이라고 할 수 있다. 게임 분야 외에 충분한 주행데이터 확보가 어려워 학습이 어렵거나 시간이 많이 소요되는 자율주행기술 구현에 본격적으로 활용되기 시작하였다. 자율주행을 학습하기 위해 모든 주행상황을 고려한 학습데이터를 수집하거나 실제 주행환경을 완벽히 재현한다는 것은 불가능하기 때문이다. 강화학습은 다양한 주행데이터를 반복적으로 미세 조정하여 수백만 번의 주행상황을 재현함으로써 효과적으로 학습모델을 생성할 수 있다.[28] 또한 복잡한 실제 상황을 이해하고 스스로 최적의 행위를 수행하는 로봇분야의 제어 및 동작연구 등에 활발히 적용 중이다.

심층강화학습은 상태와 행위, 보상 등을 명확히 정의하기 어려운 환경에서 제한된 데이터만 제공되는 경우에도 매우 효과적으로 학습모델을 생성하였다. 로봇의 물리적 제어뿐 아니라 인간의 표정과 행동을 통해 인간과 교감하는 로봇의 감성적 분야에서도 적용 가능성이 기대된다. DeepMotion 연구팀은 심층강화학습을 이용하여 사람과 같은 동작을 하는 아바타 생성 기술을 개발하고 향후 애니메이션, 로봇 동작 등의 구현 가능성을 제시하였다. NVIDIA는 제조, 물류, 농업 등 다양한 산업 분야에 활용할 수 있도록 차세대 자율로봇 개발 플랫폼 Isaac[29]을 공개하였다.

심층강화학습은 영상, 음성 데이터를 넘어 시행착오를 통해 행동 데이터를 학습, 딥 러닝의 활용가능성을 획기적으로 확장시킬 수 있다는 측면에서 의의가 크다. 특히 게임과 같이 보상이 확실한 분야뿐 아니라 학습에 필요한 충분한 데이터를 구하기 어렵거나 현실적으로 재현이 어려운 경우에 효과적인 적용이 가능하다. 데이터가 부족하면 인간과 기계의 인지과정의 구조적 차이로 인해 학습모델 생성에 한계가 존재하기에 심층강화학습과 함께 생성적 적대 신경망, 전이학습 등이 주목받고 있다. 특히, 자율주행 분야에서 심층강화학습이 활발히 연

28 완성차 업체 중심으로 Sensor와 딥 러닝 등 기존 방법과 함께 강화학습을 보완적으로 적용 연구를 진행 중이다.

29 아이작에는 Jetson Xavier 로봇 프로세스가 포함되어 있으며 심층강화학습 등 인공지능 알고리즘 SW 개발 툴을 제공하였다.

〈그림 3-21〉 인공지능의 예측정확도와 설명력 관계

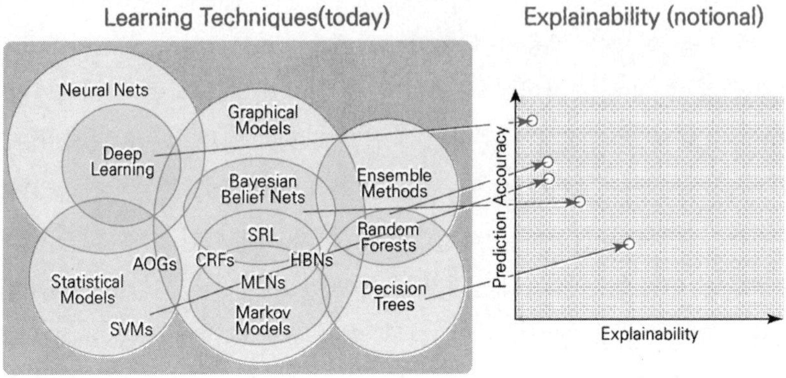

자료: https://bitnine.tistory.com/408 재구성.

구되고 있으며 점차 다양한 로봇에 적용되어 보다 복잡한 환경에서 인간의 작업을 자연스럽게 모사할 수 있는 기술로의 발전이 전망된다.

심층강화학습은 복잡한 현실세계에서 충분한 학습데이터를 구하기 어렵고 명확한 조건을 정의하기 힘든 상황에서 가상데이터를 만들어 시행착오를 통해 스스로 학습한다는 점에서 활용가치가 기대된다. 나아가 성능이 입증된 딥 러닝 기반 영상인식 기술 등과 함께 사용되어 복잡하고 위험한 환경에서 사람처럼 행동하는 에이전트를 구현할 수 있다. 뿐만 아니라 전이학습(Transfer Learning) 등과 결합하여 심층강화학습으로 생성된 지식을 다른 분야에 재활용하는 연구에 유용하다.

③ 설명가능 인공지능(Explainable AI)

그동안 인간은 인공지능 알고리즘을 온전하게 이해하지 못하였다. 컴퓨터가 데이터를 가지고 직접 알고리즘을 만들기 때문에 인간은 인공지능이 내리는 판단에 대해 그 이유를 알지 못하는 문제가 발생하였다. 미국 DARPA에 있는 David Gunning은 <그림 3-21>처럼 알고리즘의 정확도가 높아질수록 그 이유를 설명하는 수준, 즉 인간의 이해정도가 낮아진다고 하면서[30] 향후 인공지능

30 David Gunning, Explainable Artificial Intelligence, DARPA/I20. http://www.cc.gatech.edu/~al a nwags/DLAI2016/(Gunning)%20IJCAI-16%20DLAI%20WS.pdf.

을 정책결정과정에 접목하는 데 장애요인의 하나로 작용할 것으로 전망된다.

딥 러닝이 금융, 의료 등 다양한 분야로 확산되고 산업적 가능성을 인정받으면서 학습결과에 대한 신뢰성과 도출과정의 타당성 확보요구가 증가하고 있다. 사람의 생명과 밀접한 의료, 자동차 등의 분야와 기업의 의사결정 프로세스 영역을 중심으로 인공지능 알고리즘의 투명성 보장을 위한 기술적, 법적 요구도 증가하고 있다. 기술적 대응으로 2017년 DARPA의 XAI(Explainable AI) 프로젝트를 계기로 설명 가능한 인공지능 알고리즘 기술개발이 본격 전개되고 있다.[31]

또한 제도적 관점에서 2018년 EU의 GDPR(General Data Protection Regulation) 규제 조항 마련이 설명 가능한 알고리즘 개발 요구를 강화시키는 기폭제로 작용하고 있다. DARPA는 2017년부터 사용자가 인공지능 알고리즘의 작동과정을 이해하고 판단결과에 대한 이유를 설명할 수 있는 기술개발을 추진하였다. 예를 들어 고양이 이미지에 대한 인식의 결과만 알려주는 딥 러닝과 달리 XAI에서는 고양이라고 판단한 근거(수염, 털, 발톱 등)를 제시할 수 있다.

〈그림 3-22〉 DARPA XAI 프레임워크

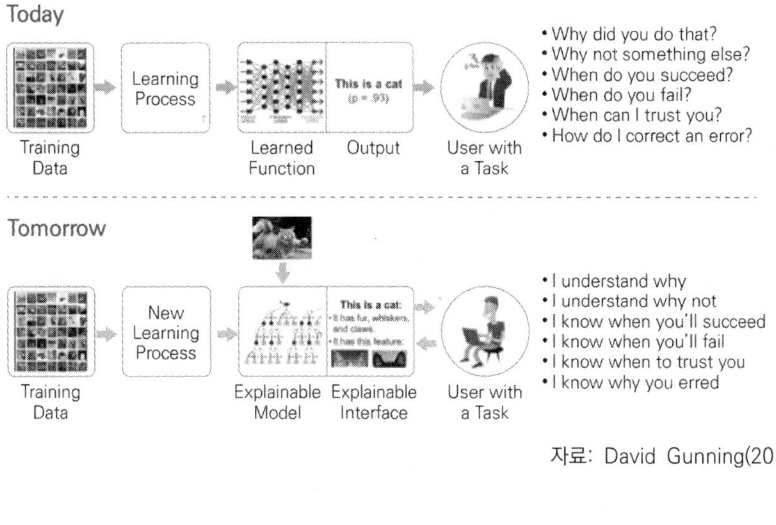

자료: David Gunning(2017).

31 David Gunning, "Explainable Artificial Intelligence(XAI)", DARPA/I2O Program Update, 2017.11.

DARPA의 XAI 프레임워크는 크게 설명 가능한 모델과 사용자 인터페이스개발을 포함한다. 특히 설명 가능한 모델은 크게 딥 러닝을 개선해 설명 가능한 특징 값을 학습할 수 있는 기술(Deep Explanation), 결과의 도출과정을 해석할 수 있는 모델(Interpretable Model), 모델 추론(Model Induction) 등의 방법이 제시되었다.

첫째, Deep Explanation이다. 설명 가능한 특징 값을 학습할 수 있도록 기존 딥러닝 알고리즘을 변형하거나 결합하는 방향으로 접근한다. 딥 러닝의 각 은닉 계층의 노드에 의미 있는 속성(예 고양이, 개 등의 발톱, 콧수염 등)을 연결하여 학습하여 분류 결과에 대한 근거를 제공한다(Hui Cheng et al., 2014). 기존 CNN 알고리즘은 이미지내의 객체를 인식하도록 학습하고 RNN 알고리즘은 CNN으로 학습한 특징 값을 단어와 캡션으로 번역하도록 학습함으로써 이미지 캡션을 생성한다.

둘째, Interpretable Model이다. 입력 데이터(문자, 이미지 등)의 특징값을 확률적 추론을 통해 학습하여 새로운 모델을 개발하는 방향으로 접근한다. 사람이 하나의 예만으로 새로운 개념을 배워서 사용할 수 있는 것처럼 사람이 개념을 익히는 과정을 Baysian 방법(Bayesian Program Learning)으로 추론하여 필기체 인식에 적용한다(Brenden M. Lake et al, 2015). 이미지의 특징 값(색, 선, 위치 등)의 관계를 AND-OR 그래프로 표현하여 최종결과에 이르는 과정과 확률을 제공하여 원인과 결과를 이해할 수 있도록 한다(Zhangzhang Si and Song-Chun Zhu, 2013).

셋째, Model Induction이다. 타 학습모델과 비교하여 예측결과에 대한 근거를 제시하거나 결정과정을 통해 설명가능 모델을 생성한다. 기존 블랙박스 속성의 머신러닝 알고리즘을 설명 가능한 타 학습 모델과 비교하여 예측한 결과에 대한 근거를 제공한다(Marco Tulio Ribeiro et al., 2016). 기존 고차원의 특징 값을 Baysian 룰(Bayesian Rule Lists)을 사용하여 단순하고 연속적인 결정과정으로 구분하여 인간이 이해할 수 있는 예측 모델을 생성한다(Benjamin Letham et al., 2015).

설명가능 AI 모델은 사람이 이해할 수 있는 근거를 제공함으로써 법적인 문제와 사회적 차별을 낳을 수 있는 기존 인공지능 알고리즘의 한계를 극복하려는 점에서 의의가 있다. 알고리즘 자체의 문제뿐 아니라 학습 데이터에 전적으로 의존하는 AI 알고리즘 특성에 비추어 볼 때 알고리즘의 프로세스를 볼 수 있다는 것은 결과에 설명력과 신뢰성을 높여 인공지능의 실질적인 활용 범위를 확장시킬 것으로 기대된다. 다만, 판단 결과가 일관성을 제공하지 못할 경우 데이터

〈그림 3-23〉 Explainable Model의 세 가지 접근 방법

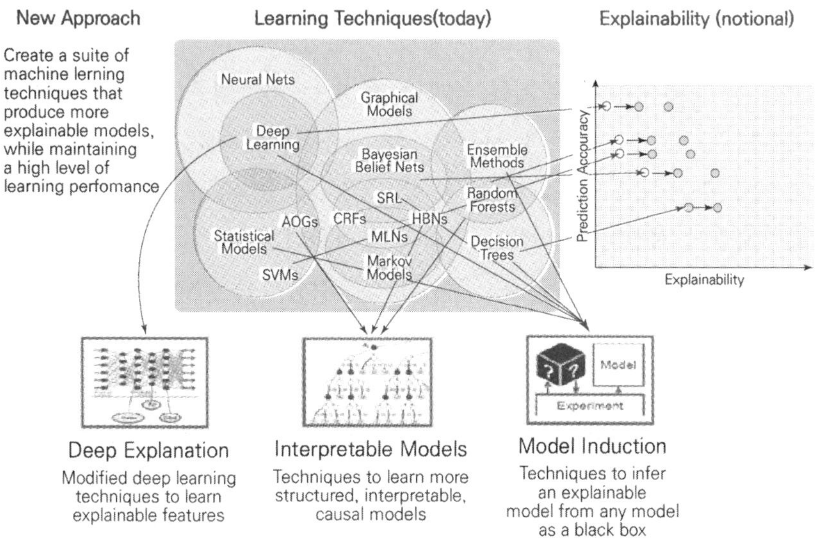

자료: David Gunning(2017).

의 문제인지 알고리즘 설계의 문제인지를 명확히 밝힐 수 있는 근거를 밝힐 필요가 있다. 나아가 설명가능 AI는 인공지능 알고리즘의 품질 인증과 적용 가이드라인 마련에 중요한 기준이 될 것으로 예상된다.

설명가능 AI 모델 연구는 지금까지 다양한 접근 방법으로 진행되어 왔으나 학계중심의 이론적 수준에 머물고 있으며 실용적 단계에 이르기까지는 많은 기술적 난관이 예상된다. 인간의 결정 과정에서 '先결정 後설명' 경우가 발생하듯이 XAI 연구의 필요성과 별개로 과연 XAI 연구의 기술적 가능성에 대한 의문이 존재한다. 그럼에도 불구하고 EU의 GDPR을 계기로 인공지능 시스템이 산업과 실생활에 사용되었을 때 발생할 법적, 사회적 문제에 대응할 기술적 요구는 지속될 것이다. 나아가 적용영역에 따라, 제품과 서비스 제공 시 인공지능이 내린 결정과정을 설명할 수 있는가의 여부는 향후 기업 경쟁력의 중요 변수로 작용할 것으로 전망된다.

④ **캡슐 망**(Capsule Networks)

Hinton 교수 외 연구진은 2017년 'Dynamic routing between capsules' 논문

에서 캡슐망(Capsule Networks)이라는 새로운 신경망 알고리즘을 제안하였다(Sara Sabour, Nicholas Frosst, Geoffrey E. Hinton, 2017). 이 논문에서 1979년 힌튼 교수는 처음 제안한 아이디어를 알고리즘으로 구현함으로써 기존 CNN(Convolution Neural Networks)의 구조적 한계를 극복할 수 있는 가능성을 보여주었다. 기본적인 아이디어는 눈으로 획득한 시각정보를 계층적으로 해체하고 이전에 습득한 지식과 비교해 객체의 종류와 위치, 방향 등의 정보를 역 추론하는 것이며, 이러한 점은 사람이 사물을 인식하는 방식과 유사하다.

캡슐 망에서는 각각의 뉴런이 독립적으로 작동하는 CNN과 달리 여러 뉴런들의 그룹을 캡슐이라는 단위요소로 정의하고 특정 개체가 존재할 확률과 성질을 벡터로 표현하여 출력 값을 계산한다. CNN의 뉴런 출력 값은 scalar이지만 캡슐의 출력 값은 vector이며 벡터의 크기는 특정 개체가 존재할 확률을, 벡터의 방향은 개체의 성질을 나타낸다. 캡슐 망에서는 개체가 존재할 확률을 효과적으로 표현하기 위해 새롭게 제안한 비선형 함수인 스쿼싱 함수(squashing function)를 사용하고 아래층 갭슐의 출력벡터 가중치를 계산하기 위해서 max pooling이 아닌 동적 라우팅(dynamic routing) 방법을 사용한다. 동적 라우팅에서는 단순히 얼굴을 구성하는 눈, 코, 입 등 구성 요소의 존재(스칼라)만으로 얼굴을 인식하는 것이 아니라 각 요소 간 상관관계(벡터)를 계산한다.

하지만 논문에서 제시된 MNIST 데이터셋(28×28) 보다 큰 이미지에 대해서 캡슐망이 우수한 성능을 보장하는 지에 대해 충분히 검증되지 않았다. 또한 학습 소요시간이 기존 CNN보다 길다는 문제가 제기된다. 그럼에도 불구하고 CNN에 비해 사람이 사물을 인식하는 과정에 더 가까운 캡슐망의 접근 방식이 딥러닝의 또 다른 혁신을 가져올 것이라는 기대가 높다. 1980년 대 오류역전파(Back Propagation) 기술이 30년이 지난 후 컴퓨팅 파워, 데이터 등의 발전으로 인해 딥 러닝 기술을 혁신시켰듯이 지금의 캡슐(Capsule) 신경망은 인공지능 알고리즘의 연구방향에 큰 전환점이 될 것으로 기대된다.[32]

32 James Somers, "Is AI Riding a One-Trick Pony?", MIT Technology Review, 2017.09.29.

3 모델과 비즈니스: 이해와 활용

머신러닝을 사용하면 데이터를 통해 시스템에게 머신러닝 알고리즘으로 비즈니스 문제의 해결 방법을 학습시킬 수 있다. 보다 나은 비즈니스 결정을 내리려면 데이터를 이해해야 한다. 하지만 볼륨이 너무 복잡하면 기존 도구를 사용하여 데이터를 분석하기 어렵다. 데이터에서 패턴과 유용한 정보를 찾기 위한 분석모델을 빌드, 테스트, 반복, 배포하는 데 많은 노력과 시간이 소요된다. 또한 배포 후 모델을 Monitoring하여 시장상황 또는 데이터 자체의 변경에 따라 지속적으로 조정해야 한다.

가. AI 기반 비즈니스 가능성

인공지능 열풍이 거세다. 정부는 주요 IT기업과 함께 인공지능연구소를 만들고, AI 인력양성을 위해 학교마다 인공지능관련 교과를 늘리는 등 높은 관심에 힘입어 한동안 침체였던 인공지능 연구·개발자들은 호황(?)을 맞이하고 있다. AI 기술은 한순간도 멈춤이 없이 혁신을 거듭하고 있다. 자율주행, 추천기술, 음성인식, 컴퓨터비전 등 분야별로 다양한 AI 기반 기술들이 비약적인 발전을 이루어가고 있다.

먼저 인공지능을 지원하는 기술기반은 어떻게 이루어져 있을까? 그 얼개를 도시(圖示)하면 <그림 3-24>와 같이 펼쳐진다. 인공지능관련 기술의 전체 상(Overview)으로 크게 4개의 층으로 구성되어 있다.[33]

첫째, 하드웨어(칩과 서버)이다. 최하층을 이루며 딥 러닝 신경망 연산의 경우, 고속 처리가 더 이상 CPU만으로는 대응할 수 없기 때문에 GPU나 FPGA 및 ASIC 등의 고속 칩이 사용되고 있다. 또한 AI서비스의 대부분은 Cloud 컴퓨팅에서 볼 수 있다. IoT의 보급과 함께 엣지(edge) 컴퓨팅이 주목받고 있다. IoT 엔드 포인트(단말기)에서 대량의 데이터가 연속 생성되지만 이들을 이용한 딥 러닝 계산처리를 인터넷으로 할 때 통신량 증가로 네트워크비용과 Cloud요금이

33 https://dooob.tistory.com/m/65?category=825950.

〈그림 3-24〉 인공지능의 전체 상(Overview)

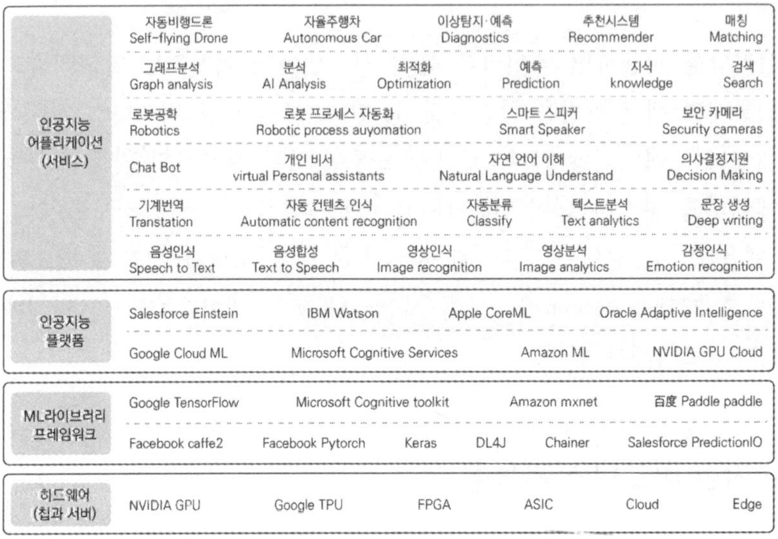

인공지능 어플리케이션 (서비스)
자동비행드론 Self-flying Drone
자율주행차 Autonomous Car
이상탐지·예측 Diagnostics
추천시스템 Recommender
매칭 Matching
그래프분석 Graph analysis
분석 AI Analysis
최적화 Optimization
예측 Prediction
지식 knowledge
검색 Search
로봇공학 Robotics
로봇 프로세스 자동화 Robotic process auyomation
스마트 스피커 Smart Speaker
보안 카메라 Security cameras
Chat Bot
개인 비서 virtual Personal assistants
자연 언어 이해 Natural Language Understand
의사결정지원 Decision Making
기계번역 Transtation
자동 컨텐츠 인식 Automatic content recognition
자동분류 Classify
텍스트분석 Text analytics
문장 생성 Deep writing
음성인식 Speech to Text
음성합성 Text to Speech
영상인식 Image recognition
영상분석 Image analytics
감정인식 Emotion recognition
인공지능 플랫폼
Salesforce Einstein
IBM Watson
Apple CoreML
Oracle Adaptive Intelligence
Google Cloud ML
Microsoft Cognitive Services
Amazon ML
NVIDIA GPU Cloud
ML라이브러리 프레임워크
Google TensorFlow
Microsoft Cognitive toolkit
Amazon mxnet
百度 Paddle paddle
Facebook caffe2
Facebook Pytorch
Keras
DL4J
Chainer
Salesforce PredictionIO
하드웨어 (칩과 서버)
NViDIA GPU
Google TPU
FPGA
ASIC
Cloud
Edge

자료: https://bitnine.tistory.com/65 재구성.

증가하고 처리속도가 느려진다. 그래서 사용자 가까이에 edge서버를 설치하고 그 위에 인공지능을 작동시킨다.

둘째, 기계학습 라이브러리(프레임워크)다. 제2층은 머신러닝을 실행할 수 있는 얼개를 가진 라이브러리다. 하드웨어가 자동차의 차체라면, 이쪽은 엔진과 같다. 라이브러리는 프레임워크라고도 불린다. 대부분 오픈소스로 무료 제공되고 있다. Tutorial도 충실하므로 개발자들은 손쉽게 딥 러닝 학습모델을 만들 수 있다.

셋째, 인공지능 플랫폼이다. 라이브러리를 사용하여 이미지 인식이나 음성인식 등의 학습을 통해 목적별로 사용자가 이용하기 편리한 서비스로 제공하는 것이 인공지능 플랫폼이다. 대부분 AI 플랫폼은 Cloud기반의 유료서비스다. 가령 Google Cloud 머신러닝에서 이미지인식, 영상분석, 음성인식, 기계번역, 자연언어이해 등 다양한 인공지능서비스를 제공하고 있다.

넷째, 인공지능 응용프로그램이다. 라이브러리를 사용하여 스스로 기계학습을 시키고, AI 플랫폼이 제공하는 서비스를 이용한 응용프로그램이 확산되고 있다. 예를 들어 이미지인식을 사용한 <결함감지 및 예측>, 자연언어 이해를 사용한 <개인비서>, 텍스트 분석을 사용한 <지식과 검색> 등 다양한 AI 기술을 조합하여 다양한 응용 프로그램이 등장하고 있다.

한편, 인간의 협업도구로서 인공지능의 가능성이 높아지고 있다. 가령 Amazon Web Services(AWS)는 인공지능에서 증강(Augmented)을 적용, 확장시켰다. 인공지능과 인간지능의 상호관계에서 문제를 해결하고 의사결정을 돕는다. 머신러닝의 예측 신뢰도를 개선하며, 사람의 판단과 확인을 통해 추론을 최종 검증할 수 있다. 모델 및 애플리케이션 정확도의 개선을 위한 아마존 증강 인공지능(Amazon Augmented Artificial Intelligence:A2I)은 서비스의 개선 및 강화를 위한 솔루션이다. 머신러닝은 이미지에서 객체를 식별하고 스캔문서에서 텍스트추출 및 변환 등 다양한 측면에서 정확한 추론을 제공한다. 어떤 용도로 사용되든, 예측의 정확성과 신뢰성을 높여준다. 하지만 추론결과의 모호성을 보완하기 위해 사람이 개입이 필요하다. 이처럼 머신러닝과 검토자 간 상호작용이 중요하지만 검토 작업이 쉽지 않고 많은 비용이 소요된다. 예를 들어, 공공서비스업무에서 법집행관련 공공안전, 금융 등 의사결정에서 높은 신뢰도(최대 99%)를 위해 사람의 판단이 필요한 경우, 검토를 통해 추론을 최종 검증한다. 이러한 과정에 A2I(아마존 증강 인공지능)는 워크플로우 구축을 쉽게 할 수 있으며, 획일적 작업의 경감이나 효율성을 높여준다(인공지능신문, 2020년 5월 30일자).

나. AI 기반 비즈니스: 실행과 고려사항

인공지능의 영감은 인간과 유사한 사고가 가능한 자율적 기계로부터 생성되었다(McCorduck, 2009). 1956년에 John McCarthy는 인공지능의 개념을 형성하고 연구그룹을 조직하였다. 학습의 모든 측면 또는 지능의 다른 특징을 기계에 의해 모사(simulaton)할 수 있을 정도로 정확하게 설명할 수 있다고 가정했다. 애플리케이션에는 기계가 언어를 사용하고 추상화와 개념을 형성하며 복잡한 문제의 해결방법이 포함되었다(McCarthy, 2006). 오늘날 이용가능한 방대한 데이터 증가와 컴퓨팅 성능과 알고리즘의 지속적인 향상은 다양한 산업 전반에 걸쳐 수많은 인공지능 응용 프로그램을 만들어냈다. 인공지능의 정의와 개념은 목표와 영역에 따라 다르다. 하지만 학습과 문제 해결처럼 인간의 인지기능 모방이라는 특성을 지닌다.

인공지능은 숫자로 답할 수 있는 모든 질문에 대답한다. 강화된 통계체계로서 양적(量的) 예측을 한다. 데이터 집합을 분석해 패턴과 확률을 찾아내고 하나의 컴퓨터프로그램 구조, 즉 모델로 코드화한 것을 기반으로 작동한다. 모델은 데이터를 집어넣으면 답이 나오는 일종의 블랙박스다. 블랙박스에 새로운 데이터를 입력해 무언가를 예측하는 수치를 얻는다. 기계학습, 딥 러닝, 신경망 등 인공지능은 컴퓨터 논리로 이해되면서 신비의 베일에서 벗어날 수 있다(Meredith Broussard, 2019).[34]

그러면 알고리즘은 비즈니스 성공을 위한 판도를 어떻게 변화시킬 것인가? 컴퓨터가 복잡한 알고리즘을 계산할 수 있는 성능수준으로 발전하면서 2가지 흥미로운 분야가 등장했다. 기계 학습과 딥 러닝이다. 모두 비즈니스성공을 위한 판도를 바꾸면서 이제 새로운 인공지능시대를 열어가고 있다. 새로운 생존게임은 간단명료하다. 진화에 적응하는 개인이나 조직이 가장 먼저 정점에 이를 것이다. 그렇지 않은 사람이나 기업은 경쟁에서 뒤처질 것이다.

기계학습은 과거의 훈련된 데이터로부터 학습된 속성에 기초하며, 예측기반에서 보이지 않는 새로운 작업을 정확하게 수행한다. 달리 말해 알고리즘이 데이터에서 학습한 후 학습내용을 적용하고 정보에 입각하여 결정한다. 컴퓨터처럼 과거의 실행결과를 분석하여 자동화 작업을 지속적으로 개선하는 방법을 스스로 학습한다. 컴퓨터가 엄청난 양의 정보를 빠른 속도로 처리할 수 있다는 것을 고려하면, 컴퓨터의 학습속도는 더욱 가속화될 것이다.

기계학습의 사례를 설명하면, 1956년에 Arthur Lee Samuel은 체커게임에서 자신을 이길 수 있는 매우 상세한 컴퓨터프로그램을 쓰지 않았다. 대신 알고리즘을 만들었다. 알고리즘은 컴퓨터로 하여금 스스로 계속해서 자신과 플레이할 수 있게 했다. 이러한 과정에서 과거 데이터로부터 알고리즘을 터득할 수 있다. 본질적으로 상대와의 게임에서 스스로 가르칠 수 있다. 그 결과, 1962년에 컴퓨터가 체커게임에서 Connecticut 주 챔피언을 이겼다. 여기서 알고리즘 효과가 증명되었다. 그리고 오늘날에 이르기까지 빠르게 진화하고 있다. 마치 Netflix가 영화추천 기능개선을 위해 알고리즘을 사용했듯이 머신러닝을 적용하면 기업이 고객으로부터 효과적인 서비스제공 방법을 배울 수 있다.

34 http://www.munhwa.com/news/view.html?no=2019080101031803009001(문화일보, 2019년 8월 1자).

반면에 Deep Learning은 신경네트워크 기술을 기반으로 한다. 기계학습의 하위 분야로서 복잡한 알고리즘 집합을 통해 컴퓨터는 훈련데이터에 노출되지 않고 새로운 패턴을 발견할 수 있다. 선도적 Startup으로 2014년 Google에 의해 인수된 DeepMind는 설립 당시 13명으로 구성된 조직이었다. 또 다른 Startup으로 Elon Musk, Jeff Bezos and Mark Zuckerberg의 투자자금을 조달한 Vicarious이다. 그리고 Twitter, Baidu, Microsoft, Facebook 역시 막대한 자금을 투자하고 있다. 딥 러닝 알고리즘은 발견과 자체 indexing에 의존한다. 마치 아기가 처음 소리를 배운 후 단어, 문장, 심지어 언어까지 배우는 방식으로 작동한다. 이후 딥 러닝 기능이 상당히 개선되었다. 사람이 입력하지 않아도 동영상에서 특정 에피소드를 감지하고 텍스트로 설명할 수 있다. 게임의 규칙을 파악한 후 성능을 최적화함으로써 다양한 게임을 구사할 수 있다. 이러한 기술은 대부분 제품과 서비스를 보다 효과적이고 개인화하며 빠른 속도의 확장방식으로 효율화하고 있다.

알고리즘은 기업이 대량데이터를 이해할 수 있도록 지원한다. 수십억 개의 Sensor와 사물인터넷 장치로부터 생성되는 엄청난 양의 데이터 환경에서 알고리즘은 모든 조직의 비즈니스 성공에 매우 중요하다. Google, Facebook 그리고 Netflix처럼 해당영역을 지배하는 거대기업들은 자신의 꿈을 넘어서는 규모의 성장을 가능하게 한 비결이다. 일종의 비밀통화(secret currency)와 같다. 세계 최고의 기술기업들은 최고의 자리에 오를 뿐만 아니라 위상을 확고하게 유지하기 위해 비밀통화를 사용하고 있다. 그러면 과연 비밀통화가 무엇일까? 바로 Data다. Data는 제4차 산업혁명시대의 원유로 인식된다. 가치 있는 자원이다. 스마트 폰과 인터넷과 같은 기술은 데이터를 풍부하게 만들고 언제, 어디서나 이용할 수 있게 해 주었다. 하지만 성공한 사람이나 조직은 자신이 접근할 수 있는 데이터의 활용방법까지 알고 있다. 이러한 지점에서 거대기업은 막대한 양의 데이터를 이해하고 운영 및 수익확장에 적용할 수 있도록 알고리즘을 도입한다. 물론 가장 좋은 알고리즘의 활용을 위해 기술회사가 될 필요는 없다.

오늘날 이미 많은 알고리즘이 쉽게 손이 닿는 곳에 있기 때문이다. 알고리즘은 프로세스의 최적화나 수익흐름의 창출에 사용될 수 있는 데이터를 활용한다. 알고리즘은 여러 산업에 걸쳐 광범위하게 퍼져 있다. 가령 자동차 미끄럼방지 브레이크에서 Amazon의 추천엔진에 이르기까지, 항공사를 위한 동적 가격책정에서 곧 출시될 할리우드 블록버스터의 성공예측, 신용카드 사기탐지, Facebook의 일반적인 사용자 및 Uber 운전자를 승객과 일치시키는 게시물에 이르기까지 알고리즘은 생활과 비즈니스현장 곳곳에서 찾아볼 수 있다.

알고리즘은 비즈니스 미래의 중요한 구성요소다. 장차 모든 비즈니스의 통찰력과 결정은 데이터중심에서 이루어진다. 알고리즘에의 투자는 제품과 서비스의 신속한 확장을 고려하는 조직에 유용하다. 알고리즘은 인간보다 객관적이고 확장가능하며 유연하다. 그렇기에 성장을 추구하는 조직에 중요한 요소다. 조직이 경쟁에서 뒤처지지 않으려면 다양한 유형의 알고리즘을 제대로 이해해야 한다. 즉 비즈니스 특성에 따라 수집된 데이터 활용에 어떻게 도움을 주는지 알아야 한다. 사실 Google의 성공 이유 중 하나는 데이터에 기반하고 있기 때문이다. 기술과 Sensor의 급속한 개발로 인해 채굴 가능한 데이터가 급증하면서 알고리즘은 모든 비즈니스 성공의 필수 요소다. 알고리즘의 효용은 데이터를 활용하여 커다란 성과를 얻을 수 있도록 도와준다. 물론 Google이나 Facebook이 될 필요는 없다. 누구나 데이터에의 접근이 가능하면 신생기업이나 미드마켓 기업에서도 사용할 수 있다. 게다가 인공지능시스템의 비용도 낮아졌다.

알고리즘 실행의 4단계

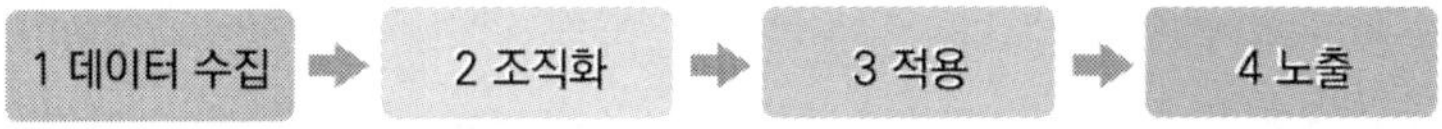

그만큼 알고리즘의 사용영역이 많아지고 있다. 그러므로 먼저 알고리즘과 기계 학습을 통해 어떤 문제 또는 프로세스에 유용한지 확인해야 한다. 일단 파악되면, 알고리즘을 구현을 위해 실행되어야 한다. 즉 알고리즘은 4단계를 거치면서 실행된다. 첫째, 데이터 수집단계다. 알고리즘 프로세스는 Sensor나 사람을 통해 수집되거나 공개 데이터 셋에서 가져온 데이터의 활용에서 시작된다. 둘째, 조직화 단계이다. 데이터 수집이 이루어지면 다음으로 데이터 추출, 변화 및 로드(ETL: Extract, Transform and Load)로 알려진 프로세스를 거쳐 데이터를 구성 및 조직화한다. 셋째, 적용단계이다. 데이터에 액세스할 수 있게 되면 Hadoop 및 Pivotal과 같은 머신러닝 툴이나 DeepMind, Vicarial 및 SkyMind 같은 (오픈소스)딥 러닝 알고리즘에서 통찰력을 얻고 동향을 파악하면서 새로운 알고리즘을 적용한다. 넷째, 노출단계이다. 마지막 단계로서 데이터를 개방형 플랫폼처럼 노출한다. 개방형 데이터 및 API를 사용하여 조직(기업) 커뮤니티가 자신의 데이터와 Remix하여 플랫폼 상단에 가치 있는 서비스, 새로운 기능 및 혁신을 개발할 수 있다. 예컨대 Ford 자동차, Uber, Rabobank, the Port of Rotterdam, IBM Watson, Twitter and Facebook 등이 있다.

알고리즘은 제품이나 서비스의 오류수준을 낮추고 성장을 안정화시키는 방법이다. 사용자로부터 배워서 성능을 향상시켜야 사용자에게 도움이 될 수 있다. 물론 나쁜 것도 배울 수 있다. 가령 상담에이전트가 부적절한 말을 배우거나 편향된 데이터로부터 배우면 불공정한 판단을 내릴 수 있다. 인공지능을 잘 못 사용하면 사람만큼 위험할 수 있다. 놀랍게도 많은 기업들은 여전히 자기 망상과 인지적 편견과 편향의 희생양이 될 위험성이 크다. 그 까닭은 조직 관리자들이 직관적 추측에 의지하기 때문이다. 그러나 알고리즘과 인간의 판단, 해석, 성찰을 통합함으로써 인간의 인지편향과 인공지능의 기계적 편향(machine bias)으로부터 자유로울 수 있으며 건전하고 올바른 성장과 성숙이 가능하다.

AI 알고리즘은 기술적으로 인간가치나 편견에서 자유로울 수 없다. 인간이 AI 알고리즘을 설계하는 데다 학습데이터 자체의 편향가능성을 배제할 수 없기 때문이다. 인공지능에 대한 맹신이나 환상도 금물이다. 중립성 확보와 유지 노력이 필요하다. 인공지능 자체의 중립성은 기술적으로 논리적으로 맞지 않는다. 일례로 어떤 직업에 적합한 사람을 찾기 위해 여러 이력서를 인공지능에게 학습시킨다고 하자. 이력서데이터에 남성이력서가 많았다면 의도치 않게 '이 일은 남성이 적합하다'고 판단할 수 있다. 현재 기술단계에서 AI 알고리즘은 절대 중립적일 수 없다. 세상의 편향된 데이터를 토대로 학습할 수밖에 없을 뿐만 아니라 현재 AI 알고리즘을 만드는 것도 결국 인간이기 때문에 인간의 편향이 그대로 반영될 수밖에 없다.

실례로 영국 정부가 알고리즘을 도입해 학생들의 입시성적을 매겼다가 심각한 사태가 벌어졌다. 신종 코로나바이러스로 인해 중등교육자격검정시험(GCSE)과 영국의 대학수학능력시험이라 할 수 있는 <A level>을 예정대로 진행하기 어려워졌다. 이에 따라 각 학교 제출 자료와 학생들의 과거성적을 토대로 알고리즘이 점수를 매기게 했다. 알고리즘 채점결과, 학생 40% 가량이 예상등급보다 한 단계 이상 낮은 성적을 받았을 뿐 아니라 사립학교에 비해 공립학교 특히,

낙후된 지역학생들이 예상보다 낮은 점수를 받아 공정성 논란이 일었다. 학생들의 반발과 시위가 이어졌고 결국, 정부는 알고리즘이 아닌 학교에 성적평가를 맡기기로 결정했다. 또한 전자상거래업체 아마존은 2014년부터 AI를 활용해 직원채용 자동화프로그램을 개발했다. 그러나 실험결과, 여성지원자를 차별하는 경향이 나타나 폐기한 사실이 2018년 로이터통신 보도로 드러났다. 당시 AI 프로그램은 10여 년간 회사에 제출된 이력서패턴을 분석하도록 훈련됐는데 이력서 자체가 남성지원자로부터 제출된 게 대부분이었다. 즉, AI 프로그램에 데이터 편향이 반영된 것이다.

알고리즘의 판단을 이끌어내는 데이터의 편향성과 판단의 매개변수를 바로잡기 위해 한쪽으로 치우친 데이터 세트를 균형 있게 보강하고 매개변수의 설정을 조정하는 시도가 나타나고 있다. 그럼에도 여전히 불공정문제의 근본적 해결 불가능성이나 편향정보를 다양성 있는 정보로 보강하는 작업이 쉽지 않음을 드러낸다. 알고리즘의 효용성이 가치가 있다. 하지만 공정성이라는 철학적 개념을 수학적 표현으로 바꿀 때마다 그 미묘함, 유연성, 융통성을 잃는 현실을 부인하기 어렵다.

사실 알고리즘의 의사결정과정은 수학과 IT로 숨겨져 있어 일반인이 이해하기 힘들다. 각 영역의 고수들, 즉 수학자와 컴퓨터과학자들을 제외하고 그 누구도 내부의 작동방식을 알 수 없다. 오히려 인간은 알고리즘의 결정을 '자발적 선택'이라고 믿는다. Broussard가 지적했듯 데이터는 효율적이지만 데이터에 의한 접근 방법에서 생각하기에 중요한 요인들이 간과되고 있음을 알 수 있다.

AI의 잠재적 영향을 생각할 때 3가지의 작업이 고려된다. 알고리즘과 모델개발, 출력으로부터 통찰력 도출, 출력 또는 권장사항 채택이다. 훌륭한 기계학습 모델만으로 충분하지 않다. 여기에 디자인사고의 활용과 일선 직원들과 함께 작업흐름에 스며있는 사용자 중심의 직관적 경험이 어우러져야 한다.

다. 알고리즘 선택 시 고려사항[35]

알고리즘 선택에 정답은 없지만, 모범답안은 있다. 보통은 문제 정의 후, 그 문제에 최적화된 알고리즘을 선택하지만, 선택지가 여러 개인 경우, Check list나 고려사항은 알고리즘 선택에 영향을 미친다. 어떤 알고리즘을 사용해야 할까? 수많은 종류의 머신러닝 알고리즘을 맞닥뜨린 초급자들이 가장 많이 물어보는 전형적인 질문이다. 사실 이 질문에 대한 답변은 하단 내용을 비롯한 수많은 요인에 따라 달라진다. 알고리즘을 선택하는 경우, ① 데이터의 크기, 품질, 특성 ② 가용 연산(계산) 시간 ③ 작업의 긴급성 ④ 데이터를 이용해 하고 싶은 것 등을 고려해야 한다.

알고리즘을 선택할 때에는 언제나 정확성, 학습 시간, 사용 편의성을 고려해야 한다. 많은 경우 정확성을 최우선으로 둔다. 반면 초급자는 가장 잘 알고 있는 알고리즘에 초점을 맞추는 경향이 있다. 데이터 세트가 제공됐을 때 가장 먼저 고려해야 할 것은 '어떤 결과가 나올 것인지에 상관없이 어떻게 결과를 얻을 것인가'이다. 초급자일수록 실행하기 쉽고 결과를 빨리 얻을 수 있는 알고리즘을 선택하기 쉽다. 프로세스의 첫 단계에서는 괜찮겠지만 일부 결과를 얻고 데이터에 익숙해진 후라면 정교한 알고리즘을 사용하는 데 시간을 더 많이 할애해야 한다. 그래야만 데이터를 더욱 잘 이해하고, 결과를 개선시킬 수 있다. 심지어 최상의 알고리즘은 정확성이 아닐 수 있다. 일반적으로 알고리즘은 달성 가능한 최고의 성능을 발휘하기 위해 세심한 튜닝(tuning)과 광범위한 학습을 요구한다.

어떠한 경우든 새로운 문제를 해결해야 한다면 다음의 중요한 메시지를 기억할 필요가 있다. 첫째, 문제를 정의한다. 어떤 문제를 해결하고 싶은지 명확하게 규정해야 한다. 둘째, 단순하게 시작한다. 데이터와 기준이 되는 결과(baseline results)를 잘 인지하고 있어야 한다. 다음단계로 복잡한 것들을 시도하는 것이 바람직하다.

머신러닝 알고리즘 선택요소 또는 선택기준으로 첫째, 문제정의가 필요하다. 즉 해결하고자 하는 문제가 지도학습인지, 지도학습이라면 회귀인지 클러스터인

35 https://www.sas.com/ko_kr/solutions/ai-mic/blog/machine-learning-algorithm-Python-sheet.html.

Machine Learning Algorithms Cheat Sheet

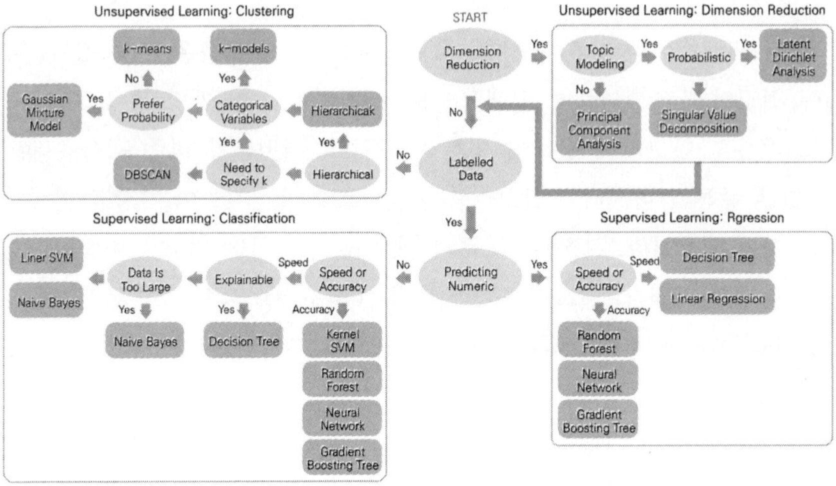

자료: blogs.sas.com/content/subconsciousmusings/2020/12/09/machine-learning-algorithm-use/.

지 파악한 후, 각각의 문제유형에 최적화된 알고리즘을 선택할 수 있다.

둘째, 데이터 사이즈를 고려해야 한다. 샘플사이즈는 알고리즘 선택에 중요한 요소이다. 기계에게 학습시킬 데이터 셋(트레이닝 셋)의 사이즈가 작은 경우에는 고편향·저분산 분류알고리즘이(예 Naive Bayes) 저편향·고분산 분류알고리즘보다(예 kNN) 성능이 좋다(kNN은 과 적합의 가능성이 높기 때문이다). 하지만 학습데이터의 사이즈가 커질수록, 저편향·고분산 분류알고리즘이 더 좋은 성능을 보여준다.

셋째, Interpretability VS Accuracy이다. 해석력과 예측력 중 어느 것을 중시하느냐에 따른다. 해석력을 중시하는 경우, 어떤 요소들이 모델에 선택되었는지 개발자가 알 수 있는 모델을 선택하는 것이 좋고 해석할 필요가 없을 경우, 예측력이 좋은 모델을 선택한다. 가령 고양이, 강아지 판별모델에서, 어떤 요소가 기계의 결정에 가장 영향을 미치는지 알고 싶다면, 로지스틱 회귀 알고리즘을 사용하여, '코의 수염'이 결정여부에 어느 정도 영향을 미치는지, '귀의 각도'는 과연 결정적인 영향을 끼치는지 등의 해석을 할 수 있다. 예측력을 중시할 경우 신경망 알고리즘을 사용한다면 비록 내부 프로세스는 알 수 없을 지라도 기계의 예측력은 더 좋아질 수 있다.

넷째, 선형성이다. 데이터의 예측변수들과 레이블 사이에 선형관계를 가정한다면 선형성을 가정한 알고리즘을 사용할 수 있다. 선형알고리즘 모델은, 실제 관계성이 곡선형일 경우에 비해 예측력이 떨어지는 단점이 있지만, 간단하고 빠르기 때문에 많이 사용된다.

다섯째, 데이터 차원이다. 차원은 사용되는 예측변수들의 개수이다. 고양이, 강아지 판별 모델에서 기계의 결정에 영향을 주는 예측변수를 '코의 수염'과 '귀의 각도'로 설정하였기 때문에 데이터는 2개의 변수를 사용하는 2차원 데이터가 된다. 만약 수백, 수천 차원의 데이터를 가지고 있다면? 텍스트 데이터를 사용할 때에 사용하는 변수가 무척 많아진다. 이러한 종류의 데이터에 최적화된 알고리즘이 SVM 알고리즘이다. 또한 머신러닝으로 차원축소만을 목표로 한다면 PCA 같은 차원축소 알고리즘을 사용할 수도 있다.

“앞으로 인공지능 에이전트는 모든 정보를 보고 당신이 관심 가질 만한 정보만을 알려줄 것이다.”

-Bill Gates, Microsoft 설립자-

일취월장(日就月將)하는 인공지능과 비즈니스

인공지능 제품과 서비스가 가정, 사회, 직장 곳곳에서 활용되고 있다. 하지만 시작에 불과하다. 장차 누구든 인공지능 제품 및 서비스의 개발 · 생산 · 판매를 통해 수익을 창출할 수 있다. 하지만 경쟁기업이나 국가들에 대해서 경쟁우위를 확보하기 위해 다양한 노력이 요구되는데 그 가운데 지재권 확보가 매우 중요하다. 현재 인공지능 관련 특허 보유는 미국이 가장 앞선 상태이며, 중국이 빠른 속도로 추격 중이다. 한국에서는 삼성, 현대, SKT, LG와 같은 기업을 중심으로 특허를 출원하였다. 대학 및 연구기관으로는 ETRI와 KAIST가 많은 특허를 출원하였다. 세계지식재산권기구(WIPO: World Intellectual Property Organization) 보고서(from theory to commercial application)에 따르면, 인공지능분야에서는 이론적, 학문적 연구에서 산업적 측면으로 전환되고 있다고 한다. 2013년 이후로 빠른 속도로 인공지능 관련 특허들이 출원되고 있다. 학문적 연구와 특허의 비율이 2010년 8:1의 비율에서, 2016년에는 3:1의 비율로 줄어든 것에서 알 수 있듯이 빠른 속도로 AI 기술이 산업 및 상업화에 적용되고 있다.

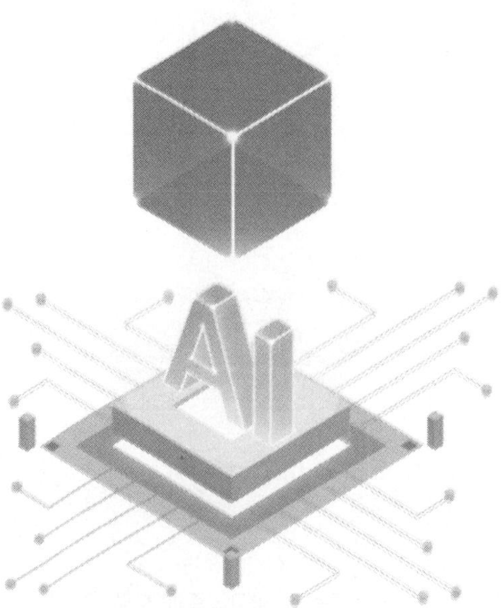

모든 직장인을 위한 인공지능(AI)

디지털 전환시대의 최종병기

CHAPTER

04

인공지능의 성과와 활용

CHAPTER
04 인공지능의 성과와 활용

1 인공지능 비즈니스시대, 승자의 조건: 특허

자료: marketics.ai/blog/digital-transformation-fully-realised/

인공지능은 괄목할 성장을 보여준다. 1956년 당시 인공지능은 마치 바보 같았다. 사람들이 어려워하는 연산능력은 독보적이었지만 개와 고양이를 구분하는 등 사람에게 쉬운 문제는 취약했다. 아무리 개의 특성(색, 형태, 털의 모양 등)을 수천 개의 명령어로 인공지능(프로그램)에게 설명해 줘도, 새로운 개 사진을 보면 모르겠다고 대답했다. 그래서 대다수 과학자는 사람처럼 학습하는 인공지능개발에 대해 비관적이었다. 찬밥신세였던 인공지능이 60년 만에 천재 바둑기사를 이기는 AlphaGo로 변신했다. 과학계뿐 만아니라 세계적 충격이었다. 이처럼 인공지능의 성장비결은 무엇일까? 바로 학습에 있다. 그 하나는 빅 데이터로 학습방식을 전환했기 때문이다. 다른 하나는 숱한 시행착오를 겪으면서 정답에 가까워지는 방법들을 배우면서 가장 최적의 결과 값을 제시할 수 있게 되었다. 물론 한계도 있다. 아직 하나를 가르쳐주면 열을 아는 능력이 없다. 한 번도 학습하지 않은 건 죽었다 깨어나도 모른다. 아직까지 사회성, 감정 등은 데이터화시키고 수치화시켜 인공지능 프로그램에 넣을 수 없다. 인공지능이 나무를 볼 수 있어도 아직 숲은 볼 수 없다. 하지만 학습능력에 따른 가능성은 무궁무진하다. 벌써 딥 마인드는 게임규칙을 알지 못한 상태에서 스스로 훈련하며 바둑과 체스, 장기, 아타리 등의 게임 규칙을 터득해 최고의 실력을 쌓는 인공지능 뮤제로(MuZero)를 개발했다. 일신우일신하는 인공지능 기술혁신의 단면을 보여준다.

인공지능의 기술혁신과 성과를 비즈니스로 활용하기 위한 노력이 증가추세다. 그 하나가 특허다. 미국 특허분석 전문 업체 IFI Claims가 발표한 2020년 미국 특허취득기업 순위에서 1위를 차지한 회사는 어디였을까? IBM이다. 2020년만 9,130개의 특허를 취득, 28년째 1위를 기록했다. 특허취득 2위 기업은 대한민국의 삼성전자였다. 삼성전자는 지난 2006년 이후 15년 연속 특허취득 2위를 기록하고 있다. 어쨌든 IBM은 1993년 이후 전 세계 기업 가운데 가장 많은 특허를 취득한 기업의 자리를 유지하고 있는 것이다. 적어도 특허 취득 성과를 통해보면 IBM은 압도적인 성과를 자랑하는 혁신기업이다.

현재 IBM은 전략적 목표를 하이브리드 Cloud 인공지능에 두고 있다. 하드웨어 중심이 아닌 고객의 디지털 전환과 업무자동화를 가속화하는 솔루션을 제공하는 것을 목표로 하고 있다. 그 중 자연어형식으로 질문에 답할 수 있는 인공지능 컴퓨터 Watson은 IBM 혁신의 결과물 중 하나다. 1993년 위기의 정점에서부터 혁신과정에서 획득한 28년간의 특허출원 1위는 이러한 노력을 반영한다. 위기를 극복하고 세대를 이어가는 혁신의 IBM을 여실히 보여준다. 물론 경쟁 및 후발업체들의 노력도 가속화하면서 인공지능(AI) 관련 기술과 산업이 빠르게 발전하고 있다. 이에 많은 인공지능 기업들이 생겨나고 성장하였다. 또한 인공지능 기술을 주요 사업영역으로 하지 않는 많은 기업들도 인공지능에 관심을 갖고 각자 사업 분야에 인공지능을 도입하고 있다.

지난 2016년 구글 알파고가 등장했지만 아직은 강 인공지능은커녕 약 인공지능에 머물러 있는 수준이다. 그 연장선에서 성장의 여백이 넓은 인공지능 시장에 빠르게 진출해 시장 내 독점력을 기민한 속도로 확보하려는 전략이 전개되는 중이다. 일종의 깃발 꽂기 게임으로 볼 수 있다. 자연스럽게 경쟁사를 견제할 수 있는 로드맵을 가동할 수 있으며 시장 점유율을 빠르게 확보할 수 있다. 무엇보다 인공지능이 비즈니스와 삶에 파고들면서 각 기업의 행보가 날카로워지는 측면도 있다. 스마트폰에는 인공지능 비서가 탑재되고, 인공지능이 번역기를 가동하는 등 일상적 삶에서 서비스를 제공하는 시대를 맞이하고 있다.

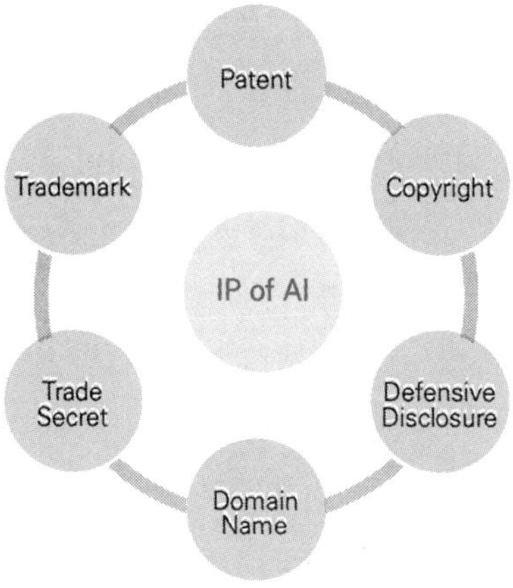

인공지능분야는 아직 본격적인 시장의 개화는 이뤄지지 않았다. 하지만 인공지능의 기술, 특히 지적재산을 둘러싼 치열한 쟁탈전이 진행 중이다. AI 분야의 지적재산권(IP)은 특성에 따라 특허, 저작권, 영업비밀, 방어공개, 상표, 도메인명 등 다양하다. IP를 조합해 향후 지식재산권 경쟁에 대비하는 것이 바람직하다. AI 기술의 개발과 일상생활에서의 적용은 이미 알게 모르게, 인식하든 하지 못하든, 폭발적인 속도로 진행되고 있다. 정형화되어 있지 않고 끊임없이 진화하는 AI 분야와 관련해 분야별로 새롭게 제정되는 신규 특별법과 기존에 존재하고 있는 법률들은 매우 많다. 예를 들어 계약법, 불법 행위법, 제조물 책임법, 지식재산법(특허, 저작권, 상표, 영업비밀 등), 개인정보보호법, 공정거래법 등을 어떻게 적용할 것이고, 어떻게 조화롭게 해석할 것인가는 법률가뿐만 아니라 AI 기술을 개발하는 기업들에도 아주 중요한 사안이다. 더구나 핵심 기술에 대한 지식재산권을 전략적으로 확보하고 이를 기반으로 산업 경쟁력을 키우는 일은 미래에 대한 예측 결과와 무관하게 지금 바로 당장 실행해야 하는 일이다.

벌써 인공지능분야에서 특허를 통해 인공지능 기술고도화라는 기초체력을 키워 다양한 가능성을 타진하려는 기업들의 행보가 발빠르게 전개되고 있다. 그만큼 AI 특허가 인공지능 전환시대의 승자가 될 열쇠로 인식되고 있다. 이를 반영하듯 최근 5년간 4차 산업혁명 관련기술 분야 특허 출원 수를 보면 2015년 9,697건, 2016년 1만 1,485건, 2017년 1만 2,506건, 2018년 1만 4,504건, 2019년 1만 7,446건으로 기하급수적으로 증가하는 중이다. 특히 인공지능 특허 출원 수의 증가가 두드러졌다. 2015년 693건, 2016년 1,316건, 2017년 2,216건, 2018년

3,054건, 2019년 4,011건으로 타 주요 산업군과 비교해 가파른 상승세다. 인공지능 사업에 대한 관심이 상당히 높다는 것을 알 수 있다.

인공지능 관련 특허출원과정이 상대적으로 까다로움에도 불구하고 특허 출원 숫자가 많다는 것은 그 자체로 의미가 있다. 실제로 특허출원 시 온라인 기준 사전절차만 출원인코드 부여신청, 전자문서 이용신고, 인증서발급, 전자문서 소프트웨어 발급 등 4단계를 거쳐야 한다. 서면으로 출원할 때도 상당한 숫자의 문서를 제출해야 하는 등 복잡한 편이다. 그럼에도 인공지능 특허 출원 수의 양적 증가는 인공지능 기술의 기초체력을 확보하려는 각 기업들의 의지가 강하다는 것을 의미한다.

이처럼 인공지능 업계가 특허 출원 등으로 지적재산권 확보에 나서는 이유, 즉 특허권 확보의 목적은 크게 세 가지로 나눌 수 있다. ① 시장 내 독점적 지위의 확보에 있다. 오늘날 많은 비즈니스는 새로운 원천기술에 기반을 두기보다 새로운 비즈니스 모델에 의한 경우가 많다. 그래서 특허권 확보를 통한 사업개시 이후 야기될 경쟁 또는 후발업체들의 모방에서 벗어날 수 있다. ② 마케팅 측면에서 시장점유율 확대 등을 도모하기 위함이다. 실제 제품이나 서비스에 적용된 특허라면 제품의 패키지나 광고자료 등에 특허권이 확보된 것을 강조하여 소비자에게 제품의 경쟁력을 어필할 수 있다. 다만, 특허가 출원 상태일 경우에는 '특허등록'이라는 용어 대신 '특허출원'이라는 용어를 출원 번호와 함께 사용해야 한다는 점에 유의해야 한다. ③ 경쟁업체의 견제를 벗어날 수 있다. 만일 특허권 확보 없이 사업을 개시하게 되면 경쟁 또는 후발업체들의 모방으로 독점적 지위를 확보하지 못하고 가격경쟁력으로 승부하게 되는 레드오션의 영역으로 진입할 수 있기 때문이다.

인공지능 시장이 아직 완전히 개화하지 않은 상황임에도 인공지능 지적재산권을 확보해 생태계의 탄탄한 기초체력을 구축하고 플랫폼 내부의 선순환 구조를 장악하는 게 핵심이다. 특히, 스타트업들은 사업의 성장과 지속성을 위해 투자유치가 필수 불가결하다. 즉 특허권이 기업의 무형자산으로 취급되어 IP 금융에서 활용될 수 있다. 최근 IP 금융정책의 확대로 스타트업이나 중소기업은 특허권이 존재하는 경우에 대출금액 및 금리측면에서 많은 혜택을 받을 수 있다. 또한 특허권의 개수 및 품질은 기업의 가치측정이나 투자유치 시 많은 영향을 미칠 수 있다. 여기서 기업 가치를 측정하는 대표적인 방법으로 현금흐름 할인

법(DCF; Discounted Cash Flow)이 있다. 기업의 미래 현금흐름(Cash Flow)을 적당한 할인율로 할인하여 기업의 현재 가치를 산정하는 것이다.

현금흐름은 어떻게 만들어질까? 주된 부분은 영업이익이다. 매출액에서 매출원가와 판매관리비를 뺀 것이다. 결국, 수학적으로 물건을 저렴하게 만들고 비싸게 팔면서 판관비를 절감하면 기업 가치는 자연스럽게 상승한다. 그런데 분모가 크다면? 분모를 작게 유지할 수 있어야 한다. 그래야 기업이 만들어낼 수 있는(미래형) 현금 흐름을 과도하게 할인당하지 않는다. 스타트업이 투자를 받는 과정에도 이러한 원칙은 적용된다. 대부분 스타트업에서 기술사업화의 경우, 위험이라는 것을 '모방용이성'과 '권리안정성'을 평가하여 산출한다. 따라서 특허를 보유하고 있지 않거나, 보유 중인 특허가 좋지 않으면, 위험이 높은 것으로 평가된다. 또한 자본비용이 커지고 할인율이 높아져서, 결과적으로 분자가 아무리 크더라도 기업 가치는 낮게 평가된다. 반면, 좋은 특허를 많이 보유하고 있다면, 즉 최적의 특허 포트폴리오를 갖추고 있다면, 위험은 낮게 평가되고, 자본비용이 작아지고 할인율이 낮아져서, 결과적으로 높은 기업 가치를 받아낼 수 있다. 수백억 원 또는 수천억 원의 기업 가치를 위해 수백만 원 또는 수천만 원을 들여 특허를 받아두는 것은 기업가에게 훌륭한 전략이다. 이렇듯 특허는 설득과 협상의 수단이 된다(서일효, 2021a; 이태영, 2021).

그런데 하나의 특허가 만들어지기 위해서 아이디어 접수, 발명자 인터뷰, 선행기술 검토, 특허명세서 작성과 리뷰, 심사대응 등 일련의 절차를 거쳐야 한다. 특허취득을 위한 프로젝트를 성공시키기 위해 매 단계마다 새롭고 창의적인 전략이 필요하다. 인공지능관련특허 위한 아이디어는 문제 인식에서 출발한다. 서비스업의 경우, 자사의 서비스의 시작부터 끝까지 프로세스의 각 단계를 비판적 사고로 바라보면 문제 인식에 쉽게 도달할 수 있다. 현재의 성능, 비용, 편의성, 신뢰성, 호환성 등 모든 것이 문제일 수 있다.

다음으로, 문제 발굴 이후 확장적 사고를 통해 아이디어의 구체화단계를 진행해야 한다. 대부분 문제가 해결된 결론만 설명할 뿐, 문제를 어떻게 해결할 것인지 깊이 생각하지 못하는 경향이 있다. 이때 스스로 기계(예 CPU)의 입장에서 생각해 보면 논리적 접근이 가능하다. 무엇이 입력되는가? 어떻게 계산할 것인가? 어떻게 비교·판단할 것인가? 결과는 무엇을 나타내는가? 어디로 보내져서 어떤 용도로 활용되는가? 이를테면 육하원칙에 따라 아이디어에서 누락된 부분이나 추가할 부분을 검토해 볼 수 있다. 또한 Triz에서 많이 활용하는 공간, 시간 등의 분리나 이원화 원칙도 활용가능하다. 이런 접근은 예외 또는 오류처리에 효과적이다(서일효, 2021b).

대다수의 특허 출원인은 등록된 특허를 활용하기 위해 가급적 빨리 특허등록을 받고 싶어 한다. 특허 출원인이 등록을 빨리 받기 위해 취할 수 있는 전략은 다음과 같다(서일효, 2021c). 첫째, 심사착수까지 걸리는 기간을 단축 전략으로 우선 심사신청이다. 우선 심사제도는 일정한 요건을 갖춘 특허를 다른 특허보다 우선적으로 심사해주는 제도이다. 따라서 특허 출원인은 특허청에 우선 심사신청을 함으로써 심사관이 심사 착수에 소요되는 기간을 단축시킬 수 있다. 우선 심사 신청을 하면, 대부분의 경우 우선 심사가 결정된 후 4개월 이내에 최초 심사결과를 받아볼 수 있기 때문에, 특허등록에 이르는 시간을 상당히 줄일 수 있다. 다만, 특허청에서 정한 요건 중 전문기관에 선행기술조사를 의뢰하여 우선 심사 신청을 하는 경우에는 우선 심사가 결정된 후 8개월 이내에 최초 심사결과를 받아볼 수 있기 때문에, 특허 출원인에 해당하는 요건에 따른 기간 단축 효과를 파악한 후 우선 심사 신청 여부를 결정해야 한다.

둘째, 거절이유의 통지를 받는 기간을 단축시키는 전략으로 예비심사신청이다. 예비심사제도는 공식심사 전에 특허 출원인과 심사관이 직접 만나 출원인에게 사전 심사 결과를 제공하고 심사의견을 교환하기 위한 제도이다. 따라서 특허 출원인은 특허청에 예비심사 신청을 함으로써 거절이유의 통지를 받는 기간을 단축시킬 수 있다. 예비심사 신청을 하게 되면, 특허 출원인은 거절이유를 공식심사 전에 파악하여 대응할 수 있음은 물론, 심사관과 직접 기술 및 심사의견을 교환함으로써 조속한 특허 권리화가 가능하다. 특히, 예비심사 신청 후 21일 후에 면담을 통해 최초 심사결과를 받아볼 수 있기 때문에, 특허등록에 이르는 시간을 상당히 줄일 수 있다. 다만, 예비심사를 신청하기 위해서 2가지 요건을 필요로 한다. 예비심사 신청을 위해 우선 심사신청이 선행되어야 하며, 특허 출원인의 특허가 특허청에서 미리 정한 고난이도 특허분류에 해당되어야 하므로 특허출원인은 예비심사 신청 전에 해당 요건의 만족 여부를 확인하여야 한다.

셋째, 거절이유 통지 및 대응 횟수 최소화하는 전략으로 보정 안 리뷰 및 재심사 면담 신청이 있다. 물론 특허 전략을 고려하였을 때 특허를 빨리 등록 받는 것이 항상 유리한 것만은 아니다. 그러나 기업의 필요에 따라 특허를 빨리 받아야 하는 경우에는 앞서 기술한 전략을 활용함으로써 특허 등록에 이르는 시간을 단축시킬 수 있다. 보정안 리뷰 제도 및 재심사 면담 제도는 특허 출원인이 통지된 거절이유에 대응안을 제출하기 전에 심사관과의 면담을 통해 대응안에 대한 의견을 교환하는 제도이다. 특허 출원인은 심사관과의 면담 이후에 대응안을 수정할 수 있기 때문에, 1회 대응을 통하여 2회 대응의 효과를 누릴 수 있다. 따라서 특허 출원인은 대응안을 통해 등록을 받을 수 있는지 여부를 최종적으로 대응안을 제출하기 전에 파악하여 불필요한 절차를 줄여야 특허 등록 시간을 단축할 수 있다. 다만, 보정안 리뷰 제도 및 재심사 면담 제도는 신청 기간의 제한이 있기 때문에, 특허 출원인은 보정안 리뷰 신청 및 재심사 면담 신청 전에 신청기간이 도과 여부를 확인하여야 한다.

디지털 전환시대의 중추기술인 인공지능 기술영역은 지난 10년간 36.7%의 연평균 증가율을 나타냈다. 비슷한 시기 미국의 출원 증가율 27.4%보다 높은 수치이다. 특히, 2016년 이후의 연평균 증가율(55.1%)이 그 이전(23.6%)보다 2배 이상 증가한 것은 이세돌 9단과 알파고의 바둑대결 등 AI 이슈가 사회 전반에 확산되며 정부와 민간의 R&D 투자가 집중적으로 이루어진 결과로 판단된다.

비즈니스 판도를 바꿀 기술 중 하나로 인공지능(AI)이 꼽힌다. 이에 맞춰 기업들은 담당 부서를 만드는 등 투자를 늘리고 있다. 하지만 실제 기업현장의 문제를 AI로 해결하는 데 성공한 사례는 드물다. 기업 내에 쌓인 데이터를 제대로 정리하지 못할뿐더러 AI로 풀 수 있는 문제를 정의하고, 이를 해결하는 최적의 알고리즘을 선택하는 노하우가 부족하기 때문이다.

그럼에도 국내는 물론 전 세계적으로 인공지능 관련 특허출원이 급증하고 있다. 인공지능 관련 특허출원 건수가 가장 많은 국가는 미국과 중국이다. 기존에는 미국의 특허건수가 많았다. 하지만 중국에서 매우 공격적으로 출원을 진행하면서 미국을 따라잡거나 추월하였다. 인공지능 특허의 범위를 어떻게 설정하여 검색하는가에 따라 출원 건수는 상이할 수 있기에 양국 간의 우열을 단정적으로 말할 수는 없다. 그러나 미국과 중국이 전 세계적으로 가장 많은 인공지능 특허를 출원하고 있음은 분명하다. 미국과 중국에 미치지 못하지만, 한국과 일본도 세계적으로 많은 출원 건수를 자랑하고 있다. 인공지능 특허, 즉 지식재산권이 미래 산업의 패권을 좌우할 수 있는 중요한 바로미터다.

인공지능과 빅 데이터의 발달로 머지않아 현재의 Uber서비스를 능가하는 압도적인 비즈니스 모델들이 등장할 것이다. 새롭게 등장한 비즈니스 모델 중 일부는 생활을 근본부터 변화시킬 수 있다. 그렇다면 비즈니스 모델도 특허의 대상이 될 수 있을까? 비즈니스 모델은 일종의 영업 방법을 말한다. 영업 방법은 상거래, 교육, 교통, 금융 등 생활 전반에 걸쳐서 이미 오래전부터 적용되어 온 것이다. 비즈니스 모델의 전통적인 형태는 오프라인에서의 인간 행동으로 실행되었다. 하지만, 2000년대 초반부터 인터넷의 급속한 발달로 인해 온라인상의 비즈니스 모델이 왕성하게 출현되고 있다.

오프라인에서 인간의 행위만으로 이루어진 비즈니스 모델이라면 특허의 대상이 되지 않지만 비즈니스 모델의 전체 실행 과정 중에서 일부라도 온라인상에서 실행되는 부분이 있다면 특허대상이 된다. 예를 들어, 물건을 구매하는 구매자와 해당 물건을 판매하는 판매자 간의 상거래 방법을 오프라인에서가 아니라, 서버 등과 같은 온라인상에서의 컴퓨터 구현 기술을 통해 구현한 경우에는 특허로서 보호될 수 있다. 이와 같은 비즈니스 모델 발명을 특허 제도에서는 약칭하여 BM 발명 또는 전자상거래 관련 발명이라고 한다. 비즈니스 모델에는 전자상거래 외에 다양한 분야가 있음에도 불구하고 전자상거래 관련 발명이라고 불리고 있는 이유는 인터넷 초창기 시절의 비즈니스 모델은 대부분 전자 상거래에 관한 것이었기 때문이다(김현호, 2018).

한편, 인공지능 기술과 특허의 범주를 명확히 정의하기는 어렵다. 다만 크게 볼 때 특허출원 건수가 많은 기술 분야로 이미지 분석, 언어 이해, 상황이해 및 예측, 학습모델 및 학습방법 등을 꼽을 수 있다. 인공지능 단일기술별 출원 수(2010~2019년)로는 시각지능이 6,616건으로 가장 높게 나타났다. 이어 언어지능 3,295건, 청각지능 2,574건, 학습 및 추론 2,344건, 인공지능 서비스 1,842건 순으로 인공지능 기술이 시각지능 영역에 집중되는 경향을 보였다(이코노믹 리뷰, 2021년 6월 11일자).[1]

많은 기업들이 인공지능기술의 급격한 발전과 확산추세에 따라 경쟁적으로 자신의 상품이나 서비스에 인공지능기술을 접목 또는 융합시키고 있다. 이러한 변화에는 인공지능생태계를 구축해 온 Tensorflow와 같은 오픈소스 프레임워크, 라이브러리 및 커뮤니티의 역할이 크다. 하지만 대부분의 경영층은 아직 인

1 https://www.econovill.com/news/articleView.html?idxno=536240.

공지능기술 원리를 제대로 이해하지 못하거나 대부분 기업 내 소수의 인공지능 개발자나 엔지니어에 의존하거나 아웃소싱으로 해결하는 경우가 많다. 특히, 특허를 어떻게 받아야 하는지 혼란스러워 한다. 그렇다면 어떤 서비스모델을 받을 것인지 고민해야 한다. 인공지능서비스 개발 프로세스 가운데 가장 큰 모델링과 관련된 부분은 오픈 소스로 부터 대부분 해결된다. 그러면 독창적이라 할 수 있는 부분으로서 인공지능 모델 학습 전 단계인 특징추출과정(feature extraction), 오픈소스를 서비스 목적에 따라 Fitting 또는 Tuning하는 과정, 또는 학습데이터 셋의 확보과정에서의 데이터 전처리(data processing)에서 발굴할 수 있다.

오픈소스를 사용하였더라도, 학습 데이터를 만들기 위해 데이터를 Labling하고 전 처리하는 과정, 학습 데이터로부터 특징을 추출하는 과정, 학습된 모델로부터 얻은 출력을 재가공하는 과정 등의 프로세스에서 특징적인 구성을 찾을 수 있다면, 물론 특허등록이 가능하다. 또한 기존에 알려진 학습 모델을 활용하더라도, 학습 프로세스가 차별화될 수 있다면 특허등록이 가능하다.

비즈니스모델 혁신은 기업이 새로운 기술이나 아이디어를 개발하여 새로운 사업을 창출할 뿐 아니라 내부적으로 수익을 늘리고 비용을 줄이는 등 기업의 수익성을 높이기 위한 행위를 포함한다.

인공지능 분야 심사기준에서 주목할 지침은 다음의 세 가지다. 첫째, 인공지능 관련 발명을 구현하기 위한 구체적 수단을 기재해야 한다. 인공지능 관련 발명을 구현하기 위한 구체적인 수단으로 학습 데이터, 데이터 전처리 방법, 학습 모델, 손실 함수(loss function) 등이 있다. 둘째, 기계학습의 응용에 특징이 있는 경우 통상의 기계 학습 방법을 활용하여 발명의 기술적 과제를 해결할 수 있고, 발명의 효과를 확인할 수 있다면 학습 데이터를 이용하여 학습시키고자 하는 학습모델 또는 학습방법에 대한 구체적 기재를 생략할 수 있다. 셋째, 인공지능관련 발명의 경우에는 입력 데이터와 학습된 모델의 출력 데이터 간의 상관관계를 구체적으로 기재해야 한다. 다만, 기술자가 출원 시 기술상식으로 발명의 설명에 기재된 실시 예를 통해 상관관계를 추정 또는 파악할 수 있는 경우에는 기재를 생략할 수 있다.

인공지능은 학습데이터, 학습모델 등으로 특정할 수 있으므로 어찌 보면 당연한 지침이라 할 수도 있다. 그러나 이들 요소들을 얼마나 구체적으로 기재해야 하는지 여전히 문제 된다. 이와 관련하여 인공지능 분야 심사기준은 학습 모

AI 발명의 개요도

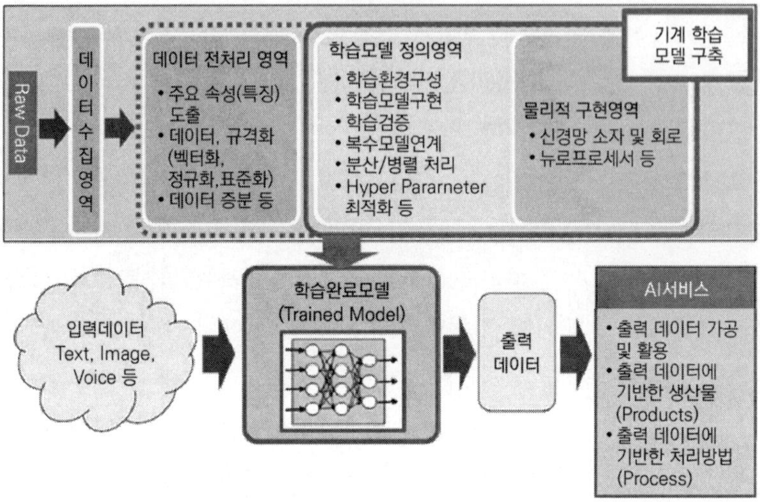

자료: www.legaltimes.co.kr/news/articleView.html?idxno=60111.

델이나 학습 방법이 통상적이라면 구체적 설명을 생략하는 것도 허용하였다. 종래 컴퓨터 프로그램과 구분되는 인공지능 특유의 기술적 성질을 고려하면서도 출원인의 편익을 감안하여 명세서 작성 부담을 상당 부분 완화한 것이어서 의미가 있다(이만금 · 김시훈 · 이상현, 2021).

또한 인공지능 분야 심사기준은 '입력데이터와 학습된 모델의 출력데이터 간의 상관관계'를 기재할 것도 요구하고 있다. 입출력 데이터의 상관관계는 발명이 해결하려는 기술적 과제와 과제 해결 수단의 이해를 위한 필수적 요소이므로, 설명을 생략할 수 없다. 입출력 데이터의 상관관계를 설명하는 방식에는 제한이 없으며, 예를 들어 시뮬레이션 결과로 설명할 수도 있다(이만금 · 김시훈 · 이상현, 2021).

2 머신러닝의 전체 흐름(Flow) 톺아보기

문제의 이해 → 데이터 처리 → 학습데이터생성 → 모델결정 → 모델구축 → 예측 값 산출 → Loss 계산 → Parameter 업데이트 → 최적화 → 진단

가. 문제의 이해

인공지능을 활용하고자 할 때 첫 단추는 무엇을 위해 인공지능을 사용할 것인지 명확해야 한다. 시작이 반이라고 문제를 정확하게 이해하면 반이 해결되었다고 할 수 있다. 즉 어떤 문제에 적용할 것인지 또는 어떠한 가치를 창출할 것인지 분명해야 한다. 비즈니스나 불만족스러운 상황의 개선이든 문제에 대한 깊은 이해 없이는 머신러닝의 학습프레임워크에 맞게 데이터를 적절히 변환하는 데 실패할 수 있다. 물론 AI가 모든 부문에서 만능이 될 수 없다. 해결하려는 문제, 확실한 목표에 기반을 두고 출발해야 한다. 노벨상 수상자로서 20세기 최고의 물리학자라고 불리는 Richard Phillips Feynman(1918~1988)은 문제 해결을 위한 가장 좋은 방법으로 다음과 같은 3단계를 제시했다. 첫째, 문제를 쓴다. 둘째, 열심히 생각한다. 셋째, 답을 쓴다. Feynman알고리즘이라고도 불리는 3단계는 허무할 정도로 간단하지만 절대로 오류를 찾을 수 없는 알고리즘인 것은 자명하다. 문제해결이나 가치창출은 원하는 Target이다. 즉 바람직한 목표와 상태를 의미한다. 현상과 데이터를 보고 문제를 생각하고 규정한다. 가령, 예측인지, 분류인지, 진단인지, 결정인지 등을 명확하게 구분해야 한다. 다음에 데이터는 어떻게 생겼는가? 고민해야 한다. 데이터 구조, 타입, 실시간, 크기 등을 고려해야 한다. 아울러 머신러닝 또는 딥 러닝이 꼭 필요한 것인지에 대해 끊임없는 고민이 요구된다. 인공지능은 도깨비 방망이가 아니기 때문이다. 단순히 정확도 제고나 성능향상에 그치지 않고 스토리

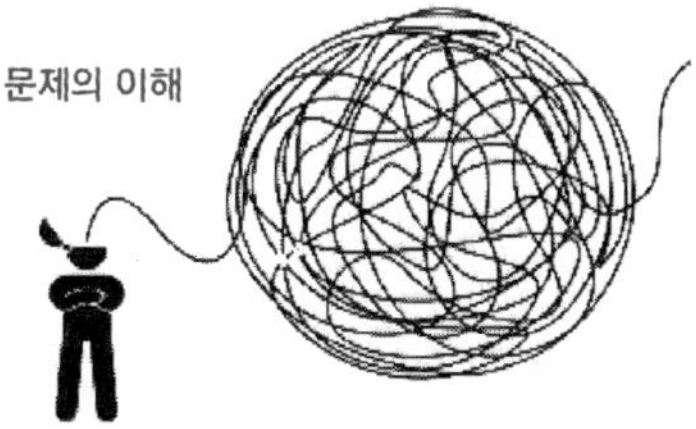

자료: www.corporatecomplianceinsights.com/sec-votes-on-use-of-inline-xbrl/.

와 설명력이 부가되어야 함을 의미한다.

나. 데이터처리

-자료: https://www.vectorstock.com/royalty-free-vector/data-processing-icon-flat-design-vector-13784277

수집된 데이터를 어떻게 가공할 것인가의 문제이다. 정확한 예측과 진단 값을 제공하는 데 가장 연관성 있는 데이터 파트에 접근해야 한다. 대부분 시행착오를 통해 행해지는 만큼, 데이터 과학자는 대량의 데이터를 거르고 변환하며 합치고, 분류하는 전문가, Data Wrangler의 도움을 받기도 한다. 데이터 처리는 달리 Feature Engineering(특성공학)이라고 하며 많은 생각과 지식, 시간이 요구된다. 첫째, 결측(缺測) 값, 중복 값, 오류, 오차, 다 변수 등 예측의 방해요소를 확인하고 제거해야 한다. 이러한 과정에는 Field의 배경지식(Background)이 필요하다. 그래야 좋은 예측이 가능하다. 둘째, 데이터구조 및 분포분석으로서 데이터의 생김새를 파악해야 한다. 가령 통계분석－상관관계, 히스토그램 등으로 나타낼 수 있다. 셋째, 데이터가공으로서 Outlier 제거, 변수선택 및 생성, Scaling(변수들 간 단위, 분포차이 정규화, Minimax 등) 등이 있다. 넷째, 데이터형태의 변환(문자→숫자)으로서 Labeling(특정한 Class를 잡아주는 것), One－hot－encoding(0과 1로만 이루어짐)이 수행해야 한다.

다. 학습데이터 생성

학습데이터란? 인공지능의 기계학습에 사용하는 원천데이터와 Labelling 데이터의 묶음을 말한다. 원본 데이터는 하나지만 Labelling 데이터는 사용 목적에 따라 다양한 형식으로 가공이 가능한데 통상 훈련데이터 셋, 검증데이터 셋, 시험데이터 셋으로 구분한다. 훈련데이터는 알고리즘이 훈련할 데이터로 모델학습에 주가 되는 역할을 하며 검증데이터는 학습중간에 모델의 예측·분류 정확도를 계산하는 역할을 한다. 또한 평가데이터는 모델이 학습 과정에서 경험하지 못했던 데이터로 학습이후 훈련한 모델의 성능을 평가하는 과정에서 사용된다.

인공지능 학습데이터 구축이란? 임무정의, 데이터 획득, 데이터 정제, 데이터 Labelling 등 인공지능 학습용 데이터를 구축하는 일련의 활동을 말한다. 전체 데이터에서 랜덤하게 뽑아서 일정비율로 학습데이터를 구성한다. 일반적으로 훈련데이터 셋과 시험데이터 셋은 7:3으로 나누며, 훈련데이터 안에서 학습 진행 과정에서 모델을 평가할 검증 셋을 떼어 내는 경우 8:2의 비율로 구성한다. 데이터 셋 구성과정에서 편향방지를 위해 일정 비율로 구성하여 특정데이터의 편향(중)을 방지한다. 또한 Cheating은 금지해야 한다. 학습데이터로 학습해서 테스트 데이터로 예측하는 것인데 학습데이터에 테스트데이터가 들어가면 안 된다. 데이터의 중복을 방지해야 한다. 그리고 충분한 데이터 량이 확보되어야 한다. 데이터 수량이 많을수록 좋다. 샘플링종류의 선택은 기본적으로 Random하게 한다. 가령 Under(Class 중 가장 적은 Class를 기준으로 샘플 구성)/Stratified sampling 등이 있다. 데이터 활용은 Train vs Test / Train vs Validation vs Test / Cross Validation(훈련데이터를 여러 개로 나누어 각각을 계산한 후 평균을 내서 모델의 점수를 매기는 것 등) 등이 있다.

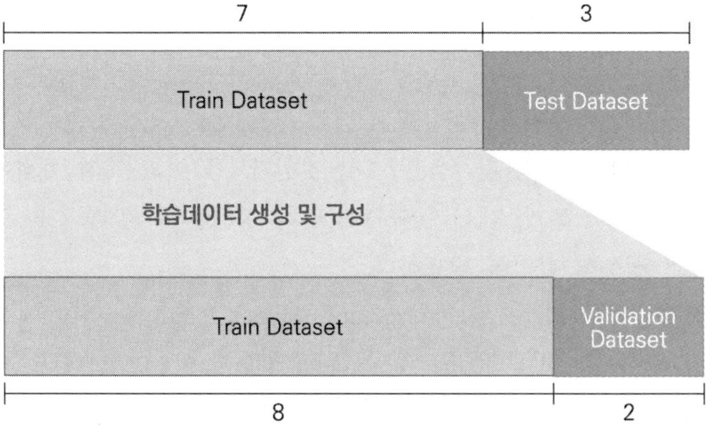

라. 모델결정

어떠한 모델을 결정할 것인가의 문제는 데이터의 크기, 품질 및 특성, 사용시간 등에 따라 달라질 수 있다. 오늘날 다양한 형태의 딥 러닝 신경망모델(RNN,

Model의 결정

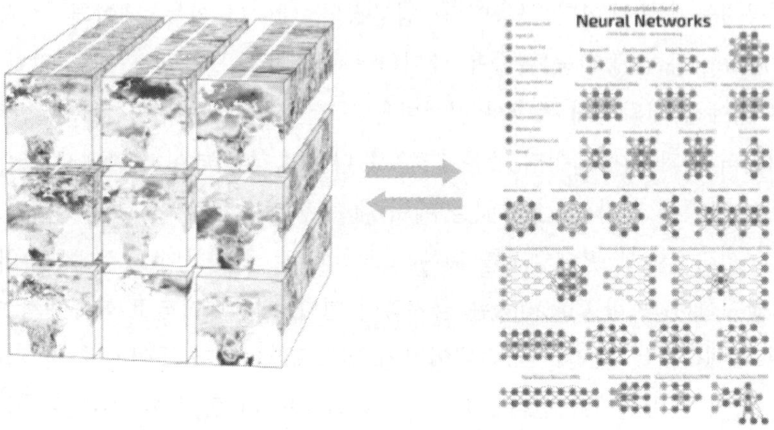

자료: www.imprs-gbgc.de/applications/imprs2017jan/projectdescriptions_outputone.php?PN=B7.

LSTM, CNN 등)이 활용되고 있다. 다양한 방법과 조합의 가능성을 개척하고 메모리효과를 고려여 변수를 정확하게 설명, 이해 및 예측하는 것이다. 문제와 목적에 적합한 모델을 결정해야 한다.

모델 결정 시 어떠한 종류의 문제인가에 따라 관련된 모델이 고려되어야 한다. 모델은 매우 다양하다. 회귀(Regression), 분류(Classification), Clustering의 문제인가?

무엇을 최적화할 것인가? 예측시간, 정확도 등 현재 모델의 정확도가 80%인데 90%까지 올릴 것인가. 시간을 단축할 것인가? 등 여러 가지 목적이 있다.

데이터가 얼마나 큰가? 데이터 크기에 따라 정해질 수 있다. GPU연산의 유무, 하드웨어 성능의 확인이 필요하다.

또한 학습방법을 결정하는 Parameter를 Hyper Parameter라고 하고 최적의 학습방법을 찾아가는 것을 Hyper Parameter Tuning이라고 합니다. 서로 다른 Hyper Parameter 설정으로 만들어진 모델 중에서 가장 성능이 높은 모델을 찾는 과정을 모델 선택(model selection)이라고 한다.

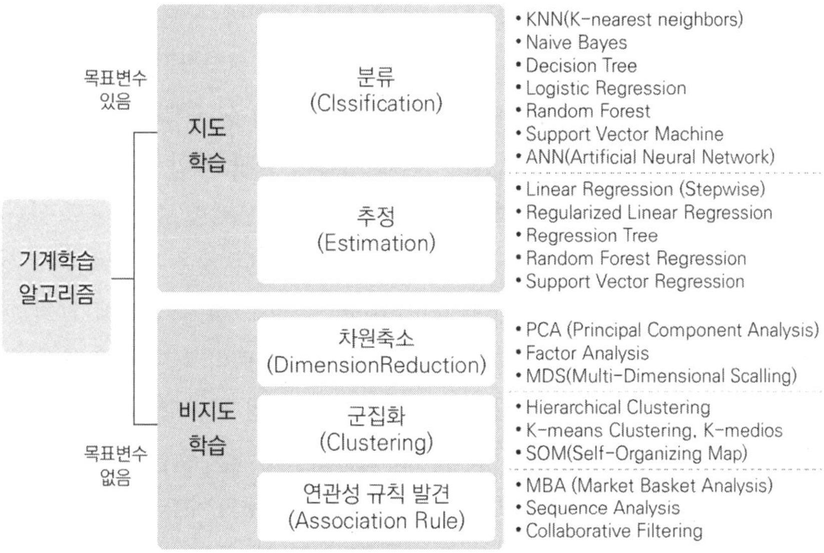

자료: dbrang.tistory.com/1520 재구성.

마. 모델구축

모델을 구축하는 과정에서 고려해야 할 사항이다. 무엇을 결정해야 하는가? 첫째, Epoch, Mini Batch, Iteration의 수를 결정해야 한다. 먼저 Epoch은 학습의 횟수를 의미한다. 만약 Epoch가 10이고 Batch Size가 20이면, 가중치를 50번 업데이트하는 것을 총 10번 반복한다. 각 데이터 샘플이 총 10번씩 사용되는 것이다. 결과적으로 가중치가 총 500번 Update된다. 또한 데이터를 한 번에 넣는 것은 비효율적이므로 조각(Batch)으로 나누어 준다. 즉 모델의 가중치를 한번 업데이트시킬 때 사용되는 샘플들의 묶음을 의미한다. 만약 총 1000개의 훈련샘플

Model 구축

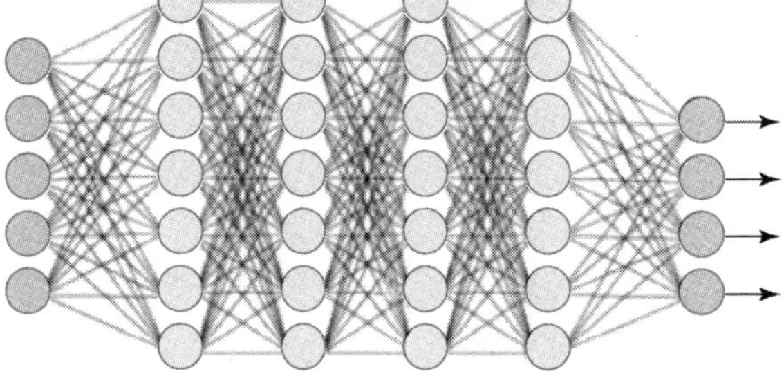

이 있는데, 배치 사이즈가 20이라면 20개의 샘플 단위마다 모델의 가중치를 한 번씩 업데이트시킨다. 그러니까 총 50번(=1000/20) 가중치가 업데이트될 수 있다. 하나의 데이터 셋을 총 50개의 배치로 나눠서 훈련을 진행했다고 보면 된다.

만약 Batch 사이즈가 너무 크면 한 번에 처리해야 할 양이 그만큼 많기 때문에 학습속도가 느려지고, 어떤 경우에는 메모리 부족 문제를 겪을 수도 있다. 이런 경우에는 Batch 사이즈를 조금 줄여서 훈련 셋을 더 많은 배치로 나눠서 모델을 훈련시키는 것이 좋다. 또한 Batch 사이즈가 너무 작아도 문제가 될 수 있다. 너무 적은 샘플을 참조해서 가중치가 자주 업데이트되기 때문에 불안정하게 훈련될 수 있다. 따라서 Batch 사이즈를 바꿔가면서 언제 모델이 가장 효율적으로 훈련되는지 살펴볼 필요가 있다. Iteration은 1 Epoch을 달성하기 위한 Batch 수를 의미한다. 당연히 1 Epoch에 대한 Iteration의 수와 Batch 개수는 같다. 가령 2,000개의 학습 Data가 있다고 할 때 2,000개의 Data를 500개의 Batch Size로 나눌 수 있다. 그러면 1 Epoch을 수행하기 위한 Iteration은 4가 된다.

둘째, Layer, Node, Filter를 결정해야 한다. 연속된 층(Layer)에서 점진적으로 학습을 하는 것에 강점이 있다. 기계 학습의 새로운 방식으로 딥 러닝에서 딥(Deep)은 연속된 층으로 학습한다는 의미다. 층의 숫자는 모델의 깊이를 나타낸다. 신경망은 뇌의 작동 원리를 본 떠 만들었다. 수많은 신경세포가 연결되어 뇌를 구성하는 것처럼 신경망은 뇌의 신경세포에 해당하는 Node라고 하는 작은 요소들을 연결해 만든 네트워크다. 뇌의 작동 원리 중에서 가장 중요한 신경세포들의 연결 관계를 신경망은 노드들의 연결가중치로 흉내 낸다.

Layer와 사이를 연결하는 각각의 선들은 Matrix형태로 들어가 있다. 이를 Filter라고 하며 Filter의 값과 크기, 숫자를 결정해 주어야 한다. 일반적으로 초기 값은 random하게 정해 준다. 인풋 값을 넣어서 아웃풋이 나왔을 때 아웃풋

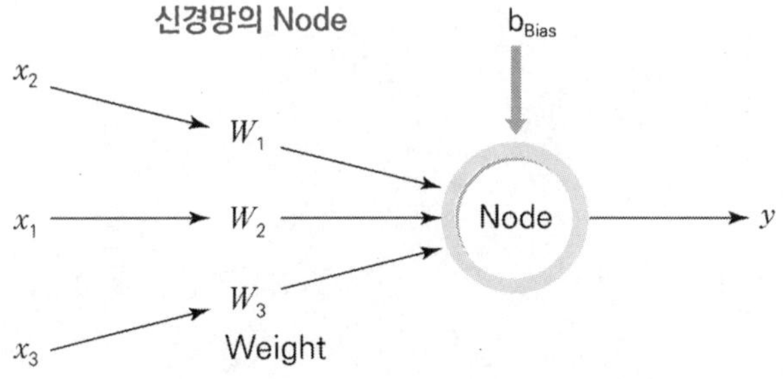

값이 실제 값하고 가장 가깝게 나오도록 Filter값을 update해 주는 작업이 모델 구축이다.

바. 예측 값 산출

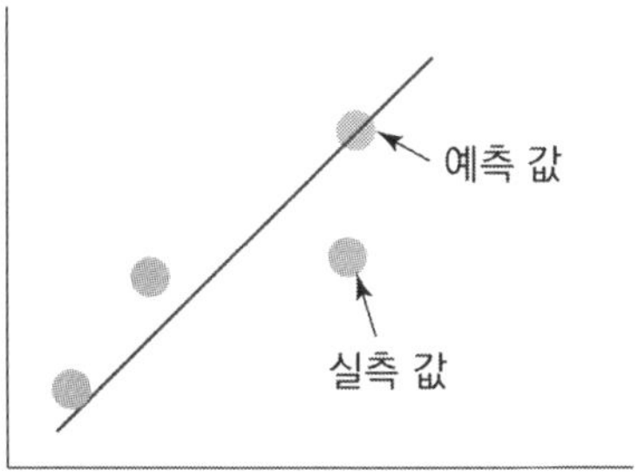

모델을 구축해서 일단 Input을 넣으면 Output이 이루어진다. 머신러닝(Machine Learning)은 인공지능의 연구 분야 중 하나로, 인간의 학습 능력과 같은 기능을 컴퓨터에서 실현하고자 하는 기술이다. 구체적으로는 과거 데이터에서 숨겨진 패턴을 읽어 내어 기계가 학습한 후 미래를 예측하는 기술이다. 학습이 종료되면 모델(함수)이 주어지고 모델에 단순하게 학습된 모델에 의해 결과 값을 Return해 준다. 즉 구축된 모델에 인풋을 넣으면 예측 값이 산출된다. 그런데 중요한 것은 과연 예측이 잘 이루어졌는가에 있다. 사실 예측모델을 연구나 비즈니스에 적용할 때 공통으로 원하는 한 가지는 바로 "좋은" 예측이다. 훈련데이터에 모델을 학습시키는 것도 중요하지만 이 모델이 이전에 본 적이 없는 데이터에도 잘 일반화 될지 어떻게 알 수 있을까? 입력한 훈련 데이터를 단순히 기억하는 것이 아니라 미래의 데이터, 즉 한 번도 본 적이 없는 데이터에 대해 좋은 예측을 만들 것이다. 어떻게 알 수 있을까? 예측 값이 나오면 어떤 기준에 의해 Loss를 계산한다. 예측 값은 실제 값과 비교하는 손실 함수를 통해서 점수를 계산한다. 해당 점수를 피드백으로 삼아서 손실 점수가 감소되는 방향으로 가중치를 수정한다(Optimizer). Loss Function은 결과가 잘되었는지 판단하는 것이며 계산 후 잘잘못 여부를 판단해서 비용함수를 계산한 후 모델이 얼마나 예측을 잘했는가를 판단해서 변수를 바꿔준 후 Optimizer를 거쳐서 Filter값의 변수를 업데이트 해 준다.

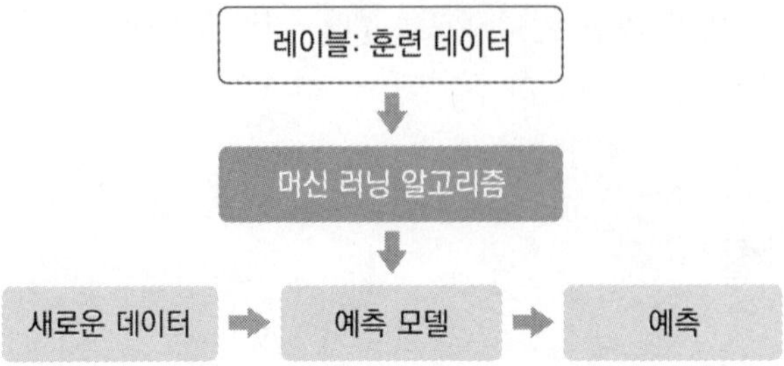

사. Loss 계산

최소화 또는 최대화하고 싶은 함수를 목적함수라고 한다. 여기서 최소화시킬 함수를 비용함수(cost function), 손실함수(loss function), 또는 오류함수(error function)라고 한다. 비용함수는 최적화 문제에 쓰이고 손실함수는 파라미터 측정에 더 많이 쓰인다는 차이가 있다. 예측 값과 아웃풋 값(실제 값)과 얼마나 유사한지 판단하는 기준이 손실함수이다. 예측 값과 실제 값의 차이를 Loss라고 하며 Loss를 줄이는 방향으로 학습을 진행한다.

손실 함수와 손실

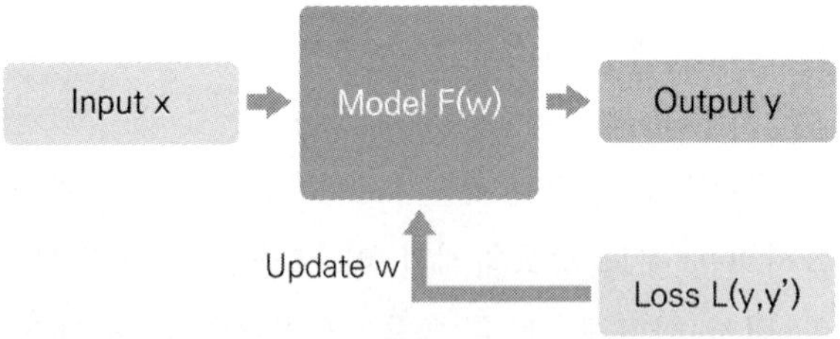

Loss Function의 종류는 매우 다양하므로 정의해 주어야 한다. Input 값을 넣어서 Output 값이 나오면 실제 값과 비료해서 Loss를 계산해서 Loss를 작아지게 하는 weight 값을 구한다. 손실함수는 데이터를 토대로 산출한 모델의 예측 값과 실제 값의 차이를 표현하는 지표이다. 달리 말해 모델의 성능의 나쁨을 나타내는 지표로서 현재의 모델이 데이터를 얼마나 잘 처리하지 못하는가를 나타내는 지표다. 통계학적 모델은 회귀와 분류로 구분되며 손실함수도 그에 따라 2가지 종류로 나누어진다. 비용함수의 종류는 다양한데 회귀유형에 쓰이는 대표적인 손실함수는 MAE(평균절대오차), MSE(평균제곱오차), RMSE(평균제곱근오차)가 있다. 반면 분류에 속하는 손실함수로는 Binary Cross-entropy와 Categorical Cross-entropy가 있다. 예측 값이 나오면 어떤 기준에 의해 로스 값이 작아지게 하는 파라미터를 구하는 것이 목표이다. 즉 Cost function이 하는 일은, 현재 설계한 모델이 얼마나 이 데이터를 정확하게 표현하지 못하는 가를 수치적으로 나타낸 것이다.

Loss Function의 종류

$$L(y_n, \widehat{y_n}) := (y_n - \widehat{y_n})^2$$

$$L(y_n, \hat{y}_n) := \max(0, y_n \hat{y}_n)$$

$$L(y_n, \hat{y}_n) := |y_n - \hat{y}_n|$$

$$L(y_n, \hat{y}_n) := -y_n \log(\hat{y}_n) - (1-y_n)\log(1-\widehat{y_n})$$

$$\min_{\theta_g}\max_{\theta_d} E_{x \sim Pdata(x)}[\log D(x, \theta_d) + E_{z \sim P_z(z)}[\log(1 - D(G(z, \theta_g), \theta_d))]$$

자료: https://www.youtube.com/watch?v=QZyhGBcMDTM 재구성.

데이터와 모델 Prediction의 절대적인 차이 값의 평균으로 절대 값을 씌우므로 모델의 Output이 실제보다 낮게 나오는지 높게 나오는지를 판단 불가하며 특이 값이 많은 경우에 유용하다. 또한 데이터와 모델 Prediction 차이의 제곱의 평균으로 역시 제곱을 하므로 모델의 Prediction이 실제보다 낮게 나오는지 높게 나오는지를 판단 불가하며 제곱을 취하므로, MAE에 비해서 특이 값이 취약하다.

아. Parameter 업데이트

Parameter 갱신 또는 업데이트 방법은 여러 가지 방법들이 존재한다. 여기서 Parameter는 매개변수다. Parameter는 모델 내부에서 결정되는 변수다. 그 값은 데이터로부터 결정된다. 가령 한 클래스에 속해 있는 학생들의 신장에 대한 정규분포를 그린다고 할 때 정규분포를 그리면 평균(μ)과 표준편차(σ) 값이 구해진다. 여기서 평균과 표준편차가 parameter이다. Parameter는 데이터를 통해 구해지며 모델 내부적으로 결정되는 값이며 사용자에 의해 조정되지 않는다. 선형회귀의 계수도 마찬가지다. 수많은 데이터가 있고, 그 데이터에 대해 선형회귀를 했을 때 계수가 결정된다. 이 계수는 사용자가 직접 설정하는 것이 아니라 모델링에 의해 자동으로 결정되는 값이다. 반면에 Hyper Parameter는 모델링할 때 사용자가 직접 세팅해 주는 값이다. 가령 learning rate나 SVM에서의 C, sigma 값, KNN에서의 K값 등 매우 다양하다. 머신러닝 모델을 쓸 때 사용자가 직접 세팅해야 하는 값은 상당히 많은데 각각의 값들을 조정할 때 모델의 Parameter를 조정한다고 한다. Hyper Parameter는 정해진 최적의 값이 없으며 휴리스틱한 방법이나 경험법칙(rules of thumb)에 의해 결정되는 경우가 많다[2]

이처럼 Parameter가 업데이트되었다는 것은 Loss Function이 수렴했다는 의미다. 종료된 상태에서 과연 모델이 쓸 만한 것인지 판단해야 한다. 아울러 역전파(Back Propagation)은 Loss가 작아지는 Weight를 업데이트해서 다시 Loss를 계산하는 Iteration 작업이 들어가게 된다. Loss계산 후 Loss값을 작아지게 하는 Parameter(W)를 구하는 것이 목표이다. 이러한 방향으로 Weight값을 구하는 역전파가 이루어진다. 업데이트할 때 미분개념이 필요하다. 미분을 통해서 Parameter값을 업데이트 한다. Loss Function의 가장 작은 지점의 θ_0와 θ_1값을 찾는다. 작은 쪽 방향으로 내려가게 설계하면서 기울기에 해당되는 미분이 작용한다. 즉, 기울기가 작아지는 방향으로 찾아가게끔 만들어 준다. Error의 Propagation이 뒤로 가는 것이고 Neural Network의 지도학습의 알고리즘으로 gradient descent가 쓰인다.

자. 최적화

모델의 계산이 완료되었을 때 최적화라고 한다. 최적화는 최적이라는 단어 그대로 가장 알맞음을 뜻한다. 가령 바둑 AI는 대국에서 승리하기 위한 가장 알맞은 한 수를 결정하도록 설계돼 있다. 음성인식 AI는 소리의 형태로 주어진 음성신호와 가장 알맞은 문자를 산출하도록 설계돼 있다. 이처럼 주어진 조건에서 최상의 선택을 찾는 것이 최적화다. 달리 말해 어떤 목적 함수(Objective Function)

2 Baysian Optimization과 같이 자동으로 하이퍼 파라미터를 선택해 주는 라이브러리도 있다.

역 전파와 최적화

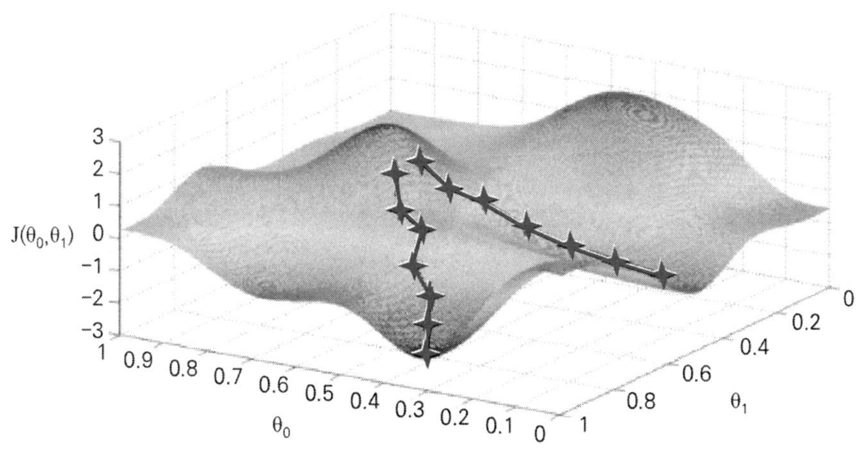

Cost Function을 3차원으로 나타냄($\theta_0 = w, \theta_1 = b$)

자료: roytravel.tistory.com/89 재구성.

의 결과 값을 최적화(최대화 또는 최소화)시키는 파라미터(변수)의 조합을 찾는 문제를 의미한다. 최적화 문제의 본질은 파라미터를 어느 방향으로 얼마큼 움직여서 함수 값을 최적화시킬 수 있을 것인지에 대한 것이다. 어쩌면 더 나은 최적이 존재할 수도 있다는 가능성을 염두에 두고 데이터로부터 그 해법을 찾고자 하는 것이 AI의 활용이다. 조금씩 파라미터의 값과 위치를 변경해가며 더 이상 변경할 수 없는 지점에 도달할 수 있는 파라미터를 찾는다. 이 과정에서 더 이상 최적화 시킬 수 없는 지점을 Local minima라고 한다. 최적화를 위해 사용하는 최적화 기법들은 Gradient Decent, Levenberg–Marquardt 방법, 뉴턴 방법 등이 있다. 하지만 기법들의 차이는 결국 이동할 방향과 이동할 크기를 어떤 방식으로 결정하느냐에 대한 차이다. 이러한 이동할 방향과 크기를 결정하기 위해 기본적으로 사용되는 수학적 원리는 일차미분(기울기)과 이차미분(곡률)의 개념이다. 여기서 Optimizer란? 머신러닝 학습 프로세스에서 실제로 파라미터를 갱신시키는 부분을 의미한다. 신경망 학습의 가장 기본적인 방식은 확률적 경사하강법(Stochastic Gradient Descent: SGD)이다. 오차역전파법을 이용하여, 갱신시킬 파라미터들의 현 기울기 값인 Gradient를 구해내고, 그것에 일정한 학습률을 곱하고, 기존 파라미터에 적용시키는 방식으로 갱신시킨다. 모멘텀(momentum)은

Optimize

운동량이라는 뜻으로 경사 위에서 아래로 흘러가는 학습, 일종의 물리적인 운동으로 보고 만들어진 Optimizer이다. AdaGrad(Adaptive Gradient Optimizer)는 각 변수들에 대해 따로따로 적응하여 작용하는 것을 의미한다. 현재 가장 자주 사용되는 Optimizer는 Adam(Adaptive momentum estimation)이며 Adagrad와 momentum이 결합된 Optimizer이다.

Optimizer

$$\theta_j \leftarrow \theta_j \leftarrow \alpha \, \frac{\alpha}{\alpha\theta_j} \, J(\theta)$$

GD
모든 자료를 다 검토해서 내 위치의 산기울기를 계산해서 갈 방향을 찾겠다.

NAG
일단 관성 방향 먼저 움직이고, 움직인 자리에 스텝을 계산하니 더 빠르더라.

Nadam
Adam에 Momentum 대신 NAG를 붙이자.

Momentum
스텝 계산해서 움직인 후, 아까 내려오던 관성 방향 또 가자.

스텝방향

SGD 스텝사이즈
전부 다 봐야 한걸음은 너무 오래 걸리니까 조금만 보고 빨리 판단한다. 같은 시간에 더 많이 간다.

Adam
RMSProp+Momentum 방향도 스텝사이즈도 적절하게!

RMSProp
보폭을 줄이는 건 좋은데 이전 맥락 상황 봐가며 하자.

Adagrad
안 가본 곳은 성큼 빠르게 걸어 훑고 많이 가본 곳은 잘 아니까 갈수록 보폭을 줄여 세밀히 탐색.

AdaDelta
종종걸음 너무 작아져서 정지하는 걸 막아보자.

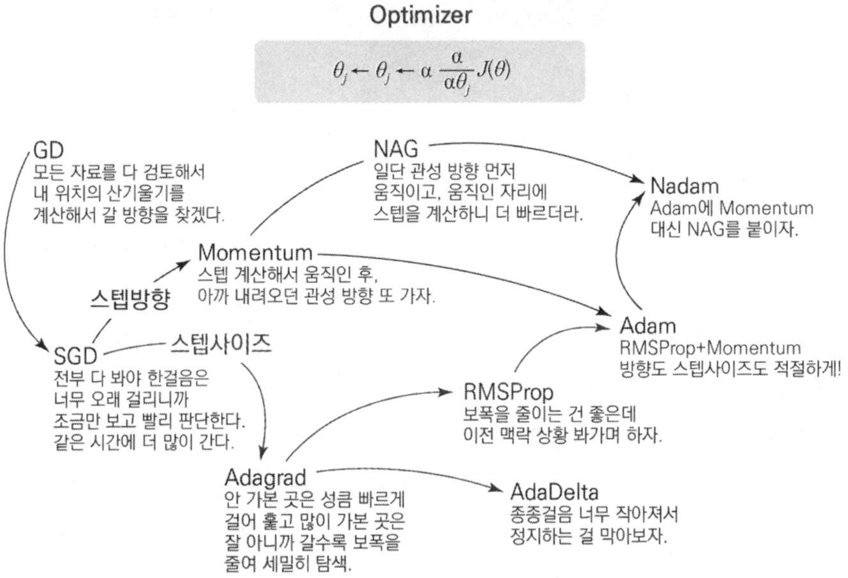

자료: www.slideshare.net/yongho/ss-79607172.

차. 진단: 무엇을 확인해야 하는가?

Parameter 업데이트가 이루어졌다면 Loss function이 수렴되었다는 의미이다. 모델이 과연 쓸 만한 것인지 Weight값들의 변화가 더 이상 나타나지 않는 상태를 의미한다. 이 과정에서 다음 사항에 대한 진단과 확인이 필요하다. 첫째, Loss값과 정확도에서 개선의 여지가 없는지, 이에 따라 Learning Rate, Optimizer, Batch 등에 대한 점검과 함께 Filter, Layer, Node Activation Function 등의 확인이 필요하다. 둘째, Overfitting과 Underfitting을 확인해야 한다. 먼저 Overfitting은 너무 정확하게 표현한 나머지 training data에 대한 정확

도가 뛰어나지만, 실제 test에서 error가 날 수 있는 상황에서 발생한다. Overfitting이 발생했을 때 사용할 수 있는 일반적인 해결책으로 ① Model Capacity 낮춰야 한다. Model Capacity는 모델이 보다 복잡한 형상을 나타낼 수 있는 정도를 의미한다. Model Capacity를 늘리려면 layer를 deep하게 쌓거나 layer당 hidden unit 개수를 늘린다. 모델이 학습데이터에 비해 과하게 복잡하지 않도록, hidden layer 크기를 줄이거나 layer 개수를 줄이는 등 모델을 간단하게 만들어준다. ② Dropout을 통해 복잡도를 줄인다. 학습할 때 일부 뉴런을 끄고 학습한다. ③ L1/L2 정규화(L1/L2 regularization) ④ 학습데이터 늘리기(data augmentation) 등이 해결방법이다. 반면에 지나친 단순화로 인해 error가 많이 발생하는 것을 underfitting이라 한다. 학습반복횟수가 너무 적거나 데이터의 특성에 비해 모델이 너무 간단한 경우, 데이터양이 너무 적은 경우에 발생한다.[3]

3 인공지능의 성과와 한계

AI washing! 요즘 마케팅 분야에서 많이 사용되는 용어다. 모든 기업들이 제품 및 회사브랜드 이미지에 인공지능기술의 옷을 입힌다는 의미다. 디바이스, 네트워크, 서비스 플랫폼, 응용서비스에 이르는 ICT 영역 전반에 걸쳐 인공지능 기술의 활용은 급속도로 진행 중이다. 인공지능과 기존 산업의 융합(X+AI)은 기존 산업의 지능화 및 효율화, 또한 이를 기반으로 건강과 의료, 주거, 통신, 교통, 식생활에 이르는 사회전반의 영역에 걸쳐 혁신을 낳고 있다. 기술혁신과 병행하여, 인공지능이 이끌어내는 혁신은 대다수 사용자의 권익보호와 함께 궁극적으로 인간 존엄에 위기를 초래하지 않도록 연구 및 정책적 노력들이 병행하여 진행되고 있다.

3 https://22-22.tistory.com/35.

가. 인공지능의 영역확장

"어떻게 하면 컴퓨터가 명령 이상을 넘어 작동할 수 있을까? 그리고 특정 작업을 스스로 학습할 수 있을까? 인간을 놀라게 할 수 있을까? 프로그래머가 만든 데이터 처리 규칙 대신 컴퓨터가 데이터를 보고 자동으로 규칙을 학습할 수 있을까?" 이러한 의문으로부터 머신러닝이 출발하였다. 결국, 질문에 대한 해제 탐구과정에서 새로운 프로그래밍 패러다임의 장을 열었다.

전통적인 프로그래밍인 기호주의 AI의 패러다임에서는 규칙(프로그램)과 규칙에 따라 처리될 데이터를 입력하면 해답이 출력된다. 그런데 머신 러닝에서 데이터와 데이터로부터 기대되는 해답을 입력하면 규칙이 출력된다. 이 규칙을 새로운 데이터에 적용하여 창의적 답을 만들 수 있다. 머신러닝시스템은 명시적으로 프로그래밍 되는 것이 아니라 훈련(training)된다. 작업과 관련하여 많은 샘플을 제공하면 데이터에서 통계적 구조를 찾아내고 작업의 자동화를 위한 규칙을 만든다. 가령 여행사진 tagging을 자동화하고 싶다면 이미 tag해 놓은 다수의 사진샘플을 시스템에 제공해서 특정 사진에 태그를 연관시키는 통계적 규칙을 학습할 수 있다.

딥 러닝은 데이터로부터 표현을 학습하는 수학모델이다. 딥 러닝 알고리즘으로 학습된 표현은 어떻게 나타날까? 가령 숫자분류를 위한 심층신경망과 학습된 표현과 관련하여 <그림 4-1>은 4개의 층으로 이루어진 네트워크가 이미지 안의 숫자(4)를 인식하기 위해 이미지를 어떻게 변환하는지 나타낸다. 최종출력에 대해 점점 더 많은 정보를 가진다. 하지만 원본이미지와 점점 더 다른 표현

〈그림 4-1〉 숫자를 표현하는 딥 러닝 알고리즘

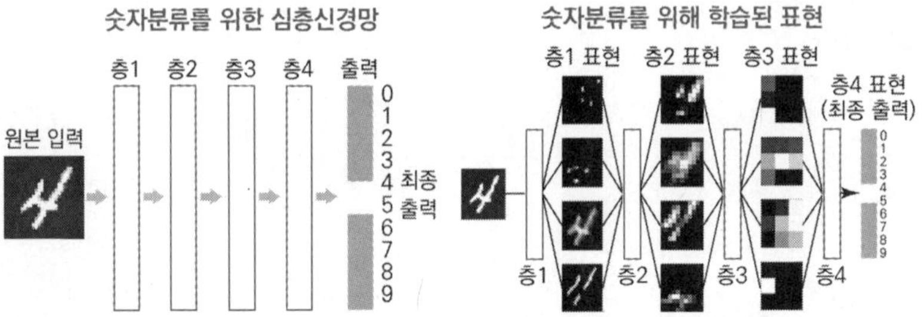

자료: tensorflow.blog 재구성.

〈그림 4-2〉

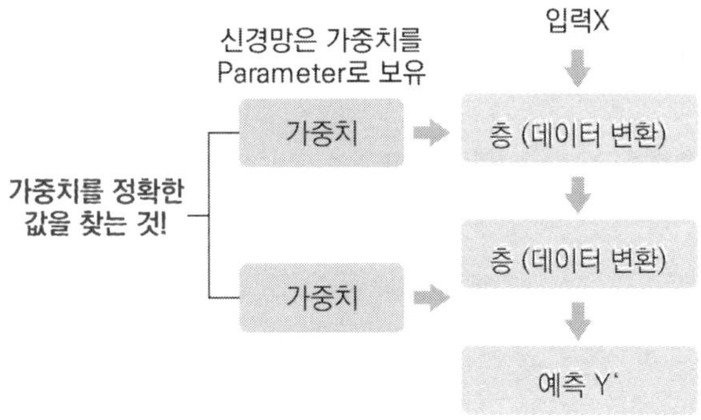

으로 숫자 이미지가 변환된다. 이처럼 심층신경망은 정보가 연속된 filter를 통과하면서 순도 높게(즉 어떤 작업에 대해서 유용하게) 정제되는 다단계 정보추출 작업으로 이해할 수 있다.

층에서 입력 데이터가 처리되는 상세 내용은 일련의 숫자로 이루어진 층의 가중치(weight)에 저장되어 있다. 기술적으로 말해 어떤 층에서 일어나는 변환은 그 층의 가중치를 parameter로 가지는 함수로 표현된다. <그림 4-2>에서 보듯 가중치를 그 층의 파라미터라고도 부른다. 이런 맥락에서 학습은 주어진 입력을 정확한 Target에의 mapping을 위해 신경망의 모든 층에 있는 가중치 값을 찾는 것을 의미한다. 하지만 어떤 심층 신경망은 수천(억)만 개의 parameter를 갖기도 한다. 이런 경우에 모든 parameter의 정확한 값을 찾는 것은 어렵다. parameter 하나의 값을 바꾸면 다른 모든 parameter에 영향을 끼치기 때문이다.

어떤 것을 조정하려면 먼저 관찰해야 한다. 신경망의 출력을 제어하려면 출력이 기대하는 것보다 얼마나 벗어났는지 측정해야 한다. 이는 신경망의 손실함수(loss function) 또는 목적함수(objective function)가 담당한다. 신경망이 한 샘플에 대해 얼마나 잘 예측했는지 측정하기 위해 손실함수가 신경망의 예측과 진짜 타깃(신경망의 출력으로 기대하는 값)의 차이를 점수로 계산한다.

기본적인 딥 러닝 방식은 점수를 피드백 신호로 사용하여 현재 샘플의 손실 점수가 감소되는 방향으로 가중치 값을 조금씩 수정한다. 이러한 수정 과정은 딥 러닝의 핵심 알고리즘인 역 전파(Backpropagation) 알고리즘을 구현하는 Optimizer가 담당한다. 초기에는 네트워크의 가중치가 random한 값으로 할당

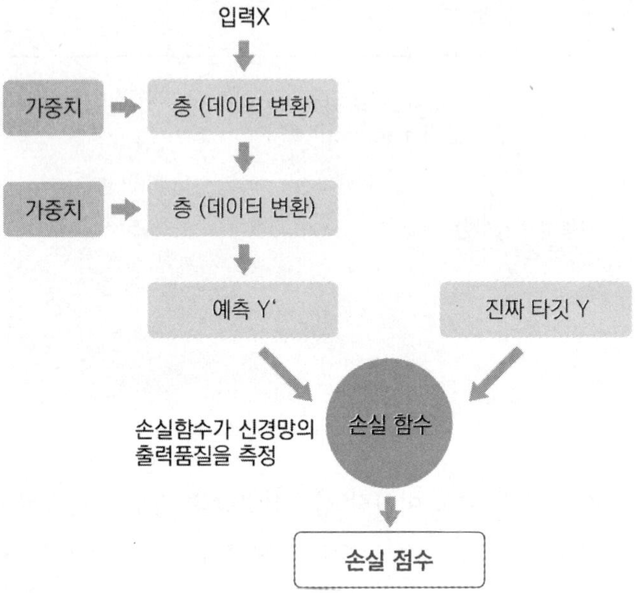

되므로 random한 변환을 연속적으로 수행한다. 이러한 과정에서 자연스럽게 출력은 기대한 것과 멀어지고 손실점수가 매우 높다. 하지만 네트워크가 모든 샘플을 처리하면서 가중치가 조금씩 올바른 방향으로 조정되면 손실점수가 감소한다. 이를 훈련반복(training loop)이라고 한다. 충분한 횟수만큼 반복하면(일반적으로 수천 개의 샘플에서 수십 번 반복하면) 손실함수를 최소화하는 가중치 값이 산출된다. 최소한의 손실을 내는 네트워크가 Target에 가능한 가장 가까운 출력을 만드는 모델이 된다. 이러한 메커니즘이 확장되면서 마술 같은 결과를 만든다.

딥 러닝은 획기적인 발전을 이루었다. 머신 러닝에서 오랫동안 어려운 문제로 여겨진 분야는 다음과 같다. ① 사람과 비슷한 수준의 이미지 분류 ② 사람과 비슷한 수준의 음성 인식 ③ 사람과 비슷한 수준의 필기인식 ④ 향상된 기계번역 ⑤ 향상된 TTS(Text- To-Speech) 변환 ⑥ Google Now와 Amazon Alexa 같은 디지털 비서 ⑦ 사람과 비슷한 수준의 자율주행능력 ⑧ Google, Baidu, Bing에서 사용하는 향상된 광고 Targeting ⑨ 향상된 웹 검색 엔진의 결과 ⑩ 자연어 질문에 대답하는 능력 ⑪ 사람을 능가하는 바둑실력 등이다. 지각과 자연어 인식 외에 형식 추론(formal reasoning)과 같은 다양한 문제에 적용하기 시작했다. 지금의 기술추세라면 딥 러닝이 과학, 소프트웨어 개발 등에서 사람을 보조하게 될 것이다.

학습을 통하여 혁신을 거듭해 온 인공지능기술은 삶의 곳곳에 적용되고 있다. 공상과학영화나 머릿속의 인공지능이 어느새 일상 깊숙이 파고들고 있다. 스피커, 세탁기, 청소기 등 실생활은 물론, 자동차에서부터 유통, 운송 및 통신에 이르기까지 다양한 산업 및 지역에 걸쳐 적용돼 다양한 비즈니스를 창출하면서 편익과 혜택을 제공하고 있다. 모든 게 컴퓨터가 전례 없는 방법으로 학습한 성과들이다. 말하고 보고 듣고 의사결정을 내리며 행동할 수 있게 되면서 광범위한 활용사례가 잠재적 비즈니스기회를 확대시키고 있다. 장차 인공지능은 산업혁명, 컴퓨터시대, 스마트폰 혁명과 같은 과거의 변화와 동등한 차세대 기술변화의 촉매제로 인식된다.

인공지능의 적용영역을 분야별로 살펴보면 의료분야가 대표적이다. 질병진단과 치료에서 핵심은 정확성이다. 한때 고도로 훈련된 의료진이 육안과 촉진(觸診)으로 판단했던 일이다. 환자상태파악 같은 의료 활동 상당수는 인공지능영역으로 넘어간 지 오래다. 쇼핑현장에서도 인공지능은 열 일 중이다. 오랜 경험에서 나온 연륜으로 고객표정만 보고 그가 어떤 상품을 원하는지 귀신같이 알아맞힌다. 점포 주인처럼 인공지능은 상품판매과정에서 지원과 개선이 필요한 맥(脈)을 정확히 짚어낸다. 게다가 AI는 수백 개 체인을 보유한 대형쇼핑서비스에서도 지치는 법 없이 똑같은 집중도로 일을 해낼 수 있다. 그것도 세계 전 지역에서 동시에 가능하다.

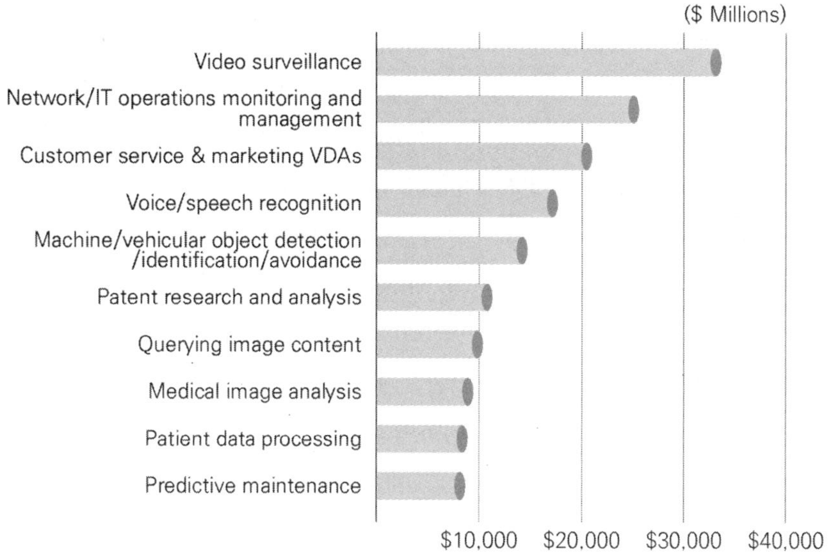

글로벌 시장조사기관인 Tractica의 보고서에 따르면 AI의 직접 및 간접 응용 프로그램에서 발생한 수익이 2017년 54억 달러(약 6조 원)에서 연평균 성장률(CAGR) 45%의 급격한 성장률로 오는 2025년에는 1,058억 달러(약 119조 7천억 원)로 증가할 것으로 예상된다(인공지능신문, 2019년 01.22.일자). 인공지능은 이미지인식을 비롯하여 이미지합성, 추론, 의미이해, 문자 및 음성 자동변환, 의사결정, 행동계획 등 다양한 기능을 수행하고 있다.

나. 인공지능의 기술혁신과 성과

인공지능 영역은 AI로 대체하고자 하는 인간능력에 따라 세부 영역으로 구분된다. ① 사람의 말과 글로 소통하는 능력을 흉내 내는 Natural Language Processing(자연어처리) ② 사람이 객체를 인지하고 대응하는 능력을 흉내 내는 Perception 또는 Vision(인지 또는 시각) ③ 사람이 학습을 통해 지식과 판단력을 늘려 가는 능력을 흉내 내는 Machine Learning(기계학습) ④ 사람이 지식에 의해 추리하는 능력을 흉내 내는 Knowledge Representation & Reasoning(지식표현 및 추리)으로 Semantic Nets, Rules, Frames, Ontology, Logic 등 지식표현 기술과 Inference Engine, Theorem Prover, Classifier 등의 추리기술이 제한적으로 사용되어 왔다. ⑤ 사람이 이동하고 사지를 움직이는 능력을 흉내 내는 Motion & Manipulation(움직임과 조정) 등으로 구분되며 <그림 4-3>과 세부 영역에서 괄목할 만한 성과를 보여준다.

1997년 DeepBlue가 인간과 체스대결에서 승리한 이후, 2011년 IBM Watson이 퀴즈, 2013년 Jeff의 골프승리, 2016년 AlphaGo의 바둑에서 승리까지 Thinking Machine으로서 발전을 거듭하였다. 이 외에도 자율주행자동차 분야 및 인공지능 비서(Smart Assistants)로 다양한 제품과 서비스가 출시되는 추세이다. 물론 연구영역에서도 인공지능 및 딥 러닝에 대한 관심과 연구가 급속한 추세로 활성화되고 있다. 이처럼 발전한 AI 기술과 제조업을 중심으로 고도화된 Robotics 기술 융합으로 운송, 제조, 헬스케어, 교육 등 다양한 분야에서 새로운 유형의 디지털 트랜스 포메이션이 이루어지고 있다.

최근에는 <그림 4-4>에서 보듯 Mobile Robot(Sony-Aibo, Aldebaran-Nao, Willow Garage-PR2 등), Personal Assistant(Apple-Siri, MS-Cortana, Google-Assistant,

〈그림 4-3〉

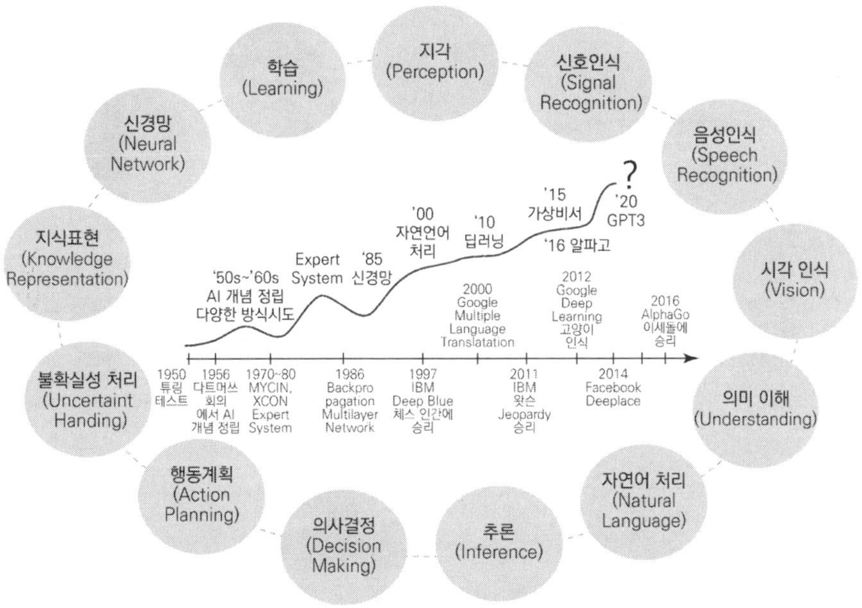

자료: 소프트웨어정책연구소(2016); 김진형(2019).

Samsung-Bixby 등), Assistant Robot(Amazon-Echo, Softbank-Pepper, SKT-Nugu, MIT-Jibo 등) 등 다양한 형태의 AI Robot이 등장하였다. 코로나19 대유행을 계기로 디지털 혁신이 더욱 빨라졌다. 홈(Home)을 중심으로 개인의 라이프 스타일과 취향까지 고려한 AI·IoT 기반 혁신적 제품과 서비스가 제공되고 있다. 가령 TV에 딥 러닝방식을 통해 입력되는 영상의 해상도에 관계없이 4K 또는 8K 수준의 화질로 최적화 시켜준다. AI 기반 세탁기와 건조기는 소비자의 세탁 습관을 지속 학습해 최적의 세탁·건조를 수행한다. 특히, 2021~2022 CES행사에서 AI 솔루션이 탑재된 인공지능 로봇청소기가 소개되었다. 동 제품에는 진화된 사물인식 기술이 적용돼 주변 물체를 스스로 식별하고 분류하며 최적의 청소 경로를 찾아 자율 주행한다. 제품에 AI 솔루션과 라이다(LiDAR) 센서, 3D 센서를 활용해 작은 장애물까지 판별할 수 있기 때문에 깨지기 쉬운 물건이나 전선, 양말, 반려동물의 배변 등을 피해 청소할 수 있다. 이처럼 로봇과 인공지능의 발달이 가속화되는 추세에서 기존 제품과 차원이 다른 혁신을 보여준다. 나아가 위험하고 반복적인 일 대신 인간이 보다 가치 있는 것들에 집중할 수 있도록 돕고, 물리

〈그림 4-4〉

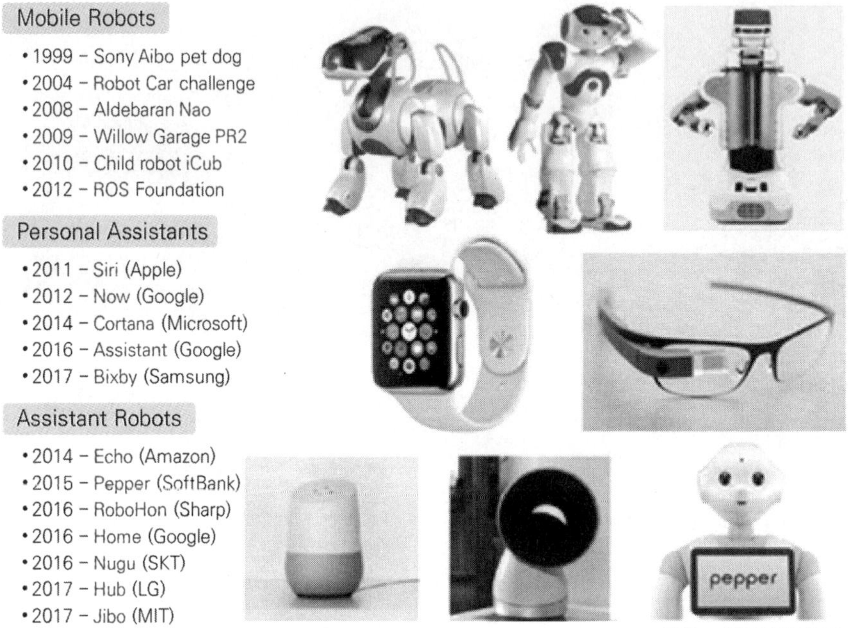

자료: KISTEP(2018).

적인 한계를 넘어 인간과 감성적으로 교감하는 로봇은 AI 기반 개인화 서비스의 정점으로서 하드웨어와 소프트웨어를 최적화한 결합을 통해 개인 삶의 동반자 역할을 할 것으로 예상된다.

인공지능 학습의 성과는 다양한 영역에 걸쳐 커다란 영향을 미치고 있다. 그 사례는 부지기수다. 그중 농업부문을 살펴보면, 네덜란드 농업의 심장으로 AI 농장을 추구하는 소도시 Wageningen대는 해마다 세계 농업 AI대회를 개최한다. 숙련된 농부와 인공지능(AI) 중에 누가 농사를 더 잘 지을까? 인공지능이 온도·습도·환기 등 생육여건을 원격 제어해 작물을 키워내는 결실을 농부와 비교하는 대회다. 2019년에는 숙련된 농부를 이긴 인공지능 팀이 한 곳밖에 없었다. 그러나 2020년에는 인공 지능팀이 1등부터 5등까지를 휩쓸었다. 농부는 6등을 차지했다.

또한 국방부문도 예외가 아니다. 만일 베테랑 전투기조종사와 인공지능이 겨룬다면 누가 이길까? 미국 국방부 DARPA은 2019년 8월 <AlphaDogFight>란 이벤트를 열었다. 항공전 시뮬레이터를 이용해 베테랑 조종사와 인공지능이 맞붙

게 했다. 결과는 인공지능의 완승. 인간 조종사는 단 한 번의 사격 기회조차 잡지 못하고 5번 격추당했다. 상대 인공지능은 무려 40억 번 모의 공중전을 치르며 실력을 쌓았다.[4] 해당분야에서의 노하우·비법·비결이라는 일종의 효율적인 패턴을 인식, 학습, 활용한 인공지능의 성과다.

다. 최신의 인공지능기술

AI의 발전은 예상보다 급속도로 진행 중이다. 인공지능 자연어처리(NLP)에서 가장 화제가 되었던 플랫폼으로 Google의 양방향 언어모델 Bert, OpenAI의 단방향 언어모델 GPT−2, 기계신경망 번역(Transformer) 모델 등을 꼽을 수 있다. 여기에 2020년 6월 1일 OpenAI가 논문(Language Models are Few-Shot Learners-다운)을 공개하고 아카이브(arXiv)를 통해 새로운 강력한 언어모델 GPT−3(Generative Pre-Training 3)을 공개했다. 2019년에 공개된 소설 쓰는 인공지능 <GPT−2>보다 훨씬 크고 혁신적인 버전으로 진화된 모델이다. 4,990억 개 데이터 셋 중에서 가중치 샘플링해서 3,000억(300B) 개로 구성된 데이터 셋으로 사전학습을 받았으며 1,750억 개(175Billion) 매개 변수로 딥 러닝의 한계까지 추진돼 미세조정 없이 여러 자연어처리 벤치마크에서 최첨단 성능을 달성했다. 몇 개 키워드만 넣으면 작문을 작성해주는 혁신적 AI 언어생성 모델이자 알고리즘이다. GPT−2에 비해 비교할 수 없을 정도의 성능을 보이면서 다양한 언어Task를 성공적으로 수행했다. 인간수준의 범용 인공지능(Artificial General Intelligence)의

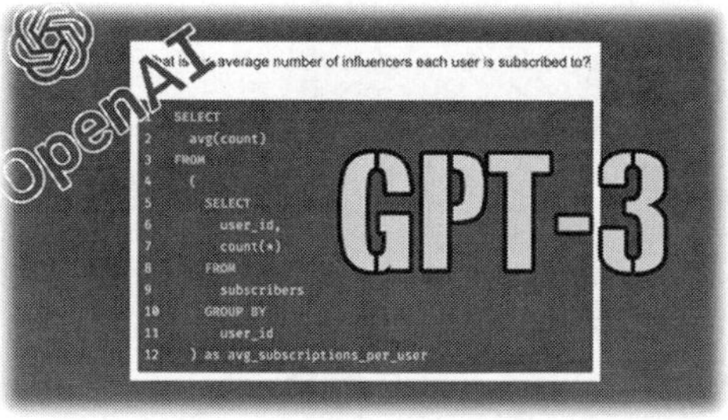

4 https://news.joins.com/article/23939102.

가능성을 보여주었다.

또한 인공지능 알고리즘이 낯선 환경에서 시행착오 없이 가장 효율적인 길을 찾아내는 능력에 도달했다. 2020년 1월 21일 Facebook 인공지능연구팀은 인공지능이 지도 없는 낯선 환경에서 거의 완벽한 길 찾기 실력을 갖춘 알고리즘의 개발에 성공했다. 강화학습 알고리즘은 지도 데이터가 없는 낯선 환경에서 거리 감지 카메라, GPS, 나침반 정보만을 활용해 로봇이 <정해진 시간 내 최단경로>라는 목표를 99.9%의 정확도로 주행하였다. 이제 기존 학습데이터와 참고용 지도가 없는 낯선 환경이지만 길 찾기 과정에서 시행착오를 보여주지 않았다. 길 찾기 과정에서 잘못된 방향으로의 회전, 뒤로 돌아가기 과정이 없었으며 이는 탐험과정 자체가 없었음을 의미한다. 기존 자율주행 알고리즘과 비교해 괄목할 성과다. 그동안 인공지능과 로봇기술의 발달에 불구하고 기계는 기본적으로 사람이 허용한 범위 안에서 할당한 업무를 수행한다고 여겨졌다. 비록 로봇의 정확성과 효율성은 사람을 앞설지라도 미지의 영역을 찾아가는 창의적 역량은 인간의 일로 간주되어 왔다. 사람은 '지도 밖으로 행군하라'며 '길 없는 길'을 찾는 존재였다. 하지만 사람의 일이라고 여겨 온 모험과 탐험의 영역도 로봇에 위협당하고 있는 셈이다.[5]

한편, DeepMind는 2020년 12월 23일 게임규칙을 알지 못한 상태에서 스스로 훈련하며 바둑과 체스, 장기, 아타리 등의 게임규칙을 터득해 최고의 실력을 쌓는 인공지능 <MuZero>를 개발해 「Nature」에 발표했다. <MuZero>의 환경모델 학습과 성공적인 계획능력은 강화학습 기술 발전뿐만 아니라 범용 알고리즘에 대한 가능성을 높여주고 있다. 현재까지 규칙과 해결책이 알려지지 않은 여러 복잡하고 어려운 현실 문제에 도입된다면 그 동안 인류가 알지 못했던 세상의 많은 비밀들을 풀어줄 수 있을 것으로 기대된다. <MuZero>는 Google에서 새로운 동영상 압축 기술과 유튜브 서비스비용을 절감할 수 있는 새로운 동영상 인코딩 방법을 찾는 데 사용되고 있다. 이처럼 이미 서비스가 진행되고 있

5 http://www.hani.co.kr/arti/science/future/926150.html.

는 분야에 접목되어 더욱 효율적인 방안을 새롭게 찾아줄 수도 있다. 특히, 데이터와 관련하여 <MuZero>는 새로운 계기를 마련하고 있다.

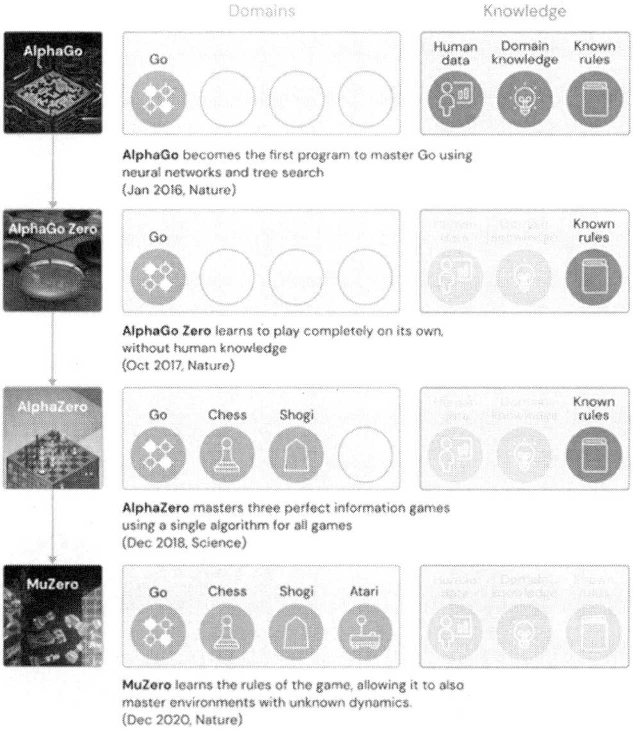

자료: DeepMind.

<MuZero> 학습법의 장점은 DeepMind의 이전 인공지능에 비해 데이터를 매우 경제적으로 사용한다는 점이다. DeepMind는 "우산이 당신을 젖지 않게 해줄 거라는 것을 아는 것이 비가 내리는 패턴을 파악하는 것보다 더 유용하다"는 말로 <MuZero> 학습방식의 효용성을 비유했다. 정작 중요한 게 뭔지를 아는 게 중요하다는 것이다. DeepMind의 수석과학자 David Silver는 "우리는 처음으로 세계가 작동하는 방식을 스스로 터득해서, 체스 같은 게임을 푸는 데 이용할 줄 아는 시스템을 갖게 됐다"며 <MuZero>는 백지에서 출발해 시행착오를 거쳐 세상의 규칙을 찾아내고 그 규칙을 이용해 일종의 초인적 성능에 도달할 수 있음을 시사한다. 이미 알파제로가 화학, 양자물리학 분야의 복잡한 문제 해결에 쓰이고 있다. <MuZero>의 강력한 알고리즘은 로봇공학, 산업 시스템

등 게임의 규칙을 알 수 없는 복잡한 실제 환경에서 맞닥뜨리는 새로운 문제들을 해결하는 길을 닦을 수 있다. DeepMind는 자율주행자동차와 단백질 설계에도 <MuZero>의 적용여부를 검토하고 있다.[6]

또한 Google Waymo는 자율주행에서 CNN보다 적은 컴퓨팅을 사용하면서 보다 정확한 행동예측을 제공하는 모델인 <VectorNet>을 개발하였다. 이처럼 학습되는 데이터의 양이 많을수록 인공지능의 성능이 올라간다는 기존 통념을 깨트리는 현상이다. 하지만 앞으로 한정된 데이터 또는 이미 학습된 데이터만을 가지고 있더라도 이를 어떻게 학습시키고 반복하느냐, 알고리즘을 어떻게 구성하느냐, 진짜 중요한 요소를 인공지능이 어떻게 알게 하느냐에 따라 성능을 비약적으로 상승시킬 수 있는 가능성이 열렸다. 지금까지 자율주행이나 자연어처리, 이미지인식 등 인공지능 업계에서 대량의 데이터를 보유한 업체들이 시장주도권을 잡고 있었다. 그러나 앞으로 데이터 보유만으로 우위를 지속하기 어려울 것이다. 얼마나 잘 활용하느냐에 따라 성패가 좌우될 것이다.

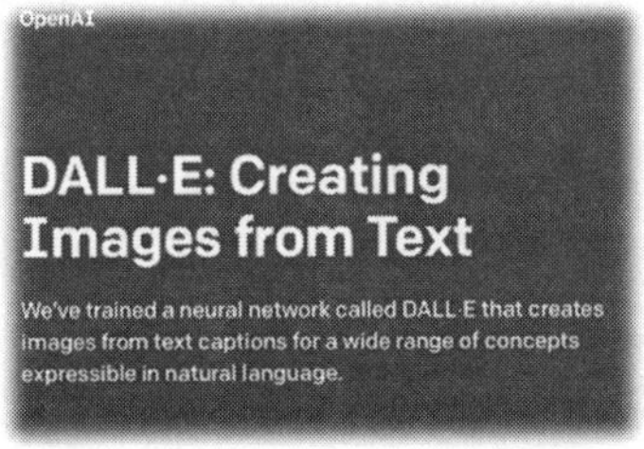

현재 업계에서 데이터를 학습하지 않은 심층신경망에서 고등 인지기능이 자발적으로 발생되는 원리를 규명하는 논문들이 나오고 있다. Facebook은 인공지능, 특히 자연어처리 분야에서 획기적인 심층신경망 아키텍처인 Transformers를 활용해 컴퓨터비전 모델을 훈련하여 훨씬 적은 데이터와 컴퓨팅 리소스로 가동되는 고성능 이미지 분류모델 <DeiT>를 공개했다. 이어 2021년 3월 4일 이미지인식 AI알고리즘 <SEER(Self-supERvised)>를 공개했다. 자기지도학습 능력을 크게 높인 모델로서 Instagram상 10억 개의 가공되지 않은 이미지를 활용했다. 또한 세계 최대 자연어 처리 AI모델 <GPT−3>를 내놓았던 오픈AI도 새 알고

6 http://www.hani.co.kr/arti/science/technology/975985.html.

리즘을 속속 내놓았다. 지난 2020년 1월 서술형 텍스트를 토대로 이미지를 그리는 화가 AI인 <DALL · E>를 공개했다. 동물 및 사물을 의인화하는가 하면 다양한 질감으로 주어진 상황을 표현해냈다.

이 외에도 그동안 기술혁신을 주도해 온 미 국방부는 최근 무기체계 분야에 AI를 빠르고 폭넓게 적용하면서 AI 기술 진화 및 대규모 시장창출에서 선도적 역할이 예상된다. 특히, 공대공 전투에서 유인 전투기를 격추할 수 있는 수준의 AI를 탑재한 자율 비행전투기 시제품을 제작 중이다. AI의 방대한 데이터 학습과 전투 시행착오가 종료되는 2022년 7월경 인간 조종사가 AI를 이기기 힘들 것으로 전망된다(Military Aero Space, 2020).

한편, Google은 딥 러닝뿐만 아니라 다양한 방식의 기계학습코드를 자동 완성하는 AutoML-Zero를 공개하였다(Google AI Blog, 2020). 기존 AutoML은 딥 러닝 모델링의 자동화에 치중하여 주어진 문제를 해결하기 위한 기계학습 알고리즘의 선택 폭이 좁았다. AutoML이 인공신경망 모델링에 특화되었다면, AutoML-Zero는 딥 러닝 외의 다양한 기계학습 알고리즘 중 최적 대안의 도출이 가능하다. AutoML-Zero의 확산으로 기계학습 모델링의 진입장벽이 현저히 낮아질 것으로 기대된다. 그동안 기계학습 모델링은 고급인력의 경험과 직관에 의존했다. 그러나 AutoML-Zero는 경험과 직관을 학습·자동화해 전문가 수준의 기계학습 모델을 제시하였으며 향후 더 복잡한 문제에 성공적인 기계학습 모델을 제시한다면, 또 다른 혁신을 일으킬 것으로 전망된다. 이러한 추세라면 인공지능이 인간의 수준을 넘어서는 특이점(Singularity)은 2045년을 전후하여 도래할 것이 예상된다.

라. 인공지능의 한계

인공지능이 만능해결사처럼 말한다. 하지만 한계를 내포하고 있다.[7] 첫째, 학습의 한계이다. 인공지능은 스스로 학습하지 않는다. 정확하게 말하면 인공지능의 학습은 사람과 다르다. 아직까지 인공지능 학습에는 사람의 역할이 크다. 인공지능은 정교하게 데이터를 분류하고 예측하는 프로그램인데 인공지능의 학습

7 http://www.atlasnews.co.kr/news/articleView.html?idxno=336.

은 기존 데이터를 입력해서 결과를 도출할 때 이용하는 가중치를 업데이트해서 실제와 예측치의 편차를 줄이는 과정을 의미한다. 데이터 준비, 알고리즘 설계, 데이터 학습 결과 검토·개선 모두 사람이 수행해야 한다.

AI의 한계

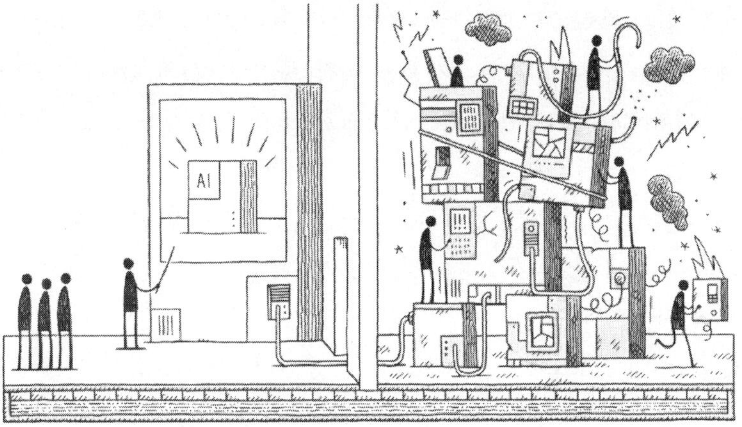

자료: economist.com/technology-quarterly/2020/06/11/an-understanding-of-ais-limitations-is-starting-to-sink-in.

둘째, 비용의 한계다. 여전히 인공지능은 비싸다. 특히 딥 러닝 기반 인공지능 개발을 위해 방대한 분량의 학습데이터, 학습데이터 처리를 위한 고가의 IT 시스템, 데이터 처리와 알고리즘 설계를 위한 전문 인력이 필요하다. 일반적으로 인공지능 개발 비용은 규칙기반 시스템, 머신러닝, 딥 러닝의 순서로 증가한다. 비용-효율성을 고려한 취사선택이 필요하다. 인공지능을 목적이 아닌 수단으로 판단해야 한다.

셋째, 실수와 오류의 한계다. 인공지능은 불확실한 상황에 대한 대처능력이 현저히 낮다. 2016년 이세돌 9단과의 바둑대결에서 3연승을 구가하던 AlphaGo가 제4국에서 보여준 한계가 대표적이다. 당시 AlphaGo는 초반부터 유리한 국면으로 승기를 잡고 있었다. 하지만 이세돌 9단의 절묘한 78수 이후에 납득하기 어려운 수를 연발하면서 급격하게 무너졌다. 데이터로 학습하지 않은 상황에서 터무니없는 결과를 도출하는 한계를 보여준 것이다. 따라서 인공지능을 적용할 경우에 검증 역할을 사람에게 부여하거나 이상 동작 시 사람이 개입하는 안전장치가 필요하다. 당초 인공지능 알고리즘은 사람처럼 부주의와 실수, 차별과 편견 같은 오류와 비효율에 빠지지 않고 정확하고 효과적인 결과를 가져올 것으로 기대되었다. 하지만 현실은 달랐다. 알고리즘은 개인용도의 서비스를 넘어 채용 면접, 대출심사, 연인소개 등 생활의 주요 문제는 물론 형사피의자의 구속여부를 결정하는 사법영역에까지 적용범위를 넓혀가면서 새로운 차별과 편견문제를 낳고 있다. 예컨대 얼굴인식과 피의자 재범가능성 예측에서 유색인 차별사례를 들 수 있다.[8]

넷째, 해석의 한계다. 인공지능은 설명력이 낮은 블랙박스다. 인공지능의 동작원리는 설명할 수 있지만 처리결과의 인과관계는 설명하기 어렵다. 이는 인공지능 학습방식에 기인한다. 입력 변수가 수십, 수백 단계의 변형을 거쳐서 최종 모형에 반영되기에 입력 변수와 결과의 직접적 관계의 추적이 어렵다. 따라서 결과뿐만 아니라 결과에 대한 설명이 중요한 업무에 대한 활용은 적절치 않다. 신뢰성 확보 및 유지를 위해 설명능력이 요구된다.

8 http://www.hani.co.kr/arti/science/future/914757.html(한겨레신문, 2019년 10월 27일자).

"20년 전에는 모든 기업은 인터넷기업이 될 것이라고 이야기했다. 오늘 모든 기업이 인공지능 기업이 될 것이라고 예언한다. 그럴 능력이 있어서가 아니라 그렇게 변하지 않으면 살아남을 수 없기 때문이다."

- Arvind Krishna(IBM CEO) -

AI 전환의 시대, 기업과 근로자 변신 못하면 도태

AI는 변신의 가능인자(enabler)다. 조직, 사업, 사람을 변화시키고 있다. 달리말해 AI는 전환의 도구로 작용하고 있다. 제2차 세계대전 당시 독일의 신형잠수함 유보트로 인해 연합군 피해가 늘었다. 1943년 미국이 20여 년 동안 쓸모없다고 외면 받은 레이더를 상용화하면서 전세를 역전했다. 바로 이것이 New Normal의 Big Shift 포인트다. 이후 인터넷과 모바일기술의 발전이 새롭게 부상했다. 그 결과, 시가총액 상위기업들이 10년 사이 모두 바뀌었다. 이제 코로나19로 인해 디지털 트랜스포메이션이 확산되고 있다. 새로운 기술을 수용한 기업들만이 생존하는 세상이다. AI가 발전하면서 AI관련 특정사업에만 적용, 발전하는 게 아니다. AI가 전 산업분야에 스며드는 AI+X시대가 진행 중이다. AI회사가 따로 있는 게 아니다. 모든 회사가 AI회사로 거듭나야 한다. 물론 AI는 도깨비방망이가 아니지만 기업이 당면한 문제를 새로운 방식으로 해결할 수 있도록 돕고 있다. AI 전환시대의 혁신이란? 회사나 개인이 가진 역량을 총동원해 고객을 만족을 넘어 감동시킬 수 있는가에 대해 고민하고 실천하는 것이다.

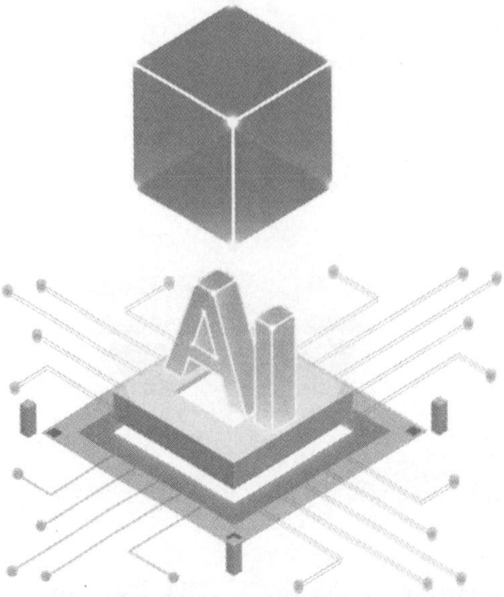

모든 직장인을 위한 인공지능(AI)

디지털 전환시대의 최종병기

CHAPTER

05

인공지능 전환: 사례와 교훈

1 인공지능의 전환사례: 조직

2 인공지능의 전환사례: 사업

3 인공지능의 전환사례: 개인

4 인공지능 전환사례 만들기: 필요조건과 충분전략

CHAPTER 05

인공지능 전환: 사례와 교훈

1 인공지능의 전환사례: 조직

지금은 격동의 시기다. 디지털 전환이 기존 경쟁적 환경을 와해시키고 있다. 그동안 경험해 보지 못한 불확실성에 직면하면서 디지털 전환에 뒤쳐진 기업은 빠르게 도태되고 있다. 시장은 전례 없는 COVID-19 대유행 이후 새로운 양상으로 돌아가고 있다. 고객과의 상호작용방식, 소비자구매방식, 대중의 관심사를 신속하게 파악하는 등 빠르게 변화해야 한다. 인공지능 전환의 성공적 관리는 경제적 불확실성이 지속되는 현 단계에서 성공과 실패의 결정짓는 요소다. 인공지능 전환은 비즈니스 수행방식을 변화시킨다. 비즈니스 기술, 직원의 운영 방식, 고객과 상호작용하는 방법 등이 포함된다. 사업의 주요 목표는 고객요구 충족에 맞추어야 한다. 긍정적 고객 경험은 고객확보와 유지, 그리고 새로운 소비자들이 브랜드와 상호작용을 진작시키는 데 필수적이며 인공지능 전환능력의 핵심 원칙이다.

디지털 파괴는 기업의 사업방식에 중대한 변화를 가져왔다. 기계학습(machine learning)과 인공지능(AI)의 통합으로 분석능력이 빠르게 발전하면서 기업 운영의 간소화와 함께 새로운 수익 모델의 창출과 고객경험 관리를 높일 수 있다. 개인이나 조직에서 디지털 전환전략을 구현하는 가장 좋은 방법 중 하나는 다른 사람과 조직이 어떻게 디지털 전환을 했는지 경험을 배우는 것이다.

Microsoft의 CEO Satya Narayana Nadella는 "새로운 것을 시도하지 않으면 (기업은) 살아남을 수 없습니다. 기업이 성공하려면 두 가지가 중요합니다. 첫째, 목적 달성을 위해 어려움이 닥치더라도 참고 견뎌내야 합니다. 둘째, 누가 시키지 않아도 스스로 새로운 것을 시도하는 Startup 정신입니다."라고 말했다. 인공지능 전환은 하룻밤 사이에 뚝딱 이루어지는 것이 아니다. 치밀하게 계획된 과정이다. 조직에서 운영 성능의 격차를 해소하고 고객을 위해 보다 큰 가치를 창출하며 데이터 및 고급 분석플랫폼의 바탕에서 수익을 향상시켜야 한다. 인공지능 전환사례를 살펴보면[1] 위기 속에서 새로운 시장을 창출하고 경쟁자들을 따돌리며 비상(飛上)하는 기업에는 데이터가 있다. 물론 모아만 둬서는 소용없다. 물처럼 흐르면서 '스스로 일하게' 만들어야 한다.

가. 해외기업의 전환사례

인공지능이 보통명사로 인식되면서 마치 인터넷처럼 사용되고 있다. 1990년대 초반 Amazon, eBay가 인터넷 전자상거래(E-Commerce)기업이 기존 전통적인 기업과 차별화된 가치와 효용으로 주목을 받았듯이 2010년 이후 AI 기업에 벤처자금이 몰리는 현상이 일어났다. AI는 더 이상 특정 기업의 전유물이 아니다. 데이터를 자산화(Asset)하려는 모든 기업에게 핵심 요소기술이자 조직변화와 혁신의 핵심어가 되고 있다. 모든 기업이 AI기업을 지향하고 있다.

1) 'AI First'를 추진 중인 Google

모바일 퍼스트에서 인공지능 퍼스트시대로의 출발점은 2015년 알파벳을 중심으로 한 지주회사체제 출범에서 비롯되었다. 단순히 기업지배구조만 바뀐 게 아니다. 알파벳 산하 계열사를 신사업(other bets)과 Google부문으로 나눴다. 시가총액규모 9,098억 달러(약 1082조 원)에 이르는 거대기업의 변화는 그렇게 시작됐다. Google부문에선 AI를 검색 및 광고서비스 개선에 곧바로 적용하고 신사업 부문

1 https://bridgei2i.com/5-brilliant-digital-transformation-case-studies-you-need-to-read.

에선 AI를 활용해 미래 성장 동력을 발굴하는 <AI First> 전략이 본격화됐다.

AI 기반 자율주행 전문기업 Waymo, 자율주행 드론(무인기) 사업을 하는 Wing, 머신러닝(기계학습)을 활용한 생명공학 계열사 Calico, 알파고로 유명한 DeepMind, AI 기술로 온라인상 괴롭힘이나 악플을 감지하는 Jigsaw 등이 신사업 부문에 포함돼 있다. 항 노화 연구를 하는 Calico, 혈당측정 콘택트렌즈를 만드는 Lifesciences, 사물인터넷 사업을 하는 Nest Labs, Google글래스와 자동주행차 등을 연구하는 Xlabs 그리고 이세돌과 대결을 펼친 인공지능을 만드는 DeepMind 등 어찌 보면 하나 같이 당장 돈이 안 되면서 엄청나게 많은 자금이 들어간다. 하지만 언젠가 거대한 산업을 일으킬 미래의 먹거리 사업영역이다. 이른바 Google의 AI 전위부대다.

Pichai CEO는 "미래에는 현재의 다양한 기기들이 점차 사라지게 될 것이다. 앞으로는 모바일기기의 스크린을 통해 정보를 찾는 것이 아니라 인공지능이 똑똑한 비서(Intelligent assistant) 역할을 하게 될 것"이라고 말했다. 이러한 언급은 디바이스 시대의 종말을 의미한다. 과거에는 커다란 스크린이 있는 컴퓨터를 활용해 정보를 얻었다. 불과 몇 년 전부터 스마트 폰 등 모바일 기기에 의존하는 게 일상화됐는데, 앞으로 인공지능이 물리적 기기를 뛰어넘는 새로운 흐름이 될 것이다.

Google의 <AI First> 선언은 2010년 <Mobile First>를 화두로 내세운 이후 6년 만의 대전환이다. Google은 이미 2015년 하반기에 노선 변경을 시작했다. 2015년 10월 말 방한한 Eric Schmidt 알파벳회장은 5년 뒤에는 머신러닝 기술이 헬스케어, 교육 등 모든 산업에 적용될 것이라고 강조했다. 이어 일본 도쿄에서 개최한 글로벌 미디어 간담회에서 머신러닝에 집중 투자하겠다는 계획을 밝히면서 <AI First> 이행작업을 구체화했다. Google은 머신러닝기술의 핵심인 인공지능을 자사 미래를 책임질 새로운 화두로 제시하였다. 인공지능이 인류가 직면한 과제를 해결하는 데 중심이 될 것이며 앞으로 기후변화, 암 진단 등 더 큰 도전을 해결하기 위해 발전해 나갈 것이라고 밝혔다(매일경제신문, 2016년 4월 29일자).[2]

2 https://www.mk.co.kr/news/world/view/2016/04/311941.

2) 반도체 기업 Intel, 인공지능 기업으로 변신

글로벌 반도체 강자 Intel이 인공지능에 집중하면서 전 방위 생태계를 조성하고 있다. Intel은 다양한 솔루션을 동시에 개발, 제공할 수 있는 업체다. Intel의 프로세서는 익히 잘 알려져 있다. 공간과 사물, 움직임을 분석해 데이터화 하는 Real sense라는 카메라기반 Sensing기술도 보유했다. 여기에 각종 단말기와 IoT, Cloud 등을 서로 연결하는 5G(5세대 이동통신)의 개발에도 관여하고 있다. 기업인수를 통한 외연 확장에도 박차를 가하고 있다. 자체적으로 인공지능 기술을 개발하는 것 외에 외부수혈도 활발하다. Intel은 2013년 Brian Krzanich 전 최고경영자(CEO)가 부임하면서 AI, 자율주행차 등 AI 반도체 전문기업으로의 변신을 선언했다.[3] 2015년 사물인터넷(IoT)·자동차 반도체기업 Altera인수에 이어 10월에 인공지능을 학습시키기 위한 Machine Leaning기술을 갖춘 saffron을 인수했다. 2016년 9월에는 인공지능이 주변 환경을 인지, 분석하는 비전 프로세싱 기술을 강화하기 위해 Movidius를 인수했다.

이 외에도 비슷한 시기에 인공신경망 기반 인공지능 학습기술인 deep leaning 전문 Startup인 Nervana까지 인수했다. Nervana의 경우, 해당 업체의 주요 인사들을 Intel 인공지능 개발팀의 핵심에 배치했다. Nervana 기술을 적용해 인공지능에 최적화한 신형 프로세서를 개발 중이며, 2017년에 Lake Crest가 등장했다. 그리고 이를 한 층 발전시킨 코드명 Knight Crest도 개발 중이다. 이러한 흐름을 가속화시켜 2020년까지 딥 러닝 성능을 100배까지 향상시키겠다고 공언했다. 하드웨어 외에 관련 소프트웨어 및 개발자 지원 쪽으로도 힘을 기울이고 있다. Intel Nervana AI Academy에서는 AI 관련 기술개발을 위한 개발자용 툴을 비롯한 다양한 소프트웨어를 지원하며, 각종 교육 자료도 제공한다. 인공지능용 네트워크 주도권 위해 5G 표준 제정에도 박차를 가하고 있다. 다양한 하드웨어와 소프트웨어를 연결하기 위한 5G 통신기술 표준지정을 위한 노력도 눈에 띈다. 2017년 1월 자사에서 개발한 세계 최초의 글로벌 5G 모뎀을 공개했다. 이어 3월에 열린 Mobile World Congress7에서는 5G관련 기술 개발을 위한 Mobile Trial Platform(MTP)의 3세대 모델을 발표했다. 이는 Cloud와 Core Network, Access Point, 무선기술, 그리고 스마트기기를 포함한 모든 영역을 아

3 https://www.hankyung.com/it/article/201912185779g.

우르며 인공지능시스템의 원활한 구동을 돕는다. 특히, 자율주행차량 및 IoT기기에 적용되는 인공지능시스템은 Cloud와의 원활한 연동을 위해 빠른 반응속도가 중요하다. 5G 기술도 여기에 초점을 두고 개발 중이다. Intel의 인공지능 전략은 하드웨어 및 소프트웨어, 네트워크에 이르기까지 전반적인 생태계의 구축에 목표를 두고 있다. 지난 2017년 일본 도쿄에서 <AI Day> 행사를 개최, 인공지능 사업의 현주소와 미래를 알렸다. 행사장에서 Intel 일본지사의 Makiko Eda사장은 "미래 IT 산업에서 가장 중요한 것이 Cloud와 인공지능, 그리고 네트워크이며, Intel은 이미 이러한 3가지 분야의 선두주자"라고 강조하면서 향후 Intel의 방향성을 제시하였다(동아일보, 2017년 4월 18일자).[4]

3) SW기업으로 변신하려던 GE의 좌절

디지털 기업으로의 변신은 단순히 제품을 바꾸는 것으로 완성되는 것이 아니다. 제품의 가치(value)를 바꿔야 비로소 성공할 수 있다. GE 디지털의 Mark Sheppard CCO(Chief Commercial Officer)는 4차 산업혁명을 이끄는 중요한 가치로 디지털화를 강조하였다. 과거의 GE는 조명기기나 가스터빈 등을 제조하는 하드웨어 생산이 주요 사업 분야였다. 하지만, 지금은 데이터를 직접 생성하고 모델링하는 소프트웨어 기업으로 변신하고 있다. 제조업체의 대명사인 GE가 소프트웨어사업으로 눈을 돌린 것은 2011년부터다. 하드웨어만을 만드는 제조업만으로는 성장이 어렵다고 판단한 Jeffrey Immelt 회장이 GE를 대표적인 디지털기업으로의 변신을 선언했다. 124년이라는 시간을 제조업에 몸담은 GE가 디지털 기업으로 변신하는 데 많은 어려움이 예상되었다. 그래서 혁신적 변신에 대한 해답은 처음부터 크게 변하는 것이 아니라 Startup처럼 작은 개선을 추구했다.

GE는 Startup처럼 민첩하게 움직이기 위해 Fastworks라는 새로운 성장규범을 만들었다. 그 시작은 단 1%의 작은 개선에서 출발하는 것이다. 거대기업 GE가 Startup처럼 신속하고 단순하게 운영될 수 있도록 하는 운영체계다. 처음부터 막대한 비용과 기나긴 시간을 투입하는 것이 아니라 업무개선과 같이 주변의 작은 일부터 시작하여 이를 체계화하는 과정을 매뉴얼처럼 제작하였다. GE가 제조하는 가스터빈의 가동시간이나 엔진속도를 1%만 높여도 작게는 수억 달러에

4 https://it.donga.com/26270.

서 많게는 수십억 달러의 이익을 거둘 수 있기 때문이다.

디지털 기업으로 변신하려는 GE의 중심에는 Predix라는 운영체제(OS)가 자리 잡고 있었다. MS의 Window나 Google의 Android 같은 운영체제다. 하지만 Predix는 PC나 스마트 폰이 아니라 산업용 기기를 위한 OS라는 점에서 다르다. GE는 비행기의 제트엔진이나 발전소 내 가스터빈, 또는 의료기기인 MRI 스캐너 등에서 데이터를 수집·분석한 후, Predix에 융합시켜 해당기기의 효율적 운영방안을 연구하고 있다. 가령, 항공기엔진의 단순 판매방식에서 탈피하여 항공기엔진에 sensor를 부착하여 사전에 장애를 예측하고 최적의 비행항로를 제시하는 등의 유지보수서비스로 사업모델을 바꾸고 있다. 실례로 뉴질랜드의 Queenstown공항은 험한 지형과 안개가 자주 끼는 날씨 탓에 비행기가 착륙하기 어려운 곳으로 유명했다. 하지만 Predix를 기반으로 빅 데이터분석을 통해 공항의 효율성을 극대화시킬 수 있었다. GE는 날씨와 비행기의 과거 착륙데이터를 분석한 뒤 1시간에 5대밖에 착륙할 수 없었던 공항여건을 12대까지 착륙할 수 있도록 개선하였다. 그 결과, 항공기 연료절약은 물론 연착횟수도 20%까지 감소되면서 전 세계 항공사들의 호평이 이어졌다. 인도병원에서는 간호사가 하루에 30분 정도를 의료기기와 장비를 찾는 데 시간을 허비했다. 직원과 해당기기를 디지털로 연결해 주면서 의료장비를 제때 찾지 못해 환자가 사망하는 경우를 방지할 수 있게 됐다. 이처럼 GE는 기업규모나 전통을 따지지 않고 아이디어기반에서 Startup처럼 변신 중이다(Science Times, 2016년 9월 22일자).

GE는 2014년 Predix 적용에 따른 생산성 솔루션 분야 매출이 10억 달러에 달한다고 밝혔다. 2015년에는 GE 소프트웨어에서 파생한 GE 디지털이라는 새로운 사업부를 만들었다. 2016년 기준 GE디지털 직원은 1,500명 이상이며 겉보기엔 장밋빛 일색이었다. 그러나 드러난 것과 달리 내부현실은 다른 모습이었다고 전해진다. GE의 디지털혁신은 GE Aviation(제트엔진), GE 트랜스포메이션(철도), GE 파워(풍력터빈) 등 각 사업부가 GE 소프트웨어 자원을 이용해 혁신을 구현했다. 해당부서의 CEO나 임원이 결정했다. 그런데 디지털 전환이라기보다 기존 산업에 기술을 적용한 디지털 실행에 가까웠다. 결국, GE 소프트웨어가 벌어들인 수익의 대부분이 외부고객이 아닌 GE 내 사업부에서 발생한 셈이다. 디지털 전환은 현재 비즈니스모델에 대한 발상전환이다. 단지 기존모델에 기술을 추가하는 것이 아니다. GE사례처럼 조직 내에서 실행되는 경우, 진정한 의미의 디지털 전환은 실패로 이어지기 마련이다. 변화는 파괴적이기에 기존 조직은 거부한다. GE의 경우, 창기 전략과 목표보다 단기 매출성장에 초점을 맞췄다. 그러다보니 디지털 전환 이니셔티브가 제대로 이행되지 못했다. 디지털 전환은 기술이나 전략보다 내부의 혁신문화가 우선돼야 한다. Predix를 통해 누구보다 먼저 디지털 플랫폼 비즈니스에 뛰어들었지만 실패한 이유도 여기에 있었다. 많은 기업들도 디지털 혁신을 추구한다. 하지만 디지털 혁신을 위한 기술도입 이전에 명확한 목표를 세우고 작은 조직으로 자주 시도해 실패를 경험하는 민첩성, 그리고 유연한 조직문화가 중요하다. GE를 반면교사로 삼아 디지털 전환전략의 수립과 실천이 필요하다.[5]

나. 국내기업의 전환사례

1) 글로벌 AI 1등을 향한 KT의 전환

AI를 시대적 소명으로 삼으면서 고객이 있는 곳이라면 어디에서나 KT AI가 있게 한다는 목표[6]와 함께 KT의 변신 선언은 통신 기업으로 남지 않겠다는 의지가 담겨 있다. 5G의 상용화로 Smart Factory, 모빌리티 등 다양한 사업 기회가 생겼다. 이처럼 신사업의 바탕에 AI가 깔려있다. 가령 KT가 구축하고 있는 Smart Factory는 5G 통신과 AI 기술이 모두 필요하다. 지난 2019년 10월 22일 황창규 KT회장은 취리히연방공대의 강연에서 KT는 빅 데이터와 Cloud 등을 아우르는 AI 회사로의 전환을 강조했다. 이러한 인식은 정부 차원에서 AI산업을 육성하겠다고 밝힌 것과 궤를 같이한다.

KT는 <AI 전문기업>으로의 변신을 선언했다. 어디서나 AI와 함께하는 초지능사회를 열겠다는 게 핵심 메시지다. 이를 위해 AI 분야에 적극 투자할 계획이다. 가정용 기기 중심이던 AI 사업 범위를 B2B(기업 간 거래) 부문으로 확대하고 AI에 5세대(5G) 이동통신 기술을 접목하는 작업에도 나서기로 했다. KT는 AI 코어(핵심) 기술개발과 연관서비스 개발에 4년간 3000억 원을 투자한다. 첫 AI 스피커 <Giga Genie>를 선보였던 2017년 이후 3년간 투자한 금액(1,500억 원)의

5 http://ddaily.co.kr/m/m_article/?no=170044.

6 https://www.hankyung.com/it/article/201910301696i.

두 배에 해당하는 규모다. 인재 육성에도 적극적으로 나설 예정이다. KT의 AI 전문 인력은 600명 수준이다. 이 중 AI의 핵심기술을 개발하는 '코어인력'은 200명 선이다. KT는 4년 내 AI 전문 인력을 1,000명 선으로 늘릴 계획이다. 장기적으로는 코어 인력만 1,000명을 확보하는 게 목표다.

AI 사업 분야도 확장해 나간다. KT는 그동안 GigaJini를 바탕으로 가정에서의 AI 생태계 구축에 집중해왔다. 장차 글로벌 시장으로 AI 생태계를 확대하고 산업 현장, 사무 공간 등에도 AI 기술을 접목한다. 우선 음성명령으로 서비스 요청, 온도제어 등이 가능한 'AI호텔' 솔루션을 글로벌 호텔체인으로 확대할 예정이다. 이어 공장, 보안, 에너지, 고객센터 등에 AI를 적용하는 작업도 추진한다. Smart Factory, AI 고객센터 시장에서 KT 영토를 넓히는 게 목표다. KT는 AI 기반 서비스는 다양하다. 음성기술에서 핵심으로 꼽히는 시끄러운 환경에서 목소리를 구분해내는 'Speech Seperation 기술', 실제와 같은 가상모델을 만들어 내는 'GiGAtwin', 통신장애를 분석해 원인분석과 문제 해결까지 하는 'Dr. Lauren' 등이 주목을 받고 있다. 휴대폰을 찾으면 인공지능(AI) 로봇이 위치를 알려준다. 심부름을 시키면 물건도 집어온다. TV를 켜면 'AI 해설자'가 등장한다. 운동장 위 선수들의 행동을 분석해 알려준다. 모두가 KT의 AI 기술이 접목된 미래 모습이다(한국경제신문, 2019년 10월 30일자).

2) 전통제조사에서 데이터기업으로 전환한 한컴라이프케어

한컴은 2017년 말 2,650억 원 규모의 국내 개인 안전장비 분야 점유율 1위 '한컴라이프케어(옛 산청)'를 인수했다. 재난안전 관련 하드웨어를 제조하던 이 회사는 데이터나 ICT와 거리가 멀었다. 한컴은 이 회사에 3년간 그룹의 'ICT DNA'를 수혈했다. 2021년 창립 50주년을 맞는 회사인데 그 전 40년간 변한 것보다 한컴이 인수한 이후 3년간 더 많은 것이 바뀌었다. 국민 삶에서 안전을 책임지는 기업이라는 비전으로 한컴그룹의 핵심 기술과 접목시켜 새로운 사업 영역을 만드는 데 주력했다. 동 회사는 기존 공기호흡기와 방독면 사업에 빅 데이터와 AI를 융합해 소방관과 군인을 보호하는 <소방안전 플랫폼>으로 탈바꿈시켰고, 드론 기술을 접목한 <화재경계지구> 심야 순찰 사업에도 뛰어들었다. 기존 공기호흡기는 소방관들의 개인 안전장비였는데, 여기에 빅 데이터와 AI를 접목한 소방안전 플랫폼을 연동하면서 많은 것들이 가능해졌다. 예를 들면 화재 진압 시 소방관제실에서 지휘할 때 모든 소방관의 위치와 심박 수 등을 모니터링하면서 이상이 있을 때 바로 구조할 수 있다. 대형건물에서 화재 발생 시 주변 공공 폐쇄회로(CC)TV 영상 데이터를 모아 화재를 감지하고 소방서에 자동으로 통보할 수도 있다. 한컴라이프케어는 KF94 마스크 수출국을 다변화한 데 이어 코로나19 진단키트사업에 진출도 선언했다. 사실 한컴그룹의 모든 사업이 데이터 기반으로 돌아가고 있다. 전 국민이 사용하는 한컴오피스에 저장되는 문서도 데이터이고 AI 기술이 주력인 한컴MDS의 사물인터넷(IoT) Sensor가 수집하는 정보도 모두 데이터이다. 비대면 시대에 깜짝 성장한 Cloud 기반 웹오피스 '한컴 스페이스'에도 데이터가 쌓이고 있고, 소방안전 플랫폼과 연계된 화재진압 장비와 드론이 수집하는 영상과 생체 정보도 모두 데이터다(매일경제신문, 2021년 1월 5일자). 이러한 데이터를 기반으로 새로운 비즈니스로 탈바꿈을 모색하고 있다.

2 인공지능의 전환사례: 사업

인공지능기반 사업전환의 경우, 게임분야가 두드러진다. 게임개발 및 운영의 고도화에서 파생된 AI 기술이 건축, 뷰티, 고객서비스를 비롯하여 건강, 학습, 자율주행 등 인간생활을 윤택하게 만드는 데 일조하고 있다. "우리업계(IT)는 전통에 얽매이지 않습니다. 혁신만이 존중될 뿐입니다." Microsoft의 3대 CEO Satya Narayana Nadella가 취임 첫날 전 직원에게 보낸 서신이다. 그는 2년 걸릴 디지털 전환을 2개월 만에 이루었다고 평가된다. 사업영역마다 인공지능기반 혁신이 거듭되고 있다.

1) AI 기반 뷰티 · 패션사업

동화 <백설 공주와 일곱 난쟁이>에서 왕비는 거울을 보며 질문을 하는 '답·정·너'다. 아름다움에 집착했던 왕비는 매일같이 마법거울에게 세상에서 누가 제일 예쁘니? 라고 물었다. 그때마다 거울은 백설 공주라고 대답했다. 디지털 전환시대를 사는 왕비가 인공지능거울 앞에 섰다. 예전 습관대로 "거울아, 거울아,

세상에서 누가 가장 예쁘니?"라고 묻자 AI 거울이 말했다. "'예쁘다'는 말의 뜻은 무엇인가요? 조건(특징 값)을 구체적으로 수치화해 입력하면 순위를 정해드리겠습니다."

이처럼 거울과 인공지능이 만나면서 화장품·패션 등 뷰티산업에 새로운 비즈니스가 출현하고 있다. 아름다움을 추구하는 사람을 위해 AI가 결합된 제품이 봇물을 이룬다. 지난 CES2020에서 아모레퍼시픽은 3D프린팅으로 얼굴 크기·피부 특성 반영한 마스크 팩 만드는 기술을 선보였다. L'Oréal은 사용자 얼굴 스캔해 피부·대기 질·트렌드를 반영해 맞춤형 스킨로션을 만드는 기기를 개발하였다. 이제 거울에게 제일 잘 어울리는 예쁜 옷이 뭐냐고 물으면 스타일까지 콕 집어준다. 의류브랜드 Lily는 인공지능기술이 접목된 거울이 고객 개개인의 체형, 패션 취향 등을 파악해 가장 잘 어울리는 의상을 보여 준다.

뿐만 아니라 패션분야 명품업체들은 컬렉션무대를 선보인 뒤 6~8개월이 지나야 매장에 옷을 들여놓는다. 하지만 Burberry는 쇼가 끝난 직후 Instagram과 위챗 등 온라인에서 컬렉션 상품 일부를 판매한다. Burberry 신상품은 애플 페이스북 스냅챗 카카오톡 라인 등 각종 소셜미디어를 타고 실시간으로 퍼져 나갔다. 체크무늬와 트렌치코트의 대명사였던 162년 전통의 Burberry는 인공지능과 빅 데이터 등 정보기술을 제품과 마케팅에 도입하고 소셜미디어를 가장 잘 활용하는 디지털기업으로 변신하였다. Burberry의 디지털 혁신은 2006년 취임한 Angela Ahrendts 전 최고경영자(CEO)가 이끌었다. 당시 Burberry는 Moët Hennessy·Louis Vuitton(LVMH) 등 경쟁브랜드에 비해 성장세가 뒤처졌다. Louis Vuitton 등이 연간 12~13%의 매출 성장률을 기록한 반면 Burberry의 성장률은 연 1~2%에 불과했다. Ahrendts는 새로운 시장 발굴이 시급하다고 판단했다. 디지털에 익숙하고 자기표현 욕구가 강한 Millennial 세대(1981~1996년생)를 Target으로 잡았다. 브랜드 정체성도 디지털 미디어 컴퍼니로 정했다.

Burberry는 수많은 보상 프로그램을 통해 소비자의 자발적 데이터공유를 유도했다. 수집된 정보는 판매와 고객지원 서비스에 바로 활용했다. 소비자가 매장에 들어가면 종업원은 태블릿PC로 소비자 구매이력 등의 정보를 파악하고 제품을 제안한다. 세계 500여 개 Burberry 매장에 있는 제품에는 모두 무선주파수

인식장치(RFID)가 붙어 있다. 소비자가 특정 제품을 고르면 스마트폰을 통해 제품이 어떻게 생산되는지 정보를 제공한다. 옷을 입는 법과 관리하는 법을 제안하기도 한다. 고른 옷은 App(응용프로그램)을 통해 가상공간에서 입어볼 수도 있다. 애플의 기술을 활용한 체험형 증강현실(AR) 서비스 덕분이다. Burberry는 AI 기술을 위조품 판별에도 활용한다. 엔트로피라는 App을 구동하고 현미경카메라로 사물을 비추면 스마트폰에서 260배 확대한 모습을 보여준다. 3만여 종의 핸드백과 지갑사진 수천만 장을 학습한 AI가 카메라에 찍힌 영상을 분석해 진품과 모조품을 구별한다. Burberry의 성공은 딥 러닝과 머신러닝 등 AI 기술이 패션업계에 활력을 불어넣는 계기가 됐다.

Amazon은 AI 알고리즘을 패션분야에 접목해 최종적으로 'AI Fashion Designer'를 개발하는 프로젝트에 들어갔다. Tommy Hilfiger, Louis Vuitton 등은 인공지능으로 움직이는 챗봇을 도입했다. 연중무휴 언제 어디서나 소통할 수 있다. 소비자들은 매장에 방문할 필요 없이 챗봇으로 상품 문의 및 서비스를 받을 수 있다. Hermès그룹, Forever21, Tommy Hilfiger 등은 IBM의 AI 솔루션 Watson을 도입해 제품 가격 책정에도 활용하고 있다. 이러한 현상에 대해 Forbes는 미래 패션업계의 답은 런던, 파리, 밀라노 같은 패션도시가 아니라 실리콘밸리에 있는 AI라며 판매 및 소비자 선호도 관련 데이터가 늘어날수록 AI 활용도가 더욱 증가할 것으로 전망했다(한국경제신문, 2018년 11월 13일자).[7]

2) AI 기반 건축

새로운 기술이 어떻게 도시와 삶, 생활공간을 바꿀 수 있을까? 가능한 일이다. 이제 집주인 취향 따라 집이 변신한다. 인공지능 하우스다. "새하얀 큐브 앞에서 한참 망설였다. 주소지는 맞는데 여기가 집이 맞나? 대문을 찾아 헤매다 겨우 벨을 눌렀더니 하얀 외벽이 조금씩 움직였다. 굳건한 벽처럼 보이던 집의 입

7 https://www.hankyung.com/economy/article/2018111318881.

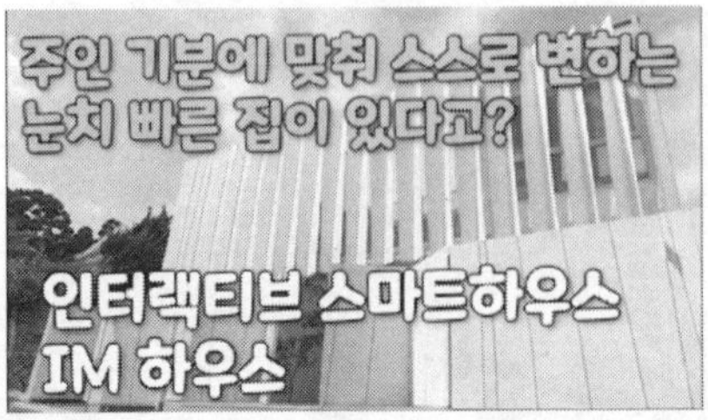
주인 기분에 맞춰 스스로 변하는
눈치 빠른 집이 있다고?
인터랙티브 스마트하우스
IM 하우스

https://arch.scale.kr/ko/project/imhouse/

면은 38개의 조각으로 여닫는 Kinetic Facade로 구성됐다. Facade가 움직이자 문이 열렸다."

인공지능을 통해 집주인 상태에 반응하는 집이다. 주인의 움직임을 따라 조명이 하나씩 켜지는가 하면, 손동작에 따라 바닥도 자유자재로 움직인다. 당호(堂號)는 <IMhouse>다. 대지 면적 262m^2, 연면적 204m^2. 보통 집은 지으면 끝나는데, 이 집은 짓고 나서도 끝나지 않는다. 소프트웨어를 넣고 계속 업데이트하는 데 6개월 걸렸다. 살면서 계속 보강했다. 마치 집사 같은 집이다. 주인이랑 10년 같이 지내면 눈치 봐서 움직이는 집이다. 커튼을 열어야 하는지 닫아야 하는지, 불을 켜야 할지 말지…. 집이 그걸 알아서 해 준다. IMhouse는 스스로 변한다. 외벽과 내부에 부착한 sensor가 빅 데이터를 수집해 인공지능으로 분석하고 활용하는 방식이다. 집 내부는 7가지 모드를 비롯하여 다양한 조합설정이 가능하다. 스마트폰 App으로 원격제어도 할 수 있다. 명상·퇴근·시네마·파티 등 모드를 누르면 집이 그에 맞춰 변한다. 시네마를 누르자 대형 창문이 스크린으로 변하고 조명이 꺼지면서 순식간에 거실이 실내영화관으로 바뀐다. 동작만으로 컨트롤이 가능하다. 손을 올리면 조명이 켜지고, 팔을 내리면 바닥이 서서히 내려가는 식이다. 아침에 잠이 깨는 방식도 설정할 수 있다. 알람을 설정해서 깜짝 놀라며 일어날지 자연광을 통해 서서히 일어날지 쾌적한 하루를 시작하는 방법도 집이 도와주는 셈이다.

지금 시대의 집은 거주자의 삶을 위해 계속 변화하고 움직이며 적응하는 로봇이 돼야 하지 않을까. 집사처럼 내 요구를 알아서 들어주고 해결할 수 있는 집이다. 사람들이 스마트폰 App에 자신이 원하는 Life Style을 입력하면 알고리즘을 통해 설계된 맞춤형 집을 화면에서 볼 수 있는 식이다. 아파트는 개성이 투영된 게 아니라 누군가 만들어 놓은 집에서 수동적으로 살면서 개성 없이 획일화돼 소외될 수 있다. IMhouse는 앞으로 얼마든지 진화할 수 있다. 집주인의 컨디션, 날씨에 따라 공간을 스스로 바꾸는 집으로 거듭나고 있다(조선일보, 2019년 8월 8일자).[8]

8 https://www.chosun.com/site/data/html_dir/2019/08/08/2019080800165.html.

3) AI 기반 콜센터: AI보이스봇 장착

KT는 인공지능기술을 활용한 보이스봇을 고객센터(콜센터)에 접목했다. 문자 채팅 방식인 AI챗봇은 국내 상당수 고객센터에 적용됐지만 쌍방향 대화가 가능한 AI보이스봇 도입은 국내 최초다. KT고객센터 상담직원은 7,000여 명으로 국내 최대 규모다. 월평균 상담 450만 건이 이뤄진다. KT의 AI보이스봇은 인터넷 고장이나 요금제 확인, 로밍부가서비스 가입, 명세서 재발급 등 간단한 상담을 맡는다. KT는 AI보이스봇에 할당할 상담분야 70개를 선정했다. 예컨대 KT 콜센터에 전화하면 AI보이스봇 Genie가 "무엇을 도와드릴까요?"라고 묻는다. 고객이 "로밍부가서비스에 가입하고 싶다"라고 문의하면 AI엔진이 대화 내용과 의도를 분석해 Genie가 처리할 수 있는 업무인지 파악한다. 보이스봇이 고객과 대화하면서 문제를 해결한다. 만약 보이스봇에 주어진 상담분야가 아니면 전문상담사가 투입된다. 고객이 생년월일과 주소를 말하지 않아도 딥 러닝 기반 AI가 상담 중 음성만으로 최단 5초면 본인 여부를 확인한다.

KT AI보이스봇 개념도

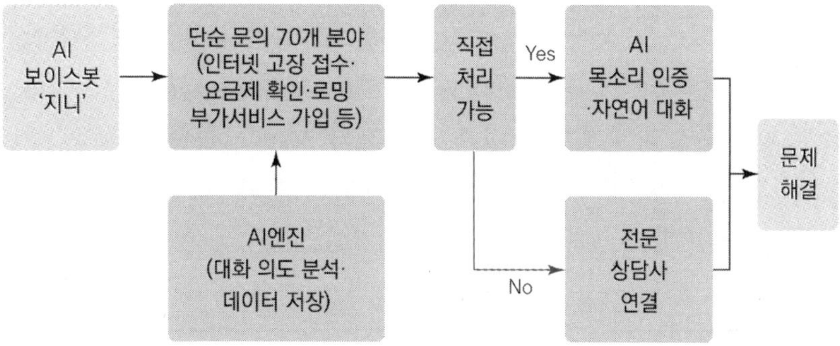

자료: 매일경제신문 "KT 콜센터의 변신…'AI보이스봇' 장착" 재구성.

KT는 미국의 대형은행인 Bank of America의 AI보이스봇 Erica를 벤치마킹했다. KT는 보이스봇을 40대 이하 고객에게 우선 도입한 뒤 2021년부터 모든 고객으로 확대할 방침이다. AI보이스봇이 전체 상담 중 최소 5분의 1인 100만 건 가량을 처리할 수 있을 것으로 보고 있다.

KT가 AI보이스봇을 도입하는 배경에는 코로나19 사태로 언택트(비대면) 서비스에 대한 관심이 높아지면서 고객 접점의 최전선에 있는 콜센터 역할이 중요해지고 있기 때문이다. KT는 AI보이스봇을 다양한 고객센터 AI 솔루션과 통합해 국내 최고 수준의 AI 상담 서비스를 선보일 계획이다. KT는 2018년 말 텍스트 기반 AI챗봇에 이어 목소리인증과 AI상담 어시스트 솔루션 등을 잇달아 도입했다. AI챗봇은 초기 시나리오가 1,700개에 불과했지만 고도화를 통해 현재 7300여 개로 늘려 월평균 상담 15만 건을 절감하는 효과를 거뒀다. 상담직원들이 이용 중인 AI상담 어시스트는 AI가 고객과의 대화내용을 실시간으로 분석해 상담 키워드를 추천해주고 끝없이 긴 대화를 짧게 자동 요약해주며 상담 중 고객감정을 그래프로 보여주는 등 30개 기능이 담겨있다. AI상담 어시스트 도입으로 상담처리시간이 15초 단축됐다. 여기에 보이스봇까지 적용되면 상담직원의 업무 효율이 개선될 것으로 기대된다.

AI는 상담사를 대체가 아닌 지원기능을 수행한다. 상담직원들은 보이스봇 등 AI가 벌어준 여유 시간을 활용해 새로운 서비스를 제공할 수 있다. 또한 고객 불편사항의 해결뿐만 아니라 능동적으로 개인 맞춤형 상품과 서비스의 추천이 가능하다. 24시간 상담은 물론 마치 주치의처럼 통신전담 상담서비스가 가능하다. KT는 특정 고객을 대상으로 한 고객센터와 함께 일반인보다 자세한 상담이 필요한 외국인 등을 대상으로 상담시간에 제한이 없는 무제한 서비스를 선보였다. 2020년 4월부터 ＜장애인 고객 100－100 케어 전담센터＞를 오픈했다. 장애인고객이 통신생활에서 겪는 100가지 불편을 해결하기 위해 만든 전용 고객센터로, 100명 규모로 운영되고 있다. 고객센터 AI 솔루션을 바탕으로 기업 간 거래(B2B) 사업도 추진할 예정이다. 이 외에도 기업의 비즈니스에서 요구되는 상황에 맞춘 해결책(solution)이 다양하게 제시되고 있다.

- 많은 기업들은 복잡한 공급망 시나리오에서 분석적이며 주도적이고 통합된 수요 계획 프로세스를 갖고자 한다. 외부데이터 Source의 통합 및 머신러닝 '최적 적합' 알고리즘을 개발하여 기존 예측프로세스를 개선했다. 해결책(solution)은 다음과 같다.

- 예측가능성에 기반한 제품 세분화
- 기존 시계열 예측 알고리즘 강화
- 영업, 총판, 금융 및 마케팅 계획 중 가장 우수한 스트림 선택
- 판매 파이프라인, 설치 기반 및 계량형 드라이버의 탐색 및 확대
- 수요예측에서 전향적인 판매 파이프라인 신호 통합
- 최적화된 단일 예측의 조직화

■ 대부분 기업의 영업팀은 분기별 매출목표를 일관되게 달성해야 하는 어려움에 직면해 있다. 따라서 정확한 예약예측 및 판매실적 개선을 위해 지표중심의 접근방식을 추구했다. 예약예측의 개선과 영업계획 충족가능성이 낮은 '위험에 처한' 팀이나 팀을 파악하기 위해 AI 기반 판매지원 플랫폼과 예측알고리즘을 구축했다. 또한 우수성의 '판매 가속화' 센터를 구축하여 판매 실적과 효과성을 향상시켰다. 해결책(solution)은 다음과 같다.

- 여러 시스템에 걸친 데이터 통합(SFDC, SAP HANA의 예약 데이터 등)
- 영업성과에 대한 메트릭스 정의 및 자동 보고를 위한 설계 시각화
- 팀의 잠재력을 평가할 수 있도록 딜 전환의 동인 분석 및 프레임 썸 규칙
- 파이프를 사용한 예측 예약 및 의사 결정 엔진에 결과 통합
- 위험에 처한 영업팀을 파악하고 HR 데이터 및 기타 데이터 소스 통합
- 예약 알고리즘 개선 및 의사결정 지원 메커니즘 구축

■ 인기 있는 한 호텔은 그 업계에서 공통적이지만 결정적인 문제에 직면해 있었다. 즉, 숙박율을 낮춘다는 것이다. 취득 비용이 높았고 고객 유지도 상당히 난제였다. 호텔리어들은 여러 출처의 데이터를 통합하는 문제에 직면했다. 고객은 고객에 대한 통합된 뷰를 얻기 위해 이러한 데이터 소스를 연결했다. 사용된 데이터의 유형은 다음과 같다. CRM/고객 설문조사 및 검토(구조화되지 않음)/NPS 및 기타 유사한 점수/인구통계학적 데이터/부가 가치 서비스에 대한 트랜잭션 데이터이다. 해결책(solution)은 다음과 같다. 회사는 복수의 고객 접점에서 정량적, 비정형적 정보를 분석해 고객 경험 지표에 대한 360도 통찰력을 제공할 수 있는 분석 플랫폼을 활용했다.

- 사이트/resort 수준에서 이동 패턴 분석
- 사이트 수준의 예측 활용률
- 가장 가치 있는 고객 파악
- 대상 고객과의 커뮤니케이션 개인화

■ 손해보험 전문 보험사가 여러 채널과 하위 채널에 걸쳐 여러 상품을 판매하고 있었다. 이러한 제품 채널의 확산은 적절한 ROI를 유지하면서 마케팅 지출을 최적화하는 것을 필수적이고 도전적으로 만들었다. 이 회사는 직접적인 마케팅 모델을 구축하고, 고객 수준에서 제품-채널 혼합을 최적화하며, 마케팅 효과의 최적화를 원했다. 해결책(solution)은 다음과 같다.

- 모든 고유한 제품-채널 조합에 대해 고객 레벨에서 직접 마케팅 모델 구축
- 다음 사항을 파악하여 지출을 줄이고 ROI를 높이기 위한 마케팅 노력 최적화:
  - 타겟에 맞는 고객
  - 모든 사용자에 대한 올바른 채널
  - 다양한 프로모션을 위한 올바른 메시지 제공
- 기존 제품 채널 레벨 모델을 중요한 권장 엔진으로 대체할 수 있는 대체 솔루션 개발

3 인공지능의 전환사례: 개인

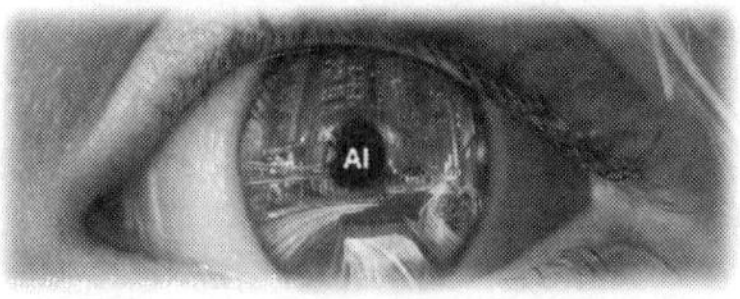

2016년 3월 알파고가 이세돌 9단을 이긴 이후, 사회는 인공지능 기술에 놀랐다. 이제 AI를 생활 저변에 긍정적으로 포용하고 있다. 하지만 2020년 코로나19가 비대면이라는 키워드의 디지털 방법론으로 쓰나미처럼 일상을 휘감았다. 온라인 개학, 재택근무, 원격진료, 화상회의 등이 사회적으로 적극 확산되고 있다. 언택트(un+contact)를 넘어 온택트(Online+contact)로 진화하여 디지털이라는 선택 말고

생존대안이 없는 형국이다. Kiosk와 같은 비대면 기술을 가진 차가운 디지털 속성이 달갑지 않지만 디지털포용이 필요하다. 익숙하지 않고 불편하지만 넘어야 할 디지털 파고다. 경력을 전환하든 아니면 같은 직종 다른 회사로 이직하든 중요한 것은 기회가 왔을 때 제대로 기회를 포착하는 것이 아닐까.

1) 직무전환사례

KT 분당사옥 정보보안단 보안인공지능(AI) 솔루션 개발팀에 50대 신입사원, 강○○부장이 그 주인공이다. AI와 거리가 먼 영업직에서 AI 개발자[9]로 전환했다. KT가 2020년 3월부터 가동한 <제1기 AI 인재육성프로젝트>가 전환점이 됐다. AI 전문가를 밖에서 수혈하기보다 KT를 누구보다 잘 아는 사내 직원을 중급수준 이상의 AI 인재로 키우기 위한 교육프로그램이다. AI 인재육성프로젝트는 AI 개발자코스와 현장 AI 인력코스로 나뉜다. 현재 업무를 하면서 AI 교육을 받는 현장 AI 인력 코스와 달리 AI 개발자 코스는 현업에서 배제되고 AI 교육에 집중하며 수료 후 AI 부서 배치라는 직무전환을 보장한다. 직무전환을 전제로 한 교육프로그램은 처음이다. KT는 나이, 전공, 직무 등 지원자에 관한 모든·제한을 없앴다.

AI 개발자가 되려면 엄청난 학습량을 소화해야 한다. 특히 AI는 기술 발전속도가 빨라서 개발자가 된 뒤엔 더 많은 공부가 필수다. 그는 왜 늦깎이 개발자의 길을 선택했을까. AI를 공부해 두면 10년 뒤 은퇴해서 현역처럼 나만의 기술로 무언가 해 볼 수 있지 않을까라는 생각에 틈틈이 AI와 빅 데이터관련 인터넷 강의를 듣고 코딩을 했다. 사내프로그램을 보는 순간 이거다 싶었고, 망설일 이유가 없었단다. 사실 생 초보는 아니다. 대학에서 전자공학을 전공한 후 20대 중반 KT 기술지원연구소에 입사해 10년 가까이 개발자로 일했다. 그러나 30대에 기술관리, 40대는 기업 영업을 하며 20년 넘게 개발과 담을 쌓았기에 나이 50세를 넘어 공부신공을 발휘해야 하는 상황이 됐다. 3월부터 7월까지 아침 9시부터 저녁 6시까지 Cloud, 데이터 분석, AI알고리즘 등 강의가 빡빡하게 이어졌

9 인공지능의 개발자는 크게 3종류로 구분될 수 있다. 다양한 응용 분야에 활용될 수 있는 핵심기술을 연구하는 핵심인력(AI Core), 인공지능과 타 분야 지식을 융합해 새로운 기술을 창출하는 융합인력(AI Fusion, AI*X), 타 산업에 기존의 인공지능 기술을 도입하는 활용인력(AI Application, AI+X)이다.

다. 8월부터 12주 동안 진행된 실전 과제에선 데이터를 활용해 AI 기반 원내비(KT 내비게이션 App) 도착시간 예측모델을 개발했다. 그는 새벽 3시에 일어나 AI 알고리즘을 적용한 프로그램이 잘 돌아가는지 체크하기도 했다며 주말에도 쉬지 못했다. AI 모델 점수가 안 나오면 머리에 땀나면서 이것저것 시도했다. 무에서 유를 만들어내는 짜릿함을 느꼈다. 그가 만든 AI모델은 최우수 프로젝트로 선정됐다. 20·30대 직원들과 한 팀으로 동고동락한 것도 새로운 경험이었다. 그는 보안 AI·솔루션 개발팀에 배치됐다. 보안관제시스템에 대한 해킹을 비롯해 외부 공격을 미리 탐지하는 AI 모델을 개발할 예정이다. AI를 활용해 KT의 AI 대표브랜드인 Genie의 뒤를 잇는 히트상품을 만들어볼 계획이다(매일경제신문, 2020년 11월 29일자).

2) AI 기반 창업사례[10]

취업이 구직자의 꿈이라면 창업은 직장인의 로망이다. 사회가 고령화되고 은퇴 시기가 점점 낮아짐에 따라 이제 45세 이상의 중장년들이 창업을 통해 제2의 인생을 선택하는 경향이 증가하고 있다. 앞으로 50세 이전에 직장을 떠나고 80세까지 일하는 평균수명 100세 시대가 될 것이다. 경제수명 50년의 시대에 50대를 맞은 중장년은 이제 겨우 전반전을 끝낸 셈이다. 퇴직과 함께 '인생은 끝났다'와 같은 불안감이 존재한다. 그러나 젊거나 늙었거나 삶의 각 국면들은 고유한 가치와 한계를 갖는다. 지금껏 가꿔왔던 삶의 가치를 수확하고 확대 재생산할 시기다. 물론 아무리 철저하게 미래를 준비해도 넘어지는 일은 비일비재하다. 퇴직이라는 현실 앞에 다시 일어서느냐 아니면 포기하느냐에 따라 인생 후반전 성공 여부가 결정된다. 인생 제2막에서는 나이와 학력 같은 군더더기는 필요 없다. 오직 도전의식으로 다시 시작하는 것이 제일이다. 거기에 지금까지의 경험이 뒷받침돼 준다면 더할 나위 없이 훌륭한 결과를 가져올 것이다.

오픈업 대표 황○○는 인공지능(AI) 기반의 입지·상권 분석서비스 OpenUB을 2020년 출시하였다. 입지선정과 상권분석이 쉽지 않은 예비창업자, 소상공인에게 힘이 되자는 게 목표다. 그는 OpenUB을 2018년 7월에 설립했다. 서비스 명칭과 회사 명칭을 동일하게 맞췄다. 전국 소상공인에게 최적의 매장위치를 찾

10 https://news.zum.com/articles/58867863.

아주겠다는 게 창업 동기다. 그는 퇴직 이후 전문지식을 축적하지 못한 채 자영업에 진입하는 사례가 많다면서 그러한 약점을 보완하는 역할을 하는 것이라고 했다. 본격 서비스에 앞서 DB구축 작업을 마무리됐다. 주요 신용카드사로부터 상점 매출 데이터를 비롯해 시간·연령·성별에 따른 다양한 거래데이터를 확보했다. 이동통신사로부터 유동인구 추정에 필요한 기지국 데이터를 받았다. 정부 공공데이터도 수집하고 있다. 황 대표는 OpenUB 서비스지도 기반으로 만들고 있다. 지도 내 건물을 누르면 어떤 사람이 주로 오가는지를 포함한 인구학 정보, 업종별 특성 등을 알려줄 예정이다. AI 기술을 적용, 창업할 때 예상매출을 계산해 주는 기능도 추가한다. 지역별 trend를 분석, 시각화하는 데도 역량을 집중하고 있다. 그는 최신 데이터를 제공하는 서비스라는 점을 OpenUB의 최대경쟁력으로 내세울 방침이다. 이를 위해 데이터 업데이트 주기를 일과 월 단위로 설정했다. 유동인구가 몰리는 주요 지역은 매일 새로운 데이터를 반영한다.

사실 데이터의 높은 가치에도 일반인이 접하긴 어려운 현실에서 가장 정확한 최신 데이터를 빠르고 쉽게 전달하도록 노력하겠다는 각오를 밝혔다. OpenUB은 3년차 Startup이지만 높은 상장 가능성을 인정받아 퓨처플레이와 본 엔젤스 등으로부터 투자를 유치했다. 중소벤처기업부가 운영하는 TIPS에도 선정됐다. 또한 신한금융그룹 액셀러레이터 프로그램 <신한퓨처스랩>에 선발되는 등 주목받고 있다. 사업전망도 밝은데 지난 2020년 1월 <데이터 3법> 개정안이 국회에서 의결되면서 데이터수집과 활용이 수월해졌다. 정부도 빅 데이터 기반 Startup 육성에 나서면서 새로운 사업 기회가 많아질 것으로 예상된다. 사업 중 마케팅이나 재무·인사분야 경험 부족으로 벌어지는 문제는 만회가 가능하다. 하지만 가게 입지 선정의 실수는 돌이킬 수 없다. 정보기술에 익숙하지 않은 사람도 손쉽게 데이터를 사업에 활용할 수 있도록 돕겠다는 각오를 밝혔다.

3) 중장년층의 디지털 전환[11]

디지털 전환 시대에 직업인으로 살아남기 위한 해법은 기업가 정신이다. 직원 개개인이 1인 기업으로 설 수 있을 만큼 역량을 갖춰야 제4차 산업혁명이라는 거대한 흐름에 대응할 수 있다. 직장인의 디지털 전환 적응은 생존의 문제이

11 https://www.50plus.or.kr/detail.do?id=8107803.

다. 한국은 노동자 1만 명당 로봇이 710개로, 세계에서 자동화 속도가 가장 빠른 나라이다. 단순히 디지털기기의 사용을 넘어 기술과 사람을 잇는 법을 아는 역량이 중장년층에게 절실하다. 2019년 5월 OECD 발표자료 <OECD Skills Outlook 2019>에 따르면, 한국은 디지털역량이 부족한 장년층(55-65세) 비율이 27.8%로 OECD 평균 17.1%보다 높았다. 일본(8.5%)과 노르웨이(4.3%)에도 현격한 차이를 보여준다. 중장년층의 디지털기회 활용을 위해 3단계의 체계적인 전략이 필요하다. 첫째, 디지털 관점에서 생각해보고 해결책을 찾아가는 Digital First전략이다. 그 동안의 직업과 직장, 사회적 경험을 토대로 디지털 전환이 가능한 노하우가 발굴되고, 이를 필요로 하는 수요에 정책지원을 뒷받침으로 새로운 역량가치의 디지털 장마당이 조성되어야 한다. 그 첫 단추가 바로 디지털 리터러시다. 중장년층세대의 디지털 리터러시 강화를 위한 과제발굴과 참여 활성화, 그리고 디지털 생애전환이라는 새로운 존재 가치를 확인해야 한다. 둘째, 디지털 프론티어와 함께하는 Digital Following이다. 디지털 모델들 따라하는 것이 중요하다. 예전과 달리 디지털로 무장한 장년층세대의 Active한 우수사례들이 많아지고 있다. 은퇴를 전후로 소비와 여가생활을 만끽하며 디지털방식의 채널을 통해 왕성한 삶의 가치를 보여주고 있는 액티버들, 블로거와 유튜버들이 그 모범 사례들이다. 이들의 도전적 경험모델을 체계적으로 전수 확산할 수 있는 매칭 프로그램들이 필요하다. 셋째, 진화하는 디지털 기술의 일상화이다. 디지털을 일상생활로 지속 유지해야 한다. 일회성 교육과 체험만으로 디지털의 섭렵이 불가능하다. 디지털방식을 표방하는 전문 공동체 조직구성과 지원을 활성화해야 한다. 개인의 노력과 함께 활동가 집단으로 그룹화하는 것이 정보생활 환경의 지속성을 담보할 수 있기 때문이다. 그래야만 50+세대가 정보생산의 주체로 발돋움 할 수 있다.

국내기업 구성원의 컴퓨터기반 문제해결력 수준은 OECD평균에 비해 상대적으로 낮은 수준이다. 특히, 35~54세 집단은 선진국 대비 컴퓨터 기반 문제해결 역량의 격차가 크게 나타났다. 직장 내 역량개발을 위한 학습노력이 선진국 대비 상대적으로 미약하다. 디지털 직무역량을 학습할 수 있도록 경력개발체계와 교육육성체계를 개편하여 임직원의 재교육(Re-Skill)을 지원해야 한다. 기업이 디지털기업으로 변신하기 위해 임직원의 디지털역량 확보가 관건이다. 특히 시니어의 디지털역량 육성을 위해 ① 디지털 역량교육 및 훈련 ② 역 멘토링(Reverse

누구나 도전할 수 있는 AI, Fei-Fei Li 성공스토리

지난 2016년 11월 Google이 영입한 인공지능전문가, Fei-Fei Li는 시각지능(Visual intelligence)기반 인공지능 전문가로 명성을 얻고 있는 인물이다. 중국 베이징 출신인 그녀는 16살에 부모님을 따라 미국으로 건너왔다. 하지만 미국에 관해 아는 것이 별로 없었다. 게다가 자신이 정착한 뉴저지에 대해 더욱 아는 바 없었다. 집 청소부터 개 산책시키기, 중국집 계산원 등 다양한 일을 경험했던 Li는 프린스턴대학에 진학했고, 이후 캘리포니아 공과대학 대학원에서 공부하였다. 백인남성으로 가득 찬 기술업계에서 이민자, 여성, 유색인종이라는 3가지 불리한 요인을 지닌 아웃사이더다. 다른 사람들에게 장애가 될 수 있는 조건들이었지만 Li에게 큰 자극이 되었다. 그녀 스스로 기계학습 분야 중 AI의 핵심이라고 부르는 컴퓨터비전을 공부하는 데 많은 노력을 기울였다. 컴퓨터비전은 시각적 데이터를 분석 · 식별하는 기술이다. 언젠가 반응성이 뛰어난 로봇 팔을 만들거나 아주 복잡한 수학증명을 풀어낼 수도 있다. 그러나 다른 AI 분야와 마찬가지로 기술의 핵심은 다양한 위치와 관점에서 대량 정보의 해석이 가능하도록 기계를 학습시켜야 한다. 누구나 Li처럼 세상을 보는 눈을 갖추어야 한다. 역경을 견디고 세계적인 인공지능전문가로 성장한 Fei-Fei Li가 시각지능기반 인공지능 분야에서 큰 명성을 얻은 것은 지난 2007년 프린스턴대 카이 리 교수와 함께 시작한 〈ImageNet〉 덕분이다. 세계 최대 이미지데이터베이스인 〈ImageNet〉은 2009년 처음 공개됐는데, 머신러닝 인공지능 연구 분야에서 획기적 전환점을 만들었다는 평가를 받고 있다. 〈ImageNet〉의 풍부한 데이터베이스는 머신러닝 알고리즘인 CNN(컨볼루션 신경망)기술의 발전에 기폭제 역할을 했다. 그녀는 2015년 TED강연에서 〈ImageNet〉의 방대한 데이터와 현대의 CPU 및 GPU 기술에 힘입어 CNN기술이 아무도 예상치 못한 방식으로 발전했다면서 시각지능을 갖춘 인공지능 시스템이 특정 사진을 보고 사람처럼 문장으로 표현할 수 있는 〈컴퓨터비전모델〉을 개발하는 데 성공했다고 말했다. 사람이 세계를 인식하는 방식과 동일하게 세계를 인식할 수 있는 비전시스템을 개발하겠다는 게 Fei-Fei Li의 꿈이다. 아직 초기수준이지만, 사람과 같은 비전시스템을 개발하겠다는 그녀의 꿈은 점점 현실화되고 있다.[12]

Mentoring)을 통한 디지털 마인드 개발 ③ 시니어 임직원의 사내기업가 정신 강화 등의 체계적 노력이 필요하다. 기업 내 디지털 추진부서와 교육훈련부서를 중심으로 AI 및 ICT 전문가 이외 임직원용 디지털 교육훈련 프로그램을 개발하고, 사내외 관련 교육과정개설 정보를 취합하여 임직원이 활용할 수 있도록 교육과정 안내 및 편의를 제공해야 한다. 사내 임직원에 대학 디지털역량 이수계획을 수립, 임직원 개인별로 자신의 업무에 필요한 디지털 교육과정 입과 계획을 설정하여 참여할 수 있도록 독려해야 한다.

시니어 디지털 역 멘토링은 시니어 임직원에 대한 디지털 역 멘토링 파일럿 프로그램 실행 후 성과가 검증되어야 한다. 시니어 임직원과 ICT 활용능력이 우수한 주니어 직원을 Matching하여 디지털 기술 전수가 가능한 역 멘토링 프로그램을 개발한다. 또한 시니어 사내 벤처 프로그램 활성화, 신사업 기회 모색을 위한 프로젝트 활동에 시니어 임직원을 적극 활용함으로써 축적된 경험과 기술력 활용 기회를 부여해야 한다. 부서 내 업무 경험이 축적된 시니어 임직원 대상으로 신제품, 신사업 추진 프로젝트 아이디어 경진대회를 개최하는 방안을 검토한다. 장기적으로 시니어 임직원 창업교육프로그램과 사내 시니어벤처 프로그램도 검토하여, 시니어임직원의 사내 기업가정신 발휘기회를 제공해야 한다(천성현, 2018).

4) 전문직 종사자의 AI 전환

인공지능은 문맥과 개념, 의미인식 등 새로운 AI 기능이 지식 근로자와 기계 간의 협업에 새로운 길을 열어주고 있다. 전문가들은 AI 결과에 대한 훈련, 품질관리, 미세조정 등을 위해 많은 의견을 제시할 수 있다. 기계는 인간 협력자들의 전문성을 높이거나 새로운 전문가 양성에 도움을 줄 수도 있다. 이러한 시스템들은 인간지능을 모방하는 것으로 빅 데이터 기반 시스템보다 강력하다. 똑똑한 AI의 가능성을 최대한 활용하기 위해 기업들은 지식－작업 프로세스와 일자리를 재설계해야 한다. 지식근로자들은 비 경로 인지과정에 대한 통찰력을 추론, 생성, 결정 및 적용하는 사람들이다. 많은 전문가들은 AI와의 새로운 협력에 비추어 볼 때 예전 직무기술이 급속도로 쓸모없어지고 있다고 인식한다.

AI의 확산가능성이 높은 의료진단의 경우, AI의 진단알고리즘의 추론이 의사에게 불분명한 경우가 있다. 의사는 환자에게 블랙박스 문제에 대해 설명을 제

12 https://www.techm.kr/news/articleView.html?idxno=3621.

공해야 한다. Google Brain은 블랙박스를 열어 인간에게 번역기를 제공하는 시스템을 개발했다. 가령 암에 대한 AI진단을 고려하는 의사는 모델이 자신이 중요하다고 생각하는 다양한 요인, 즉 환자의 나이, 환자가 이전에 화학요법을 받았는지 여부 등을 어느 정도까지 고려했는지 알고 싶어 한다. Google Tool은 의료전문가들이 중요하다고 생각하는 시스템에 개념을 입력하고 가설을 검증한다. 전문가는 특정세포의 상태와 같이 시스템이 이전에 고려하지 않았던 요인이 진단의 변화를 가져왔는지 여부를 확인할 수 있다. AI는 초보자를 전문가로 만들 수 있다. 가령 Hewlett Packard는 AI 연구소의 인지컴퓨팅 플랫폼을 활용해 고객 콜센터의 2년 기간 통화데이터 분석과정을 시연했다. 콜 센터는 고객전화의 라우팅을 위해 待期 列 기반시스템을 사용하였다. 그 결과, 인지컴퓨팅 플랫폼은 각 대리점의 고유한 micro-skills을 결정할 수 있었다. 즉, 이전의 통화로부터 포착된 특정 종류의 고객요청에 대한 지식을 보유했다. micro-skills은 에이전트에게 들어오는 호출을 성공적으로 처리된 유사한 요청과 일치시키는 데 사용될 수 있다. 고객지원센터는 1차 접촉 해결이 40% 개선되고, 환승 통화비율이 50% 감소하는 성과를 거뒀다.

5) 증강 작업자의 전환

AI 덕택에 증강노동자는 단조로움을 줄임으로써 기업의 생산성을 높이고 핵심 업무에 집중할 수 있다. 증강작업 사례로서 상·하수도망 최적화와 누수방지와 관련하여 상수도사업자들에게 손실 감소와 에너지절약이 주요 관심사다. 다행히 비디오인식 덕분에 로봇카메라가 파이프를 검사할 수 있고 이상 징후를 자동으로 감지할 수 있다. 물론 불확실한 경우에 한해 기술자에게 경고를 준다. 운영자의 불충분한 교육이 광섬유 설치의 주요 오류 원인이다. 이러한 오류는 여러 가지 개입의 필요성을 암시한다. 또한 기술자의 진단은 가끔 모순되기에 사용자에게 불만, 회사에게 생산성 손실을 초래한다. 하지만 기술자가 자신의 작품을 사진만 찍으면 되는 모바일 어플리케이션의 생성이 가능하다. AI는 설치기준에 적합한지 여부를 자동으로 알려준다. 또한 공공장소의 비디오 감시카메라는 요원들에 의해 주시된다. 물론 모든 것을 감시할 수 없다. 가령 공공기물 파괴행위, 공격 또는 침입을 놓칠 위험이 크다. 비디오인식은 자동으로 문제를 감지하고 위험한 상황을 알려주며, 신속하게 행동할 수 있도록 경보를 발령한다.

AI 기법을 사용하여 인적 전문가의 작업프로세스를 mapping할 수 있다. 전문가들이 상대적으로 부족하면 많은 양의 데이터가 생성되지 않는다. 그러나 AI의 성능개선을 위해 딥 러닝과 머신러닝은 기초부터 시스템 양성 및 구축과정에서 많은 데이터가 필요하다. 여러 분야의 엔지니어 및 개척자들은 AI가 쉽게 훈련되고 전문가들에 의해 평가되면서, 가치 있는 지식이 통합되도록 설계되고 있다. 이러한 가능성의 활용을 위해 조직들은 AI 비용을 할당해야 한다. 그리고 시스템과 지식 노동자들로부터 최대의 가치를 얻기 위해 전문가와 기계가 상호작용하는 방식을 재구상해야 한다. 머신러닝시스템이 노동자능력을 증대시켰듯 지식노동자의 성과도 이전에 달성할 수 없었던 수준으로 향상시킬 수 있다.

6) 중소기업 및 소상공인의 디지털 전환

인공지능 기술과 서비스를 주요 거대 IT기업(골리앗)이 주도하는 양상이다. 하지만 인공지능의 보편화, 범용화에 따라 중소규모(다윗)의 역할도 커질 것이다. 고객과의 소통업무의 자동화부터 제품·시장적합성의 결정에 이르기까지 이미 전 세계 기업들에 의해 다양한 방식으로 적용되고 있다. 인공지능은 인간을 지원하기 위해 발명됐다. 시간이 흐르면서 서비스를 전달하는 기술로 발전하고 있다. 초기에는 비싸지만 이제는 소규모 기업도 AI를 감당할 수 있게 됐다. 중소기업 최고경영자(CEO)를 대상으로 한 설문조사에 따르면 CEO 29.5%가 AI 기술과 다양한 기업 혜택에 찬성하는 것으로 나타났다.[13]

시장에서 AI 지원 툴은 중소기업에 대한 시장분석 제공 등 정보수집에 도움을 줄 수 있다. 이를 통해 기업은 Target 소비자 유형을 좁히고 비즈니스 전략이 특정 소비자 계층에 도달하는 데 도움이 되는지 파악할 수 있다. AI를 이해하고 실천하기 쉽도록 그림으로 나타냄으로써 중소기업은 고객참여를 강화할 수 있다면 만족도도 높아질 수 있다. 또한 AI 플러그인 도구는 중소기업의 비용절감과 효율성 증대, 데이터 수집을 지원한다. 나아가 데이터 분석의 기반에서 장기적으로 확장과 성장을 이끄는 결정을 내릴 수 있도록 한다.

자본과 인력부족에 시달리는 소상공인의 시름이 깊다. 시대흐름을 따라가야

13 https://www.entrepreneur.com/article/341976.

한다는 사실은 알고 있다. 하지만 현실여건이 받쳐주지 않기 때문이다. 소상공인의 상황을 고려한 다양한 정책과 지원 사업들이 진행되고 있다. 그러나 무엇보다 중요한 것은 위기를 기회로 역전시키기 위한 적극적인 참여의지가 필요하다. 소상공인도 디지털 기술을 활용해 고객에게 새로운 서비스와 가치를 제공하는 방법을 찾아야 한다. 디지털 기술을 활용하여 가격경쟁력 제고뿐 아니라 사업전환, 품목 다변화를 통해 신제품 개발과 새로운 시장개척에도 관심을 기울여야 한다.

인공지능은 모든 사업을 위해 필요하다. 현재 도구는 거의 모든 작업에 대해 개발되었으며, AI 기반 도구는 작업에 소요되는 시간 단축, 비용 절감, 결과 증가, 유연성 및 대응력 향상, 위험 감소 등 여러 가지 이점을 제공한다. 이 가운데 인공지능이 중소규모 사업에 도움을 줄 수 있는 네 가지 방법이 있다.

첫째, AI가 유입된 CRM(고객관계관리)으로 판매 및 마케팅을 개선시켜 준다. CRM시스템은 판매 프로세스를 개선하고 심지어 자동화할 목적으로 이 메일, 전화, Social 등 통신채널 전반에서 고객 데이터를 수집하도록 설계되었다. Salesforce와 같은 플랫폼은 소상공인들이 해당 통신채널에서 고객 피드백을 분석한 뒤 그 정보를 바탕으로 마케팅과 리드 생성 활동을 자동으로 조정할 수 있도록 지원하는 AI 구현에 착수했다. AI가 유입된 CRM은 리드 생성 결과를 극대화할 수 있을 뿐 아니라 마케팅 및 영업 관련 통찰력을 획득하는 데 AI가 어떻게 활용될 수 있는지 보여주면서 고객 확보 프로세스 전반을 최적화하고 있다.

둘째, 고객과의 소통자동화(Chatbot 포함)이다. 제품 및 서비스기반 중소기업 모두 고객과의 소통을 시작하고 질문에 대한 답변을 돕기 위해 웹사이트의 챗봇을 사용하기 시작했다. 24시간 연중무휴 24시간 운영되는 영업 및 고객서비스담당자들은 챗봇과 AI의 관련성을 접해본 적이 있을 것이다. 처음 웹사이트를 방문했을 때 화면 오른쪽 아래에 있는 팝업 중 하나를 보았을 것이다. 많은 중소기업들은 전담 고객서비스나 영업팀이 없다. 이러한 경우, 챗봇 AI을 활용하면 부담을 완화하고 중요한 일에 시간을 집중할 수 있게 해준다.

셋째, 인적자원 관리업무의 능률화이다. AI가 유입되면서 예상치 못한 분야 중 하나가 인적자원 관리업무분야이다. 채용과 지원절차를 간소화할 뿐 아니라 HR이 어떻게 프로세스를 개선할 수 있는지, 그리고 신입사원들로부터 피드백 등에 기여하면서 기업의 수익에 실질적인 영향을 미칠 수 있다. 가령 AI는 원하는 인재의 기준에 가장 근접하게 일치하는 지원자를 찾기 위해 수백 명의 지원자를 자동으로 통과하는 데 사용될 수 있다. 또한 가장 적합한 지원자의 탐색 가능성 증가뿐만 아니라 귀중한 시간과 자원을 절약할 수 있다. 일단 지원자가 on boarding 하면, 소프트웨어는 복리후생이나 회사 정책 같은 직원들의 질문에 대해 지식 기반 역할을 할 수 있다. 채용과정에 소요되는 시간을 줄일 뿐만 아니라 우수한 지원자들의 수를 증가시킬 수 있고, 신입 사원 질문에 대한 답변을 줄임으로써 인적자원관리 시간을 절약할 수 있다.

넷째, 경쟁력 있는 정보·지식(Intelligence) 획득이다. 경쟁업체가 생산하는 모든 디지털 정보(서면 및 비디오 콘텐츠에서 Social Media Post에 이르기까지)를 빠르고 쉽게 분석하기를 원하는가? AI는 할 수 있다. 경쟁업체가 온라인에서 하는 모든 작업을 파악하고 데이터를 수집한 후, 읽기 쉬운 보고서로 증류할 수 있는 도구가 개발되었다. 예를 들어 경쟁업체 분석 툴인 Crayon은 AI를 이용해 자사 웹사이트나 소셜 미디어 등 다양한 디지털 채널에서 경쟁업체를 추적하고 마케팅 언어, 가격변경 등 다양한 데이터를 수집한다. 이러한 유형의 AI 경쟁정보·지식(Intelligence) 툴을 사용하면 훨씬 자세한 정보를 더 빨리 수집할 수 있으며 비즈니스에 영향을 미칠 수 있는 산업변화에 더 빠르고 효율적으로 대응할 수 있다.

또한 정교한 AI 기술은 대기업만이 사용할 수 있다고 생각하기 쉽다. 중소기업에게 AI는 흔히 몽상처럼 보인다. 하지만 잘못된 생각이다. 기술의 성과는 모든 창업자에게 이익이 될 수 있다. 자동화, 지능, 지원은 새로운 기업의 측면에서 필요하다. 다행히 새로운 App 개발 및 활용사례가 개발되고 중소기업에의 접근이 한층 용이해지면서 보다 적은 비용으로 많은 성과를 거둘 수 있다. 이러한 변화 가운데 하나는 AI가 점점 저렴해지고 있다. 보다 많은 기술이 Open Sourcing 또는 정제되면서 비용이 감소하면서 활용사례가 증가하고 있다.

과거에는 AI가 거대한 시스템의 자동화와 방대한 양의 데이터에서 얻은 통찰력, 그리고 관찰을 실행에 옮기는 데 초점을 맞췄다. 하지만 AI혁신자들은 새로운 종류의 문제에 관심을 갖고 있다. AI가 점점 인간중심적이며 지원적 성격이 강화되고 있다. 이러한 변화된 역할은 자원과 인력 부족을 자주 겪는 소상공인들을 위해 유용한 도구로 변화하고 있다.

AI는 스트레스 요인을 완화시켜 창업자에게 불필요한 작업을 감소시키고 복잡한 업무를 단순화시킨다. 그래서 작고 부담스러운 업무 대신 실행에 집중할 수 있게 해준다. 가령 Grammely는 AI가 소상공인에게 주는 혜택을 보여준 좋은 사례다. 어떤 도구들은 보다 나은 웹사이트를 만들 수 있게 해준다. 새로운 AI 도구는 이전에 생각했었던 것과 같은 방식으로, 즉 무작위적이고 긴급한 요구를 충족시키는 방식으로 기술을 생각할 수 있게 해 준다. 머지않아 중소기업들 사이에서 IT단계로 여겨질 것이다. 마치 웹사이트나 송장 시스템을 갖추는 것과 마찬가지로, AI 전략을 갖는 것은 중소기업 창업자에게 필수적이다. 때문에 인공지능이 어떻게 도움을 줄 수 있는지 생각하는 것이 중요하다. AI에 대한 니즈 또는 도입 시기 등을 항목별로 구분하고 도움 받을 수 있는 지능적 솔루션이 있는지 확인해야 한다. AI로 기대되는 미래를 준비하면서 강력한 비즈니스를 구축해야 한다.

4 인공지능 전환사례 만들기: 필요조건과 충분전략

Justin Trudeau 캐나다 수상은 “인공지능은 거의 모든 산업에 영향을 미칠 것이다. 그것은 우리의 아이들과 손자들이 자라나는 세상을 새롭게 형성할 것이다.”고 했다. AI 전환이 한층 가속화되고 있다. AI 전환이란? 개인수준에서 현재 업무와 비즈니스모델을 AI로 직접 혁신하여 새로운 가치를 창출하는 것이다. 기업차원에서는 AI가 비즈니스모델 혁신에 활용되면서 기존 업무프로세스에 스며드는 현상이다.

그러면 어떻게 해야 할까? Microsoft의 CEO Satya Narayana Nadella는 말했다. “열정을 가지고 담대해지세요. 그리고 배움의 끈을 놓지 마세요. 배움을 멈추는 순간 생산적인 활동도 같이 멈추게 됩니다.” 그렇다. 전환을 위해 무엇보다 필요한 조건은 ‘나도 할 수 있다’는 긍정마인드와 열정으로 뭉친 의지와 태도가 요구된다.

오늘날 모든 조직은 디지털 전환에 생사가 달렸다면 인공지능 전환에 성패가 달렸다. 그렇다고 처음부터 AI회사가 따로 있는 게 아니다. 모든 회사가 AI회사로 거듭나야 한다. 바야흐로 혁신의 화두는 사람과 조직을 바꾸는 것이다. 디지털 전환으로 가능하다. 기업들은 부족한 디지털 전환을 채우기 위해 인공지능,

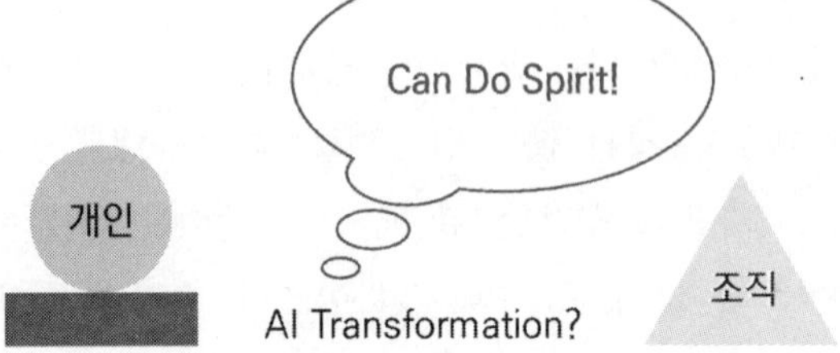

빅 데이터, 사물인터넷, 보안 등 서비스 형 시스템(XaaS · Everything as a Service)을 공급하는 기업과의 적극적인 협업이 필요하다.

인공지능 기술은 데이터만 확보할 수 있다면 다양한 분야에서 널리 활용할 수 있다. 이미 여러 측면에서 AI의 대중화가 진행되고 있다. 앞서 소개했듯이 일본의 한 농부 아들이 AI를 사용하여 수확한 오이를 다양한 특성에 따라 분류하는 데 성공했다. 또한 Fei-Fei Li의 성공이야기도 관심받기에 충분하다.

인공지능은 인간역할만 대신하는 게 아니다. 인공시능 알고리즘은 인간과 다른 방식으로 학습하기 때문에 대상을 보는 시각도 다르다. 인간이 놓치고 있는 데이터 간 관계와 패턴을 포착할 수 있다. 인공지능과의 협업과 공존이 필요한 이유다. 인간과 인공지능과의 동반자 관계는 많은 기회를 제공한다. 첫째, 분석기술을 제대로 이용하지 못하는 산업과 분야에 다양한 형태의 분석기술이 활용될 수 있다. 둘째, 컴퓨터 비전과 시계열 분석 같은 기존 분석기술의 성능을 더욱 향상시킬 것이다. 셋째, 언어와 번역의 장벽을 포함해 경제적 장벽을 허물어준다. 넷째, 인간 능력을 확장하고 과제수행능력을 개선한다. 다섯째, 인간의 비전, 이해력, 기억력 등 인간의 다양한 능력을 개선한다. 이처럼 다양한 기회를 향유하기 위해 인공지능의 작동방식을 이해해야 한다.

무엇보다 인공지능에 대한 막연한 두려움이나 난해함 등 심리적 장벽을 허물어야 한다. 그러기 위해 인공지능을 정확히 알고 올바르게 이해하며 적절하게 활용해야 한다. 모두가 AI 혁신을 이룰 수 있도록 도움을 받을 수 있다. 나아가 의료나 생명과학 분야 등 인류의 난제를 해결할 수 있다는 자신감과 희망을 갖게 한다. 가령 의료부문은 머신러닝을 통해 해결할 여지가 많다. AI를 활용한 당뇨성 망막증 진단이 대표적인 예다. 시력 상실의 주요 원인으로 꼽히는 당뇨성 망막증의 조기진단이 가능하다. 전 세계 4억 명 당뇨병 인구를 조기 진단할 수 있는 의료진이 한정되어 있다. 더구나 개발도상국 등 제3세계에 있는 환자의 경우 치료가 어렵다. 그런데 Google은 머신러닝으로 돌파구를 마련했다. Google이 개발 중인 당뇨성 망막증 질환 진단도구는 망막이미지를 학습하고 망막성 질환여부를 파악할 수 있도록 훈련되었다. AI 진단도구의 정확도는 전문의 진단과 근접하다. 이를 기반으로 새로운 연구도 시작됐다. 진단도구를 통해 성별과 나이를 추정하고 심혈관계 질환까지 예측할 수 있다. 이처럼 머신러닝은 인류가 당면한 문제의 해결가능성을 높여주고 있다.

사물인터넷 서비스의 처리 과정

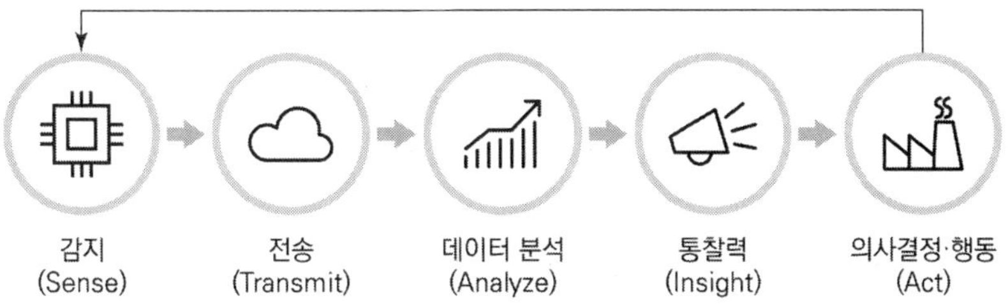

인공지능은 단순히 IT기기의 처리속도를 높이고 데이터 저장량을 늘리는 것만으로 발전할 수 없다. 기기의 처리성능은 물론 사물인터넷기기에 적용하기 위한 제품디자인, 그리고 주변 환경 분석을 위한 Sensor도 필요하다. 그리고 사용기기의 능력의 한계극복을 위해 빅 데이터 기반 Cloud의 접속이 필요하다. 이러한 다양한 기기간의 연결을 위해 빠른 반응속도의 네트워크 기술까지 필수다. 이를 통해 비로소 인공지능을 원활하게 구현하기 위한 생태계가 만들어질 수 있다.

인공지능 전환의 성공적 추진을 위해 문제의식과 가치지향이 명확해야 한다. '왜, 인공지능 전환인가?'에 대한 물음에 대하여 문제해결 및 가치창출의 플랫폼이기 때문이라는 대답으로 치환할 수 있어야 한다.

AI 기술의 실용적 응용분야가 확산되고 있다. 이에 따라 AI를 잘 다루는 개인, 조직, 국가로 도약해야 한다. 누구나 AI를 쉽게 활용할 수 있도록 AI literacy를 함양해야 한다. 생활이나 산업에 AI가 자양분처럼 스며들어 부가가치를 창출하는 역할을 도모해야 한다. 인공지능은 인간의 경쟁대상이 아니다. 인공지능을 협업도구로 삼아야 한다. 인공지능을 활용하는 다른 사람과 경쟁할 뿐이다. 인공지능에 의해 전개되는 새로운 시대와 흐름은 바꿀 수도 막을 수도 없다. 인공지능을 제대로 이해하고 올바르게 활용하는 사람만이 진정한 승자가 될 수 있다. 인공지능에 의한 변화를 그냥 바라만 보는 개인과 기업은 미래를 보장할 수 없다. 먼저 활용해야 뒤쳐지지 않을 것이다. 방향은 분명하다. 인간두뇌보다 더 잘할 수 있는 일은 인공지능에게 맡겨야 한다. 인간은 보다 가치 있는 창조적 과업에 집중해야 한다. 인공지능은 효율성(일을 올바로 하는 것)을 담당하고, 인간은 유효성(올바른 일을 하는 것)에 초점을 두어 어떤 일을 할지 최종적으로 결정해야 한다. 결국, 그 일을 하도록 만드는 것은 인간의 몫이다.

게임에서 인공지능은 인간을 이길 정도로 똑똑해졌다. 100만 명 가운데 범법자를 3초 만에 찾아낸다. AI를 이용한 질병 및 건강상태를 예측한다. 내 말을 이해하고 하루의 일을 해결하기 위해 지능적 개인비서를 옆에 둘 수 있다. 이미 의료, 소매, 자동차, 서버 등 다양한 분야에서 모바일시장을 넘어 현실세계의 문제해결영역으로 옮겨가고 있다. 이러한 과정에서 인공지능기술이 세상과 삶을 바꿔 놓을 것이라는 기대가 크다. 하지만 어떤 변화가 일어나는지, 무엇이 바뀔지 아직 불분명하며 와 닿지 않는다. AI 분야 선도 업체인 Google은 <Solve with AI>라는 모토로 세상의 문제를 인공지능기술로 풀어내고 있다. 세상을 바꾸고 난제들을 이전과 전혀 다른 방법으로 해결하고 있다.

기계 학습 또는 딥 러닝을 활용하는 회사 가운데 Amazon은 입찰할 가치가 있는 광고가 언제 나올지 예측하기 위해 인공지능을 사용한다. Google은 자연어처리를 사용하여 번역을 자동화한다. 이 외에도 AI 전환 조직이나 개인은 과업의 수행을 위해 AI를 창조적으로 활용한다. 이른바 가치 분석과 포착, 그리고 창출과 운영모델을 추진하는 회사들이 마찬가지다. 또한 AI는 고객가치 창출에 기여한다. Sephora의 ColorIQ는 색인지 아닌지의 여부로 고객피부를 스캔하여 최상의 파운데이션 concealer(피부의 흠을 가리기 위해 바르는 화장품)의 매칭을 확인해 준다. Domino's Pizza는 피자제작과 배송에 대한 최신의 업데이트상태를 고객에게 제공한다. 이처럼 AI는 소비자가 일상생활에서 인지하든 그렇지 않든 가치를 더하고 효율성을 높여준다. 첨단 기술로 기존 제품의 디지털 전환을 통해 고객가치를 창출하고 있다. 다른 예로 CAR.O.L은 기술적으로 진보된 운동용 자전거다. 인공지능기반 interactive 연습용 자전거는 바쁜 사람의 꿈이다. 9분 이내에 진정한 맞춤식의 최적화된 운동을 제공한다. 심혈관(心血管) 최적화 논리에서 이름을 따온 회사는 개인화를 통해 운동을 최적화하는 자체 학습알고리즘을 개발했다. CAR.O.L자전거는 피로, 심박 수, Power생산 등 생체인식 마커를 통해 승차자의 최선의 추측이 아닌 실제 생물학과 실시간 성능을 바탕으로 조정한다. 격렬하고 짧은 운동을 장려하는 "감소된 운동 고강도 훈련"이라고 불리는 HIIT 버전을 기반으로 한다. 또한 유산소운동의 이점을 얻기 위해 더 높은 강도로 짧은 시간 동안 운동할 수 있다. 이처럼 기계 학습을 통해 최단 시간 내에 가장 최적의 결과로써 맞춤형 경험을 만들 수 있다(Jia Wertz, 2020).

서비스로서의 AI사용에 초점을 맞추거나 사업과정에서 AI사용에 주안점을 들 수 있다. 어떻게 조직이 AI를 사업을 발전시킬 것인지 자립적 서비스 또는 그 과정의 보완과 개선으로서 구현가능성을 설명할 수 있어야 한다. 특히, AI 서비스 전개에서 조직이 당면한 과제와 기회를 명확하게 기술할 수 있어야 한다. 그리고 과제의 해결과 기회를 활용하기 위해 수행해야 할 권장사항을 평가해야 한다. 아울러 회사의 비전과 목표를 달성하기 위해 가치창출 공간과 함께 가치포착 전략에 대한 고찰과 함께 이에 필요한 모든 조직적 변화를 고려해야 한다.

AI 분야의 발전을 고려한다면 현재의 비즈니스 플랫폼은 장차 <AI지원 데이터플랫폼>[14]으로의 전환이 예상된다. 새로운 개념으로서 <AI지원 데이터플랫폼>은 서로 다른 Source에서 엄청난 양의 트랜잭션 데이터를 집계하고 사용가능한 외부 데이터를 기반으로 가치창출에 대한 내부정보를 추출하는 허브로 작용할 것이다. 즉 현재의 비즈니스플랫폼은 matching, 추천 또는 예측엔진 등에 AI를 적용하였다. 대부분 주어진 고객 상황에 대한 패턴(예 주문정정, 업그레이드 또는 플랫폼 추가사용)을 도출하기 위해 고객행동의 상관관계를 분석하는 통계적(또는 확률적) 방법을 기반으로 한다. 반면 첨단 AI(edge AI)의 기능(예 인과추론 및 process mining)은 <AI지원 데이터 플랫폼>에서 집계한 외부의 가용데이터를 분석하여 기업의 내부 가치 창출에 대한 정보를 추출할 수 있는 기반으로 제공된다. 기존 이론에서 다루어지지 않는 21세기 가치창출의 새로운 형태로 작용할 것이다.

현재 비즈니스 플랫폼의 확장은 소비자, 생산자, 물류 및 금융거래를 포함하여 여러 이해당사자들의 데이터가 수집된 <AI지원 데이터플랫폼>이 구축될 것이다. 이러한 데이터 풀(전체 물리적 생산 및 무역망을 통한 소비자의 완전한 행동패턴에서부터 금융 및 Risk관리에 이르기까지)은 여러 계층의 트랜잭션 흐름을 포함한다. 데이터 집

14 Udo Milkau(2018), Value Creation within AI-enabled Data Platforms, https://doi.org/10.1177 /2394964318803244.

계의 결합은 <세계의 지도>의 기초가 된다. 그리고 인공지능에 의한 내부 가치 창출에 대한 지식의 추출 특히, 외부 데이터에 기초한 인과적 추론과 프로세스 Mining에 의해 도출될 것이다. 이러한 새로운 경쟁우위를 통해 <지식플랫폼>은 중개가치의 창출뿐만 아니라 복잡한 다차원 최적화 문제까지 해결함으로써 다수 이해관계자의 가치를 창출할 수 있다.[15]

오늘날 데이터의 양적 확대와 질적 향상에 힘입은 AI와 각 분야의 지속적 혁신으로 시장이 변화하고 있다. 파트너와 경쟁자 사이의 경계선이 모호해지면서 새로운 시장과 기회가 창출되고 있다. 많은 기업들은 혁신속도에 맞추고 정합성과 관련성 유지를 위해 빠른 변화와 전환이 요구된다. 이러한 동향이 지속되면서 데이터와 데이터 기반 수익창출능력이 핵심적 경쟁 요소가 된다. 나아가 AI 시대로 진입하면서 기업의 AI 활용능력이 기업성공에 중추적 역할을 하고 있다. 가령 스마트 폰과 APP이 순간 기업뿐만 아니라 대중들도 손쉽게 사용하게 되면서 경제·산업·생활의 지형이 크고 빠르게 변화했다. 이렇듯 AI도 그 활용분야와 범위가 넓어지고 비용이 저렴해지면서 거의 모든 영역으로 확장될 것으로 전망된다. AI 기술을 이끄는 기업들 그리고 AI 활용이 가능한 분야의 움직임을 주의 깊게 살펴보는 것은 미래를 확실하게 준비하는 방법이다.

선도적인 혁신자들은 목표 상태와 목표 달성방법에 대한 확고한 비전을 지녔다. 인공지능 전환과정에서 승자들은 Big Bang 접근방식의 완전한 AI솔루션의 구축 전략보다 응집력 있는 목표달성 솔루션의 일부로서 반복적으로 개선되고 향상될 수 있는 작은 구성 요소와 기능의 구축에 집중하였다. 이러한 접근 방식의 이점은 다음과 같다.[16] ① 기회의 창이 열리는 우연의 시간대 포착 가능성 향상 ② 주요 이해 관계자로 하여금 솔루션의 미세조정이 이루어지도록 지속적인 피드백 제공 지원 ③ 내부 비즈니스 프로세스의 점진적 전환 및 조정 가능 ④ 적절한 초기 투자를 통해 미래 개선을 위한 자금제공 및 즉각적 수익창출을 통한 momentum 구축 등을 가능하게 한다. 이러한 원칙의 채택은 AI 영역이 기존 디지털 솔루션보다 복잡하기 때문이다. 그러므로 기업에 AI를 도입하는 과정에서 다음 사항이 고려되어야 한다.

---

15 https://journals.sagepub.com/doi/10.1177/2394964318803244.

16 http://www.ciokorea.com/news/37861, 2018.04.10.

첫째, 조직 내 새로운 전문영역으로서 데이터 과학을 구축해야 한다. 이를 위해서 수요가 많은 인재를 채용하고, 새로운 진로의 개척과 함께 조직을 개편해야 한다. 둘째, 복잡한 이해관계자의 상호작용을 관리해야 한다. AI 솔루션의 개발 및 관리는 기존 IT와 비즈니스 간 쌍방 협력 및 협상을 넘어 최소한 세 개 이상의 당사자가 참여한다. 즉 IT, 비즈니스 및 데이터 과학으로 대부분의 경우, 필요한 역할과 책임이 불명확하며 효과적으로 정의되지 않고 있다. 셋째, 비즈니스 및 사용자 채택을 보장해야 한다. 모든 수준의 비즈니스 이해 당사자들은 비대면의 비인간적 AI 솔루션에 의해 생성되는 통찰력을 이해하고, AI 채택을 위해 최선을 다해야 한다. 넷째, 비즈니스 의사결정 프로세스를 혁신해야 한다. AI 솔루션의 산출물은 비즈니스 의사결정 및 비즈니스 프로세스 개발 방식을 근본적으로 바꿀 수 있는 잠재력을 지니고 있다. 비즈니스 인텔리전스 시대에는 분석이 과거의 행동을 설명했다. 인공지능은 미래를 예측하고 특정한 행동과정의 추천을 위해 데이터를 사용하여 미래를 내다볼 수 있다. 압축하여 정리하면 크게 생각하고 작게 시작하면서 빠른 성장전략을 추구해야 한다.

이러한 전략은 전술적 및 실행 가능한 조치에서 어떻게 해석해야 할까? AI 솔루션의 성공적 채택과 구현의 핵심으로서 다섯 가지가 요구된다. 첫째, 비즈니스 목표와 활용사례에서 시작해야 한다. 많은 기업들이 데이터 호수의 개발과 같은 대규모 프로젝트로 AI 프로그램을 시작한다. AI 훈련을 위해 데이터의 중앙 집중화는 유효한 단계다. 하지만 성급한 시행보다 기업전략과 관련된 비즈니스 사례부터 시작하는 것이 바람직하다. 기존 인프라 내에서 적은 투자로 실현 가능하다. AI의 잠재력을 믿고 프로젝트에 리소스를 투입할 준비가 되어 있는 비즈니스 이해 관계자들과의 협력도 중요하다. AI 프로젝트는 실험실에서 일하는 데이터 과학자들에 관한 것이 아니다. 보다 나은 솔루션을 구축하기 위해 비즈니스 이해 관계자들의 요구와 피드백을 포착하는 공동의 노력이다.

둘째, 배양하고 입증한 후 확장해야 한다. MVP(Minimum Viable Product: 최소 실행 가능한 제품) 구축은 비교적 적은 초기 투자 및 자원을 추구할 수 있는 저 위험 이니셔티브이다. 만일 성공적이면, MVP는 대규모 투자사례를 입증하고 목표 상태 솔루션의 설계를 조정하기 위한 의견을 제공하는 데 도움이 될 것이다. 그런데 MVP가 실패한다면, 단기적이며 저비용의 실패이다. 최상의 결과를 얻으려면 프로젝트 팀은 초기 활용사례의 활성화에 초점을 맞추어야 한다. 추후 발생할 수 있는 범위 확장의 유혹을 거부해야 한다. MVP개발기간 동안 AI 프로젝트 팀은 솔루션의 실행에 필요한 것에만 집중해야 한다. 이는 자동화된 개입의 구축에 비용이 너무 많이 들거나 중요한 기능을 활성화하지 못할 경우, 수동개입의 수락을 의미한다.

셋째, 짧은 사이클로 신속한 개발을 채택해야 한다. 짧은 개발 주기는 비즈니스를 지속적으로 운영하고, AI 팀에 명확한 우선순위와 방향을 제공할 수 있다. 또한 개발 프로세스에 유연성을 도입하며, 획기적인 성과에 따른 자금 투입을 가능하게 한다. 보다 효과적이고 민첩한 AI 개발을 위해 기업의 기능 우선순위 지정 및 성능 평가에 관한 괴정과 풍토가 확립되어야 한다.

넷째, 조직에 분석기능을 체화시켜야 한다. 비즈니스 참여 및 AI 프로젝트와의 통합의 핵심 동인은 비즈니스 배경과 분석방법 및 개발 프로세스에 대한 이해력을 모두 갖춘 분석 및 관리를 모두 아우르는 자원(resources)의 개발을 의미한다. 이러한 자원들은 비즈니스 팀의 일부로서 AI 팀 및 프로세스와 적절한 통합을 보장한다.

다섯째, 지속적인 실험과 테스트 문화를 조성해야 한다. 실험과 테스트 문화를 조직의 문화와 비즈니스 수행 방식에 도입하는 것은 AI에 의해 추진되는 가장 큰 변화 중 하나이다. 인공지능에 기반을 둔 솔루션은 이전의 결과로부터 학습함으로써 지속적으로 개선되도록 설계된다. 이와 같이, AI 솔루션을 개선 및 확장하고, 새로운 가설을 테스트하며, 시장 상황의 변화를 이해하면서, 다양한 비즈니스 결정의 지원을 위한 실험이 항상 실행되어야 한다.

조직에서 지속적인 실험으로서 AI 프로젝트는 일회성 노력이 아니다. 일단 AI 솔루션이 구현되면, 조직은 성과를 모니터링하고 솔루션이 학습한 내용을 사용하여 새롭고 보다 나은 반복을 신속하게 만들어야 한다. AI 기술의 급속한 발전으로 인해 개인이나 조직의 비즈니스 관리 및 솔루션 개발방식에 있어서 흥미로운 변화의 시작점에 있다. AI는 모든 수준에서 비즈니스 의사결정의 품질과 속도를 획기적으로 개선할 수 있다. 하지만 이를 완전히 활용하기 위해 포괄적 접근방식을 취해야 한다. 그동안의 경험에 비추어 볼 때 승자는 조직 전체에 걸쳐 "크게 생각하고, 작게 시작하고, 빠르게 성장하는" 문화가 성공적으로 확립된 기업에서 나타났다.

앞으로 AI와 머신러닝은 더욱 많은 의사결정에 관여할 것이다. 가령 Excel에 수치를 입력, 조작, 코딩, 정렬하는 작업은 군집화, 분류 또는 순위 매기기 학습 문제에 해당한다. 그리고 예측 가능한 모든 값 집합은 머신러닝영역에 해당하며 조사나 검색, 모든 패턴, 모양, 개체는 딥 러닝의 영역이다. 이처럼 비즈니스는 모두 AI와 머신러닝이 해결할 수 있는 문제로 가득 차 있다. Word Processor가 타자기를 대체했듯, AI는 Excel을 비롯하여 사무직 근로자나 Analyst업무의 상당부분을 대체할 것이다. 이러한 변화에 대비해야 한다. 웹과 전자상거래에 대비하지 않은 기업처럼, AI와 머신러닝에 적응하지 못한 기업은 도태될 수 있다. 방대한 양의 데이터를 처리하고 많은 의사결정을 내리는 과정을 자동화할 방법을 고민하지 않는 기업, 구체적인 이익을 낼 만큼 결정이 실시간으로 이뤄지지 않는 기업은 몇 년 안에 문을 닫게 될 가능성이 크다. 이처럼 AI 전환을 시작하기 전에 몇 가지 전제 조건이 충족되어야 한다.

첫째, 충분한 교육이다. 모든 직원을 데이터 과학자로 만들 수는 없다. 또한 고급 수학은 보통 사람이 이해하기에 너무 어렵다. 더구나 AI 기술의 trend가 급변하는 상황에서 현재 가장 효율적인 과학적 알고리즘이 머지않아 낡은 것이 될 수 있다. 그러나 기본 요소는 변하지 않는다. 조직구성 가운데 개발자는 머신러닝의 몇 가지 기본 역량을 이해해야 한다. 가령 군집을 어떻게 하나로 묶는다거나 여러 가지 레이블이 지정된 그룹을 어떻게 정렬, 분류할 것인지, 선 그래프를 만들 수 있다면 대체로 그 값을 어떻게 예측할 것인지 등을 이해해야 한다. 이 외에도 컴퓨터가 모양, 소리, 값 범위, 이벤트 집합 등을 찾는 방법을 패턴인식을 통해 어떻게 학습할 수 있는지, 여기서 중요한 점은 사람의 기술 수준에 맞춰 AI 내용을 단순화해서 전달할 수 있어야 한다. 개발자라면 특정 알고리즘이나 기법에 관심이 있겠지만 Analyst와 임원도 기본적인 비즈니스 원리와 컴퓨터기술을 이해해야 한다. 가령 모델이나 알고리즘의 작동원리까지 알 필요는 없다. 하지만 어떤 문제가 어떤 모델이나 알고리즘에 적당한지 인식할 수 있어야 한다. 아울러 AI 역량은 계속 확장되고 있으므로 최소한 매년 한 번씩 정기적인 재교육이 필요하다.

둘째, 구성 요소화가 필요하다. 구성 요소화의 툴 중 데이터과학자를 위한 "노트북"이 있다. 다른 많은 툴이 여기에서 파생되었다. 데이터 과학자 및 이들과 함께 작업하는 사람들을 위한 좋은 툴이다. 문제는 프로덕션 측면에서 나쁜 방식을 이끌 수 있다. 분류 알고리즘 인터페이스는 다른 알고리즘과 대략 비슷하다. 비즈니스 사안에 따라 바뀌지 않는 특정 분류 알고리즘도 있다. 과거 많은 기업이 하나의 고객 프로필을 만드는 방법을 알아내야 했듯 비즈니스 사안마다 각 시스템에 전혀 다른 프로필을 만드는 것이 아니며 알고리즘에도 동일한 과정이 필요하다. 하나의 군집알고리즘의 생성을 넘어 다른 알고리즘의 구성 요소화도 가능해야 한다.

셋째, 시스템화가 요구된다. 대부분 시스템은 비슷한 형태를 지닌다. 데이터를 알고리즘으로 가져오기 위한 프로세스, 알고리즘 실행프로세스, 결과 도출지점 등이다. 모든 요소를 각 알고리즘마다 매번 맞춤 설계한다면 시간과 비용의 낭비이며 더 커다란 문제를 자초할 수 있다. 서비스지향 아키텍쳐(SOA)로 인해 많은 기업의 애플리케이션 소프트웨어 배포방법이 바뀌었듯, AI의 배포방법에서도 비슷한 기법이 필요하다. 모든 곳에 맞춤형 "노트북"과 함께 실행되는 다양한 맞춤형 클러스터와 맞춤 구축된 ETL 프로세스가 요구되지 않는다. 필요한 것은 어떤 상황에서도 까다로운 부분까지 해결할 수 있는 AI 시스템이다.

넷째, AI 및 UI구성의 요소화이다. Back End에 RESTful[17]서비스가 있는 자바스크립트/웹 UI 세계에서도 AI 구성 요소 내 많은 UI를 혼합할 수 있어야 한다. 사용자 행동기반의 추천시스템이든 가상비서든 기업은 비즈니스 애플리케이션에 손쉽게 내장할 수 있는 AI/UI 라이브러리를 구축해야 한다.

다섯째, 계측이다. 데이터가 없으면 아무 일도 못한다. 과거에는 HDFS(Hadoop Distributed File System)에 온갖 쓰레기를 모으면서 언젠가 쓸모 있기를 바라는 거대한 데이터 더미를 만들어야 한다고 종용하는 업체도 있었다. 하지만 이런 실수를 반복해서는 안 된다. 핵심은 계측해야 할 것들에 주목해야 한다. 제조업이라면 간단히 시작할 수 있다. 우선 수동게이지를 꺼내 작업하는 사람이 있다면 시간낭비 요소다. 그러나 판매와 마케팅 업종에서는 이메일과 휴대폰이 있으므로 유용성이 검증된 데이터를 자동으로 수집할 수 있다. 영업사원에게 데이터 입력을 하라고 잔소리할 필요 없이 시스템이 알아서 하도록 하면 된다. 이러한 전제 조건을 충족한다면 지식·통찰로의 전환이 이루어질 것이다.

---

17 REST는 Representational State Transfer라는 용어의 약자로서 웹의 장점을 최대한 활용할 수 있는 아키텍처이다. 최근의 서버프로그램은 다양한 브라우저와 안드로이폰, 아이폰과 같은 모바일 디바이스에서도 통신을 할 수 있어야 한다. REST 아키텍처는 Hypermedia API의 기본을 충실히 지키면서 범용성을 보장한다(https://nesoy.github.io/articles/2017-02/REST).

디지털 시대에 성공적 비즈니스는 예상되는 trend를 바탕으로 거듭 진화, 재탄생하는 플랫폼 생태계가 될 것이다. 급속한 디지털 전환과정에서 혁신은 플랫폼생태계 프레임워크 전체에 걸쳐 지속적이고 신속하게 이루어져야 한다. 첫째, 원활한 프로세스 흐름이다. 증강·자율 머신러닝 로봇 및 Digital Twins 등이 핵심기술로 작용할 것이다. 둘째, 실시간 관리다. 딥 러닝이나 Digital Dashboard에서 상시 작동되는 AI의 사용이다. 셋째, 열정적인 직원과 조직 문화이다. 민첩한 적응력, 지속적인 Upskill을 갖춘 사람들(IQ + EQ + AI)이 필요하다. 이러한 프레임워크는 전체 내·외부 AI + 데이터 + IoT 클라우드 플랫폼 생태계를 활용하여 작지만 확장 가능한 여러 Pilot 프로젝트를 신속하고 원활하게 반복해야 한다. AI를 통한 전반적인 우선순위 및 전략으로서 미래의 고객경험(CX)을 개선하고 최적화하는 데 모든 역량을 집중해야 한다. 그래야 AI 기반 디지털 전환의 성공과 확장 및 고도화가 가능하다.

AI기반 디지털 전환의 확장

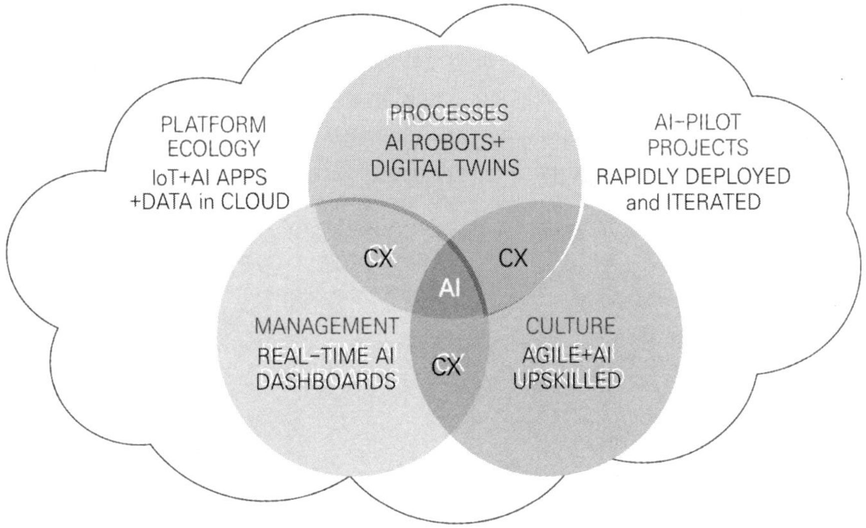

자료: ai-future.net/blog/rapid-ai-transformation.

"AI는 모든 사람과 기업이 목표를 이뤄내도록 도와줄 가장 중요한 기술이다. 개인 · 기업 · 공공 모두에서 AI가 가장 중요해지는 시대가 올 것이다."

-Satya Narayana Nadella, MS CEO(2018년)-

인공지능 전환시대, 어떻게 살 것인가?

만약 당신이 명문대학교에서 인공지능(AI) 박사학위를 취득한 전문가라면, 다음 중 어떠한 선택을 할 것인가? ① Startup 구축 ② 최첨단 AI애플리케이션을 만들고 싶은 회사에 입사 ③ 다른 분야의 과학자들과 기초 연구를 위한 전문 지식탐구……. 인공지능이 비즈니스 모델로 인식되면서, '어떻게 응용과 채택하는 것이 비즈니스와 상거래를 더욱 혁신시킬 것인가?'에 관심이 모아지고 있다. 하지만 인공지능 비즈니스모델을 구축, 운영하는 것은 결코 평탄한 여정이 아니다. 이러한 전환의 파고(波高)를 넘으려면 실패를 두려워하지 않은 정신의 바탕에서 사명감이 투철해야 한다. 농구 황제 Michael Jordan은 말했다. "저는 제인생에서 실패를 여러 번 거듭하였습니다. 그리고 또 실패하였습니다. 그리고 그게 제가 바로 성공한 이유입니다." 실패를 성공의 자산으로 삼아야 한다. 또한 중요한 것은 어떠한 가치와 의미를 담아야 할 것이냐에 달렸다. Mahatma Gandhi는 "당신이 행하는 일이 큰 의미가 있지 않을 수도 있지만, 무엇인가를 실행하고 있다는 것은 매우 중요한 것입니다."라고 말했다. 이제 인공지능을 문제해결을 넘어 가치창출의 수단으로 활용해야 한다.

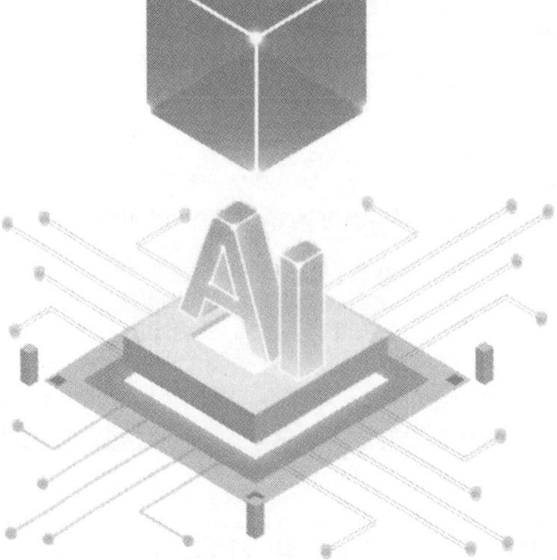

모든 직장인을 위한 인공지능(AI)

디지털 전환시대의 최종병기

CHAPTER

06

인공지능과 비즈니스 모델

1. 인공지능기반 비즈니스 모델이란?
2. 성공적인 비즈니스 모델의 조건
3. 비즈니스 모델의 성공사례

CHAPTER 06

인공지능과 비즈니스 모델

1 인공지능기반 비즈니스 모델이란?

앞선 질문은 좀 황당한 질문이다. 하지만 오늘날 2,000개 이상의 Startup이 AI 인재들을 흡수하고 있다. 이러한 가운데 인재의 희소성과 인력에 대한 수요가 결합되면서 몸값을 업계 최고수준으로 끌어올리고 있다. 심지어 엘리트 AI 인재들을 위한 7가지 보상패키지를 제공하는 기업도 있다.

그 이면에는 AI가 기업들에게 신규사업부문에 진출할 수 있게 해주거나 해당 산업에서 경쟁우위를 확보해 줄 수 있다는 기대에서 비롯된다. 즉 AI가 운영과 서비스 제공의 효율성이나 효과를 획기적으로 향상시킬 수 있으리라는 믿음에서 기인한다. 또한 디지털화와 데이터로 인해 비즈니스의 운영방식이 전환된다는 것은 잘 알려진 사실이다. 수세기 동안 진화해 온 비즈니스 모델은 조직이 경제적, 사회적, 문화적 또는 기타 상황에서 가치를 창출, 전달 및 포착하는 방법의 이론적 근거를 설명한다. 흔히 비즈니스 모델 구축 및 수정 프로세스를 비즈니스 모델 혁신이라고도 하며 비즈니스 전략의 일부를 구성한다. 이론과 실제에서 비즈니스 모델이라는 용어는 목적, 비즈니스 프로세스, 대상고객, 제안, 전략, 인프라, 조직구조, Sourcing, 거래관행 및 문화를 함께 운영 프로세스 및 정책을 포함한다. 또한 비즈니스 모델 혁신은 반복적이고 잠재적으로 순환적인 프로세스다(Geissdoerfer, Martin, et al., 2017).

https://www.forbes.com/sites/cognitiveworld/2019/07/10/how-artificial-intelligence-is-transforming-business-models/ Depositphotos

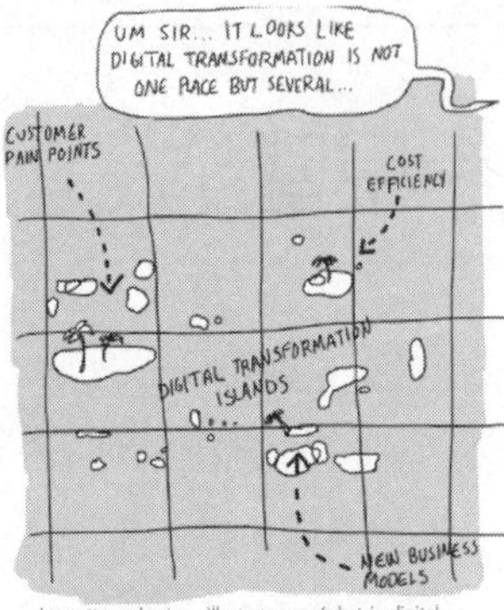

-https://www.businessillustrator.com/what-is-digital-transformation-cartoon-infographic/

최근 부상하고 있는 인공지능(AI)은 아이디어, 혁신, 발명의 의미를 근본적으로 바꾸어 놓고 있다. 그 결과, 비즈니스 모델은 더욱 진화하고 있다. 산업 전반에 걸쳐 기업이 정보력의 상대적 균형에서 심오하고 극적인 변화를 겪는 상황을 목격하면서 AI 애플리케이션과 채택은 각 사업주체에게 도전만큼이나 많은 새로운 기회를 제공하고 있다. 이에 따라 인공지능기반 비즈니스모델은 인공지능 전환을 위한 중추적 영역으로서 디지털 전환의 핵심요소를 이룬다. 디지털 전환은 비용효율성, 고객만족, 새로운 비즈니스모델 등 다양한 요소를 포함한다. 특히 인공지능에 의한 새로운 비즈니스를 창출하기 위해 무엇보다 AI 역량이 갖추어져야 한다.

AI 역량은 이미 여러 나라와 기업에 걸쳐 비즈니스와 상거래를 변화시키고 있다. 부유하든 가난하든, 개발되었든 미개발되었든, 작든 크든, AI는 국가들을 위한 경쟁의 장을 평준화시키고 있다. 또한 미래 사업의 진전과 성장할 수 있는 독특한 가능성을 제시하고 있다.

오늘날 기술과 정보에 대한 접근은 보편적이다. 하지만 공통적이지 않은 이유는 각 기업이 추구하는 목표에 따라 정보접근과 수집 및 활용이 상이하기 때문이다. 새로운 기술이 디지털 데이터와 정보로부터 지능에 접근할 수 있는 능력을 어느 정도 높여주더라도, AI 역량개발과정에서 개인 및 기업의 성공을 규정하는 데 도움이 될 매개변수가 무엇인지 이해할 필요가 있다. 그리고 자신 또는 조직의 비즈니스와의 연계 및 활용을 위해 실천해야 한다.

많은 직장인들은 하루 대부분의 시간을 회사업무를 위해 보낸다. 그런데 남의 땅에 건물 올리지 마라는 말이 있다. 극단적으로 들릴 수 있지만 회사 내의 일은 회사에서 나오는 순간, 아무런 가치가 없다. 아무리 높은 직책이나 중요한 업무를 맡았다고 해도 퇴사하는 순간 이어지지 않는 기술이라면 그것은 남의 땅에 열심히 건물 올리는 격이 아닐까. 그래서 주인이 쫓아낼 수 없는 내 땅에 나의 건물을 올려야 한다. 만약에 직장을 떠나 옮겨야 하는 상황이라면 무엇을 고려해야 할까? 이직과 관련하여 가장 중요한 말은 "저점이 아닌 고점에서 옮겨라"라고 Head Hunter들이 조언한다. 보통 회사에서 일이 안 풀릴 때, 혹은 누군

비즈니스에 AI를 허(許)하라!

자료: sfmagazine.com/post-entry/january-2021-ethics-maps-for-ai-analytics.

가와 사이가 안 좋아졌을 때 이직을 고민한다. 마치 저점에서 주식을 파는 것과 유사하다. 고점에서 옮기라는 말은 다시 풀어보면 무엇인가 익숙해질 때 옮겨야 한다는 의미다. 익숙하다는 말은 더는 배움이나 자극이 없다는 의미다. 경력(Career)을 개발하면서 익숙함은 경계의 대상이다. 성장이 멈추었다는 뜻일 수 있기 때문이다. 그런데 이직을 하던 자신의 일을 하던 새로 준비하는 비즈니스에 대한 운영모델을 고민해야 한다.

비즈니스 운영모델의 핵심은 고객가치의 창출과 전달에 맞추어야 한다. 어떠한 경우든 조직에서 사람, 프로세스, 기술을 어떻게 positioning 할 것인지 정의해야 한다. AI우선의 운영모델을 보유하려면 AI를 우선적으로 활용하여 기업(사업)의 제품, 프로세스 및 경험에 더 많은 지능과 자동화를 접목해야 한다.

AI 주도의 비즈니스 성과에 대한 약속은 고위 경영자들에게 매력적이다. 하지만 기술적 및 조직적 경직성이 성공과 전사적 혁신과정에서 존재한다. 여기서 디지털리더는 디지털 기반을 강화하는 동시에 빠른 성공을 견인하기 위해 종합적인 로드맵을 만들어 실행해야 한다. <그림 6-1>은 AI 구현이 원활하게 실행될 수 있도록 지원하는 권장사항이다.[1]

1 https://www.cio.com/article/3575542/ai-first-or-nothing.html.

〈그림 6-1〉 AI 구현이 원활하게 실행될 수 있도록 지원하는 권장사항

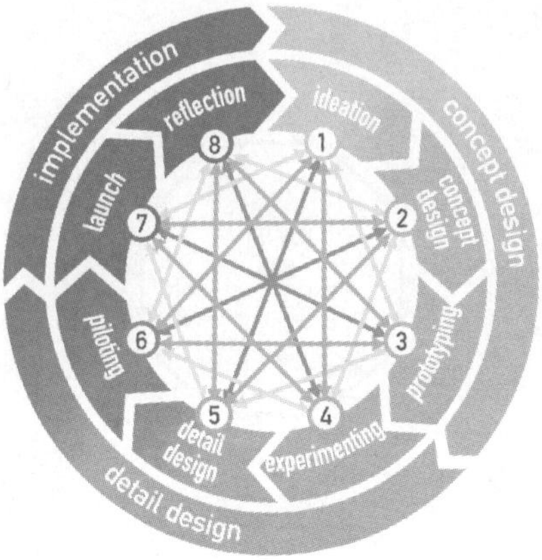

자료: en.wikipedia.org/wiki/Business_model#cite_note-:1-1.

첫째, 거시적 맥락에서 비즈니스 개념의 설계, 설계의 구체화, 집행이 선순환되어야 한다. 그리고 구체적 활동으로서 맥락을 이루는 세부활동 ①~⑧이 연계되어 실행되어야 한다.

둘째, 기존의 부족(tribal: 부서중심)지향 운영모델을 제거해야 한다. 대기업은 인정하든 인정하지 않던 사업부, 기능 등에 의해 정의된 부문 중심으로 운영된다. 이러한 운영은 부서들과 연계되어 전략적 계획과 자본배분에 관한 한 "우리 대 그들"의 사고방식에 의해 주도될 수 있다. 이것은 각각 특정 부서에게 이익이 되는 결과를 유도하기 위해 설계된 상이한 데이터와 애플리케이션으로 이루어진 기술기반을 야기한다. AI 우선 조직은 조직 경계(Silo)를 넘어 표준 디지털 기반 위에서 기업재구성에 적극적이어야 한다. 예를 들어 MS는 디지털 전환 과정에서 IT를 핵심서비스로 Rebranding하였다.

셋째, 고객에 대한 전체적 파악을 위해 데이터를 중앙 집중화 및 표준화해야 한다. 부서중심 구조의 결과로 발생하는 상이한(호환되지 않는) 애플리케이션과 데이터 Source는 대고객 상호작용과 연결을 어렵게 한다. 많은 조직은 이러한 단점을 인정하고 모든 데이터 Source를 수집, 상황변화에 맞게 통합하고 고객에 대한 360도 관점의 개발을 위한 전사적 데이터 플랫폼(또는 Data Lake)을 구축한

다. 조직 프로세스를 아우르면서 신뢰할 수 있는 데이터 Source로, 학습 알고리즘을 이용하여 AI 애플리케이션을 개발하여 이탈가능성이 있는 고객을 선제적으로 식별하거나 고위험고객에 대한 사전 예방적 지원이 가능하다.

넷째, 단일 사용의 통합보다 재사용 가능성에 집중해야 한다. 조직은 전통적으로 특정 사업부 또는 기능에 대한 통합과 기능을 구축해 왔다. 그래서 중복기능, 긴밀하게 결합된 맞춤형 통합 및 기술 자산의 복잡성을 복합화하면서 궁극적으로 총 소유비용을 증가시키거나 시장출시 속도를 둔화시켰다. 하지만 AI 우선 조직은 재사용성과 모듈화의 힘을 활용해 소프트웨어 구성요소의 데이터와 라이브러리를 노출하는 중앙집중식 애플리케이션 프로그래밍 인터페이스(API) 계층을 만들어 전사적으로 AI 애플리케이션을 신속하게 개발한다. 이러한 모델에서 애플리케이션 개발은 처음부터 새로운 기능을 구축하는 것이 아니라 비즈니스규모와 범위경제의 촉진을 위해 기존 기능의 보완 및 조정을 한층 중시한다.

일상생활에 인공지능이 적용된 다양한 기기와 서비스 확인이 쉬워지고 있다. 인공지능이 앞으로 어떻게 발전하고, 어떠한 분야를 중심으로 가속화될 것인지 흐름과 동향이 명확해지고 있다. 더구나 Untact 시대 속에서 치열해지는 AI 경쟁 과정에서 AI를 선도적으로 도입한 기업과 소극적인 기업 간의 차이가 극명해지고 있다. Accenture에 의하면 선도기업과 후발기업 간 연매출은 2배 이상 차이를 드러내며 그 격차는 점점 확대될 것으로 전망된다.

인공지능이 비즈니스모델 혁신과 결합되면서 다양한 산업에서 파괴적 변화가 야기될 것이다. 사물인터넷과 인지 컴퓨팅기술의 결합이 확대되면서 자율주행 자동차와 같이 제품이 인간의 조종 없이 스스로 서비스를 제공된다면 제조업과 서비스업의 융합이 가속화될 것이다. 과거 노동집약산업은 인력 및 조직 관리의 어려움 때문에 규모경제를 구현하기 힘들었다. 그런데 노동을 인지컴퓨팅기술로 대체하면 규모의 경제 구현이 용이해진다. 가령 택시운수업의 경우, 대부분 지역단위의 중소기업들이 영업을 수행해 왔다. 그러나 자율주행택시기술이 등장하면서 Uber의 비즈니스에서 그 가능성이 드러났듯 단일 기업이 전 세계를 상대로 영업을 전개할 수도 있다.

인공지능은 기술 요소들을 조합하여 외부 신호를 이해하고 원인을 분석하며 지속적으로 학습하는 인지체계(Cognitive System)를 구성한다. 외부 신호의 이해는 대화, 이미지, 음성 인식 등 자연어 이해를 통해 인간과 상호 작용하는 기능

〈그림 6-2〉 인공지능의 인지체계(Cognitive System)

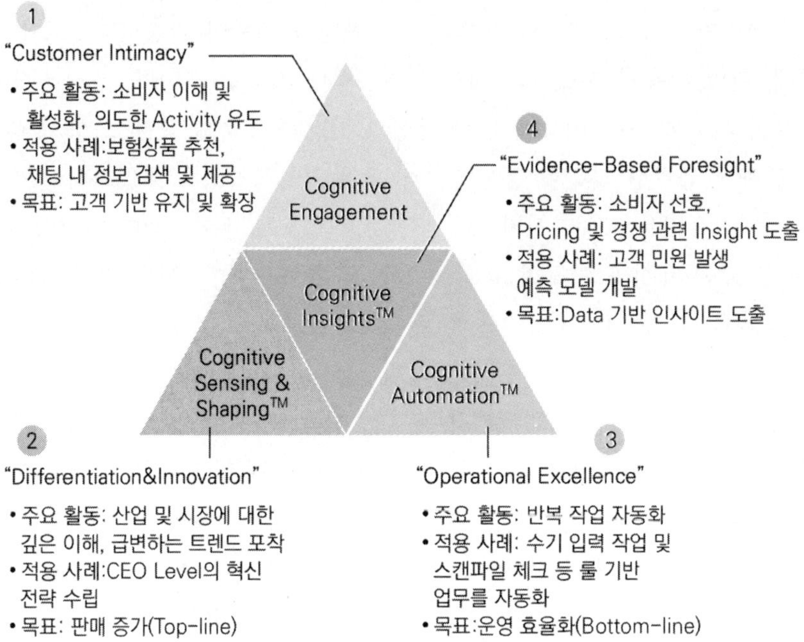
1
"Customer Intimacy"
• 주요 활동: 소비자 이해 및 활성화, 의도한 Activity 유도
• 적용 사례:보험상품 추천, 채팅 내 정보 검색 및 제공
• 목표: 고객 기반 유지 및 확장
4
"Evidence-Based Foresight"
• 주요 활동: 소비자 선호, Pricing 및 경쟁 관련 Insight 도출
• 적용 사례: 고객 민원 발생 예측 모델 개발
• 목표:Data 기반 인사이트 도출
Cognitive Engagement
Cognitive Insights™
Cognitive Sensing & Shaping™
Cognitive Automation™
2
3
"Differentiation&Innovation"
• 주요 활동: 산업 및 시장에 대한 깊은 이해, 급변하는 트렌드 포착
• 적용 사례:CEO Level의 혁신 전략 수립
• 목표: 판매 증가(Top-line)
"Operational Excellence"
• 주요 활동: 반복 작업 자동화
• 적용 사례: 수기 입력 작업 및 스캔파일 체크 등 룰 기반 업무를 자동화
• 목표:운영 효율화(Bottom-line)

자료: 박형곤(2019); Deloitte, AI의 사업적 적용 및 전개.

을 하고 있다. 원인분석은 상황, 맥락하에서 주어진 정보평가 및 분석 작업을 수행하고, 지속적 학습은 피드백 반영 등 상호 작용을 통해 결과 값 수정 및 정교화 작업을 수행한다. 이러한 맥락에서 인공지능 사업기회는 적용산업과 서비스의 종류에 있어서 현재 예상할 수 없는 수준으로 확대될 것이다. 결과적으로 <그림 6-2>에서 보듯이 ① 고객과 소통하는 관여(Engagement), ② 정보변화 감지 및 형상화(Sensing & Shaping), ③ 업무의 자동화(Automation), ④ 의사결정을 지원하는 통찰력(Insight) 등으로 분류될 수 있다.

향후 인공지능은 기술의 지속적인 발전에 따른 완성도의 향상과 적용분야의 광범위한 확산 및 이들 간 선순환에 따른 가속도의 증가가 예상된다. 이 과정에서 추가적인 사업기회도 확대될 것이다. 인공지능 기술은 기업의 비즈니스모델 전반에 혁신을 가져올 수 있다. Osterwalder and Pigneur(2011)에 따르면 비즈니스모델은 자원·활동 → 가치 제안 → 관계·채널로 구성된다. 여기서 인공지능은 각각에 영향을 미쳐 새로운 서비스를 창출하거나 비용을 절감할 수 있다. ①

IT기술이 과거에는 주로 고객 접점의 후방 지원(Back-end) 업무를 주로 대체했다면 감성분석이 가능한 인공지능은 고객과 접점(Front-end)의 업무도 대체할 수 있다. 즉, 고객과의 관계 관리 및 대응을 인간 대신에 Humanoid 로봇 및 가상 아바타가 수행할 수 있다. ② 인공지능은 개별 고객의 취향과 니즈를 예측함으로써 이를 가장 적합하게 충족시키는 맞춤 서비스를 제공할 수 있다. 과거의 고객 맞춤 서비스는 소위 VIP 고객만이 향유할 수 있는 고가의 서비스였다. 그러나 인공지능 기술을 통해 다수의 중산층 소비자도 저렴하게 개인맞춤 서비스를 이용할 수 있다. ③ 가치사슬의 후방에서 기업의 장비, 설비 등을 효율적으로 이용하게 해 줌으로써 유형자본 투자비를 절감할 수 있다. 특히, 공유경제와 결합하여 다수의 소비자가 차량, 숙박시설 등 자본재를 공유할 수 있게 함으로써 투하자본의 효율성을 극대화한다. 이처럼 인공지능이 주도하는 비즈니스모델의 변화와 혁신을 정리하면 <그림 6-3>과 같이 나타낼 수 있다(이성호 · 설라영 · 김은희, 2015).

〈그림 6-3〉 인공지능이 주도하는 비즈니스모델의 변화와 혁신

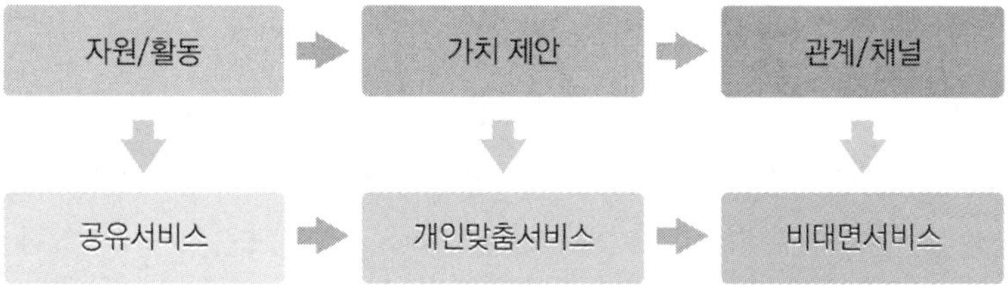

인공지능은 자연어를 활용한 자연스런 소통과 유연한 상호작용 능력을 토대로 인간의 개입 없이 편리하고 친근하게 상품을 구매하고 서비스에 몰입할 수 있도록 지원할 수 있다. 인공지능은 온라인 유통과 오프라인 유통에 모두 적용될 수 있다. 특히 Humanoid 로봇과 결합될 때 큰 파괴력을 가질 것으로 예상된다.

첫째, 비대면 서비스의 확대이다. 흔히 로봇 같다는 표현은 융통성 없이 시키는 일만 기계적으로 수행하는 행태를 말했다. 물론 산업 현장에서는 그러한 로봇이 유용하지만, 서비스 업종에서 고객이 감성이 없는 기계와 상호작용 한다는 것은 괴로운 일이다. 컴퓨터는 스스로 감정을 느끼지는 못하지만, 인공지능 기

술을 적용하면 고객에게 감성적 응대가 가능해진다. 똑똑하지만 냉정한 사람보다 덜 똑똑해도 마음이 따뜻한 사람과 사귀기를 선호하듯이 고객은 단순히 스마트한 기술을 넘어 친근하고 다정한 서비스를 더욱 선호한다(이성호, 2016).

〈그림 6-4〉 자율적 온도조절 시스템

둘째, 예측기반의 개인맞춤 서비스이다. 과거에는 개인 맞춤 서비스를 제공하기 위해 고객에게 세부적인 사항들에 대한 선호도 및 취향을 일일이 직접 질문해야 했다. 이는 사용자를 매우 성가시게 만들 뿐 아니라 많은 사용자는 자신의 선호를 명확히 정의하는 데 어려움을 느낀다. 더욱이 자신이 의식적으로 생각한 선호가 무의식적으로 행하는 실제 행태와 불일치하는 경우가 많다. 인공지능은 사용자에게 본인의 선호를 명확히 정의해 주기를 요구하는 대신에 사용자의 행태를 지속적으로 관찰하면서 실제 선호를 파악한다. Google이 32억 달러라는 거액에 인수해 유명해진 기업 네스트(Nest)는 <그림 6-4>처럼 스스로 학습하는 온도조절시스템2을 구축, 운영하고 있다. 자율적 온도조절시스템은 가족구성원들이 각각의 방에서 일하거나 자거나 외출하는 등 다양한 상황에 따라 어떻게 온도를 조절하는지를 스스로 학습하여 구성원 각각의 생활 패턴과 선호에 부합하게 자동으로 온도를 조절한다. 기업의 구매이력 데이터, GPS의 위치데이터, SNS의 관계데이터 등 다양한 데이터들이 결합되면서 다양한 산업부문에서 소비자가 원하는 서비스를 적시·적소에 제안할 수 있는 예측분석(Predictive analytics)이 가능하다. 고객반응, 구매의사결정, 고객유치 및 이탈, 제품에 대한 불만 등 다양한 데이터를 전 방위적으로 취합하고 각 개인의 취향과 요구를 예

2 https://nest.com/thermostat/meet-nest-thermostat.

측함으로써 경쟁우위를 확보할 수 있다. 가령 아마존의 예측배송(anticipatory package shipping) 기술은 소비자의 이전 구매이력, 물품검색, 위시리스트, 장바구니, 마우스 커서가 특정 아이템에 얼마나 오래 머무는지 등을 분석하여 쇼핑몰 이용자가 구매를 결정하기 전 실제 결제여부를 예측해 포장, 선적, 배송 등의 단계를 미리 시작한다.

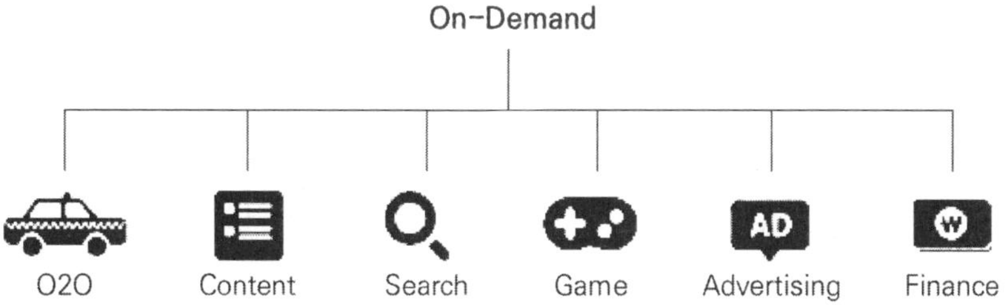

자료: brunch.co.kr/@jimmyrim/2 재구성.

셋째, 공유방식의 On-demand 서비스화이다. 2008년 금융위기 이후 적은 돈으로 서비스를 누리려는 수요자니즈와 자신의 자산 및 시간을 이용해 수익을 창출하려는 공급자요구가 서로 부합했다. 이에 스마트 폰과 소셜 미디어가 상호간 중재를 촉진하며 Uber, Zipcar, Airbnb 등의 공유경제 모델이 급성장했다. 국내의 On-demand 서비스로 스마트폰으로 택시를 호출하면 바로 오는 택시서비스(카카오택시), 음식을 주문하면 바로 배달해 주는 배달어플리케이션이며 배달 어플은 음식을 고르고 결제까지 한 번에 할 수 있게 하여 편리함과 신속함 모두 잡았다. 그리고 오전에 시킨 물건을 당일 오후에 발송해 주는 당일 배송서비스도 온디맨드의 예시다.

앞으로 자율주행기술은 차량공유서비스를 확대시키는 2차 기폭제가 될 것이다. 특히, 차량 스스로 움직여 사용자가 원하는 시간에 원하는 장소로 올 수 있다면, 굳이 한 사람이 한 차량을 배타적으로 소유하는 것보다 여러 사람이 차량을 공유하는 것이 경제성, 편의성, 공익성 측면에서 훨씬 나은 대안이 될 수 있다. 자동차뿐만 아니라 숙박시설, 자전거, 장난감 등도 사물인터넷과 인공지능을 결합함으로써 상품이 스스로의 상태를 관리하고 사용자의 이상 행동을 감지해 훼손을 예방할 수 있어 공유서비스를 촉진할 수 있다. 로봇청소기, Humanoid 로봇 등이 저렴한 가격에 널리 보급되면 주택 관리가 쉬워져 Airbnb와 같은 숙

〈그림 6-5〉 인공지능(A.I.)가 만드는 새로운 시장들

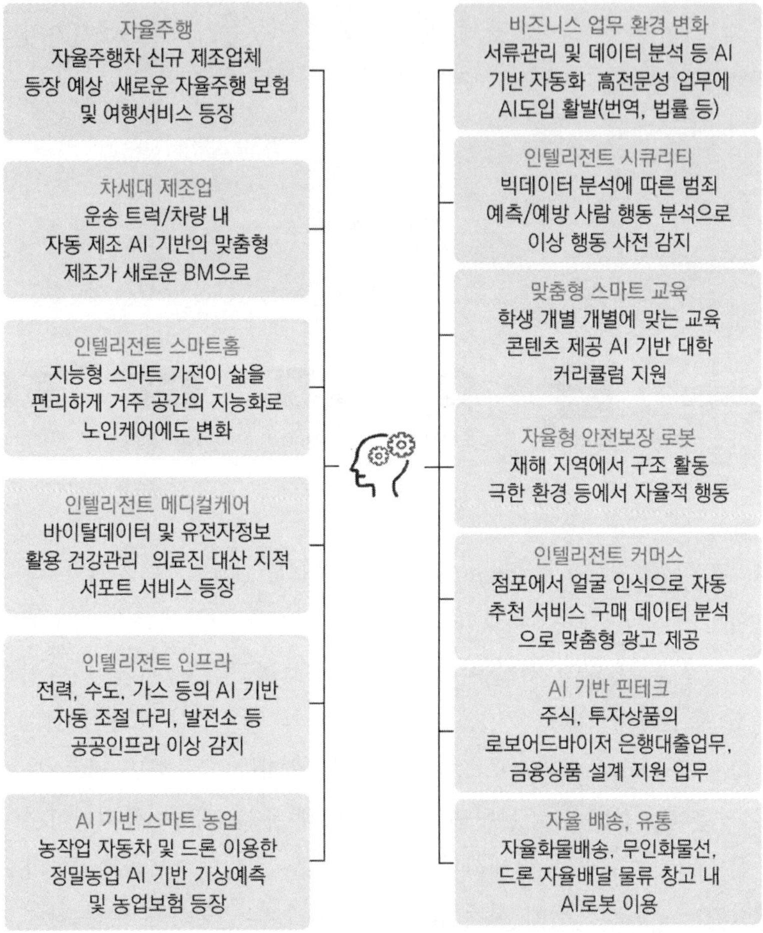

자율주행
자율주행차 신규 제조업체 등장 예상 새로운 자율주행 보험 및 여행서비스 등장
차세대 제조업
운송 트럭/차량 내 자동 제조 AI 기반의 맞춤형 제조가 새로운 BM으로
인텔리전트 스마트홈
지능형 스마트 가전이 삶을 편리하게 거주 공간의 지능화로 노인케어에도 변화
인텔리전트 메디컬케어
바이탈데이터 및 유전자정보 활용 건강관리 의료진 대산 지적 서포트 서비스 등장
인텔리전트 인프라
전력, 수도, 가스 등의 AI 기반 자동 조절 다리, 발전소 등 공공인프라 이상 감지
AI 기반 스마트 농업
농작업 자동차 및 드론 이용한 정밀농업 AI 기반 기상예측 및 농업보험 등장
비즈니스 업무 환경 변화
서류관리 및 데이터 분석 등 AI 기반 자동화 高전문성 업무에 AI도입 활발(번역, 법률 등)
인텔리전트 시큐리티
빅데이터 분석에 따른 범죄 예측/예방 사람 행동 분석으로 이상 행동 사전 감지
맞춤형 스마트 교육
학생 개별 개별에 맞는 교육 콘텐츠 제공 AI 기반 대학 커리큘럼 지원
자율형 안전보장 로봇
재해 지역에서 구조 활동 극한 환경 등에서 자율적 행동
인텔리전트 커머스
점포에서 얼굴 인식으로 자동 추천 서비스 구매 데이터 분석으로 맞춤형 광고 제공
AI 기반 핀테크
주식, 투자상품의 로보어드바이저 은행대출업무, 금융상품 설계 지원 업무
자율 배송, 유통
자율화물배송, 무인화물선, 드론 자율배달 물류 창고 내 AI로봇 이용

자료: blog.lgcns.com/1247 재구성.

박공유사업이 더욱 활성화될 수도 있다.

장차 인공지능은 다양한 산업에서 커다란 영향을 미칠 것이다. 이에 따라 <그림 6-5>에서 보듯 새로운 시장이 형성되고 있다. 자율주행을 비롯하여 제조업, 교육, 금융, 의료, 물류, 농업에 이르기까지 새로운 자율운영 시장형성을 맞이하여 기업들은 자신이 속한 산업의 비즈니스모델을 살펴보면서 그중 일부가 인공지능에 의해 대체될 때 가치사슬 전반에 어떠한 연쇄적 파급효과를 미칠지 예상해야 한다. 이러한 전망의 결과를 토대로 인공지능이 야기하는 미래의

산업구조에서 자사의 피해는 최소화하고 수혜는 극대화할 수 있도록 선제적인 대응이 요구된다.

2 성공적인 비즈니스 모델의 조건

불과 몇 년 사이에 AI는 일상적 인간 활동(공공과 민간)에 널리 퍼져왔다. 개인 활동은 현재 상황(있는 곳, 하는 일 등), 선호도와 메시지 및 제안에 대한 응답의 추론에 사용할 수 있는 연속적 흐름의 디지털 정보(데이터)를 생성한다. 기업은 데이터를 사용하여 각 개인에 대한 특정 작업을 트리거하고 각 개인의 대응방식을 학습하여 AI를 활용할 수 있다. 이른바 Data streams은 Sensor, 디지털 상호 작용 및 비즈니스 거래에서도 생성될 수 있다. 이처럼 모든 데이터로부터 가치추출의 바탕에서 기존 비즈니스를 개선하거나 새로운 비즈니스를 구축할 수 있는 인공지능기반 데이터 활용방법과 사례는 무궁무진하다.

향후 많은 기업들은 엄청난 도전과 변화에 직면할 것으로 예상된다. 이러한 변화에서 자동화가 주도하는 성장은 유일한 상수가 될 수 있다. AI 기반 자동화에서 성장이란? 연결된 기기, Social 미디어, 산업 데이터 등의 데이터로부터 더 많은 지능·지식을 얻어 비즈니스 모델을 혁신할 수 있는 가능성의 확대를 의미한다. 지난 몇 년 동안, 디지털 데이터는 놀라운 속도로 증가하였다. 여기서 ① 새로운 데이터 기반 지능·지식의 현실이 각 비즈니스에 어떻게 완전히 새로운 세상을 가져올 것인지? ② 각 시장(기존 및 부상)에 예상되는 결과는 무엇인지?에 대한 올바른 이해와 통찰이 필요하다.

인공지능기반 데이터 활용사례

- 전기, 가스 등 공공사업자는 공중사진을 분석하여 송전선에 가까운 잎사귀를 언제 가지치기해야 하는지 감지함.
- 보험회사는 딥 러닝을 사용하여 고객이 제출한 사진을 토대로 잠재적으로 부정한 청구에 대한 플래그를 지정함.
- 항공기 제조업체는 Sensor 데이터를 기반으로 구성 부품의 고장을 예측함.
- 통신회사 및 금융기관은 고객행동에 영향을 미쳐 고비용의 콜 센터에서 디지털 셀프 서비스로 고객 요청을 전환함.
- 자산 관리자들은 소매 고객들에게 재정적 조언을 제공하는 robo-advisors를 구축함.
- 신용카드 회사는 다른 데이터 소스(예 소셜 미디어 프로필)를 기반으로 애플리케이션을 승인함.

흔히 '쓰레기를 넣으면, 쓰레기를 배출한다.'는 격언은 AI에서 기본 원칙이다. 제대로 학습하거나 추론하려면 데이터의 양적 및 질적 기준을 충족해야 한다. 하지만 불행하게 대부분 데이터는 이러한 표준을 충족하지 못한다. 그래서 AI 연구자와 데이터 과학자는 높은 품질을 보장하기 위해 데이터 사전처리에 80% 이상의 시간을 사용할 수 밖에 없다. 데이터 품질문제를 해결하기 위해 선도적인 AI 신생 기업들은 데이터 사전처리를 자동화하는 도구를 개발해왔다. 가령 Paxata와 Trifacta는 데이터품질의 보장을 위해 Cloud기반 솔루션을 개발했다.[3] Tamrand Alation은 데이터 보유 부서중심의 문제 해결을 위한 방법과 솔루션을 개발했다.[4] 데이터 양 문제도 기호 AI와 신경망 AI를 결합하여 해결하고 있다. 기호 AI는 신경망 AI만큼 많은 데이터를 필요로 하지 않기 때문에 데이터 볼륨 없이 성능보장이 가능하다. Zoubin Gahramani는 데이터 수량문제의 해결을 위해 확률론적 기계 학습 방법을 제안했다.[5] 이러한 방법은 데이터 불확실성의 해

3 Paxata. Available online: https://www.paxata.com/ (accessed on 21 March 2019).

4 The Enterprise Data Catalog|Alation. Available online: https://alation.com/ (accessed on 21 March 2019).

5 Ghahramani, Z. Probabilistic machine learning and artificial intelligence. Nature 2015, 52

결을 위해 새로운 기계 학습 패러다임을 사용하면서 다양하고 많은 문제를 다루고 있다.

〈그림 6-6〉 인공지능 기반 비즈니스 모델

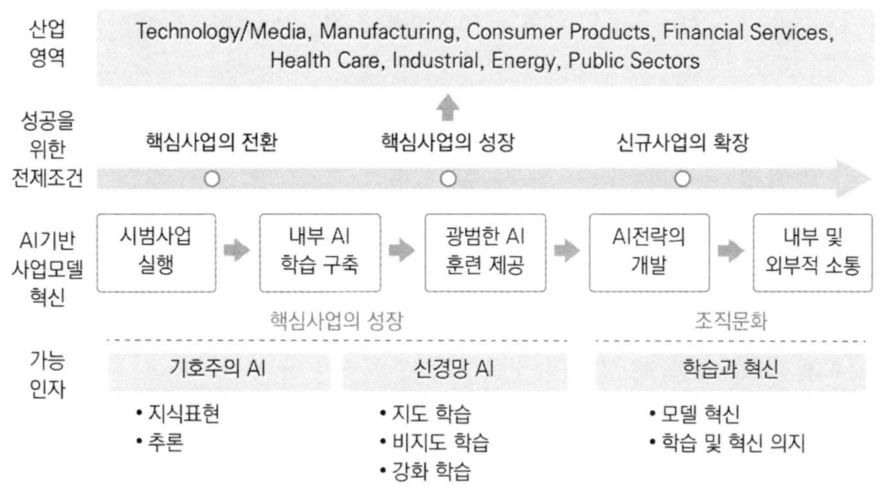

데이터와 인공지능기반에서 모색되는 비즈니스 모델은 기업경계를 아우르는 활동시스템 또는 일련의 상호의존적 활동을 나타낸다. 비즈니스모델 혁신은 기업운영 및 가치창출을 통해 기업성과를 개선한다. 앞서 살펴보았듯이 AI는 기술·미디어, 소비자제품, 금융서비스, 의료, 산업, 에너지, 공공부문 등을 포함한 산업 전반에 걸쳐 비즈니스 모델 혁신을 육성해 왔다. 가령 3,000명 이상의 기업 임원을 대상으로 한 조사에서 84%는 AI가 기업이 경쟁우위를 확보하거나 지속할 수 있도록 할 것이라고 응답했다. 75%는 AI가 새로운 사업과 벤처로의 진출을 도울 것이라고 응답했다.[6] 이런 맥락에서 AI로 사업모델을 개발하거나 혁신하기 위해 고려해야 할 사항은 무엇인가? 이러한 질문에 대해 Andrew Ng은 Google Brain과 Baidu AI에서의 경험에서 얻은 통찰력의 바탕에서 AI로 기업을

1, 452-59.[CrossRef] [PubMed].

6 HowArtificial Intelligence is Revolutionizing Business in 2017.Available online: https://www.forbes.com/sites/louiscolumbus/2017/09/10/how-artificial-intelligence-is-revolutionizing-business-in-2017/#11ba98b15463(accessed on 3 May 2019).

변화시키기 위한 <AI playbook>을 제시하였다.[7] 특히, AI 기반 사업모델의 혁신을 위해서 <그림 6-6>과 같이 보듯 다섯 가지 단계로 요약될 수 있다.

첫째, Momentum 확보를 위한 Pilot(시범) 프로젝트의 실행이다. AI 활용초기에 기업은 비즈니스 모델 혁신을 향한 momentum 구축을 위해 Pilot프로젝트의 성공경험이 필요하다. 소규모의 성공적 시범 프로젝트를 통해 직원들은 AI 기술에 익숙해질 수 있다. 물론 직원들에게 일자리 상실에 대한 우려를 불식시켜야 AI 사용에 대한 열정을 불러일으킬 수 있다. 많은 회사들이 기술적 목표를 쉽게 달성하기 어렵다는 AI 증후군에 젖어있다. 그러므로 기업이 기술적으로 쉽게 달성할 수 있는 실현 가능한 소규모 프로젝트에 집중해야 한다. 특히, AI 채택을 위해 다음 사항이 관리되어야 한다. 모든 직원이 이해할 수 있는 언어로 시범 프로젝트 실행의 이유와 방법을 설명하는 정보를 제공해야 한다(Palmer, Dunford, Buchanan, 2016). 더구나 프로젝트 팀의 설계 시 AI 전문가는 물론 인적자원관리자, 마케팅 또는 Social 미디어 전문가와 같은 도메인 전문가 또는 운영에 정통한 직원들이 함께 참여해야 한다. 특히, 도메인 전문가의 지식은 기호주의 AI에 매우 필수적이고 신경 AI 전문가들에게 다양한 관점을 제공할 수 있다.

둘째, 사내 AI 팀을 구축해야 한다. Andrew Ng은 프로젝트의 효과적 실행을 위해 사내 AI 팀의 구성을 권고했다. 기업이 차별적 경쟁우위를 구축하거나 고객 사용기록과 같은 기밀 데이터를 보유하려는 경우, 자연스러운 현상이다. 중소기업 또는 신생 기업은 필요한 AI 연구원과 데이터 과학자를 고용할 여유가 없으므로 대안적 전략을 고려해야 한다. 즉 필요한 전문지식을 얻기 위해 AI를 아웃소싱하거나 AI회사와 합작회사설립 등을 고려할 수 있다. 다만, 외부전문가를 활용하는 경우는 경쟁사들이 회사내부 활동에 접근하지 못하도록 세심한 관리가 필요하다.

셋째, 광범위한 AI 교육의 제공이다. 대부분 회사들은 AI 연구원과 전문가가 충분하지 않다. 게다가 AI 분야의 인력부족으로 고용하기도 어렵다. 성공적인 AI 전환을 위해 직원 개개인의 역할에 맞는 교육이 필요하다. ① 관리자 및 실행자는 AI가 기업을 위해 무엇을 할 수 있는지, AI 전략의 개발 및 적절한 리소

7 Ng, Y. AI Transformation Playbook. 2018. Available online: https://landing.ai/ai-transformation-playbook/(accessed on 3 May 2019).

스 할당과 결정방법을 알고 있어야 한다. ② AI 프로젝트 팀 리더는 AI 프로젝트의 방향 설정, 자원 배분, 진행 상황 모니터링 및 추적 방법을 학습해야 한다. ③ AI 엔지니어는 데이터 수집, AI 모델 교육, 특정 AI 프로젝트 전달 방법을 익혀야 한다. Andrew Ng은 비즈니스 경영진 및 AI 연구원에 이르기까지 디지털 콘텐츠기반 교육을 제안했다. 가령 MOOCs의 경우처럼 디지털 콘텐츠는 상대적으로 저렴하며 보다 개인화된 경험을 제공하여 중소기업에도 적용할 수 있다. 기업들은 AI 교육을 위해 추가 콘텐츠를 개발하는 것이 AI 연구원 부족 문제를 해결할 뿐만 아니라 지속적인 AI 비즈니스 모델 혁신을 촉진시킬 수 있다.

〈그림 6-7〉 AI전략의 핵심

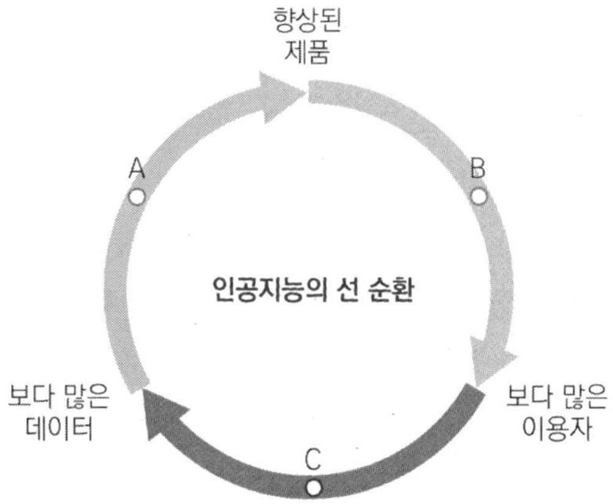

자료: Jaehun Lee, Taewon Suh, Daniel Roy and Melissa Baucus(2019).

넷째, AI전략을 개발해야 한다. AI전략의 핵심은 <그림 6-7>에서 보듯이 AI의 선순환을 만드는 것이다(Jaehun, Taewon, Daniel Roy and Melissa Baucus, 2019). 가령 Google은 엄청난 데이터를 보유하고 있으므로 정확한 검색엔진(제품 A)를 만들 수 있다. 동 제품을 통해 Google은 보다 많은 사용자(B)를 확보할 수 있다. 그리고 Google(C)은 더 많은 데이터 생성이 가능하다. AI의 핵심 요소는 좋은 품질과 충분한 양의 데이터를 갖는 것이다. 기업들은 종종 적절한 데이터 없이 AI를 처리하려고 시도한다. 이는 흐르는 모래사장(quicksand)에 궁전을 짓는 것과 같다. 데이터 수집 및 데이터 기반구조는 비즈니스 모델의 혁신을 위한 필수요소다.

여기서 Lean startup 접근은(Ries, 2011)과 기업으로 하여금 고객에게 사용할 수 있는 최소 실행 가능한 제품을 개발하도록 장려한다. 또한 어떤 디자인과 기능이 가장 실행 가능한지 테스트하기 위해 데이터를 수집해야 한다. 이러한 선순환은 혁신적 비즈니스 모델구축에 필수적이다. 새로운 벤처 startup을 포함한 다양한 상황에서 사용될 수 있다. 선순환 구조를 갖추기 위해 기업은 우수한 플랫폼(또는 새로운 비즈니스 모델)의 구축이 중요한 과제라는 사실을 인식해야 한다.

다섯째, 내부 및 외부의 소통을 촉진해야 한다. 이해 관계자들에게 AI가 비즈니스 모델을 어떻게 변화시키고 있는지, 그리고 어떤 결과를 가져올지 알려줄 필요가 있다. 고객 및 직원 데이터와 Privacy 보호는 기업의 주요 관심사항이 되었다. 기업의 행동과 결정이 법률, 규정 및 윤리적 표준을 준수하는지, 그리고 데이터의 처리와 결정에서 AI 사용은 다양한 쟁점과 문제를 야기하고 있다. AI를 통해 개발된 비즈니스모델 혁신은 주주들에게 회사의 가치를 높이고 고객에게 가치창출의 기회를 제공한다. 하지만 아직까지 AI는 잘 이해되지 않는데다 AI 기술이 매우 빠르게 변화하기 때문에 기업은 모든 이해 관계자에게 AI의 사용방법과 이점, AI의 잠재적 단점 또는 한계를 인식시키기 위해 교육해야 한다.

한편, AI를 적용하든 그렇지 않든 어떤 종류의 변혁을 추구할 때 비전과 전략이 필요하다. 특히, 인공지능기반 비즈니스를 추진하기 위해 AI for People and Business(AIPB) Framework라는 프레임워크가 참고할 만하다. 즉 사람과 기업 모두 AI의 이점에 초점을 맞추어야 한다. 보다 나은 인간 경험과 사업 성공을 위한 AI 솔루션 창출에 초점을 두어야 한다. 동 프레임워크는 실제 전략, 접근 방식 및 기법을 공식화 한다.[8] AIPB 프레임워크는 AI 이니셔티브를 추진하기 위한 End to End 프레임워크다. 평가수행부터 비전과 전략 개발, AI 솔루션 구축, 제공, 최적화까지 프로세스의 모든 단계를 설명한다.

AIPB 프레임워크는 다음 <그림 6-8>에서 보듯 몇 가지 요소로 구성된다. ① 목표(북극성): 보다 나은 고객경험과 사업성공으로 정의할 수 있다. ② 편익: 프레임워크의 가치제안으로 구체적으로 설정되어야 한다. 통일되고 총체적이며 설명 가능하고 과학적이어야 한다. ③ 구성요소: AIPB Framework는 전문가, 평

8 https://www.innoarchitech.com/blog/applied-artificial-intelligence-ai-transformation-aipb -framework.

가, 방법론 및 산출물의 네 가지 요소를 특징으로 한다. 각각에 다양한 하위 구성 요소가 포함되어 있다.

〈그림 6-8〉 AI fore People and Business(AIPB) Framework

North Star		People and Business-Better Human Experiences and Business Success
Components	Experts	Managers, Designers, Builders, Testers, Scientists
	Assessment	Readiness, Maturity, Considerations
	Methodology	Assess, Vision, Strategy, Build, Deliver, Optimize
	Outputs	Assessment Strategy, Vision Statement, Solution Strategy / Prioritized Roadmap, Testable Solution, POC,MVP,Pilot / Analytics, Optimizations

자료: Alex Castrounis.

여기서 기업은 전략, 데이터, 기술, 인력, 프로세스를 핵심에 가깝게 유지하고 통제할 때 AI의 성과를 얻을 수 있다. AI에 전념하는 기업은 그 업무의 외주를 거부한다. 이러한 조직은 제품 및 서비스 설계에서 보다 나은 성과를 얻을 수 있을 뿐만 아니라 재무지표에서 가장 높은 ROI를 차지하고 있다. 하지만 실제로 AI 프로젝트의 다수(4건 중 1건)가 실패한다. 그런데 사내 AI 기반구조를 구축한 기업은 실패확률이 낮은 것으로 나타났다.

또한 AI 플랫폼은 가장 효율적이며 가장 빠르고 가장 최신의 AI 서비스를 구현할 수 있어야 한다. 다음 <그림 6-9>에서 보듯 AI 플랫폼은 AI서비스를 가능하게 하는 여러 기술 요소를 한 곳에 통합한 뒤 이를 다양하게 조합하여 각 산업 영역에 적용할 수 있도록 구성된 것이다. 전 세계 AI 기업들이 가장 집중하는 영역이다.

〈그림 6-9〉 AI 플랫폼으로 가능한 기술 요소들

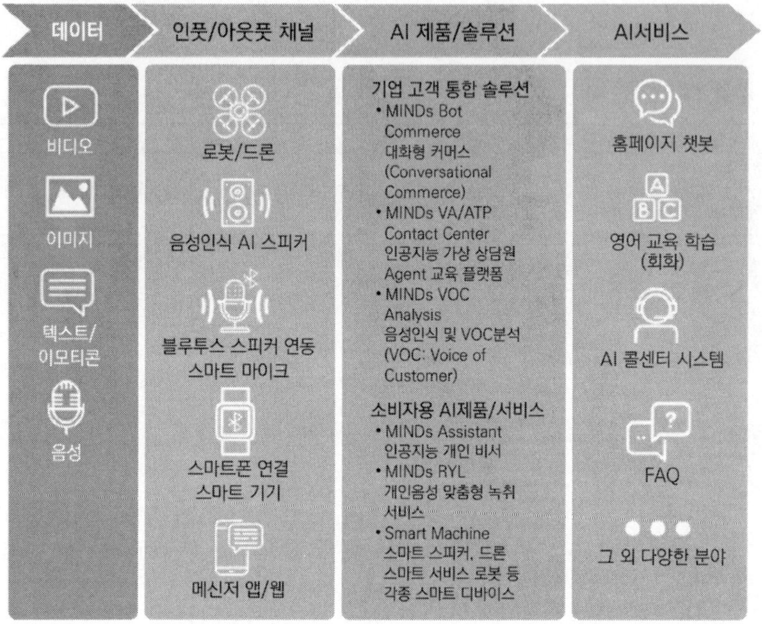

자료: sti.kostat.go.kr/window/2017b/html/2017_win_8.html.

플랫폼에서 확장되는 수많은 서비스라는 목적 아래 AI 서비스를 총체적으로 제공하는 AI 플랫폼 개발에 힘써야 한다. 또한 <그림 6-9>에서 보듯 사람의 음성을 인식해 텍스트로 변환하거나(STT, Speech to Text) 텍스트를 다시 음성으로 변환하는 기술(TTS, Text to Speech), 언어를 이해하는 기술(Natural Language Understanding), 질의응답과 대화를 처리하는 기술 등이 대표적인 AI 엔진이다. AI 엔진들을 토대로 어떻게 모듈을 구성하느냐에 따라 AI 스피커, 챗봇, AI 가상 비서 등의 서비스를 구현할 수 있다.

기업들은 좁은 인공지능 애플리케이션을 훨씬 넘어 진화하는 AI 기반 자동화 생태계가 어떤 의미를 갖고 있는지 이해해야 한다. 데이터, 정보, 지식 간의 관계가 복잡하고 향후 예상되는 AI 주도 자동화 변화의 힘과 속도는 각각의 비즈니스 과제와 수익성 기회를 제시할 것이다. 이에 따라 AI가 글로벌 비즈니스 세력과 힘의 역학관계에서 변화가 야기될 것이다.

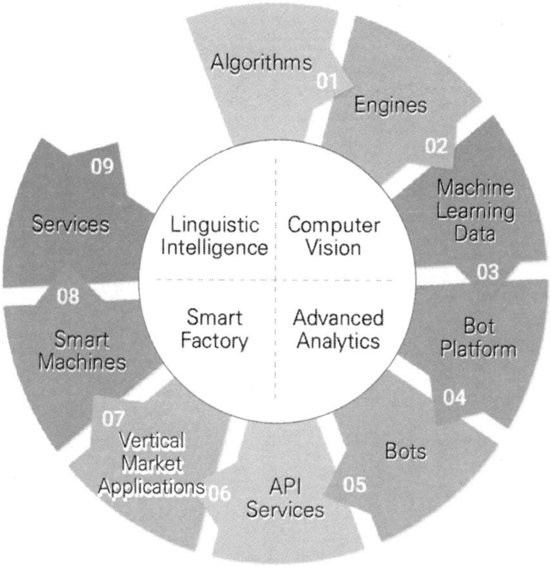

자료: sti.kostat.go.kr/window/2017b/html/2017_win_8.html.

최근 수많은 AI Startup이 등장했다. 하지만 대부분 사라지거나 어려움에 처해있다. 구글 DeepMind 조차 적자에 시달리는 것으로 알려졌다. AI를 개발하면서 인간을 닮은 방식으로만 추진한 것이 문제로 지적된다. 또한 자사의 Product가 아닌 타사 Project로 사업을 진행한 것이 문제로 꼽힌다. 타사 Project의 진행보다 자사 Product 개발에 집중하는 것이 인공지능 Startup 비즈니스모델 구축의 핵심이다. 가령 Riiid는 AI 기반 교육서비스를 제공하는 EduTech기업으로 <산타토익>을 운영한다. 산타토익은 AI를 활용해 사용자별 최적화한 토익학습방식을 제시한다. 틀릴 만한 문제를 추천하고 난이도별 풀어야 할 문제를 제시한다. 취업에 꼭 필요한 토익점수를 높여주기에 시장 반응도가 높다. 이런 특징을 바탕으로 Riiid는 200억 펀딩을 받았다. 가입자도 100만 명을 돌파했다. 향후 토익문제뿐 아니라 수학 등 다수 분야 객관식 문제에도 적용 가능하다. 글로벌 진출에도 장벽이 없는 이유다. 기업은 인간과 닮은 AI를 만들려고 한다. 하지만 AI는 사람을 닮기보다 사람이 합리적으로 사고하고 행동하도록 돕는 방향으로 나아가야 한다.

또한 Sendbird는 PC나 모바일에서 메시지나 대화를 주고받을 수 있도록 채팅 플랫폼을 제공하는 업체다. 플루언티는 한국에서 처음으로 대화형 챗봇을 선보인 AI Startup이다. 아직 챗봇과 AI 스피커가 인간과 완벽히 대화하지 못하지만 1인 가구나 노인 등에게는 가벼운 대화만으로도 도움이 될 수 있다. 완벽한 기술이 아니더라도 현재 도입 가능한 영역에서 사업을 진행한다면 성공할 수 있다(이경전 · 황보유정, 2017).

이처럼 AI혁신을 위해 먼저 그 속성과 가능성부터 정확하게 이해해야 한다. 그러기 위해서 문제 인식과 정의가 선행되어야 한다. 중요한 것은 AI 기능에 대한 지식을 갖춘 상태에서 문제를 바라보아야 한다. 보다 정확하게 현장근무자의 마음과 개발자의 눈이 결합되어 문제를 통찰해야 한다. AI혁신은 일선 현장에서 서비스제공자의 감성과 인공지능지식을 갖춘 개발자의 시각이 융합되어야 AI의 가능성과 기회를 찾을 수 있다. 이와 관련한 Check List를 아래와 같이 예시할 수 있다.

AI의 가능성과 기회를 찾는 Check List

- AI 기술로 아무도 시도하지 못한 어떤 기능을 만들어낼 수 있을까?
- AI 기술로 할 수 있는 일과 할 수 없는 일은 무엇인가?
- AI 기술을 새롭게 적용해 볼 만한 영역은 어디인가?
- AI 기술이 사용자에게 어떠한 가치를 제공할 수 있을까?
- AI가 아니면 해결할 수 없는 문제는 어떤 것들인가?
- AI가 창출할 수 있는 새로운 시장은 무엇인가?

문제의 정확한 인식과 진단, 정의가 AI 비즈니스모델 혁신의 첫걸음이다. 문제를 파악하였다면 인공지능의 어떠한 기능을 특화할지, 어떠한 기회를 획득할지에 대한 방향성이 생긴다. 문제를 정의하려면 먼저 사용자를 정확히 파악해야 한다. 사용자가 누구냐에 따라 문제가 달라지기 때문이다. 사용자에게 해결이 필요한 문제를 문장으로 기술할 수 있어야 한다. 회사가 왜 이러한 문제를 해결해야 하는지 명분을 따져야 한다. 이와 함께 문제해결에 있어서 내 · 외부 제약을 따져보고 문제해결로 얻는 이점을 명확히 확인할 수 있어야 한다(정두희, 2020).

자료: 정두희(2020), 〈한 권으로 끝내는 인공지능(AI) 비즈니스 모델〉.

이후 사용자에게 어떤 가치를 제공할지 고민해야 한다. 기술적 가치, 기능적 가치, 경험적 가치로 이어지는 가치경로를 이해하고 경험적 가치의 창출을 위한 전략부터 세워야 한다. 이러한 과정을 추진하기 위해 AI 역량을 갖춰야 한다. 내부에서 갖춰야 할 역량과 외부에서 끌어올 역량을 구분하고 창출되는 경제적 가치의 검증 작업이 필요하다. 마지막으로 이 모든 것을 한 장으로 정리하는 비즈니스 모델 캔버스를 그릴 수 있어야 프로세스가 완성된다.

기업의 디지털 전환은 적정 디지털 기술을 빠르게 적용하는 것을 뛰어넘어, 조직문화의 변혁(새로운 학습조직)을 전제로 기술적 변혁과 비즈니스 모델 변혁으로의 이행을 골자로 한다. 기업이 디지털 전환에 관심을 갖는 이유는 완전히 새로운 비즈니스 모델을 발굴함으로써 산업·시장을 재창조하거나 기존 제품·서비스를 대체가능한 디지털 플랫폼의 확보를 위함이다. 디지털 전환활동이 하나의 혁신활동으로서 점점 중요해지고 있다.

기업의 디지털 전환이 이행되는 과정을 사다리모델을 활용하여 정리하면 다음과 같다. 첫째, 조직·문화 변혁 단계이다. Top－Down Approach(CEO/Owner

의 전향적인 디지털비전 발표)에서 새로운 학습조직을 구축(CoE 조직구축-Center of Excellency)하며, 경쟁사 중심의 학습이 아닌, 다른 산업·시장의 혁신자와 혁신모델에 대한 연구를 시작한다.

둘째, 기술변혁 단계이다. CoE 조직을 중심으로 다른 산업·시장의 혁신모델을 연구하면서 혁신기술요소에 대한 List up이 필요하다. ① 혁신조직인 Startup과의 Open Innovation, Accelerating에 대한 참여 및 주도 ② 내부 학습역량의 배가 및 혁신조직에 대한 전략적 투자, M&A를 통한 외부역량의 내재화 ③ 여러 개의 PoC Test, Pilot Project 발의하며, 데이터 중요성의 전사적 전파, 타 계열사 및 조직 내 데이터 자산의 통합 ④ 빅 데이터 체계의 구축 등의 과정이 Bottom Up Approach(CoE 중심의 학습활동과 결과물이 위로 올라가고 보고됨)로 이루어진다.

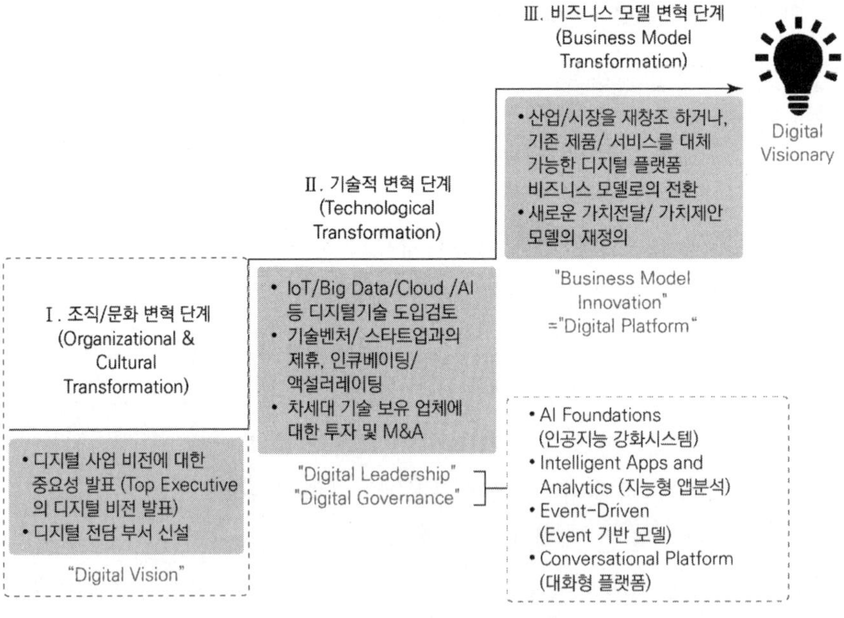

자료: 김진영(2017), 디지털 트랜스포메이션 어떻게 할 것인가?.

셋째, 비즈니스 모델의 변혁 단계이다. 빅 데이터 체계구축의 진전과 함께 여러 개의 PoC Test 및 Pilot Project 중 한 두개가 성공적으로 새로운 시장·고객으로부터 긍정적 반응을 확보한다. 전사적으로 결과물이 공유되고 변화관리위원회(또는 대기업의 경우, 지주사의 최고경영위원회 등)를 통해 전 계열사·조직에 전파한다. 또한 Top(CEO/Owner)의 전사적 자원투입 결정과 실행이 이루어지면서 데이터의 중요성을 전사적으로 공유한다. 완전히 새로운 시장·산업의 발견과 고객가치 제안이 가능한 비즈니스 모델을 구체화한다.

장차 AI가 새로운 산업을 어떻게 정의할 것인가? 사실 AI가 기존 일자리를 없애기보다 새로운 일자리를 창출할 가능성이 높다. 하지만 새로운 산업의 기초가 되는 과학을 발전시키는 데 보다 즉각적이고 지속적인 잠재력이 있다. 기술적 변혁단계에서 디지털 전환에 성공한 주요 기업의 공통점은 CoE와 함께 데이터 분석조직을 함께 두고(Chief Data Officer가 새로운 직책으로 부상), 데이터를 자산화하기 위한 노력의 일환으로 기존 정보계 시스템을 빅 데이터 시스템으로 전환해야 한다. 또한 고객접점－Omni Channel화가 필요하다. 이를 위해 Conversional Platform과 Intelligent App & Analytics 요소가 부상하고 있다. 특히, 대화형 플랫폼은 새로운 고객접점 채널로 부상(AI Speaker가 대표적)하고 Voice가 서비스·제품과 만나는 새로운 고객접점으로 작용하고 있다. 그리고 고객데이터 학습 및 모델링이 필요하다.

아울러 머신러닝 기반 체제를 구축(AI Foundations)하거나 대화형 플랫폼과 지능형 App을 통해 수집된 고객 데이터에 대한 학습과 의미 있는 결과(분류-추천-회

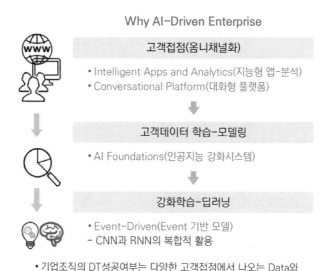

Why AI-Driven Enterprise
WWW
고객접점(옴니채널화)
• Intelligent Apps and Analytics(지능형 앱-분석)
• Conversational Platform(대화형 플랫폼)
고객데이터 학습-모델링
• AI Foundations(인공지능 강화시스템)
강화학습-딥러닝
• Event-Driven(Event 기반 모델)
- CNN과 RNN의 복합적 활용
• 기업조직의 DT성공여부는 다양한 고객접점에서 나오는 Data와 기업내부의 Data를 학습하여 의미 있는 결과물을 만들어낼 수 있느냐, 없느냐의 Game임

자료: 김진영(2018), Why AI-Driven Enterprise.

귀-랭킹 등) 추출을 위한 모델링이 이루어진다. 기존 정보시스템의 빅 데이터 시스템으로의 전환(데이터 수집)저장)분석에 대한 새로운 시각견지)이 이루어져야 한다. 여기서 Chief Data Officer의 영입과 데이터 분석조직 강화(기존 학습조직인 CoE와 Collaboration, 비즈니스 분석가와 데이터 분석가 양성)가 필요하다. 또한 이벤트 중심조직 체계가 구축되어야 한다. 데이터의 100% 자산화와 함께 강화학습(딥 러닝)을 위한 많은 량의 의미 있는 데이터 수집체계를 구축해야 한다. 고객이 어떤 채널에 있건 Seamless한 제품/서비스 Experience를 제공할 수 있도록 모든 고객 Event에 대응 가능한 Event-Driven Data 분석체계를 구축해야 한다. 이러한 바탕에서 고도의 추천 알고리즘 확보 및 구매 전환률을 극대화 할 수 있다. 물론 디지털전환과 인공지능기반 비즈니스 창출은 순탄한 여정이 아니다. 그러나 불가능한 일은 아니다.

Winston Churchill은 성공이 최종은 아니며 실패가 운명이 아니라고 했다. 계속해 나가는 용기가 중요하다. 인공지능 비즈니스도 그렇다. Mark Zuckerberg는 "가장 큰 위험은 위험을 감수하려하지 않는다는 점입니다. 급격히 변화하는 세계에서 실패가 보장된 유일한 전략은 위험을 감수하지 않는 것입니다."라고 말했다. 이처럼 인공지능 비즈니스 모델의 혁신도 실패를 감수해야 하는 험난한 여정이다.

3 비즈니스 모델의 성공사례

미래사회 변화 중 가장 근본적인 혁신기술은 기업의 새로운 비즈니스모델을 만드는 것이다. 1920년대는 고객이 저비용 초기제품(미끼: 무료 면도기)으로 물건을 팔면 그 제품에 익숙해져서 혹은 유혹을 받고 끝없는 리필(훅: 블레이드 리필)을 구매해야하는 "미끼와 훅" 모델이었다. 1950년대에는 맥도날드가 개척한 "Franchise Model" 혹은 월마트와 같은 "하이퍼마켓"을 확보하였다. 1990년대 인터넷이 등장하면서 비즈니스모델 재창조는 급격한 성장의 시기에 들어섰다. 2010년에는 네트워크 시간이 새로운 플랫폼을 탄생시켰다. 비트코인 및 블록체인은 기존의 "신뢰할 수 있는 제3자" 재무모델 즉 은행 등의 역할을 약화시켰으며, Crowd

Funding 및 ICO가 전통적인 funding 방식을 능가하고 있다.

2020년 이후 수십 년 동안 영향을 미칠 7개의 새로운 경제흐름과 동향이 재정의 되고 있다.[9] 오늘날 수많은 운영체제가 경쟁하고 있다. 하지만 새로운 경제흐름과 동향을 파악하여 비즈니스 모델에 활용하는 것이 중요하다. 첫째, Crowd 경제의 활성화이다. Crowd Sourcing, Crowd Funding, ICO, 레버리지 자산 및 주문형 직원, 온라인에 존재하는 수많은 전문가들이 있고, 온라인에 들어오는 수십억 명을 Networking하여 활용하는 비즈니스모델이 부상하고 있다. 여기서 사업방식의 혁신이 요구된다. 가령 Uber의 차량 및 Airbnb의 방과 같은 자산을 고려하면 회사가 빠른 속도로 확장할 수 있다. 이러한 Crowd 경제모델은 주문형 직원에 의존하기 때문에 회사는 빠르게 변화하는 환경에 적응 가능한 민첩성을 제공한다. 또한 Amazon Mechanical Turk를 지원하는 소규모 작업, 작업자부터 Kaggle의 주문형 데이터, 과학자 주문형 서비스에 이르기까지 모든 것이 가능하다. 가령 Airbnb는 한 개의 호텔 룸도 소유하지 않았지만 세계에서 가장 큰 호텔체인이 되었다. 대신 전 세계 81,000개 이상의 도시에 6백만 개가 넘는 방, 아파트 및 주택을 소유한 공유 자산(예비침실)을 활용, 즉 임대하는 비즈니스모델이다.

둘째, 무료·데이터경제의 확장이다. "미끼와 훅" 모델의 플랫폼 버전이다. 기본으로 고객에게 멋진 서비스를 무료로 제공하고 고객으로부터 수집한 데이터로 가치를 창출하는 것이다. 또한 빅 데이터 혁명에 의해 유발된 모든 개발사항도 포함되어 있어 이전과 달리 마이크로 인구통계학을 활용할 수 있다. 가령 Facebook, Google, Twitter 모델은 기숙사 방에서 탄생한 신생기업에서 출발하여 글로벌 기업으로 변신하였다. Google의 하루검색어는 1999년 50만 건에서 2004년 2억, 2011년 30억, 2020년은 55억으로 증가했다. 많은 사용자가 Google의 무료검색서비스를 귀중한 데이터 검색도구로 인식하는 한 2020년대에도 비즈니스모델은 계속될 것이다.

셋째, 스마트경제의 고도화다. 1800년대 후반, 새로운 사업에 대한 좋은 아이디어를 원하는 경우, 기존도구를 사용하면서 새로운 기술 즉 전기 공급으로 가능했다. 빨래판 대신 세탁기가 출시하여 성공했다. 2020년대에는 전기가 아닌

9 퓨처타임즈(http://www.futuretimes.co.kr) 2020년 2월 3일자.

인공지능이 제공되고 있다. 기존도구에 인공지능을 더하는 것이다. 그래서 휴대폰은 스마트 폰으로 스테레오 스피커는 스마트 스피커가 되고 자동차는 자율주행차로 변신하고 있다. 이처럼 AI를 비즈니스모델로 전환하는 기업은 Amazon에서 Salesforce에 이르기까지 다양하다. 그러나 미국 벤처캐피탈 협회(National Venture Capital Association)에 따르면 미국의 965개 AI관련기업들이 2019년 9개월 동안 135억불의 벤처캐피탈을 모금했다. 이 중 가장 높은 가치는 27억 달러에 달하는 무인식료품 배달서비스 Nuro이다. AI가 2020년대에도 대부분의 비즈니스를 계속 변화시킬 것으로 기대된다.

넷째, 순환경제의 보급이다. 쓰레기 재활용모델로서 한 종의 물질은 항상 다른 종의 생존 기초가 된다. 낭비 없는 시스템을 모방하려는 인간의 시도는 생물학적(새로운 종류의 제품 설계에 대해 이야기하는 경우) 또는 "크래들－to－크래들"(새로운 종류의 디자인에 대해 이야기하는 경우)이라고 불린다. 이 모델은 환경을 고려한 소비증가와 폐 루프시스템의 비용 이점으로 인해 널리 보급될 것이다. 가령 2013년에 설립된 Plastic Bank는 모든 사람이 폐플라스틱을 수거하여 "플라스틱 뱅크"로 가져오도록 만들어졌다. 폐플라스틱 수집가는 현금에서 WiFi시간에 이르기까지 쓰레기를 버리고 돈을 받고, 플라스틱 뱅크는 재료를 분류하여 적절한 재활용 희망기업에 판매하여 플라스틱을 재활용하도록 해 주었다.

다섯째, 자동분권화 업체의 부상이다. 블록체인과 AI가 융합된 조직에서는 직원이 없고 보스가 없다. 사전 프로그래밍 된 규칙세트는 회사의 운영방식을 결정하고 컴퓨터는 나머지를 수행한다. 예를 들면 블록체인기반 스마트계약 layer를 갖춘 자율택시는 사람 없이 유지보수를 위해 자동차수리 센터로 운전하는 것을 포함하여 24시간 7일 자체 운영될 수 있다. 가령 DAO가 등장하기 시작한 플랫폼 DAOstack은 신뢰할 수 있는 암호화 경제 인센티브 및 분산형 Governance 프로토콜을 포함하여 비즈니스성공의 도구를 제공한다. DAOstack은 외부 영향이 유일한 고객을 위한 비즈니스 창출을 목표로 한다.

여섯째, 다중세계 모델의 확장이다. 현실의 개인은 온라인 속 개인을 가지면서 다중세계 속 존재가 확산된다. 증강현실과 가상현실의 등장으로 다양한 세상이 존재한다. 업무용 Avatar와 놀이용 Avatar가 있으며 모든 버전은 새로운 비즈니스에 기회로 다가온다. 가령 2003년에 처음으로 만들어진 가상세계 Second Life는 수백만 달러의 경제를 일으켰다. 사람들은 다른 세상에서 기거할 사람들에게 디지털 Avatar를 위한 디지털 옷과 디지털하우스를 디자인하도록 비용을 지불했다. 디지털 계층에 새 계층을 추가할 때마다 해당 계층을 기반으로 한 전체 경제가 추가되면서 다중세계에서 다양한 비즈니스모델이 출현했다.

일곱째, 전환경제의 확산이다. 경험경제는 경험공유에 관한 것이다. Starbucks는 커피만 팔던 Franchise에서 제3의 장소로 이동했다. 집이나 직장이 아니라 제3의 장소가 되었다. Starbucks는 색다른 삶을 만들어 주었고, 커피 한 잔을 사는 것이 일종의 카페인 테마파크 경험이 되었다. 이러한 아이디어는 단지 경험에 대한 비용지불을 넘어 경험에 의해 인생이 변화되도록 지불하는 전환경제가 된다. 가령 모델의 초기 버전은 Burning Man과 같은 변형축제 또는 CrossFit과 같은 피트니스회사의 등장으로 이어졌다. CrossFit은 3개월간 운동한 후 회원이 된다. 소비자는 더 이상 즐거운 경험을 넘어 변화와 도전을 찾는다.

한편, 인공지능 전환시대에 대응하여 기존 기업들의 변신노력도 활발하다. SK그룹은 바이오·제약 사업 강화의 목적으로 AI 신약개발사인 Standigm에 약 100억 원을 투자했다. Standigm은 AI를 기반으로 신약개발 효율성 높이겠다는 목적으로 2015년 설립된 신약개발사다. AI 개발자, 생물학자, 의학화학자, 시스템생물학자, 변리사 등 25명의 전문가로 구성됐다. 독자적 Standigm은 항암과 비알콜성지방간, 파킨슨병 등 분야의 파이프라인을 보유했다. 또한 비알콜성지방간 관련 특허 3개를 출원, 항암제 등 연내 20개 특허를 출원할 계획이다.

롯데백화점은 매일 쌓이는 방대한 소비자구매데이터를 활용하여 소비자 분석데이터인 <디지털 AI 플랫폼>을 구축, 입점사의 디지털 전환을 돕는다. 즉 플랫폼을 통해 백화점 입점브랜드가 소비자와 직접 소통하고, 새 매출을 확보할 기회를 준다는 계산이다. 일종의 공유기반의 <디지털 AI 플랫폼>은 오프라인 매장, 공식 온라인 쇼핑몰 롯데 App에서 거래 및 상품검색 등 17개 소비자 연관 행동 데이터를 분석해 만들어 진다.

KT는 AI 컴퍼니로의 탈바꿈을 선언하고 AI 플랫폼 <GiGA Genie> 탑재단말기 수를 2025년까지 1억 개로 늘릴 계획이다. 현재의 스마트 스피커는 물론, 스마트 폰·냉장고·세탁기 등 모든 제품에 GiGA Genie를 넣는 것이다. 한국을 넘어 글로벌 시장에서 통하는 GiGA Genie를 만들겠다는 야심찬 목표를 밝혔다.

중국판 넷플릭스 iQiyi는 AI 기술을 도입해 운영 효율화를 꾀한다. 중국판 Netflix로 불리는 비디오 스트리밍 플랫폼 <iQiyi>가 비즈니스에 인공지능 기술을 도입해 수익성 극대화를 노린다. <iQiyi>는 중국 최대 검색 업체 Baidu의 계열사 중 하나다. AI 기술로 수천 시간 걸리는 작업의 소요 시간을 단 몇 시간으로 단축했다. 자막을 추가하거나 멀티미디어를 통합하는 작업 등 거의 모든 업무에 AI를 사용한다.

Sony는 AI 연구개발 전문 조직 <Sony AI>를 설립하고 모든 사업 영역에서 혁신을 일으켜 새로운 사업 창출을 도모한다. <Sony AI>는 일본과 미국에 거점을 두고 활동하며, 이미지Sensor와 게임 등 Sony가 진행하고 있는 사업 내용에 개혁을 불러일으키고, 새로운 사업을 창출하는 역할을 담당한다. Sony에 따르면 <Sony AI>의 목표는 AI를 기반으로 연구개발을 추진하고, 인류의 상상력과 창조력을 확장하는 인공지능을 만들어 내는 것이다. Sony는 새로운 AI조직을 통해 창조와 기술로 세계를 감동시킨다는 기업의 존재의의 실현에 인공지능을 적극적으로 활용하고 있다.[10]

인공지능을 활용한 비즈니스 모델의 사례[11]는 다음과 같다. 수많은 사례 중에서 인공지능을 활용한 3가지 비즈니스 모델(일본사례)이 있다. 과거의 인공지능 붐 때, 일단은 인공지능 도입이 먼저이고, 비즈니스 모델은 나중에 생각하는 경향이 강했다. 하지만 지금은 인공지능을 보다 현실적으로 생각한다. 즉 이익을

AI에 비즈니스를 허(許)하라!

자료: www.tallgrass.ai/category/data-literacy.

10 http://it.chosun.com/m/svc/article.html?contid=2019112400771.

11 https://aizine.ai/ai-business-1122/#toc6.

만들어 내는 인공지능 활용비즈니스 모델을 만들어 내는 회사가 많아지고 있다. 인공지능에 휘둘리는 것이 아니라 인공지능의 장점을 이해한 다음, 인공지능을 제대로 활용한다. 이처럼 인공지능을 제대로 활용하면 인공지능에게 일을 빼앗길 걱정이 필요 없다. 인공지능의 진화는 멈출 줄 모른다. 인공지능의 이점을 최대한 활용하면서 공존하는 미래를 만들 수 있다.

1) 인공지능 기반 〈고객예측 AI〉 98% 적중률로 10배의 이익증대

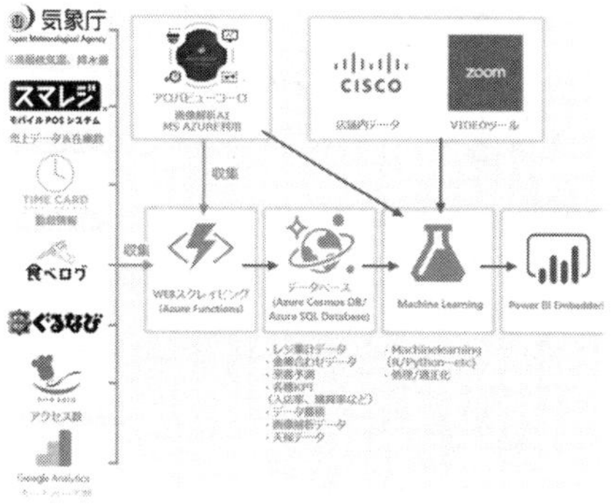

자영업을 운영하는 사람이라면 하루하루 방문 고객이 몇 명이 될까 고민한다. 재료준비, 종업원 고용 등에 관련되기 때문이다. 하지만 정확한 예측이 어렵기에 남은 재료를 버리거나 재료가 부족해 손님을 그냥 보내기도 한다. 이러한 문제를 인공지능기술로 정밀 수요예측이 가능하다. 창업한지 100년의 역사를 지닌, 미에현의 전통 일식음식점 <에비야(ゑびや)>는 오랫동안 경험과 감에만 의존하던 경영판단을, 수치를 통한 판단으로 전환하고자, 2012년에 AI(인공지능)를 본격적으로 도입하였다.

전통 일식음식점이 고안한 비즈니스 모델이다. 고객이 오는 타이밍과 그 수를 예측하는 AI가 있으면 재료 준비나 가게 운영이 더욱 효율적이 될 것이다. 처음에는 직원 모두가 Excel을 배우는 것부터 시작했다. 하지만 시행착오를 거치면서 손님데이터 및 날씨, 과거의 경영수치 등을 데이터로 활용하는 등 조금씩 단계를 밟아나갔다. 그리고 드디어 다음날의 고객 수 및 매출을 예측하는 인공지능시스템을 외부회사와 함께 개발하는 수준에 이르렀다. 동 시스템을 통해 재료를 과도하게 준비하지 않게 되어 식재료 폐기비용을 줄이고, 요리를 만드는 시간도 단축하여, 종업원 수는 그대로인데 매출은 4배, 이익은 10배나 향상되었다. 다른 업계에서도 사용할 수 있을 것이라 생각, EBILAB을 설립하여 다른 업체에 시스템을 제공하고 있다.

2) NTT DoCoMo의 대기시간을 절약하는 〈AI 택시〉[12]

https://biz.chosun.com/site/data/html_dir/2018/11/29/2018112900141.html

택시기사의 일과의 30%가 손님을 찾는 데 사용된다. 2017년에 NTT DoCoMo는 인공지능을 활용하여 택시에 타고 싶은 사람이나 택시수요가 높은 장소를 예측하여 가르쳐주는 <AI 택시>를 시작하였다. NTTDoCoMo는 자사 이동통신 가입자들의 위치 정보, 과거 택시 승차 데이터, 일기예보 등을 기계학습해 2천 500m^2 면적으로 나눈 구역별 택시 수요를 92%의 높은 정확도로 예상해낸다. 아울러 현재 운행 중인 택시들의 위치정보를 함께 파악, 30분 뒤 어디로 가면 바로 승객을 태울 수 있는지를 각 택시기사에게 차량 내 태블릿 PC를 통해 알려준다. 영화 <Minority Report>에서 범죄발생을 예상하던 것과 같은 이치다. 고객이 있을 것 같은 장소를 예측하여 움직일 수 있기 때문에 숙련되지 않은 운전자라도 효율적으로 고객을 태울 수 있다. 이로써 택시기사는 빈 차로 돌아다니는 시간을 크게 줄일 수 있고, 택시 승차를 원하는 소비자는 더 짧은 시간 안에 택시를 잡을 수 있다. NTTDoCoMo는 도쿄와 나고야에서 서비스를 시험 운영해 택시기사들의 소득이 하루 4천 500엔에서 6천 732엔으로 49%나 늘어난 것을 확인했다. 동 모델과 유사하게 서울시와 한국스마트카드는 <AI 택시시스템>을 도입하였다. 2017년 1월부터 2018년 7월까지 약 2억 건에 달하는 빅 데이터를 AI가 분석해 수요를 예측한다. 서울시를 100m×100m 단위의 존(zone)으로 구분하고, 해당 존의 택시수요를 예측한다. AI 택시시스템을 2018년 11월부터 5개사 380대 택시에 시범적으로 도입해 운영했는데 AI 예측수요와 실제 수요 간 일치 정도가 무려 97.2%에 달했다. 한편, NTTDoCoMo는 <AI 운행버스>를 고안하였다. 타고 싶을 때 탈 수 있고, 자유롭게 이동할 수 있다는 표어로 내세운 차세대 교통서비스의 핵심이다. 2019년 10월 10일부터 20일까지

12 미국 MIT의 AI 택시합승서비스 <택시풀>과 국내에서 SK텔레콤은 구역별 예상 택시 승객 및 공급 대수를 표출해 공차 시간을 줄이기 위한 서비스모델을 개발하고 있다.

요코하마 시내의 관광지인 해안지역에서 실증실험을 벌였다.

3) 사용자에게 딱 맞는 여행을 추천하는 〈마가나 짱(マカナちゃん)〉

https://www.travelvoice.jp/20181227-123508

갑자기 주말에 혼자서 해외여행을 떠나고 싶어졌다. 여행 계획은 10분이면 된다. 인공지능(AI) 비서에게 예산 등 원하는 여행 콘셉트를 알려 주니 항공권부터 호텔, 렌터카 예약에 추천 코스까지 짜주었다. 이런 모습이 일상으로 스며들고 있다. 2016년 인공지능 IBM Watson을 기반으로 시작된 하와이의 Virtual Assistant ＜マカナちゃん＞은 레스토랑이나 관광지 등 하와이의 현지 정보를 고객의 취향에 맞춰 추천한다. 또한 Twitter나 Facebook 등 SNS와도 연동된다. 사용자의 과거 업로드 내용을 바탕으로 독자적인 산출 방법을 통해 사용자의 성격을 9가지로 분류하여 성격을 판단한다. 이로 인해 단순한 FAQ에 더해 사용자 개인의 니즈에 맞는 기능을 탑재하게 되었다. 그 결과, 월간 이용자는 처음보다 2.5배가 증가하였으며 하와이 여행에 관심이 없던 사람들을 이끄는 데 성공하였다. マカナちゃん의 성공에 힘입어, 2018년 여름에는 똑같이 Watson을 사용한 괌의 Virtual Assistant ＜마이라 짱(マイラちゃん)＞도 탄생했다. 앞으로의 활약이 기대된다. 이 외에도 중국의 Ctrip의 경우 3억 명이 넘는 회원을 보유하고 있으며, 이들이 생산하는 여행 데이터는 매일 약 50TB에 달한다. Ctrip은 방대한 데이터와 AI를 접목해 개인화 맞춤형 서비스를 제공한다. 만약 쇼핑을 즐기는 고객이라면 호텔 근처의 쇼핑 장소를 추천하고, 비즈니스 클래스를 탑승하는 고객이라면 그에 걸맞은 공항 픽업 서비스를 제안한다. 또한 위치기반을 활용하는 AI서비스도 있다. 영국의 철도예약서비스인 Trainline은 승객들의 현재 위치와 방향에 따라 좌석을 찾기 쉬운 위치를 알려준다.[13]

지금까지 인공지능을 활용한 비즈니스 모델의 성공사례를 살펴보았다. 3개의

13 https://aizine.ai/ai-business-1122/#toc6.

사례 모두 확실하게 이익을 만들어 내고 있다. 사실 각 사례마다 공통점이 있다. 인공지능을 활용한 비즈니스 모델의 공통점을 알기 위해서는 먼저 각각의 사례가 AI(인공지능)의 어떤 능력을 활용한 것인지 알아야 한다. 에비야의 손님예측 AI는 데이터 분석의 바탕에서 다음 날 손님 수 등의 미래를 예측한다. NTT DoCoMo의 <AI 택시>도 데이터 분석을 통하여 몇 분 후의 미래를 예측한다. 그리고 일본항공 <마카나 짱>은 데이터 분석의 기반에서 추천을 제공한다.

이처럼 모든 사례가 인공지능이 가진 높은 데이터 분석력의 바탕에서 몇 분~며칠 후 등 가까운 미래 예측에 활용하고 있다. 이것이 바로 인공지능의 특기 분야이다. 즉 인공지능의 특기와 장점을 사용하는 것이 인공지능 활용한 비즈니스 모델을 성공으로 이끄는 필수적 요소다. 과거의 인공지능은 입력과 같은 단순 작업을 반복하거나 대량의 데이터를 순식간에 처리하는 작업에 적합했다. 하지만 딥 러닝이 활용되면서 데이터기반 예측·분석이 가능하다.

한편, 세계적으로 주목받는 인공지능 AI Startup 현황과 비즈니스 모델과 관련하여 투자규모 관점에서 선택된 주요 인공지능 스타트업들을 분류하면, 교육(Riiid, KNewton, Squirrel AI), 의료(Vuno, Butterfly Network, iCarbonX, Genoplan), 모빌리티(Drive.AI, Aurora, Code42, Pony.AI), 보안산업(Fortem Technologies, Shield AI, Vectra) 분야를 타겟으로 한 인공지능 회사가 많이 발견되었다. 또한 인공지능 컨설팅 기업(4Paradigm, Element.AI), 종합 인공지능 서비스 개발 기업(iFlytek, Yitu, Sensetime), 기계학습 자동화 및 데이터 정제 기업(H2O.AI, DataRobot, TAMR) 등으로 분류될 수 있다. 기술적으로는 영상인식 기술을 기반으로 하는 회사가 많았으며(Face++ 등), B2C회사(Bytedance 등) 보다는 B2B 회사(Pixellot 등)가 많았다. 불완전한 기술에 기반한 회사보다 검증된 기술에 의해 정확히 시장에 접근하고 고객을 만족시키는 회사(Sendbird 등)가 성공적 사례를 보여주고 있다.

월드와이드웹 초기에 웹사이트를 개발해주는 종합 웹 에이전시가 각광받았다. 그러나 이제는 저부가가치 산업이 된 것처럼, 인공지능 비즈니스 모델 개발 초기에는 종합 인공지능 서비스 개발 기업이나 인공지능 컨설팅 기업이 각광받을 수 있다. 하지만, 점차 제품 및 플랫폼 비즈니스 모델을 성공적으로 개발해낸 회사가 지속가능한 성장을 보여줄 것이다. 또한 현재 세계 10대기업의 반열에 오른 3차 산업혁명 기업들은 대부분 B2C 관계를 가지는 기업들이므로, 인공지능기업들도 결국은 B2C를 기반으로 B2B를 하는 기업들이 크게 성장할 것으

로 예상된다(이경전 · 황보유정, 2019)

앞으로 인공지능의 예측분석 능력이 더욱 진화하면서 이러한 성능을 활용한 비즈니스 모델도 더욱 다양해질 것이다. 가령 본인을 대신하여 인생계획을 정해주는 인공지능이 발매되어, 한 집에 하나씩 보급될지도 모른다. 가령 "지금 사귀는 사람과 결혼하면 20년 후에 후회할 것입니다. 향후 고용상황의 변화와 본인의 건강 상태를 통해 예측했습니다. 빨리 헤어지십시오."라고 조언할 지도 모른다. 비인간적으로 느껴질 수 있다. 하지만 편리한 점은 분명하다. 이처럼 본격적으로 인공지능을 도입할 때 얻게 되는 장점과 단점은 다음과 같다.

인공지능 도입 시 장·단점

장점

- 업무효율 강화: 대량의 데이터의 분석에 유용함
- 비용절감: 사무작업 및 계산 등 규칙적 작업에 능통하며 인건비 절감에 기여
- 실수감소: 단순한 실수조차 일으키지 않을 것임

단점

- PC와 같은 단말기 및 서버 등 하드웨어가 필요함
- 데이터 수집을 위해 시간과 노력, 비용이 수반됨
- 인공지능의 개발 및 검증을 위한 노력이 요구됨

"AI산업은 이제 막 혁명의 입구에 들어섰으며 우리에게 주어진 큰 기회다."

- 손정의(손 마사요시) 소프트뱅크 회장 -

포착하라! AI 전환시대의 비즈니스 기회

AI 전환의 필요조건은 디지털 전환이다. AI 전환은 디지털 전환의 다음 단계다. 대부분의 AI 교육을 위해 디지털 데이터가 필요하며 AI 솔루션을 실행과 적용하려면 디지털 프로세스가 요구된다. AI 전환의 충분조건은 무엇일까? 인적 자원의 확보 및 활용이다. AI 전환시대에서 조직은 인적 지능을 높이고 보다 많은 가치 창출을 위해 노력해야 한다. 그래야 시장에서 경쟁우위를 확보할 수 있다. AI의 성공여부는 어떻게 실행하느냐에 달렸다. 조직은 전략개발, 올바른 사용사례 추구, 데이터 기반 구축, 강력한 실험능력 배양 등 AI 성공의 보장을 위해 광범위한 실무에서 뛰어나야 한다. AI 전환은 모든 업종에 열려 있다. 앞선 기업들은 경쟁사보다 앞서 AI 기술에 투자하고 있다. Andrew Ng에 따르면 AI 전환은 2~3년이 걸릴 수 있는 과정이지만 빠른 조직은 6~12개월 내에 수익실현이 가능하다. 바로 지금이 기회다. "비즈니스 세계에 입문하는 데 딱 좋은 시기다. 왜냐하면 비즈니스 세계는 지난 50년 동안의 변화보다 향후 5~10년간 훨씬 더 많이 변할 것이기 때문이다." Bill Gates가 그랬다.

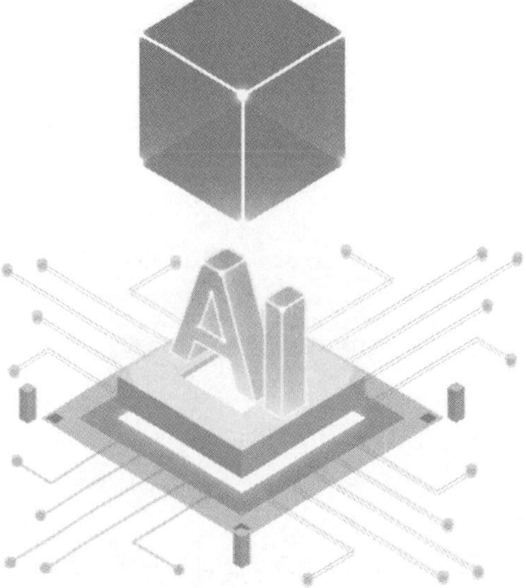

모든 직장인을 위한 인공지능(AI)

디지털 전환시대의 최종병기

CHAPTER

07

인공지능의 Pivot: 실천과 과제

1 AI 비즈니스: 디지털 Pivot

2 AI의 잠재력과 AI 전환의 장애물

3 AI 전환의 성공요소와 Check List

CHAPTER 07

인공지능의 Pivot: 실천과 과제

1 AI 비즈니스: 디지털 Pivot

이탈리아의 토리노 박물관에는 이상하게 생긴 조각품 하나가 있다. 「앞머리는 머리카락이 풍성하다. 하지만 뒤통수는 빡빡 대머리고 양팔에 커다란 날개가 달렸다. 뿐만 아니라 다리에는 터보 날개까지 달린 모습이다」. 무엇일까? 바로 제우스의 아들, Kairos라는 기회의 신의 모습이다. 그런데 조각품 아래 글귀가 쓰여 있다.

“기회란 놈은 앞에서 다가올 때 잡으면 앞머리에 머리카락이 풍성하여 쉽게 잡을 수 있지만 지나가고 난 후 뒤에서 잡으려면 대머리이기에 잡히지 않는다. 양팔의 커다란 날개도 모자라 다리에 터보날개가 달린 것은 신속히 사라지기 위함이다.”

지금도 이 기회의 신은 우리들 옆을 바람처럼 스쳐 지나가고 있다. 누구나 기회를 잡을 수 있다. 하지만 아무나 잡을 수 없는 것이 기회다. 고군분투하며 준비하는 자들에게 주어지는 Bonus와 같다.

바야흐로 인공지능 전환의 시대에 비즈니스 기회를 잡을 때이다. 하지만 누구나 기회를 잡을 수 없다. 도모하는 일이 계획대로 생각대로 되지 않을 수 있다. 그럼에도 만일 짜놓은 사업계획은 훌륭해 보인다면, 바로 결정해야 할 순간이다. 계속해야 할까? 폐점해야 할까? 뭔가 색다른 것을 시도해 볼까? 아니면 새로운 것을 시도해 볼까? 만약 새로운 길을 가기로 결정한다면… 그것이 비즈니스 pivot이다.

https://ascendbusinessadvisory.com/2019/10/31/what-is-a-pivot-know-when-its-time-to-pivot/

피봇(Pivot)이란? 사전적 의미로 '물건의 중심을 잡아주는 축'이라는 뜻이다. 주로 스포츠에서 사용하는 표현으로 농구나 핸드볼에서 한쪽 다리는 땅에 붙여 축으로 고정하고, 다른 쪽 다리는 여러 방향으로 회전하며 다음 움직임을 준비하는 동작을 의미한다.

기업가이자 컨설턴트 Eric Ries는 사업 분야에 처음 적용했다. Lean Startup(아이디어를 빠르게 최소요건 제품으로 제조한 뒤, 시장반응을 보고 다음 제품개선에 반영하는 전략)에서 유래한 용어로서 "제품, 전략, 성장 엔진에 대한 새롭고 근본적인 가설을 테스트하기 위해 경로를 구조적으로 수정하는 것"이다. 간단히 말해 사업방향의 전환을 의미한다. 단순히 이전과 다른 서비스를 제공하는 것이 아닌 경쟁사, 시장반응과 같이 축적해 온 데이터에 근거한 새로운 방향으로의 전환이다.

그렇다면, 언제, 어떻게 Pivot할 것인가? Pivot은 보통 Startup과 밀접하게 관련된다. Startup은 1, 2년 동안 시장을 시험하면서 조정하고 숫자를 분석하며 올바른 길을 찾아야 한다. 때때로 그 경로가 잘못되었다면 기업은 새로운 방향 즉, pivot을 실행해야 한다. 물론 기존 기업에서 일어날 수도 있다. 시장이 변하거나 기술이 바뀌고 새로운 경쟁자들이 나타날 때 Pivot이 필요한 상황이다.

Pivot은 기업이 전체 전략에서 의미 있고 의도적 전환이 필요할 때 실행한다. 가령 타이프라이터를 만드는 것에서 컴퓨터를 넘어 비즈니스 서비스(IBM)로, 또는 데스크 탑 컴퓨터에서 스마트폰(Apple)으로 갈 수도 있다. 이처럼 새로운 사업의 추진에 수반되는 큰 결정이다.

Pivot이 요구되는 신호는 다음과 같이 분명하다. ① 시장변화: 시장 변화는 산업적(석탄에서 태양에너지로)이거나 신세대(Millenial세대)의 취향일 수도 있다. ② 사기저하: 구성원이 기진맥진하거나 무관심한 경우, 잘못된 방향을 벗어날 필요성을 제시하는 신호일 수도 있다. ③ 더 이상 열광하지 않는 팬: 고객들이 제품이나 서비스에 대한 열정이나 충성심을 새로운 변화가 필요하다. ④ 고객이탈: 제품 반품이나 고객동요 등으로 고객만족에 초점을 맞추어야 하는 상황이라면 새로운 길을 모색한다. ⑤ 수익감소: 가장 분명한 징후는 수익이나 성장 부족이다. ⑥기술의 변화: 시장이 새로운 기술로 바뀌고 있거나 새로운 기술로 변화하는 상황 등에서 pivot이 요구된다.

Pivot전환 노력에서 우선순위를 정하려면 먼저 Infra 및 인재와 같은 자산에 초점을 맞춘 기초적 pivot에 역점을 두어야 한다. 이어 비즈니스 기능에 광범위한 pivot을 적용하여 해당 기능의 체계적이고 광범한 전환을 도모한다. 가령 백오피스 운영기능의 혁신에 집중하는 것은 덜 위험하다. 하지만 고객 대면기능에 집중하는 것이 시장에 신속한 영향을 미칠 수 있다. 디지털 전환에 필요한 디지털 pivot은 성숙한 조직에서 강한 리더십과 디지털 마인드와 같은 Soft한 요인의 존재에 의해 차별화된다. 일반적으로 고성숙조직의 디지털 전환노력은 저성숙조직의 디지털 전환 노력에 비해 효과가 크다. 또한 높은 수준의 디지털 성숙도는 평균 이상의 재무성과와 상관관계가 있다. 특히, 성숙도가 높은 조직은 낮은 조직보다 거의 3배 이상 높은 순 이익률과 연간 매출 증가율을 보여줄 수 있다.[1]

오늘날 디지털 전환이 조직의 최우선 과제로 부상하고 있다. 미국과 유럽의 비즈니스 및 기술부문 의사결정자들의 4분의 3이 디지털 이니셔티브에 착수한 것으로 나타났다. 많은 조직들이 디지털 전환프로그램의 실행을 가시적 효과로 전환하기 위해 고군분투한다. 하지만 디지털 전환이 반드시 이익창출로 연결되는 것은 아니다. 디지털 전환의 의미와 전략에 대한 의견도 분분하다. 디지털 전환은 디지털 기업으로 탈바꿈하는 것이다. 즉, 데이터와 인공지능기술을 비즈니스 모델의 모든 측면에서 제공하며 고객과의 상호 작용, 그리고 운영방식을 지속적으로 발전시키는 조직이다. 즉 디지털 기업을 향한 노력으로서 디지털 Pivot을 위해 광범위한 자산과 기능의 개발이 필요하다. 또한 디지털 Pivot은 <표 7-1>에서 보듯 유연하고 안전한 인프라, 데이터 숙달, 조화로운 환경생태시스템 지능적 업무흐름, 비즈니스모델의 적응성 등 디지털 성숙을 향한 조직의 진전을 추동한다.

디지털 전환을 위해 종합적이고 일치된 노력이 필요하다. 조직의 어디선가 시작해야 한다. 첫째, 모든 Pivot이 중요하지만 기초적이며 기반구조의 Pivot이 중

1 https://www2.deloitte.com/uk/en/insights/focus/digital-maturity/digital-maturity-pivot-model.html.

▼ 〈표 7-1〉 Seven Digital Pivot Propels an organization's Progress toward Digital Maturity

Digital pivot	Description
Flexible, secure infrastructure	Implementing technology infrastructure that balances security and privacy needs with the ability to flex capacity according to business demand.
Data mastery	Aggregating, activating, and monetizing siloed, underutilized data by embedding it into products, services, and operations to increase efficiency, revenue growth, and customer engagement.
Digitally savvy, open talent networks	Retooling training programs to focus on digital competencies, and staffing teams through flexible, contingent talent models to rapidly access in-demand skill sets and flex the organization's workforce based on business need.
Ecosystem engagement	Working with external business partners including R&D organizations, technology incubators, and startup companies to gain access to resources such as technology, intellectual property, or people to increase the organization's ability to improve, innovate, and grow.
Intelligent workflows	Implementing and continuously recalibrating processes that make the most of both human and technological capabilities to consistently produce positive outcomes and free up resources for higher-value actions.
Unified customer experience	Delivering a seamless customer experience built around a 360-degree view of the customer that is shared companywide so that customers experience coordinated digital and human interactions that are useful, enjoyable, and efficient in immersive, engaging environments.
Business model adaptability	Expanding the organization's array of business models and revenue streams by optimizing each offering to adapt to changing market conditions and augment revenue and profitability.

https://www2.deloitte.com/us/en/insights/focus/digital-maturity/digital-maturity-pivot-model.html

요하다. 다른 Pivot을 보다 효과적으로 실행할 수 있게 한다. 또한 모든 비즈니스 기능에 걸쳐 광범위한 적용의 기반이 된다. 이를 위해 유연하고 안전한 기반구조에의 조기 투자가 요구된다. 유연하고 안전한 인프라 Pivot은 비즈니스 요구에 따라 용량을 유연하게 조정하고 민첩성을 갖춘 새로운 기능을 개발하는 능력과 보안 및 개인정보 요구의 균형을 맞추는 기술기반 구현이 포함된다. 여기에 Cloud 기반구조 채택, 신속한 변화를 위한 DevOps 방법론 채택, 기술플랫폼 개발 및 사용, 그리고 사이버보안 전략 구현 등이 수반된다. 가령 Cloud 기반구조 구현은 가시적 영향을 미치고 있다. 가령 기업이 보다 나은 고객경험의 제공, 새로운 제품의 출시기간 단축, 비용절감 등을 구현할 수 있다. 또한 IT기능은 조직 전반에 걸친 채택의 목표를 가지고 수행해야 한다.

플랫폼은 제품구축이나 서비스제공이 용이하도록 함께 작동할 수 있는 디지털자산과 기능의 재사용 가능한 모음이다. 그러나 Uber나 Airbnb처럼 플랫폼이나 플랫폼기반 비즈니스에서의 플랫폼을 의미하지 않는다. 플랫폼비즈니스 모델은 매력적이지만 모든 기업에 적합하지 않다. 디지털 전환을 위해 반드시 요구되는 필요조건은 아니다. 기초가 정비되면 기능에 초점을 맞추어야 한다. 기초적

Pivot이 작용하는 가운데, 종합적 디지털 전환을 위해 단일 사업기능을 선택하여 진행한다. 디지털 Pivot을 보완하면서 시스템적 기능전환이 요구된다. 시스템적 기능 전환의 예로서 재무기능을 고려할 수 있다. 디지털적으로 성숙한 재무 기능은 트랜잭션 프로세스(지능형 워크플로우)를 자동화하고 데이터 수집 및 준비를 간소화하며 고급분석을 사용하여 성능개선 기회를 지속적으로 식별(데이터 마스터)할 수 있다. 또한 비즈니스 사용자의 금융 접근성 개선을 위해 챗봇, 인지 에이전트 및 셀프 서비스 툴을 사용할 수 있다. 데이터(통합 고객 경험), 그리고 운영에서 기술기반기술(디지털 지식)로 인력이동, 금융 비즈니스 사례에 기초한 연간 프로세스에서 보다 민첩한 프로세스로 자금조달에 대한 접근방식을 변경할 수 있다.

둘째, 통찰력 경로로서 데이터 숙달이다. 데이터분석기반 새로운 비즈니스 통찰력은 새로운 사업기회나 효율성 탐색에서 일상화되고 있다. 기본적 Pivot은 데이터 숙달이다. 데이터분석과 활용의 숙달은 조직이 보다 효율적이고 새로운 비즈니스 기회를 효과적으로 추구할 수 있는 통찰력을 제공한다. 데이터 숙달은 Data Lake 구축이나 고위층 및 관리자의 의사결정을 돕는다. 조직프로세스 상 정형 및 비정형 데이터에 관한 데이터 숙달은 기업의 현장실무자들과 프로세스에서 미세한 통찰력을 널리 이용할 수 있게 도와준다. 데이터 숙달을 위해 데이터자산의 식별 및 평가, 필요한 플랫폼과 역량구축과 획득 등 조직 전반에 걸친 노력이 요구된다. 고 성숙기업들은 데이터 사용으로 인해 긍정적 영향을 받고 있다. 가령 의료 및 금융서비스 회사들은 데이터와 분석성숙도의 향상을 위해 부서를 신설하고 있다. 소비자제품 회사들은 제품개발주기의 가속화 및 쇼핑고객의 선호도 파악을 위해 전자상거래 시장데이터를 사용하고 있다. 자동차기업은 품질관리 가속화를 위해 기계 학습으로 이미지를 분석하고 있다. 제조공장의 공정관리, 그리고 투자은행의 고객자산관리 등에서 유용한 머신러닝이 실험 중이다.

셋째, 디지털에 능통한 개방형 인재영입 및 네트워크 구축이다. 디지털 전환에 있어 인적 역량과 재능은 핵심요소다. 디지털 전환에서 직면하는 운영 및 문화적 도전과제(1위)는 적합한 인재 발굴, 훈련, 유지로 나타났다. 디지털에 정통한 개방형 인재네트워크 Pivot은 적절한 시기에 올바른 인재에게 접근하기 위해 필수적이다. 디지털역량에 초점을 맞춘 교육프로그램과 인력배치 팀을 재정비하여 맞춤형 스킬세트에 신속하게 접근하고 비즈니스 요구에 탄력적인 조직인력

배치 및 운영프로그램이 포함된다. 고 숙성 조직은 저 숙성 기업보다 거의 5배 높은 수준으로 구성원의 디지털 기술역량을 강화할 뿐만 아니라 유연한 노동력 활용에 탁월하다. 인적자원 기능은 Pivot의 원동력이다. 마치 디지털기업의 인재처럼 행동하도록 기업 내 인재를 자극하는 인센티브와 보상설계가 필요하다. 많은 기업들이 새로운 인재 풀을 개발하고 직원들의 디지털 지식을 제고하기 위해 노력하고 있다. 가령 소매 및 물류조직은 비용절감과 운영의 유연성 향상을 위해 Crowd Sourcing을 실험하고 있다. 은행은 보다 민첩한 직장문화의 조성을 위해 새로운 협업도구를 사용한다. 자동차대기업은 자사 소프트웨어의 취약점을 찾아내기 위해 사이버 보안 연구자들에게 현상금까지 제시하고 있다.

넷째, 에코시스템 연계기반 혁신의 가속화이다. 높은 수준의 디지털 성숙도와 강하게 연관된 Pivot은 생태계 참여이다. 여기에는 연구개발 조직, 기술 인큐베이터, Startup 기업 등이 포함될 수 있다. 외부 비즈니스 파트너와 협력하여 기술, 지적재산권 또는 조직의 능력을 높이기 위한 인력 등 지원에의 접근도 포함된다. 특히, 협력생태계는 산업 전반의 기업들이 새로운 기술을 실험하고 혁신을 추진하는 데 도움을 준다. 여러 산업(금융 서비스, 물류, 에너지 포함)에 종사하는 기업, 기술 대기업과 제휴해 새로운 서비스를 제공하는 자동차회사, 사이버보안 자원을 Pooling하는 통신업체 등을 들 수 있다.

다섯째, 지능적 작업흐름을 통한 새로운 기회창출이다. 많은 기업들이 운영효율화를 위해 업무 및 프로세스의 자동화를 통한 시간과 비용절감을 위해 노력하고 있다. 지능형 워크플로우 Pivot은 프로세스를 구현하고 지속적으로 재보정하여 인적 및 기술적 역량을 최대한 활용한다. 아이디어는 사람들을 기술과 결합시켜 보다 나은 결과를 만들어 내도록 기술과 결합시킨다. 이러한 Pivot은 자동화(RPA 등)를 활용해 반복 작업을 수행하고, 인공지능으로 구동되는 도구로 직원을 지원하는 등 핵심 프로세스와 작업흐름 효율화에 기여한다. 즉, 구성원들이 더 높은 가치의 일에 집중할 수 있도록 돕는다. 가령 유통·물류 분야 기업은 일상 업무를 자동화하기 위해 로봇을 배치하고, 기술기업은 작업흐름의 간소화를 위해 기업용 소프트웨어와 서비스에 로봇 프로세스 자동화를 통합하고 있다. 급속한 기술혁신으로 조직 내 업무자동화 능력은 그 어느 때보다 뛰어나다. 이러한 영향력의 극대화를 위해 조직은 원하는 결과에 가장 효율적이고 효과적으로 도달할 수 있도록 자동화 접근방식의 이점과 단점을 균형 있게 조정하고 재정비해야 한다.

여섯째, 탁월한 고객경험은 디지털 성숙도의 특징이다. 소비자시장에서 시작하여 B2B 시장으로 확장하면서 디지털 조직은 고객경험을 숙지하여 산업이나 맥락에 관계없이 고객과의 상호작용에서 기대를 상승시켰다. 통합된 고객경험을 위한 Pivot의 실행은 고객 몰입과 함께 매력적 환경에서 효율적인 디지털 및 인적 상호작용을 경험할 수 있도록 조력한다. 소매업계는 물리적 채널과 디지털 채널의 원활한 통합에 앞장서고 있다. 가령 대형 유통업체는 점포 내 쇼핑경험의 향상을 위해 가상현실과 증강현실을 이용하고 있다. 또한 음성 비서와 챗봇은 소매업과 은행업, 교통업을 포함한 산업에서 새로운 상호작용 경험을 창출하고 있다. 이 외에도 고객경험 혁신과 고객프로필 데이터 분석기반 새로운 고객경험의 창출을 위해 기술회사와 제휴가 확대되고 있다.

일곱째, 비즈니스 모델 적응성을 통한 새로운 기회 활용이다. 시장의 변화속도는 그 어느 때보다 빨라지고 있다. 조직은 비즈니스 모델의 적응성을 중시해야 한다. 디지털 기술에 의존하는 다양한 비즈니스 모델을 채택함으로써 새로운 수익 기회를 활용하고 있다. 비즈니스 모델 적응성(새로운 시장 및 변화하는 시장수요에 충족하기 위한 새로운 비즈니스 모델 채택)은 디지털 영감을 가진 기업의 공통된 목표다. 디지털 성숙도가 높은 기업은 낮은 조직의 거의 두 배이다. 플랫폼이나 마켓플레이스, 서비스로서의 제품, 데이터나 기타 디지털콘텐츠에 대한 가입 등을 들 수 있다. 예를 들어 가입 및 서비스 형 제품처럼 디지털 비즈니스모델에는 기존 비즈니스 모델보다 유연하고 안전한 기반구조와 함께 핵심데이터가 필요하다. 서비스기반 비즈니스 모델을 구현하는 제품회사는 종종 조직에 새로운 영업 및 고객 서비스 기술을 요구한다.[2] 가령 약국체인이 매장 내 새로운 디지털 경험을 창출하고 전자상거래의 입지를 강화하기 위해 온라인 미용 가입서비스 지분을 구입했다. 보험대기업이 산업 고객을 위한 새로운 데이터 및 위험 관리 솔루션을 개발하기 위해 IoT 소프트웨어 Startup을 인수했다. 그리고 자동차 제조업체들은 서비스를 실험하고 반복적 수익흐름의 확립을 위해 새로운 구독서비스를 제공하고 있다.

2 https://www2.deloitte.com/uk/en/insights/focus/digital-maturity/digital-maturity-pivot-model.html.

오늘날 AI는 개인과 조직의 지능을 높이고 보다 많은 가치를 얻을 수 있도록 한다. 무엇보다 시장에서 경쟁우위의 확보를 가능하게 한다. 기업들은 경쟁사보다 앞서기 위해 AI 기술에 투자하고 있다. 대부분의 경우, AI 교육을 위해 디지털 데이터가 필요하고 AI 솔루션을 롤 아웃하기 위해 디지털프로세스가 요구된다. AI 전환 이전에 디지털 전환이 필요하다.

개인이든 조직이든 선택의 두 갈래 길을 마주한다. 한 가지 길은 현재 상태를 유지하며 발전시켜 나가는 것(Persevere), 다른 한 길은 현재 상태에서 방향전환을 하여 새로운 길을 가는 것(Pivot)이다. 불확실한 상황에서 새로운 방향설정이나 결정, 결단을 해야 하는 혁신의 방향성이 Pivoting이다. 갈수록 모호하고 불안한 위기상황에서 민첩하게 대응하는 즉응적 혁신이 필요하다.

그런데 서비스혁신이나 전환 과정은 결코 쉽지 않다. 그리고 Pivot의 성공사례와 비교할 때 기존 서비스의 유지, 발전시키는 경우가 보편적이다. 그럼에도 불구하고 지금까지 쌓아온 데이터 혹은 경험에 비추어 볼 때 현재의 비즈니스 모델이 성공적이지 않다고 판단된다면, 서비스의 방향전환을 모색해야 한다.[3]

가령, 코로나19의 유행으로 항공사는 시간이 지날수록 적자가 누적되는 상황에서 손 놓고 볼 수만은 없었다. 기존 시설·설비를 활용한 새로운 상품을 기획함으로써 위기를 벗어나고자 했다. 2020년 8월, 대만의 스타룩스항공과 에바항공은 목적지에 착륙하지 않는 무착륙 해외여행 상품을 기획했다. 공항에서 승객을 싣고 이륙한 항공기는 대만 동부 상공을 비행하고 다시 출발한 공항으로 돌아왔다. 승객들은 마치 해외여행을 떠나는 것처럼 기내식, 면세 서비스 등을 누릴 수 있다. 국내 항공사 대한항공, 아시아나항공, 제주항공 등 6개사에서도 2~3시간 비행 거리인 중국, 일본, 대만 등의 노선을 투어 항로로 잡고 만리장성, 후지산 상공에서 관광했다. 국내의 경우 티웨이항공은 연말 시즌을 맞아 항공기에서 일출과 일몰을 감상할 수 있는 이색 여행 상품인 '비포 선라이즈, 비포 선셋'을 대구국제공항에서 기획했다.[4]

도심호텔들은 기존의 시설과 서비스를 활용하여 고객에게 숙박이 아닌 오피스 공간을 제공하는 피보팅을 모색했다. 글래드 호텔앤리조트, 레스케이프 호텔

3 https://www.beginmate.com/magazine/83.

4 http://www.casenews.co.kr/news/articleView.html?idxno=3998.

등에서는 재택근무를 하는 직장인 고객들을 위해 '호텔 출근' 패키지를 선보였다. 어린 자녀들과 함께 있거나 각종 사유로 집에서 일하기 어려운 사람들의 재택근무를 돕기 위해 숙소에서 '오피스'로의 변신을 자처하였다.

항공사와 호텔의 사례처럼 기존 시설 설비·공간·건물 등을 중심으로 사업 전환을 도모하는 '하드웨어 Pivoting' 기술·운영 노하우를 중심으로 사업을 전환하는 '핵심역량 Pivoting', 그 동안의 사업을 통해 알게 된 소비자 집단을 중심으로 사업을 전환하는 '타깃 Pivoting', 새로운 품목을 기획하고 판매 경로를 변경해 사업 전환의 기회를 모색하는 '세일즈 Pivoting' 등이 있다.

하지만 모든 Pivot이 좋은 것은 아니다. <Think and Grow Rich>의 저자 Napoleon Hill은 자기가 확신하고 있던 금맥을 찾기 위해 빚을 진 광부 이야기를 들려준다. 금맥을 찾던 광부는 금맥을 만나기 3피트 전에 채굴을 포기하고 다른 일을 위해 떠났다. 나쁜 Pivot의 사례다.

AI Pivot의 목표는 무엇인가? AI 기술 채택 및 추진이 기업을 통해 어떤 파장을 일으킬 수 있는가? 인공지능의 혁신적 발전은 이전에 경험하지 못했던 업무 자동화, 최고의 인재 영입, 고객 파악 능력을 기업에 부여하고 있다.

사람의 직접적인 도움 없이 AI가 해결할 수 있는 두 가지 유형의 문제가 있다. 첫째, 이론적 모델링을 적용할 수 있는 시나리오를 포함하여 행동을 추정하고 예측한다. 둘째, 수학공식에 맞는 데이터를 바탕으로 한 모수 관찰에서 충분한 문제를 다룬다. 첫째 유형의 문제는 지식공학으로 알려져 있으며 코더와 전문가가 참여한다. 인간의 전문성을 명시적으로 프로그래밍하기 위해 팀을 구성하는 컴퓨터가 독립적으로 작동할 수 있도록 한다. 둘째 시나리오는 기계 학습은 훈련 알고리즘에 중점을 둔다. 엄청난 양의 데이터의 바탕에서 학습자-자신의 문제 해결 방법을 찾는다.

오늘날 인공지능(AI)은 기술 유행어에서 상업적 현실로 크게 진화했다. 머신러닝(ML)에 전문성을 갖춘 기업들에게 AI 기반 솔루션이 필요하다. 그러나 첨단 기술을 채택하는 것은 쉬운 일이 아니며, 많은 노력이 실패하기 십상이다. 그럼에도 불구하고 조직은 디지털 전환에 상당한 시간, 노력 및 자본을 쏟고 있다. 몇몇은 가시적인 성과를 얻지만 기대와 달리 실패를 낳기도 한다. 왜 이러한 차이가 나타나는 것일까?

첫째, 고품질과 고도의 컨트롤이 요구된다. 고차원의 복잡한 구조물은 모든 종류의 파괴와 기하급수적 위험성을 가져온다. 제품(예 노트북)이 복잡할수록 제조업체는 예상치 못한 다운타임, 낮은 수익률(품질관리 기준을 충족하지 못하는 단위의 비율), 낮은 생산성(생산 소요 시간)과 더 많이 싸워야 한다. 생산 공정이 빨리 추진될수록 오류나 품질불량 제품의 우려가 커지기 때문에 생산성은 종종 수율과 경쟁한다. 그러나 AI를 통해 제공되는 피드백 루프가 빨라질수록 모니터링과 적응적 제어를 강화하여 수율의 품질 저하 없이 생산성을 가속화할 수 있다. 품질검사를 사람이 아닌 AI에 넘길 수 있다. 더구나 수백 대의 유닛에서 사람에 의한 이상 징후 탐지는 많은 시간을 소모할 수 있지만 AI 비전 알고리즘으로 운영되는 카메라로 검사하면 단 몇 초 만에 검사할 수 있다.

둘째, 소비자정보에 입각한 On-demand 프로덕션이다. 구매자와 판매자가 있는 한, 소비자 수요를 정확하게 추정하는 것은 큰 도전적 과제다. 소비자 수요를 과대평가(또는 과소평가)하는 것은 부적절하다. 실시간 수요 가시성을 가능케 하는 AI는 상용 IoT와 산업 IoT에 연결된 App을 통해 세조사가 소비자 트렌드에 대응할 수 있도록 돕는다. 가령 아마존 에코나 구글 홈과 같은 스마트 기기의 보편성 덕분에 소비자검색과 구매습관이 투명해지고 있다. 데이터는 소비자 동의하에 제조업체가 공급망과 생산 활동에서 필요한 변화를 따라잡는 데 활용될 수 있다. 반면에 On-demand 생산을 위한 피드백 루프가 완전히 닫혀있는 End to End 네트워크는 미래지향적이며 아마존 같은 기업들이 앞서가고 있다.

셋째, AI 채택과정에서 해결해야 할 과제가 있다. ① 가장 일반적인 도전은 AI가 무엇을 할 수 있는지, 그리고 조직이 AI를 어떻게 활용할 수 있는지에 대한 과소평가에서 비롯된다. AI는 어떤 결정을 내리거나 지적할 수 없다. 단지 데이터 패턴을 뚜렷하게 만들 수 있을 뿐이다. ② 둘째, AI 구현 전략은 실험 및 학습 프로세스에서 출발한다. 마치 길고 구불구불한 길을 가는 것과 같다. AI/ML 솔루션은 비즈니스 워크플로우 내에서 가치 창출에서 시작하며 시간(때로는 많은 시간)이 소요된다. ③ 시중에 출시된 다양한 옵션으로 인해 사용 가능한 AI/ML 솔루션을 탐색하고 사용자 요구사항에 맞는 솔루션, 나머지 기술과 호환되는지 여부 등을 파악해야 한다. ④ AI 솔루션을 위한 전통적인 성과지표는 결과의 품질과 투자 수익률이다. 후자는 해결책이 비즈니스 요구를 해결하는 데 효과성이 입증되기 전까지 파악이 불가능하다. ⑤ 데이터 수집, 데이터 처리 및 개인정보 보호에 관한 수많은 규정이 있다. 유럽 연합은 GDPR을, 미국은

데이터중심문화 구축의 핵심요소

- 올바른 질문: 올바른 질문을 하는 것이 전사적 데이터 문화를 구축하는 데 핵심이다. 새로운 고객을 어떻게 확보할 것인가, 고객은 누구인가, 공급망을 어떻게 최적화할 것인가 등은 기업들이 답해야 할 몇 가지 질문이다. 비즈니스 문제를 구체화하는 것이 모든 AI 구현의 핵심이다. 질문을 개발하기 위해 기업들은 직감과 달리 창의적이고, 자신이 일하고 있는 비즈니스 제약을 이해하고, 분석적 사고방식을 갖고, 데이터에 의해 백업되는 답을 제공할 수 있는 인재가 필요하다.
- 데이터 수집: 데이터 문화의 구축을 위해 기업은 사전 예방적으로 데이터를 수집해야 한다. 오늘날 마케팅 및 영업부, 제품 모니터링 및 고객 분석을 포함한 다양한 출처에서 데이터를 얻을 수 있다. 데이터는 데이터 문화의 기초를 형성한다.
- 데이터 액세스 설정: 수집된 데이터는 회사 내의 모든 적절한 사람들이 접근할 수 있도록 해야 한다. 데이터는 사람들이 함께 작업하기 쉬운 형식으로 제시하여 의미 있고 실행 가능한 통찰력을 얻을 수 있어야 한다.
- 올바른 인재 찾기: 데이터는 일종의 팀 스포츠와 같다. 기업들이 모델과 알고리즘을 구축하기 위해 데이터 전문가가 필요하지만, 데이터로부터 유용한 통찰력을 발견할 수 있는 서로 다른 기술적 능력을 가진 사람들이나 전문가에게 전달해야 한다는 것을 의미한다. ML은 사업 못지않게 문화 변혁이다. 회사는 여러 명의 데이터 과학자를 고용하고 그들을 돕기 위해 기존의 경험 많은 직원 풀을 활용해야 한다.

HIPAA를, 캐나다는 PIPEDA를 준수해야 한다. 관련 규정의 테두리 안에 해결책이 있어야 한다.

또한 AI 및 머신 러닝은 금융서비스의 고객 파악(KYC) 및 자금세탁방지(AML)부터 의료분야의 조기 암 발견 및 마케팅 및 소매부문의 개인맞춤 광고 및 신용점수 맞춤형 처방 매칭, 통신 분야의 고객이탈 예측 및 마스터 데이터 관리에 이르기까지 모든 산업에서 구현되고 있다. 이처럼 AI를 사용하면 시간과 비용을 절약하는 동시에 경쟁력을 확보할 수 있다.[5] 이를 위해 다음과 같은 여건이 갖추어져야 한다. 첫째, 올바른 질문은 특정한 애플리케이션에서 어떤 결과가 나올 수 있는지 결정한다. 여기서 주요 아이디어는 목표를 비즈니스 문제로 전환한 후, 그 결과를 결정할 수 있어야 한다. 둘째, 성공이 측정 가능해야 한다. 기업은 성공을 가늠할 수 있는 지표를 파악해야 한다. 성공에 대한 정의는 회사마다 다를 수 있지만 최종 목표는 이윤 창출과 가치 제공에 맞추어져야 한다. 셋째, 커뮤니티와 연결이다. 커뮤니티는 어떤 기업에서든 변화를 이끄는 데 중요한 역할을 한다. 온라인과 Webinar를 비롯해 오프라인 Meetup 등 머신러닝 커뮤니티와 연계할 수 있는 방법을 활용할 수 있다. 또한 공동체 구성원들이 서로 지식을 교환하고 배울 수 있게 도와준다. 상호 배우면서 세션에 참여하고, 통찰력의 공유를 위해 다양한 머신러닝 커뮤니티에 능동적으로 참여하고 활용해야 한다.

그러면 어떠한 업종이 AI 전환을 위해 가장 용이할까? 인공지능은 시장에 큰 영향을 미치기 시작했다. 자동차, 첨단 기술, 통신, 에너지, 금융 서비스 같은 산업은 이미 AI 채택 과정에서 상당한 기반을 다졌다. 디지털성숙도가 높은 업계가 AI 기술을 더 잘 활용할 가능성이다. 아래 <그림 7－1>은 McKinsey &

〈그림 7-1〉

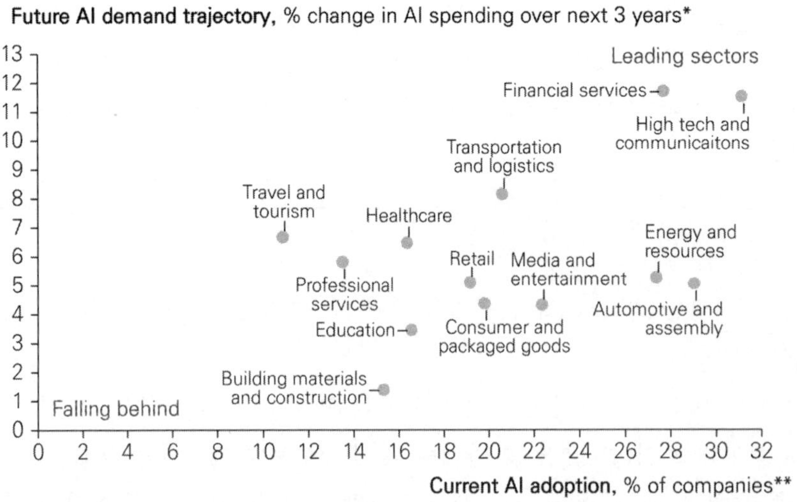

*Estimated average, weighted by company size: demand trajectory based on midpoint of range selected by survey respondent
**Adopting 1 or more AI technologies at sclae or in business core; weighted by company size.
Source: McKinsey Flobal Institute AI adoption and use survey; McKinsey Global Institute analysis.
자료: research.aimultiple.com/ai-transformation.

5 https://www.itproportal.com/features/how－to－effectively－deliver－an－ai－transformation－ strategy.

Company의 AI 채택현황 및 향후 AI수요 궤적을 분야별로 나타낸 것이다. 현재 교통 및 운송, 에너지와 자원, 재정, 첨단기술 및 통신부문이 견인하고 있으며 향후에도 주도해 나갈 것으로 보인다. 반면에 상대적 채택이 미흡하지만 관광여행, 교육, 헬스케어, 소매 등 분야에서 인공지능을 채택, 활용하는 것으로 나타났다.

한편, AI기업의 구축, 확장 및 방어 전략으로서 AI 기반 창업(설립)자를 위한 조언[6]을 다음과 같이 정리할 수 있다. 특히, 창업자들이 새로운 AI 애플리케이션이나 기존 AI 애플리케이션으로 성장하기 위해 몇 가지 조치가 필요하다.

첫째, 모델의 복잡성을 최대한 제거해야 한다. 고객별 고유한 모델을 양성하는 Startup과 단일 모델을 공유할 수 있는 Startup 간 COGS(매출원가: cost of goods sold)가 큰 차이를 보인다. 단일 모델 전략은 유지관리가 쉽고, 신규 고객에 대한 롤아웃이 빠르며 보다 간단하고 효율적인 엔지니어링 조직을 지원한다. 또한 데이터 파이프라인의 무분별한 확장 및 중복 교육 실행을 줄여 Cloud 인프라 비용을 의미 있게 개선할 수 있다. 하지만 고객 및 고객 데이터에 대한 폭넓은 이해가 필요하다.

둘째, 데이터 복잡성 감소를 위해 문제 도메인을 신중하게 선택해야 한다. 인간 노동력의 자동화는 근본적으로 어렵다. 많은 기업들이 AI 모델의 최소 실행 가능한 과제가 예상보다 좁다는 사실을 깨닫고 있다. 예를 들어, CRM 분야의 회사들은 기록갱신을 둘러싸고 AI 기반에서 매우 가치 있는 틈새를 찾아냈다. 이와 같은 문제들은 인간이 수행하기 어렵지만 AI가 비교적 쉽게 해결할 수 있는 것이 많다. 이러한 작업은 데이터 입력/코딩, 전사(全寫) 등과 같은 복잡성이 낮은 대규모 작업이 수반되는 경향이 있다. 여기에 집중하면 난제를 최소화할 수 있다. 즉, AI 개발 프로세스에 필요한 데이터를 간편하게 제공할 수 있다.

셋째, 가변성 높은 비용계획을 수립해야 한다. 창업자로서 비즈니스 모델을 위한 신뢰할 수 있고 직관적인 Mental framework이 필요하다. 비용은 어느 정도 일정하게 감소할 가능성이 있지만 완전히 사라지지 않는다. 대신, 낮은 총 마진을 염두에 두고 비즈니스 모델과 GTM(Go-to-market) 전략의 구축이 요구된다. 모델

6 https://a16z.com/2020/02/16/the-new-business-of-ai-and-how-its-different-from-tradi tional-software.

에 제공되는 데이터 분포를 깊이 이해하고, 모델 유지 보수 및 사용자 실패(fail over)를 1차적 문제로 처리하며, 실제 가변 비용을 측정해야 한다.

넷째, 서비스를 아우르며 포괄해야 한다. 시장에는 엄청난 기회가 있다. 가령 번역 소프트웨어보다 풀스택트 번역서비스를 제공하거나 자율주행자동차 판매보다 택시서비스를 운영하는 것을 의미한다. 하이브리드 사업의 구축은 순수한 소프트웨어보다 어렵지만, 고객 니즈에 대한 깊은 통찰력을 제공할 수 있다. 또한 서비스는 기업의 시장진출을 가동시키는 훌륭한 도구가 될 수 있다. 특히 복합 기술 및 새로운 기술을 판매할 때 그렇다. 핵심은 소프트웨어와 서비스 고객을 모두 지원하는 것이 아니라 하나의 전략을 집중적으로 추구해야 한다.

다섯째, 기술 stack의 변화를 계획해야 한다. 현재 AI는 아직 걸음마 단계다. 실무자들이 효율적이고 표준화된 방식으로 업무를 수행할 수 있도록 도와주는 도구들이 만들어지고 있다. 향후 모델훈련을 자동화하고, 추론을 더욱 효율적으로 하며, 개발자 워크플로우를 표준화하고, 생산 시 AI 모넬을 모니터링하고 안전하게 보호할 수 있는 툴이 널리 보급될 것이다. 또한 Cloud 컴퓨팅도 소프트웨어 기업이 해결해야 할 비용 문제로 주목받고 있다.

여섯째, 기존의 방어체계를 구축해야 한다. AI 모델 자체 또는 기반 데이터가 장기적인 해결책을 제공할지 불확실하다. 하지만, 좋은 제품과 독점 데이터는 좋은 비즈니스를 구축할 수 있다. AI는 창업자들에게 오래된 문제에 대한 새로운 관점을 부여한다. 예를 들어 AI 기법은 악성코드 탐지 시장에서 새로운 가치를 전달해 왔다. AI 회사들은 오픈소스 회사들과 유사한 효과적인 Cloud전략을 통해 시장입지를 공고히 해야 한다.

이상의 내용을 정리하면, 대부분의 AI 시스템은 전통적 의미의 SW가 아니다. AI 사업은 SW사업과 상이하다. 지속적인 인적 지원과 물질적 가변 비용이 포함된다. 물론 원하는 만큼 쉽게 확장되지도 않는다. 이러한 특성은 AI가 서비스사업처럼 느끼게 한다. 하지만 가변비용, 역동성 조정, 방어수단 등은 궁극적으로 개별 기업이 아닌 시장에 의해 결정된다. 데이터에서 낯선 패턴을 발견할 수 있다는 사실은 AI 기업들이 새로운 시장으로 진출하고 거대한 기회를 구축할 수 있게 해 준다는 점에서 새로운 것임을 시사한다.

2 AI의 잠재력과 AI 전환의 장애물

모든 것이 연결되면서 기업은 더 많은 데이터를 수집하면서 필요한 통찰력을 얻고 혁신의 기회를 찾고 있다. 그 결과, 보다 빠른 시장, 활기찬 사업, 증가하는 이익, 정보에 입각한 소비자, 다양한 사업 등 역동적 진화가 이루어지고 있다. 그러면 비즈니스 모델이 AI에 의해 어떻게 변화되고 있는가? 업종에 따라 AI 도입 수준은 상이하다. 고객서비스 개선, 데이터 분석, 워크로드 자동화를 위한 성능 예측, 거래 등에 AI 활용이 집중하면서 AI 전략방식이 확대될 것이다. 하지만 디지털 데이터 기반구조의 부족은 데이터 기회와 혁신을 저해하여 비즈니스 데이터와 정보 요구에 적절한 대응을 어렵게 한다.

AI는 국가 간 비즈니스, 비즈니스 모델, 상거래를 혁신할 수 있는 잠재력을 가지고 있다. 그러나 지정학적으로 보호주의적 데이터관행을 초래하고 데이터와 정보의 공유에 대한 저항이 잠재력을 저해할 수 있다. 그 결과, 대규모의 축적된 데이터 풀과 관행을 지역, 국가 및 글로벌 수준에서 생성하고 채택할 가능성은 여전히 불투명하다. AI는 기업이 일하는 방식을 변화시킬 뿐만 아니라 협업, 경쟁, 혁신 등은 전통적 사고와 의미를 근본적으로 변화시키고 있다. 대부분의 AI 이니셔티브는 새로운 기회를 인지하고 현재의 노력을 강화하거나 새로운 시장을 창출함으로써 경쟁 우위를 창출할 것이다. 이를테면 사물인터넷 통합은 사용자와 소비자가 상호작용을 할 수 있는 환경의 개발을 가능하면서 제품을 통한 경험 설계가 가능하기 때문에 비즈니스 모델을 한층 역동적으로 변화시킬 것이다.[7]

Deep Learning 발달은 누구에게 가장 큰 충격을 주었을까? 다름 아닌 기존 인공지능(AI) 연구자들이 가장 먼저 충격을 받았다. 수십 년간 석·박사급 연구자들이 열심히 규칙을 만들고 학습해 오던 것보다 좋은 결과를 내놓았으므로 당연히 깜짝 놀랄만하다. 그동안의 노력이 한순간 날아가 버리는 Mental 붕괴를 겪을 정도였다. 다음으로 충격은 SW전공자들에게 넘어갔다. 이후 자연과학과 사회과학, 인문학으로 그 충격이 전달되고 있다. 모르는 사람들이야 여전히 AI

7 https://www.forbes.com/sites/cognitiveworld/2019/07/10/how－artificial－intelligence－is－transforming－business－models.

가 멀고 둔감하게 느껴질 것이다. 하지만 누가 뭐라고 해도 이미 AI 전환시대가 도래했다.

모든 과학적 연구가 그렇듯 인공지능은 사람이 설정한 가설보다 데이터를 통해 보다 정확한 규칙을 찾아내면서 난제에 새로운 돌파구를 제시하고 있다. 물리·화학·생명과학·의학 등 자연과학뿐만 아니라 금융·경영·경제·언어 등 인문사회과학 분야에도 적용될 수 있다. 심지어 음악·미술과 같은 창의적 영역까지 변화를 가져오고 있다.

인간의 가장 기본적인 소통은 말과 언어다. 소리로 전달되면 말이 되고 기록으로 전달되면 언어가 된다. 소통은 인간의 가장 기본적인 지적 활동이다. 기계가 인간의 소통방식을 이해하도록 하는 것이 AI의 가장 중요한 미션이다. 자연어처리는 인간언어를 기계가 이해하고 생성할 수 있도록 하는 연구에 해당한다. 소리를 글로 바꾸는 음성인식, 언어를 분석하는 기계번역 등이 자연어처리의 주요 영역에 해당한다. 딥 러닝 방식을 적용한 음성인식의 성능은 간단한 음성 대화가 가능한 수준으로 향상됐다.

가장 기본적인 산업적용은 Google이나 Naver의 검색엔진이다. 검색은 사용자의 질의에 대해 가장 정확한 대답을 가진 문서를 찾아 제시한다. 초창기 검색엔진에는 자연어분석이 많지 않았지만 지금의 검색엔진들은 거의 질의응답 수준의 의미 검색까지 가능하다. 이러한 추세라면 향후 검색엔진은 질문에 대한 의미적 부분뿐만 아니라 상황까지 파악해 최선의 대답을 해주는 방식으로 진화할 것이다.

대화인터페이스도 중요한 연구영역이다. AI 스피커들은 낮은 수준의 대화로봇이다. 명령하면 기계가 알아서 처리하는 수준으로 더욱 빠르게 진화할 것이다. 지능형 정보검색, 질의응답시스템, 지능형 로봇 음성대화 인터페이스, 지능형 비서 에이전트 개발에서 딥 러닝과 기존의 지식 그래프(knowledge graph)를 결합하는 방식의 연구, 딥 러닝과 기존의 규칙기반시스템의 융합 등이 기대된다. 하지만 음성 인식을 비롯한 자연어처리의 괄목할 만한 성과에도 불구하고 여전히 한계는 있다. 인간의 상식에 AI가 여전히 미치지 못하고 있다.

인공지능 전환은 인공지능을 통해 디지털 전환을 견인하고, AI를 비즈니스의 모든 영역에 통합하며, 고객에게 가치를 전달하는 방식을 바꾸는 과정이다. 기업이 AI 기술의 필요성을 깨닫고 있는 만큼 사업 활용 사례를 빠르게 선정하고 살펴 AI의 잠재력에 접근해 경쟁 우위를 확보해야 한다. AI를 채택한 기업은 더 나은 의사결정을 내리고 고객과 자신을 위한 결과를 효율적으로 예측하며 더 빠른 프로세스를 통해 규모의 경제를 실현하는 데 도움이 되는 데이터와 첨단 분석을 활용한다.

그런데 만일 AI 전환과정에서 장애물이 놓여 있다면 어떻게 할 것인가? 이런 상황에서 누군가는 오던 길 되돌아갈 것이고 누군가는 제자리에 그냥 멈춰있을 것이다. 하지만 최선의 방법은 장애물 앞에서 움츠러들지 않고 대담하게 뚫고 나갈 결심을 굳히고 결행하는 것이다. 그러면 가로막힌 장애물이 넘어지면서 디딤돌로 변할 것이다. 인공지능을 최대한 활용하기 위해 개인과 기업들은 단순한 데이터, 인프라, 기성품 분석 이상의 투자 프로세스를 재설계해야 한다. AI는 모든 산업을 변화시키는 촉매가 되고 있다. 성공한 개인과 기업은 데이터가 가장 가치 있는 자산 중 하나라는 것을 깨닫고, 그 자산에서 정보를 추출하려고 노력하였다.

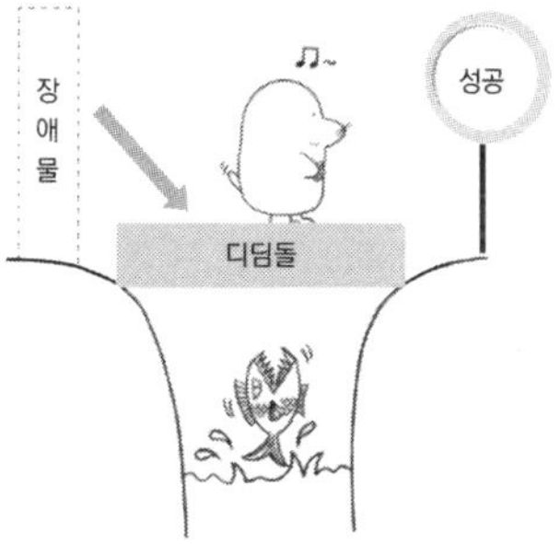

자료: brunch.co.kr/@dotheg/31 재구성.

AI의 발전은 IT붐과 비슷하다. 그러나 구체적으로 정의되지 않은 프로젝트에 막대한 돈을 썼다. 물론 잘한 사람들은 번창했다. 누구든 AI 전환을 위해 AI 여정을 떠나야 한다. 평탄하거나 순탄치 않은 길이기 곳곳에 위험이 도사리고 있다. 그러나 AI와 데이터과학의 민주화로 인해 기업들이 제대로만 하면 AI의 혜택을 얻을 수 있다. 대규모 투자 없이 빠르게 시장에 진출하기 위해 영업 및 마케팅, 데이터 팀과 긴밀한 협력을 통해 데이터와 AI 제품을 반복적으로 구축해야 한다.

AI 전환은 기업이 고객에게 가치를 제공하는 방식을 변화한다. 특정 업무를 위한 AI 모델의 개발만으로 비즈니스가 변화하지 않는다. 보다 더 근본적인 변화, 새로운 비즈니스 모델이 도움이 될 것이다. AI 전환은 기업이 고객에게 가치를 제공하는 방식을 변화시킨다. 이를 위해 기업은 AI를 비즈니스 프로세스에 통합해야 한다.

개인과 조직의 생존과 번영을 위해 AI 전환이 필요하다. 하지만 불투명한 비즈니스 사례로 진척되기 어렵다. 핀란드의 <2020 보고서>는 AI 전환의 장애

▼ 〈표 7-2〉 주요 알고리즘의 비교

AI의 발견	조직의 AI 잠재력 평가
	• 개념증명(Proof of Concept)의 가속화를 위한 80/20 솔루션 접근방식 구현 • 비즈니스 목표 및 사전 정의된 KPI기반 테스트 및 솔루션 검증 • 비즈니스 목표 및 솔루션 KPI 정의 • 솔루션 개선에 대한 비용 대 영향 평가 • 솔루션의 ROI 추정
AI의 전달	조직 전체에 걸친 AI 구축
	• 운영화 • 솔루션과 기존 애플리케이션의 통합 • 클라우드에서 배포 • 클라이언트 프로세스와의 통합
AI의 지원	보다 많은 개선의 추진을 위한 AI 솔루션 향상
	• 사용자 및 고객 지원 • IT 팀 강화 • 솔루션 업그레이드(필요한 경우) • P1/P0 문제에 대한 지속적인 수정 • ML 모델 유지 관리 및 재교육

물을 강조하고 있다. 가장 중요한 것은 "비즈니스 사례"이다. 아직 AI가 무엇을 할 수 있는지에 대한 이해가 부족하다. 기업이 AI를 비즈니스에 적용할 수 있는 방법, 특히 기업과 직원들은 AI에 대한 지식이 더 풍부해질 필요가 있다.

또한 AI를 보다 빠르고 효율적으로 채택해야 한다. 활용 사례 중심의 AI 솔루션을 지원함으로써 조직 전체에 걸쳐 측정 가능한 가치를 제공하고 개선을 추진하도록 비즈니스를 확대 및 강화해야 한다. 실제로 조직은 AI를 채택하는 과정에서 문화, 조직 및 기술과 관련된 중요한 문제에 접하게 된다. 조직 전체에 걸쳐 AI의 잠재적 가치를 발견하고, 구현할 특정 AI 활용사례를 선정하고, 올바른 기술을 보유한 AI/ML 전문가를 채용하는 것이 어렵다. 하지만 모든 문제는 다음 <표 7-2>의 프레임워크를 통해 해결할 수 있다.

경영지원 없이 AI 전환은 어렵다. AI 전환은 회사 경영방침과 전략과 관련된다. 당연히 AI 전환에 대한 최고경영진의 관심과 지지가 필수적이다. AI를 연구개발(R&D)이나 IT부서에만 맡기는 것도 실패할 가능성이 크다. 경영에는 진보의 증거가 필요하다. 소규모 실험은 신뢰를 쌓는 데 큰 도움이 된다. AI 확장은 쉽지 않기에 단계별 접근이 필요하다. 예를 들어 AI는 새로운 데이터 인프라를 구축해야 가능하다. 아니면 AI가 현재의 프로세스를 변화시키면서 직원들을 교육시켜야 한다. 이사회와 경영진은 전략적 우선순위를 정하고 중점 분야를 정해야 한다. 그래야 직원들은 어디에 노력을 기울여야 할지 알 수 있다.

또한 원시 데이터로 충분하지 않다. AI는 데이터를 통해 학습한다. AI를 훈련하기 위해서 AI 과학자들에게 라벨이 부착된 데이터가 필요하다. 즉, 의미가 있는 데이터가 갖추어져야 한다. 예를 들어 자율주행차를 가르치기 위해서 차량이나 보행자와 같은 물체가 표시된 수백만 장의 사진과 동영상이 필요하다. 그러나 AI 전환에 대한 의미 있는 결과를 얻기 위해 주석이라고도 불리는 Labelling Work flow를 만들어야 한다. 물론 자체 AI가 최고가 아닐 수도 있다. 그러나 AI를 활용이나 개선과정에서 새로운 데이터가 만들어진다. 마치 Teslor가 이동 중 새로운 데이터를 수집하는 차량기종을 이용해 AI를 가르치듯.

Mckinsey는 AI 전환과정 직면하는 걸림돌을 크게 3가지로 제시한다. ① 조직 내 AI 인재 및 경험 부족 ② 한정된 AI 솔루션 성숙도로 인한 기업 AI 구축의 위험성 고조 ③ AI가 기업을 위해 창출할 가치에 대한 경영진의 불분명한 이해와 태도 등에서 비롯된다.

물론 장애물은 다양하게 나타날 수 있다. 그런데 어떤 사업이든 AI를 구현하기 위한 계획의 기초로서 비전과 목표가 명확하게 설정되어야 한다. 그런데 많은 경우 ① 전략에 대한 잘못된 목표 ② 막연한 목표 수립: 목표를 달성하는 방법, 능력과 자원에 대한 이해 부족 ③ 조정 능력의 미흡 ④ 선택 및 우선순위 지정 불가 등으로 나타날 수 있다. 이와 관련하여 직면할 수 있는 장애물은 다음과 같다.

첫째, 문화적 장벽이다. 변화에 대한 저항으로 일종의 전환비용이다. 흔히 인간은 습관의 동물이다. 효율적인 것처럼 보이는 일의 수행방법을 찾으면, 그것을 고수하는 것을 좋아한다. 절차 변경이나 새로운 프로세스의 채택으로 인해 야기될 혼란과 비용보다 이득이나 편익이 크다는 것을 경험하기 전에 어느 정도 설득이 필요하다. 많은 경우, 단순히 AI의 필요성에서 인식하기 않고 AI가 제공할 수 있는 이점에 대한 불완전한 이해에서 비롯된다. 그래서 교육은 인식 및 이해의 장벽을 극복하는 가장 효과적인 수단이다. 가령 자연어처리에서 컴퓨터

비전 및 예측 등 핵심 AI 기술이 어떻게 효율성을 창출하고 비용을 절감할 수 있는지에 대한 인식을 심어주어야 한다. 일단 인식수준이 높아지면, 수용성이 높아지고 AI가 제공하는 긍정적 변화와 잠재력에 관여하게 될 것이다.

둘째, 공포의 장벽이다. 두려움은 변화에 대해 자연스러운 인간의 반응이며 인간의 가장 오래되고 강한 감정이다. Elon Musk와 Stephen Hawkin 등이 지적했듯이, AI에 대해 아직 알려지지 않은 것이 많다. 이러한 두려움은 인력과 직업 사이의 격차 증대를 초래할 수 있다. 가령 컴퓨터 알고리즘에 의한 결정을 예측하고 이해하기 어렵다. 이는 자칫 인간이 통제력을 상실하면서 더 이상 전문가로 간주되지 못할 수 있다는 두려움으로 이어질 수 있다.

셋째, 인재부족이다. 대부분 기업에서 AI의 채택과 디지털 전환의 데이터 중심 모델로의 전환은 현실적이고 시급한 문제다. 하지만 AI가 제공하는 성장 잠재력을 자본화하기 위해 필요한 인프라와 조직변화 구현을 위해 경험과 훈련을 갖춘 데이터·기술 전문 인력이 부족하다. 전문 역력에 대한 수요가 증가한다는 것은 조직 내에서 매우 높은 연봉과 명망 있는 직책을 필요로 한다. 인재 유치를 위해 치열한 경쟁에 직면할 것인데 결국 수요와 공급의 원칙에 의해 극복될 것이다. 향후 몇 년 간 데이터 과학자가 가장 흥미진진하고 수익성이 좋은 직업 옵션 중 하나로 인식되면서 재능집단은 성장할 것이다. 그 해결책으로 기존 인력 충원이나 가용한 AI 솔루션도 '서비스화(as-a-Service)'가 늘어나면서, 많은 비즈니스 문제에 AI 솔루션을 배치하고 운영하기 위해 충분한 교육을 받은 인력이 요구된다.

넷째, AI 채택에 대한 전략적 접근 부재이다. 어떤 면에서 전략부재는 인력부족, AI와 디지털 전환의 장점과 실용성에 불충분한 이해 등 몇 가지 다른 장벽들을 합친 것이다. 그 결과, 전략적 수준에서 계획되지 않고, 전략적 비즈니스 목표를 달성하지 못해 조직성장 및 비즈니스 개발에 대한 전반적인 계획에 맞지 않는 AI 이니셔티브가 발생할 수 있다.

그 해답은 간단하다. 조직은 시간과 비용, 자원이 소요되는 AI 이니셔티브와 Pilot이 가져올 수 있는 이점에 대한 명확한 이해의 바탕에서 전략을 수립해야 한다. 기업의 AI 이니셔티브가 비즈니스 성과 목표와 명확하게 연계되고, 전략적 목표에 따라 우선순위가 결정되며, 모든 이해관계자에게 이니셔티브의 성공 또는 실패가 어떻게 보일지 명확하게 이해해야 한다.

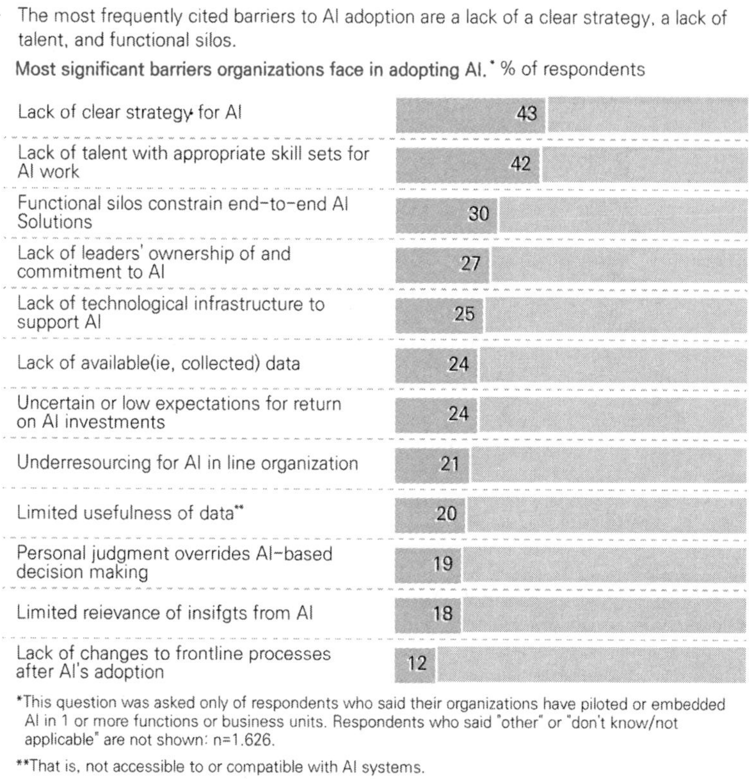

자료: www.mckinsey.com/featured-insights/artificial-intelligence/ai-adoption-advances-but-foundational-barriers-remain.

전략은 장애물을 극복하고 기회의 포착을 가능하게 한다. Richard Rumelt는 자신의 <좋은 전략, 나쁜 전략>에서 AI 전략을 세 가지 요소의 결합으로 정의한다.[8]

첫째, 진단 단계로서 현재 상황의 평가에 관한 것이다. 무엇이 문제인가? 무엇이 좋은가? 일이 돌아가는 데 무엇이 문제인가? 등의 질문에 답해야 한다.

둘째, 지도 정책으로 네 부분으로 구성된다. ① 기반: 조직운영 프레임워크-기술 인프라, 엔터프라이즈 인프라가 솔루션 인프라에 의해 연결되는 방식 ② Governance: 조직의 기능적 구성요소와 그 기술적 스택이 정렬되고 운영되는 방식 ③ 문화: 조직을 이끌고 해결책을 사용하는 데 필요한 지침 ④ 윤리: 조직

8 https://www.artofba.com/post/ai-business-transformation-roadmap-how-to-succeed-in-ai-adoption.

이 운영되는 원리와 이념 등이다.

셋째, 일관성 있는 행동, 이른바 의사결정단계로서 변혁과 변화에 관한 것이다. 일관성 있는 작용으로 ① 자원(resource) 할당 ② 솔루션 구현 ③ 구매·구축 결정 ④ 프로세스 조정(솔루션 중심 및 work flow) ⑤ 인재육성 ⑥ 조직문화와 변화관리(조직 내 생산적 환경 유지) 등이 포함된다.

AI 전환 로드맵에서 회사의 조직문화 역할이 갈수록 커지고 있다. AI 비즈니스 혁신은 목표달성을 위해 부서 및 그룹 간 협력이 필요하다. 심지어 특정 AI 과제를 위한 머신러닝 모델을 제3자에게 위탁하는 경우도 많다. 이러한 측면은 누가, 무엇을, 왜, 어떤 순서로 하고 있는지에 대한 명확성이 요구된다. 그렇지 않을 경우, AI채택은 기존 워크플로우를 방해할 수 있다. 그렇기에 회사는 작업 흐름을 점진적으로 조정하고 확대함으로써 충격을 완화시켜야 한다. 또한 AI 구현 시 새로운 데이터 Governance 정책이 필요하다. 사업운영에 데이터가 이용 가능한 방법, 규정 준수를 위해 데이터의 어떤 요소들을 반복해야 하는지(특히, 개인 식별가능 사용자 데이터의 익명화 또는 가명(假名)화), 안전하고 건전하게 유지하는 방법 등이 포함된다. 가령 개인 데이터의 사용을 최소화하고 개인 데이터 활용에 대해 해당 개인에게 철저한 보상을 제공하는 사용자 중심의 인공지능 구조가 지속가능성을 가질 수 있다. 이러한 인식에서, 전 세계적으로 MyData 열풍이 불고 있다. 인공지능업계에서도 MyAI라는 용어도 나오고 Human-Centered AI와 관련된 연구소가 스탠포드, MIT, UC버클리에 설립되기도 하였다.

AI 전환의 어려운 부분은 AI/ML 솔루션이 업무중단 없이 특정 비즈니스 작업흐름에 맞추는 방법을 이해하는 동시에 새로운 차원으로 끌어올려야 한다. 이러한 과정은 내·외부 요인과 비즈니스 측면에서 AI 비즈니스 혁신에 대한 올바른 이해가 필요하다. 그 의미는 머신러닝 솔루션이 비즈니스 성과를 중심으로 공통의 기업 기능 및 솔루션을 반영한다. 예를 들어, Data Mining 솔루션은 고객세분화뿐만 아니라 다양한 목적에 적용할 수 있다(Bernard Marr, 2019).

내·외부의 요인에 대한 이해

- 외부 요인: 특정 산업 부문의 시장 상황
- 내부 요인: 조직의 재무 역량
- 내부/외부 요인: 특정 분야에 대한 기업의 기술 전문성

AI 비즈니스 혁신에 대한 이해

- 인공지능 솔루션은 특정 업무를 수행하는 알고리즘과 결합된 데이터로 구성
- 비즈니스 문제는 업무를 형성
- 알고리즘 운영 결과는 비즈니스 문제에 대한 해결책을 제시함

3 AI 전환의 성공요소와 Check List

오늘날 AI 구현은 시장에서 경쟁 우위를 유지하기 위한 필수적 요소이다. 하지만 AI 전환업무는 허공이나 진공상태에서 일어나지 않는다. 기업은 머신러닝 애플리케이션을 구현하고 이를 최대한 활용하는 방향으로 적응하고 성장해야 한다. 머신러닝은 인간과 기계 간 시너지관계를 갖는다. 실제로 머신러닝은 과학적 방법과 인간 의사소통기술의 적용을 필요로 한다. 성공적 기업은 분석인프라, 노하우 및 분석가와 비즈니스 전문가 간 긴밀한 협업을 통해 시너지효과를 ROI로 전환시킨다. 기업이 미래에 경쟁력을 유지하려면 AI 전략을 정의하고 실행해야 한다. 물론 AI 전략만으로 충분하지 않다. 정의된 전략을 성공적으로 구현하면서 조직구조에 체화되어야 한다. 성공적 AI 전략의 실천을 위해 중요한 기초는 다음과 같다.[9]

9 https://www.strategy-business.com/article/A-Strategists-Guide-to-Artificial-Intelligence? gko=d2e2b.

첫째, 실험적 사고방식을 확립해야 한다. 머신러닝은 반복적인 탐구 과정이다. 핵심 알고리즘이 양산되고 있지만, 각 프로젝트는 비즈니스 상황과 맥락, 데이터를 기반으로 customizing해야 한다. 다른 실험과 마찬가지로 일부 가설은 시초부터 잘못된 것으로 판명될 수 있다. 이 경우, 새로운 데이터를 조달 또는 생성하거나 발견된 데이터를 기반으로 문제를 다시 작성해야 한다. 결국, 의사결정자와 팀 구성원은 성공적인 데이터분석을 위해 기계학습 시험 및 학습사고방식을 적용해야 한다. 최대의 유연성과 민첩성이 제공되는 반복적 프로세스를 통해 진행상황을 신속하게 평가하고 대안적 접근방식이 필요한지 여부를 결정할 수 있어야 한다.

둘째, Data Science 업무와 팀의 학제적 통합이 요구된다. 기계학습에의 투자와 성과를 얻기 위해 기술에만 투자할 수 없다. 시스템의 관리와 함께 적절한 인력 또는 전문가를 확보해야 한다. 여기에 비즈니스, 데이터 및 전문 기술지식을 갖춘 다양한 전문가가 참여하는 역동적 팀 구성이 중요하다. 또한 기술생태시스템을 구축·유지할 수 있는 IT 직원도 필요하다. 아울러 분석가, 수학자/통계학자, 관리자 간 협력을 촉진하는 구성원도 필요하다. 만일 참여자간 연결과 소통이 미흡하면 오해가 불가피하고 자칫 실패 위험도 커질 수 있다.

셋째, 강력한 데이터 전략 및 에코시스템을 개발해야 한다. 기계학습에는 방대한 양의 데이터가 필요하다. 따라서 충분한 데이터의 식별, 조달 및 전달, 품질데이터와 정보자원에 대한 액세스를 위한 프로세스가 설정되어야 한다. 이를 위해 governance 가이드라인과 데이터생태계의 바탕에서 탐색환경(일종의 Sandbox) 및 운영 환경을 지원해야 한다. 또한 보안, 개인정보 보호 또는 품질저하를 방지하는 액세스와 유연성이 조정된 다단계 접근방식이 필요하다. 아울러

AI 전략과 실천을 통해 밝혀질 이니셔티브

- 회사에서 가장 가치 있는 고유한 데이터 소스 파악
- 자동화의 이점을 얻을 수 있는 가장 중요한 프로세스 파악
- 내부 자원을 파악하여 AI 혁신을 주도
- 야망적이고 시간적 제약이 있는 비즈니스 목표 설정

구조화(정형화)되지 않은 텍스트, 음성, 이미지 등이 포함된 데이터 소스 도입을 위해 새로운 데이터 관리기능이 요구된다.

넷째, 조직의 허용오차 위험을 관리해야 한다. "충분히 좋은 것"에 대한 기준에 동의하는 것부터 모델의 검증, 개발방법의 이해에 이르기까지 기계학습은 품질보증과 위험관리의 접근방식에 도전해야 한다.

다섯째, 확립된 비즈니스 프로세스의 적응과 참여가 요구된다. 기존 의사결정 지점을 자동화하든 새로운 제품 또는 서비스 offering을 제공하든 기계학습은 파괴(단절)적이다. 기존 비즈니스 프로세스, 역할 및 기능에 미칠 수 있는 영향에 대한 평가작업이 필요하다. 그렇다고 시작하기 전에 가능한 효과를 설계해야 하는 것은 아니다. 그러나 빠른 점검은 추후 비용 소모적 구조조정의 부담을 줄일 수 있다. 그러기 위해 가설을 제시한다면, ① 정보로 무엇을 할 수 있는가? ② 기존 프로세스에 어떤 영향을 미칠 수 있는가? ③ 필요한 변경을 수행할 준비가 되었는가? 등에 관한 질문부터 시작해야 한다.

여섯째, 새로운 IT 관행에 대한 헌신(Commitment)과 집중이 필요하다. 모델의 배포 후 기계학습 모델의 반복 모델링과 튜닝이 꾸준히 지속되어야 한다. 업데이트가 필요한 간격은 예측할 수 없다. 기계학습을 사용하려면 근본적으로 다른 Q&A 및 제공모델이 필요하다. 이처럼 모델을 유지하는 것은 초기 모델 개발과 동일한 방식으로 수행되어야 하는 지속적인 프로세스다.

지난 2010년대는 AI가 비즈니스 운영을 보다 효율적인 업무로 전환한 시기였다. Cloud 도입 증가로 AI 운영효율성이 이전에 상상할 수 없었던 수준으로 높아졌다. 모델들은 훈련과 유지관리가 쉬워졌고, 머신러닝 알고리즘이 적극적으로 도움을 주고 있기 때문에 데이터 셋의 수집이 용이해졌다. 가령 인공지능 학습용 데이터 셋 지원 및 개방은 <표 7-3>과 같다. 하지만 가장 중요한 것은 AI가 하나의 선택지가 되었다. 모든 규모와 운영의 회사들에게 이용 가능하게 되었다. 이제 충분한 전문지식을 가진 사람이라면 누구나 자신의 이익을 위해 인공지능 기술을 채택할 수 있다.

▼ 〈표 7-3〉 2019 인공지능 학습용 데이터 셋 구축내용 및 활용서비스

분야	구축내용	활용서비스
번역말뭉치	한국어 인공지능 번역 기술개발 및 성능강화를 위한 한국어-영어 병렬 말뭉치 데이터 80만 문장 구축	한국어-영어 AI번역시스템 등
사물 이미지	국내 장소, 객체, 상황인지 기술개발 및 성능강화를 위한 한국형 사물, 거리, 간판, 심볼 이미지 데이터 360만 장 구축	국내 사물인식 및 안내 AI서비스 등
글자체 이미지	한글 광학글자인식(Optical Character Recognition: OCR) 성능 개선을 위한 한글 글자체(손글씨 및 인쇄체) 이미지 500만 장 구축	자동 한글인식 AI 서비스 등
인도 보행영상	시각장애인, 전동휠체어 등의 보행지원기술 개발을 위한 국내 인도 · 횡단보도 보행영상 및 인도 위 객체 라벨링 데이터 500시간 구축	장애인 길안내, 자율전동 휠체어 등
안면 이미지	다양한 각도, 조도 등의 환경 하에서 안면인식 · 식별, 성능 강화를 위한 한국인 얼굴 이미지 데이터 1,800만 장 구축	한국인 얼굴 인식 AI 시스템, 범죄자탐지
융합영상	감성인식 개발을 위해 동영상에서 인물의 표정, 음성, 대화 내용, 상황 등의 감정이 포함된 멀티모달 영상 데이터 50시간 구축	인간의 감정, 상황 이해 로봇
위험물 이미지	위험물 · 도구 자동판별 기술개발 및 성능개선을 위한 위험물, 범죄도구, 반입금지물품 등의 X-ray 이미지 42만 장 구축	공항, 항만, 철도, 주요 시설 AI보안 시스템
동작영상	사람의 동작 · 자세 · 행동 인식기술 개발을 위해 다양한 조건에서 사람 동작 영상 데이터 50만 클립 구축	서비스 AI로봇 등 (공장, 가정, 공공장소 등)
질병진단 이미지	국내에서 발병률, 중증도 등이 높은 주요 질환관련 진단 이미지(X-ray, CT, 초음파, MRI 영상 등) 및 진단결과 데이터 1만장 구축	AI 보조 질병 자동검진
이상행동 영상	주야간 적용 가능한 이상행동 지능형 탐지기술개발 및 성능 강화를 위한 이 기종(가시광선, 적외선) 영상 데이터 300시간 구축	지능형 AI CCTV, AI 안전감시 시스템 등

주) 2018년 1월부터 운영된 AI 허브는 국내 기업 및 대학, 연구기관, 개인 등이 AI 기술 및 서비스 개발에 필요한 HW/SW를 자유롭게 활용할 수 있는 포털로 310억 원을 투자하여 벤처 · 중소기업의 경쟁력을 높일 수 있도록 하고 있음.

출처: http://www.aihub.kr, "AI 오픈 이노베이션 허브".

성공적인 AI 전환을 위해서는 IT와 마찬가지로 데이터 과학적 사고가 조직 전반에 통합되어야 한다. 전사적 차원의 변화 관리 계획이 필요하다. 기존 연구 및 인터뷰에 대한 리뷰를 기반으로 ① AI 이니셔티브가 기술투자에 국한되어서는 안 된다. 특히, 조직 변혁과정과 인적 측면을 과소평가해서는 곤란하다. ② AI 배치과정에서 전략이 희생될 수 없다. AI 투자는 기업의 비즈니스 목표에 부합해야 한다. ③ 업무 전반에 걸쳐 인공지능을 구축하려면 조직 내 전체 기술 전략과 인프라에 대한 구조조정이 필요하다. ④ 기계학습과 인공지능 구축에 능통한 전문가가 AI 기능을 선도해야 한다.[10]

오늘날 모든 조직은 혁신의 필요성과 운영의 우수성을 달성하기 위한 요구 사이에서 균형을 맞추기 위해 고군분투하고 있다. 그 결과, 많은 조직들이 기술과 데이터 그리고 사람들을 디지털 전환을 추진하기 위한 방법으로 인공지능으로 눈을 돌리고 있다. AI와 함께 조직혁신의 5단계는 다음과 같다.[11]

1단계로서 해결할 수 있는 것과 해결할 수 없는 것을 구분해야 한다. 인공지능이 조직 전체를 변화시킬 수 있는 잠재력을 갖고 있지만, 머신러닝 기술은 아직 숙련된 전문 인력의 경험을 완전히 대체할 수 있는 능력은 없다. 대신, IT팀은 인공지능에 의해 구동되는 자동화를 활용하여 숙련된 노동자들이 가장 잘하는 일을 할 수 있도록 자유롭게 할 수 있다. 즉, 전문 지식을 활용하여 우선순위가 높은 문제에 대한 솔루션을 개발할 수 있다. 머신러닝 알고리즘은 추세를 파악하고, 통찰력을 전달하며, 잠재적 해결책을 찾기 위해 산더미 같은 데이터를 걸러낼 수 있다. 자동화는 특정 문제를 해결하는 데 도움이 될 수 있다. 그러나 비즈니스 목표를 달성하기 위해 IT 부서를 중심으로 심층분석과 적용이 필요하다.

2단계로서 해결해야 할 문제를 식별하고 우선순위를 정해야 한다. 인공지능은 운영 효율성 극대화와 고객 경험 향상이라는 과제를 해결하는 데 도움을 줄 수 있다. 기업의 80%가 IT 관리자를 비즈니스의 전략적 조언자로 보는 등 CIO의 역할이 훨씬 중요해졌다. 개인은 IT에서 타인과 함께 AI 솔루션과 같은 신기술의 중점 분야를 규정하는 역할을 담당한다. 바이인(buy-in)을 달성하기 위해

10 https://research.aimultiple.com/ai-transformation.

11 https://ayehu.com/transform-organization-with-ai-5-steps.

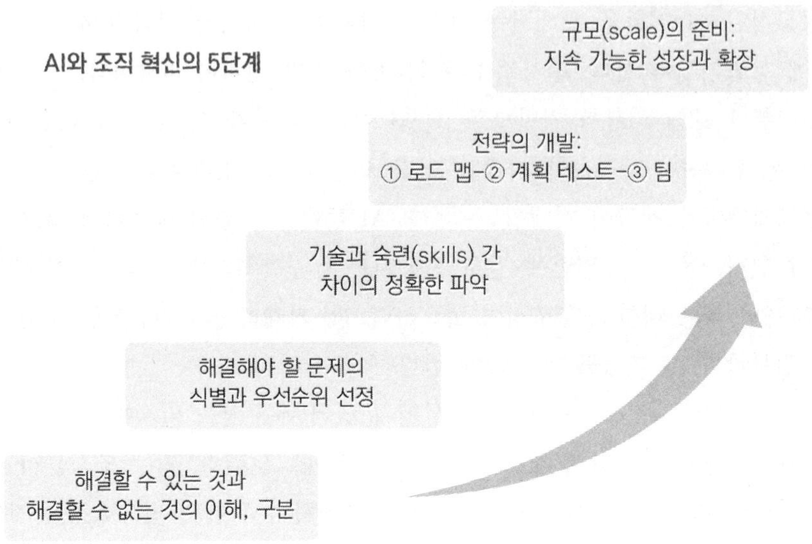

보다 광범위한 조직 전체의 목표와 밀접하게 일치하는 방식으로 새로운 솔루션을 제시해야 한다.

3단계로서 기술과 숙련(skills)의 차이를 정확히 파악해야 한다. IT skill 격차는 항상 존재한다. 가까운 장래에 사라질 것 같지 않다. 인재 부족뿐 아니라 IT 예산도 정체되고 있다. AI 솔루션은 IT 팀이 스스로 할 수 있는 것보다 훨씬 빠른 속도로 보다 적은 리소스로 더 많은 작업을 수행할 수 있도록 지원함으로써 두 가지 문제의 완화에 기여할 수 있다. 물론 이러한 솔루션을 추진하기 위해 핵심 skill이 필요하다.

4단계로서 전략의 개발이다. AI가 어떤 문제를 해결할 수 있는지 파악하고, 극복하고자 하는 구체적 과제를 정의해야 한다. 그리고 채택을 위한 구매를 달성하고, 어떤 자원으로 작업해야 하는지 평가한 후, 배포전략을 개발해야 한다. 전략에는 ① 로드맵: 개념 증명에서 지속적인 프로세스 개선까지 수립되어야 한다. ② 계획 테스트: 달성하고자 하는 사항과 진행상황에 대한 Metric이 정의되어야 한다. ③ 팀: IT 직원을 위한 교육 투자 및 준비가 필요하다.

5단계로서 규모(scale)의 준비다. 모든 AI 전략에는 시스템, 서비스, 애플리케이션 및 인프라에 걸친 데이터 매핑이 포함되어야 한다. 여기에 정형 데이터와 비정형 데이터뿐만 아니라 다양한 형식의 데이터가 포함된다. 분석을 위해 모든 데이터 소스를 섭취, 표준화 및 포맷할 수 있는 솔루션을 선택하는 것이 필수적이다. 또한 성숙하고 확장할 수 있는 여지(공간)를 제공하는 플랫폼 선택이 중요하다. 일반적으로 안정적이고 지속 가능한 변화는 작게 시작하여 초기 성공에 기초하는 것에서 비롯된다. 충분히 성장할 수 있는 여지를 남겨야 한다.

아울러 AI 구현단계에서 체크리스트가 갖추어져야 한다. AI를 비즈니스에 통합하는 방법에 대한 질문목록으로 경험에 근거하여 자신의 비즈니스영역에 확장시킬 수 있다. ① 기술적 해결책은 정상적으로 작동하는가? ② 솔루션은 회사에 적합한가? ③ 솔루션은 현재 비즈니스 Workflow에서 비용 효율적인가? ④ AI가 연료로 가동할 수 있는 소프트웨어와 하드웨어 인프라가 마련되어 있는가? ⑤ 솔루션은 모든 관련 규정(GDPR 등)을 준수하고 있는가? ⑥ 솔루션의 가치 제안이 기업의 가치 제안과 공명하고 있는가? 이러한 질문은 올바른 방향으로 움직이는지 여부를 이해·판단하는 데 도움이 될 것이다.

“정부는 우리의 문제에 대한 해결책이 아닙니다. 정부 자체가 문제입니다.”

-Ronald Wilson Reagan, 미국의 40대 대통령-

정부 · 국회가 먼저 기존의 것 버리고 AI로 Pivot하라!

정부수반 대통령이 인공지능 정부를 만들겠다고 공언하였다. 이미 제4차 산업혁명을 주도하기 위해 선진 각국은 물론 동남아시아 국가들까지 앞다투는 형국이다. 하지만 한국은 곳곳에서 낡은 제도라는 암초에 부딪히고 있다. 자율주행과정에서 쏟아지는 엄청난 데이터의 활용에서 규제의 칼날이 곳곳에 숨어 있다. 인공지능 정부를 실현하기 위한 정부역할은 두 가지다. 규제완화와 인재육성이다. 기존 규제를 허무는 것이 선결되어야 할 핵심적 과제다. 현 시점에서 허물어야 하는 규제문제가 인공지능 기술의 성패를 좌우할 수 있는 핵심 사안으로 부상한지 이미 오래다. 시장과 산업이 민감하게 반응하는 인공지능 기술의 강화하는(strengthening) 성질과 경계를 허무는(disruptive) 성격은 인공지능의 범용기술 속성이 심화될수록 기존 시장과 산업의 작동질서인 법과 규제의 혁신을 한층 강하게 요구할 것이다. 법 · 제도의 사회적 혁신이 기술혁신보다 중요하다. 규제가 필요하다면 적어도 글로벌 시장과 비슷하게 적용해야 한다. 기존 규제는 신규 산업의 흐름에 맞게 재조정해야 한다. 미래의 국가 경쟁력은 AI 인재를 얼마나 확보했느냐에 달렸다. AI 전환시대에서 일상생활, 업무, 타인과의 소통방식 등이 뿌리째 바뀌고 있다. 이러한 변화의 소용돌이에서 도약하려면 AI 역량을 갖춘 AI 인재를 양성하는 게 시급하고 중요하다. 정부 · 국회부터, AI에 적응하는 체질로 만들어야 한다. 그래서 정부 · 국회가 AI 전환시대의 걸림돌이 아니라 디딤돌 되어야 한다.

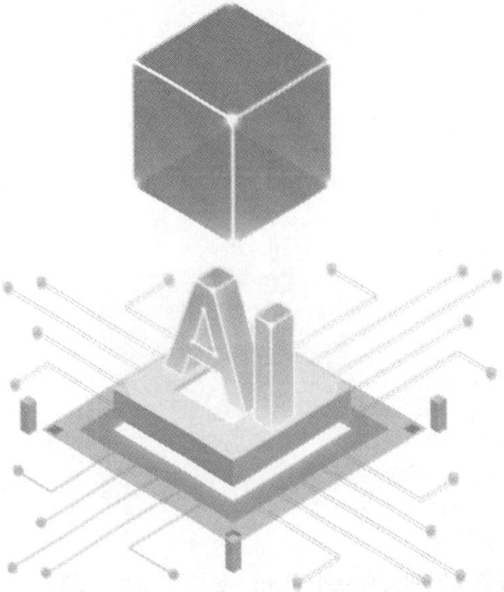

모든 직장인을 위한 인공지능(AI)

디지털 전환시대의 최종병기

CHAPTER

08

AI 전환시대의 걸림돌, 정부 · 국회

1. 변함없는 정부와 국회부터 변화해야: Pivoting의 당위성
2. 디지털 전환시대의 규제이슈와 문제점
3. 각국의 인공지능 규제동향과 시사점
4. AI비즈니스 지원을 위한 정부·국회역할: 지능적 규제와 인재양성

CHAPTER 08

AI 전환시대의 걸림돌, 정부·국회

1 변함없는 정부와 국회부터 변화해야: Pivoting의 당위성

규제와 권위주의의 구각과 구태를 벗지 못하는 한국의 웃픈 현실을 풍자한 이야기다. 「대한민국을 죽도록 사랑했던 어느 독립투사가 죽어서 하늘나라에 갔다. 하나님은 "살아서 훌륭한 업적을 남겼기에 소원 한 가지를 들어줄 테니 말해 보라"고 했다. 그의 소원은 나라의 미래를 위해 세계적으로 유명한 과학자 Galilei, Newton, Einstein, Marie Curie, Edison, 다섯 명을 대한민국에 보내달라고 간청했다. 수십 년의 세월이 지나 독립투사는 그들이 어떻게 지내는지 궁금해 하늘에서 내려 보았다. 그러나 기대와 달리 천재과학자 다섯 명 모두 실업자로 지내고 있었다. 이유인즉, Edison은 많은 발명업적을 남겼지만 초등학교 중퇴라는 학력이 걸림돌이 됐다. Einstein은 수학은 뛰어났지만 나머지 과목은 낙제여서 대입 문턱을 못 넘었다. Newton은 박사논문심사에 청구한 논문이 수 년째 통과하지 못하고 있었다. 심사위원이 논문내용을 이해할 수 없다는 이유로 거부되고 있기 때문이다. Marie Curie은 우수한 성적으로 대학을 졸업했지만 외모 때문에 면접에서 줄줄이 낙방하여 실의에 빠졌다. 국책연구원에 근무 중인 Galilei는 정부정책을 비판했다는 이유로 연구비가 끊겨 낙담하고 있었다.」 창의성을 억압하는 규제와 권위주의 단면을 풍자한다.

모든 것은 변한다는 것, 변함없는 진리다. 하지만 변화의 무풍지대, 혁신의 사각지대가 있으니 바로 정치와 행정 아닐까. 변화가 가장 절실하지만 가장 변함없는 영역이다. 인공지능 활용 분야가 신산업 분야를 넘어 의료·법률 등 다양한 분야로 확대되는 추세다. AI 산업은 가파른 성장세를 보이며 많은 자본이 투입되고 있다. 공공에서도 제4차 산업혁명에 대한 관심이 높아야 많은 지원을 받을 수 있는 상황이다. AI 산업이 성장해야 새로운 성장 동력의 역할도 가능하다.

상호 융·복합 심화와 초 연결(Hyper-connectivity)·빅뱅(Bigbang)식으로 신기술 및 신산업이 발생되는 제4차 산업혁명 시대의 진전에 따라 전 산업에 걸쳐 급속한 변화가 진행 중이다. 지난 2010년에 독일에서 개최된 <Hannover Messe 2011>을 통해 제기된 "Industry 4.0"에서 처음으로 국가차원의 구상을 시작한 이래로 유럽과 미국 등 IT 주요국 중심에서 아시아 국가에 이르기까지 국가전략과 대응방안이 수립, 집행 중이다.

신사업 진출 막는 주요 규제

개인정보 활용 규제 • 개인정보 수집 · 이용 시 반드시 사전동의 의무화	**투자개방형 의료법인 설립 금지** • 비영리 법인과 공공단체만 병원 설립
카풀 서비스 제한 • 국외와 달리 카풀 서비스를 출퇴근 시간에 한정	**유전자 검사기관 검사 가능 항목 열거식 규제** • DTO(유전자 검사 개인 의뢰) 12개 항목으로 제한
개인 차량 이용 차량 공유 금지 • 현행법상 개인 차량의 유상운송행위 금지	**인터넷 전문은행 규제** • 산업자본 은행 지분 보유 4%(의결권) 제한
숙박 공유 서비스 제한 • 관련 법령 없어 내국인 대상 도시민박업 불가	**P2P 업체 별도 규제 적용** • P2P(개인 간) 금융에 대한 규정과 제도 부재
원격 의료 금지 • 의사·환자 간 원격 서비스 금지	**안경·콘텍트렌즈 온라인 판매 금지**
	약국 외 장소에서 일반의약품 판매 금지

자료: 매일경제, "세계는 4차산업혁명 성과…韓은 규제 바다서 '허우적'" 재구성.

제4차 산업혁명은 이전 산업혁명과 비교할 때 산업구조의 변화와 사회와 인간의 삶에 대한 영향의 파장 및 속도가 질적·양적으로 극명하게 차이가 나타나고 있다. 제4차 산업혁명에 나타난 신기술 및 융합 기술 대다수는 과거 기술 및 서비스에 대한 기존 규제의 틀에 부합하지 않아 기존 규제들과의 충돌이 불가피하다. 스마트시티, 자율주행, 공유서비스를 비롯하여 제4차 산업혁명과 결합해

폭발적인 성장이 기대되는 의약·바이오산업에서의 규제도 만만치 않다. 의사와 환자를 원격으로 연결해 진료하는 원격의료는 인프라스트럭처가 충분히 갖춰져 있지만 기득권 반대와 의료 민영화 우려로 몇 년째 답보 상태다. 데이터 규제는 인공지능을 이용한 의료 선진화도 가로막고 있다. 규제 왕국이라 불리던 일본이 원격의료를 일부 허용하고, 도서지역 고령자에게 드론을 이용한 약 배달 등 새로운 시도를 해나가고 있는 것과 대조적이다.

제4차 산업혁명을 구성하는 핵심기술은 <표 8-1>에서 보듯 기술이 무엇이냐에 따라 기관이나 단체마다 정의는 다르다. 하지만 인공지능, 데이터 산업, 사물인터넷, 클라우드 컴퓨팅, 모바일 콘텐츠, 공유 플랫폼, 차세대 네트워크, 헬스케어 산업을 주요 플랫폼 기술로 구분할 수 있다.

제4차 산업혁명으로 인한 변화에 대해 우리 사회가 시의 적절하게 대응하지 못한 사례가 나타나고 있다. 새로운 산업·신기술의 개발 및 서비스과정에서 (1) 신기술이 고려되지 않은 기존 개별법의 규제를 적용받고 있는 사례, (2) 기존 산업 이해 당사자 간의 영역 충돌 사례 등이 발생하며 복합적인 문제로 심화되고 있다.

▼ 〈표 8-1〉 제4차 산업혁명 관련 제시된 핵심 기술

구 분	세계경제포럼(WEF)	Industry 4.0	OECD(The Next Production Revolutaion)
제시기술	• 무인운송수단 • 신소재/3D 프린트 • 첨단 로봇공학 • IoT/원격 모니터링 • 블록체인/비트코인 • 공유경제 • 유전공학/합성생물학 • 바이오프린팅	• 빅 데이터와 분석 • 자율로봇 • 시뮬레이션 • IoT • 사이버보안 • 클라우드 • 3D 프린트 • 가상 현실	• 빅데이터 • 클라우드 컴퓨팅 • IoT • 인공지능 • 3D 프린트 시뮬레이션

자료: 산업연구원(2018.11).

제4차 산업혁명 변화에 적극 대응하여 사회적 혼란을 방지하고 신 성장 동력을 발굴하여 글로벌 동향과 흐름에 선도적인 대응이 필요하다. 특히, <그림 8-1>에서 보듯 기술 및 새로운 서비스 등장에 따른 규제 개선의 필요하다. 만

일 기존 규범의 틀에 갇혀 4차 산업혁명으로 인한 변화에 선제적으로 적절하게 대응하지 못하면 한국사회가 겪게 될 혼란이 가중될 것이다. 더구나 신기술, 신서비스 등에 기존 관련 개별법 적용 시 신산업의 출현을 근본적으로 차단하는 결과를 초래하고 있다.

경제 성장의 핵심 저해요인 중 하나인 규제는 '경제주체' 및 '생애주기' 전체에 긴밀하게 개입하며 부정적 영향력을 행사한다. 2006년 한국행정연구원의 연구에 따르면 규제 비효율성 개선에 따라 실질 GDP가 2.1% 성장하며 수출과 수입이 각각 1.53%, 1.32% 증가하는 효과가 있으며, 15.2만 명의 고용 증가가 있을 것으로 예측하였다(날리지리서치그룹, 2019)

〈그림 8-1〉 신기술 및 새로운 서비스 등장에 따른 규제 개선의 필요성

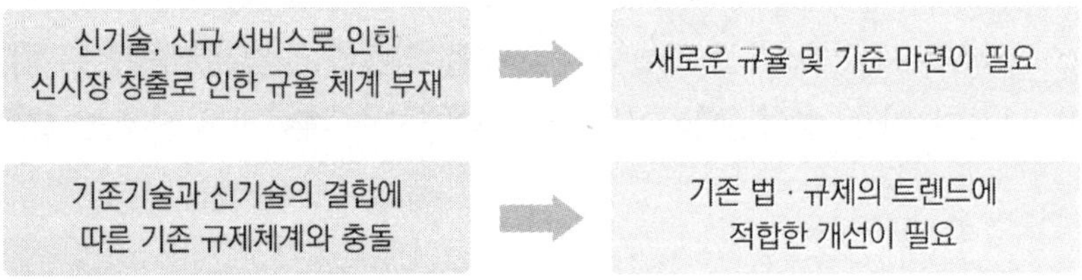

자료: 대한상공회의소(2017).

그동안 정부는 제4차 산업혁명 등 글로벌 산업의 변화에 대응하기 위해 <12대 신 성장산업>을 선정하며, 2018년 <국민의 삶을 바꾸는 산업 혁신성장 가속화>를 발표, <5대 신산업 프로젝트 중심 성과 창출>을 핵심 실천과제로 선정하였다. 이후 2019년 <규제 Sandbox> 제도를 실시하며 신기술 및 융합기술 발전과 사회적 안정을 위한 노력을 지속하였다.

하지만 현실은 어떠한가? 국내 기업관련 규제부문 순위는 2019년 IMD 국제경쟁력평가 결과 조사대상 63개국 중 2018년 47위에서 2019년 50위로 하락한 상황이다. 세계경제포럼(WEF) 2018년 국제경쟁력 지수에서도 인도(16위), 중국(18위), 인도네시아(26위), 일본(32위)에 비해 대한민국은 79위로 크게 추락하였다. OECD 2018년 PMR Database에서도 한국의 상품시장규제(PMR)지수는 1.67로 OECD 34개국 중 30위로 매우 높은 규제 수준을 나타냈다. 기존 사업자 위주의 의견수렴 및 정책 집행을 통한 신규 사업자 시장진입 난항(기득권 저항), 유연하지

않은 분류체계와 원칙금지, 예외허용의 칸막이식 분류로 혁신활동을 저해하는 포지티브 규제, 규제에 대한 보신주의 문화와 민원이 우려되는 사항에 대한 소극적 행정 등 경쟁국 대비 불리한 신산업 규제가 지속되고 있다. 가령 <표 8-2>에서와 같이 규제 Sandbox 제도 도입 이후에도 부처 간 합의가 어렵거나 사회적 파장이 큰 신청은 심의를 통과하지 못하는 등 현장에서는 규제 혁신 노력을 체감하기 어렵다는 목소리가 지배적이다.

▼ 〈표 8-2〉 규제 Sandbox 관련 4대 법률 현황

부처	근거법률	주요 일자			적용대상
		제정	개정	시행	
과학기술 정보통신부	정보통신 진흥 및 융합 활성화 등에 관한 특별법(정보통신융합법)	13.8.13	18.10.16	19.1.17	범부처 정보통신융합
산업통상 자원부	산업융합촉진법	11.4.5	18.10.16	19.1.17	범부처 산업융합
금융위원회	금융혁신지원특별법(금융혁신법)	18.12.31	-	19.4.1	금융위 소관 규제
중소벤처 기업부	규제자유특구 및 지역특화발전특구에 관한 규제특례법(지역특구법)	04.3.22	18.10.16	19.4.17	비수도권 대상 지자체

자료: 한국경제연구원(2019, 6).

각종 규제가 국내 Startup(신생 벤처기업) 생태계의 성장을 옥죄고 있다는 불만이 터져 나온다. 견디다 못한 Startup 창업가들이 절규에 가까운 성명서를 발표하였다. "우린 범죄자가 아닙니다. 새로운 방식으로 접근하는 혁신적인 창업가일 뿐입니다.[1]"라고 탄식하였다. 국내 Startup은 시장에 진입하자마자 거미줄 같은 규제에 가로막힌다. 기존 시스템은 Startup이 만든 새로운 비즈니스에 제동을 건다. Startup은 규제를 피하기 위해 방어적으로 사업을 하고, 투자자는 국내 규제 상황에 움츠러든다. 이런 시장 환경에선 Startup의 혁신성장을 기대하기 어렵

1 국내 Startup 단체인 코리아Startup포럼 성명서 내용이다.

다. 치열한 글로벌 시장에서 한국의 Startup 생태계가 살아남을 수 있는 '골든타임'이 얼마 남지 않았다는 위기의식마저 팽배하다.

정보기술(IT) 전문로펌인 테크앤로의 2018년 시뮬레이션결과, 세계 100대 Startup 가운데 13곳은 한국에서 사업을 시작할 수 없었다. 44곳은 조건부로만 가능한 것으로 나타났다. 글로벌 100대 Startup의 절반 이상이 한국에서 사업이 불가능하거나 조건을 바꿔야 한다고 진단했다(한국경제신문, 2019년 6월 25일자).

스타트업 창업가들이 생각하는 생태계 발전위한 개선점* (단위: %)

	2017년	2018년
1위	규제완화(47.7)	규제완화(53.5)
2위	투자활성화(42.2)	투자활성화(35.2)
3위	M&A활성화(32.8)	우수인력 확보(29.8)

세계상위 100개 스타트업 사업모델 한국에 적용해 보니** (단위: 개)

사업여부	업체 수	기업
불가능	13	에어비앤비, 우버 등
조건부가능	44	소파이, 크레딧카마, 팔란티어 등
가능	43	위워크, 스냅, 모바이크 등

자료*: 스타트업얼라이언스; 오픈서베이; 피치북; 테크앤로.

자료**: 한경 경제, "거미줄 규제…세계 100대 스타트업 절반, 한국선 사업 못해".

세계 투자액상위 100개 스타트업의 국적*** (단위: 개)

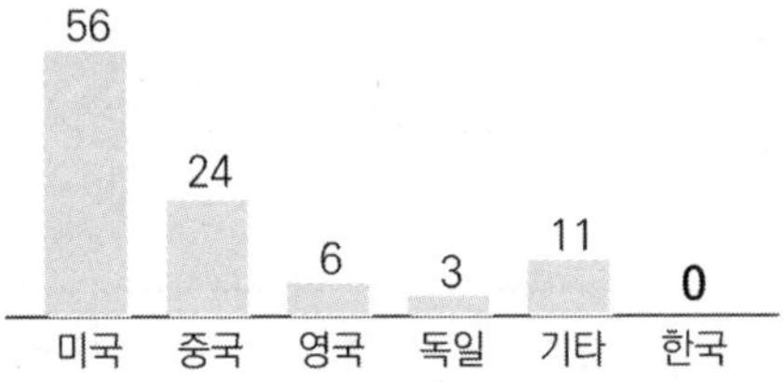

자료***:피치북, 테크앤로.

Uber와 Grab 등 차량공유 업체는 여객자동차 운수사업법에 걸린다. 숙박공유 업체 Airbnb는 공중위생관리법에, 원격의료 업체 Wee Doctor는 의료법의 허들을 넘을 수조차 없다. 규제 장벽에 막혀 수많은 Startup은 합법과 불법의 경계선을 오간다. 온라인 중고차 거래 플랫폼 헤이딜러는 규제 때문에 회사가 도산 직전까지 갔다. 신개념 서비스로 세간의 주목을 받았으나 자동차관리법 일부 개정안이 국회를 통과하면서 영업이 금지돼서다. 온라인 중고차 플랫폼도 오프라인 사업장처럼 3,300m^2 이상 주차장을 마련하라는 조항이 생겨났다. 견디다 못한 회사는 폐업을 선언했다. 금융당국이 온라인 자동차 경매사업자의 시설 규제를 풀어준 뒤에야 영업을 재개할 수 있었다.[2]

'불법 논란' 에 멈춰선 스타트업

라이블리: 맞춤형 비타민 추천 및 구독

보건의료기본법 · 약사법

리버스랩: 학원 통학차량 공유서비스

여객자동차운수사업법

콜버스랩: 심야 시간 도심 버스 운행

여객자동차운수사업법

위반 법률(상위법 기준)

자료: 업계 종합.

Startup들은 기존에 없던 사업을 하는 만큼 현행법과의 충돌이 불가피하다. 하지만 정부 주무부처는 기존 산업의 반발 여론을 의식해 적극적인 법 해석을 외면하고 있고, 입법으로 보완해야 할 정치권은 선거와 자신들의 이권이 달린 선거법 등에 매몰돼 정작 현안 경제법안에는 무심하기 짝이 없다. 이렇다 보니 현장의 Startup들은 '하면 된다.'는 의지를 키우기보다 '해도 안 되는구나.'라는 좌절감부터 맛봐야 하는 악순환이 반복되고 있다(서울경제신문, 2019년 11월 12일자).

최근 AI 기술에 대한 사회 전반적인 인식 개선과 함께 AI 시대가 본격 도래한다는 공감대가 확산되고 있다. 하지만 아직까지 규제에 대한 아쉬움은 여전하다. 문재인 정부출범 후 수차례 "규제를 과감히 풀겠다."고 공언했다. 하지만 규제 혁파 관련 부처와 기관들만 늘었다. 문재인 정부에서 혁신 산업과 관련한 규제 문제를 다루는 기구는 ① 대통령 직속 4차 산업혁명위원회 ② 국무총리실 신산업 규제혁신위원회·민관합동규제개선 추진단 ③ 기획재정부 민관합동 혁신성장본부 ④ 과기정통부 '사필귀정' TF(4차 산업혁명에 필요한 사항을 귀 기울여 바로 잡는 TF) 등으로 분산되어 있다. 이처럼 여러 기구들의 업무 대부분이 중첩될 뿐만 아니라, 여러 부처와 민간이 동시에 참여하는 4차 산업혁명위원회도 제역할을 못

2 https://www.hankyung.com/economy/article/2019062581921.

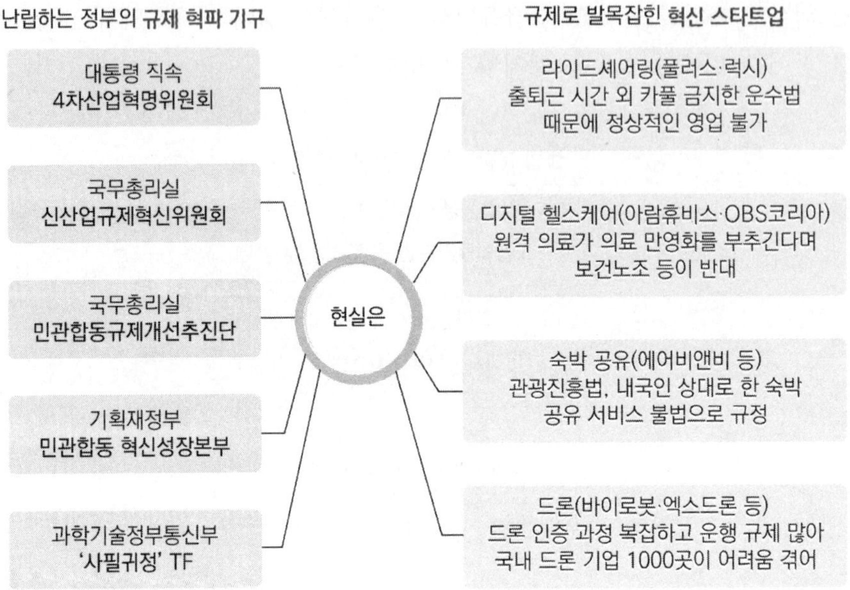

자료: 중앙일보, '규제 철폐' 간판만 걸고 손놓은 정부…카풀·핀테크 등 혁신 스타트업 수난사 (2018.06.21.) 재구성.

하고 있다는 목소리가 위원회 내부에서도 나왔다(중앙일보, 2018년 6월 21일자).

지난 20년 간 인공지능기술은 상당한 진보와 혁신을 이루었다. 하지만 지속적인 발전 과정에 있고, 기술의 Risk에 대한 정보는 여전히 부족하다. 이러한 이유로 인공지능 기술자체에 대한 규제 논의는 사실상 태동 단계에 있다. 더욱이 일단 개발되면 그 상태(static)에서 활용되는 여타 기술들과 달리 인공지능 기술은 개발된 상태에 머무르지 않고 지속적으로 발전을 거듭하는 동태적 성질을 가진다. 그래서 각국의 규제 정책은 인공지능 기술의 발전 속도에 보조를 맞추어 그 기술의 잠재력을 실현하려는 목적으로 개발되고 있는 실정이다(윤혜선, 2019).

더 늦기 전에 산업지능화(AI+X) 촉진을 위한 법제 정비가 필요하다. 산업지능화는 기존 산업이 인공지능을 도입해 변모하도록 지원하는 것이다. 이러한 상황에서 현재 인공지능산업의 발전을 저해하는 요소는 단연 포지티브 규제이다. 지난 2009년~2016년 신산업 관련 837건의 규제가 철회되는 동안 신설규제는 9,715건일 정도로 규제가 많다. 규제 철폐보다 상대적으로 법안 발의가 쉬운 구조적 모순이 해결되지 않는다면, 산업 발전의 걸림돌인 규제가 끝까지 지배할 것으로 우려된다.

지자체가 나서 규제자유특구를 만들며 인공지능·신산업 기업들을 유치할 수 있도록 돕고 있지만 실증이 완료돼도 보편화 시킬 수 없는 한계가 존재한다. 기업 입장에서는 시간과 비용을 소모하고도 비즈니스화하지 못할 수도 있다는 Risk를 안는 셈이다. 물론 가용할 수 있는 범위에서 산업발전을 위한 방법론이 제시되고 있지만 그것만으로 인공지능이라는 주제를 제대로 다룰 수 없다. 산업지능화를 중심으로 인공지능이 필요한 모든 분야마다 인공지능 기술기업과 수요산업 간 매칭을 활성화해야 한다.

디지털 전환과 AI는 단순히 인간노동력을 기계와 자동화된 프로세스로 대체하는 대신, 개인이나 팀 및 전체 조직에의 배치를 통해 기존 프로세스를 보다 효율적으로 수행한다. 디지털 전환은 새로운 디지털 기술에 의해 추진될 수 있다. 혁신, 고객 집중을 가능하게 하고, 이러한 목표를 지원하기 위한 적절한 인적 기술 세트를 개발하는 것이다. 마찬가지로 AI는 현재 상태에서 매우 복잡한 계산을 통해 그 안에서 패턴을 찾거나 예측 가능하고 반복 작업을 자동화할 수 있다. 이로 인해 대용량 데이터 세트에 대한 통찰력을 제공하는 데 가장 적합하다. 물론 아직까지 비판적 추론, 정서적 지능, 창조성, 영감, 지혜와 같은 인간의 능력은 아직 기계에 의해 복제될 수 없다. 단순히 인간을 기계로 대체하는 것이 아니라 인간능력을 기계로 증강, 지원하는 힘을 형성한다.

실제로 Healthcare 업계에서 AI의 활용을 통해 큰 진보가 이뤄졌다. 질병의 조기 발견 및 진단에 있어 성공적인 치료과정을 권고한다. 그러나 AI는 의사를 대체하기보다 자신의 경험과 연계하여 가능한 최선의 결정을 내리는 데 도움이 되는 패턴을 찾는다. 이를 위해 역사적 자료 분석을 통해 지식을 증강시키는 데 사용된다. 때때로 AI는 의사가 동의하지 않거나 명백한 잘못된 결과를 제공한다. 이 경우, 인간 의사의 개입으로 AI 실수를 방지할 수 있다.

AI와의 협력을 차치하더라도 보다 높은 수준의 집단지성을 형성하기 위해서 인간은 AI의 이용에 있어서 어느 정도 역할이 필요하다. 기회를 평가하고, 감독 및 관리하면서 구현해야 한다. 특히, 윤리적이고 적절한 사용을 보장하는 데 인간의 책임이 있다. 기업들도 AI에 대한 편견이나 부정적인 반응을 극복하면서 긍정적 이용의 촉진을 위해 관심과 노력을 기울여야 한다.

AI에서 사용되는 기계 학습 알고리즘은 통계적으로 정확한 의사결정에 도달할 수 있도록(그 자체 또는 수동으로) 경험으로부터 배우고 훈련받음으로써 개발되고 미세 조정된다. AI가 내린 결정은 제공된 데이터에 기초한다는 사실은 결정의 결과가 사용된 데이터를 선택할 때 영향을 받을 수 있음을 의미한다. 기계 학습 알고리즘이 편향된 데이터에 대해 훈련되면 편향된 결과가 생성될 것이다.

알고리즘의 네트워크 아키텍처는 일부 데이터 포인트가 다른 포인트에 유리하게 가중되도록 설정할 수 있다. 이 과정에서 편향된 결과를 초래할 수 있다. 이는 정성적 가정(예 유죄판결을 받은 살인자는 쓰레기를 버리는 것으로 기소된 사람보다 사회에 더 큰 위협을 가하며, 따라서 경찰 데이터베이스에 더 많이 플래그를 붙여야 한다)에 근거하여 의도적으로 행해질 수 있다. 하지만, 선의의 의도에도 불구하고 인간 의견이 의사결정 과정에 작용하면서 생성된 산출물의 공정성이 훼손될 수 있다.

인간과의 상호작용이 Guardrail로 작용하지 않고 기기 자체에만 맡겨진다면 AI가 잘못된 결정을 내리거나 어떻게 그런 결정을 내렸는지 추적가능성이 부족해 설명할 수 없는 결정을 내릴 가능성이 있다. 이것은 사람들이 잠재적인 부정적인 영향과 AI의 안전성을 우려하는 이유다. 소위 블랙박스 솔루션 –기본 네트워크 아키텍처를 공개하지 않고 사용자 또는 독점 데이터에 대해 훈련하기 위해 제공자들이 개발한 AI 도구는 추적할 수 없고 설명할 수 없는 조작과 남용을 일으킬 수 있다. AI에 관한 많은 연구의 초점은 기계들이 내리는 결정에 대한 설명가능성에 관한 것이지만, 아직 이용할 수 없다. 이에 따라 사람들이 AI를 어떻게 사용할지 결정할 때 중요하게 다루어야 할 고려사항이다.

AI의 실행을 위해 데이터는 불가결의 연료다. 일반적으로 데이터가 많이 소비될수록 보다 큰 통찰력을 제공할 수 있다. AI 사용자들이 더 많은 양의 데이터를 소비하려고 할 때, 데이터의 출처와 소유자를 둘러싼 함의는 점점 커지고 있다. 고객 경험의 향상을 통해 매출과 수익을 증대시키는 등 AI를 활용해 개인의 취향에 맞게 offering과 고객 상호작용을 미세 조정할 수 있는 기업에는 실질적인 혜택이 주어진다. App, Social미디어, 개인 사진 등을 통해 수집된 개인 데이터와 함께 스마트폰, 컴퓨터, 사물인터넷 등을 통해 일상적으로 이루어지는 디지털 상호작용을 통해 수많은 데이터를 이용할 수 있다. 그러나 많은 부분이 외부 용도로 의도된 것이 아닐 수 있기에 기업은 사용데이터의 출처와 사용방법에 대한 투명성이 한층 요구된다.[3]

3 https://www.comparethecloud.net/articles/digital-transformation-and-a-i-people-

데이터 활용을 저해하는 개인정보보호법제의 문제가 여전하다. 현행 개인정보보호법제상 <개인정보>의 개념을 필요 이상으로 광범위하게 규정하고 있다. 개인정보에 해당하는지 여부는 특정한 개인이 식별되는 경우뿐만 아니라 식별가능성, 다른 정보와의 결합용이성을 요건으로 판단하고 있기에 기업은 활용대상의 정보가 '개인정보'에 해당하는지 여부 및 식별가능성과 결합용이성이 있다고 판단할 수 있는 기준이 명확하지 않다. 개인정보처리를 위한 사실상 유일한 수단인 개별적 사전 동의제도는 정보주체의 개인정보자기결정권을 제대로 보장하지 못할 뿐만 아니라 개인정보처리주체에 큰 부담으로 작용한다. 개인정보처리는 정보주체의 사전 동의에 기반하고 있기에(동의만능주의), 기업은 사전 동의 획득에만 집중하고, 정부도 기업에 대한 개인정보처리방침의 실질적 점검에 소홀하거나 예방적 시정활동에 미흡한 경향을 보인다. 정보주체로부터 수집한 개인정보를 동의 받은 목적 이외의 이용이나 제공을 엄격히 제한하고 있어 데이터 가치를 제대로 활용할 수 없다.

또 다른 해결책은 데이터 개인 정보 보호법과 접근 권한에 관한 정부 법률의 적절하고 윤리적 사용과 잠재적 개정을 보장하는 정책을 형성하는 것이다. Google의 DeepMind와 같은 대형 제공업체들 중 일부는 이미 필요한 대화를 시작했고 아직 걸음마 단계임에도 불구하고, 인간에 의해 감시되어야 할 AI에 의해 만들어지는 새로운 종류의 역할과 책임이 요구된다. AI 무게중심은 기술, 데이터, 인프라에 대한 새로운 규칙과 함께 새로운 협업 모델, 새로운 프로세스도 요구한다. 만일 AI 프로젝트를 아웃소싱하지 않는다면, AI 프로그램의 구축을 위한 인적 자본의 관리가 가장 큰 과제다.

프랑스의 Emmanuel Macron대통령은 "인공지능은 내일의 세계를 여는 열쇠 중 하나이고 기술뿐 아니라 경제, 사회, 윤리, 정치혁명이기 때문에 인공지능에 대한 지배력 확보는 주권 달성에 있어서 중요하다. 그런데 이미 미국과 중국이 파괴적 기술의 상용화를 위한 국제경쟁에 전념하고 있기 때문에 지체할 시간이 없다"[4]고 역설했다. 그렇다. 지체 없이 서둘러야 한다. 그런데 방향과 대상을 잘 잡아야 한다. AI 전환의 절실한 대상은 정부·국회다. 말과 구호가 아니라 행동

are-still-key.

4 Nicholas Thompson, "Emmanuel Macron Talks to Wired About France's AI Strategy" March 31, 2018.

으로 실천해야 한다. 그리고 개인과 기업의 인공지능 전환을 도와야 한다.

2 디지털 전환시대의 규제이슈와 문제점

디지털 전환은 세상을 변화시키고 여러 혁신의 융합과 함께 창조적 파괴의 형태로 나타난다. 디지털로 연결된 세계에서 기업의 디지털 전환은 확산 및 모방이라는 Tipping 지점에 있다. 기업과 직장인들은 원격업무, 사업 프로세스, 비대면 소통 및 학습의 디지털화를 겪으면서 디지털 기술의 위력을 실감했다. 이제 변화에 둔감한 정부와 정치도 디지털 전환을 실천해야 한다. 인공지능(AI) 시스템과 기업은 주변 환경을 이해하면서 시스템의 이익을 극대화하는 방향으로 움직인다. 그런데 만일 공익과 일치하지 않고 틀어질 경우, 문제가 발생하며, 사회적 악영향을 미칠 수 있다. 그러므로 공공정책과 규제제도는 기업 활동이 공익과 조화시킬 수 있도록 도와야 한다. 나아가 AI 행동을 인류의 가치와 사람 중심으로 어떻게 맞출 것인가를 고민해야 한다. 특히, 기업은 AI 활용에 적극적인 만큼, AI 기술 활용이 공익에서 벗어나지 않도록 AI 활용 주체인 기업의 이익 방향을 공익과 일치시켜야 한다. 특정 개인·집단이 권력과 부를 축적하는 데 AI를 남용할 수 있으므로 기술 활용에 있어 국제적 차원의 공동의지로 규제·관리해야 한다.

가. 규제관점에서 4차 산업혁명의 특성

제4차 산업혁명으로 가는 길

규제개혁?
정부(규제개혁위원회)/
국회 먼저 개혁해야!

정부와 국회 개조가 먼저다.

기술과 산업의 융·복합화에 따른 신규 기술·서비스의 창출이 필요한 상황이다. 전통산업에 대한 규제 프레임 적용 시, 여러 부처의 소관 업무가 될 수밖에 없다. 사업자가 여러 부처에 걸친 칸막이 식 규제에 일일이 대응할 경우, 제대로 사업을 개시하기 전에 핵심경쟁요소와 무관한 업무처리에 불필요한 시간과 비용을 낭비하게 되어 사회후생이 저하된다. 새로운 지능정보기술·서비스에 대하여 규제여부를 심사할 때 여러 소관부처가 함께 협의하여 규제를 조정하는 절차가 요구된다.

또한 동일한 기술·사업 모델이 다양한 산업 영역에 적용이 가능하다. 단일 기술발전이 다양한 분야에 파급되어 다양한 산업이 파생된다. 그런데 규제 설정 범위에 포함되지 않는 영업 방식이 등장하거나 기술발전에 맞지 않는 진입장벽이 형성된다. 더구나 갈수록 데이터 알고리즘 중요성이 증대하고 있다. 지능정보기술의 발전으로 대규모 데이터 수집에 따른 처리로 새로운 가치의 창출이 기대된다. 하지만 소비자 보호 등의 이유로 완성도를 지나치게 강요한다면 시장진입이 어려워질 수 있다. 초기에는 성능이 완전하지 않더라도 많은 가입자와 개발자로부터 테스트 및 피드백을 받아 학습에 필요한 데이터 축적이 필요하다. 지능정보 기술 활성화를 위해 신규 서비스 출시에 장애가 되는 규제를 완화하면서 신규기술 및 서비스를 위한 데이터 확보 및 알고리즘의 보완 기회가 필요하다. 또한, 다양한 기술 및 서비스 개발을 위한 데이터 유통이 활성화되어야 한다.

그동안 디지털 전환에의 대응과정에서 드러난 문제점은 다음과 같다(국회입법조사처, 2018). 첫째, 대안구성에 대한 전략적 고려가 부족했다. 디지털 전환시대의 다양한 과제별 우선순위에 대한 고려 없이 평면적으로 나열되었다.

둘째, 대통령직속 4차 산업혁명위원회의 기능적 한계에 부딪혔다. 부처 간 정책 조정을 위한 예산조정권과 같은 권한이나 장관급 부처의 정책 결정에 영향을 미칠 수 있는 위상이 필요하다.

셋째, 집행과정에서의 책임성 확보가 곤란했다. 각 과제별 집행 과정에서 추진과 성과, 지속과 종료에 대한 파악이 어려운 구조로 진행되고 있어 책임 있는 정책 집행이 어렵다.

넷째, 정부 내 혁신기반이 부실했다. 디지털 전환 대응과제에 대한 개발과 지원, 규제개선에 대한 내용은 포함하고 있다. 하지만 효과적 추진을 위한 정부의 고민이나 실행력이 부족하다. 즉 예산확보에서부터 혁신정책 추진의 인센티브, 혁신과 규제의 일체화 부족 등으로 가시적 성과도출이 어렵다.

다섯째, 4차 산업혁명에 대한 지방정부 참여가 미흡했다. 지방자치단체의 4차 산업혁명 관련 governance나 전략수립에의 참여 미흡으로 대응역량에 대한 지역 간 편차가 커질 수 있다.

여섯째, 정보소외계층에 대한 고려가 부족했다. 개인의 디지털 역량 차이에 따른 4차 산업혁명 편익의 충분한 활용의 어려움 등 사회적 불평등 심화 요소의 존재가 우려된다.

일곱째, 대안의 중요도와 시급도 등을 종합적으로 고려하여 우선적으로 추진해야 할 과제를 선별하고 대안의 추진 일정을 조정하는 조치가 필요하다. 특히, 추진과제의 선택과 집중, 그리고 구체화에 대한 문제가 가장 시급하다.

또한 규제완화 과정에서 제기된 장애요소는 다음과 같다. 첫째, 포지티브 규제, 느슨한 처벌, 기득권의 반발 등이 규제완화를 제약하고 있다. 사실 규제는 기존 이해 구조와 신규 서비스 간 갈등이다. 그만큼 해소가 쉽지 않고 국민적 합의가 어렵다. 그리고 규제 및 법체계가 경직되어 있다. 국내 법체계의 <원칙금지, 예외허용>의 포지티브 방식은 혁신 신산업 및 기존 체계의 변화에 대하여 보수적인 접근이 나타난다. 또한 문제 발생 시 당사자에 대한 엄중한 처벌 대신 규제조치로 해결방향을 잡으면서 규제가 중첩·강화된다.

둘째, 사회구조 및 기득권 반발이다. 선체 산업 중 생계형 자영업자 비중이 큰데 OECD 34개국 중 5번째로, 규제 관련 갈등 발생에 따른 변화에 대한 두려움과 중재 및 타협을 거부하며 생존권을 주장하는 사례가 나타났다. 산업 내부의 시장참여자들이 기득권 세력화되어 있어 영향력에 밀려 규제 완화가 난항을 겪고 있다.

셋째, 기존 이해당사자와의 충돌이다. 유사한 상품·서비스를 제공하는 기존 사업자와 새로운 사업자 간 충돌이 불가피하다. 시장에 영향력이 큰 대기업보다 택시, 민박업 등 소상공인의 성격을 갖는 기존 산업 종사자들의 권익 보호를 둘러싼 갈등이 발생한다. 소비자 보호와 산업 종사자의 권익 보호를 위한 규정들이 갈등을 첨예하게 만들고 있다.

넷째, 규제해소를 위한 리더십의 부재이다. 정부가 규제관련 갈등 시 주도적인 해결노력 대신, 당사자 간 합의안 도출을 위임하고 이후 합의안을 바탕으로 국회입법이 이뤄지는 구조이므로 신규사업자에게 불리하다.

다섯째, 시장경제에 대한 불신과 진영 논리에 따른 불합리한 구조이다. 개인정보, 은산분리, 헬스케어 등 시장경제 중시보다 시민단체들의 반대가 기득권 세력의 의견과 일치되는 경향을 드러낸다. 이처럼 진영 논리 및 구조적 불합리성이 발생함에도 불구하고 올바른 사회적 담론을 형성하기 어렵다. 그래서 갈등 발생 시 시장참여자들의 이익 위주로 논의가 전개되면서 소비자 편익에 대한 중요성이 상대적으로 간과되는 경향을 보여주었다.

나. ICT융합 신산업 관련 규제 이슈 및 문제점

ICT융합 신산업에서 진입규제에 관한 기반구조가 미흡하다. 기존 열거주의 방식의 법체계는 급속한 융합산업 변화에 능동적이고 신속한 대응이 어렵다. 법에 규정되지 않은 혁신적인 기술·서비스에 대한 사업화가 불가능하다. 더구나 인공지능은 타 산업에 새로운 부가가치 창출을 위해 새로운 제품과 서비스가 만들어져야 하지만 아직 존재하지 않기에 미리 인·허가를 받아 놓을 수 없다. 개별 법령상 각종 인허가·승인·인증·등록·검증을 위한 기준 모호 혹은 미비하다. 기존 산업 중심 법령 체계 적용 시 온라인 기반의 신규 기술 및 서비스의 시장진입이 불가능하거나 불필요한 비용이 발생할 수 있다. 법령 개정을 통해 신규 사업에 대한 요건이 완화되었으나 신규 사업 수행에 미흡한 경우가 다수 발생한다.

또한 융합 신제품·서비스에 대한 규제 담당기관 및 적용 법령의 중복규제로 인해 시간 및 비용손실이 증가한다. 융합 신기술·제품 진입규제와 관련 법령이 명확치 않으며 다양한 부처의 소관법령이 적용되어 융합 신기술관련 제품에 대해 각각 다른 테스트를 요구하는 경우가 다수 발생한다. 이 외에 보신주의로 인한 규제 당국의 소극적 유권 해석도 큰 장애로 작용한다. 대안적 규제개선 제도(신속처리 · 임시허가) 활성화가 미흡하다. 허가 등의 법적 근거 미비로 사업화가 지체되는 신규 융합 기술·서비스에 대한 신속한 시장출시와 ICT융합 신산업 활성화 촉진을 위한 '신속처리 및 임시허가' 제도는 수요 및 제도적 측면의 한계로 활성화되지 못하고 있다. 신규 융합 기술·서비스 개발자가 소관부처에 본 허가를 신청했으나 관련 규정의 미비로 불허된 경우, 과학기술정보통신부에 신속처리를 신청하는 동안 임시허가 취득이 어려워 사업진입이 불가하다. 임시허가는 잠정적 조치로 유효기간 내 본 허가 취득이나 법령정비가 없을 경우 해당 사업 안정성 확보가 어렵다.

AI 비즈니스의 촉진을 위해 무엇보다도 좋은 규제가 마련되어야 한다. 인공지능 시대가 확산되면서 생활의 편리함이 커지고 있다. 하지만 AI로 인해 새로운 Risk도 생겼다. 문제는 Risk 발생 시 대처할 수 있는 법·제도가 있느냐 여부다. AI가 새로운 창작물을 만들어내고, 자율주행차가 거리를 활보할 날이 다가온다. 다양한 영역에서 새로운 서비스와 디바이스는 생활을 더욱 편리하게 해줄 것이다. 그런데 만약 AI로 인한 문제가 발생한다면 어떻게 해야 할까? 가령, 통신구 화재사고를 초월한 문제점이 나타날 수 있다. 현재 관련 법·제도가 없으니 그때그때 상황판단을 해야 한다. 즉 AI에 대해 '좋은 규제'가 무엇인지 각종 Risk를 완화하는 규제의 마련을 위해 꾸준한 고민이 이뤄져야 한다. 첫째, 기능상의 Risk다. AI 네트워크 시스템이 해킹공격을 받아 정보가 유출되거나 시스템이 부정하게 조작된다면 어떻게 할 것인가. AI 네트워크가 진전되면 상호 연결성이 높아지는 반면 예상치 못한 네트워킹으로 정보처리가 이뤄질 수도 있다. 심한 경우 부정한 업데이트 등을 통해 동작에 장애가 발생하거나 통제가 불가능한 상황도 발생할 수 있다.

둘째, 법률상의 Risk다. 자율주행차가 네트워크를 통해 잘못된 정보를 공유하거나 교통시스템이 마비돼 사고가 발생한다면 누구 책임일까. AI를 Voice Fishing에 악용하거나 부정하게 조작하면 범죄에 악용될 수 있다. AI회사 도산 시 서비스피해 대책도 필요하다. AI 회사의 도산으로 관련 업데이트나 작동데이터에 오류가 발생한다면 소비자 피해는 누가 책임지나. 위치, 금융, 의료기록 등 개인정보가 유출되거나 본인 의사와 달리 유통된다면 어떻게 막을 것인가 등의 의문에 법제적 대응이 요구된다.

셋째, 세대·계층 간 Risk도 발생할 수 있다. AI를 이용할 수 있는 능력이 세대와 계층에 따라 크게 차이가 난다면 그 격차를 악용하는 사회문제가 발생할 수 있기 때문이다. 실제로 지난 2016년 3월 MS가 공개한 AI 채팅로봇 Tay는 극우 성향의 이용자들에게 배운 욕설과 극단적 발언을 쏟아내서 공개 16시간 만에 서비스가 중단된 바 있다. 지난 2015년 7월 28일 국제인공지능회의에서 발표됐던 자율형 전쟁무기에 대해서도 AI 전문가들은 우려의 공개서한을 발송하기도 했다. 이러한 위험성을 억제하기 위해 기업이 공익적 방향을 얼마나 추구하는지를 평가해 상벌체계의 적용을 위한 인센티브 제도의 활용이 필요하다. 기업의 공익활동 유도에 있어 법체계가 물리적 한계를 갖고 있다. AI 시스템과 기업이 수행할 수 있는 경우의 수는 너무나 넓고 방대하다. 현실상 수학적으로 경우의 수를 고려할 때 기업이 사회에 악을 끼칠 수 있는 모든 가능성을 차단하는 법체계를 만드는 것은 불가능하다(AI타임즈, 2020년 11월 30일자).

3 각국의 인공지능 규제동향과 시사점

2010년 이후 폭발적으로 보급된 스마트 폰처럼 AI도 실용화 되면 순식간에 퍼져서 생활의 필수품이 될 수 있다. 그렇다면 완전자율주행·범용 AI에 대해서도 미리 문제점을 생각하고 대응방안 모색을 위한 논의가 필요하다. 물론 아직 존재하지 않은 기술이나 서비스를 세세하게 다루는 데 어려움이 따른다. 그렇다고 단순한 예상만으로 규제하면 실효성도 거두기 어렵다. 자칫 AI 기술의 혁신을 가로막아 공공의 이익을 훼손할 수도 있기에 AI의 발전방향이나 제한에 대한 전 세계적·사회적 합의를 형성하는 노력이 요구된다. 그동안 세계의 각국은 <그림 8-2>에서 보듯 제4차 산업혁명에 대응을 위한 전략 및 계획을 수립, 추진 중이다.

〈그림 8-2〉 4차 산업혁명에 따른 각국의 대응

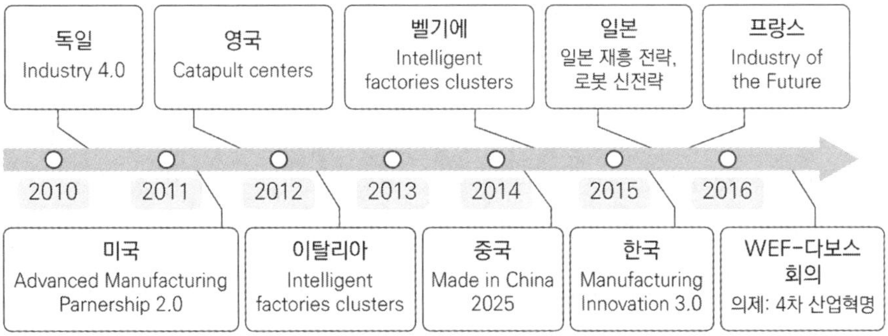

자료: 미쯔비시종합연구소 재정리.

가. 미국

2013년에 시작된 Smart America Challenge을 발단으로, CPS(Cyber Physical System) 사회 구현을 위한 대응을 진행하였다. 특히, 민간 기업의 독자적인 첨단 기술력 기반으로 업계의 4차 산업혁명 전환 및 트렌드 선도를 위한 대응을 가속화하고 있다. 제조혁신 자체보다 IoT, 빅 데이터, Cloud 등 산업인터넷 부문에

▼ 〈표 8-3〉 AMP 전략 주요 내용

정 책	주요내용
혁신역량 강화	• 국가차원의 선진제조업 전략 책정 • 중요 기술에 대한 R&D 투자 확대 • 선진 제조에 관한 기업 · 대학 연계 확대 등
인재양성	• 선진 제조업에서 요구되는 기술습득 기회 제공 • 선진 제조에 관한 대학교육 확충 • 국가 수준 제조업 fellowship 인턴십 제도 창설 등
기업여건 개선	• 세제개혁 및 세제제도 효율화 도모 • 통상정책 및 에너지 정책 개선 등

출처: "Report to the President on Capturing, Domestic Competitive Advantage in Advanced Manufacturing" (2012)

주력, B2C 시장을 Target으로 설정하고 Industry Internet 수립 및 대응을 위해 대통령 과학기술자문회의가 8대 ICT 연구개발 분야를 선정 · 제시하고 중점 육성 중이다. 또한 R&D 투자와 인프라 확충과 함께 산업 내 기술이슈 해결에 도움이 될 수 있는 제조업 혁신 센터(Manufacturing Innovation Institute)를 미국 전역에 확대하는 국가 제조업 혁신 네트워크(National Network for Manufacturing Innovation) 발족, 2014년 유망 제조인력의 혁신과 구체화된 전략을 포함한 첨단 제조 파트너십 2.0(Advanced Manufacturing Partnership 2.0)을 추진 중이다.

민간 기업들이 독자적인 분야별 최첨단 기술력을 보유하며 4차 산업혁명을 주도 중이며, 개별 기업 차원의 대응뿐 아니라 2014년 3월 AT&T, Cisco, GE, IBM, Intel은 미국 국립표준기술연구소(NIST)의 협력을 얻어 IoT의 고도화를 지향하는 컨소시엄 Industrial Internet Consortium(IIC)을 설립하는 등 업계 자체적으로 대응하고 있다. 기술개발 지원과 관련하여 기업과 밀접한 사물인터넷 및 로봇공학 등에 관한 기술을 R&D 투자 대상기술로 선정하고 정부지원을 강화하였다. 특히 개별 기업 차원에서 접근하기 힘든 빅 데이터 분야의 고도화를 위해 2012년부터 "빅 데이터 이니셔티브(Big Data Initiative)"를 추진하고 있다. 아울러 민간주도의 컨소시엄(이노베이션 플랫폼)이 테스트 베드를 운용하는 한편, 국제 표준화를 주도하면서, 신산업 발굴, 첨단기술 개발, 새로운 비즈니스 모델을 재창출하고 있다(날리지리서치그룹, 2019).

미국은 인공지능 연구 · 개발에 있어서 세계에서 가장 앞서 있다. 그럼에도 인공지능에 대한 규제정책은 기존 규제 체계를 유지한 상태에서 기술의 특성과 불확실성에 기초하여 정책적 방향과 지향점을 원론적으로 제시하는 수준에 머무르고 있다. 기본적으로 미국의 입장은 인공지능의 개발과 상용화를 촉진하여 신산업의 창출과 기존 산업의 효율성·혁신가능성 제고를 도모함과 동시에 공공안전과 공정한 시장질서, 인공지능에 대한 국민적 신뢰를 확보하기 위해 최소한의 필요범위 내에서 반응적 Risk 관리방식으로 규제환경을 형성해 나가겠다는 의도가 담겨있다.

미국의 인공지능 규제정책의 기본그림은 2016년 10월 오바마 대통령직속 국가과학기술자문회 기술위원회가 발표한 <인공지능의 미래 준비에 관한 보고서>에서 마련되었다.[5] 동 보고서는 인공지능의 발전 방향과 그와 관련된 다양한 이슈들을 검토한 것으로, 그 주요 목적은 인공지능의 경제적 파급효과를 파악하는 것에 있었으나 AI와 규제의 공정성, 안전성 및 Governance 등의 주제도 포괄적으로 다루었다. AI 보고서에서 제시된 인공지능 규제정책은 인공지능기술의 혁신과 성장 공간을 형성하면서 동시에 공익보호와 관련하여 특히, 안전과 시장의 공정성 확보라는 규제의 근본 목적을 달성하는 데 있다. 또한 2016년 10월 <국가 인공지능 연구개발 전략계획>을 수립·발표하였다.

트럼프 행정부의 규제정책은 큰 틀에서 오바마 행정부의 기조를 유지하고 있지만 세부 내용 측면에서 진일보하였다. <2019 AI 전략계획>을 통해 인공지능 시스템의 투명성, 공정성, 설명가능성, 추적가능성, 윤리적 설계 등에 대한 입장을 명확히 하고, 윤리적 인공지능 시스템의 구축을 강조하며, 인공지능 시스템의 활용을 위한 테스트베드 확대 등 구체화된 규제 방안을 제안하였다. 즉, 2019년 2월 5일 연두교서에서 인공지능과 같이 <미래 산업 지능(Industrial Intelligence of Future)>을 구성하는 Emerging 기술개발에 있어서 국제적 리더십 확보의 중요성을 강조한 트럼프 대통령은, 2월 11일「인공지능에 있어서 미국의 리더십 유지를 위한 행정명령(제13859호)」에 서명하며 분위기를 전환하였다. 행정명령의 정책 목표는 명확하다. 인공지능의 연구·개발 및 활용에 있어서 미국의 과학적, 기술적, 경제적 리더십을 유지·강화하는 것이다. 나아가 연방정부는

5 US Executive Office of the President National Science and Technology Council Committee on Technology, PREPARING FOR THE FUTURE OF ARTIFICIAL INTELLIGENCE, October, 2016.

행정명령에 의거하여 인공지능 종합 전략을 담은 <미국 인공지능 발전계획(American Artificial Intelligence Initiative)>을 수립하고, 이행을 위한 <국가 인공지능 연구·개발 전략계획: 2019년 개정계획>을 마련하였다.[6] 2019 AI 전략계획에서는 여덟 가지 전략적 우선순위를 정하였다.[7] 기본적으로 미국의 입장은 인공지능의 개발과 상용화를 촉진하여 신산업의 창출과 기존 산업의 효율성·혁신 가능성 제고를 도모함과 동시에 공공의 안전과 공정한 시장질서, 인공지능에 대한 국민적 신뢰를 확보하기 위한 최소한의 범위 내에서 대응적 Risk 관리방식으로 규제환경을 형성해 나가겠다는 것이다(윤혜선, 2019).

나. 중국

최대 전자상거래 업체인 Alibaba의 성공 이면에는 중국정부의 규제완화 노력이 숨어 있다. 중국정부는 사후규제 방식을 통해 새로운 Fintech(금융기술)를 일단 받아들인 뒤 문제가 생기면 규제를 만들겠다는 입장이었다. '되는 것 빼고 다 안 되는' 한국의 포지티브 규제와 달리 중국 정부는 '안 되는 것 빼고 다 되는' 네거티브 규제 방식을 적용했다.

2017년 7월, 중국 국무회의는 <차세대 인공지능 개발계획>을 발표하였다. AI 개발계획은 인공지능기술의 개발과 경제성장을 지향하고 있다. 이러한 맥락에서 인공지능 규제문제를 다루고 있다. 보다 구체적으로 AI 개발계획의 4대 지도 원리로 기술주도(Technology-led), 시스템배치(Systems layout), 시장주도(Market dominant), 오픈소스 및 개방(Open-source and open)을 채택하고, 세 단계 전략 목표를 수립하였다. 이에 따라 인공지능 규제에 관한 세부 전략 목표도 세 단계로 제시되었다.

제1단계는 2020년까지 인공지능이 적용되는 일부 분야에 대한 인공지능 윤

6 US Select Committee on Artificial Intelligence of the National Science & Technology Council, THE NATIONAL ARTIFICIAL INTELLIGENCE RESEARCH AND DEVELOPMENT STRATEGIC PLAN: 2019 UPDATE, June 2019.

7 여덟 가지 전략 가운데 처음 일곱 가지 전략은 2016년 전략계획의 연장이고, 여덟 번째 전략이 새롭게 수립된 것이다. 여덟 번째 전략은 AI의 기술적 돌파구를 마련하고 그 결과물을 신속하게 능력으로 전환하기 위하여 연방정부와 학계, 산업계, 기타 비연방기관 및 국제동맹 간의 효과적인 파트너십을 확대하는 데 초점을 맞추고 있다.

리규범, 정책 및 규제를 확립하며, 제2단계는 2025년까지 인공지능 법, 규제, 윤리규범 및 정책 체계와 보안평가제도, 통제능력 등을 구축하고, 제3단계는 2030년까지 보다 포괄적인 인공지능 법, 규제, 윤리규범 및 정책체계를 확립하는 것이다. 이러한 단계에서 정책 추진과제와 방침이 제시되었다.

첫째, 민·형사 책임의 소재를 명확히 하고 Privacy와 재산권을 보호하며, 인공지능 애플리케이션 관련 개인정보 보안 및 활용 등 법적 문제에 대한 연구를 수행한다. 둘째, 추진성과 책무성 시스템을 구축하고, 인공지능의 권리, 의무 및 책임을 명확히 한다. 셋째, 신기술의 신속한 활용을 위한 법적 기반을 마련하기 위하여 비교적 양호한 사용 기반을 가진 자율주행자동차, 서비스 로봇, 그 밖의 다른 적용분야에 초점을 맞추어 해당 분야의 안전관리법제와 규제에 대한 연구·개발에 집중한다. 인공지능 행동 과학, 윤리, 기타 관련 이슈에 대한 연구를 개시하고, 윤리적이고 도덕적인 다단계 판단 구조 및 인간과 컴퓨터 간의 협력 윤리체계를 확립한다. 넷째, 인공지능 제품에 대한 윤리수칙 및 연구·개발 설계 기준을 개발한다. 다섯째, 인공지능의 잠재적 위험(Risk)－편익평가 제도를 강화하고, 복잡한 인공지능 시나리오에서 응급상황에 대처할 수 있는 방법을 구축한다.

또한 중국은 인공지능 굴기를 선언하고 기술적, 경제적 우위를 선점하기 위한 공격적 추진과정에서 법, 규제 및 윤리의 필요성을 인식하고 국내적으로 연구·개발 계획과 전략을 수립하고 국제적으로 인공지능 이니셔티브를 제시하기 시작하였다. 인공지능 규제 정책에 대한 중국정부의 입장은 명백하다. 인공지능 진흥과 국제적 리더십 확보라는 양대 축으로 구성되어 있다. 두 축의 연결을 위한 수단으로 인공지능에 관한 법, 규제, 윤리 등 규범 확립을 위한 사회과학적 연구를 강조하였다. 아울러 특기할 점은 중국정부가 세부 전략에 인공지능의 글로벌 Governance에 적극 참여하고, 로봇 소외, 안전감독 등 국제 사회가 공통적으로 고민하는 주요문제에 대한 연구를 추진하며, 인공지능 법과 규제, 국제기준 등에 대한 국제협력을 강화하고, 글로벌 도전에 공동 대처할 것을 명시하였다(윤혜선, 2019).

주지하듯 중국은 ＜중국제조 2025＞, ＜인터넷플러스 정책＞을 통한 H/W와 S/W의 균형 잡힌 전략을 추진하고 있다. 기존의 양적 성장 중심에서 질적 성장으로 도약을 도모하기 위해 독일의 인더스트리 4.0을 벤치마킹한 중국 ＜제조 2025 전략＞은 5대 중점 프로젝트와 10대 육성산업을 명시하였다. 공업화와 정보화의 결합, IT기술과 제조업의 융합 촉진을 비롯한 공업 기초능력의 강화, 품질과 브랜드의 강화, 환경을 배려한 제조의 추진, 제조업의 구조 조정, 서비스형 제조업과 생산형 서비스업의 발전, 제조업의 국제화 수준의 향상 등이 강조되었다. 5가지 방침은 중국 제조업의 주요 문제점을 강하게 의식하고 그 개선을 환기하고 있다. 대부분 중국의 하드웨어 기반 Startup 기업들은 <제조 2025 전략>에 참여하고 있으며, 첨단 공작기계와 농업 장비, 신에너지 자동차, 차세대 IT기술 등 분야에 하드웨어기반 Startup이 등장하면서 실적이 가시적으로 나타나고 있다.

▼ 〈표 8-4〉 중국제조 2025의 주요 계획 지표

정책	지표	달성목표
혁신 역량	• 매출액 대비 R&D 지출 비중 • 매출액(1억 위안) 대비 발명특허 수	• 0.88%(2013) → 1.68%(2025) • 0.36(2013) → 1.1(2025)
질적 성과	• 제조업 품질경쟁력 지수 • 제조업 노동생산증가율	• 83.1(2013) → 85.5(2025) • 6.5%(2020 ~ 2025 평균)
IT제조업 융합	• 인터넷 보급률 • 핵심공정 컴퓨터수치제어 공작기계 비중	• 37%(2013) → 82%(2025) • 27%(2013) → 64%(2025)
친환경 성장	• 산업생산 단위당 에너지소모 감축비율 • 산업생산 단위당 CO_2 배출 감축비율	• 2015년 대비 34% 감축 • 2015년 대비 40% 감축

출처: 중국 국무원.

다. 일본

일본은 일본재흥전략과 과학기술이노베이션 종합전략, 로봇신전략 등을 통해 4차 산업혁명에 대비하고 있다. 4차 산업혁명 전반의 철저한 준비와 함께 일본이 비교우위를 가지는 분야에 집중하고 있다. 특히, 4차 산업혁명에 따른 사회구조 변화 및 산업구조 재편에 대응하기 위한 범부처 전략으로 <일본재흥전략 2015>을 발표, 데이터 활용 촉진을 위한 환경정비, 인재육성, 혁신 및 기술개발 가속화, 금융 조달 강화, 산업구조 전환, 지역사회 IoT 기술 보급, 사회시스템 고도화 등을 포함한 7대 전략을 제시하였다.

2016년에는 4차 산업혁명을 통해 국가경제 및 사회전반을 변화시키는 국가혁신프로젝트 차원으로 확대한 <4차 산업혁명 선도전략>을 발표하였다. 기술분야의 경우, 5기 과학기술기본계획인 <과학기술 이노베이션 종합전략 2015>를 통해 사이버 공간과 물리적 공간이 고도로 융합된 <초 스마트 사회(Society 5.0)>를 미래모습으로 제시하고 있다. 구체적으로 공통플랫폼(서비스 플랫폼) 구축에 필요한 IoT 시스템 구축, 빅 데이터 해석, 인공지능, 기계장치, 사이버 안전기술, 새로운 가치 창출을 위한 강점기술로 로봇, Sensor, 바이오기술, 소재·나노기술, 양자·광학기술 등의 전략적 개발을 추진 중이다. 경제산업성이 2017년 10월 수립한 Connected Industries 관련 5대 중점분야 선정, 혁신의 구체화하였다.

라. 영국

영국은 지난 2013년 "여덟 가지 위대한 기술(Eight Great Technologies)"[8]의 하나로 로봇공학과 자율시스템(Robotics and Autonomous Systems)을 선정하였다. 당시 영국 정부는 "인공지능" 대신 "자율시스템"이라는 용어를 채택하고, RAS를 "상호 연결되고, 상호 작용하며, 인지하는 물리적 도구로서, 다양한 환경을 인식할 수 있고, 사건을 추론할 수 있으며, 계획을 수립하거나 수정할 수 있고, 그들의 행위를 제어할 수 있는 시스템"이라고 정의하였다.

2018년 1월 Theresa May 영국총리는 Davos에서 개최된 세계경제포럼 연설에서 영국 경제에서 인공지능의 중요성을 강조하고, 데이터윤리혁신센터(Center for Data Ethics and Innovation)를 통해 인공지능의 국제적 규제 기준 마련에 참여할 의사가 있음을 밝혔다.[9] 그리고 2018년에 국가 재정 10억 파운드를 투자하여 인공지능과 빅 데이터사업을 지원하는 "인공지능 부문 합의(AI Sector Deal)"32) 사업을 개시하였다. 더불어 인공지능 Governance 환경을 강화할 필요성을 인식하고 위의 사업의 일환으로 데이터윤리 혁신센터, 인공지능위원회(AI Council), 인공지능사무국(Office for AI)을 신설하였다.

8 "여덟 가지 위대한 기술"이란 영국이 세계적 리더가 될 것이라고 영국 정부가 예상하는 기술분야를 가리키는 수사적 표현이다. UK HM Government, Eight Great Technologies infographic, October 2013.

9 Theresa May, "Address to World Economic Forum", 25 January 2018.

영국의 인공지능 규제 정책은 2018년 영국 의회 상원 인공지능 특별위원회 보고서와 그에 대한 정부 답변서에서 그 모습을 드러냈다. AI 특별위원회는 보고서에서 인공지능 규제와 관련하여 데이터윤리혁신센터의 역할과 전문규제기관과의 관계, 인공지능 규제(또는 비규제)의 바람직성, 인공지능 포괄 규제의 필요성, 인공지능 전문규제기관의 필요성 등을 검토한 후, 인공지능에 대한 포괄적 규제(Blanket AI-specific regulation) 접근은 시기상조라는 결론을 제시하였다. 규제 Sandbox제도, 규제기관의 개척자 기금(Regulators' Pioneer Fund) 등과 같이 기술의 발전과 규제 대응 간의 긴장과 격차를 극복하고, 규제기관이 혁신의 조성자로 거듭날 수 있는 환경을 촉진하는 제도의 활용을 장려한다.

인공지능에 관한 포괄적 규제보다 기존 규제체계 내 전문규제기관의 체질을 민첩하고 유연하게 변화시키고 있다. 아울러 시민과 환경을 보호하면서 인공지능과 같은 Emerging기술의 혁신을 이끌어 냄으로써 영국을 혁신과 투자에 있어서 최적의 장소로 만든다는 것이다. 포괄적 규제대신 인공지능 Governance 환경을 구축하여 인공지능에 대한 리더십과 전문성을 발휘하고, 전문규제기관 및 산업과의 긴밀한 협력을 이끌어 낸다는 전략이다. 영국은 혁신경제 지원에 있어서 규제기관의 적극적인 역할을 강조하면서 정책기조를 추진하고 있다. 규제 Sandbox제도는 영국 정부의 태도를 상징적으로 보여준다. 나아가 정부는 신기술을 위한 돌파구를 마련하고, 시장진입의 지원을 위해 규제기관 감독 하에 혁신의 실험, 테스트 및 시범사업을 시도할 수 있는 기회를 확대하고 있다. 이러한 맥락에서 도입된 제도가 ＜규제기관의 개척자기금(RPF)＞이다.

영국은 일찍부터 인공지능 기술개발에 대한 관심을 기울여 왔다. 다른 국가와 달리 명확한 규제 정책의 시그널을 시장과 국제사회에 보내고 있다.

또한 산업구조 변화에 대응한 Governance 조직의 신설을 통해 규제 의사결정의 전문성 및 효율성의 제고를 넘어 미래 규제 이슈와 규제 수요를 미리 예측하는 시도를 하고, 전 세계로 순식간에 퍼져나간 규제 Sandbox에서 한 걸음 더 나아가 규제기관의 개척자 기금 사업을 추진하여 규제 실무에 있어서 규제기관의 자발적인 변화를 유도하는 영국 정부의 영민한 도전은 위와 같은 정책 목표 달성에 대한 투철한 의지를 입증한다(윤혜선, 2019).

4 AI비즈니스 지원을 위한 정부 · 국회역할: 지능적 규제와 인재양성

그동안 진행된 제4차 산업혁명 대응정책을 통해 일부 긍정적인 결과를 도출하였다. 하지만 현실적 수준의 구체적 변화를 찾기 어려운 상황이다. 제4차 산업혁명에 대한 세부 과제들은 이미 포괄적으로 논의되었다. 이로 인해 입법·정책적 대안 자체가 부족하지는 않다. 그러나 대부분 추상적이며 포괄적 규정에 그쳐 실제 추진할 수 있을 정도로 구조화되지 못했다. 새로운 혁신정책에 대한 합의와 실행에 대한 기반도 불충분하다. 정부·국회는 AI 기반 비즈니스 활성화와 함께 AI 대체로 인한 일자리 감소, 부작용 등을 고민하면서 필요한 정책이나 규정, 전략 등을 마련해야 한다.

가. 국내 AI비즈니스 활성화를 위한 추진방향

국내의 AI비즈니스 활성화를 위한 규제완화의 추진방향은 다음과 같다. 첫째, 제4차 산업혁명 선도를 위한 규제 문제 해결지향과 가치창출 국가로의 전환이 필요하다. 제4차 산업혁명시대의 환경변화에 정부규제제도와 법률이 경직양상을 보여준다. 기존 산업구분, 기존 질서 등을 근간으로 삼고 있기 때문이다. 제4차 산업혁명시대에서 성장 및 생존 잠재력 확보를 위하여 '규제해결과 가치창출지향 국가'로의 패러다임 전환이 시급하다. 나아가 인공지능관련 구성원인 기업과 개발자, 그리고 소비자가 선순환으로 상호시너지효과가 나타나도록 생태계 구축을 지원해야 한다. 또한 인공지능이 타 산업에 융합되어 새로운 가치가 담긴 제품과 서비스가 창출되도록 한다.

둘째, 산업 간 상생전략이 마련되어야 한다. 신기술 등장에 따른 전 산업군의 거대한 변화에 기존 산업 종사자들의 반발이 거세다. 정치적 논란으로 유도되면서 신산업 개선의 어려움을 겪고 있다. 기존 산업 참여자들의 신기술 등장에 따른 생존권 확보 수단을 우선적으로 강구하여 사회변화의 희생자로 전락하는 현상을 방지해야 한다. 기존 산업에 제공되는 어드밴티지뿐만 아니라 신산업 대비 기존 산업의 경쟁력 확보노력을 정부와 기업 모두가 지속해야 한다. 또한 부처별 신산업에 대한 전문성 확보와 신산업 발전방안을 강구해야 한다. 신산업 기업의 창업과 성장에 있어 법제도, 행정적 절차, 규제담당자들의 책임감 있는 자세와 일관성 있는 대응으로 신산업 발전을 위한 신뢰를 형성해야 한다. 이 과정에서 정부는 Player가 아니라 현명한 심판이나 조정자 역할을 수행해야 한다.

https://kenyanwallstreet.com/cdsc-admitted-as-fourth-firm-in-cmas-sandbox/

셋째, 규제 Sandbox의 정의를 명료화해야 한다. 규제 Sandbox의 신청 및 심의가 양적 증가 추세를 보여준다. 그럼에도 불구하고 실제로 신산업 기업들의 규제개혁 체감정도는 규제 Sandbox 도입 이전과 큰 차이가 없다. 기존 유사 제도와 혼선·충돌이 발생하며 규제개혁체계의 효용이 높지 않기 때문이다. 기존 유사 제도와 충돌을 피할 수 있도록 규제 Sandbox의 특수성을 부각한 차별성이 요구되면서 규제 Sandbox의 역할도 재정립되어야 한다. 특히, 기업애로 해소를 위한 규제 Sandbox처리가 양적 증가에 머물지 않고 중·장기적 규제시스템 개혁의 바탕에서 일관된 방향으로 진행되어야 한다. 제4차 산업혁명의 주요 기술들에 대한 규제개선과 함께 규제개혁의 성공을 위해 지속적인 수요 발굴과 핵심 규제개선을 촉진해야 한다. Sandbox의 목적은 신기술·신산업 시장진입을 위한 신속한 법률개정에 있다. 이러한 과정에서 관련 부처 및 기관의 적극적 참여와 협조가 필수적이다. 즉, 규제 Sandbox담당부처를 통합·조정할 수 있는 협의체의 바탕에서 이해관계 대립 및 갈등문제를 효과적으로 추진해야 한다.

보다 근본적으로 행정규제·IT융합·산업융합·금융혁신·지역특구까지 규제 Sandbox의 전면적 정비를 통해 관련 제도운영의 간소화와 함께 규제사업과의 연계성을 높여야 한다. 정책의 연속성 있는 프로세스를 위해 혁신적 법령정비가 필요하다. 즉 신청창구 일원화 및 규제담당 주관부처의 처리에 대한 구분을 분리해야 실제적 효과를 기대할 수 있다. 또한 신기술 등장에 따른 산업구조 변화에의 대응과 신규·기존 산업 간 상생을 위해 기존 산업 안전망 구축 및 산업 경쟁력 강화가 요구된다. 기존 산업의 비효율적이고 불합리한 비즈니스 구조를 개선,

산업 경쟁력을 강화할 수 있는 기회를 제공하며 기존 서비스에 대한 소비자 불만 등 문제점을 개선하여 신기술·서비스와 시장에서 경쟁역량을 확보해야 한다. 신기술·서비스 플랫폼 산업 내 참여자들의 이익 공유 및 의사결정에 참여하는 새로운 가치창출과 분배 시스템을 도입, 소비자 효용 향상을 도모해야 한다.

넷째, 일관적·종합적인 관점에서 법제정비 및 정책 추진이 필요하다. 장기적 시각에서 시대, 환경 변화에 따라 정책의 보완·정비를 거쳐 일관성 있는 정책 수행이 필요하다. 신속한 운영 및 법 개정절차 진행을 위해 부처 간 통합 컨트롤 타워가 구축되어야 한다. 제4차 산업혁명위원회 등 종합전략과 예산배분 등 총괄업무를 수행하는 일원화된 조직이 필요하며, 부처별 특성에 따른 과제수행을 컨트롤해야 한다. 신기술·신산업에 해당하는 부처 통합 및 조정권한을 가진 협의회 구축과 부처 간 이해관계 대립 및 역할에 대한 갈등문제를 조정하고 정책 반영을 효과적으로 추진할 필요가 있다.

다섯째, 신사업 창출을 위한 규제개혁 정책의 큰 틀에서 규제 Sandbox가 작용해야 한다. 개별 사업자의 애로 개선이 주요 목적인 규제 Sandbox의 특성상 작은 변화에 치중하고 정작 구조적 문제의 개혁은 소홀히 하는 경향이 있다. 그래서 규제 Sandbox 의존 시 제도 도입 취지와 반대로 일단금지·예외허용이 고착화될 수 있다. 규제 Sandbox가 지속적인 수요 발굴과 핵심 규제 개혁을 위한 촉진 수단으로 작용해야 한다. 또한 새로운 기술기반 비즈니스모델은 일단 두고 보는(wait and see) 전략을 활용해야 한다. 미리 재단해 규제 프레임을 설정하면 산업 발전을 저촉할 수 있다. 그래서 일정 부분은 시장을 열어두고 생활에 어떤 영향을 미치는지 보면서 규제를 설계하는 방식이 필요하다.

여섯째, 규제 Sandbox 제도의 적용기준 명료화 및 신청과 심의절차상 생성 자료·정보를 공개해야 한다. 신속 확인 및 실증특례의 실효성을 높일 수 있도록 적용기준을 보다 명확화 해야 한다. 실증특례의 경우, 임시허가와 구분을 명확히 하여, 현행 24개월(영국 6개월, 일본 3~12개월)의 기간을 축소하며, 12개월 이상인 경우 임시허가로 처리하는 것이 바람직하다. 실증특례 대상 선정기준을 허용하지 않는 경우, 허용조건이 추상적으로 열거되기에 정부특례 거부 시 재등록의 어려움이 발생한다. 본래 실증특례는 문제 발생여부를 모니터링 하는 제도이다. 문제점이 명확하게 나타나는 경우가 아니라면 원칙적으로 허용해야 한다. 또한 규제 Sandbox의 투명성 확보가 필요하다. 가령 신청내용과 처리과정 및 결과를 투명하게 게시판형태로 공개하며 중복개선사항의 신청이나 기존 불가한 사항에 대한 사유를 파악하여 반복 업무를 최소화해야 한다. 규제 Sandbox 운영부처별 실제 신청내용, 신청 법령, 관련조문, 심의 관련자료 등을 공개하여 활용성을 높여야 한다. 관련분야 동일 내용 신청 시 후발 신청기업의 별도 법률자문이나 컨설팅과정을 거치지 않고, 사업설계에 도움이 될 것이다.

일곱째, 중앙·지방정부 간 협력관계 구축 및 지방정부의 역할을 강화해야 한다. 신기술·서비스 산업생태계 활성화에 따라 개별 기업의 사업모델 관련 규제의 신속 확인 및 과제신청, 컨설팅수요가 증가할 것으로 예상된다. 중앙정부뿐 아니라 지자체 협업을 통한 규제 Sandbox 신청, 컨설팅 지원, 사업화 지원 등의 파트너십 구축이 필요하다. 그리고 규제 Sandbox 실증특례 기업대상 추가적인 사업화 자금지원, 마케팅 및 판로개척 지원, 투자유치 등 지자체의 지원사업 등과 연계하여 성공률을 제고해야 한다. 나아가 단계적으로 규제 Sandbox 사업추진 권한을 지방으로 위임해야 한다. 중앙정부의 주도로 규제 Sandbox 사업이 추진될 경우, 지역 Startup의 다양한 규제혁신 수요를 반영하기 어렵고 의사결정이 지연될 수 있다. 지역별 기술 및 사업아이디어를 신속하게 지역 내 테스트베드에서 검증할 수 있는 기회를 가짐으로 사업 효과 극대화하며, 지역 혁신자원 활용 지역수요 맞춤형 규제 Sandbox를 기획, 운영할 수 있도록 권한위임이 필요하다.

아울러 규제와 함께 촉진 및 지원정책이 마련되어야 한다. 한국은 전 세계 1위 모바일 트래픽 생성국가이다. 이러한 강점을 살리고 빅 데이터를 활용한 중소자영업자 지원 및 행정 효율화 등을 지원하도록 빅 데이터의 공익적 활용을 활성화해야 한다. 나아가 초(超)대형 인공신경망을 만드는 데 막대한 자원과 예산이 요구되므로 국내에서 개별 민간 기업에서 감당하기 어렵다. 이에 따라 정부주도로 대규모 인공신경망을 구축하는 것이 바람직하다. 공공성이 강조되거나 공공재성격이 강한 인공지능분야는 정부투자를 통해 인공지능 모델을 잘 학습시켜 그 결과물을 공개·공유한다면, 사회구성원 모두가 그 혜택을 누릴 수 있을 뿐만 아니라 인공지능 생태계의 발전에 크게 기여할 수 있다.

나. 국내 AI 인재양성을 위한 추진방향

AI는 세계적으로 많은 영향력을 끼칠 것으로 예상된다. PwC에서 작성한 <AI가 창출할 경제적 가치에 대한 전망보고서>에 따르면, AI는 15.7조 달러(약 18.84경 원)의 경제적 가치를 창출한다. 이러한 수치는 2020년 중국의 국내총생산(GDP)을 상회한 수치다. 한국 GDP의 10배 규모에 달한다. 그러나 AI의 경제적 부가가치가 국가별로 균형 있게 분배되지 않을 전망이다. 국가별로 AI의 경제적 부가가치가 상이하다. 중국(7조 달러), 북미(3조 7,000억 달러), 북유럽(1조 8,000억 달러), 선진 아시아(9,000억 달러), 남유럽(7,000억 달러), 라틴아메리카(5,000억 달러), 기타(1조 2,000억 달러) 등 순으로 AI의 경제적 부가가치가 유발된다. 이는 AI 육성의 중요성을 시사한다. AI 발전 수준에 따라 창출할 경제적 부가가치가 달라지기 때문이다. 그렇다면 어느 부분에 집중해야 할까? 답은 명확하다. AI 인재육성에 초점을 맞춰야 한다. 전 세계 AI 시장에서 요구되는 인력은 최소 100만 명 수준이다. 현재 AI 인력은 3분의 1인 30만 명에 불과하다. 장차 AI 인재 수요는 확대될 것이기 때문에 AI 인재 육성과 확보전쟁은 치열해질 것이다. 특히, 세계 주요국과 비교할 때 한국의 인력난이 심각한 상황이므로 해결이 시급하다.

AI 인재의 요건은 크게 네 가지다. 무엇보다 데이터 조작과 통계, 수학, 프로그램 등에 대한 기술적 이해력을 갖추고 호기심도 많아야 한다. 주어진 상황에서 끊임없이 질문하는 비판적·창의적 사고를 겸비해야 한다. 아울러 다른 사람과 효과적으로 의사소통하고 협업하는 역량을 지녀야 한다. AI 기술을 사용하기 위해 세부사항까지 완벽하게 터득할 필요는 없다. 하지만 훌륭한 개념모델은 확보해야 한다. 예컨대 라디오의 작동과정은 알지 못해도 라디오 채널을 찾는 법이나 음량조절방법은 알아야 한다. 머신러닝 전문가는 아니라도 머신러닝의 원리와 기능관련 개념모형은 이해할 수 있어야 한다. 그래야 머신러닝을 유용하게 활용할 수 있다. AI 역량은 자신의 독특한 전문지식을 머신러닝이 가장 잘 하는 것과 결합하는 방법을 깊은 수준으로 이해, 실천하는 사람이다.

AI 인재의 역량은 비즈니스의 성패를 좌우하며, 서비스수준을 결정한다. 거시적으로 AI 경쟁력에 커다란 영향을 미친다. 그래서 국가마다 AI 인재육성에 집중하고 있다. 미국은 실무인력을 중심으로 AI 인재 육성에 집중하고 있다. 백악관에서 발표한 AI 산업육성전략 가운데 인재육성 정책이 강조되고 있다. 2019

년 2월 기준 650만 명 대상으로 AI 훈련과정을 제공할 것임을 200여 개 기업과 서명했다. 뿐만 아니라 AI연구개발 인재 육성에도 집중하고 있다. 연방장학금 선정에 있어 AI를 우선시하는 권고안을 마련했다. 이를 위해 매년 2억 달러(약 2,400억 원)을 투입하고 있다. 미국은 대학에서 AI 교육이 가장 체계적으로 이뤄지고 있다. 대학에서 AI학과 설립이 일찌감치 진행됐다. MIT의 경우, 2019년 9월 AI대학을 신설했으며, 10억 달러(약 1조 원)를 투입하겠다고 밝혔다. 투자규모만 보더라도 국내 대학과 비교할 수 없는 수준이다.

중국은 AI 인재육성 차원에서 고급 AI 인재 영입방안 적극 추진하고 있다. 또한 초등학교 때부터 AI 교육을 시키는 방안을 마련하였다. 아울러 AI 석·박사 인력 양성과 함께 AI와 타 분야를 결합할 수 있는 프로그램을 개설하고 있다. 중국은 정부 주도로 유치원에서부터 초중고와 대학 및 직업교육에 이르기까지 AI 교육이 체계적으로 이뤄지고 있다. 중국 교육부는 2017년 8월에 <신세대 인공지능개발계획>을 발표했고, 2018년에는 대학에서의 AI혁신을 위한 행동강령을 공지했다. 2019년 5월 유네스코가 개최한 AI 교육 컨퍼런스에서 유치원 6권, 초등학교 12권 등 중국 AI교과서 시리즈가 전시되기도 했다.

싱가포르는 기술변화에 대응한 미래교육과 일자리체계를 잘 구축한 국가로 꼽힌다. 세계 최대 금융컨설팅업체 Oliver Wyman이 2020년 인공지능(AI) 준비정도를 조사한 결과에서도 싱가포르는 세계 1위에 올랐다. 기술교육 및 활용을 통해 삶의 질뿐 아니라 국가경쟁력까지 높이고 있다는 평가다. 싱가포르는 2015년 Skills Future[10] 운동으로 평생학습 문화를 구축했고, 국민들이 주체적으로 역량개발을 위한 토대를 조성했다. 수십 년에 걸쳐 인력개발에 투자[11]하고 있는 싱가포르가 인공지능(AI) 분야 인재육성에 적극 나서고 있다. 이른바 <AI 싱가포르>는 싱가포르에서 AI 인재의 강력한 파이프라인을 구축하기 위한 사업으로 정부가 연구 및 산업 파트너와 긴밀히 협력하는 분야에서 핵심적 역할을 수행한

10 '기술이 미래다'란 의미로서 싱가포르가 2015년 국민의 평생교육 및 학습을 활성화하겠다는 취지로 내건 국가Agenda이다. 모든 국민을 핵심 인재로 육성한다는 목표다. 학생부터 사회초년생, 오랜 경력을 보유한 기술자까지 정부가 평생 직업훈련을 제공한다(한국경제신문, 2020년 11월 9일자).

11 2015년부터 올해까지 연평균 10억 싱가포르달러(약 8,294억 원)가 Skills Future에 투입된 것으로 추산된다. 2010~2015년 인력 개발 및 지원에 연간 6억 싱가포르달러(약 4,976억 원)가 배정했다.

다. <AI 싱가포르>에 의해 추진되는 이니셔티브는 2가지로 이루어진다. '산업을 위한 AI(AI for Industry, AI4I)'와 '모두를 위한 AI(AI for Everyone, AI4E)로 3년간 1만 2,000명의 싱가포르인에게 AI 지식을 제공한다는 계획이다. AI4I는 2,000명의 AI에 관심이 있는 실무자를 대상으로 3개월 동안 기본적인 AI 및 데이터 애플리케이션을 개발하는 기초과정을 습득해 취업기회를 준비하게 된다. AI4I는 싱가포르인 또는 영주권자로 폴리테크닉 졸업장 또는 대학학위소지자에 한해 신청할 수 있다. AI4E는 일반인들 1만 명에게 인공지능 및 데이터 과학이 무엇인지 입문 과정을 제공하는 무료 3시간 워크숍이다. AI의 실제 사용을 인식하고 작업 및 일상생활에서 잠재적 용도 파악을 목표로 한다. 가령 IMDA, Microsoft 및 Intel이 진행하는 AI4E의 경우, 비용은 필요 없으며 12세 이상만 참가할 수 있다. AI4E는 2018년 9월에 시작했다. AI4I와 AI4E는 싱가포르 국립연구재단의 프로그램인 AISG가 AI 인재 풀을 확대하기 위해 도입한 수많은 이니셔티브 중 가장 최신 버전이다.

영국은 AI 육성을 위해 AI 대학원 과정개설과 함께 직장인 훈련과정에 초점을 두고 있다. 200개가량의 AI 박사과정을 추가로 개설했다. 그리고 AI 인재 유치를 위해 이민법까지 개정했다. 그리고 Alan Turing Institute와 협력해 재직자의 AI 분야 전환과정을 개설했다. 단순 AI 교육을 넘어 석·박사 수준의 교육을 제공해 재직자의 AI 전문가로의 전환을 지원한다. 이러한 국제적 추세에 부응하여 한국도 AI 인력육성 지원 정책을 추진하고 있다. 하지만 현실은 매우 척박한 실정이다.

국내·외 전문기관의 평가에 의하면 한국의 AI 인력수준과 역량은 매우 미흡한 수준이다. 한국경제연구원(KERI)의 국내 AI 인재 현황 분석결과(2019년 12월), 미국을 10점으로 볼 때 국내 경쟁력수준은 5.2점을 기록했다. 중국은 8.1점, 일본은 6.0점을 기록했다. 전 세계 인공지능 핵심인재 500명 가운데 한국출신 비율은 1.4%에 불과한 실정이다. 이는 미국(14.6%)과 중국(13.0%)의 10분의 1수준으로, 싱가포르(6.2%), 프랑스(2.8%), 대만(1.8%), 이스라엘(1.6%)보다도 낮다.

현재 정부는 AI 인력양성을 위해 대학원과정을 개설하고 있기 때문에 석·박사채용문제는 해소될 것으로 보인다. 하지만 정작 중요한 문제는 재직자 AI 교육이다. AI 시대를 선도하기 위해 제조업뿐만 아니라 서비스업 등 다양한 산업 분야에의 AI 접목이 중요하다. 경영자와 중간관리자 대상 AI 교육은 물론 비전공자

대상 AI 교육을 확산시켜 기업 내 관리자의 AI에 대한 인식을 전환해야 한다.

사실 AI 석·박사 채용되는 인원 대다수는 신입이다. 연구소에 입사해도 실무에 맞게 이끌 관리자급 인력이 없다. AI 석·박사 인재가 실무인재로 성장하기 위해 업무를 통해 Scale up이 중요하다. 그래서 재직자 AI 교육이 중요하다. 그런데 현재 지원정책이 미흡하다. AI 사업 확산을 위해 AI 특수대학원과 같은 대학연계프로그램과 함께 AI 인력양성을 위한 AI 전문 경영과정 개설도 필요하다. AI 사업의 확산과 함께 기업이 AI 인력양성에의 투자를 활성화해야 DeepMind 같은 회사가 나올 수 있다. 또한 AI Startup이 출현하려면 AI 전문 경영프로그램 개설도 중요하다(Science Times 2020년 4월 20일자).

2020년 1월 16일 과학기술정보통신부가 1호 업무보고를 통해 <AI 일등국가> 계획을 발표했다. AI 인재 1,000여명을 양성해서 AI 일등국가가 되겠다는 것이다. 수만 명~100만 명의 AI 인재를 양성하겠다는 계획을 실천하고 경쟁국과 대조적이다. AI 인력양성 목표치가 너무 낮다. 특히, AI 전문 인력을 너무 좁게 보고 있다. AI 개발자와 AI 엔지니어 등 AI 공학전공자만 AI 전문 인력으로 보고 있다. 하지만 AI 관련 공학전공자뿐만 AI와 비즈니스를 융합할 수 있는 AI 융합비즈니스전문가도 양성해야 한다. 나아가 저 출산, 고령화, 기후병화, 미세먼지 감소 등 복잡한 사회적 난제에 AI를 적용해 해결하기 위한 AI 융합 및 연계교육이 요구된다.

현재 AI 대학원 선정 및 지원은 전부 공학 석·박사과정에 국한돼있다. 공학만 양성해서는 균형을 이룬 AI 강국이 될 수 없다. 기술과 공학뿐만 아니라 법학·사회과학 및 경영학과 융합하고 기술의 사업화를 위한 융합교육이 필요하다. AI 기술자뿐만 아니라 비즈니스융합전문가를 포함해서 적어도 연간 2만 명씩 5년간 10만 명을 양성해야 한다. 또한 AI 대중화를 위해 AI 활용인력 100만 명을 교육해야 한다. 이처럼 AI 교육전문화와 대중화가 병행되어야 명실상부한 AI 1등 국가가 가능하다.

"AI가 무엇을 할 수 있는지 묻기 전에, 인간들이 먼저 AI가 무엇을 해야만 하는지 생각해야 한다."

-Microsoft CEO, Brad Smith-

창조성의 촉매이자 창조적 파트너로서 인공지능

창조적 존재, 인간을 Homo Faber라고도 한다. 인류역사가 증명하듯 도구를 만드는 동물이다. Bll Gates는 "PC는 인간이 만든 도구 중 인간에게 가장 많은 권한을 부여하는 도구라고 자신 있게 말할 수 있다. PC는 소통의 도구, 창의력의 도구이며 사용자가 직접 만들어 나갈 수 있다." 이제 인간은 지능적 도구, AI를 만들어 활용하고 있다. AI 혁신은 인공지능 기술을 이용해 고도화된 기능의 제품을 구현하고 새로운 가치를 창출하여 사용자경험을 향상시키는 과정을 의미한다. AI 혁신의 핵심요소는 데이터, 알고리즘, 비즈니스모델 그리고 애플리케이션이다. AI를 통해 혁신적 비즈니스를 개발한다는 것은 네 가지의 개발을 의미한다. AI 혁신은 Technology Push를 띤다. 제품사용량이 많아질수록 고도화된다. 더욱이 그 적용범위가 넓기에 창조적 응용능력이 한층 중요하다. 오늘날 AI는 기업의 인적 지능을 높여준다. 어려운 문제 해결과 보다 많은 가치창출을 돕는다. 가장 중요한 것은 시장에서 경쟁우위 확보의 가능인자로 작용한다. 디지털 전환의 심화단계인 AI 전환은 모든 업종의 기업이 참여할 수 있다. 아니 참여해야 한다. 이미 선도 기업들은 경쟁사보다 앞서기 위해 AI 기술에 투자하고 있으며 창조적 자극 및 촉진으로 촉매로 활용하고 있다. AI 시대의 창조성? AI를 어떻게 활용할 것인가는 전적으로 이용자의 의지와 창조적 역량에 달렸다.

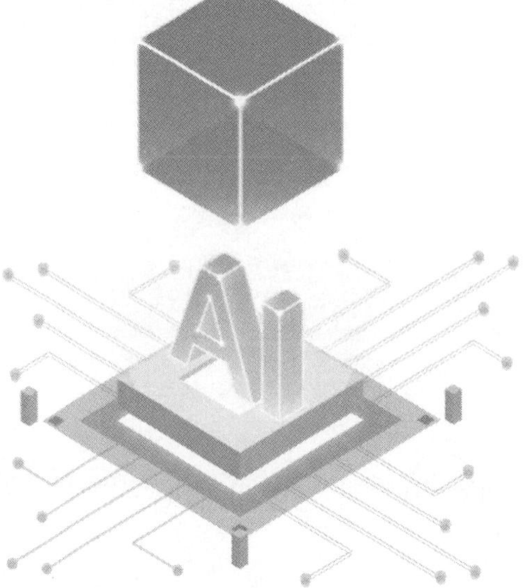

모든 직장인을 위한 인공지능(AI)

디지털 전환시대의 최종병기

CHAPTER

09

인공지능과 협업: Co-creation

1 인공지능기반 창조성: 데이터에서 스마트서비스로

2 인공지능시대의 핵심역량, 창조성

3 창조적 파트너, 인공지능과 협업하기

CHAPTER 09

인공지능과 협업: Co-creation

1 인공지능기반 창조성: 데이터에서 스마트서비스로

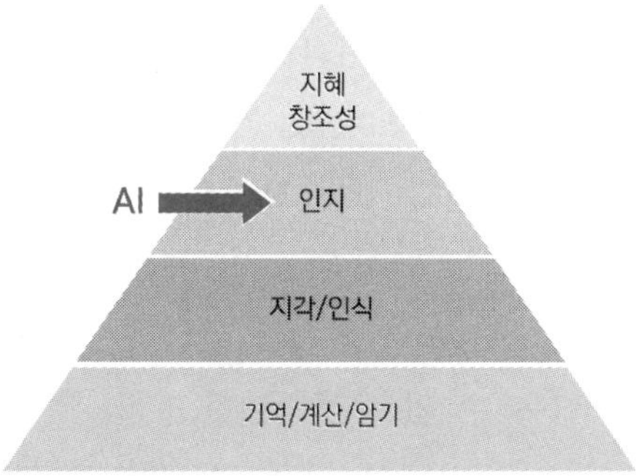

Mark Zuckerberg(Facebook CEO)는 AI 기술이 의료와 자율주행 등 다양한 분야에서 유용할 수 있지만, 상식은 가르치기 어렵다고 밝혔다. 사실 세상에는 상식과 원칙, 기본을 가르쳐도 지키지 않는 무례한 사람들이 많다. 물론 그들과 다르지만 AI도 아직 상식에 약하다. 공감, 협력, 비판적 사고, 창조성도 모른다. 그렇기에 사람들과 사회적 협력을 통한 창조성과 통찰력이 필요한 직업군은 대체불가할 것으로 예상된다.

그러면 과연 현재 AI의 지능수준은 얼마나 될까? 지능을 5단계로 나눌 때 AI는 1~3단계에서 인간을 뛰어넘었다. 1단계는 연산기억(computation & memory) 능력으로 컴퓨터를 절대 넘어설 수 없다. 2단계는 지각(perception), 즉 안면과 음성인식이다. MSRA가 개발한 ResNet의 안면인식이나 음성비서의 음성인식기술은 사람보다 정확하다. 사람은 한번 본 사람의 얼굴을 금세 잊어버린다. 하지만 ResNet은 공항을 통과하는 수많은 군중 속에서 범죄용의자를 식별한다. 3단계는 인지(cognition) 능력으로 기계가 인간을 이미 추월하였다. 비즈니스, 금융, 과학기술 분야 종사자들에게 요구되는 생산적 지능 활동으로 인지영역에 속한다. Stanford대가 개발한 SQuaD(독해능력 테스트)에서 MS의 AI가 받은 점수가 학생들의 평균점수보다 높았다.

창의성(creativity)은 어떨까? 창의성은 인간에 내재된 신의 속성이며 원숭이가 결코 인간의 표상이 될 수 없다는 실증적 속성이다. 또한 인간지성의 대표적인 특징이며 인공지능의 구현을 위해 필수적 요소다. 하지만 수많은 시도에도 불구하고 창조성 발현과정은 여전히 비밀로 남아 있다. 주지하듯 인류문명은 상상력의 산물이라고 할 수 있다. 위대한 사상가, 철학자, 예술가, 과학자 들은 모두 상상력의 대가였다. 그 이유는 상상의 내용이 창의적일뿐만 아니라 창의적 내용이 이성적으로 구현되었다는 사실이다. 여기에 상상력, 창의성, 이성 간 관련성이 드러난다. 이를테면 대가들의 상상력은 몇 가지 특징을 지닌다. 이전에 감각할 수 없었던 것을 상상하여 이미지화 하는 창의적 상상, 창의적 이미지에 논리와 형식을 부여함으로써 개념화하는 이성적 구성, 개념화된 상상을 철학, 문학, 음악, 미술, 무용, 건축, 과학 등을 통해 가치를 생산하는 가치적 표현이다. 이러한 특성들이 인공지능에겐 넘을 수 없는 장벽이다.

Einstein박사가 1915년 일반상대성이론을 발표한 후 시인이자 저널리스트였던 George Viereck이 Einstein박사에게 물었다. 어떻게 상대성이론을 창안했느냐고. 그러자 Einstein박사는 “상상력이 지식보다 더 중요하다. 왜냐하면 지식은 우리가 현재 알고 있고, 이해하고 있는 것에 국한된다. 반면, 상상력은 앞으로 알려지고 이해해야 할 모든 세계를 포용하기 때문이다.”라고 답했다. 인간에게 한계가 없는 상상력, 인공지능이 넘을 수 없는 한계이다.

창조성은 기존 것과 새로운 것의 연결이다. 초 연결이 심화되는 제4차 산업혁명시대에 한층 요구되는 창조성의 비결은 연결(connection)과 조합(combination)에 있다. 물론 연결이 항상 창조성을 유발하지는 않는다. 하지만 오늘날처럼 빅데이터가 산재한 환경에서 자신의 인지적 한계를 벗어나 창조성을 고양하는 방법은 나와 다른 견해와 사상을 가진 사람들과의 공감하고 연결되면서 한층 중요해지고 있다.

AI가 혁신적으로 발달하고 있다. 하지만 아직까지 인간의 마음을 재현하기 위한 AI는 존재하지 않는다. AI가 창조적 과정을 향상시키기 위해 인간과 상호작용이 요구된다. 조직은 구성원들이 훨씬 새로운 아이디어를 생각해 내도록 도와야 한다. 사실 기업은 큰 기회를 갖는 곳이다. 예를 들어 Netflix는 소비자 데이터를 이해하기 위해 AI를 이용하는 데 성공했다. 그래서 촬영 이전에 어떤 쇼와 출연자가 히트칠지 알 정도다. 심지어 베스트셀러까지 예측할 정도다. 머신러닝은 혁신적인 아이디어를 테스트하고 Prototype을 가속화할 수 있는 자유를 더 많이 제공하고 있다. 이에 따라 수년 동안 개인화된 서비스를 차단해 온 확장성의 문제를 해결할 수 있다.

하지만 기술적으로 AI는 불완전하다. 결국, 인간이 지속적이며 점진적으로 정치적, 사회적 제약을 적용해야 함을 일깨워준다. 현명한 알고리즘은 수많은 사람들이 공존하고 사람들에 의해 운영되는 사회에 잘 맞춰져야 한다. AI는 강력하면서 동시에 한계를 내포한다. 이러한 현실이 잘 알려진다면 지나치게 과열된 AI의 여름 뒤에 다가올 가을을 원만하게 맞이할 수 있다.

궁극적으로 AI는 인간에 의해 활용되는 도구다. 그러므로 인간에 대한 배려, 사회적인 이슈와 관련해 보다 많은 고려가 필요하다. 기술로 모든 것을 바꿀 수 있다는 기술결정론 시각보다 훨씬 중요하다. 사회적 산물로서 인공지능을 이해하면서 그 한계를 아는 순간, 더욱 쓸모가 많아질 수 있다. 앞서 살펴보았듯이 인공지능은 인간지능을 넘어 모습까지 닮아가고 있다. 만일 컴퓨터가 인간지능의 수준에 도달한다고 할 때 그것은 논리적 지능(logical intelligence)을 의미하는

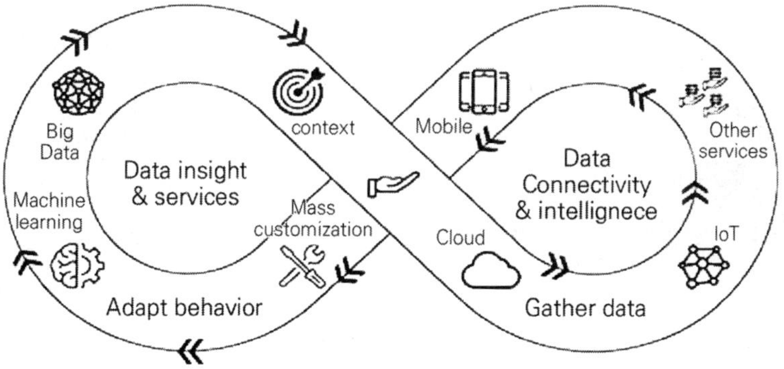

자료: atos.net/content/mini-sites/journey-2022/human-centric-ai/.

것이 아니다. 웃기는 것과 사랑의 감정표현 등을 뜻한다. 즉 유머감각과 사랑의 감정이야말로 인간지능의 핵심(cutting edge)이며 컴퓨터가 인간지능을 능가한다는 것은 이러한 감정부문까지 포함될 수 있다는 의미다. 이처럼 지속적이고 혁신적으로 향상되는 인공지능의 성능의 결과는 지속적인 학습(Experiment. Iterate. Learn), 즉 데이터 축적과 활용에 의한 산물이다.

인공지능은 방대한 데이터를 바탕으로 패턴을 추출해낸다. 그 패턴이 유효한 범위 내에서 변형된 결과물을 산출할 수 있다. 그러나 데이터 패턴의 연장선이 아닌 그 이상의 창조성 발현은 어렵다. 모방은 가능하지만 기존 규칙을 허물거나 새로운 규칙을 만드는 변혁적 창의성의 발현은 어렵다. 장차 데이터기반의 스마트 서비스가 대부분 비즈니스의 경쟁 환경에서 중요한 요소가 될 것으로 예상된다. 상호 연결된 실시간 비즈니스 웹에서 어떤 역할을 수행할 것인지에 대한 올바른 선택은 기업의 디지털 혁신 전략에서 한층 중요한 요소가 될 것이다. 하지만 인공지능 창의성에서 드러난 특징을 살펴보면 인간에게 증강된 창의성(augmented creativity)을 시사한다.

현재 시장에서 쏟아지는 스마트제품과 서비스의 개념모델 역시 새로운 것이 아니다. 그러나 Edge 컴퓨팅, 마이크로 서비스 아키텍처, 인공지능 및 데이터 플랫폼의 융합으로 운영 스마트 서비스가 현실화되고 있다. 그럼에도 커다란 문제는 많은 데이터가 똑똑하지 않다. 예를 들어 창의적 사업전략을 개선하기 위해 필요한 통찰력의 도출을 위해 이루어진 많은 분석결과와 추측조차 생활방식 태도와 정서 등 인적 요소를 인식하지 못하고 있다. 다행히 일대일 메시징, 음성 가능 편의시설, WeChat, Line, and Slack 같은 대화형 채널 등 새로운 인터페이스와 통신의 성장으로 스마트 데이터가 새롭게 부상하고 있다. 머지않아 기업들이 완전히 새로운 차원에서 사람들을 이해할 수 있을 것이다. 이처럼 인간과 머

신러닝의 괴리를 메우기 시작한 브랜드 중 하나가 Spotify다. 플레이리스트 창작과 같은 사용자 습관과 Crowd Source의 행동을 결합해 개인화된 플레이리스트 제안을 생성하였다. 이러한 예는 AI가 소비자와의 상호작용을 어떻게 분류할 수 있는지를 보여줌으로써 서비스 플랫폼에서 사람이 말하는 것에 대해 보다 진실한 개념을 제공하고 그에 따라 반응할

수 있다. 고객감정과 고객요구를 보다 잘 이해하고 예상할 수 있다.

창의성이 한층 강조되는 시대가 진행하면서 개인과 조직, 그리고 국가적 차원에서 창의성 증강을 위한 기술적 접목을 고민할 시기다. 개인이든 조직이든 국가든 끊임없이 배우고 축적하면서 실험하고 학습하며 문제해결 능력과 가치창출 역량을 키워야 한다. 지능이나 창조성은 결코 진공상태에서 생성되지 않는다. 오랜 기간 시행착오와 실패의 누적적 산물이다.

추사 김정희(金正喜)가 역설했듯 "가슴 속에 만 권의 책이 들어있어야 그것이 흘러넘쳐서 글씨가 되고 그림이 된다."는 말이 압축적으로 함축한다. 칠십 평생에 벼루 열개의 바닥에 구멍을 내고, 붓 일천 자루를 몽당붓으로 만들었다는 열정의 추사였으니 만권의 책을 언급할 만하다. 만권의 책이라면 얼마큼 될까? 당시의 책은 지금과 다르니 지금 기준으로는 아마 수천 권에 해당되는 분량일 것이다. 실로 엄청난 양이다.

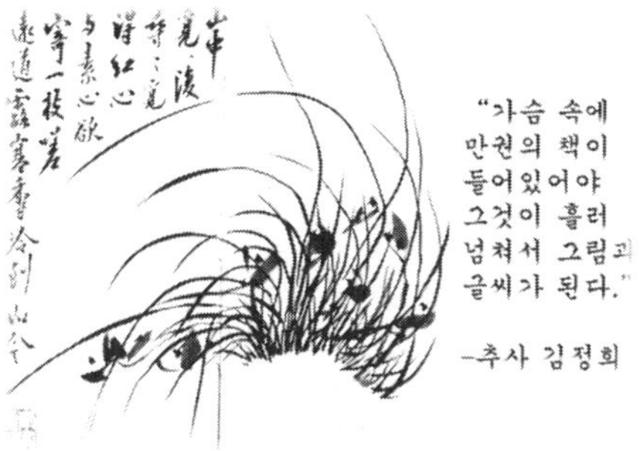

오늘날 많은 기업들이 급변하는 시장 상황에 적응하기 위해 고군분투한다. 구성원들은 혁신적이고 새로운 Trend에 대응하기 위해 열린 마음을 유지하고 유연성을 유지해야 한다. 성공적인 비즈니스 관리자와 기업가는 창의적 사고를 위해 새로운 도구와 기술을 사용하여 대규모 데이터 Pool에서 유용한 지식·지능을 추출하는 비즈니스 솔루션과 결합해야 한다. 예를 들어 인공지능, 자동화, 첨단기술에 기초한 사업계획이나 시장예측도구는 기업가들이 목표 고객에 도달하는 데 있어 보다 창의적 활동을 촉진하고 있다.

Alibaba의 마윈(馬雲)회장은 "스마트시대는 아직 유치원 단계에 머물러있지만 앞으로 인간의 상상력을 크게 뛰어넘을 것이다. 세계의 미래를 결정하는 것은 기술이 아니라 기계 배후에 있는 사람의 이상과 가치체계이다. 기계가 아무리 우수하다고도 해도 결국 기계를 만들어 내는 것은 사람"이라고 말했다.[1]

1 마윈(马云) 알리바바 그룹 회장이 지난 2018년 5월 16일 톈진(天津)에서 열린 제2회 세계 스마트 대회(WORLD INTELLIGENCE CONGRESS) 원탁토론.

그럼에도 인공지능은 여전히 창의성의 촉진과 확장에 기여한다. 하지만 결코 인간과 동등하거나 확실하게 우월하지 않다. 이러한 상태는 단기간에 바뀌지 않겠지만 먼 미래에 변동가능성을 배제할 수 없다. 현재 인간만이 프로그래밍으로 불가능한 아름답고 창조적인 두뇌를 즐길 수 있는 자격과 역량을 보유하고 있다. "기계학습이 기술의 모든 측면을 변화시키겠지만, 어떤 기계도 인간 마음의 창조적 능력을 모방할 수 없을 것이다."라는 Shantanu Narayen(Adobe CEO)의 역설이 뒷받침한다.

흔히 창조성을 생각할 때 예술가와 발명가, 순간 번뜩이는 전구 등을 생각한다, 실제로 창조성 발휘를 위해 초기 아이디어를 완성품으로 바꾸는 것은 복잡하다. 하지만 AI 덕분에 프로세스가 훨씬 간단해지고 있다. 아이디어 실현과 관련된 많은 작업은 평범한 계획수립, 데이터 분석, 계산이 필요하다. 인공지능은 프로세스 촉진을 위해 가장 좋은 방법을 제공한다. 유용한 정보(예 데이터 예측도구) 또는 완전한 자동화(자동 시간추적기를 통해 인공지능은 창조적 에너지를 방해하는 낮은 가치의 작업을 제거)에 필수적이다. 인공지능 관련 다양한 도구들이 삶을 보다 쉽게 만들고 창조적 능력을 향상시킬 수 있는 잠재력을 구현하는 데 조력하고 있다.

이처럼 예술의 세계에서는 훨씬 복잡한 Creative Algorithm이 개발되고 있다. AI에 많은 그림이 주어졌으며 각 작품의 예술적 스타일을 가르쳤다. 그런 다음 배운 범주를 벗어나 새로운 작품을 만드는 작업을 수행하였다. 이후 AI는 작품을 판단하여 다른 종류의 이미지를 출력하였다. 몇 가지 사례를 보면 미술영역의 경우 AIRI에서 개발한 <AI Atelier>는 작가의 협업을 통해 새로운 시각예술 도구로서 끊임없이 의미의 실현을 모색하는 예술가적 창의성에 새로운 가능성을 제공하고 있다. 음악영역에서 AIM은 AI가 인간이 요구하는 음악적 장르와 분위기에 맞춰 음악 콘텐트를 자동으로 작곡한다. 이 외에도 AI는 광고 대본뿐만 아니라 영화 시나리오, 소설, 시집까지 발간했을 정도로 이미 창의적 영역에 진출했다.

인간과 인공지능의 협업 및 창조성 구현사례

- AIRI에서 개발한 'AI아틀리에(AI Atelier)'와 이수진 작가의 협업을 통해 AI아틀리에는 새로운 시각예술 도구로 끊임없이 의미의 실현을 모색하는 예술가적 창의성에 새로운 가능성을 제공함. Walter Benjamin은 「기술복제시대의 예술작품」이라는 논문에서 "사진이나 영화와 같이 복제 가능한 기술로 탄생한 작품들도 고유의 예술성을 획득한다."고 주장했음. 기존 표현 수단의 물리적 한계를 뛰어넘어 독창적인 이미지를 포착하고 기록할 수 있기 때문임.
- AIM은 AI와 인간(Mankind) 또는 AI와 음악(Music)을 뜻함. 우선 AI가 인간이 요구하는 음악장르와 분위기에 맞춰 음악콘텐트를 자동으로 작곡함. 그리고 작사가 · 작곡가 · 편곡가 등이 인간감성을 추가해 트렌드에 맞게 편곡함. 마지막으로 K-팝 가수들이 창작된 곡을 실연함. 인간이 장르 · 분위기를 선정하면, AI가 맞춤형 음악 콘텐트 작곡, 작사가 등이 감성 추가해 편곡 AI를 통해 음반을 제작, 발매하는 프로젝트로서, AI로 상징되는 4차 산업혁명의 물결이 예술분야인 음악에 상업적으로 활용된 사실상 국내 첫 사례임.
- Magenta 프로젝트는 미술과 음악의 제작단계에서 AI 기술을 적용하는 프로젝트로 주로 이미지, 그림, 노래 등의 생성을 위한 새로운 딥 러닝 및 강화학습(Reinforcement Learning) 알고리즘을 개발하는 것이 주요 목적임. 아티스트와 Musician들은 모델을 사용하여 노래나 이미지들을 생성하는 단계들을 확장시킬 수 있는 스마트도구 및 인터페이스를 구축하는 데 도움이 됨. Magenta는 Google Brain팀의 일부 연구원 및 엔지니어가 시작했지만 많은 다른 사람들도 프로젝트에 크게 기여했음. AI는 광고대본뿐만 아니라, 영화 시나리오, 소설, 시집까지 발간했을 정도로 창의적 영역에 진출했음. 시나리오 전문 AI인 Benjamin은 TV시리즈인 '스타트렉'과 '엑스파일' 등 수십 편의 공상과학 시나리오를 학습하며 첫 번째 시나리오를 작성해 영화로 제작됨. 일본에서는 공상과학 소설가를 기리기 위해 만든 '호시 신이치 문학상'에 AI가 쓴 작품이 예선을 통과하였음.

시나리오 전문 AI인 Benjamin은 TV시리즈인 X-File 등 수십 편의 공상과학 시나리오를 학습하여 영화로 제작되었다. 일본에서는 공상과학 소설가를 기리기 위해 만든 <호시 신이치 문학상>에 AI가 쓴 작품이 예선을 통과하였다. Botnik Studio는 자체 개발한 AI텍스트 예측프로그램을 사용해 Harry Potter 후

속편(Harry Potter and the Portrait of What Looked Like a Large Pile of Ash)을 창작했다. 이처럼 수많은 사례들은 데이터에서 스마트 서비서를 지향하는 인공지능 기반 창조성을 드러낸다.

2 인공지능시대의 핵심역량, 창조성

오늘날 사회와 비즈니스 환경은 편만한 연결성, 정보기술의 성능 향상, 정보 증가, 빅 데이터의 출현과 같은 Trend로 특징지어진다. 새로운 디지털 시대에 창의성과 혁신은 개인, 기업의 가치 창출에 중요한 역할을 한다. 그 동안 창조성과 혁신은 중요하게 다루어져 왔다. 하지만 디지털 비즈니스 맥락에서 그 본질이 변하고 있다. 기업 간 경쟁은 제품의 품질이나 소비자 욕구를 충족시키는 효율성뿐만 아니라 얼마나 혁신적 제품인지, 얼마나 잘 디자인되어 있는지, 얼마나 창의적 방식으로 소비자 문제를 잘 해결하는지 등에 기초하고 있다.

디지털 전환시대의 대표적 사례로 신규디지털 사업이 꼽힌다. 이에 발맞춰 고객들의 행태도 바뀌고 있다. 예를 들어 crowdsourcing 캠페인을 통해 소비자는 제품의 공동 생산자가 된다. 물론 소비자의 기대도 달라졌다. 그 어느 때보다 쉽고 편리한 방법으로 상품과 서비스를 구매 및 이용하려는 의도가 강하다. 온라인에서 제품을 주문하고 다음날 제품수령을 원한다. 이러한 욕구가 산업경제적 변화를 야기하고 있다. 기업들은 이에 적응하거나 그렇지 못하면 도태될 수 있다. 가령 Netflix같은 플랫폼은 블록버스터와 같은 거대업체들을 파산상태로 몰며 산업지형을 변화시켰다.

산업경제의 변화로 인해 노동력도 영향을 받으면서 조정압력을 받고 있다. 이제 직원들에게 이전과 다른 기술이 요구된다. 직원들이 얼마나 알고 있느냐가 중요한 게 아니다. 얼마나 자신의 지식을 잘 응용할 수 있느냐가 중요하다. 기업은 디지털 시대에 기업경쟁력의 유지를 위해 새로운 제품, 서비스, 프로세스 창출에 의존하고 있다. 이에 따라 필수적인 기술은 고차원 사고와 창조적 문제해결이다. 많은 기술은 빅 데이터에서 의미나 패턴을 발견하고 있다. 이러한 바탕에서 평소와 다른 방식으로 문제 해결에 유용한 통찰력을 찾고 있다. 빅 데이터를 디지털 자산으로 활용하여 상품과 서비스를 개인화할 수 있어야 한다.

그동안 대부분 직장인들은 업무에서 창의적이기 보다 생산적이어야 한다는 압박감을 느꼈다. 하지만 상상력이 풍부한 창조적 사고는 효율성을 향상시키고 어려운 문제를 해결하며 이익을 증대시킬 수 있다. 그렇다면 기업은 어떻게 직원들의 일상생활에 창조적 사고를 도입할 수 있을까? 인공지능은 기업이 직장에서 창조적 사고를 개선하는 데 도움을 주는 핵심 자원 중 하나로 부상하고 있다. AI는 빠른 속도로 모든 유형의 기업에서 필요한 존재가 되고 있다. 나아가 비즈니스혁신을 강화하는 도구로 사용될 수 있다.

개인이나 조직은 자동화 및 AI를 사용하여 창의성을 극대화시켜야 한다. 사물 인터넷(IoT) 즉, 사람과 사람 또는 사람과 컴퓨터 사이의 입력 없이 상호 작용하는 상호연결 장치의 능력은 인간의 직업이 창의적이고 집중되도록 허용하면서 반복적이고 일상적인 작업의 대체에 기여할 것이다. 기업가들은 혁신적인 해결책과 완전히 새로운 아이디어의 창출에 에너지를 집중할 수 있다. 전문가들을 기계적 작업으로부터 자유롭게 하는 것 외에도 인공지능은 의사결정을 내리기 위한 데이터 사용과정에서 비즈니스의 창의성에 영향을 미칠 수 있다. 기업가들은 AI를 사용하여 마케팅 콘텐츠의 효과를 예측하고 입소문 가능성을 추정하며 생방송 전에 잠재적으로 불쾌한 콘텐츠까지 식별할 수 있다.

오늘날 인공지능은 언제, 어디에서나 볼 수 있는 현상이다. 이 메일, 신용카드 사기탐지, 체스, 바둑, 심지어 자동차 운전까지 사용될 수 있다. 모두 컴퓨터가 인간보다 나은 성능을 낼 수 있다는 것이 인정된 영역이다. 조만간 컴퓨터가 도시교통을 조정하면서 돌아다니는 날도 다가올 것이다. 비록 더디지만 창의성의 놀라운 진보를 경험할 수 있다. 심지어 그림그리기, 노래하기, 기사쓰기가 가능하다. 아직은 단순하지만, 일신우일신하면서 인간의 역량과 구별하기 어려워질 것이다.

그러면 AI가 어떻게 창의적일 수 있을까? AI를 활용해 새로운 아이디어를 창출할 수 있는 방법은 첫째, 새로운 조합의 제작이다. 가령 참신한 조합을 만들어내는 것으로 유사점이나 농담을 만드는 것처럼 컴퓨터가 가장 쉽게 할 수 있다. 둘째, 개념공간의 잠재력 탐구로서 Beethoven이나 Stravinsky처럼 유명한 작곡가의 장르와 양식, 전형적 하모니와 멜로디 등 서명목록과 함께 작곡의 기본규칙인 뮤지컬 문법을 AI에게 학습시키면 Beethoven이나 Stravinsky소리를 들려준다. 셋째, 변혁 만들기다. 가령 1970년대 프로젝트인 자동화된 수학자(Automated Mathematician)가 성공한 초기 사례로서, 작은 코드의 bit들을 생성하고 변형시킬 수 있었다. 궁극적으로 컴퓨터의 배아, 즉 스스로 프로그래밍 할 수 있다. 이른바 인공적 발전으로 특정한 분야에서 괄목할 만한 성과를 내고 있다. 현재는 앞의 두 가지에 집중하고 있다. 하지만 세 번째 것은 아직 혼란스럽고 미흡한 영역이지만 가장 큰 잠재력을 지니면서 아마도 몇 년 안에 탐구될 것이다.

인공지능 시대에 인간이 갖춰야 할 필수 요소는 무엇일까? 공감능력과 창조적 상상력이 꼽힌다. 이미 선진국들은 오래전부터 학교와 직장 등에서 공감 능력과 창조적 상상력을 길러주는 프로그램을 운영하고 있는 분위기다. 세계는 이미 오래전, 급변하는 제4차 산업혁명 시대에 대응하고 있다. 인공지능에게 대체되지 않기 위해 교육 등 다방면으로 기획하고 실천 중이다. 그러면 인공지능시대에 AI에게 대체되지 않으려면 어떻게 해야 할까? 실리콘벨리에서 이루어지는 교육, 학교, 기업에서 어떠한 교육이 이루어지고 있는가? 인공지능시대에서 리더가 되기 위해 필요한 교육은 어떻게 이루어지고 있나? 바야흐로 생각을 넘어 상상을 만들어 낼 수 있는 인재가 필요하다. 점과 점을 잇는 선을 연결하고 자신만의 면을 만들어 내는 인재가 요구된다. 기업가정신과 창의성을 가진 인재 등 협력하는 괴짜(Cooperative Geeks)가 절실하다. 또한 집단창조성을 이끌 인재를 양성하기 위해 협력하는 괴짜를 양성할 수 있는 교육시스템이 갖추어져야 한다.

MIT의 Media Lab에서는 사이코패스 인공지능을 개발 중이다. 인공지능 도움을 받는 출판사가 베스트셀러를 양산하고 있다. Wearable 인공지능이 사람의 생각을 읽을 수 있다는 의미다. 이러한 성과를 낳은 세계 최고의 창조적 인재들인 Media Lab의 창의성은 Lab 특유의 교육에서 비롯되었다. 가령 유치원 아이들이 놀고 학습하는 프로그램을 활용하여 교육을 시키면서 인공지능 개발을 맡기고 있다. 창조적 상상력과 공감능력이 필요하다. 인간과의 협업을 촉진시키는 역량을 강화시키고 있다. 이러한 능력을 유치원 아이들이 지니고 있다. 인공지능시대에서 인간은 인공지능의 노예가 아니라 인공지능의 주인이 되어야 한다. 가령 유치원교육 프로그램 가운데 공감능력을 강화시킨 프로그램은 Montessori 유치원 프로그램이다. 가령 Steve Jobs, Bill Gates, Jeff Bezos처럼 세계 최고의 제품과 서비스를 만든 사람들은 자신의 창조적 역량과 공감능력은 Montessori 교육에서 비롯되었다고 고백하였다. Montessori의 교육철학인 자유, 몰입, 성취의 내면화가 필요하다.

이는 지난 1997년 OECD가 제시한 생애 핵심역량(DeSeCo: Definition and Selection of Competencies)과 상당 부분 일치한다. DeSeCo프로젝트에서 제시된 미래 사회에 갖춰야 할 3대 핵심역량은 상호작용적 도구 활용(Use tools interactively), 이질적 그룹과의 사회적 상호작용(Interact in heterogeneous groups), 자율적 행동(Act autonomously) 등이 그것이다. 단순한 지식과 기술이 아니라 변화하는 세상에 소통과 융합을 통해 새로운 가치를 창출할 수 있는 기본적인 소양과 다른 사람을 함께 배려하는 공동체 구성원으로서의 가치를 강조하고 있다.

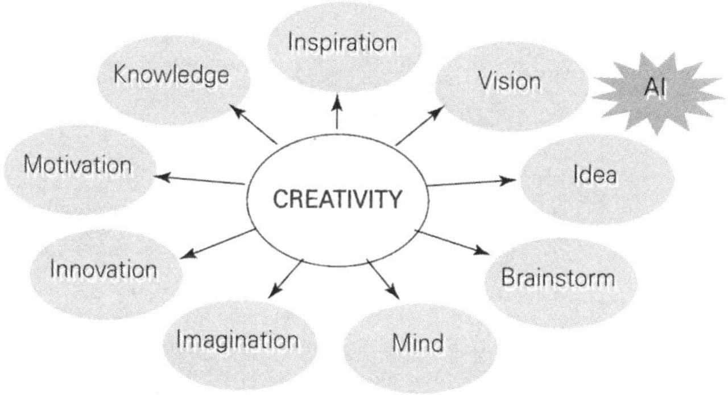

제4차 산업혁명시대에 대응하여 개인이든 조직이든 국가든 상상력, 창의력이 요구된다. 이른바 Makers는 새로운 자급자족시대의 도래를 의미한다. 개인은 급격히 발전하는 신기술과 일자리를 연구해서 직업의 변화를 잘 읽고 창의적 사고로 현명하게 대비해야 한다. 여기서 창의성은 다양한 요소들이 복잡하게 얽히고 설키어 생성되는 역동적 현상이다. 영감, 비전, 지식, 풍부한 상상력, 몰입과 직관, 흥미·보람·즐거움·인내 등 내적 동기 유발이 중요하다. 여기에 인공지능 기술이 촉매도구로서 작용하고 있다.

오늘날의 인공지능은 가장 파괴적인 기술 중 하나가 되었다. 인간 중심의 관점에서 관련 기회와 위협을 이해하고 수용을 보장하며 최대의 비즈니스 이점을 제공하는 노력이 중요하다. 서양 속담에 '모든 것을 잘하는 사람은 특별히 잘하는 것이 없다'라는 말이 있다. 이것저것 두루두루 할 줄 알아도 어느 것 하나 제대로 못하는 것보다는 한 가지라도 능숙하게 잘하는 것이 훨씬 낫다. 왕년의 쿵후 액션 스타 Bruce Lee는 "나는 만 가지 발차기를 구사하는 사람은 두렵지 않다. 내가 두려운 사람은 한 가지 발차기만 연마한 사람이다."라는 명언을 남겼다. 이렇듯 인공지능 전환시대에는 인공지능을 능숙하게 활용할 수 있어야 한다.

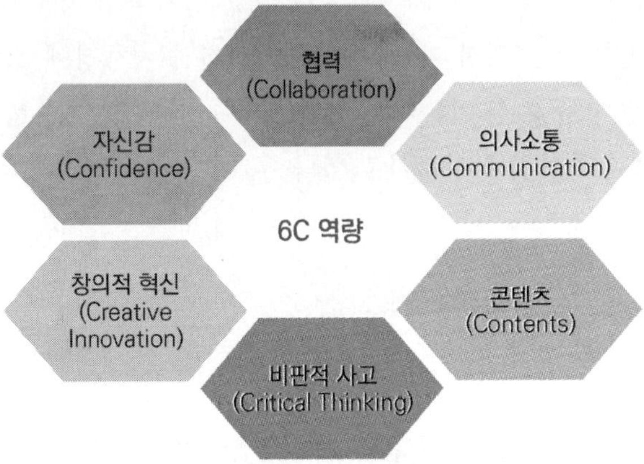

자료: m.blog.yes24.com/yeamoonsa3/post/10150954.

Roberta M. Golinkoff와 Kathy Hirsh-Pasek이 2002년에 공동 집필한 「Becoming Brilliant: What Science Tells Us About Raising Successful Children」에서 6C(Collaboration, Communication, Contents, Critical Thinking, Creative Innovation, Confidence)가 제시되었다. 이른바 <최고의 교육>은 제4차 산업혁명으로 인해 급격한 변화하는 미래에 대비하는 교육이다. 전통적인 성적표에 기재된 수학, 언어, 작문 등 시험으로 측정 가능했던 hard skill을 넘어선다. 무형적인 기량, 즉 soft skill 교육이 필요하다. Soft skil은 hard skill을 제외한 모든 역량이다. 타인과의 협력능력, 문제를 해결하는 실행능력, 감정을 조절하는 자기제어, 의사소통능력, 리더십, 회복탄력성 등 다양하다.

첫째, Collaboration이다. 모든 역량의 기초가 되며 가장 핵심적인 능력으로 기업에서 가장 중요한 역량으로 꼽는 Team work나 자기제어 등이 협력능력을 만들 수 있다.

둘째, Communication이다. 협력을 촉진시키는 동시에 협력을 기반으로 구축된다. 이야기를 들려줄 상대가 없다면 의사소통이 필요 없다. 많은 비즈니스 리더들이 의사소통능력을 가진 인재를 강조하는 현실은 의미하는 바가 크다.

셋째, Contents이다. 지식습득과 관련되며 의사소통능력을 통해 거두는 결과다. 학습민첩성(learning agility)을 기르고 창의적 사고와 깊이 생각하는 능력을 익혀야 한다.

넷째, Critical Thinking이다. 어떠한 사실을 검증하고 자신의 견해를 갖는 것이다. 수많은 정보가 폭발하는 Big data시대에 필요한 능력으로 사실이나 의견에 대한 무비판적 수용은 장래를 어둡게 만들 수 있다.

다섯째, Creative Innovation이다. 창의적인 아이디어들은 무에서 탄생하는 것이 아니며 비판적 사고에서 탄생한다. 노동력을 보다 창의적으로 혁신하지 않으면 자동화와 업무위탁으로 일자리를 잃게 될 것이므로 Contents와 비판적 사고가 중요하다.

여섯째, Confidence이다. 자신감은 의지와 끈기로 구성된다. 어떤 문제에 봉착했을 때 창의적인 해결책이 통할 수도 있고 실패할 수도 있다. 인내심을 가지고 자신감을 가진다면 실패를 극복할 수 있다.

한편, 창의성과 관련하여 Pablo Picasso는 "모든 아이는 예술가다. 문제는 어떻게 하면 어른이 되면서 예술가로 남을 수 있느냐 하는 것이다."라고 말했다. 달리 말해 인간은 누구나 창의력을 가지고 있다는 것을 의미한다. 하지만 기존 학교나 기업구조는 개인의 창조성을 최대한 활용하고 육성할 수 없음을 드러낸다. 인간능력을 키우기 위해 인공지능을 더 많이 사용함에 따라 보다 많은 것을 할 수 있는 단계에 접어들었음을 깨달아야 한다. 인공지능기술은 현존하는 능력을 향상시키고 짧은 기간에 보다 나은 결과를 얻기 위해 가장 사소한 일, 가장 복잡한 일을 도울 수 있다.

창의성은 크게 다음과 같은 4가지 유형과 방법으로 분류할 수 있다. ① 팀 창의성은 항상 협력적이다. 외로운 창조적 천재의 개념은 다소 신화에 가깝다. ② 개별 창의성은 개개인의 창조적 기술과 능력 그리고 일에 가져다주는 독특함으로 새로운 아이디어를 실행하고 다른 일을 하는 능력이다. ③ 동료 창의성은 역사상 가장 성공한 사람들에게 나타났다. 같은 생각을 가진 또래와 협력하고 도전함으로써 기술과 지식의 범위를 넓혔다. ④ 초(Super) 창의성: 팀은 개인, 동료의 창의성을 향상시키기 위해 AI와 같은 기하급수적인 기술을 활용한다.

IBM이 만든 체스특화 인공지능컴퓨터 Deep Blue는 논란이후 새로운 Chess 프로그램이 개발되면서 해체되었다. 경쟁에서 협력으로 전환했다. 그래서 오늘날 Chess선수들은 인공지능(AI)의 분석능력과 창의성을 융합하면서 자연스럽게 지능적인 예측기술을 활용하여 우위를 확보하고 있다. 인간 창의성과 기계지능의 조합을 통해 인간이나 AI보다 나은 성과를 낼 수 있다. 이제 인간 대 기계의 시대에서 인간+기계로 나아가고 있다. 이것은 살아가며 일하는 방식을 변화시킬 것이다. 업무규칙을 바꿀 뿐만 아니라 소통방식 등 일상적 인간중심 프로세스의 범위를 향상시켜줄 것이다. 초능력 창조성의 시대는 지능적 기술을 이용해 기술, 창의성, 능력을 향상시킨다. 창의성은 새롭고 다른 일을 할 수 있게 해줄 뿐만 아니라 일을 다르게 할 수 있도록 도와줄 수 있는 혁신의 엔진이다.

〈그림 9-1〉 디지털 창의성 과정

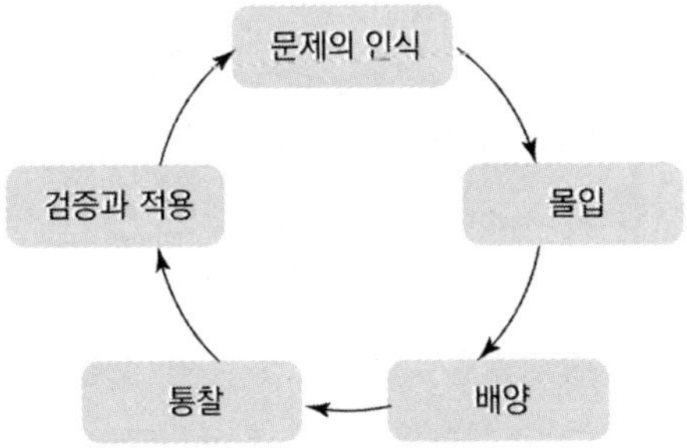

출처: Edin Smailhodzic and Denis Berberovic(2020).

디지털 창의성 과정은 <그림 9-1>에서 보듯 5개의 단계로 구성된다. 각 단계는 뚜렷한 길이를 갖는다(Smailhodžić & Berberović, 2020:165-182). 물론 조직에 따라 과정이 바뀔 수 있지만, 대개 모든 단계를 거친다. 일부 단계는 몰입과 배양과 같은 동시에 발생할 수 있다. 한 단계에서 다음 단계로 도약하는 것은 마치 배양과 통찰과 같이 서로 다른 단계 사이의 선이 항상 명확하지 않기 때문에 구별하기 어려운 경우가 있다(Gannett 2018). 첫째, 문제인식의 단계이다. 디지털 비즈니스 환경에서 문제에 직면했을 때 직원뿐만 아니라 조직 모두 문제해결 프로세스를 시작한다. 이 단계는 도전을 고려하고 새로운 이슈에 대한 해결책을 제시하는 창의적 과정의 시작을 의미한다. 사실 디지털 비즈니스 환경은 그 자체로 도전이다. 하지만 창의력을 발휘하려면 제기된 문제를 위협이 아닌 기회로 다루어야 한다.

둘째, 몰입단계이다. 도전이 탐지되고 정의되면 직원들은 다른 각도에서 문제에 접근할 수 있도록 정보를 수집한다. 도전의 이해는 물론 가능한 해결책을 착수하기 위해 심층적으로 파고들어야 한다. Digital creative solutions은 대부분 IT 솔루션을 찾는 데 초점을 맞춘다. 하지만 IT 솔루션의 탐색을 넘어 예술적이고 빠르고 쉬운 옵션을 찾는 데 집중해야 한다.

셋째, 배양단계이다. 도전의 모든 측면을 포함하기 위한 정보 수집은 지속되지 않는다. 포화점에 이르렀을 때 창의적 마음은 대개 정보 수집을 멈춘다. 심지어 생각까지도 멈춘다. 즉 도전과 관련이 없는 완전히 다른 활동이다.

넷째, 통찰력단계로서 'A－Ha(아하)!' 또는 '유레카' 순간이라고도 한다. 현재의 도전에 대한 해결책이 잠재의식 수준에서 갑자기 나타나는 것은 휴식이나 긴장완화의 순간이다. 따라서 예술가나 카피라이터, 디자이너 등 창의적 마인드는 대개 작은 노트를 곁에 두거나 아이디어와 통찰력을 잡을 수 있도록 도와주는 App을 활용한다. 새로운 아이디어를 즉시 구현할 수 있는 기회를 제공하는 휴대용기기시대에서 디지털 아이디어의 실험과 실행의 급격한 상승이 주목받고 있다.

다섯째, 검증 및 적용단계이다. 창의적 솔루션을 검증할 때, 효과가 있는지? 수정이 필요한지? 즉시 업그레이드할지? 등의 판단이 필요하다. 테스트는 종종 추가적 도전이나 문제를 야기한다. 첫 단계인 문제 인식에서 출발하여 창의적 과정을 다시 촉발시킨다. 창조적 과정이 시작과 끝이 없는 원형으로 묘사되는 이유다.

3 창조적 파트너, 인공지능과 협업하기

AI와 함께 일하는 미래를 피할 수 없다. AI 시대에서 중요한 것은 AI와의 협업을 인정하고 적극 대응하는 것이다. AI가 강점을 지닌 부문에서 인간이 경쟁해선 안 된다. 실제로 지능형 SW와 협력하는 직장인이 늘어날 전망이다. 상상할 수 있는 거의 모든 종류의 비즈니스 프로세스에서 변화가 예상된다. Cloud Computing과 머신러닝의 역량을 결합, AI 비서가 인적자원의 인식력이 필요한 작업 중 일부를 맡음으로써 인간은 보다 잘할 수 있는 영역에의 집중을 도와줄 것으로 예상된다. 실제로 이미 많은 비즈니스에서 현실로 나타나고 있다. 2020년 Deloitte가 CIO와 CTO 등 고위책임자들 1,300명을 조사한 결과, 직원들을 대체하기 위해 AI를 이용하는 비율은 12%에 불과한 반면, 직원들을 지원하기 위해 AI를 이용하는 비율은 60%였다.

창조적 파트너의 대표적 사례로써 생성적 디자인(generative design)을 들 수 있다. 제조업분야에서 이미 오래 전부터 디자이너와 엔지니어들은 CAD 도구들을 이용, 제품이나 부품의 3D 도면을 생성했다. 생성적 디자인에서 사용자는 알고리즘에 비용, 성능기준, 소재의 종류 등 같은 파라미터를 집어넣는다. 그러면 알고리즘이 기계나 가구 부품 같이 다양한 대안적 모델들을 생성하고, 디자이너나 엔지니어가 모델을 선택할 수 있게 된다. 생성적 디자인은 엔지니어의 협력자로 높은 평가를 받고 있다. 엔지니어들에게 시간이 없고 모든 디자인 업무를 맡아 처리하는 것이 달갑지 않기 때문이다. 도움을 주면서 엔지니어들이 실제 고유 업무에 집중할 수 있도록 조력한다. AI와 상호작용을 하고 있는 직원들도 증가하고 있다. 사무용 소프트웨어의 즉석 번역, 이 메일의 답장내용 제안기능 등을 예로 들 수 있다. 동시에 AI 비서와의 상호작용이 더욱 정교해지고 있으며 사용자 검색, 회의 예약 등에 도움을 주고 있다. AI는 콜 센터 직원들이 더 나은 서비스를 제공, 고객 만족도를 높이고 궁극적으로 매출을 증대시키도록 도와 준다.

AI가 콜센터 인력을 대체하는 것이 아니다. AI를 협력적으로 사용, 상호작용을 더 효율적으로 처리하고 있다. 아직 광범하게 보급되지 않았지만 이미 Trend가 시작되었다. AI와 상호작용하는 직원들은 사무직원에 국한되지 않는다. Cobots으로 불리는 협업로봇은 공장에서 사용사례가 증가하고 있다. 엔지니어 옆에서 무거운 물체나 도구를 들 수 있도록 설계된 로봇이다. 아마존의 물류센터 같은 창고에서는 직원들이 배달할 상품을 찾아 포장하는 데 도움을 주고 있다.

이처럼 인공지능이 삶과 일의 현장 곳곳에 스며들고 있다. 새로운 자료 및 사료(feeds)에서 생산성 도구로 이동하면서 인간이 만든 것과 기계가 만든 것 사이의 경계가 거의 희미해지고 있다. 세상을 인식하고 상호작용하는 방식에 커다란 변화를 야기하고 있다. AI는 어떻게 움직이며, 보고, 들을 수 있을까? 뿐만 아니라, 무엇을 만들어 낼 수 있을까? 한때 인간의 특징으로만 여겨졌던 창의성은 이제 논쟁의 대상이 되었다. AI가 창조적 과정을 완전히 마스터할 수 있을까? 아니면 인간이 정의한 것에 의해 제약 받을까?

〈그림 9-2〉 인간의 창조성과 인공지능의 관계

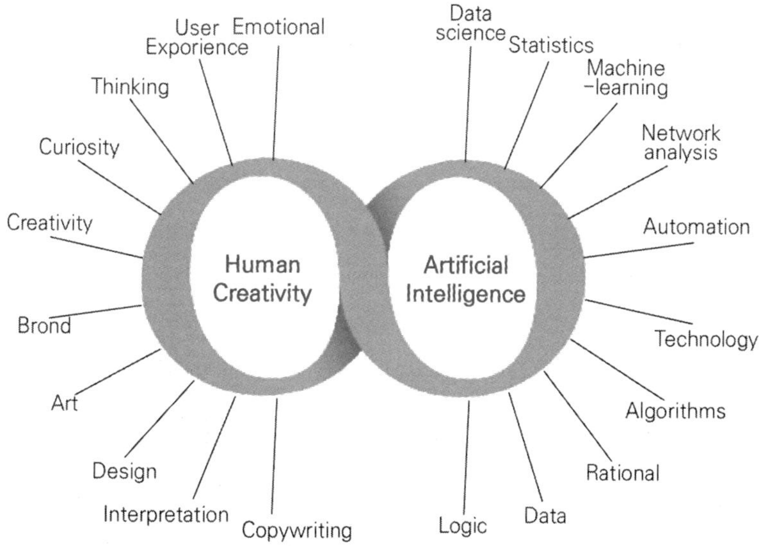

자료: Joshua Dean(2018), AI meets human creativity, in www.slideshare.net/Joshua Dean16/ai-meets-human-creativity.

인간의 창조성과 인공지능은 <그림 9-2>에서 보듯 상이하면서 보완적이 성격을 지니고 있다. 인공지능이 지닌 데이터, 분석, 합리성, 알고리즘, 자동화 등의 특성을 조화롭게 활용할 필요가 있다. AI는 방대한 데이터 셋에서 인간의 창의성을 배우고, 어려운 문제에 대한 솔루션을 신속하게 생산하는 능력을 발휘하면서 창조적 기회를 만들어 내고 있다. 인간은 복잡한 고려사항 가운데 가장 적합한 것을 선택하는 데 매우 능숙하다. 그러나 선택할 수 있는 솔루션을 대량으로 생산하는 데 능숙하지 못하다. 가능한 해결책의 수가 증가할수록 효율적이고 일관되게 내릴 수 있는 결정능력을 상실한다.

주지하다시피 2016년 Google DeepMind의 AlphaGo 시스템은 창의적 지능을 활용해 승리전략을 구상함으로써 세계 최고의 챔피언 이세돌 9단을 무너뜨렸다. AlphaGo는 시대를 몇 년 앞당긴 것으로 묘사되었지만, 인공지능은 빠르게 일상을 휩쓸고 있다. 그 발전은 창조적 과정을 변화시키면서, 인간의 창조적 사고영역에까지 도전하기 시작했다.

AI는 문제 해결을 위한 수단이다. 사고과정을 가속화하고 창의적 선택지를 확장시켜 보다 나은 대안을 만들 수 있도록 한다. 가령 AI를 활용해 생산 공정을 자동화함으로써 재료 사용량, 인건비, 비용을 절감한다. 또한 설계와 구축이 불가능했던 복잡한 디자인을 만들어낸다. 필요한 재료의 양을 줄이기 위해 불규칙한 모양의 금형에 콘크리트를 사용하고 한다. 이제는 창의적 AI가 일꾼 같은 도구로 활용되고 있다. 심지어 음악 산업에 영향을 미치며, 음악가들에게 창조적 과정과 심지어 자신까지도 잘 이해할 수 있는 능력을 준다. Beatboxer Reeps One은 음성 아티스트로는 처음으로 인공지능을 상대로 Battle을 벌였다.

AI 창의성의 가장 큰 병목 현상 중 하나는 새로운 아이디어에 대한 평가다. 공간을 탐색하고 변환한 후에 컴퓨터가 어떻게 자신의 결과를 자동으로 이해하고 평가할 수 있을까? 가령 곡을 다 썼는데, 어떤 곡을 간직해야 하는지 어떻게 알 수 있을까? 최근의 AI의 발전은 컴퓨터가 수준 높은 예술을 만들어 낼 수 있다는 것을 보여준다. 종종 다른 사람이 만든 것으로 생각하도록 속일 수 있다. 아마 조만간 인간의 개입 없이 컴퓨터가 스스로 일을 도모할 수 있다. 물론 인간이 만든 예술품을 소비하는 것은 멈출 수 없다. AI 분야의 새로운 발견에 대한 이해와 평가뿐만 아니라 새로운 문제에 대한 인식과 해결책을 위한 Framework 도출이 필요하다.

Margaret A. Boden은 "AI 창조성은 처음에 인간을 당황하게 하거나 심지어 배척하는 참신한 아이디어들을 만들어 내는 프로그램일 수 있다. 그러나 인간에게 가치 있다고 설득할 수 있는 능력은 매우 멀다." 그렇다. 창의성은 인공지능의 궁극적 moonshot일지도 모른다. 이미 AI는 팝 발라드 작곡을 도왔고, 위대한 화가들의 스타일을 흉내 냈다. 영화 제작에서 창의적 결정을 도왔다. 그러나 전문가들은 AI가 창의적 과정에서 어디까지 갈 수 있는지, 어디까지 가야 하는지 의문을 갖고 있다.

2016년 IBM Watson의 인지기능 플랫폼이 20세기 폭스의 공포영화 <Morgan>의 사상 첫 AI 제작 영화 예고편에 활용됐다. 창의적 과정에서 AI를 활용해 큰 진전을 이룬 사례다. 동 프로젝트에서 Watson은 수백 개의 기존 공포 영화 예고편의 시각, 소리, 구성을 분석했다. 다음 Watson은 완성된 <Morgan>영화의 장면들을 편집자들이 함께 트레일러에 연결할 수 있도록 선택했다. 결국 몇 주간의 과정이 소요되는 작업을 하루로 줄였다. 이처럼 <Morgan>에서 AI의 역할과 수많은 창의적인 노력은 AI가 얼마나 멀리 왔는지를 보여준다. 딥 러닝과 같은 기술을 사용하는

미디어를 넘어 광고기획(Creative) 영역에 진출한 인공지능

버거킹의 AOR(Agency of Robot)은 머신러닝기술을 본격적으로 광고 크리에이티브에 이용한 최초사례다. 버거킹은 David Miami라는 대행사와 함께 AOR에서 최신 머신러닝 기술을 통해 수백만 개에 달하는 기존 패스트푸드광고와 마케팅보고서를 분석하고, 여기에서 발견된 패턴을 기반으로 여러 개의 버거킹광고를 만들어 냈다. 기존 패스트푸드 광고의 성공요인들이 무엇인지 머신러닝이 학습기법을 통해 분석한 결과를 바탕으로 여러 개 베타버전 TV광고를 만들었으며 2018년 10월 1일에 론칭되었다. 이어 도요타의 Lexus 역시 인공지능을 통해 TV광고 캠페인을 제작하였다. 광고대행사인 The & Partnership London과 인공지능 기술회사인 Visual Voice, 그리고 IBM Watson이 참여했다. 타이틀엔 'The first film written by Artificial Intelligence, directed by award-winning human(인공지능이 쓰고, 광고대상 수상감독이 연출한 최초의 TV 광고)'라고 쓰여 있다. 첫째, IBM Watson은 지난 15년간 칸 페스티벌의 럭셔리광고부문에서 수상한 모든 TV광고의 비주얼, 오디오, 텍스트 및 스토리전개 형식을 분석했다. 둘째, 분석내용을 토대로 수천가지 크리에티브 요소들을 추출, Neuro Science팀과 협업을 통해 어떤 요소에서 소비자들이 반응하는지 측정했다. 그리고 측정값을 알고리즘에 입력했다. 단순히 어떤 장면 혹은 어떤 카피가 높은 클릭을 얻는지 측정한 것이 아니라 인지심리학이론에 바탕에서 어떠한 인지 혹은 감정요소가 소비자들의 인지적, 감성적, 행동적 반응을 얻는지 다양한 측정 도구(예를 들면, eye-tracking이나 heart rate, skin conducting tool) 등을 이용하였다. 그 값들은 인공지능의 신경망구조를 통해 분석된다. 셋째, 데이터분석결과물을 토대로, Visual Voice가 개발한 인공지능 알고리즘이 실제 TV광고의 스토리라인을 만들었다. 스토리라인에서 그림은 없지만 거의 스토리보드수준이다. 어떤 장면으로 시작하고, 조명은 어떻게 제품을 비추며, 어떤 스토리라인으로 전개되는지 상세한 설명이 음성으로 프레젠테이션 된다. 이후는 제작과정이다. AI가 만든 스토리라인(또는 스크립트)에 따라 감독이 콘티를 만들고, 멋진 광고를 만들어냈다. 간단히 말해, AI가 기존 Copy writer 혹은 Creative Director역할을 했고, 사람(감독)이 스토리를 비주얼라이즈하는 역할을 한 것이다. 기존 광고 크리에이티브 제작프로세스에 비추어 보면, 가히 혁신적이다.[2]

것은 엄청난 발전을 가능케 했지만, 현재로서 AI는 보조 역할에 머물러 있다.

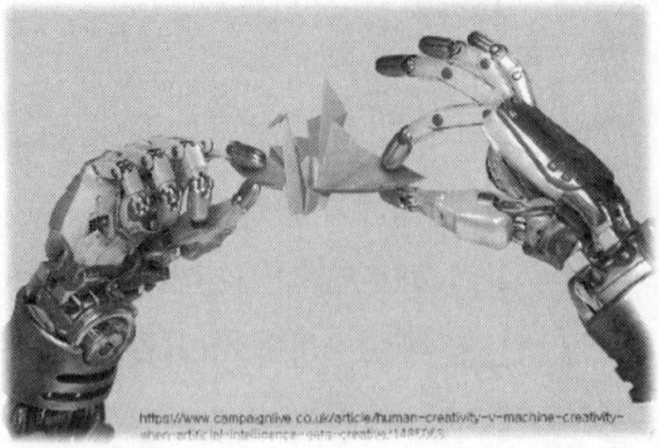

예술가들은 창의성을 위한 가르치기 위한 매개변수를 명시하고, AI를 이용하여 조각품을 디자인하고 위대한 예술 작품을 모방한 그림을 창조하는 데까지 이르렀다. 예를 들어 스타일 전송기법을 활용하면 아티스트들이 인상주의 같은 화풍 사진을 보여줌으로써 AI 알고리즘을 가르칠 수 있어 사진과 영상을 같은 스타일로 전치할 수 있다. 비단 이러한 능력은 미술에만 국한되지 않는다. 영화에서부터 광고기획, 그리고 마케팅에 이르기까지 창조적인 산업 전반을 새로운 아이디어를 시험하고 Prototype을 가속화하기 위해 AI 도구들이 사용될 수 있다.

AI는 인간이 초월적 힘을 발휘하도록 정보를 보강해 주는 일을 맡을 수 있다. AI를 훈련시키고, 이유를 설명해 주며, 초지일관 추구해야 할 목표를 정해주는 일은 인간이 담당한다. 반면에 인간의 업무몰입(집중)도를 높여 주고, 역량을 증강해주고, 업무 관련 상황변화를 체감하게 하는 일은 AI가 담당하도록 한다.

자료: www.aimyths.org/ai-equals-shiny-humanoid-robots

인간과 기계가 협업할 수 있는 환경이 중요하다. 이를 위해 AI가 업무의 본질을 잘 파악할 수 있도록 설계해 줘야 한다. 단순히 기계의 자동화에 초점을 맞춰서는 안 되고 기계와 인간이 협업을 통해 새롭게 거둘 수 있는 가치를 구상하고 시스템에 이를 삽입시켜야 한다. 예를 들면 고정된 자동화 생산라인이라도 작업자가 AI를 활용하여 기계가 협업하면 기존 방법으로 해결하지 못했던 문제를 유연하게 극복할 수 있는 여지가 많다.

다른 기술도 그렇듯 AI 기술은 결여된 인간을 강화하는 보철물이 아니다. 인간의 잠재력을 현실화하는 매체로서 인간 사회의 새로운 구조화와 존재론적 도약을 가능하게 할 것이다. 더욱이 AI가 작업환경 변화를 지속해서 학습하게 되

2 https://blog.hsad.co.kr/2721.

면 인간이 설계한 조건보다 효율적인 작업 조건을 찾아낼 수 있어서 협업의 성과가 더욱 높아질 수 있다. 이 같은 인간과 기계의 연결고리가 성공을 거두려면 다양한 경우를 대변할 충분한 데이터가 학습되어야 하며, 인간의 강력한 의지가 관철될 때까지 AI의 알고리즘을 지속적으로 개선해야 한다.

다양한 산업 분야에서 앞으로 수십 년간 인간과 AI가 함께 일하며 소통하게 될 것이다. 이에 따라 AI를 활용해 일하는 부서 간 의견이 대립할 때 합리적 결론을 내려 주는 절차적 과정이 필요하며 리더십이 중요하다. 가령 마케팅팀과 물류팀이 각자의 AI 프로그램을 활용해 서로 상충되는 결론을 내놨을 때 모두가 납득할 수 있으면서 최선의 대안을 제시해 줄 수 있는 리더가 필요하다. 인간의 역할은 알고리즘이나 AI가 제시한 방안을 이해시키는 것이 될 것이다. 이를 위해 포용적이고 타인을 배려하는 유연한 리더십이 중요하다. 리더십이 인간과 AI가 한 팀으로 일할 수 있게 하는 데 결정적인 영향을 미칠 것이다. 만약 AI가 인간 직원을 그저 감시하거나 평가하고 결국 대체하기 위해 존재한다고 받아들여진다면 경영진과 관계가 악화될 수 있다. AI를 배치해 사용하고자 하는 경영진의 의도가 AI에 대한 인간 직원들의 신뢰에 영향을 미치기 때문이다. AI와 함께 공존하며 일할 수 있는 환경을 만들어가야 한다.

인공지능기술기반 컴퓨팅 창조성 지원에 대한 새로운 패러다임이 부상하고 있다. <그림 9-3>에서 보듯 혼합 이니셔티브 크리에이티브 인터페이스(MICI)는 사람과 컴퓨터를 서로 밀접하게 연결하여 제안, 생성, 평가, 수정, 선택을 반복한다. 모두를 위해 창의력을 넓히고 증폭시킬 수 있지만 특히, 게임인공지능에서 주로 연구되고 있다. 이처럼 머신러닝에서 패턴 인식에 이르기까지 AI 기술은 이미 거의 모든 산업에서 지원기능을 제공한다. 그 결과도 이상적이라는 것이 입증됐다. 실제로 의료, 금융 및 소매업은 고급 인지능력의 편익과 혜택을 누리고 있다. 하지만 창조적 노력에서 AI 역할의 한계가 존재한다. 아직 AI 창의성이 인간적 창의성을 대체하지 못하겠지만, 분명 AI는 똑똑하고 효율적이며 영감을 주는 파트너로서 많은 혜택을 제공할 수 있다. 창의적 과정에서 영감의 제공은 AI가 실행 가능한 역할이다. 하지만 디지털영역에서는 막후 작업의 상당 부분이 화려함과 거리가 먼 일상적 작업에 유용하다. 즉 창의력 증강과 관련하여 어떻게 하면 인간보다 나은 효율성을 얻을 수 있느냐에 달렸다. 즉 AI가 인간을 대체하기보다 조수로서 AI 기술의 효과적인 사용의 여부에 달렸다.

〈그림 9-3〉 혼합 이니셔티브 크리에이티브 인터페이스(MICI)

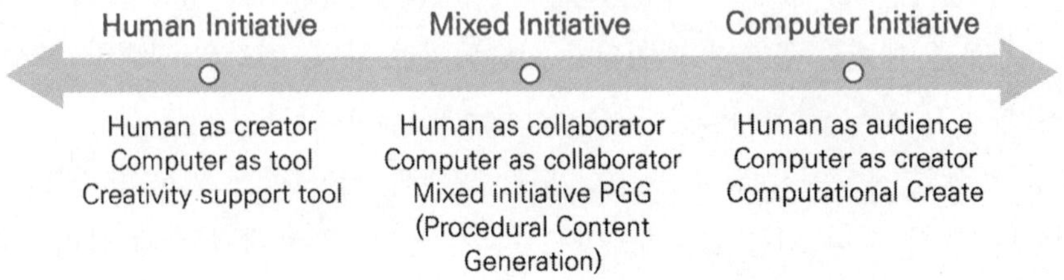

자료: codingconduct.cc/Human-AI-Co-Creativity.

그러면 AI는 어떻게 창의적이고 프로세스를 지원할까?[3] 단계별로 AI의 가능성이 확인된다. ① Insight–AI는 깊이 있고 의미 있는 데이터 통찰력을 제공하여 마케팅 담당자가 소비자를 실제로 알고 특정 대상을 Targeting할 수 있도록 도와준다. ② 아이디어–AI는 기본 아이디어를 아이디어 화하고 반복하여 창의적인 방향을 조정하고 프로세스를 안내할 수 있다. AI 자체는 음성처리와 같은 새로운 방식의 작업을 가능하게 한다. ③ 실행–AI는 대규모 버전의 실행을 지원하고 여러 버전을 구동하면서 버전제어의 유지 및 대규모 개인화를 달성할 수 있다. ④ 활성화–AI는 구매프로세스 전반에 걸쳐 투명성을 달성하고 효율성과 Targeting을 개선하여 모든 단계의 투자를 최적화할 수 있다.

컴퓨터 또는 연산적 창의성(Computational creativity)은 적은 노력으로 놀라운 경험을 만들어 낸다. 아무리 창의적인 아이디어라도 개념에서 완성된 디지털 자산으로 가는 데 상당한 시간과 노력이 필요하다. 예술가들이 사용하는 디지털 도구에 AI로 구동되는 컴퓨팅 창의성을 더해 AI는 디자인과정을 가속화할 수 있어 불필요한 과정을 제거하면서 깊이 있는 창작 작업에의 몰입을 도와준다.

이미 시장에서는 기업들이 개별 소비자에 맞춰 상품을 맞춤화함에 따라 콘텐츠에 대한 수요가 증가하고 있다. AI는 창조적인 산업에 보조를 맞출 수 있는 강력한 도구를 제공하고 있다. 가령 인공지능은 미디어와 통신 산업 전반에 심오한 변화를 가져오고 있다. 알고리즘이 소비자 행동과 선호를 이해하기 위해 작용하기 때문이며, 이미 콘텐츠가 전달되는 방법에서 큰 부분을 이루고 있다.

3 https://www.campaignlive.co.uk/article/human–creativity–v–machine–creativity–when–art ificial–intelligence–gets–creative/1485063.

이러한 통찰력은 소비자를 이해하고 소통을 보다 효과적으로 만드는 데 유용하다. 하지만 도전적 과제가 제기될 수 있다. 알고리즘은 소비할 다음 콘텐츠를 추천하기 위해 소비자 주변에서 끊임없이 작용한다. 하지만 알고리즘의 작동방식 때문에, 알고리즘에 필요한 엄청난 양의 콘텐츠를 만들어야 한다. 동일한 시간과 비용으로 모든 사람에게 보여주는 다양한 광고를 생성하는 데 수백, 수천 가지의 다양한 광고가 필요하다.

AI가 소비자들에게 개인화되고 보다 나은 경험을 만들고 있다. 반면, 맞춤화된 콘텐츠의 특성은 콘텐츠 제작과정을 지원하는 AI 기술개발로 인간 창의성을 위협할 수 있다. AI 영향으로 새롭게 창출되는 분야가 브랜드Governance다. 브랜드에 의해 만들어진 콘텐츠는 Social 미디어, 비디오 등 다양한 채널에서 브랜드 디자인지침과 특정기술 요구사항을 준수해야 한다. 많은 콘텐츠가 생산될수록 승인과정이 복잡해지고 비용이 많이 소요된다. 하지만 콘텐츠생성 시 유효성을 검증할 수 있어 프로세스가 훨씬 빨라진다. 심지어 브랜드가 때때로 복잡한 생산과정에서 놓칠 수 있는 포괄성의 유지에 유용한 도구로 작용할 수 있다.

현재의 인공지능은 좁고 제한된 맥락에서 탁월한 성능을 보여준다. 하지만 거시적이며 다차원 맥락, 특히 인간, 사회, 문화처럼 복잡하고 역동적이며 인간처럼 행동하는 맥락에서 미흡하다. 새로운 트렌드와 패션을 다루는 디자이너의 통찰력이나 복잡한 상황의 해결책 등은 기계에 의한 달성이 어렵다. 그래서 개발자들은 미래를 위해 시간과 노력, 전문성을 집중해야 한다. 기계가 인간보다 잘 할 수 있는 제작과 조작이 아니라 연구, 분석, 전략, 해결책 등 문제해결 활동에 초점을 맞춰야 한다.

AI가 주도하는 소프트웨어는 가장 공식적이고 절차적 작업을 쉽게 대체할 수 있다. 이 과정에서 비즈니스 종사자들은 실제로 창조적 과업을 하면서 돈을 벌 수 있다. 예술창작을 위한 도구로서 AI는 창작에 필요한 시간, 노력, 예술적 관점에 의해 가장 잘 실증되었다. 단지 키보드 버튼을 두드리는 것 이상이다. 예를 들어 Wired 작가는 예술과 비슷한 작업의 일환으로 알고리즘 편집 작업이 필요하다. AI가 부가된 예술은 전통적 버전의 그림이나 피아노처럼 무엇인가 배워야 한다.

인공지능은 인간과 함께 작동한다. 기술은 인간이 만들고 프로그래밍 한 것이다. 인공지능은 알고리즘과 프로그램에서 시작하지만 적응성과 반응성이 뛰어나다. 인간과 함께 일하면서 보완하고 배우기 시작한다. 앞으로 의식(consciousness)구성이 무엇인지에 대한 담론이 요구된다. 인간과 기계의 차이는 점점 좁혀질 것이다. 물론 공상과학소설이 아니다. 현재 진행 중인 사실이다.

인공지능의 가장 큰 장점은 인간의 시간을 자유롭게 해 준다는 점이다. 기술과 소비자의 빠른 변화가 이루어지는 세상에서 끊임없이 증가하는 변화의 속도만이 상수이다. AI는 작업량을 지속적으로 처리한다. 또한 창의성을 강화할 수 있는 기회를 제공한다. 자동화는 창의력이 전략적 사고에 한층 자유롭다는 것을 의미한다. 게다가 AI는 아이디어를 보다 쉽고 빠르게 확장－테스트－측정할 수 있게 해준다. 인간이 결코 할 수 없는 수백 가지 가능한 아이디어의 반복을 즉시 만들어 낸다. 중요한 것은 고도화된 목표로 설정된 콘텐츠를 통해 경험을 개인화할 수 있는 능력이다. 가령 L'Oréal은 Social미디어의 이미지를 대규모로 인식할 수 있는 AI를 Social Listening에 사용함으로써 전반적인 브랜드 동향을 파악할 수 있다. 소비자와의 상호작용을 개인화함으로써 소비자를 이해하고 그에 따라 대응할 수 있다. 시장동향의 예측은 물론 소비자에게 맞춤형 서비스를 제공할 수 있다. 그럼에도 창조적 과정에는 직관과 믿음, 영감이 중시되므로 AI가 창조적 과정을 대체하지 않을 것이다.

지금까지 보았듯이 디지털 전환시대의 창조성파트너로서 인공지능과의 협업을 넘어 공동의 가치창출이 요구된다. 기업이든 직장인이든 비즈니스나 업무과정에서의 Innovation을 위해 소비자뿐만 아니라 인공지능으로부터 생성된 아이디어의 흐름을 사용하여 문제를 해결하고 가치를 창출하는 Co－creation을 적극 실천해야 한다. 보다 구체적으로 <그림 9－4>에서 보듯 인공지능 Co－creation platform을 통해 도메인 전문가의 도움을 받아 기업니즈를 명확히 하고, 인공지능의 활용을 계획해야 한다. 그리고 데이터 과학자의 도움을 받아야 지능을 확보할 수 있다. 다음 데이터 엔지니어가 데이터(데이터 교정-정제-제거-식별)를 준비하고 마지막으로 플랫폼에 주제를 공개한다. 이어 Crowd sourcing을 통해 다양한 분야의 AI전문가를 초빙해 데이터 분석과 모델을 구축하고 플랫폼에 솔루션을 제출한다. 플랫폼은 순위를 매겨 최고의 솔루션을 얻고, 시스템 통합업체에 의해 솔루션 기반의 문제해결과 가치 창출을 통해 시장경쟁력을 향상시킬 수 있다. 회사는 플랫폼을 통해 AI 애플리케이션의 효율성, 데이터 준비, 인재 등을 해결할 수 있다. AI 응용프로그램에 관심이 있거나 필요한 모든 사용자가 플랫폼을 통해 솔루션을 얻고, 교류 및 협업을 경험할 수 있다. AI주제, 데이터 셋, 인재 등이 플랫폼에 지속적으로 축적되는 것 외에도 보다 다양하고 긍정적 순환의 형성으로 창조적 AI 개발 생태계가 조성될 수 있다.

〈그림 9-4〉 인공지능(AI)기반 Co-creation Platform

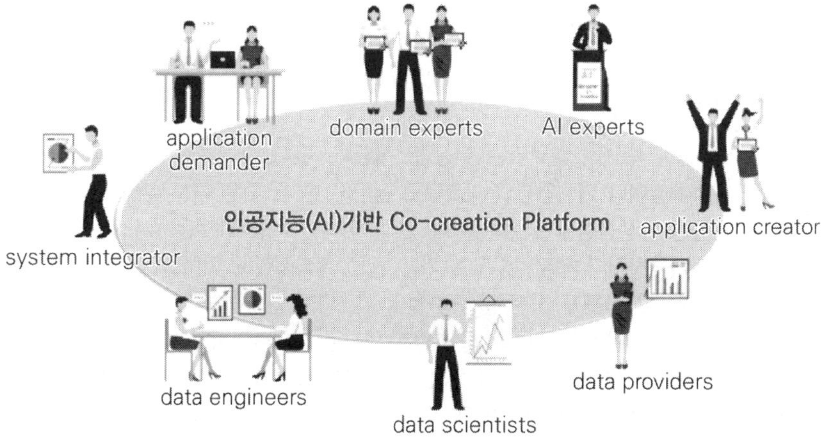

자료: witsa.org/wp-content/uploads/2020/09/CISA-ITRI-CITC.pdf.

"인공지능은 사람의 일자리를 뺏기보다는 단순 업무를 도와주는 방식으로 진화할 것이다."

-Sundar Pichai, Google CEO-

AI와 함께 행복한 직장인들

디지털 전환의 물결 속에서 살아가는 직장인, 어떻게 지금보다 행복할 수 있을까? 인공지능을 문제해결이나 가치창출의 파트너로 삼아야 한다. 좋은 AI는 삶을 편리하게 만든다. 능률성과 생산성을 향상시킬 수 있다. 위대한 AI는 새로운 삶으로 인도한다. 창조성을 자극하거나 업무만족도 증가는 물론 행복증진에 기여한다. 가장 확실한 방법은 따분하고 힘들게 하는 일상적 업무, 즉 의미 없이 바쁘게 만드는 단순관리 및 조정업무를 떠맡기는 것이다. 단순반복 업무는 직무불만족을 넘어 짜증, 무료함, 지루함을 느끼게 한다. 심지어 직장을 그만두게 만들 가능성이 높다. AI는 무의미하며 무가치한 업무에서 벗어나는 데 직접 기여할 수 있다. 직원들의 행복을 위해 직접 활용될 수도 있다. 가령 Slack message 내 핵심어와 emojis의 분석을 위해 개발된 AI Tool은 관리자들에게 직원의 감정이나 심리상태(행복, 짜증, 불만, 실망, 스트레스)를 통찰할 수 있는 수단으로 활용된다. AI 프로그램이 직원들의 사기측정과 만족도 향상의 도구로 사용될 수 있다. 바야흐로 AI Sapiens시대다. 직장인들 곁에서 감정적 교류를 나누는 감성주의 디지털 동반자가 필요하다.

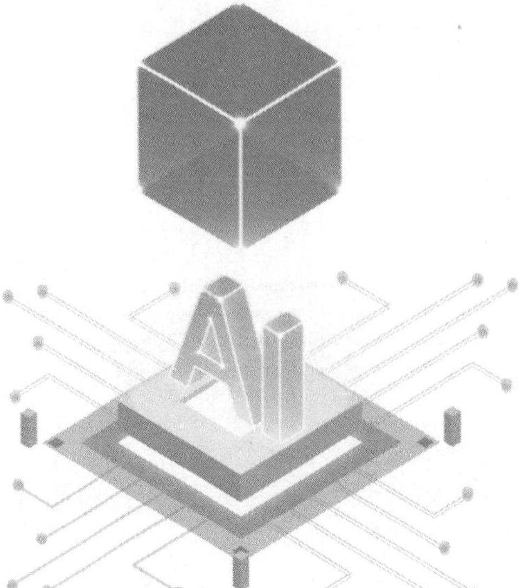

모든 직장인을 위한 인공지능(AI)

디지털 전환시대의 최종병기

CHAPTER

10

모든 직장인을 위한 인공지능

1. AI가 점령한 직장 vs AI를 활용한 직장, 어떤 직장을 만들 것인가?
2. 어떤 직장인이 될 것인가? AI 전환시대의 직종별 생존비법
3. AI 기반 조직문화로의 탈바꿈: AI 전환의 단계
4. AI 활용의 최적화: 근로자와 AI의 앙상블직장 만들기

CHAPTER 10

모든 직장인을 위한 인공지능

1 AI가 점령한 직장 vs AI를 활용한 직장, 어떤 직장을 만들 것인가?[1]

AI의 거센 물결에 밀려 도태당하지 않고 AI 비즈니스를 어떻게 일궈낼 것인가? 기존 산업에 AI를 적용하여 매출이나 수출을 늘려서 어떻게 경쟁우위를 지켜낼 것인가? 나아가 어떻게 AI 강자가 될 것인가? 오늘을 살아가는 직장인, 경영자, 기업의 관심사항이나 고민거리 아닐까?(매일경제신문, 2017.11.17.)

어느 날 세계적 금융투자회사에 새로운 강적이 나타났다. 세계경제포럼(WEF)은 그 강적을 세계에서 가장 혁신적인 기술선구자로 선정했다. 누구일까? 그 정체는 켄쇼(Kensho)[2]다. 인공지능은 최대 금융투자기업 Goldman Sachs의 Trader 600명이 한 달에 걸쳐 끝낼 수 있는 일을 고작 3시간 20분 만에 끝냈다. Trader 598명을 실직자로 만들었다. 그나마 살아남은 2명은 인공지능 Kensho의 보조역할이었다. 여기서 그치지 않을 것이다. 변호사, 의사, 회계사, 법무사, 판·검사, 교사 등 전문

1 https://www.mk.co.kr/news/business/view/2017/11/762536.

2 2013년 하버드와 MIT에 의해 설립된 Kensho는 Goldman Sachs, Bank of America Merrill Lynch, JPMorgan Chase and S&P Global 등 굴지의 금융기관을 이끄는 구글벤처스와 CIA의 벤처캐피털인 In-Q-Tel로부터 지원을 받았다. Kensho의 팀은 5년 동안 세계 최대 금융기관과 미국 정보 커뮤니티에서 사용되는 분석 제품을 만들었다.

직업들 역시 인공지능의 침식으로부터 자유롭지 못하다. 놀라운 사실은 이미 인공지능에 대한 만족도가 생각보다 높다는 사실이다. 가령 법률분야에서 사람보다 인공지능의 판결이 더 정확하고 공정하다고 평가한다. 그렇다면 과연 유전무죄 무전유죄가 사라질 것인가.

사실 Goldman Sachs에서 일하다가 기계에 밀려난 사람들이 사회적으로 동정의 대상이 될 가능성은 거의 없다. Goldman Sachs가 갖는 상징성 때문에 인공지능이 가져올 일자리위기가 어떻게 결판날지 더욱 주목된다. 만약 Goldman Sachs의 일자리마저 집어삼킬 수 있는 인공지능이라면 그보다 규모가 작거나 덜 복잡한 일을 처리해 온 회사들의 일자리는 더 쉽게 대체될 것이기 때문이다. 비단 금융업뿐만 아니다. 다른 산업에도 적용될 것이다.

직장인이라면 누구나 가슴에 사표(辭表)를 품고 다닌다는 말은 더 이상 우스갯소리가 아니다. 물론 직장분위기에 따라 다르겠지만 직장을 박차고 나가고 싶은 순간이 한 번쯤 있지 않을까. 나아가 보다 나은 삶을 설계하고 싶은 생각에서 누구나 한 번쯤 사표를 던지는 상상은 즐거운 상상이다. 그런데 만약 본의 아니게 사표를 내야하는 상황이라면 어떨까? 그게 바로 위기이자 기회의 순간이다. 머지않아 직장은 AI가 점령한 직장과 AI를 활용한 직장으로 나뉠 것이다. 현재로서 둘 모두 가능하다. 그런데 위기가 아닌 기회가 되려면 AI로부터 피드백을 받아 함께 일할 수 있도록 보다 나은 환경을 만들어야 한다. 물론 AI를 이용해 감시하고 컨트롤할 가능성도 있다.

경영자는 현재의 여건이나 상황에 대한 논의의 바탕에서 나아갈 방향을 정해야 한다. AI의 도입·활용에 따른 AI와 구성원의 관계형성은 경영진과 구성원 간 밀접하게 관련된다. 만약 AI가 직원의 근로환경을 더 낫게 만들어 준다고 생각한다면 경영진과도 좋은 관계를 맺을 수 있다. 하지만 만약 AI가 자신을 감시, 평가, 통제하거나 대체수단으로 인식된다면 경영진과의 관계가 악화될 것이다. 이처럼 AI와 구성원 간 상호작용에 초점을 맞추기보다 리더십과 연결된 문제로 다루어져야 한다. 나아가 AI를 조직발전을 위한 협업파트너로 인식, 활용하는 노력이 바람직하다.

1997년 IBM의 슈퍼컴퓨터 Deep Blue는 세계 체스 챔피언 Garry Kasparov를 꺾어 세상에 충격을 안겼다. 그로부터 8년 뒤인 2005년, 다시 세계의 이목을 끈 체스 대회가 열렸다. <프리스타일 체스토너먼트>라고 불린 대회는 인간과 컴퓨터가 팀을 이뤄 서로 겨루는 방식이었다. 이를 두고 Kentauros(반은 말, 반은 인간인 그리스 신화 속 종족) 같다는 비유가 붙기도 했다. 새로운 종족인 Kentauros처럼 인간과 컴퓨터 및 인공지능(AI)이 협력해 완전히 새로운 방식으로 일한다는 것이다.

미래 비즈니스 환경에 대해 연구하는 경영학자들은 미래의 직장과 업무가 이같이 Kentauros와 같은 모습이 될 확률이 크다고 말한다. 실제로 의료, 법률, 마케팅, 인사(HR) 등 AI가 다양한 산업 및 직무 분야에서 폭넓게 활용되기 시작하면서 일자리 상실에 대한 우려가 커지고 있다. 하지만 AI가 인간 일자리를 완전히 대체하기보다 협력하며 일하게 될 것이라는 예측이 지배적이다.

물론 AI를 도입해 많은 직원이 해고되거나 비용이 절감된다면 기업으로서 결정의 여지가 없지 않을까. 수익을 극대화해야 하는 경영진 입장에서 AI를 도입해 인간 노동자를 대체하는 것은 어쩔 수 없는 선택일 수 있다. 그래서 AI의 일자리 대체로 인한 대량실업은 피할 수 없는 현상이다. 하지만 AI에 의해 직장이 점령되더라도 매우 재능 있는 소수의 고숙련 노동자들은 직업을 유지할 것이다. 몇 %가 될지 단정하기 어렵지만 매우 적은 수가 될 것이다. 그들은 알고리즘이나 매트릭스가 대체할 수 없다는 의미에서 <매트릭스 뒤의 노동자들(behind the matrix labor)>이라고 불린다. 그런데 노사 간 대규모분규나 혁명이 일어날 가능성은 적다. 그 까닭은 변화가 급격하게 나타나기보다 매우 점진적이면서 그 영향도 체감하기 어려울 정도로 진행될 것이기 때문이다. AI로 인한 가시적 변화나 성과가 실제로 나타나기 전까지 아직 시간이 남아있다. 이러한 상황에서 어떻게 하면 일을 통해 삶의 의미와 존엄성을 찾을 것인지 고민해야 한다.

장차 인공지능이 인간의 일을 지원하면서 단순 작업이 없어질 것이다. 가령 변호사업무에서 판례를 찾는 일은 모두 인공지능이 담당할 것이다. 나아가 단순 판례를 검색해서 알려주는 것은 공공기관을 통해 서비스될 것이다. 어떤 종류의 사건을 집어넣으면 바로 기존의 형량이 나오는 식이다. 영상을 보면서 암 덩어리를 찾아내는 인공지능이 의사를 대체할 것이다. 이에 따라 전문직은 사람이 많이 필요 없어지고 감소한 만큼 더 많은 일들이 몰려 특정 업무에 과부하가 걸릴 수 있다. 이처럼 인공지능 활용으로 아낀 시간은 누구에게 돌아갈 것인가?

인간의 일터에서 인공지능이 사용된 첫 사례

인간의 일터에서 인공지능이 사용된 첫 사례는 1959년으로 거슬러 올라간다. 당시 장거리통화는 목소리 울림 때문에 제대로 이뤄지지 못하는 경우가 많았다. 이 문제를 해결한 건 다수 적응선형뉴런(Multiple ADAptive LINear Elements), 즉, 매덜린(MADALINE)이라고 이름 붙여진 인공지능이었다. MADALINE은 수신 신호가 발신 신호와 같을 경우, 이를 인지해 삭제하는 방법으로 울림문제를 없앴다. 이처럼 훌륭한 방안은 지금도 쓰이고 있다. 똑똑한 컴퓨터가 인간의 일을 대신할 것이라는 사실은 일반적으로 받아들여진다. 컴퓨터는 아침 토스트를 다 먹기도 전에 일주일치 일을 끝내 버릴 수도 있다. 심지어 인공지능은 커피 마시는 시간이나 수면도 필요로 하지 않는다. 미래엔 물론 많은 일이 자동화되겠지만 적어도 향후 얼마의 기간 동안 인공지능과 인간이 함께 일할 가능성이 크다(https://www.bbc.com/korean/news-44026742).

전문서비스직의 직장인으로서 어떤 인간형이 필요할까? 창조적 인간이다. 창조적이라는 것은 융합인재를 의미한다. 융합은 어떤 한 점과 다른 한 점을 잇는 작업이다. 몇 가지 사실을 엮어 새로운 생각을 해내는 사람이다. 그렇다면 기계가 하지 않는 일을 하는 사람은 어떤 계층으로 남을까? 아마 기계보다 못한 계급을 갖게 될 수 있다. 기계가 하지 않는 일이란 사람의 인건비가 기계를 돌리는 것보다 싼 것을 말한다. 예를 들어 맥도날드에서 햄버거 만드는 기계가 있지만 굳이 사람을 쓰는 것처럼 말이다. 창조적 인간이 될 것인가? 아니면 기계가 하지 않는 일을 할 것인가?

AI에 대한 인식과 태도에 달렸다. 실업률 증가를 전망하는 회의론자의 비관에도 불구하고, AI는 새로운 직책을 창출할 뿐만 아니라 직원들의 경험을 더 좋게 변화시킨다. AI 도구와 분석을 지원하면서 노동자들은 진정한 가치를 창출하는 직업 측면에 집중할 수 있기 때문에 더 이상 무의미한 일상에서 벗어날 수 있다. AI가 작업환경을 혁신하는 방법도 다양하다. AI 도구는 취업시간 단축에서 지루한 규칙 기반 업무 자동화에 이르기까지 효율성을 높일 뿐 아니라 직원 경험도 개선할 것이다. 과연 AI가 직장에서 어떻게 활용될 수 있을까?

AI, 지원자 어떻게 평가하나

서류전형

• 오탈자, 비문, 동어 반복 여부 확인
• 기존 자소서 표절 여부 확인

⇩

역량·적성 평가

• 답변하는 방식으로 성격, 성향 유추
• 주저한 문항 골라내 거짓응답 여부 판정
• 각종 게임 통해 감정·성향 등 파악

⇩

면접

• 표정·목소리 분석해 감정·진정성 판단
• 사용하는 언어의 긍정적 단어비중 분석

자료: 한국경제신문(2020년 8월 22일자).

첫째, 채용 및 인사평가의 효율화이다. 전통적으로 채용과정은 몇 주 혹은 심지어 몇 달이 걸린다. 하지만 AI 도구는 채용담당자들이 수백 개의 이력서를 훑어보고 예비후보자들의 풀을 만들도록 돕는다. 인공지능 도구는 더 많은 구직자들을 유인하기 위해 자동으로 인터뷰일정을 잡고 지원자들의 능력을 평가하며 설명할 수 있다. 결국, 채용절차를 가속화하고 직원들의 근무경험을 향상시킨다.

둘째, 단순 및 반복 작업의 자동화이다. 현재 거의 모든 직책에 단순하고 반복적인 업무가 포함된다. 잡무는 시간을 소비하고 핵심사항이나 책임으로부터 주의를 분산시킬 수 있다. 예를 들어 홍보전문가들은 유용한 회의안건에 초점을 맞추는 대신 초대장을 이 메일로 보내고 응답을 쓰는 데 시간을 할애해야 한다. AI는 지루한 수동 작업을 처리해 주는 데 가령 미팅기록, 참가자에게 회의록 발송에 있어서 매우 유용하다. 생산성 향상과 별도로 AI 자동화는 인적 오류를 제거함으로써 조직발전에도 기여할 수 있다.

셋째, 내부 소통의 개선이다. 인사담당자들은 직원들의 문의에 반응하기 위해 종종 바쁜 일과를 보낸다. 대개 문의는 반복적이고 전형적인 범주에 속한다. 이러한 상황에서 AI 챗봇은 인사담당자보다 일반적인 질문을 더 빨리 처리할 수 있다. 이 외에도 가끔 생략될 수 있는 상세한 종합정보를 직원들에게 제공할 수 있다. 또한 AI 도구는 Conference Call의 실시간 번역을 제공함으로써 국제적으로 분산된 팀의 의사소통과 교류를 강화한다.

넷째, 마케팅, 고객서비스 및 영업을 지원한다. AI 챗봇은 고객에게 연중무휴 24시간 가용성과 지원을 제공함으로써 내부적 의사소통뿐만 아니라 고객서비스도 강화할 수 있다. 예를 들어 여행 봇은 고객의 예산과 선호도에 따라 호텔 및 여행을 예약할 수 있다. 마케팅 봇은 중요한 숫자적 행렬을 자동으로 수집·분석하고 공통적인 특성을 공유하는 고객목록을 만들 수 있으며 전통적으로 많은 시간이 소비되는 마케터 업무영역을 자동화할 수 있다.

다섯째, 비즈니스의 핵심데이터에 대한 이해를 돕는다. 대부분의 기업들이 빅 데이터 분석이 가져올 수 있는 가치를 인식하고 있다. 그럼에도 불구하고 종종 간단한 이유로 빅 데이터 분석을 사용하지 못한다. 그 이유는 좋은 데이터과학자를 찾거나 확보하기 어렵기 때문이다. 그런데 AI 도구는 기업이 데이터로부터 통찰력을 얻고 데이터 패턴을 인식하며 심지어 회사와 브랜드에 대한 예측분석을 수행하는 데 유용한 기능을 제공할 수 있다.

여섯째, 사기(詐欺)나 보안위협 방지를 지원한다. 연결성이 증가할수록 회사보안의 필요성이 높아진다. 현재 첨단보안시스템은 대부분 AI 기반이다. 기존 보안 툴이 알려진 위협을 제거하는 데 도움이 되는 반면, AI가 주도하는 보안솔루션은 알려지지 않은 보안 위험을 탐지하고 악의적 공격을 방지할 수 있다. AI 도구는 사용자의 비정상적 활동을 포착하여 금융사기를 보호하고 회사보안에 대한 내부자 위협을 탐지하는 데 도움이 된다. 가장 중요한 것은 AI 기반 보안시스템이 직원과 고용주 모두의 민감한 데이터를 보호하는 데 효과적이다.

일곱째, 직원교육 및 개발의 혁신을 지원한다. 마이크로학습과 개인 맞춤형 학습은 Millennials세대가 포용하는 평생교육 개념을 뒷받침할 수 있다. 만약 직장 내에서 교육기회를 제공하지 못한다면 직원들은 심지어 경쟁자들을 위해 떠날 수 있다. 이런 점에서 AI 도구는 다양한 교육기회를 제공할 수 있다. 가령 메신저를 통해 전달되는 소량의 학습콘텐츠에서 지식격차를 감지하고 개별학습프로그램의 맞춤화에서 복잡한 평가도구에 이르기까지 직원교육과 자기개발에 영향을 미칠 수 있다.

여덟째, 원격작업을 개선한다. 코로나19로 인해 원격작업이 가속화되고 어디에서나 보편화되고 있다. 프로그래머, 사무직원 또는 설계자의 원격작업은 물론 제조, 석유시추, 건설, 창고 또는 인간개입 없이 상상할 수 없는 영역으로 확대되고 있다. 이미 기업 활동에서 AI 주도형 Telerobotic뿐만 아니라 VR이나 AR, Metaverse 등을 사용하고 먼 거리에서 제어되는 Telrobot의 활용을 검토하고 있다. 인간근로자를 대체할 것이다. 이러한 기계를 작동시키는 기계공학자는 송유관누출의 교정이나 고층건물 건설현장에서의 작업 등과 같은 복잡하고 위험한 작업의 수행이 가능할 것이다.

아홉째, 작업 공간 최적화에 기여한다. AI 도움으로 디지털직장 전환이 가장 현실적이다. 앞으로 AI는 근로자 개인의 필요에 맞게 맞춤형 사업장을 만들 수 있다. 조명, 온도, 작업자 좌석, 책상, 심지어 커피를 좋아하는 방식까지 고려해 개인화된 직원경험을 만들어낼 것이다. Sensor와 Connected 디바이스가 보편화되면서 직장 내 AI 구현은 새로운 현실이 될 수밖에 없다.

이처럼 인공지능을 활용하는 직장에서 인공지능은 직장인의 경험을 개선하고 직원들로 하여금 일상적 프로세스 대신 창의적 업무에 집중할 수 있도록 돕는다. 또한 오류를 감소 또는 제거할 뿐만 아니라 내부 통신과 고객서비스를 개선하고 생산성을 높여줄 것이다. 그리고 고급비즈니스 분석(결과) 및 자료를 제공하면서 보다 나은 일과 삶의 균형을 만들 수 있는 잠재력을 가지고 있다. 이러한 변화는 조직의 디지털 전환과정에서 필수적 현상이다. 하지만 첨단 기술의 구현은 하루아침에 이루어지지 않는다. 구성원을 다시 교육하고 디지털 인력과 함께 일하도록 Coaching하기 위한 시간과 투자가 필요하다. 결국, 인공지능을 바르고 적절하게 활용하는 직장에서 직원의 경험 개선은 더 높은 직업 만족도, 충성도 그리고 참여도를 향상시킬 것이다. 궁극적으로 기업들의 경쟁력 우위 확보와 유지에 기여할 것이다.

2 어떤 직장인이 될 것인가? AI 전환시대의 직종별 생존비법

산업화시대의 기계, 정보화시대의 컴퓨터, 디지털 전환시대의 인공지능의 급속한 전환과정에서 기술발전이 일자리 감소의 야기할 것으로 예측되었다. 그러나 전문가들은 인공지능시스템이 특정 일자리를 대체하겠지만, 동시에 지능형 알고리즘에 넘길 수 있는 힘든 업무의 부담을 줄여주고 효율성을 높여주면서 사람의 활동을 증대시키는 역할도 기대된다고 전망한다. 사람이 AI와 직접 협력, 상호작용하게 된다는 의미다. 지능형 소프트웨어와 협력하는 사람들이 늘어날 것이다. 상상할 수 있는 거의 모든 종류의 비즈니스 프로세스에서 나타날 것으로 판단된다.[3]

AI 전환이 가속화되면서 직장 속 인공지능이 현실화되고 있다. 인공지능 전환시대에서 인간이 경쟁력을 갖추기 위해 필요한 것은 무엇일까? 전환시대를 살아가는 직장인 모두 Dorothy Vaughan과 같은 '빠른 태세 전환'이 필요하다. 나아가 '어떻게 변화할 것인가'이다. 흔히 20세기는 인간을 로봇화한 시대라고 표현한다. 1913년 탄생한 포드의 대량생산시스템은 효율성을 높이는 데 최적화된 업무방식이었다. 이 때문에 업무비효율을 초래할 수 있는 인간의 감정적 요소는

직장인의 전환사례: Dorothy Vaughan

1960년대 미국 항공우주국(NASA)에는 인간 컴퓨터(Human Computer)라고 불리는 직업이 있었다. 즉 복잡한 수학연산을 처리하는 직업이다. 그런데 어느 날 IBM 컴퓨터가 NASA에 들어온다. 순간 인간컴퓨터 업무를 해왔던 Dorothy는 직감했다. 자신이 아무리 계산을 빠르고 정확하게 잘하더라도 컴퓨터를 이길 수 없다고. 그렇다면 어떻게 해야 할까? Dorothy는 IBM 컴퓨터를 다루기 위해 프로그래밍을 배우고 프로그래머로서 자신의 역할을 빠르게 재정립하는 데 공을 들였다. Dorothy Vaughan은 NASA 최초의 흑인 여성 관리자로 기록돼 있다.

3 http://www.ciokorea.com/news/160730#csidx482ab4fab3d84f3899dd33f3c5cc035.

쉽게 무시되곤 했다.

하지만 21세기 AI 시대에는 다시 인간의 감정이 주목받을 것이다. 20세기의 핵심 가치로 여겨졌던 효율성의 문제는 AI가 해결해 줄 가능성이 높기 때문이다. 사람이란 키워드가 무엇보다 중요해지는 세상이다. 그래도 여전히 막연하기는 마찬가지다. 조직은 사람중심으로 업무를 변화시켜야 한다. 사람중심의 업무를 위해 요구되는 능력은 어떻게 달라질 것인가? 업무별로 구분하여 살펴볼 수 있다.

가. 영업 · 서비스분야: Human 또는 High Touch

금융 등 고객 상담업무에 인공지능솔루션 도입이 확대되고 있다. 일본의 Mizuho은행은 2014년부터 AI Watson이 적용된 Pepper Robot이 콜 센터 · 은행 창구에서 고객 상담 등의 업무에 투입됐다. Pepper가 새로운 행원으로 채용되며 기존 은행원들의 업무방식이 상당히 달라졌다. 기존 은행 콜 센터 상담사들은 고객이 질문하면 종이 매뉴얼을 참고해 상담을 진행했다. 하지만 현재 상담사는 AI가 모니터에 답변을 띄워 주면 이를 참고해 더욱 빠르고 친절하게 고객 질문에 대응한다. 또 다른 중요한 포인트가 있다. AI가 음성인식을 통해 고객목소리를 자동으로 인지한다. 고객의 질문키워드를 상담원이 입력하기 전에 고객에 맞춰 추천답안들에 대한 선택지를 제공한다. 은행창구에서도 변화가 나타났다. Pepper Robot이 창구직원의 기능을 대신하지만 여전히 사람의 역할은 필요하다. Pepper가 주로 복잡한 금융정보를 확인해서 알려주거나 고객맞춤상품 추천에 초점을 맞추는 덕분에 기존 행원들은 고객 상황과 감정을 관찰하고 적절히 대응하는 데 초점을 맞춘다.

AI가 두뇌부분을 대신해 줌으로써 인간만이 할 수 있는 마음(mind)쓰는 일에 집중할 수 있다. 영업과 서비스직 종사자들은 Human 또는 Hi Touch의 방향으로 진화해야 한다. 가령 회사에 취업하는 딸을 둔 아버지가 딸을 위해 통장계좌를 만들고 싶다고 은행에 찾아왔을 때 은행직원은 "자상한 아버지를 둬서 따님은 행복하겠어요." 와 같이 대답할 수 있다. 제아무리 AI가 똑똑해도 고객의 감정 상태를 헤아려 '순간적으로 적절한 대답을 떠올리는' 일은 불가능하다. 물론 같은 상황에 AI 로봇은 아버지에게 통장계좌의 개설방법을 안내하는 데 그칠 것이다. 여기에 인간의 경쟁력이 있다. 상대방의 감정을 세심하게 파악하고 원활하게 소통하는 능력이 영업 및 서비스직에서 무엇보다 중요해질 것이다.[4]

고객상담 업무에 도입된 인공지능(AI) 솔루션

회사	서비스 내용
SK텔레콤	차세대 AI챗봇·AI보이스봇 개발 검토
KT	AI 상담 어시스트, AI 챗봇, AI 목소리 인증용, 연내 AI 보이스봇 도입
LG유플러스	자사 홈페이지·온라인 쇼핑몰에 "U봇" 등 AI 챗봇 적용
삼성SDS	음성인식 등을 활용한 브리티 컨택센터 삼성 계열사에 적용
카카오	챗봇 1만7,000개 이상이 카카오톡 기반으로 운영 중

출처: MK증권 ""코로나 걱정없네"…콜센터 AI챗봇, 24시간 고객만족".

금융마케팅 분야에서 인공지능과 머신러닝의 적용은 <그림 10-1>에서 보듯 매우 다양하다. 물론 이것만으로 2% 부족하다. Human Touch 강화를 위해 지금과 전혀 다른 방식의 업무스타일이 요구된다. 기존 관습 및 관행에서 벗어나 처음부터 고객에게 어떻게 접근해야 할지, 고객과 어떻게 교류할지 고민해야 한다. 이를 위해 다양한 가설을 세우고 실행해야 한다. 여기서 가설의 밑바탕이 되는 것은 방대한 데이터다. 여기서 AI가 활약할 수 있다. 예를 들어 미국의 AI 벤처기업인 DataRobot에서 개발한 <Data Robotics>이라는 플랫폼을 활용하면 데이터 분석가가 아니더라도 자신이 원하는 정보를 몇 분 만에 분석할 수 있다. 고객들의 기본정보를 입력한 뒤 계약가능성이 높은 고객들을 예측하고 싶다면 데이터로봇이 3분 만에 답을 찾아준다. 예전에 비해 AI를 통해 '답을 찾는 시간'이 획기적으로 짧아졌다면 경쟁력은 '누가 더 효율적인 질문'을 찾느냐에 달려있다. 역시 사람의 몫이다. 인문학적 사고와 인간의 호기심, 창의력 같은 가치들이 어느 때보다 절실한 직업능력의 요소다. 나아가 영업·서비스직에서 행복하게 일하고 싶다면 인간만이 할 수 있는 감정교류에 집중해야 한다. 인간미 넘치는 따뜻한 말 한마디가 큰 힘을 발휘한다. 일에 감정을 담지 말라는 시대는

4 https://magazine.hankyung.com/business/article/201802190116000141.

〈그림 10-1〉 금융마케팅에서 인공지능과 머신러닝의 적용

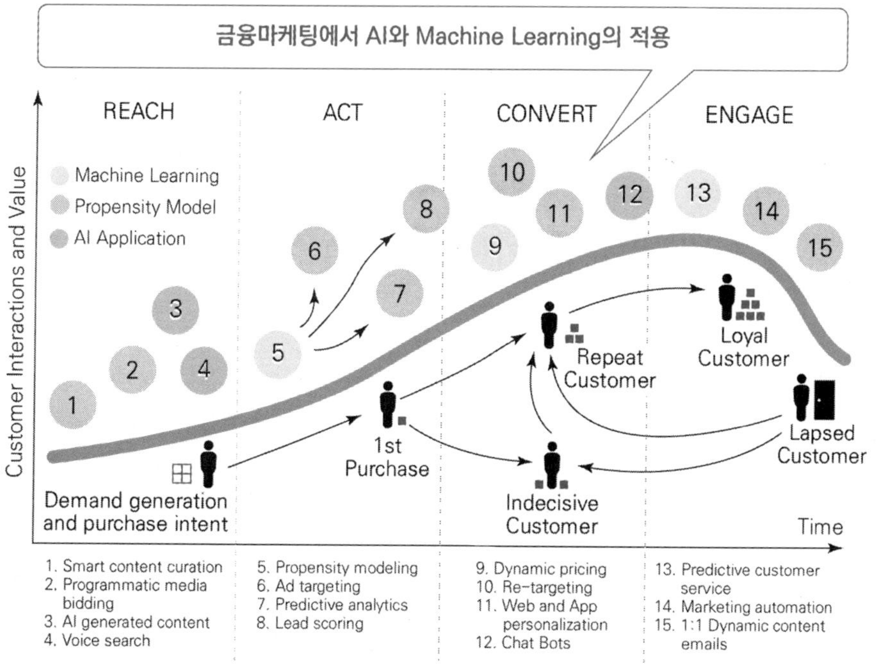

자료: thefinancialbrand.com/71350/ai-machine-learning-analytics-marketing-bankinb-trends/.

끝났다. 감정교류 및 소통훈련에 힘을 쏟아야 한다. 업무를 진행할 때 데이터와 친해지면서 인간은 질문하고 AI는 답을 찾는다.

나. 제조업 근로자: 감정 커뮤니케이션

2008년 설립된 미국 협업로봇 제조사(Rethink Robotics)가 2012년에 선보였던 산업용 로봇 <Baxter>는 마치 사람과 같은 형태를 하였다. 인간의 머리 위치에 회전하는 액정표시장치(LCD) 스크린을 장착해 얼굴의 역할을 했다. 이 스크린을 통해 표정을 볼 수 있다. <Baxter>는 사람이 접근하면 얼굴이 오렌지색으로 변하고 작업이 순조롭지 않으면 슬픈 표정을 짓는다. 얼굴을 중심으로 양쪽에 긴 팔을 통해 물건을 들어 올리거나 조작할 수 있다. 일반적인 공장용 로봇과 다른 점은 사람이 작업내용을 자세하게 프로그래밍 하는 과정이 없이 새로

운 업무를 지시할 수 있다. 학습이 가능한 AI 로봇이기 때문이다. 사람은 <Baxter>의 양손을 잡고 동작을 통해 작업내용을 가르칠 수 있다. 오랜 시간 일해도 지치지 않는 데다 과로로 인해 업무능력이 저하될 걱정도 없다. 제조업 기반 중소기업이라면 <Baxter>와 같은 AI 로봇을 활용하지 않을 이유가 없다.

제조현장은 오래 전부터 기계가 사용되었다. 이미 글로벌 대기업들을 중심으로 제품제작, 운송, 창고정리까지 로봇이 거의 모든 일을 도맡는 스마트공장이 빨라지고 있다. 이처럼 스스로 판단, 분석하는 AI로봇이 공장에서 사람의 역할은 대체하는 듯 보이지만 제조업 현장에서 AI 접목에 의해 수많은 첨단직업이 탄생할 것이다.

애당초 제조업 현장은 일손이 부족하기 때문에 과중한 업무로 인해 노동자가 피로를 느끼는 경우가 많았다. 이러한 문제를 AI가 해결하면서 사람은 더욱 편하게 사람만이 할 수 있는 업무에 집중할 수 있다. 다름 아닌 감정소통이다. <Baxter>에 사람의 얼굴표정을 심어 놓은 것과 일맥상통한다. 지금껏 제조공장의 분위기는 삭막하거나 비인간적이라는 느낌이 강했다. 저마다 주어진 일을 하느라 동료와 담소조차 나누기 힘든 환경이었기 때문이다. 하지만 AI Robot이 등장하면서 사람들은 동료들과 인간적 교류의 가능성과 여유가 생길 수 있다.

또한 제조현장의 작업은 대체로 고되고 업무 중 떠드는 수다는 근무태만이라는 고정관념이 강했다. 하지만 직원들 사이의 인간적 교류를 통해 업무스트레스를 해소하고 즐겁게 일하는 환경이 필요하다. 즉 직원사기 제고는 비단 제조업뿐만 아니라 어느 업무영역이든 고위층의 리더에게 중요한 직무능력이다. AI Robot이 확산될수록 리더의 역할은 명령과 통제, 확인에서 벗어나야 한다. 동료나 부하 직원들에게 적절한 칭찬과 격려로 사기를 북돋우고 직원의 불편과 고충을 먼저 헤아려야 한다. 제조현장에서 업무지시나 수행의 정확성이 중요하다. 사람이 사람에게 지시하는 것뿐만 아니라 로봇에게도 해당된다. 그래야 모든 작업과정이 원활하게 돌아간다. 그런데 로봇은 구조화돼 있는 일은 쉽게 학습하지만 구조화돼 있지 않은 일은 학습하지 못한다. 업무과정이 복잡할수록 매뉴얼화가 어렵다. 제조현장에서 논리적 사고능력이 한층 중요해질 수밖에 없는 이유다. 그러므로 제조현장의 근로자들에게 감정노동은 육체노동만큼 고되다. 감정관리가 중요한 업무로 부각될 것이다. 근무 중 수다는 태만이라는 사고방식에서 벗어나야 한다. 동료들과 감정을 더욱 많이 나눌 수 있는 환경을 조성해야 한다.

사람은 같은 작업을 반복하면 싫증을 느낀다. 지치는 일, 싫증나는 일은 로봇에 맡기되 사람은 AI에 어떤 업무를 맡길 것인지, 어떻게 알려줄 것인지 생각하는 것에 초점을 두어야 한다.

다. 연구개발 및 기술직: 창조적 사고

연구개발 및 기술직은 AI와 가장 밀접한 분야다. 기계와 전기 등을 포함해 정보기술(IT)까지 모든 연구개발 및 기술자에게 최신 기술을 빠르게 습득하는 능력이 중요하다. 이들은 AI를 비롯해 매우 빠른 속도로 진화하는 기술들을 섭렵하며 일상의 변화를 이끌어 내는 주역들이다. 지금까지 개발 및 기술자에게 논리적·분석적 사고가 중요한 가치로 여겨져 왔다. 앞으로 감성적 요인이 중시되는 시대다. 논리와 감성, 두 마리의 토끼를 동시에 잡을 수 있어야 한다. 대표적인 예로서 Google은 엔지니어들에게 논리적 사고력만큼 감성에서 생성되는 창조성을 중시한다. 직원들에게 제공하는 Mindfulness(명상) 연수프로그램의 인기가 반증한다.

Mindfulness(명상)의 목적은 일상에서 마음을 다스리는 것과 정답을 찾지 않으려는 것이다. 정답을 찾으려면 논리적이고 분석적 사고가 활성화된다. 거꾸로 정답을 찾지 않으려는 노력은 수직적 사고(논리적 사고)를 수평적 사고(창조적 사고)로 전환하는 데 유용하다. 정답을 찾아가는 수직적 사고능력은 AI가 더욱 뛰어나다. 논리적·통계적·분석적 기능은 AI에 맡기고 인간은 창의력에 집중하는 것이 엔지니어로서 경쟁력을 높일 수 있다. 정답과 상식의 틀을 벗어나기 위한 사고방식으로 Stanford대에서 강조한 Design Thinking이 유사하다. 예를 들어 고객의 생각을 철저히 분석한 후, 시각화해 고객예상을 뛰어넘는 제품을 만들어 내는 식이다. 여기서 핵심은 '현장을 느끼고, 손을 움직여서' 사고하라는 것이다. 24시간 컴퓨터 앞에 앉아 프로그램을 설계하던 시대는 끝났다. 체험을 통해 몸으로 익히는 사고방식이 중요하다. 엔지니어의 창조적 사고를 위한 전제 조건은 얼마만큼 외부와 자유롭게 협업하면서 시행착오에 익숙해지느냐에 달렸다.

현장중심 엔지니어는 아날로그 데이터와 가까워질 수 있다. AI 시대의 가장 큰 자산은 데이터다. 어떤 데이터를 활용하느냐에 따라 무궁무진한 가능성을 만들어 낼 수 있다. 온라인에 없지만 일상생활에서 발굴해 낼 수 있는 정보가 아날로그 정보다. 예를 들어 언제 아침·점심을 먹었는지, 무엇을 먹었는지 등이다. 시시콜콜해 보이는 데이터를 어떻게 활용하느냐에 따라 AI 시대의 강력한 무기가 될 수 있다. 연구개발 및 기술자에게 논리력과 분석력만 강조되던 시대는 지났다. 감성에서 태어난 창조성과 예민한 신체감각이야말로 가장 큰 경쟁력이다. 발상의 유연성을 위해 시행착오에 익숙해져야 한다. 외부와의 협업에 마음과 태도를 열어야 한다. 아날로그 데이터를 발굴하려면 사용자와 더 많은 대화를 나누고 현장을 체험해야 한다.

라. 사무 · 관리직: 수치보다 가치

기업의 운영 및 지원과정에서 핵심 역할을 맡고 있는 영역이 사무·관리직이다. 대부분 수많은 서류를 작성하는 데 적지 않은 시간을 보내고 숫자와 씨름하느라 온 신경을 집중한다. 사무직군이야말로 AI와 협력한다면 가장 높은 시너지를 얻을 수 있다. AI 시대에 사무·관리직으로 경쟁력을 쌓기 위해 우선 기존 업무방식에서 과감히 탈피해야 한다. 사무·관리직은 기본적으로 선례답습 업무가 많다. 실수 없이 처리해야 하는 현상유지 업무이기 때문이다. 실수나 실패를 하면 강한 비난을 받지만 성공에 대한 보상은 상대적으로 낮다. 이처럼 실수를 낮추는 데 인간보다 AI가 탁월하다. 단순 반복적 작업이나 수많은 서류작업은 AI에 맡기고 사람을 중심에 둔 새로운 업무를 찾는 도전정신과 적극성이 필요하다. 예를 들어 인사팀의 신규채용 과정에서 수많은 지원자들의 서류검토 작업이나 면접과정에서 면접자들을 안내하고 관련 서류들을 챙기는 업무에 AI가 투입된다면 업무시간의 상당 부분을 줄일 수 있다. 또한 인사담당자가 지원자들의 질문에 예전보다 정성껏 응대하는 사소한 변화만으로 사기와 경쟁력을 높일 수 있다. 그리고 AI를 통해 선별된 타깃 인재에 대한 관리강화로 조직의 인적관리 능력을 향상시킬 수 있다. 지원자들에 대한 1:1 관리가 가능하면서 비용중심에서 이윤중심으로의 사고전환이 가능하다. 그 동안 사무·관리직은 직접적 매출창출 부서라기보다 비용발생부서로 여겨졌다. 하지만 AI를 통해 사무·관리직도 이윤창출 부서로 전환할 수 있다. 사무·관리직 업무 중 쌓은 데이터를 통해 AI를 학습시키고 이를 바탕으로 예측모델을 제시할 수 있기 때문이다. 가령 종전에는 인사부서 직원들에게 퇴직자 데이터관리는 과중한 업무 중 하나였다. 하지만 데이터 기반 퇴직자 예측모델을 만들 수 있다. 누구에게 어떤 지원이 필요한지 정확하게 예측하고 1:1 맞춤관리도 가능하다. 나아가 퇴직자 예측모델이 필요한 다른 회사에 서비스를 판매함으로써 직접적 수익창출이 가능하다. 그러므로 선례답습에서 미래지향으로, 노하우는 축적하되 고정관념은 버려야 한다. 숫자(데이터) 관리는 AI에게 맡기되 인적 자원 관리에 초점을 맞춰야 한다. 사무·관리 데이터를 AI에 학습시키고 예측모델을 만들면서 이익을 창출해야 한다.[5]

3 AI 기반 조직문화로의 탈바꿈: AI 전환의 단계

월요일부터 금요일까지 맡은 업무가 변함없이 반복되는 일(Groundhog Day)처럼 느껴지는가? 어느 조사에 따르면 미국 직장인들은 일주일에 평균 5시간을 자동화 가능한 업무에 허비한다고 응답하였다. 또한 COVID-19 전염병으로 인해 재택근무 중인 2,000명의 직장인의 69%는 같은 일을 계속 반복하고 있다면서 끝없는 루프처럼 느끼고 심지어 3분의 2는 고통스러울 정도로 단조롭다고 반응하였다.[6] 과연 나는 어떠한가? 나의 업무와 조직은 새로움을 자극하고 있는가?

매일매일 동일한 반복적이며 단조로운 업무는 AI에게 맡겨야 한다. 그리고 차이나는 반복을 할 수 있어야 창조적이며 혁신적인 조직문화가 꽃필 수 있다. 나아가 인공지능이 인간에게 제공하는 능력을 최대한 활용해야 한다. 상상력과 창의력을 더 발휘할 수 있는 능력, 즉 우리를 더 인간적으로 만드는 자질을 함양해야 한다.

지난 수년간 AI는 공상과학 영화의 주요 소재였다. 하지만 이제는 그렇지 않다. 수년간 기술이 발전하면서 AI가 업무공간에 미치는 영향이 현실화됐다. AI는 조직과 업무방식에 있어 필수 요소다. 업무프로세스 개선과 업무생산성, 사이버보안까지 커다란 영향을 미치고 있다. 기업의 디지털 기술 수요는 기업들이

5 후지노 다카노리 지음, 김은혜 옮김(2017), 「2020년 인공지능 시대, 우리들이 행복하게 일하는 방법」, 아이스토리 펴냄/한국경제매거진, 직장인을 위한 AI 시대 직종별 '생존 가이드', 2018.02.19.

6 https://www.studyfinds.org/office-workers-artificial-intelligence-automation.

자동화, AI 및 기타 디지털 도구에 익숙한 직원을 찾고 있음을 의미한다. 프레젠테이션, 멀티미디어 디자인, 편집 및 코딩 등 디지털 기술에 대한 접근과 교육이 직원들이 직장에서 성공하고 경력을 발전시키는 데 점점 중요해지고 있다.

인공지능이 조직 및 업무에 조화롭게 통합된다면 일상적 업무에서 벗어나고 관리낭비의 장애물을 제거하면서 조직구성원들은 혁신, 협업 및 상상력 향상에 보다 효과적으로 참여할 수 있을 것이다. 가령 회의는 시간 소모적이며 일상적 업무에서 비효율적인 잡무가 아니라 동료들과 새롭고 창조적 아이디어를 발현하고 공유하는 기회의 순간이 될 수 있다. 시간을 소비하는 것보다 아이디어에 가치를 두는 문화를 배양할 수 있다. 건강하고 건전한 조직문화를 정착시키고 유지하는 것은 단순히 기업의 성공을 위해 중요한 것이 아니다. 하지만 반대로 AI로 인해 기업문화가 손상될 수 있다. 자동화가 증가하면서 협업의 여지가 증대할 수 있지만, 사용자 상호 작용에 대한 요구를 줄일 수 있다. 가령 팀원들이 한자리에 모여 이벤트와 음식을 나누며 협업을 촉진할 수 있어야 한다.

또한 AI는 마술이 아니다. 간단히 말해, 많은 방정식과 계산이 진행되는 수학이다. AI의 전환능력은 기술 자체에 있는 것이라기 보다 기업이 고유한 목표를 향해 적용할 수 있는 방식이다. 가령 AI의 목적은 방대한 양의 데이터를 분석해 패턴을 추출하는 것이라는 점에서 행동데이터 셋을 분석함으로써 조직 문화에 대한 좋은 그림을 그릴 수 있다. HR데이터, 인터뷰, 성과관리, 비즈니스 프로세스, 리더십포럼, 토론 등 많은 Source에서 데이터를 공급받아 거의 매일 문화에 대한 실시간 행동패턴을 추출하는 세계를 상상할 수 있다. 또한 지향하는 Target 문화를 파악할 수 있다. AI는 수십만 개의 외부 및 내부 정보 소스를 기반으로 최적의 문화를 예측할 수 있다. 이를 위해 다양한 행동 변화 시나리오를 시뮬레이션하고 비즈니스 결과를 측정할 수 있다.

AI 전환이 가속화되면서 그 효과를 극대화하기 위해 직장인의 마음가짐과 함께 조직문화를 바꿔야 한다. 그중 하나가 실험정신과 실패존중 문화이다. 아무리 풍부한 데이터와 ML 재능을 갖추었다하더라도 실험과 데이터중심 의사결정을 수용하지 못한 개인과 조직은 AI 전략을 성공적으로 구현하기 어렵다. 더구나 안타까운 현실은 아직도 기업 임원들이 직감 중심의 의사결정을 수용하는 경우가 대부분이다. 단순히 자신의 비전을 뒷받침하지 않는다는 이유만으로 사용 가능한 데이터 신호를 직감적으로 채우고 무시하는 경우가 많다. 하지만 실험중심의 조직문화에서 결정은 가설을 시험한 후에 이루어진다. 그것은 실패를 받아들이고 노력하기를 두려워하지 않는 사람들에게 보상하는 문화이다. Amazon의 CEO인 Jeff Bezos는 주주들을 대상으로 한 성명에서 자신의 실패 철학을 설명하였다.

"우리의 사업영역에서 생각되는 특색 중 하나는 실패다. 우리 조직은 세계에서 실패하기 가장 좋은 곳이라고 믿는다. 실패와 발명은 승리와 불가분하다. 발명을 위해 실험을 해야 한다. 만약 효과가 있을 것이라는 것을 미리 안다면 그것은 실험이 아니다. 대부분의 대기업은 발명에 대한 아이디어를 수용하지만 그 목표의 달성을 위해 필요한 일련의 실패한 실험을 겪지 않으려고 한다.…"

만약 조직문화가 실험을 통해 학습을 수용하지 않는다거나 실험이 AI 구현에 필수적인 부분이 아니라면 AI 구현은 길고 어려울 것이다. AI 전략은 실행에서 끝나지 않는다. 새로운 툴은 전체 조직에 직간접적으로 영향을 미친다. 비즈니스 내에서 직원의 두려움을 해결하고 반복적인 시간 소모적인 프로세스가 아닌 의사결정에 초점을 맞춘 새로운 현실로 전환하도록 지원하는 조직문화를 가꾸어야 한다. 하지만 현실은 오늘날 소수의 회사들만이 그들의 조직에서 AI를 구현할 준비가 되어있다. AI의 구현을 결정하기 전에 질문을 찾아야 한다.[7] AI를 구현하기 전 해당 질문에 답해야 한다. 이러한 질문에 대해 부정적 대답의 경우, 성공할 확률이 낮아질 것이다.

또한 조직문화는 리더십과 밀접하다. 이전보다 한층 포용적이고 다른 사람을 배려하는 등 여성성과 관련된 리더십과 문화가 중요해질 것이다. 전통적으로 남성적 리더십은 설명·설득하기보다 지시하는 경향이 강했다. 이런 것은 앞으로 AI가 담당할 것이다. 인간역할은 알고리즘이나 AI가 제시하는 업무를 사람들이 이해하는데 초점이 맞추어질 것이다. 그래서 스토리텔링이 중요하다. 인간 직원들에게 세상을 이해하게 하고 영감을 불어넣어야 한다. AI를 활용해 일하는 부서 간 의견이 대립할 경우, 합리적 결론을 내리는 게 필요하다. 가령 마케팅팀과

7 https://medium.com/swlh/your–company–is–not–ready–for–ai–8e6324f0f67d.

물류팀이 모두 AI를 도입해 하나의 팀, 즉 Kentauros로서 일을 한다고 하자. 그런데 두 부서의 AI가 제시해 준 방법이 서로 충돌할 때 이를 잘 조절하지 못하거나 올바른 결정을 내리지 못할 경우 자칫 조직역량이 저하될 수 있다.

- 단순하지만 자동화될 경우, 상당한 이점을 제공하는 수동프로세스를 확인했는가?
- 프로세스와 관련된 데이터 접근에 관한 API가 있는지?
- 데이터 수집 방법을 설명하는 문서가 있는지?
- AI R&D를 위한 이사회(상부) 승인 및 안전한 자금 지원을 확보했는가?
- 조직문화가 실험과 데이터중심의 의사결정을 수용하고 있는가?

관리와 리더십은 다르다. 관리는 많은 부분이 자동화될 것이다. 고용, 보상 등 인사업무가 대표적이다. 실제로 많은 기업이 알고리즘을 이용하고 있다. 친분이나 차별 등에 영향을 받지 않고 보다 객관적인 고용과 평가, 보상이 가능해지고 있다. 하지만 모든 리더십 업무는 자동화되지 않을 것이다. 리더의 역할은 단순한 관리 업무보다 크다. 또한 조직 내 노동자구성의 변화가 리더십과의 관계와 역학에도 영향을 미칠 것이다. 이에 따라 경영진은 구성원의 재능과 역할이 제약을 받지 않고 발휘되도록 필요한 조건과 분위기를 조성해야 한다.

비즈니스에 인공지능 도입을 위한 10단계[8]

오늘날 기술 및 산업은 인공지능(AI)에 빠져 있다. 고급 데이터 과학에서 자동화된 고객 서비스에 이르기까지 다양한 애플리케이션으로, 전사적으로 나타나고 있다. 비즈니스가 안전하고 효율적으로 이익을 얻을 수 있는 방법은 다음과 같다.

8 ttps://www.pcmag.com/news/10-steps-to-adopting-artificial-intelligence-in-your-business.

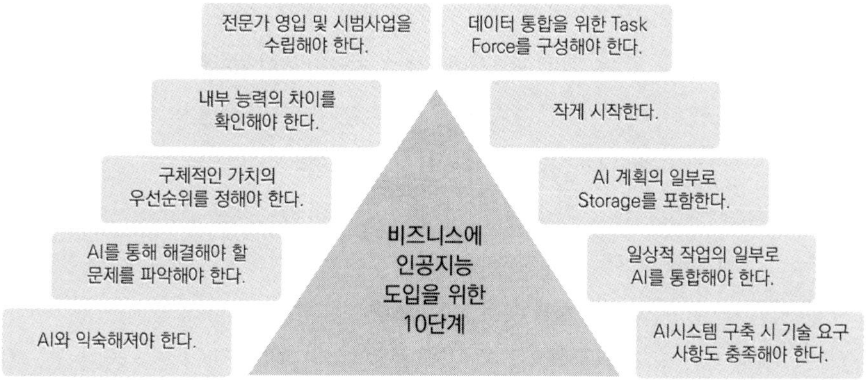
전문가 영입 및 시범사업을 수립해야 한다.
데이터 통합을 위한 Task Force를 구성해야 한다.
내부 능력의 차이를 확인해야 한다.
작게 시작한다.
구체적인 가치의 우선순위를 정해야 한다.
AI 계획의 일부로 Storage를 포함한다.
비즈니스에 인공지능 도입을 위한 10단계
AI를 통해 해결해야 할 문제를 파악해야 한다.
일상적 작업의 일부로 AI를 통합해야 한다.
AI와 익숙해져야 한다.
AI시스템 구축 시 기술 요구 사항도 충족해야 한다.

첫째, AI와 익숙해져야 한다. AI가 할 수 있는 일을 숙지해야 한다. 이를 위해 AI전문 기관의 도움이 필요하다. 가령 대학이나 AI 분야 공공기관 및 기업과의 Partnership을 통해 다양한 지식, 정보와 경험자원을 제공받을 수 있다. 또한 AI의 기본 개념과 원리, 적용 등을 숙지할 수 있는 온라인정보와 자원을 활용할 수 있다. 가령 Udacity와 같은 조직이 제공하는 원격워크숍 및 온라인과정에서 쉽게 시작하고 조직 내에서 ML 및 예측분석과 같은 영역에 대한 지식을 높일 수 있다.

둘째, AI를 통해 해결해야 할 문제를 파악해야 한다. 일단 기본에 속도를 내면, 어떤 사업이든 다음 단계는 다른 아이디어들을 탐구해야 한다. 기존 제품 및 서비스에 AI 기능을 추가하는 방법을 생각할 수 있다. 중요한 것은 회사든 개인이든 AI가 비즈니스 문제를 해결하거나 입증 가능한 가치를 제공할 수 있는 구체적 사용 사례를 경험해야 한다. 즉 올바른 사용사례를 이해(가치창출의 원천 파악)해야 한다. AI의 디지털 전환을 위한 잠재력의 활용을 위해 자신의 AI 역량이 적용될 사용사례를 파악해야 한다. 조직은 시간을 투자하여 AI 노력을 우선시하고 집중시킬 가치창출의 원천을 파악해야 한다. 이를 위해 설계된 사고 도구로서 Customer Train Map(고객훈련 맵)을 참고할 수 있다.[9] 고객훈련 맵은 소비자 또는 기업 고객이 특정 여정을 지원하기 위해 수행해야 하는 결정을 캡처한 것이다. 기업과 소비자 간 거래(B2C) 고객의 경우, 보험가입, 주택구입, 휴가 또는

9 https://www.digitalistmag.com/cio-knowledge/2019/07/23/digital-transformation-ai-adva ntage-06199626.

외식 등을 포함할 수 있다. 기업 간(B2B) 고객의 경우 100% 운영가동 시간 유지, 제품제공 최적화 또는 과도한 재고 감소 등이 포함될 수 있다.

셋째, 구체적인 가치의 우선순위를 정해야 한다. 다양하면서 가능한 AI의 사업적 및 재정적 가치를 평가, 확인해야 한다. 이른바 <그림의 떡>에 머무르는 AI 논의는 길을 잃기 쉽다. 자신의 부서나 조직이니셔티브를 AI비즈니스 가치에 직접 묶는 것이 중요하다. 가령 우선순위를 정하는 경우, 잠재력과 실현가능성의 차원을 살펴서 2 × 2 매트릭스에 넣어야 한다. 단기적 가시성을 바탕으로 우선순위를 정하거나 회사의 재무적 가치가 무엇인지 파악하는 데 도움이 될 것이다. 이 단계에서 참여자와 기여도 따른 소유권과 인정이 필요하다.

또한 고부가가치 의사결정(이용사례)을 지원하는 데이터 및 AI 기능을 구축해야 한다. 이른바 고객여정의 최적화를 위해 구축해야 할 데이터와 AI 자산을 식별해야 한다. 데이터 및 분석자산은 ① 고객가치 원천의 향상 ② 고객여정에 따른 애로 또는 장애의 완화에 필요한 고객, 제품 및 운영 상 통찰력의 포착에 초점을 맞춰야 한다(Bill Schmarzo, 2019).

넷째, 내부 능력의 차이를 확인해야 한다. 성취하고 싶은 것과 주어진 시간 내에 실제로 성취할 수 있는 조직능력 간에 극명한 차이가 있다. AI의 전면적 시행에 앞서 기업이 기술 및 비즈니스 프로세스 관점에서 무엇을 할 수 있는지 알아야 한다. 이처럼 내부역량 격차의 해소는 AI를 통해 무엇을 얻을 수 있는지, 내부적으로 진화할 필요가 있는 프로세스 파악 등을 의미한다. 사업에 따라 특정 사업부를 위해 유기적으로 도울 수 있는 기존 프로젝트나 팀의 존재유무도 확인해야 한다.

다섯째, 전문가 영입 및 시범사업을 수립해야 한다. 조직 및 기술 관점에서 비즈니스가 준비되면 구축 및 통합을 시작해야 한다. 여기서 가장 중요한 요인은 작게 시작하면서 프로젝트 목표를 염두에 두어야 한다. 또한 AI에 대해 무엇을 알고, 무엇을 모르는지에 대해 잘 알고 있어야 한다. 이 과정에서 외부 전문가나 AI 컨설턴트의 도움을 받는 것도 필요하다.

여섯째, 데이터 통합을 위한 Task Force를 구성해야 한다. 기계학습을 비즈니스에 구현하기 전에 "garbage in, garbage out" 시나리오를 피할 수 있도록 데이터를 정리해야 한다. 기업의 내부데이터는 일반적으로 서로 다른 레거시시스템의 여러 데이터 사일로에 분산되어 있다. 그리고 우선순위가 상이한 여러 비즈니스 그룹의 수중에 있을 수도 있다. 따라서 고품질 데이터를 얻기 위해 중요한 단계는 교차[사업부] Task Force를 구성하고, 서로 다른 데이터 셋을 통합하며, ML에 필요한 모든 기준에서 데이터가 정확하고 풍부하도록 정리 및 조정해야 한다.

일곱째, 작게 시작한다. 너무 빨리 처리하지 말고 작은 데이터 샘플에 AI를 적용해야 한다. 간단하게 시작하되 점진적으로 AI를 사용하면서 가치를 입증하고 피드백을 수집하면서 Scale을 확장하는 것이 필요하다.

여덟째, AI 계획의 일부로 Storage를 포함한다. 작은 데이터 샘플이 급증한 후 AI 솔루션을 구현하기 위해 Storage 요구사항을 고려해야 한다. 물론 결과에 도달하기 위해 알고리즘 개선도 중요하다. 또한 완벽한 인공지능 솔루션 구축을 위해 AI 시스템 설계 시 빠르고 최적화된 Storage가 포함되어야 한다. 즉 데이터 수집, 워크플로우 및 모델링을 위해 AI Storage의 최적화가 요구된다. 선택사항에 대한 검토시간을 갖는 것도 필요하다. 이러한 고려사항들은 시스템이 온라인 상태에서 어떻게 실행되는지 긍정적 영향을 미칠 수 있다.

아홉째, 일상적 작업의 일부로 AI를 통합해야 한다. AI가 제공하는 추가적인 통찰력과 자동화를 통해 근로자들에게 'AI는 사람을 대체하는 것이 아닌 일상의 일부로 체화(embeded)되는 도구'임을 인식시켜야 한다. 일부 직원들은 업무에 영향을 줄 수 있는 기술을 경계할 수 있기 때문에 일상 업무를 증강시키는 솔루션의 도입이 중요하다. 기업들이 작업흐름 상 문제 해결을 위해 기술이 어떻게 작용하는지 투명하게 전개되어야 한다. 이처럼 직원들에게 유용한 경험을 제공함으로써 AI가 자신의 역할이 제거되기보다 어떻게 강화하는지 명확히 시각화할 수 있어야 한다.

열째, AI 시스템 구축 시 연구프로젝트뿐 아니라 기술요구도 충족해야 한다. AI 시스템 설계 전부터 균형 있는 시스템 구축을 지향해야 한다. AI 시스템이 HW와 SW의 요구사항과 한계를 이해하지 못한 채 연구목표 달성을 위해 구체적 측면에 초점을 두어 설계되는 경우가 많다. 그 결과, 바람직한 목표를 달성하지 못하거나 심지어 기능 장애까지 초래할 수 있음을 유념해야 한다.

인공지능을 비즈니스에 적용하는 단계의 수행과정에서 조직문화는 조직의 성공이나 사업의 성패를 좌우한다. 최고의 기술 인재도 중요하지만 전부가 아니다. 승패의 열쇠는 새로운 사고나 업무방식을 조기에 채택할 수 있는 리더십의 능력, 스스로 재창조할 수 있는 준비와 실천, 그리고 두 가지를 모두 수행하는 속도다. 그리고 AI를 비전에 맞춰야 한다. 민첩성을 통해 기업은 변화에 신속하고 효율적으로 적응함으로써 역동적 환경에서 성과를 달성할 수 있다. 그렇지 않으면 끊임없이 변화하는 외부 조건을 반영하기 위해 끊임없이 혼란스러운 투쟁에 휘말릴 수 있다. 목적과 비전에 맞는 고정된 목표를 갖추어야 한다. 또한 질문하는 문화를 장려해야 한다. 흔히 이긴다는 것은 무언가를 해야 하는 이유를 아는 것의 결과이다. 모든 사람들은 항상 이유를 묻고, 그리고 계속 물어보도록 격려 받아야 한다. AI는 불안감과 무력감을 유도할 수 있다. 리더십의 과제는 미래를 예측할 능력 없이 모든 해답을 갖지 못한 상황에서 안정감과 희망, 힘을 제공하는 것이다. 윤리문제도 중요하다. 조직은 규정준수 문화를 넘어 자신을 위해 "옳은 일을 하는" 문화를 구축해야 한다. AI는 "올바른 일을 하는 것"을 보다 광범위하고 주관적이며 추상적인 개념으로 만들 수 있어야 한다. 이러한 과정에서 신뢰가 조성되어야 한다. 리더는 직원과 조직의 이해관계를 일치시킴으로써 "모두가 같은 상황"이라는 느낌을 심어줄 수 있다. 구성원의 AI 수용의지는 신뢰도에 달려 있다. 기업은 조직과 직원 모두에게 혜택을 주기 위해 신기술을 사용한다는 긍정적 성과를 수립해야 한다. 비즈니스가 새로운 AI 전환의 현실에 빨리 적응할 수 있어야 한다. 인공지능이 스스로 구축하는 법을 배우면서 기술진보 속도가 빨라지고 있다. 진입 장벽이 무너지면서 경쟁도 치열해지고 있다. 구성원들이 미래에 대한 불안감에서 자유롭도록 공개, 공유, 공감노력을 기울여야 한다. 그래야 바람직한 AI 기반 조직문화를 창출할 수 있다.

4 AI 활용의 최적화: 근로자와 AI의 앙상블직장 만들기

인공지능이 지향하는 종착점은 어디일까? 인간 아닐까. 사람처럼 보고 듣고 말하고 판단할 수 있는 기계가 역설적으로 과연 인간다움이 무엇인가를 반추하게 한다. 인간 스스로 정의할 수 없다면 인간의 닮은꼴인 AI가 지녀야 할 인간다움은 어떻게 정의할 것인가? 인간이 겪고 있는 문제의 해결과 인간적 가치의 창출에 기여하는 인공지능이어야 한다.

인터넷이 그랬듯 AI와 빅 데이터도 범용 공공재가 되고 있다. 마치 불과 전기처럼. 개인·기업·정부 모두 공공재를 활용해 새로운 사업모델을 창출하는 것이 Golden Cycle에 올라타는 지름길이다. AI에 맡길 일은 과감하게 던지고, 사람이 집중해야 할 영역을 찾아야 한다. 오늘날 회사규모나 유형에 관계없이 임직원들은 회사의 효율적 운영에 대한 지원방법을 모색한다. 직원들이 소모적 프로세스나 복잡한 작업에 많은 시간을 허비할 경우, 기업의 성장은 어려울 것이다. 다행히 AI는 효과적인 비즈니스 운영을 촉진한다. 그리고 임직원은 비즈니스 전환에 걸맞은 능력을 개발해야 한다. AI는 인간을 도와주는 기술이다. AI 전환에 따른 변화를 두려워하지 말고 능동적으로 활용해야 한다. 하지만 AI의 생산적인 혜택을 얻으려면 값비싼 새로운 기반구조가 필요하다. AI를 효과적으로 활용하는 몇 가지 경로가 있다.[10]

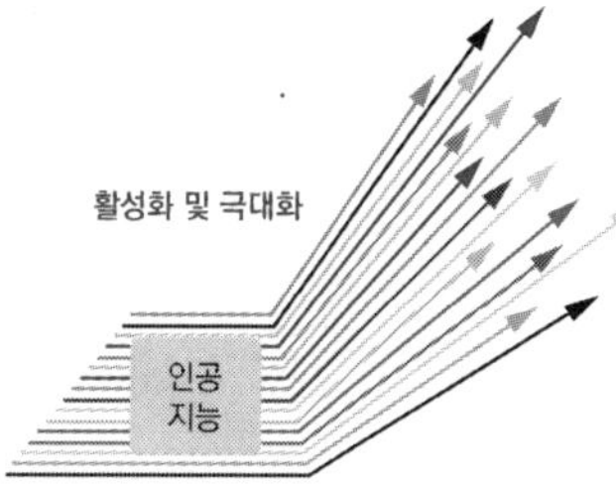

첫째, 즉시 사용가능한 AI를 시도해야 한다. 시중에는 기존 사업 관행에 쉽게 통합할 수 있는 경량 AI 애플리케이션이 다수 존재한다. 즉시 사용가능한 AI 솔루션은 대개 특정 비즈니스 요구를 해결하기 위해 개발된다. 모든 문제를 해결하기보다 특정분야에서 한 가지 작업을 잘 수행한다. 게다가 어떤 컴퓨터든 쉽게 다운로드 받을 수 있다. 이에 따라 기업은 인프라 정비에 전념하지 않고 여러 부문에 걸쳐 운영의 자동화에 적용할 수 있다. 가령 송장(invoice) 자동처리에서 AI 기반 스케줄 작성에 이르기까지 비즈니스기능을 신속하게 처리할 수 있는 AI 툴이다. 이들은 학습곡선을 거의 포함하지 않

10 https://memory.ai/timely-blog/ai-increase-employee-productivity.

아서 채택가능성을 높여준다. 또한 전면과 중앙에서 사용편의성을 제공하면서 직원의 작업흐름이 원활하게 통합되도록 설계되었다. 만약 혼란스럽거나 사용하기 번거롭다면 개발회사들은 오래가지 못할 것이다.

둘째, 적절한 교육이 필요하다. AI가 우선순위로 다루어져야 한다. 기술 그 자체만으로 생산적이거나 부가가치를 창출하지 않는다. AI 이점이 제대로 체감될 수 있도록 직원의 기술역량을 배양하면서 신기술의 미비점과 한계를 보완할 수 있도록 충분한 이해가 필요하다. 만약 근로자들이 제대로 교육이나 컨설팅을 받지 않는다면, 신기술이 업무개선이 아닌 복잡성을 가중하는 번거로운 것으로 오해할 수 있다. 물론 드믄 현상이지만 기술 활용을 꺼리면 잠재적 편익을 해칠 수 있다. 사실 디지털 작업공간에서 전략을 구현하는 중견기업의 1/4만이 성공한다. 따라서 적절하고 적시의 교육이 성공적 디지털 전환과 기술업그레이드를 위해 필수적이다.

셋째, 두려움에서 벗어나야 한다. 특정 상황에서 AI 도입은 사실상 직원생산성을 저해할 수 있다. 직원에게 권한부여가 아니라 통제 및 감시도구로 사용된다면 불신과 자율성 상실을 야기할 수 있다. 기술의 활용이 구성원의 역량개발로 이어져야 효과가 나타날 수 있다. 직원통제와 관리를 위한 AI 오·남용을 방지해야 한다. 가령 Cogito는 AI와 기계학습을 통합한 실시간 감성지능 소프트웨어를 사용하여 음성 통화를 분석하고 콜 센터를 지원함으로써 고객과의 관계를 개선한다. 고객서비스 담당자들에게 너무 빨리 말하고 있는지 또는 피곤하게 들리는지 알려주는 데 사용된다. 물론 이러한 통계는 감독관이 수집하여 볼 수 있는 것이 아니다. 만일 직원들을 기계처럼 대하면 생산성 향상은커녕 제궤도에서 멈추게 하고 불만이나 원망이 증폭될 것이다. 궁극적으로 AI는 직원 생산성을 향상시킬 수 있는 잠재력을 갖고 있다. 하지만 직원들이 수용할 수 있도록 적절하게 장비를 갖추면서 AI가 어떻게 작용하여 그들에게 도움이 되는지 파악할 수 있어야 한다.

기업 내 RPA 도입으로 일상적 업무부터 자동화가 진행되면서 AI가 더 많은 일자리를 차지할 것이다. 하지만 AI가 풀 수 없는 문제와 일이 있다. 이러한 유형의 업무는 사람들의 창의성과 협력이 필요하다. AI는 직장 내 인간의 역할과 인간들 사이의 관계 및 상호작용을 중요하게 만들어줄 것이다. 그러므로 일상적이고 관례적이며 예측 가능한 업무에서 벗어나 창의적 업무영역을 개발, 확장해야 한다.

인공지능은 사기행각을 미연에 방지하거나 의사보다 정확하게 암을 진단하는 등 다양한 직업군에서 탁월한 성능을 보여준다. 하지만 아직은 일반지능을 따라오지 못했다. 현재의 기술단계에서 전체 직업의 5%는 완전히 자동화 되겠지만 60%는 업무의 3분의 1정도만 로봇이 맡을 것으로 예상된다. 물론 한계도 존재한다. 인종차별에 대한 성향이라든지 스스로 목표를 정하거나 문제를 풀지 못한다는 점, 문제 해결과정에 상식을 적용하지 못한다는 점 등 대부분 로봇은 인간이 손쉽게 생각하는 기술을 갖고 있지 않다. 즉 인공지능의 한계를 인식하고 인공지능이 잘 할 수 있는 것에 집중적으로 활용해야 한다.

첫째, 로봇은 인간처럼 생각하지 않는다.[11] 가령 MADALINE이 장거리통화에 혁신을 가져올 즈음, 헝가리출신의 영국철학자 Michael Polanyi(1891~1976)는 인간지능에 대해 고민했다. 그는 정확한 문법 사용과 같은 특정 기술은 규칙으로 쉽게 정리돼 타인에게 설명이 가능한 반면, 많은 다른 기술들은 그렇지 않다는 것을 깨달았다. 인간은 인지조차 없이 암묵적 능력을 발휘하곤 한다. 즉 인간은 표현할 수 있는 것보다 많이 알고 있다. 가령 오토바이를 타거나 밀가루를 반죽하거나 또는 이보다 더 어려운 일들을 해내는 실용적인 능력을 갖고 있다.

하지만 이런 일들이 어떻게 이루어지는지 규칙을 알지 못한다면, 이를 컴퓨터에게 가르칠 수도 없다. 이것이 바로 Polanyi의 역설이다. 즉 사람은 말로 표현하는 것보다 더 많이 알고 있다. 말로 표현하기 힘든 것은 명시적인 규칙으로 컴퓨터를 학습시키기 어렵다는 의미이다. 자동차 운전과 같이 경험을 통해서 학습하고 상황에 따라 판단해 대처하는 업무들은 컴퓨터 프로그램으로 작성하는 것이 사실상 불가능하다고 여겨져 왔다. 비정형화된 업무들의 자동화가 어려운 근거로 작용하면서 오랫동안 인공지능 연구자들의 발목을 잡아왔다. 컴퓨터과학자들은 인공지능이 인간을 모방하게끔 하지 않고 완전히 다른 방식, 즉 데이터를 기반으로 생각하도록 설계했다.

인공지능의 동작방식은 인간의 사고처리 방식과 동일하다고 생각할 수 있다. 하지만 사실은 그렇지 않다. 비행기의 경우, 새의 비행에 대한 정확한 연구 이전에 발명됐다. 뿐만 아니라 비행기의 항공역학은 새가 나는 원리와 다르다. 가령

11 https://www.bbc.com/korean/news-44026742.

MADALINE처럼 많은 인공지능은 신경망 형태를 띠고 있다. 인공지능은 수학적 모델을 이용해 방대한 양의 데이터를 분석함으로써 학습한다. 예를 들어, Facebook은 얼굴인식 소프트웨어인 DeepFace를 4백만 개 이상의 사진을 바탕으로 훈련시켰다. 같은 사람으로 분류된 이미지들의 패턴을 발견함으로써 DeepFace는 97%의 확률로 이름과 얼굴을 일치시킬 수 있다. 이미 운전과 음성 인식, 번역 등의 분야에선 인간보다 뛰어난 능력을 보여주었다. 컴퓨터가 시행착오를 거치면서 데이터를 학습하고 스스로 알고리즘을 개선하면서 사람과 마찬가지로 경험을 통한 지식 습득이 가능하며 다양한 분야에 적용될 것이다.

둘째, 로봇도 실수를 한다. 로봇의 데이터 기반 방식은 때로는 엄청난 실수로 이어진다. 가령 로봇의 신경망이 3D프린터로 만들어진 거북이를 소총으로 인식했다. 인공지능은 "그것은 비늘과 껍질이 있으므로 거북이다"라는 말을 개념적으로 받아들이지 못한다. 대신 시각적 패턴을 바탕으로 판단을 내린다. 사진픽셀을 하나만 바꿔도 이상한 답이 도출될 수 있다. 이는 인공지능의 상식 부족을 방증한다. 지난 2015년 DeepMind 인공지능 관련실험에서 당시 연구진은 DeepMind가 클래식 아케이드 게임인 Pong을 잘 할 때까지 하도록 명령했다. 예상대로 몇 시간 내 인간 사용자를 모두 이겼을 뿐만 아니라 새로운 방식으로 이기는 방법도 찾아냈다. 하지만 동일한 게임인 Breakout을 시키자 인공지능은 처음부터 다시 시작해야 했다. 로봇이 문제해결 과정에서 습득한 정보를 비슷한 종류의 다른 문제 해결에 사용할 수 있는 능력, 즉 학습전이(Transfer Learning)는 주요 연구 분야가 됐다. IMPALA로 불리는 한 시스템은 30가지 환경에서의 지식 전이 능력을 보여주기도 했다.

셋째, 로봇은 결정의 이유를 아직은 설명하지 못한다. 인공지능의 또 다른 문제는 현대의 Polanyi 역설이다. 인간조차도 뇌가 어떻게 학습하는지 완전히 이해할 수 없다. 이로 인해 인간은 인공지능이 통계학자처럼 생각하도록 만들었다. 여기서 발생하는 모순은 인공지능 내부에서 어떤 일이 벌어지고 있는지 모른다는 것이다. 일종의 Black Box 문제라고 불린다. 어떤 데이터가 들어갔는지, 그리고 그 결과물이 어떤지도 알 수 있지만 그 결과물이 '어떻게' 만들어졌는지는 알 수 없다. 신경망은 언어능력을 장착하고 있지 않아 무엇을 하고 있는지, 왜 하고 있는지 설명할 수도 없다. 다른 모든 인공지능과 마찬가지로 상식 역시 없다. 가령 신경망을 의료분야에 적용하는 연구과정에서 증상결과 등을 토대로 환자의 사망가능성을 계산해 의사들이 예방조치를 취할 수 있게 하려는 의도였다. 동 기술은 잘 작동하는 것처럼 보였다. 그런데 어느 날, 미국 피츠버그 대학교의 한 대학원생이 이상한 점을 발견했다. 그는 동일한 데이터를 알고리즘으로 처리해 컴퓨터의 의사결정 논리를 읽어내려 하고 있었다. 그러던 중, 컴퓨터가 "당신이 폐렴을 앓고 있다면 천식은 당신에게 유용하다."고 판단한 것을 발견했다. 천식은 폐렴을 일으킬 수 있는 위험 요소다. 그럼에도 왜 컴퓨터가 이런 규칙을 습득했는지 알 수 없다. 다만, 한 가지 가설은 천식을 앓은 적이 있는 환자는 폐렴증상을 느낄 때 빨리 의사를 찾기 때문에 이 같은 행동패턴이 환자들의 생존율을 높였을 것이란 추측이다.

2020년 10월 20일 유럽의회(EU Parliament)에서 채택된 인공지능(AI) 입법 권고안(report)이나 일반 개인정보보호법(GDPR) 등 규제는 개개인에게 인공지능 결정 논리에 대한 설명을 제공받을 권리를 주는 내용을 담고 있다. 미국 군사연구기관 방위고등연구계획국(DARPA)은 설명 가능한 인공지능 개발 프로그램에 7,000만 달러를 투자했다. 시스템의 정확성을 최대한 향상시키기 위해 고군분투하였지만 시스템이 너무나 불투명하고 복잡하다. 시스템이 특정 항목을 추천하거나 게임에서 어떤 수를 두었을 때 그 이유를 알 수가 없다.

아울러 인공지능은 자연과학을 넘어 인문학과 사회과학(경제학, 조직혁신)으로 그 경계가 확장되어야 한다. 디지털 전환과정에서 소외나 격차로부터 자유로워야 한다. 데이터와 분석을 활용하여 고객, 제품 및 운영 가치(부)의 새로운 원천을 창출하는 능력이 있다. 그리고 AI는 고객, 제품 및 운영 가치의 새로운 원천을 도출하고 추진하는데 중요한 역할을 계속할 것이다. 경제학은 부의 생산, 소비 및 이전과 관련된 지식 분야다. 경제학적 관점을 통해 조직이 고객, 제품 및 운영 통찰력의 새로운 소스를 도출하고 추진하기 위해 AI 이니셔티브를 어디에 그리고 어떻게 집중할 수 있는지 이해할 수 있다(Schmarzo, 2019).

인공지능은 제4차 산업혁명 또는 디지털 전환시대의 공공재와 같다. 그렇기에 기업의 규모나 업종에 상관없이 인공지능에의 접근이나 활용에 제약이 없어야 한다. 그래야 모든 직장인을 위한 인공지능이 가능하다. 인공지능은 직장인을 도와주고 협력하는 Partner 또는 Assistant(조수)이다. 일자리 불안에서 자유로워야 한다. 단순 반복 업무인 데이터 관리를 AI에 넘기고, 직원들의 업무분장을 촘촘히 재설계해야 한다. ① 직무분석 → ② 직무Mapping → ③ 직무재설계 →

④ 직무재창조의 과정이다. ①에서 직원들이 참여해 조직이 해야 할 업무와 하고 있는 업무를 분석한다. ②는 AI와 사람이 할 일을 나누는 것이다. ③에서는 직원별 업무분장을 다시 정한다. ④는 부가가치를 추가로 창출하기 위해 기존 조직에 존재하지 않았던 새로운 직무를 추가하는 단계다. 이러한 과정은 근로자와 인공지능 간 조화와 균형을 이루되 인공지능 활용의 최적화 방향으로 전개되어야 한다.

Epilogue

거대한 전환의 파도가 밀려온다. 여기저기 크고 작은 흑조(黑鳥: Black Sswan)들이 출몰하고 있다. 그야말로 깜짝 놀랄 Mental 붕괴상황이다. 인류가 경험한 코로나19 대유행이 생생한 사례다. 갈수록 불확실성이 커지는 세상, 어떻게 대응할 것인가? 위기를 헤쳐나 갈 비장의 무기가 있는가? 개인, 기업, 국가든 누구나 기회가 있다고 한다. 평생 세 번이나 주어진다고 하는데, 과연 내게 몇 번의 기회가 왔는가? 원래 기회란 소리 소문 없이 거북이처럼 천천히 왔다가 번개처럼 달아난다고 하니 어쩌면 이미 나도 모르게 놓친 것은 아닌지… 그렇다고 절대로 포기하지 마시길. 기다려도 오지 않는다면, 직접 기회를 만들 수 있기에.

인공지능이 빠른 속도로 업무를 변화시키고 있다. 디지털 전환이 심화되면서 AI 전환도 가속화되고 있다. 발상의 전환이 요구된다. AI는 직장인에서 직업인, 나아가 사업가로의 전환을 촉진하는 수단이다. 그 영향은 한층 가속화될 것이다. 직장에서 AI의 증가는 반복적이고 위험한 업무를 대체하는 잠재력을 가지고 있다. AI 시대를 꽃피우기 위해 환경기반 조성보다 중요한 것은 AI 시대에 적합한 마인드 셋(mind set)을 갖추는 일이다. 직장인뿐만 아니라 기업인, 공무원, 정치인 등 모두에게 요구된다.

인공지능의 활용범위가 넓어지고 있다. 삶의 현장에서 어떤 형태로든 인공지능과의 교류가 확대되고 있다. 이미 산업영역에서는 비즈니스 경계를 허물어지면서 형식과 규범이 파괴되고 있다. 인공지능은 기술혁신과 경쟁력 우위확보와 유지가 절실한 기업, 개인, 국가에 긴요한 최종병기다.

AI 역량으로 무장해야 디지털 전환과정에서 기회를 찾고 만들 수 있다. 자칫 인공지능기술이 보편화되면서 근로자 간 불평등과 격차가 심해질 위험성이 높다. 지금부터 직무 및 작업환경 변화에 대비해 부작용을 최소화하고 인간역량 강화방안을 마련해야 한다. 기회는 기다리는 자가 아닌 준비된 자를 찾아간다. Orison Swett Marden(1850~1924)이 역설했듯 "특별한 기회가 올 것이라며 기다리지 말라. 평범한 기회를 붙잡아 특별하게 만들어라. 약자는 기회를 기다리지만 강자는 기회를 스스로 만든다." 그러면 어떻게 특별한 기회를 만들 것인가? 차이 나는 반복이 필요하다. 매일 똑같은 일을 반복하는 것은 축적이 아닌 퇴적이다. 끊임없이 Version을 다듬어 Stage Up하고 Scale Up해야 한다. 이러한 과정이 없다면 창의적 아이디어라 해도 혁신으로 이어지지 못한다.

만일 직장에서 매일 똑같은 일을 반복하고 있다면 AI에 의해 쉽게 대체될 가능성이 크다. RPA 기반 자동화 물결 속에 노동이 줄어드는 건 피할 수 없는 숙명이다. 그래서 자신의 일과 노동을 창조적 과업으로 승화시켜야 한다. 환언하면 학력과 상관없이 매번 하는 일이 다르다면 AI와의 경쟁에서 생존가능하다. Albert Einstein도 그랬다. "미친 짓이란, 매번 똑같은 행동을 반복하면서 다른 결과를 기대하는 것"이라고.

Andrew Ng은 "나는 화성에서 인구과밀과 싸우는 일을 고민하지 않는 이유와 마찬가지로 인공지능이 악에 빠지는 일을 막을 방법을 고민하지 않는다."고 했다. 그렇다. 인공지능을 선한 영향력의 도구로 삼으려는 노력이 지속될 것이다. 치열한 비즈니스 세계에서 경쟁하지 않고 이기는 싸움이 가장 훌륭하고 값진 승리다. 바로 AI가 최종병기가 될 수 있다. 그런데 제아무리 인공지능이 인간을 닮고자 한들 결코 36.5°의 온기와 피, 땀, 눈물을 가질 수 없다. 인간이 인공지능의 '넘 · 사 · 벽'이 되려면 신이 인간을 창조하면서 불어넣으셨던 생기와 혼신을 다해야 한다. 장차 AI가 Artificial Idiot이 아닌 Artificial Intelligence, 나아가 Artificial Insight가 되는 것은 인간의 창조성에 달렸다. 절박하고 간절하게 반복하면 인공지능의 창조적 활용능력이 발휘될 수 있다. 그러면 자연스레 행운의 기회가 우연히 운명처럼 다가올 것이다. 이 책을 읽는 독자들에게 창조주의 은총이 주어지길….

색인

ㅇ

ㅈ

참고문헌

제1장

로버트 프로스트 외·, 손혜숙 옮김(2014), <가지 않은 길－미국대표시선>, 창비.

정지훈(2020), "굿모닝 AI"…곧 가을이 온다는데 딥러닝은 잘되고 있겠죠?, 피렌체의 식탁, 2020년 7월 9일자.

제3장

나종화(2017), 4장 의사결정나무, 충북대학교.

다니엘데닛·노승영옮김(2015),「직관펌프, 생각을 열다」, 동아시아.

Benjamin Letham et al.(2015), "Interpretable classifiers using rules and Bayesian analysis: Building a better stroke prediction model", Annals of Applied Statistics, Vol. 9, No. 3, 1350－137.

Brenden M. Lake et al(2015), "Human－level concept learning through probabilistic program induction", Science, Vol. 350, pp.1332－1338.

Hui Cheng et al.(2014), "Multimedia Event Detection and Recounting", SRI－Sarnoff AURORA at TRECVID.

Ian J. Goodfellow et al.(2014), "Generative Adversarial Networks", Neural Information Processing Systems(NIPS).

James Somers(2017), "Is AI Riding a One－Trick Pony?", MIT Technology Review.

Marco Tulio Ribeiro et al.(2016), "Why Should I Trust You? Explainable the Predictions of Any Classifier:", CHI 2016 Workshop on Human Centered Machine Learning.

McCarthy, J(2006). A proposal for the Dartmouth summer research project on artificial intelligence. Ai Mag. 2006, 27, 12.

McCorduck, P(2009). Machines Who Think: A Personal Inquiry into the History and Prospects of Artificial Intelligence AK Peters/CRC Press: Boca Raton, FL, USA.

Meredith Broussard(2019), Artificial Unintelligence How Computers Misunderstand the World

Pedro Domingos(2015), The Master Algorithm: How the Quest for the Ultimate Learning Machine Will Remake Our World, Basic Books. 강형진 옮김. (2016). 마스터 알고리즘. 머신러닝은 우리의 미래를 어떻게 바꾸는가. 비즈니스북스.

Sara Sabour, Nicholas Frosst, Geoffrey E. Hinton(2017), "Dynamic routing between capsules", NIPS(Neural Information Processing System).

Sebastian Raschka(2018), Model Evaluation, Model Selection, and Algorithm Selection in Machine Learning.

Zhangzhang Si and Song-Chun Zhu(2013), "Learning AND-OR Templates for Object Recognition and Detection", IEEE Transactions On Pattern Analysis and Machine Intelligence, Vol. 35 No. 9, pp.2189-2205.

제4장

김말희·김내수·표철식(2020), 인공지능 기술 및 특허 동향, 주간기술동향, 정보통신기획평가원.

김현호(2018), 우버 같은 영업방법도 특허 낼 수 있을까, 중앙일보, 2018년 9월 30일자. https://news.joins.com/article/23007329.

서일효(2021), 특허 등록을 빨리 받기 위한 3가지 핵심전략, https://platum.kr/archi ves/166057.

______(2021a), 특허는 설득과 협상의 수단이 된다." 기업가치에 특허가 미치는 영향, https://platu m.kr/archives/163016.

______(2021b), 특허 등록을 제대로 하는 5가지 방법, https://platum.kr/archives/ 163789.

소프트웨어정책연구소(2020), 인공지능 최신 동향과 시사점, AIB-018호.

이만금·김시훈·이상현(2021), 인공지능 관련 발명의 특허출원 전략, 리걸타임즈 2021년5월21일자.https://www.legaltimes.co.kr/news/articleView.html?idxno =60111.

이태영(2021), 특허권 확보가 필요한 이유, 이투데이 2021년 5월 11일자, https:// www.etoday.co.kr/news/view/2024480.

Google AI Blog(2020), "AutoML-Zero: Evolving Code that Learns".

John McCarthy(1958), "Programs with Common Sense," http://jmc.stanford.edu/articles/mcc59.html.

Military Aero Space(2020), "Air Force seeks to pit unmanned aircraft with artificial intelligence (AI) against a manned jet fighter".

제5장

천성현(2018), 시니어 직원들도 디지털 인재로 변신할 수 있을까?, POSRI 이슈리포트.

Jia Wertz(2020), Creating Value Through Digital Transformation, Forbes, May 29, 2020. In https://www.forbes.com/sites/jiawertz/2020/05/29/creating-value-through-digital-transformation

Maximiliano(2018), Beyond the Algorithm: Business transformation and value creation through AI, In https://medium.com/bcggamma/ beyond-the-algorithm-business-transformation-and-value-creation-through-ai-bee 37604a6ec, 2010.12.17.

제6장

이경전·황보유정(2019), 세계적으로 주목받는 인공지능 Startup 현황과 비즈니스 모델, DNA플러스 2019, 한국정보화진흥원.

이성호·설라영·김은희(2015),『신기술 발전에 따른 산업 지형의 변화 전망과 대응 전략 : 제2권 인지컴퓨팅』, 정책연구 2015-12-02, 과학기술정책연구원.

______(2016), 인공지능 기반의 비즈니스모델 혁신, Future Horizon.

정두희(2020), 한권으로 읽는

한국무역협회(2018), 우리 기업의 인공지능(AI)을 활용한 비즈니스 모델.

Geissdoerfer, Martin; Savaget, Paulo; Evans, Steve(2017). "The Cambridge Business Model Innovation Process". Procedia Manufacturing. 8:262-269.

Jaehun Lee, Taewon Suh, Daniel Roy and Melissa Baucus(2019), Emerging Technology and Business Model Innovation: The Case of Artificial Intelligence.

Palmer, I.; Dunford, R.; Buchanan, D. Managing Organizational Change McGraw-Hill Education: New York, NY, USA, 2016.

Ries, E(2011). The Lean Startup: How Today's Entrepreneurs Use Continuous Innovation to Create Radically Successful Businesses; Crown Business: New York, NY, USA.

제7장

이경전·황보유정(2019), 세계적으로 주목받는 인공지능 Startup 현황과 비즈니스 모델, DNA플러스 2019, 한국정보화진흥원.

Bernard Marr(2019), The 4 Biggest Barriers To AI Adoption Every Business Needs To Tackle, Forbes. https://www.forbes.com/sites/bernardmarr /2019/02/25/the-4-biggest-barriers-to-ai-adoption-every-business-needs-to-tackle.

제8장

국회입법조사처(2018), <4차 산업혁명 대응현황과 향후과제>

날리지리서치그룹(2019), 신산업 규제 애로 갈등 해결방안 연구 보고서.

윤혜선(2019), 인공지능 규제 정책에 관한 연구: 주요국의 규제정책 사례를 중심으로, 정보통신정책연구 제26권 제4호(2019. 12) pp. 135-176.

제9장

Edin Smailhodžić and Denis Berberović(2020), Digital Creativity: Upgrading Creativity in Digital Business, Digital Entrepreneurship. 14 November, https://link.springer.com/chapter/10.1007/978-3-030-53914-6_9.

Gannett, A. (2018). The creative curve: How to develop the right idea, at the right time. New York, USA: Penguine Random House.

제10장

Bill Schmarzo(2019), Digital Transformation And The AI Advantage, In https://www.digitalistmag.com/cio-knowledge/2019/07/23/digital-transformation-ai-advantage-06199626.

저자 프로필

한세억(韓世億)

저자는 서울대학교 행정학박사를 취득하였으며, 현재 동아대학교 행정학과 교수로 재직 중이다. 한국지역정보화학회장(2015~2016)을 역임하였으며, 삼성전자, 한국정보문화진흥원, 대통령소속 국가전산망조정위원회 사무국, 한국능률협회매니지먼트 등 공·사조직을 경험하였다. 행정·입법고시 출제 및 채점위원, 중앙정부(국무조정실/과학기술정보통신부/행정안전부/국민권익위원회 등) 및 지방정부(부산시/제주도/자치구 등), 공공기관(한국정보화진흥원/한국자산관리공사/한국남부발전 등)과 기업에서 자문 및 특강(창조성/혁신/정부3.0/규제개혁/청렴)강사로 활동하였다. 최근 인공지능 및 정보기술전략·계획분야 강사(NCS)로 활동 중이며, 인공지능정부 구현을 돕는 솔루션개발 및 서비스회사 도우리에이아이(주)를 창업하였다.

□ 주요 연구업적

- 학술지논문, “AI기반 청렴성 증강모델: 탐색적 접근과 실천과제(2021)” 외 80편
- 학술대회 발표논문, “AI 기반 정책결정 증강모델: 개념적 접근과 구현과제(2021)” 외 138편
- 「모든 사람을 위한 인공지능(2020)」 외 저서 24권
- 연구보고서, ＜그린 IT와 사회발전 간 조화로운 혁신 메카니즘 구축＞ 외 37권
- 정보화컨설팅보고서, ＜울산광역시 남구 지역정보화계획＞ 외 7권

□ 정보화 관련 수상

- 2002, 정보화촉진 국무총리 표창
- 2016, 행정안전부장관 표창
- 2018, 정보화역기능예방 국무총리 표창

□ 학내 봉사활동

- 법무·감사실장(2013~2016)
- 사회복지대학원장(2016~2019)
- 사회과학대학장(2018~2019)

모든 직장인을 위한 인공지능

초판발행 2022년 2월 20일

지은이 한세억
펴낸이 안종만 · 안상준

편 집 양수정
기획/마케팅 정성혁
표지디자인 이수빈
제 작 고철민 · 조영환

펴낸곳 (주) 박영사
서울특별시 금천구 가산디지털2로 53, 210호(가산동, 한라시그마밸리)
등록 1959.3.11. 제300-1959-1호(倫)
전 화 02)733-6771
f a x 02)736-4818
e-mail pys@pybook.co.kr
homepage www.pybook.co.kr
ISBN 979-11-303-1404-4 03350

정 가 29,000원